PUNTO

Diccionario español-inglés

Dictionary english-spanish

www.everest.es

Dirección editorial
Raquel López Varela

Coordinación editorial
Ana Rodríguez Vega

Redacción y corrección
Leire Amigo Fernández
Ana Rodríguez Vega

Equipo lexicográfico Interlex
Leire Amigo Fernández
Pedro Diez Orzas
María Jesús Fernández Sánchez
Alejandra López Varela
Sandra Márcia Pereira
José Antonio Menor Martínez
Tania Pedersen Álvarez
Gema Sanz Espinar

Colaboradores
Jorge Álvarez Turner

Transcripción fonética
Silvia Hurtado González
Jorge Álvarez Turner

Diagramación y maquetación
Eduardo García Ablanedo

Diseño de cubierta
FORMA, diseño gráfico

Bases de datos
José Simón Granda,
Universidad de Alcalá

Este diccionario ha sido realizado en el marco del Proyecto Interlex –una herramienta para profesionales multilingües en Internet– que ha sido subvencionado parcialmente por el Programa MLIS nº 103 (DG XIII) de la Comisión Europea.

PRIMERA EDICIÓN, primera reimpresión 2012

© EDITORIAL EVEREST, S. A.

Atención al cliente: 902 123 400

Carretera León-La Coruña, km 5 - LEÓN
ISBN: 978-84-441-1082-0
Depósito legal: LE. 594-2012
Printed in Spain - Impreso en España
EDITORIAL EVERGRÁFICAS, S. L.
Carretera León-La Coruña, km 5 LEÓN (España)

INTRODUCCIÓN

La edición de los nuevos diccionarios bilingües Everest se enmarca dentro de un ambicioso proyecto denominado INTERLEX, financiado en parte por la Unión Europea. Este proyecto nos ha permitido crear bases de datos bilingües en colaboración con otras instituciones, como la Universidad Alfonso X El Sabio, y empresas que han creado desarrollos informáticos específicos para su generación. Iniciado hace varios años, el proyecto INTERLEX cuenta con un equipo de lexicógrafos, correctores y redactores de varias nacionalidades, que dan fiabilidad y calidad al texto.

La selección de los 30 000 términos reunidos en el *Diccionario Everest Punto español-inglés / english-spanish* responde fundamentalmente a su condición de palabras de carácter general y más usadas en ambos idiomas. También se han seleccionado las acepciones, giros y locuciones más frecuentes, y algunos americanismos, localismos, neologismos y tecnicismos más difundidos, así como términos relacionados con la gastronomía y situaciones comunicativas básicas. Como información adicional se ofrece la categoría gramatical, la transcripción fonética (Sistema Fonético Internacional) de todas las entradas, estratos de habla, glosas explicativas, materias y ejemplos de uso con su traducción en ambas direcciones, etc. También se incluyen tablas de pronunciación, los numerales y las abreviaturas usadas en el diccionario, siempre en los dos idiomas.

A pesar de su reducido tamaño, no debe ser considerado como un pequeño diccionario con información telegráfica (término-traducción) sino como un diccionario práctico, imprescindible en viajes e ideal para consultas rápidas y concisas, útil para cualquier hablante de español o de inglés, sea cual sea el grado de conocimiento de la otra lengua.

EDITORIAL EVEREST

TRANSCRIPCIÓN FONÉTICA DEL ESPAÑOL

Para la transcripción fonética del español hemos utilizado el sistema de uso más frecuente en todo el mundo, el Alfabeto Fonético Internacional (AFI), aunque adaptado al objetivo de facilitar la interpretación de la transcripción a todos los lectores, ofreciendo información suficiente sobre la correcta pronunciación de las palabras, tomando como referencia la norma culta estándar.

La información sobre la pronunciación se ofrece entre corchetes ([...]) inmediatamente después de la entrada léxica. El lugar en que recae el acento dentro de la palabra se indica mediante una tilde (´) superpuesta al núcleo de la sílaba tónica. Las correspondencias entre los símbolos fonéticos utilizados en este diccionario y las grafías están recogidas en la siguiente tabla:

SÍMBOLO	GRAFÍA	EJEMPLO
Vocales		
[a]	a	casa [kása]
[e]	e	peso [péso]
[o]	o	posar [posár]
[i]	i	pipa [pípa]
[j]	i	viene [bjéne]; aire [ájre]
[u]	u	pulso [púlso]
[w]	u	bueno [bwéno]; auto [áwto]
Consonantes		
[p]	p	palo [pálo]
[t]	t	tapa [tápa]
[k]	c + a, o, u;	cosa [kósa];
	c + cons.;	acción [akθjón];
	qu + e, i; k	queso [késo]; kilo [kílo]
[b]	v; b	vino [bíno]; bar [bár]

SÍMBOLO	GRAFÍA	EJEMPLO
[β]	v; b	avena [aβéna]; deber [deβér]
[d]	d	dama [dáma]
[ð]	d	alado [aláðo]
[g]	g + a, o, u; g + cons.; gu + e, i	gato [gáto]; globo [glóbo]; guiso [gíso]
[ɣ]	g + a, o, u; g + cons.; gu + e, i	vago [báɣo]; agrupar [aɣrupár]; reguero [reɣéro]
[f]	f	feo [féo]
[θ]	c + e, i; z+ a, o, u	cielo [θjélo]; zapato [θapáto]
[s]	s	salir [salír]
[j̃]	y	mayo [máj̃o]
[x]	g + e, i; j + a, e, i, o, u	genio [xénjo]; jota [xóta]
[tʃ]	ch	mucho [mútʃo]
[m]	m; n	madre [máðre]; inminente [imminénte]
[n]	n	cana [kána]
[ɱ]	n	infame [iɱfáme]
[n̪]	n	duende [dwén̪de]
[n̟]	n	once [ón̟θe]
[ŋ]	n	tanga [táŋga]
[ɲ]	ñ	niña [níɲa]
[l]	l	sol [sól]
[l̪]	l	toldo [tól̪do]
[l̟]	l	alzar [al̟θár]
[ʎ]	ll	llamar [ʎamár]
[r]	r	pera [péra]
[r̄]	r; rr	rosa [r̄ósa]; perro [pér̄o]
[ks]	x	examen [eksámen]

ABREVIATURAS USADAS EN ESPAÑOL

abrev.	abreviación, abreviatura
adj.	adjetivo
adv.	adverbio, adverbial
advers.	adversativo
Aeron.	Aeronáutica
afirm.	afirmativo
Agr.	Agricultura
Albañ.	Albañilería
amb.	ambiguo
Amér.	América
Amér. C.	América Central
Amér. del N.	América del Norte
Amér. del S.	América del Sur
Anat.	Anatomía
Arq.	Arquitectura
Arqueol.	Arqueología
art.	artículo
Astrol.	Astrología
Astron.	Astronomía
Autom.	Automóvil
aux.	auxiliar
Biol.	Biología
Bot.	Botánica
c.	cantidad
card.	cardinal
caus.	causal
Cinem.	Cinematografía
col.	coloquial
compar.	comparativo
conces.	concesivo
cond.	condicional
conj.	conjunción
consec.	consecutivo
contracc.	contracción
cop.	copulativo

cult.	cultismo
dat.	dativo
dem.	demostrativo
Dep.	Deportes
Der.	Derecho
desp.	despectivo
det.	determinado
dialect.	dialectalismo
distrib.	distributivo
disy.	disyuntivo
dud.	duda
Ecol.	Ecología
Econ.	Economía
Electrón.	Electrónica
enfát.	enfático
Equit.	Equitación
Esc.	Escultura
Esp.	España
Etn.	Etnología
excl.	exclamativo
expr.	expresión
f.	femenino
fam.	familiar
Farm.	Farmacia
fig.	figurado
fin.	final
Fís.	Física
form.	formal
fórm.	fórmula de cortesía
Fot.	Fotografía
fras. prov.	frase proverbial
Gastr.	Gastronomía
Geogr.	Geografía

Geol.	Geología	*Náut.*	Náutica
gralm.	generalmente	*neg.*	negativo, negación
		num.	numeral
Hist.	Historia		
		ord.	ordinal
ilat.	ilativo		
impers.	impersonal	*p.*	participio
Impr.	Imprenta	*p. us.*	poco usado
indef.	indefinido	*pers.*	persona
indet.	indeterminado	*Pint.*	Pintura
Inform.	Informática	*pl.*	plural
insult.	insulto	*Polít.*	Política
int.	interrogativo	*por ext.*	por extensión
interj.	interjección	*pos.*	posesivo
intr.	intransitivo	*prnl.*	pronominal
inv.	invariable en número	*prep.*	preposición
		pron.	pronombre
l.	lugar		
Ling.	Lingüística	*Quím.*	Química
Lit.	Literatura		
lit.	literario	*Rel.*	Religión
loc.	locución	*rel.*	relativo
loc. adv.	locución adverbial		
loc. lat.	locución latina	*s.*	sustantivo
		sing.	singular
m.	masculino		
Mat.	Matemáticas	*t.*	tiempo
Mec.	Mecánica	*Taur.*	Tauromaquia
Med.	Medicina	*Teatr.*	Teatro
Meteor.	Metereología	*Tecnol.*	Tecnología
Mil.	Militar	*tr.*	transitivo
Miner.	Mineralogía		
Mit.	Mitología	*v.*	verbo
mod.	modo	*Vet.*	Veterinaria
Mús.	Música	*vulg.*	vulgarismo
n. p.	nombre propio	*Zool.*	Zoología

NUMERALES

0	cero	zero		
1	uno	one	primer, primero	first
2	dos	two	segundo	second
3	tres	three	tercer, tercero	third
4	cuatro	four	cuarto	fourth
5	cinco	five	quinto	fifth
6	seis	six	sexto	sixth
7	siete	seven	séptimo	seventh
8	ocho	eight	octavo	eighth
9	nueve	nine	noveno	ninth
10	diez	ten	décimo	tenth
11	once	eleven	undécimo	eleventh
12	doce	twelve	duodécimo	twelfth
13	trece	thirteen	decimotercero	thirteenth
14	catorce	fourteen	decimocuarto	fourteenth
15	quince	fifteen	decimoquinto	fifteenth
16	dieciséis	sixteen	decimosexto	sixteenth
17	diecisiete	seventeen	decimoséptimo	seventeenth
18	dieciocho	eighteen	decimoctavo	eighteenth
19	diecinueve	nineteen	decimonoveno	nineteenth
20	veinte	twenty	vigésimo	twentieth
21	veintiuno	twenty-one	vigésimo primero	twenty-first
22	veintidós	twenty-two	vigésimo segundo	twenty-second
23	veintitrés	twenty-three	vigésimo tercero	twenty-third
24	veinticuatro	twenty-four	vigésimo cuarto	twenty-fourth
25	veinticinco	twenty-five	vigésimo quinto	twenty-fifth
26	veintiséis	twenty-six	vigésimo sexto	twenty-sixth
27	veintisiete	twenty-seven	vigésimo séptimo	twenty-seventh
28	veintiocho	twenty-eight	vigésimo octavo	twenty-eighth
29	veintinueve	twenty-nine	vigésimo noveno	twenty-ninth
30	treinta	thirty	trigésimo	thirtieth
40	cuarenta	forty	cuadragésimo	fortieth
50	cincuenta	fifty	quincuagésimo	fiftieth
60	sesenta	sixty	sexagésimo	sixtieth
70	setenta	seventy	septuagésimo	seventieth
80	ochenta	eighty	octogésimo	eightieth
90	noventa	ninety	nonagésimo	ninetieth
100	cien	a hundred	centésimo	hundredth
200	doscientos	two hundred	ducentésimo	two hundredth
300	trescientos	three hundred	tricentésimo	three hundredth
400	cuatrocientos	four hundred	cuadringentésimo	four hundredth
500	quinientos	five hundred	quingentésimo	five hundredth
600	seiscientos	six hundred	sexcentésimo	six hundredth
700	setecientos	seven hundred	septingentésimo	seven hundredth
800	ochocientos	eight hundred	octingentésimo	eight hundredth
900	novecientos	nine hundred	noningentésimo	nine hundredth
1000	mil	a thousand	milésimo	thousandth
10 000	diez mil	ten thousand	diezmilésimo	ten thousandth

a [á](pl.: aes) *s. f.* (letra) a.

a [á] *prep.* **1.** at; on. **2.** (destino) to. **3.** (finalidad) to. **4.** (compl. indirecto) to. **5.** (hora, momento) at.

abad [aβáð] *s. m., Rel.* abbot.

abadesa [aβaðésa] *s. f., Rel.* (superiora) abbess.

abadía [aβaðía] *s. f., Rel.* abbey.

abajo [aβáχo] *adv. l.* **1.** (situación) down; below. **2.** (en edificio) downstairs.

abalanzarse [aβalaṇθárse] *v. prnl.* to rush (forward).

abandonar [aβaṇdonár] *v. tr.* **1.** (persona, lugar) to abandon; to leave. **2.** (actividad) to give up.

abanicar [aβanikár] *v. tr.* **1.** to fan. ‖ **abanicarse** *v. prnl.* **2.** to fan oneself.

abanico [aβaníko] *s. m.* fan.

abarcar [aβarkár] *v. tr.* (incluir) to cover; to encompass.

abarrotar [aβarotár] *v. tr.* to pack; to overstock; to fill up.

abastecer [aβasteθér] *v. tr.* **1.** to supply; to provide. ‖ **abastecerse** *v. prnl.* (de algo) **2.** (proveerse) to stock up (with sth).

abatido, -da [aβatíðo] *adj. x***1.** (deprimido) depressed. **2.** (desanimado) dejected; despondent.

abatir [aβatír] *v. tr.* **1.** (derribar) to bring down. **2.** (con un disparo) to shoot down. **3.** *fig.* (deprimir) to dishearten; to depress.

abdomen [aβðómen] *s. m., Anat.* (vientre) abdomen.

abecedario [aβeθeðárjo] *s. m.* (alfabeto) alphabet.

abedul [aβeðúl] *s. m., Bot.* birch.

abeja [aβéχa] *s. f., Zool.* bee.

abejorro [aβeχóro] *s. m., Zool.* (insecto) bumblebee.

abertura [aβertúra] *s. f.* **1.** opening; gap. **2.** (en una falda) slit.

abeto [aβéto] *s. m., Bot.* fir.

abierto, -ta [aβjérto] *adj.* **1.** open. **2.** *fig.* (espontáneo) open; spontaneus.

ablandar [aβlaṇdár] *v. tr.* **1.** to soften. **2.** *fig.* (calmar) to soothe.

abofetear [aβofeteár] *v. tr.* to slap; to smack; to spank.

abogado, -da [aβoɣáðo] *s. m. y f.* lawyer; solicitor *Br. E.*

abollar [aβoʎár] *v. tr.* to dent.

abonar [aβonár] *v. tr.* **1.** *Agr.* (tierra) to fertilize. **2.** *form.* (pagar) to pay. **3.** *Econ.* (depositar) to credit. ‖ **abonarse** *v. prnl.* **4.** (revista) to subscribe.

abono [aβóno] *s. m.* **1.** (fertilizante) fertilizer. **2.** (espectáculo, transporte) season ticket. **3.** (pago) payment.

abordar [aβorðár] *v. tr.* **1.** *Náut.* to board. **2.** *fig.* (tarea, problema) to tackle; to approach.

aborrecer [aβoɾeθéɾ] *v. tr.* to detest; to abhor; to hate.

abortar [aβoɾtár] *v. tr. e intr.* **1.** *Med.* to abort; to miscarry. **2.** *fig.* (fracasar) to fail.

aborto [aβóɾto] *s. m.* **1.** *Med.* (por causas naturales) miscarriage. **2.** (provocado) abortion.

abotonar [aβotonáɾ] *v. tr.* **1.** button; to button up. ‖ **abotonarse** *v. prnl.* **2.** (persona) to do one´s buttons up.

abrasar [aβɾasáɾ] *v. tr.* **1.** (quemar) to burn. **2.** (calentar demasiado) to overheat.

abrazar [aβɾaθáɾ] *v. tr.* **1.** to embrace; to hug. ‖ **abrazarse** *v. prnl.* **2.** to embrace each other.

abrazo [aβɾáθo] *s. m.* embrace; hug. ‖ **un ~** (en una carta) best wishes. | (más íntimo) love.

abrebotellas [aβɾeβotéʎas] *s. m. inv.* bottle opener.

abrecartas [aβɾekártas] *s. m. inv.* letter opener; paperknife.

abrelatas [aβɾelátas] *s. m. inv.* (abridor) can opener *Am. E.;* tin opener *Br. E.*

abreviación [aβɾeβjaθjón] *s. f.* (abbreviation) abbreviation.

abreviar [aβɾeβjáɾ] *v. tr.* **1.** to shorten. **2.** (una palabra) to abbreviate. **3.** (un texto) to abridge.

abreviatura [aβɾeβjatúɾa] *s. f.* abbreviation.

abrigar [aβɾiɣáɾ] *v. tr.* (arropar) to wrap up; to keep warm.

abrigo [aβɾíɣo] *s. m.* coat.

abril [aβɾíl] *s. m.* April.

abrir [aβɾíɾ] *v. tr.* **1.** to open. **2.** (con llave) to unlock.

abrochar [aβɾotʃáɾ] *v. tr.* **1.** to do up. **2.** (cierre) to fasten. **3.** (botones) to button.

abrumar [aβɾumáɾ] *v. tr.* (agobiar) to overwhelm; to overpower.

absoluto, -ta [aβsolúto] *adj.* absolute. ‖ **en ~** not at all.

absorber [aβsoɾβéɾ] *v. tr.* (embeber) to absorb.

abstenerse [aβstenéɾse] *v. prnl.* **1.** (votación) to abstain. **2.** (de algo) to abstain; to refrain.

abstracto, -ta [aβstrákto] *adj.* abstract.

absurdo, -da [aβsúɾdo] *adj.* **1.** absurd. ‖ *s. m.* **2.** absurdity.

abuelo [aβwélo] *s. m.* **1.** grandfather; grandad *fam.* ‖ **abuela** *s. f.* **2.** grand-mother; grandma *fam.* ‖ **abuelos** *s. m. pl.* **3.** grandparents.

abultar [aβultáɾ] *v. tr.* **1.** to take up. **2.** (acrecentar) to enlarge.

abundancia [aβundánθja] *s. f.* abundance; plenty.

abundante [aβundánte] *adj.* (cuantioso) abundant; plentiful.

aburrido, -da [aβuríðo] *adj.* **1.** (estar) bored. **2.** (ser) boring.

aburrimiento [aβuřimjénto] s. m. **1.** (estado) boredom. **2.** (cosa) bore.

aburrir [aβuřír] v. tr. to bore.

abusar [aβusár] v. intr. **1.** to take too much/many. **2.** (aprovecharse) to abuse; to take advantage.

abuso [aβúso] s. m. abuse.

acá [aká] adv. l. (aquí) here; over here.

acabar [akaβár] v. tr. **1.** to finish. ‖ v. intr. **2.** to finish; to end.

academia [akaðémja] s. f. **1.** (institución) academy. **2.** (centro de enseñanza) school.

acampar [akampár] v. intr. to camp.

acantilado [akantiláðo] s. m., Geogr. cliff; palisade Am. E.

acaparar [akaparár] v. tr. **1.** (productos) to hoard; to buy up. **2.** Econ., fig. (monopolizar) to monopolize.

acariciar [akariθjár] v. tr. **1.** to caress. **2.** fig. (ilusión, sueño) to cherish. ‖ **acariciarse** v. prnl. **3.** (tocarse) to pet.

acaso [akáso] adv. dub. (+ subj.) (quizás) perhaps; maybe.

acceder [akθeðér] v. intr. **1.** (consentir) to accede; to agree. **2.** (tener acceso) to enter.

accesible [akθesíβle] adj. **1.** accessible. **2.** (persona) approachable.

acceso [akθéso] s. m. **1.** access; admittance. **2.** Med. (ataque) fit.

accesorio, -ria [akθesórjo] adj. **1.** (secundario) accessory. ‖ s. m. **2.** accessory; attachment.

accidentado, -da [akθiðentáðo] adj. **1.** (viaje) eventful. **2.** (terreno) rough. **3.** (costa) broken.

accidente [akθiðénte] s. m. **1.** (percance) accident.

acción [akθjón] s. f. **1.** action; act. **2.** (argumento) plot. |

acecho [aθétʃo] s. m. watching.

aceite [aθéjte] s. m. oil.

aceituna [aθejtúna] s. f. olive.

acelerar [aθelerár] v. tr. **1.** to accelerate. **2.** fig. to speed up; to accelerate.

acelga [aθélva] s. f., Bot. chard.

acento [aθénto] s. m. accent.

acepción [aθepθjón] s. f., Ling. (de una palabra) sense; meaning.

aceptación [aθeptaθjón] s. f. **1.** (acción) acceptance. **2.** (éxito) success.

aceptar [aθeptár] v. tr. to accept.

acera [aθéra] s. f. (de la calle) sidewalk Am. E.; pavement Br. E.

acerca de [aθérka] loc. about; over.

acercar [aθerkár] v. tr. **1.** (aproximar) to bring nearer. **2.** (unir) to bring closer. ‖ **acercarse** v. prnl. **2.** to come closer.

acero [aθéro] s. m. (metal) steel.

acertar [aθertár] *v. tr. e intr.*
1. (respuesta) to get right.
2. (adivinar) to guess.

achatar [atʃatár] *v. tr.* **1.** to fla-
tten. ‖ **achatarse** *v. prnl.* **2.**
(achatarse) to become flat.

achicar [atʃikár] *v. tr.* **1.** (intimidar) to daunt. **2.** (ropa) to take
in. **3.** (agua) to bail out.

achicharrar [atʃitʃarár] *v. tr.*
1. to scorch; to burn. ‖ **achicharrarse** *v. prnl.* **2.** to roast.

ácido, -da [áθiðo] *adj.* **1.** (sabor) acid; sour. ‖ *s. m.* **2.** *Quím.*
acid.

acierto [aθjérto] *s. m.* **1.** good
decision. **2.** (respuesta) right
answer.

aclamar [aklamár] *v. tr.* (elogiar)
to acclaim; to hail.

aclarar [aklarár] *v. tr.* **1.** (explicar) to clear up; to explain.
2. (enjuagar) to rinse.

acné [akné] *s. m., Med.* acne.

acobardarse [akoβarðárse]
v. prnl. to become frightened; to
chicken out *coll.*

acogedor, -ra [akoxeðór] *adj.*
1. (persona) friendly. **2.** (lugar)
cozy; warm.

acoger [akoxér] *v. tr.* **1.** (dar refugio) to take in. **2.** (idea, persona) to welcome.

acomodador, -ra [akomoðaðór]
s. m. y f., Cinem. y Teatr. usher.

acomodar [akomoðár] *v. tr.*
1. (alojar) to accommodate. ‖
acomodarse *v. prnl.* **2.** to
make oneself comfortable.

acompañamiento [akompaɲa-
mjénto] *s. m.* **1.** accompani-
ment. **2.** *Gastr.* side dish.

acompañar [akompaɲár] *v. tr.*
to accompany; to go with.

acomplejado [akompleχáðo]
adj. with a complex.

acondicionar [akondiθjonár]
v. tr. to fit out; to equip.

aconsejar [akonseχár] *v. tr.* (dar
consejo) to advise.

acontecimiento [akonteθim
jénto] *s. m.* event; happening.

acordar [akorðár] *v. tr.* **1.** to
agree. ‖ **acordarse** *v. prnl.*
2. (recordar) to remember.

acordonar [akorðonár] *v. tr.* (lugar) to cordon off.; to seal off.

acortar [akortár] *v. tr.* **1.** to
shorten. **2.** (abreviar) to curtail.

acosar [akosár] *v. tr.* (perseguir)
to hound; to pursue.

acostar [akostár] *v. tr.* **1.** to put
to bed. ‖ **acostarse** *v. prnl.* **2.**
to go to bed; to lie down. .

acostumbrarse [akostumbrárse]
v. prnl. (habituarse) to accustom
oneself; to get used to.

acta [akta] *s. f.* **1.** (de una reunión) minutes *pl.* **2.** (certifica-
do) certificate.

actitud [aktitúð] s. f. 1. (disposición) attitude. 2. (postura) posture.

activar [aktiβár] v. tr. 1. (mecanismo) to activate. 2. fig. (acelerar) to expedite.

actividad [aktiβiðáð] s. f. activity.

activo, -va [aktíβo] adj. 1. active. ‖ s. m. 2. Econ. asset.

acto [ákto] s. m. 1. act; action. 2. (ceremonia) ceremony. 3. Teatr. act.

actor [aktór] s. m., Cinem. y Teatr. actor.

actriz [aktríθ] s. f., Cinem. y Teatr. actress.

actual [aktwál] adj. current.

actualidad [aktwaliðáð] s. f. current situation.

actuar [aktuár] v. intr. 1. to act. 2. Cinem. y Teatr. to perform.

acuario [akwárjo] s. m. (de peces) aquarium.

acuático [akwátiko] adj. aquatic.

acudir [akuðír] v. intr. 1. (ir) to go. 2. (venir) to come. 3. (recurrir) to turn to.

acueducto [akweðúkto] s. m. (conducto) aqueduct.

acuerdo [akwérðo] s. m. agreement; arrangement.

acumular [akumulár] v. tr. 1. to accumulate; to amass. ‖ **acumularse** v. prnl. 2. to accumulate.

acunar [akunár] v. tr. to rock.

acusado, -da [akusáðo] s. m. y f., Der. accused inv.; defendant.

acusar [akusár] v. tr. 1. to accuse. 2. Der. to charge; to indict.

adaptación [aðaptaθjón] s. f. adaptation.

adaptar [aðaptár] v. tr. 1. to adapt. 2. (ajustar) to adjust. ‖ **adaptarse** v. prnl. (a algo) 3. to adapt oneself to sth.

adecuado, -da [aðekwáðo] adj. (apropiado) suitable; appropriate.

adecuar [aðekwár] v. tr. to fit. ‖ **adecuarse** v. prnl. 2. to fit in.

adefesio [aðefésjo] s. m. freak; (esperpento) eyesore; fright.

adelantar [aðelantár] v. tr. 1. to move forward. 2. (corredor, coche) to overtake. ‖ **adelantarse** v. prnl. 3. to go ahead.

adelante [aðeláṇte] adv. l. 1. forward. ‖ adv. t. 2. forth. ‖ ¡ ~ ! interj. 3. come in!

adelgazar [aðelɣaθár] v. tr. e intr. to lose weight.

además [aðemás] adv. c. besides; moreover.

adentrarse [aðeṇtrárse] v. prnl. to go deep into.

adentro [aðéṇtro] adv. l. inside.

adepto, -ta [aðépto] s. m. y f. (seguidor) follower.

aderezar [aðereθár] v. tr. 1. Gastr. to season. 2. Gastr. to dress.

adherirse [aðerírse] *v. tr.* **1.** to stick (on). *v. prnl.* **2.** to adhere; to stick. **2.** *fig.* (causa) to adhere to.

adhesivo, -va [aðesíβo] *adj.* **1.** adhesive. ‖ *s. m.* **2.** adhesive.

adicción [aðikθjón] *s. f.* addiction; dependence.

adicto, -ta [aðíkto] *adj.* **1.** (a las drogas) addicted. ‖ *s. m. y f.* **2.** (adepto) addict.

adiestrar [aðjestrár] *v. tr.* to train.

adiós [aðjós] *interj. y s. m.* goodbye; bye *coll.*; bye-bye, *coll.*

adivinar [aðiβinár] *v. tr.* **1.** (acertar) to guess. **2.** (predecir) to predict; to foretell.

adivino, -na [aðiβíno] *s. m. y f.* fortuneteller.

adjetivo [aðχetíβo] *s. m., Ling.* adjective.

administración [aðministraθjón] *s. f.* **1.** (gobierno) administration. **2.** (empresa) management; administration.

administrador, -ra [aðministraðór] *s. m. y f.* manager; administrator.

administrar [aðministrár] *v. tr.* **1.** to give; to administer *frml.* **2.** (dirigir) to manage; to run. **3.** *Der.* (justicia) to dispense.

administrativo, -va [aðministratíβo] *adj.* **1.** administrative. ‖ *s. m. y f.* **2.** (funcionario) official.

admiración [aðmiraθjón] *s. f.* admiration.

admirar [aðmirár] *v. tr.* **1.** (apreciar) to admire. **2.** (contemplar) to admire.

admitir [aðmitír] *v. tr.* **1.** (reconocer) to admit; to acknowledge. **2.** (aceptar) to accept.

adolescencia [aðolesθénθja] *s. f.* (pubertad) adolescence.

adolescente [aðolesθénte] *adj.* **1.** adolescent. ‖ *s. m. y f.* **2.** (joven) teenager

adonde [aðónde] *adv.* where; wherever.

adónde [aðónde] *adv. int.* where.

adopción [aðopθjón] *s. f.* adoption.

adoptar [aðoptár] *v. tr.* **1.** (un niño) to adopt. **2.** (idea, costumbre) to adopt.

adoptivo, -va [aðoptíβo] *adj.* **1.** (padres) adoptive. **2.** (hijos) adopted.

adorable [aðoráβle] *adj.* (encantador) adorable; lovable.

adoración [aðoraθjón] *s. f., Rel.* adoration; worship.

adorar [aðorár] *v. tr.* **1.** (persona) to adore. **2.** *Rel.* (deidad) to worship.

adormilarse [aðormilárse] *v. prnl.* to doze; to sleep lightly.

adornar [aðornár] *v. tr.* to adorn; to decorate.

adorno [aðórno] *s. m.* ornament.

adosado, -da [aðosáðo] *adj. y s. m.* (chalet) semidetached.

adquirir [aðkirír] *v. tr.* (comprar) to purchase.

adrede [aðréðe] *adv. mod.* (aposta) deliberately.

aduana [aðwána] *s. f.* **1.** customs *pl.* **2.** (edificio) customs house.

adueñarse [aðweɲárse] *v. prnl.* **1.** (apoderarse) to take over. **2.** (sensaciones) to seize.

adulterar [aðulterár] *v. tr.* **1.** (cometer adulterio) to adulterate. **2.** *fig.* (falsificar) to falsify.

adulto, -ta [aðúlto] *adj. y s. m. y f.* adult; grown-up.

adverbio [aðβérβjo] *s. m., Ling.* adverb.

adversario, -ria [aðβersárjo] *adj.* **1.** opposing. ‖ *s. m. y f.* **2.** (rival) adversary.

advertir [aðβertír] *v. tr.* to warn.

aéreo, -a [aéreo] *adj.* **1.** (vista) aerial. **2.** *Aeron.* air.

aeroplano [aeropláno] *s. m.* airplane *Am. E.*; aeroplane *Br. E.*

aeropuerto [aeropwérto] *s. m.* airport.

afable [afáβle] *adj.* affable; kind.

afán [afán] *s. m.* **1.** (empeño) effort. **2.** (anhelo) eagerness.

afectado, -da [afektáðo] *adj.* **1.** (fingido) affected. **2.** (emocionalmente) affected.

afectar [afektár] *v. tr.* **1.** (impresionar) to affect. **2.** (dañar) to play on.

afeitar [afejtár] *v. tr.* to shave.

afeminado, -da [afemináðo] *adj.* effeminate; womanish.

afianzar [afjaɲθár] *v. tr.* (reforzar) to consolidate.

afición [afiθjón] *s. f.* **1.** (inclinación) liking. **2.** (hobby) hobby. **3.** *Dep.* fans; supporters.

aficionarse [afiθjonárse] *v. prnl.* (interesarse por algo) to become interested in; to become fond of.

afilar [afilár] *v. tr.* to sharpen.

afín [afín] *adj.* **1.** similar. **2.** (próximo) contiguous.

afinar [afinár] *v. tr.* **1.** (instrumento, voz) to tune. **2.** (plan, idea) to finetune.

afinidad [afiniðáð] *s. f.* affinity.

afirmación [afirmaθjón] *s. f.* (asentimiento) affirmation.

afirmar [afirmár] *v. tr.* **1.** to state. **2.** (sujetar) to steady.

afligirse [afliχírse] *v. prnl.* (apenarse) to grieve.

afluente [aflwénte] *s. m., Geogr.* (río) tributary; affluent.

afónico, -ca [afóniko] *adj.* unable to speak; hoarse. ‖ **quedarse ~** lose one's voice.

aforo [afóro] *s. m.* capacity.

afortunado, -da [afortunáðo] *adj.* (dichoso) lucky; fortunate.

afuera [afwéra] *adv. l.* **1.** out; outside. || **afueras** *s. f. pl.* **2.** outskirts.

agachar [aɣatʃár] *v. tr.* **1.** to lower; to bow. || **agacharse** *v. prnl.* **2.** to squat; to stoop. **3.** (agazaparse) to crouch.

agarrar [aɣarár] *v. tr.* to grab.

agencia [aχénθja] *s. f.* agency.

agenda [aχénda] *s. f.* **1.** (libro) diary. **2.** (programa) schedule. **3.** (orden del día) agenda.

agente [aχénte] *s. m. y f.* agent.

ágil [áχil] *adj.* agile; nimble.

agitación [aχitaθjón] *s. f.* **1.** agitation; stir. **2.** *fig.* (nerviosismo) excitement.

agitador, -ra [aχitaðór] *s. m. y f.* agitator.

agitar [aχitár] *v. tr.* **1.** (líquido, botella) to shake; to agitate. **2.** (pañuelo) to wave.

aglomerarse [aɣlomerárse] *v. prnl.* (personas) to crowd.

agobiar [aɣoβjár] *v. tr.* **1.** to oppress; to overwhelm. || **agobiarse** *v. prnl.* **2.** *col.* (estresarse) to get worked up.

agobio [aɣóβjo] *s. m.* oppression; burden *fig.* stress.

agonía [aɣonía] *s. f.* **1.** (angustia) anguish. **2.** (aflicción) suffering.

agonizar [aɣoniθár] *v. intr.* (perecer) to be dying; to be in the throes of death.

agosto [aɣósto] *s. m.* August.

agotamiento [aɣotamjénto] *s. m.* (cansancio) exhaustion.

agotar [aɣotár] *v. tr.* **1.** (cansar) to exhaust; to wear out. **2.** (existencias) to use up; to exhaust.

agraciado, -da [aɣraθjáðo] *adj.* (afortunado) lucky.

agradable [aɣraðáβle] *adj.* agreeable; pleasant; nice.

agradecer [aɣraðeθér] *v. tr.* to appreciate; to thank.

agradecido, -da [aɣraðeθíðo] *adj.* thankful; grateful.

agradecimiento [aɣraðeθimjénto] *s. m.* (gratitud) gratitude; gratefulness.

agrado [aɣráðo] *s. m.* liking.

agravarse [aɣraβárse] *v. prnl.* to worsen; to get worse.

agredir [aɣreðír] *v. tr.* to assault.

agregar [aɣrevár] *v. tr.* **1.** (añadir) to add. || **agregarse** *v. prnl.* **2.** to join.

agresión [aɣresjón] *s. f.* (ataque) aggression.

agresividad [aɣresiβiðáð] *s. f.* aggressiveness; aggression.

agresor, -ra [aɣresór] *s. m. y f.* assailant; aggressor; attacker.

agricultor, -ra [aɣrikultór] *s. m. y f.* (campesino) farmer.

agricultura [aɣrikultúra] *s. f.* agriculture.

agrietarse [aɣrjetárse] *v. prnl.*
1. to crack. **2.** (skin) to chap.

agrio, -gria [áɣrjo] *adj.* sour.

agrupar [aɣrupár] *v. tr.* to group.

agua [áɣwa] *s. f.* **1.** water. **2.**
(lluvia) rain.

aguacate [aɣwakáte] *s. m., Bot.*
avocado.

aguacero [aɣwaθéro] *s. m.,
Meteor.* heavy shower;
downpour.

aguafiestas [aɣwafjéstas] *s. m.
y f. inv., col.* killjoy; wet blanket.

aguanieve [aɣwanjéβe] *s. f., Meteor.* sleet.

aguantar [aɣwantár] *v. tr.* **1.** to
hold back. **2.** (soportar) to bear;
to endure; to tolerate.

aguante [aɣwánte] *s. m.* (paciencia) endurance; patience.

aguar [aɣwár] *v. tr.* **1.** (bebida)
to water; to water down. **2.** *fig.*
(fastidiar) to spoil.

aguardar [aɣwarðár] *v. tr. e intr.*
to await; to wait for.

aguardiente [aɣwarðjénte] *s. m.*
eaude vie; liquor.

agudeza [aɣuðéθa] *s. f.* **1.** sharp-
ness; keenness. **2.** *fig.* (comentario) witticism.

agudo, -da [aɣúðo] *adj.* **1.** (afilado) sharp. **2.** (voz) high.

aguijón [aɣixón] *s. m., Zool.*
(pincho) sting.

águila [áɣila] *s. f., Zool.* eagle.

aguja [aɣúxa] *s. f.* **1.** (de costura)
needle. **2.** (reloj) hand.

agujetas [aɣuxétas] *s. f. pl.* (hor-
migueo) stiffness *sing.*

¡ah! [á] *interj.* (sorpresa, duda) ah!

ahí [aí] *adv. l.* there. ‖ **por ~**
somewhere.

ahijado [ajxáðo] *s. m.* **1.** godson.
‖ **ahijada** *s. f.* **2.** goddaughter.
‖ **ahijados** *s. m. pl.* **3.** godchil-
dren *pl.*

ahogar [aoɣár] *v. tr.* **1.** (en agua)
to drown. **2.** (asfixiar) to choke.
3. (grito, lágrimas) to stifle.

ahondar [aondár] *v. intr.* (profundizar) to go into great detail.

ahora [aóra] *adv. t.* **1.** now.
2. (enseguida) in a minute.

ahorcar [aorkár] *v. tr.* **1.** to
hang. ‖ **ahorcarse** *v. prnl.* **2.** to
hang oneself.

ahorrar [aořár] *v. tr.* (dinero)
to save.

ahorro [aóřo] *s. m.* saving.

ahumar [awmár] *v. tr.* **1.** (comida) to smoke. **2.** (habitación) to
smoke up.

ahuyentar [awjentár] *v. tr.* to
drive away; to scare away.

aire [ájre] *s. m.* **1.** air. **2.** (viento)
wind. **3.** *fig.* (aspecto) air; appearance.

airear [ajreár] *v. tr.* to air.

aislado, -da [ajsláðo] *adj.* **1.** iso-
lated. **2.** (incomunicado) cut off.

aislar [ajslár] *v. tr.* to isolate.

ajedrez [aχeðréθ] *s. m.* **1.** (juego) chess. **2.** (tablero y piezas) chess set.

ajeno, -na [aχéno] *adj.* **1.** (de otro) another's. **2.** (impropio) inappropriate. **3.** (extraño) foreign.

ajo [áχo] *s. m., Bot. y Gastr.* garlic.

ajustado, -da [aχustáðo] *adj.* **1.** (ropa) tight; tight-fitting. **2.** (precio) low.

ajustar [aχustár] *v. tr.* **1.** (apretar) to tighten. **2.** (adaptar) to adjust. ‖ **ajustarse** *v. prnl.* **3.** (encajarse) to fit.

ajuste [aχúste] *s. m.* **1.** adjustment. **2.** (precios) fixing.

al [ál] *contr. prep. art. determ. m.* to the.

ala [ála] *s. f.* **1.** wing. **2.** (de sombrero) brim. **3.** *Mil.* flank. **4.** (edificio) wing.

alabar [alaβár] *v. tr.* to praise.

alambre [alámbre] *s. m.* wire.

álamo [álamo] *s. m., Bot.* poplar.

alarde [alárðe] *s. m.* display.

alardear [alarðeár] *v. intr.* (presumir) to boast; to brag.

alargar [alarγár] *v. tr.* **1.** to lengthen. **2.** (prolongar) to prolong. **3.** (estirar) to stretch.

alarido [alaríðo] *s. m.* (grito) screech; scream.

alarma [alárma] *s. f.* alarm; alert.

alarmar [alarmár] *v. intr.* **1.** to alarm. ‖ **alarmarse** *v. prnl.* **2.** (asustarse) to be alarmed.

alba [álβa] *s. f.* dawn; daybreak.

albañil [alβaɲíl] *s. m. y f.* bricklayer; mason.

albañilería [alβaɲilería] *s. f.* bricklaying.

albaricoque [alβarikóke] *s. m., Bot.* (fruit) apricot.

alberca [alβerka] *s. m., Amér.* (piscina) swimming pool.

albergar [alβerγár] *v. tr.* **1.** (alojar) to house; to accommodate. **2.** *fig.* (duda, odio) to harbor.

albergue [alβerγe] *s. m.* lodging.

albóndiga [alβóndiγa] *s. f., Gastr.* meatball.

albornoz [alβornóθ] *s. m.* bathrobe.

alborotar [alβorotár] *v. tr.* **1.** to agitate; to excite. ‖ **alborotarse** *v. prnl.* **2.** to get excited.

alboroto [alβoróto] *s. m.* uproar.

álbum [álβun] *s. m.* album.

alcachofa [alkatʃófa] *s. f., Bot.* artichoke.

alcalde [alkálde] *s. m.* mayor.

alcaldesa [alkaḷdésa] *s. f.* mayoress.

alcaldía [alkaḷdía] *s. f.* **1.** (cargo) mayoralty. **2.** (oficina) mayor's office.

alcance [alkánθe] *s. m.* **1.** reach; grasp. **2.** (importancia) scope.

alcantarilla [alkaŋtaríʎa] *s. f.* **1.** (conducto) sewer. **2.** (boca) drain.

alcanzar [alkaŋθár] *v. tr.* **1.** to reach. **2.** (persona) catch up.

alcohol [alkoól] *s. m.* **1.** *Quím.* alcohol. **2.** (bebida) alcohol; drink.

alcohólico, -ca [alkoóliko] *adj. y s. m. y f.* (bebedor) alcoholic.

aldea [aldéa] *s. f.* small village.

aldeano, -na [aldeáno] *adj.* **1.** *fig.* (rústico) rustic. ‖ *s. m. y f.* **2.** (lugareño) villager.

alegrar [aleɣrár] *v. tr.* **1.** to make happy. ‖ **alegrarse** *v. prnl.* **2.** to be glad.

alegre [aléɣre] *adj.* glad; cheerful.

alegría [aleɣría] *s. f.* (júbilo) joy; cheerfulness.

alejar [aleχár] *v. tr.* **1.** to remove; to move away. ‖ **alejarse** *v. prnl.* **2.** to go away.

alentar [aleŋtár] *v. tr.* (animar) to encourage; to cheer.

alergia [alérχja] *s. f.* allergy.

alerta [alérta] *s. f.* **1.** alert. ‖ *adv. mod.* **2.** alert.

aleta [aléta] *s. f.* **1.** (pez) fin. **2.** (foca, natación) flipper. **3.** (de la nariz) wing.

alfabetizar [alfaβetiθár] *v. tr.* (educar) to teach to read and write.

alfabeto [alfaβéto] *s. m.* alphabet.

alfarería [alfarería] *s. f.* **1.** pottery. **2.** (taller) potter's workshop.

alfiler [alfilér] *s. m.* **1.** (de costura) pin. **2.** (broche) pin.

alfombra [alfómbra] *s. f.* carpet.

alga [álva] *s. f.* **1.** *Bot.* alga. **2.** *Bot.* (marina) seaweed.

algo [álɣo] *pron. indef.* **1.** something. **2.** (en frases interrog. o condic.) anything. ‖ *adv. cant.* **3.** slightly; a little.

algodón [alɣoðón] *s. m.* **1.** cotton. **2.** *Farm.* (hidrófilo) cotton *Am. E.*

alguien [álɣjen] *pron. indef.* **1.** somebody; someone. **2.** (en frases interrog. o condic.) anyone; anybody.

algún [alɣún] *adj. indef.* some. ●Apocopated form of "alguno".

alguno, -na [alɣúno] *adj. indef.* **1.** some. **2.** some; a few. **3.** (en frases interrog. o condic.) any. **4.** slightest. ‖ *pron. indef.* **5.** some; a few. **6.** (en frases interrog. o condic.) any.

alianza [aljánθa] *s. f.* **1.** (pacto) alliance. **2.** (anillo) wedding ring.

alias [áljas] *adv.* **1.** alias. ‖ *s. m. inv.* **2.** (apodo, mote) alias.

alicates [alikátes] *s. m. pl.* pliers.

aliento [aljéŋto] *s. m.* breath.

aligerar [aliχerár] *v. tr.* **1.** to lighten. **2.** (aliviar) to relieve.

alimaña [alimáɲa] *s. f.* **1.** *Zool.* pest. ‖ **alimañas** *s. f. pl.* **2.** *Zool.* vermin *sing.*

alimentación [alimentaθjón] *s. f.* **1.** (acción) feeding. **2.** (comida) food. **3.** (nutrición) nourishment.

alimentar [alimentár] *v. tr.* **1.** (dar de comer) to feed. ‖ **alimentarse** *v. prnl.* **2.** to feed oneself.

alimento [alimén̦to] *s. m.* **1.** (comida) food. **2.** (valor nutritivo) nourishment.

aliñar [aliɲár] *v. tr., Gastr.* (una ensalada) to dress.

alisar [alisár] *v. tr.* to smooth.

alistarse [alistárse] *v. prnl., Mil.* (enrolarse) to enlist; to join up.

aliviar [aliβjár] *v. tr.* **1.** (carga) to lighten. **2.** (dolor) to ease.

alivio [aliβjo] *s. m.* relief.

allá [aʎá] *adv. l.* **1.** there. ‖ *adv. t.* **2.** back.

allí [aʎí] *adv. l.* **1.** there; over there. ‖ *adv. t.* **2.** (entonces) then.

alma [álma] *s. f.* **1.** soul. **2.** (persona) soul.

almacén [almaθén] *s. m.* warehouse; storehouse. ‖ **grandes almacenes** department store.

almacenar [almaθenár] *v. tr.* (acopiar) to store; to warehouse.

almeja [alméxa] *s. f., Zool.* clam.

almendra [alméndra] *s. f., Bot.* (fruto seco) almond.

almendro [alméndro] *s. m., Bot.* (árbol) almond tree.

almíbar [almíβar] *s. m.* syrup.

almohada [almoáða] *s. f.* pillow.

almohadilla [almoaðíʎa] *s. f.* **1.** (cojín) cushion. **2.** (alfiletero) pincushion.

almorzar [almorθár] *v. tr. e intr.* **1.** (al mediodía) to have lunch. **2.** (a media mañana) to have a mid-morning snack.

almuerzo [almwérθo] *s. m.* **1.** (al mediodía) lunch. **2.** (a media mañana) mid-morning snack.

alojamiento [aloxamjén̦to] *s. m.* lodging; accommodations *pl. Am. E.*

alojar [aloxár] *v. tr.* **1.** to lodge; to accommodate. ‖ **alojarse** *v. prnl.* **2.** to stay; to room *Am. E.*

alpinismo [alpinísmo] *s. m., Dep.* climbing; mountaineering.

alpino [alpíno] *adj.* alpine.

alquilar [alkilár] *v. tr.* **1.** (dar en alquiler) to let. **2.** (recibir en alquiler) to rent; to hire.

alquiler [alkilér] *s. m.* **1.** (acción) rental *Am. E.*; hire *Br. E.* **2.** (precio) rent.

alrededor [alřeðeðór] *adv. l.* **1.** around.‖ **alrededores** *s. m. pl.* **2.** surroundings.

alta [álta] *s. f.* **1.** registration (with Social Security). **2.** *Med.* (en el hospital) discharge.

altar [altár] *s. m., Rel.* altar.

altavoz [altaβóθ] *s. m.* (megáfono) loudspeaker.

alteración [alteraθjón] *s. f.* **1.** alteration; change. **2.** *fig.* (alboroto) disturbance.

alterar [alterár] *v. tr.* **1.** to change. **2.** (perturbar) to disturb.

alternar [alternár] *v. tr.* **1.** to alternate. ‖ *v. intr.* **2.** (con gente) to socialize.

alternativo, -va [alternatíβo] *adj.* alternative.

alteza [altéθa] *s. f.* highness.

altibajos [altiβáxos] *s. m. pl.* (avatares) ups and downs.

altitud [altitúð] *s. f.* altitude.

altivo, -va [altíβo] *adj.* haughty.

alto, -ta [álto] *adj.* **1.** (persona, edificio, árbol) tall. **2.** (montaña, precio, etc.) high. **3.** (voz) loud. ‖ *adv. l.* **4.** high.

¡alto! [álto] *interj.* halt!; stop!

altura [altúra] *s. f.* **1.** height. **2.** (altitud) elevation; altitude.

alubia [alúβja] *s. f., Bot.* bean.

alucinar [aluθinár] *v. intr.* **1.** to hallucinate. ‖ *v. tr.* **2.** to amaze.

alucine [aluθíne] *s. m., fam.* amazing thing.

alumbrado [alumbráðo] *adj.* **1.** lighted. ‖ *s. m.* **2.** lighting.

alumbrar [alumbrár] *v. tr.* (iluminar) to light.

aluminio [alumínjo] *s. m.* (metal) aluminum *Am. E.*

alumno, -na [alúnno] *s. m. y f.* **1.** (de colegio) pupil. **2.** (de universidad) student.

alusión [alusjón] *s. f.* (mención) allusion; reference.

alzar [alθár] *v. tr.* **1.** (levantar) to raise; to lift. ‖ **alzarse** *v. prnl.* **2.** (levantarse) to get up.

amabilidad [amaβiliðáð] *s. f.* (cordialidad) kindness.

amable [amáβle] *adj.* kind; nice.

amaestrar [amaestrár] *v. tr.* (adiestrar) to train.

amainar [amajnár] *v. tr. e intr.* (tormenta) to ease off; to abate.

amamantar [amamantár] *v. tr.* (dar el pecho) to breastfeed.

amanecer [amaneθér] *s. m.* **1.** (alba) dawn; daybreak. ‖ *v. intr.* **2.** to dawn.

amansar [amansár] *v. tr.* (animal) to tame.

amante [amánte] *adj.* **1.** fond. ‖ *s. m. y f.* **2.** lover.

amapola [amapóla] *s. f., Bot.* (flor) poppy.

amar [amár] *v. tr.* to love.

amargar [amarvár] *v. tr.* to make bitter.

amargo, -ga [amárvo] *adj.* (sabor) bitter.

amarillo, -lla [amaríʎo] *adj.* (color) yellow.

amarrar [amařár] *v. tr.* (atar) to tie up; to bind.

amasar [amasár] *v. tr., Gastr.* (mezclar) to knead.

amasijo [amasíxo] *s. m.* **1.** (revoltijo) jumble. **2.** *Albañ.* (de yeso) mixture.

amateur [amatér] *adj. y s. m. y f.* (aficionado) amateur.

ambicionar [ambiθjonár] *v. tr.* (aspirar a) to aspire.

ambientador [ambjentaðór] *s. m.* air freshener.

ambientar [ambjentár] *v. tr.* (novela, película) to set. **2.** (dar ambiente) to give atmosphere to.

ambiente [ambjénte] *s. m.* **1.** (entorno) environment. **2.** *fig.* air; atmosphere.

ambigüedad [ambiɣweðáð] *s. f.* (doble sentido) ambiguity.

ambiguo, -gua [ambíɣwo] *adj.* (de doble sentido) ambiguous.

ámbito [ámbito] *s. m.* field.

ambos, -bas [ámbos] *adj. pl.* (también pron.) both.

ambulancia [ambulánθja] *s. f.* ambulance.

ambulante [ambulánte] *adj.* (itinerante) traveling; itinerant.

amedrentar [ameðrentár] *v. tr.* **1.** to frighten. ‖ **amedrentar-**

se *v. prnl.* **2.** (asustarse) to feel frightened.

amén [amén] *interj. y s. m., Rel.* amen.

amenaza [amenáθa] *s. f.* threat.

amenazar [amenaθár] *v. tr.* to (intimidar) threaten.

ameno, -na [améno] *adj.* (entretenido) entertaining.

americano, -na [amerikáno] *adj. y s. m. y f.* American.

ameritar [ameritár] *v. tr., Amér.* (merecer) to deserve.

amigo, -ga [amíɣo] *s. m. y f.* friend.

amistad [amistáð] *s. f.* friendship.

amo, -ma [ámo] *s. m.* **1.** (señor) master. **2.** (dueño) owner. ‖ **ama** *s. f.* **3.** (señora) mistress.

amontonar [amontonár] *v. tr.* **1.** (apilar) to pile up; to heap. ‖ **amontonarse** *v. prnl.* **2.** (objetos, trabajos) to pile up.

amor [amór] *s. m.* love.

amordazar [amorðaθár] *v. tr.* **1.** (persona) to gag. **2.** (perro) to muzzle.

amortiguar [amortiɣwár] *v. tr.* (golpe) to absorb; to cushion.

amortizar [amortiθár] *v. tr.* to get one's money's worth out of.

amparar [amparár] *v. tr.* **1.** to protect. **2.** (ayudar) to support.

amparo [ampáro] *s. m.* (ayuda) protection.

ampliación [ampljaθjón] *s. f.* (prolongación) enlargement; extension.

ampliar [ampliár] *v. tr.* **1.** to extend; to enlarge. **2.** (conocimiento) to widen.

amplio, -plia [ámpljo] *adj.* (espacioso) spacious; ample.

ampolla [ampóʎa] *s. f.* **1.** (de quemadura) blister. **2.** *Farm.* (en frasco) ampoule.

amputar [amputár] *v. tr., Med.* (cortar) to amputate.

amueblar [amweβlár] *v. tr.* (una cosa) to furnish.

amuleto [amuléto] *s. m.* amulet.

analfabeto, -ta [analfaβéto] *adj. y s. m. y f.* (inculto) illiterate.

análisis [análisis] *s. m. inv.* (estudio) analysis.

analizar [analiθár] *v. tr.* (examinar) to analyze.

anatomía [anatomía] *s. f.* (del cuerpo) anatomy.

anca [áŋka] *s. f., Zool.* (caballo) haunch.

ancho, -cha [ántʃo] *adj.* **1.** wide; broad. ‖ *s. m.* **2.** width.

anchoa [antʃóa] *s. f., Zool.* (boquerón) anchovy.

anchura [antʃúra] *s. f.* width.

anciano, -na [anθjáno] *adj.* **1.** aged; elderly. ‖ *s. m. y f.* **2.** eld-erly person.

ancla [áŋkla] *s. f., Náut.* anchor.

andamio [andámjo] *s. m., Albañ.* (para construcciones) scaffold.

andar [andár] *v. intr.* **1.** (caminar) to walk. **2.** (funcionar) to work; to run.

andén [andén] *s. m.* **1.** (para el tren) platform. **2.** *Náut.* quay.

anestesia [anestésja] *s. f.* **1.** *Med.* (proceso) anesthesia *Am. E.* **2.** *Med.* (sustancia) anesthetic *Am. E.*

anfiteatro [amfiteátro] *s. m.* **1.** amphitheater *Am. E.* **2.** *Cinem. y Teatr.* gallery.

anfitrión [amfitrjón] *s. m.* **1.** host. ‖ **anfitriona** *s. f.* **2.** hostess.

ángel [áŋxel] *s. m., Rel.* angel.

angina [aŋxína] *s. f.* **1.** *Med.* (de pecho) angina (pectoris).

ángulo [áŋgulo] *s. m.* **1.** *Mat.* angle. **2.** (rincón) corner.

angustia [aŋgústja] *s. f.* anguish.

angustiar [aŋgustjár] *v. tr.* **1.** to distress. ‖ **angustiarse** *v. prnl.* **2.** to get distressed.

anhelar [anelár] *v. tr.* (ansiar) to yearn (for); to long (for).

anhelo [anélo] *s. m.* desire.

anilla [aníʎa] *s. f.* (metálica) ring.

anillo [aníʎo] *s. m.* (sortija) ring.

animación [animaθjón] *s. f.* **1.** bustle. **2.** (viveza) liveliness.

animado, -da [animáðo] *adj.* (vivo) lively; animated.

animal [animál] *adj.* **1.** animal. **2.** *fam.* (grosero) rude. **3.** *fam.* (necio) stupid. ‖ *s. m.* **4.** animal. **5.** *fam.* (bruto) brute.

animar [animár] *v. tr.* **1.** (alegrar) to cheer; to enliven. **2.** (alentar) to encourage.

ánimo [ánimo] *s. m.* **1.** spirits. **2.** (valor) courage. **3.** (intención) intention

anís [anís] *s. m.* (licor) anisette.

aniversario [aniβersárjo] *s. m.* anniversary.

ano [áno] *s. m., Anat.* anus.

anoche [anótʃe] *adv. t.* last night.

anochecer [anotʃeθér] *s. m.* **1.** nightfall; dusk. ‖ *v. impers.* **2.** to get dark.

anónimo, -ma [anónimo] *adj.* **1.** anonymous. ‖ *s. m.* **2.** anonymous message.

anorexia [anoréksja] *s. f., Med.* anorexia.

anotación [anotaθjón] *s. f.* (nota) note.

anotar [anotár] *v. tr.* (apuntar) to note (down).

ansia [ánsja] *s. f.* **1.** (deseo) eagerness; longing. **2.** (ansiedad) anxiety.

ansiar [ansjár] *v. tr.* (anhelar) to yearn; to long.

ansioso, -sa [ansjóso] *adj.* **1.** anx-ious. **2.** (deseoso) longing.

ante² [ánte] *prep.* **1.** (lugar) in front of. **2.** (en presencia de) before. **3.** (causa) because of.

anteanoche [anteanótʃe] *adv. t.* the night before last.

antebrazo [anteβráθo] *s. m., Anat.* (desde el codo a la muñeca) forearm.

antecedente [anteθeðénte] *adj.* **1.** antecedent. ‖ *s. m.* **2.** (precedente) precedent.

antelación [antelaθjón] *s. f.* precedence.

antemano, de [antemáno] *loc. adv. t.* in advance; beforehand.

antena [anténa] *s. f.* **1.** (radio, TV) antenna *Am. E.*; aerial *Br. E.* **2.** *Zool.* antenna.

antepasado, -da [antepasáðo] *s. m. y f.* ancestor; forefather. ‖ *adj.* previous.

antepenúltimo, -ma [antepe núltimo] *adj. y s. m. y f.* third from last.

anteponer [anteponér] *v. tr.* **1.** (poner delante) to put before. **2.** (preferir) to put before.

anterior [anterjór] *adj.* (previo) previous; preceding.

antes [ántes] *adv. t.* **1.** before; earlier. **2.** in the past.

antibiótico [antiβjótiko] *adj. y s. m., Med. y Farm.* antibiotic.

anticiclón [antiθiklón] *s. m., Meteor.* anticyclone.

anticipar [aṇtiθipár] *v. tr.* (viaje) to bring forward.

anticipo [aṇtiθipo] *s. m.* **1.** foretaste; preview. **2.** *Econ.* (de dinero) advance.

anticonceptivo, -va [aṇti koṇθeptíβo] *adj.* **1.** contraceptive. ‖ *s. m.* **2.** *Med. y Farm.* (píldora) contraceptive.

anticuado, -da [aṇtikwáðo] *adj.* (antiguo) old-fashioned.

antiguamente [aṇtíɣwaméṇte] *adv.* in the past; formerly.

antigüedad [aṇtiweðáð] *s. f.* **1.** (periodo) antiquity; age. **2.** (objeto) antique.

antiguo, -gua [aṇtíɣwo] *adj.* **1.** (viejo) old; ancient. **2.** (anterior) former; old.

antipatía [aṇtipatía] *s. f.* antipathy; dislike.

antipático, -ca [aṇtipátiko] *adj.* unpleasant; unfriendly.

antojarse [aṇtoxárse] *v. prnl.* **1.** to fancy; to feel like. **2.** (suponer) to imagine.

antojo [aṇtóxo] *s. m.* **1.** (en embarazo) craving. **2.** (capricho) whim; caprice.

antorcha [aṇtórtʃa] *s. f.* torch.

antro [áṇtro] *s. m., col.* (tugurio) dump *coll.*; cavern; hole.

anual [anuál] *adj.* annual.

anualidad [anwaliðáð] *s. f.* annual payment; annuality.

anuario [anwárjo] *s. m.* yearbook.

anudar [anuðár] *v. tr.* (atar) to tie; to knot.

anulación [anulaθjón] *s. f.* (cancelación) annulment; cancellation.

anular [anulár] *v. tr.* **1.** (contrato) to cancel; to rescind. **2.** (matrimonio) to annul.

anunciar [anun̦θjár] *v. tr.* **1.** (avisar) to announce. **2.** (publicidad) to advertize.

anuncio [anúnθjo] *s. m.* **1.** (aviso) announcement. **2.** (publicidad) advertisement.

anverso [ambérso] *s. m.* **1.** (de moneda) obverse. **2.** (página) recto.

anzuelo [anθwélo] *s. m.* (para pescar) fishhook.

añadir [aɲaðír] *v. tr.* to add.

añejo, -ja [aɲéxo] *adj.* **1.** (vino, queso) mature; vintage. **2.** (antiguo) old.

añicos [aɲíkos] *s. m. pl.* (trozos) bits; smithereens.

año [áɲo] *s. m.* year.

añorar [aɲorár] *v. tr.* (echar de menos) to yearn (for sth).

apacible [apaθíβle] *adj.* placid.

apaciguar [apaθiɣwár] *v. tr.* **1.** to pacify; to appease. ‖ **apaciguarse** *v. prnl.* **2.** (calmarse) to calm down.

apadrinar [apaðrinár] *v. tr.*
1. (un niño) to be godfather to.
2. (en una boda) to be the best
man for.

apagado, -da [apaɣáðo] *adj.*
1. off; out. **2.** (apocado) lifeless.

apagar [apaɣár] *v. tr.* **1.** (cigarro,
luz) to put out. **2.** (aparatos eléc-
tricos) to switch off; to turn off.

apagón [apaɣón] *s. m.* blackout

apalabrar [apalaβrár] *v. tr.* to
come to/reach a verbal agreement (on sth).

apaño [apáɲo] *s. m.* **1.** *fam.*
(chapuza) botch *fam.* **2.** (remiendo) mend.

aparato [aparáto] *s. m.* **1.**
appliance; device. **2.** (boato)
pomp. **3.** *Anat.* system.

aparcamiento [aparkamjénto]
s. m., Autom. **1.** (acción) parking. **2.** (lugar) parking lot
Am. E.; car park *Br. E.*

aparcar [aparkár] *v. tr.* to park.

aparecer [apareθér] *v. intr.* (ma-
nifestarse) to appear.

aparejo [aparéχo] *s. m.* **1.** (equipo) gear; equipment. **2.** *Equit.*
(arreos) harness. **3.** *Náut.* rig.

aparentar [aparentár] *v. tr.*
1. (fingir) to feign. **2.** (parecer)
to look.

aparente [aparénte] *adj.* **1.** (evidente) apparent. **2.** (simulado)
seeming.

aparición [apariθjón] *s. f.* **1.**
appearance. **2.** (fantasma) ap-
parition.

apariencia [aparjénθja] *s. f.*
(forma) appearance.

apartado, -da [apartáðo] *adj.*
1. (distante) remote. || *s. m.*
2. (párrafo) section.

apartamento [apartaménto]
s. m. (piso) apartment *Am. E.;*
flat *Br. E.*

apartar [apartár] *v. tr.* **1.** (alejar)
to move away. **2.** (separar) to
set aside. || **apartarse** *v. prnl.*
3. (alejarse) to move away. **4.**
(separarse) to stand aside.

aparte [apárte] *adj.* **1.** (diferente)
different; separate. || *adv. l.* **2.** (a
un lado) aside. || *adv. mod.* **3.**
(por separado) separately.

apasionado, -da [apasjonáðo]
adj. passionate; fervent.

apasionarse [apasjonárse] *v.
prnl.* to get excited.

apatía [apatía] *s. f.* apathy.

apeadero [apeaðéro] *s. m.* halt.

apear [apeár] *v. tr.* **1.** to take
down. || **apearse** *v. prnl.* **2.** (ba-
jarse) to get off; to alight *frml.*
3. (del caballo) to dismount.

apedrear [apeðreár] *v. tr.* **1.**
(tirar piedras) to throw stones.
2. (matar a pedradas) to stone
(to death).

apego [apéɣo] *s. m.* affection.

apelación [apelaθjón] *s. f.*, *Der.* (recurso) appeal. ‖ **interponer una ~** *Der.* to lodge an appeal.

apelar [apelár] *v. intr. fig.* (recurrir) to call upon.

apellido [apeʎíðo] *s. m.* surname.

apenar [apenár] *v. tr.* (entristecer) to sadden; to grieve.

apenas [apénas] *adv. neg.* **1.** hardly; scarcely. ‖ *conj. t.* **2.** as soon as; no sooner... than..

apendicitis [apendiθítis] *s. f.*, *Med.* (inflamación del apéndice) appendicitis.

aperitivo [aperitíβo] *s. m.* **1.** (comida) appetizer. **2.** (bebida) aperitif.

apertura [apertúra] *s. f.* (inauguración) opening.

apestar [apestár] *v. intr.* **1.** (oler mal) to stink. **2.** *fig.* to stink.

apetecer [apeteθér] *v. tr.* to feel like; to fancy.

apetito [apetíto] *s. m.* appetite.

apiadarse [apjaðárse] *v. prnl.* (conmoverse) to take pity.

apilar [apilár] *v. tr.* **1.** to pile up; to heap up. ‖ **apilarse** *v. prnl.* **2.** to pile up.

apiñarse [apiɲárse] *v. prnl.* (gente) to crowd.

apio [ápjo] *s. m.*, *Bot.* celery.

aplacar [aplakár] *v. tr.* **1.** to appease. ‖ **aplacarse** *v. prnl.* **2.** to calm down.

aplastar [aplastár] *v. tr.* **1.** to squash. **2.** *fig.* (destruir) to crush.

aplaudir [aplawðír] *v. tr.* to applaud.

aplauso [apláwso] *s. m.* (ovación) applause; clap.

aplazar [aplaθár] *v. tr.* (posponer) to postpone; to adjourn; to defer.

aplicar [aplikár] *v. tr.* **1.** to apply. **2.** (designar) to assign.

aplomo [aplómo] *s. m.* (serenidad) composure; aplomb.

apoderarse [apoðerárse] *v. prnl.* (adueñarse) to take possession; to seize.

apodo [apóðo] *s. m.* nickname.

apogeo [apoχéo] *s. m.* peak.

aporrear [apořeár] *v. tr.* (golpear) to beat; to heat.

aportación [aportaθjón] *s. f.* contribution; input.

aposta [apósta] *adv. mod.* (adrede) on purpose.

apostar [apostár] *v. tr.* **1.** to bet. **2.** (colocar) to station.

apoyar [apoʝár] *v. tr.* **1.** to rest; to lean. **2.** (respaldar) to back; to support. ‖ **apoyarse** *v. prnl.* **3.** (reclinarse) to lean.

apoyo [apoʝo] *s. m.* support.

apreciable [apreθjáβle] *adj.* (notable) noticeable; appreciable.

apreciación [apreθjaθjón] *s. f.* **1.** appreciation. **2.** (percepción) interpretation.

apreciar [apreθjár] *v. tr.* **1.** (estimar) to appreciate. **2.** (percibir) to see.

aprecio [apréθjo] *s. m.* esteem.

apremiar [apremjár] *v. tr.* **1.** to press. ‖ *v. intr.* **2.** (urgir) to be urgent; to press.

aprender [aprendér] *v. tr.* (instruirse) to learn.

aprendiz, -za [aprendíθ] *s. m. y f.* (principiante) apprentice; trainee.

aprendizaje [aprendiθáxe] *s. m.* **1.** (proceso) learning. **2.** (de un oficio) apprenticeship.

apresurado, -da [apresuráðo] *adj.* (acelerado) hurried; hasty.

apresurarse [apresurárse] *v. prnl.* to hurry; to make haste.

apretado, -da [apretáðo] *adj.* **1.** (ajustado) tight. **2.** (apretujado) cramped.

apretar [apretár] *v. tr.* **1.** (tornillo) to tighten. **2.** (puño, dientes) to clench. **3.** (estrechar) to squeeze. ‖ **apretarse** *v. prnl.* **4.** (apretujarse) to squeeze up.

apretón [apretón] *s. m.* squeeze.

aprieto [aprjéto] *s. m.* predicament; scrape *coll.*; fix.

aprisa [aprísa] *adv. mod.* **1.** quickly. ‖ ¡ ~ ! *interj.* **2.** quick!

aprobado [aproβáðo] *s. m.* (en un examen) pass; passing grade.

aprobar [aproβár] *v. tr.* **1.** to approve. **2.** (examen) to pass.

apropiado, -da [apropjáðo] *adj.* (adecuado) suitable; appropriate.

apropiarse [apropjárse] *v. prnl.* (adueñarse) to appropriate.

aprovechar [aproβetʃár] *v. tr.* **1.** (utilizar) to use. **2.** (sacar provecho) to take advantage. ‖ **aprovecharse** *v. prnl.* **3.** to take advantage.

aprovisionar [aproβisjonár] *v. tr.* to supply; to provision.

aproximación [aproksimaθjón] *s. f.* **1.** approximation. **2.** (países) rapprochement.

aproximar [aproksimár] *v. tr.* **1.** to bring closer. ‖ **aproximarse** *v. prnl.* **2.** to approach.

aptitud [aptitúð] *s. f.* aptitude.

apto, -ta [apto] *adj.* **1.** (apropiado) suitable; fit. **2.** (capaz) capable.

apuesto, -ta [apwésto] *adj.* (guapo) good-looking.

apuntalar [apuntalár] *v. tr.* (asegurar con puntales) to prop up; to sohre up.

apuntar [apuntár] *v. tr.* **1.** (señalar) to point (at). **2.** (anotar) to note (down). ‖ **apuntarse** *v. prnl.* **3.** (inscribirse) to enroll.

apunte [apúnte] *s. m.* **1.** (nota) note. **2.** (esbozo) sketch.

apurar [apurár] *v. tr.* **1.** (presionar) to push. **2.** (vaciar) to finish off. ‖ **apurarse** *v. prnl.* **3.** (darse prisa) to hurry.

apuro [apúro] *s. m.* **1.** (aprieto) predicament; fix *coll.* **2.** (económico) hardship.

aquel, -quella, -quello [akél] *adj. dem. sing.* **1.** that. ‖ *pron. dem. sing.* **2.** that. ‖ **aquellos -llas** *adj. dem. pl.* **3.** those. ‖ *pron. dem. pl.* **4.** those. • To avoid any confusion, the m. and f. forms of the pron. are written with an accent: "aquél", "aquélla", "aquéllos" y "aquéllas".

aquella [akéʎa] *adj. y pron. f.* *aquel.

aquello [akéʎo] *adj. y pron. m.* *aquel.

aquí [akí] *adv. l.* here; over here.

araña [arápa] *s. f.*, *Zool.* spider.

arañar [arapár] *v. tr.* to scratch.

arar [arár] *v. tr.*, *Agr.* (una tierra) to plow *Am. E.*

arbitrar [arβitrár] *v. tr. e intr.* **1.** *Dep.* (fútbol, boxeo) to referee. **2.** *Dep.* (tenis, béisbol) to umpire.

árbitro, -tra [árβitro] *s. m. y f.* **1.** (en un conflicto) arbitrator. **2.** *Dep.* (fútbol, boxeo) referee.

árbol [árβol] *s. m.*, *Bot.* tree.

arbusto [arβústo] *s. m.*, *Bot.* shrub; bush.

arca [árka] *s. f.* chest; coffer.

arcén [arθén] *s. m.* **1.** *Autom.* shoulder. **2.** *Autom.* (de autopista) hard shoulder.

archipiélago [artʃipjélaɣo] *s. m.*, *Geogr.* archipelago.

archivador [artʃiβaðór] *s. m.* **1.** (mueble) filing cabinet. **2.** (carpeta) ring binder; file.

archivar [artʃiβár] *v. tr.* **1.** (documentos) to file. **2.** *Inform.* to save.

archivo [artʃíβo] *s. m.* **1.** (lugar) archive. **2.** (documentos) file.

arcilla [arθíʎa] *s. f.* clay.

arco [árko] *s. m.* **1.** *Arq.* arch. **2.** *Mat.* arc. **3.** *Dep. y Mus.* bow.

arder [arðér] *v. intr.* (cosa) to burn.

ardilla [arðíʎa] *s. f.*, *Zool.* squirrel.

ardor [arðór] *s. m.* **1.** burning sensation. **2.** *fig.* (ansia) ardor *Am. E.*

área [área] *s. f.* area.

arena [aréna] *s. f.* sand.

arenal [arenál] *s. m.* sands *pl.*

arenque [aréte] *s. m.*, *Amér.* (pendiente) earring.

arete [arvóʎa] *s. f.* ring.

argot [arvót] *s. m.* slang.

argumentar [arvumentár] *v. tr.* to argue; to have an argument.

argumento [arvuménto] *s. m.* **1.** (razonamiento) argument. **2.** *Lit. y Cinem.* (trama) plot.

árido, -da [áriðo] *adj.* **1.** (estéril) arid. **2.** *fig.* (aburrido) dry.

arisco [arísko] *adj.* unfriendly.

aristocracia [aristokráθja] *s. f.* **1.** (gobierno) aristocracy. **2.** (nobleza) nobility.

arma [árma] *s. f.* weapon.

armar [armár] *v. tr.* **1.** (dar armas) to arm. **2.** (montar) to set up. || **armarse** *v. prnl.* **3.** to arm oneself.

armario [armárjo] *s. m.* **1.** (de ropa) closet *Am. E.;* wardrobe. **2.** (de cocina) cupboard.

armonía [armonía] *s. f.* (de sonidos, colores) harmony.

armónica [armónika] *s. f., Mús.* (instrumento) harmonica.

aro [áro] *s. m.* hoop; ring.

aroma [aróma] *s. f.* aroma.

arpa [árpa] *s. f., Mús.* harp.

arqueología [arkeoloχía] *s. f.* archeology *Am. E.*

arquitecto, -ta [arkitékto] *s. m. y f.* architect. || **~ técnico** (aparejador) quantity surveyor.

arquitectura [arkitektúra] *s. f.* (arte) architecture.

arraigarse [araiχárse] *v. prnl.* **1.** (ideas) to take root. **2.** (asentarse) to settle down.

arrancar [araŋkár] *v. tr.* **1.** to pull up. **2.** (una página) to tear out. || *v. intr.* **3.** *Autom.* (el coche) to start.

arranque [aráŋke] *s. m. fig.* (comienzo) start.

arrasar [arasár] *v. tr.* to demolish.

arrastrar [arastrár] *v. tr.* **1.** to drag; to pull. **2.** (viento, corriente) to sweep. **3.** (devastar) to lead. || *v. intr.* **4.** to trail. || **arrastrarse** *v. prnl.* **5.** to crawl.

arrastre [arástre] *s. m.* (acción) dragging.

arrebatado, -da [areβatáðo] *adj.* (impulsivo) impetuous.

arrebatar [areβatár] *v. tr.* (desposeer) to snatch; to grab.

arreciar [areθjár] *v. intr.* **1.** to grow worse. **2.** (aumentar) to get more severe.

arrecife [areθífe] *s. m., Geogr.* (en el mar) reef.

arreglado, -da [areɣláðo] *adj.* **1.** (ordenado) tidy; neat. **2.** (bien vestido) smart.

arreglar [areɣlár] *v. tr.* **1.** (ordenar) to tidy; to clean up. **2.** (reparar) to mend; to fix. **3.** (un asunto) to settle.

arreglo [aréɣlo] *s. m.* repair.

arremangarse [aremaŋgárse] *v. prnl.* to roll one's sleeves up.

arremeter [aremetér] *v. intr.* (abalanzarse) to charge.

arrendar [arendár] *v. tr.* **1.** (dar en arriendo) to lease; to let. **2.** (tomar en arriendo) to lease.

arrepentido, -da [arepentíðo] *adj.* (pesaroso) remorseful; repentant; penitent.

arrepentirse [ar̄epentírse]
v. prnl. to regret.

arrestar [ar̄estár] *v. tr.* to arrest.

arriba [ar̄íβa] *adv. l.* **1.** (posición) on top; above. **2.** (dirección) up. **3.** (en un edificio) up-stairs.

arriesgado, -da [ar̄jesγáðo] *adj.* (peligroso) risky; hazardous; dangerous.

arriesgar [ar̄jesγár] *v. tr.* to risk.

arrimar [ar̄imár] *v. tr.* **1.** to bring closer. ‖ **arrimarse** *v. prnl.* **2.** to come closer.

arrinconar [ar̄iŋkonár] *v. tr.* **1.** (poner en un rincón) to put in a corner. **2.** (acorralar) to corner.

arroba [ar̄óβa] *s. f., Inform.* (@) at.

arrodillarse [ar̄oðiʎárse] *v. prnl.* (hincarse) to kneel (down).

arrogancia [ar̄oγáŋθja] *s. f.* (altanería) arrogance.

arrojar [ar̄oχár] *v. tr.* **1.** to throw; to cast. **2.** (lava, llamas) to erupt. ‖ **arrojarse** *v. prnl.* **3.** (tirarse) to throw oneself.

arrollar [ar̄oʎár] *v. tr.* **1.** (enrollar) to coil; to wind; to roll up. **2.** (atropellar) to run over.

arropar [ar̄opár] *v. tr.* **1.** to wrap up. ‖ **arroparse** *v. prnl.* **2.** to wrap oneself up.

arroyo [ar̄ójo] *s. m.* **1.** stream; brook. **2.** (de la calle) gutter.

arroz [ar̄óθ] *s. m.* rice.

arruga [ar̄úγa] *s. f.* **1.** fold. **2.** (en la piel) wrinkle; line. **3.** (en tela, papel) wrinkle.

arrugar [ar̄uγár] *v. tr.* **1.** (la piel) wrinkle. **2.** (tejido, papel) to wrinkle *Am. E.*.

arruinar [ar̄winár] *v. tr.* **1.** (empobrecer) to ruin. **2.** (destruir) to ruin; to wreck.

arrullar [ar̄uʎár] *v. tr.* (bebé) to lull to sleep.

arte [árte] *s. amb.* **1.** art. **2.** (habilidad) skill.

artefacto [artefákto] *s. m.* device.

arteria [artérja] *s. f. Anat.* artery. **2.** (carretera) artery.

artesanía [artesanía] *s. f.* **1.** (actividad) craftsmanship. **2.** (obra) craftwork.

artesano, -na [artesáno] *s. m. y f.* artisan; craftsman.

articulación [artikulaθjón] *s. f., Anat.* articulation; joint.

articular [artikulár] *v. tr.* to articulate.

artículo [artíkulo] *s. m.* **1.** *Ling.* article. **2.** *Econ.* article; item. **3.** (en periódico) article.

artificio [artifiθjo] *s. m.* **1.** (astucia) artifice. **2.** (artilugio) device.

artista [artísta] *s. m. y f.* artist.

as [ás] *s. m.* **1.** (juegos) ace. **2.** *fig.* (campeón) ace.

asa [ása] *s. f.* handle.

asado, -da [asáðo] *adj.* **1.** roast; roasted. ‖ *s. m.* **2.** *Gastr.* roast.

asaltar [asaltár] *v. tr.* **1.** (ciudad, fortaleza) to attack; to storm. **2.** (atracar) to rob; to raid.

asalto [asálto] *s. m.* **1.** assault; attack. **2.** (con robo) robbery.

asamblea [asambléa] *s. f.* **1.** (reunión) meeting; assembly. **2.** (cuerpo) assembly.

asar [asár] *v. tr., Gastr.* to roast.

ascendencia [asθendénθja] *s. f.* ancestry; descent.

ascender [asθendér] *v. intr.* **1.** (profesionalmente) to promote. **2.** (subir) to rise.

ascenso [asθénso] *s. m.* **1.** (promoción) promotion. **2.** (de sueldo) rise.

ascensor [asθensór] *s. m.* (elevador) elevator *Am. E.;* lift *Br. E.*

asco [ásko] *s. m.* (repulsión) repugnance; disgust. ‖ ¡qué ~ ! how disgusting!

asear [aseár] *v. tr.* **1.** to clean. **2.** (ordenar) to tidy. ‖ **asearse** *v. prnl.* **3.** (lavarse) to wash oneself.

asegurar [aseɣurár] *v. tr.* **1.** *Econ.* to insure. **2.** (garantizar) to assure; to guarantee.

asentar [asentár] *v. tr.* **1.** to base. **2.** (colocar) to seat.

asentir [asentír] *v. intr.* **1.** (admitir) to assent. **2.** (con la cabeza) to nod.

aseo [aséo] *s. m.* **1.** cleanliness. **2.** (lugar) toilet. ‖ **aseos** *s. m. pl.* **3.** rest room *Am. E.*

asequible [asekíβle] *adj.* **1.** accesible; achievable. **2.** (precio) reasonable.

asesinar [asesinár] *v. tr.* (matar) to murder; to kill.

asesinato [asesináto] *s. m.* **1.** (crimen) murder. **2.** (magnicidio) assassination.

asesino, -na [asesíno] *adj.* **1.** (criminal) murderous. ‖ *s. m. y f.* **2.** murderer; killer.

asesorar [asesorár] *v. tr.* **1.** to advise. ‖ **asesorarse** *v. prnl.* **2.** to consult.

asfalto [asfálto] *s. m.* asphalt.

asfixia [asfiksja] *s. f., Med.* (ahogo) asphyxia; suffocation.

asfixiar [asfiksjár] *v. tr.* (ahogar) to asphyxiate; to suffocate.

así [así] *adv. mod.* **1.** like that; like this; so. ‖ *adj.* **2.** such.

asiduo, -dua [asíðwo] *adj.* **1.** (persistente) assiduous. **2.** (frecuente) frequent.

asiento [asjénto] *s. m.* **1.** seat. **2.** (de bicicleta) saddle. **3.** *Cinem. y Teatr.* seat.

asignar [asiɣnár] *v. tr.* (designar) to assign; to allocate; to allot.

asilo [asílo] *s. m.* **1.** (institución) asylum; sanctuary. **2.** *fig.* (refugio) refuge.

asimilar [asimilár] *v. tr.* **1.** (información, alimentos) to assimilate. **2.** (asemejar) to assimilate.

asimismo o así mismo [asimísmo] *adv. mod.* also; likewise.

asistencia [asisténθja] *s. f.* **1.** (presencia) attendance. **2.** (ayuda) assistance; aid.

asistir [asistír] *v. tr.* **1.** (ayudar) to assist. **2.** (enfermos) to care for. ‖ *v. intr.* **3.** (estar presente) to attend; to be present.

asno [ásno] *s. m., Zool.* donkey.

asociación [asoθja θjón] *s. f.* **1.** association. **2.** *Econ.* partnership.

asociar [asoθjár] *v. tr.* **1.** to associate. ‖ **asociarse** *v. prnl.* **2.** (unirse) to team up.

asomar [asomár] *v. tr.* **1.** to stick. ‖ *v. intr.* **2.** to show. ‖ **asomarse** *v. prnl.* **3.** (aparecer) to show. **4.** (a la ventana) to lean out.

asombrar [asombrár] *v. tr.* **1.** to amaze; to astonish. ‖ **asombrarse** *v. prnl.* **2.** (sorprenderse) to be amazed.

aspa [áspa] *s. f.* **1.** (cruz) cross. **2.** (de molino) sail.

aspecto [aspékto] *s. m.* **1.** (apariencia) appearance; look. **2.** (faceta) aspect.

áspero, -ra [áspero] *adj.* **1.** (tacto) rough; harsh. **2.** (escarpado) rugged. **3.** (voz) gruff. **4.** (brusco) brusque.

aspiración [aspiraθjón] *s. f.* **1.** (al respirar) inspiration. **2.** (ambición) aspiration; ambition.

aspirador, -ra [aspiraðór] *s. m. y f.* vacuum cleaner.

aspirante [aspiránte] *s. m. y f.* (para un puesto) applicant.

aspirar [aspirár] *v. tr.* **1.** (respirar) to breathe in; to inhale. **2.** (aparato) to suck. ‖ *v. intr.* **3.** *fig.* (desear) to aspire.

aspirina [aspirína] *s. f., Farm.* aspirin.

asquear [askeár] *v. tr.* (repugnar) to sicken; to nauseate *coll.*

asqueroso, -sa [askeróso] *adj.* **1.** disgusting. **2.** (escrupuloso) fastidious.

asta [ásta] *s. f.* **1.** (de bandera) staff; pole. **2.** *Zool.* (cuerno) horn.

astil [astíl] *s. m.* **1.** (de herramienta) handle. **2.** (de flecha, lanza) shaft.

astilla [astíʎa] *s. f.* chip; splinter.

astillar [astiʎár] *v. tr.* to splinter.

astro [ástro] *s. m.* **1.** *Astron.* star. **2.** *fig.* (actor, etc.) star.

astrología [astroloχía] *s. f.* astrology.

astronauta [astronáwta] *s. m. y f.* (cosmonauta) astronaut; cosmonaut.

astronomía [astronomía] *s. f.* astronomy.

astucia [astúθja] *s. f.* **1.** (sagacidad) astuteness. **2.** (picardía) cunning; craftiness.

astuto, -ta [astúto] *adj.* (sagaz) astute; shrewd.

asumir [asumír] *v. tr.* (aceptar) to assume; to take on.

asunto [asúnto] *s. m.* **1.** (personales) affair; business. **2.** (cuestión) matter.

asustado [asustáðo] *adj.* afraid.

asustar [asustár] *v. tr.* **1.** to frighten; to scare. ‖ **asustarse** *v. prnl.* **2.** (aterrorizarse) to get scared; to be frightened.

atacar [atakár] *v. tr.* to attack.

atado [atáðo] *adj.* **1.** (amarrado) tied. ‖ *s. m.* **2.** (hatillo) bundle.

atajar [ataxár] *v. intr.* **1.** to take a short cut. ‖ *v. tr.* **2.** (interrumpir) to intercept.

atajo [atáxo] *s. m.* short cut.

atañer [atañér] *v. intr.* (concernir) to concern.

ataque [atáke] *s. m.* attack.

atar [atár] *v. tr.* **1.** to tie. **2.** (animales) tether. ‖ *v. intr.* **3.** *fig.* to tie down.

atardecer [atarðeθér] *s. m.* **1.** dusk. ‖ *v. impers.* **2.** to get dark.

atascar [ataskár] *v. tr.* **1.** to block; to clog. ‖ **atascarse** *v. prnl.* **2.** (tubería) to clog. **3.** (mecanismo) to jam.

atasco [atásko] *s. m.* traffic jam.

ataúd [ataúð] *s. m.* coffin.

atemorizar [atemoriθár] *v. tr.* (asustar) to frighten; to scare.

atención [atenθjón] *s. f.* attention.

atender [atendér] *v. tr.* **1.** (cuidar) to attend; to look after. **2.** (clientes) to serve.

atentado [atentáðo] *s. m.* **1.** attack. **2.** (ofensa) offense.

atento, -ta [aténto] *adj.* **1.** (concentrado) attentive. **2.** (amable) polite.

atenuar [atenuár] *v. tr.* **1.** (mitigar) to attenuate. **2.** (importancia) to lessen.

ateo, -a [atéo] *s. m. y f.* atheist.

aterrar [aterár] *v. tr.* to terrify.

aterrizaje [ateriθáxe] *s. m.,* Aeron. landing.

aterrizar [ateriθár] *v. tr.,* Aeron. to land.

aterrorizar [ateroriθár] *v. tr.* (atemorizar) to terrify.

atiborrarse [atiβorárse] *v. prnl.* (de comida) to stuff oneself.

ático [átiko] *s. m.* penthouse.

atinar [atinár] *v. intr.* **1.** (adivinar) to hit upon. **2.** (acertar) to succeed.

atizar [atiθár] *v. tr.* (el fuego) to poke.

atlas [átlas] *s. m. inv.*, *Geogr.* atlas.

atleta [atléta] *s. m. y f.*, *Dep.* (deportista) athlete.

atmósfera o atmosfera [atmósfera] *s. f.* **1.** *Astron.* atmosphere. **2.** *fig.* (ambiente) air.

atolladero [atoʎaðéro] *s. m.* **1.** (lodazal) mire; quagmire. **2.** *fig.* (aprieto) jam *coll.*

atónito, -ta [atónito] *adj.* (perplejo) astonished.

atontado, -da [atoŋtáðo] *adj.* **1.** foolish; silly. **2.** (aturdido) groggy *coll.*

atontar [atoŋtár] *v. tr.* **1.** (aturdir) to stun; to stupefy. ‖ **atontarse** *v. prnl.* **2.** (aturdirse) to be confused.

atormentar [atormeŋtár] *v. tr.* **1.** to torture. **2.** *fig.* (importunar) to torment.

atosigar [atosiɣár] *v. tr.*, *fig.* (agobiar) to harass.

atracar [atrakár] *v. tr.* **1.** (robar) to hold up; to rob. **2.** *fam.* (atiborrar) to stuff.

atracción [atrakθjón] *s. f.* **1.** attraction. **2.** (espectáculo) ride.

atraco [atráko] *s. m.* robbery.

atractivo, -va [atraktíβo] *adj.* **1.** attractive. ‖ *s. m.* **2.** (encanto) charm; attraction.

atraer [atraér] *v. tr.* to attract.

atragantarse [atraɣaŋtárse] *v. prnl.* (ahogarse) to choke.

atrancar [atraŋkár] *v. tr.* **1.** (puerta) to bar. **2.** (atascar) to block up.

atrapar [atrapár] *v. tr.* to catch.

atrás [atrás] *adv. l.* **1.** behind. **2.** back; backward. ‖ *adv. t.* **3.** earlier. ‖ ¡ ~ ! *interj.* **4.** get back!

atrasar [atrasár] *v. tr.* **1.** (retrasar) to delay; to set back. **2.** (reloj) to put back. ‖ **atrasarse** *v. prnl.* **3.** to remain behind.

atraso [atráso] *s. m.* **1.** delay. **2.** (de un país) backwardness.

atravesar [atraβesár] *v. tr.* **1.** to cross. **2.** (montañas) to get over.

atreverse [atreβérse] *v. prnl.* (osar) to dare.

atrevido, -da [atreβíðo] *adj.* **1.** (osado) daring; bold. **2.** (descarado, valiente) shameless.

atrevimiento [atreβimjéŋto] *s. m.* **1.** audacity; nerve. **2.** (insolencia) insolence.

atribuir [atriβuír] *v. tr.* to attribute; to ascribe.

atributo [atriβúto] *s. m.* attribute.

atril [atríl] *s. m.* **1.** (para libros) lectern. **2.** *Mús.* (para partituras) music stand.

atrocidad [atroθiðáð] *s. f.* (salvajada) atrocity; outrage.

atropellar [atropeʎár] *v. tr.* (con coche) to knock down; to run over.

atroz [atróθ] *adj.* **1.** (brutal) atrocious; appalling. **2.** (horrible) awful.

atuendo [atwéndo] *s. m., form.* (vestimenta) outfit; attire; dress.

atún [atún] *s. m., Zool.* tuna.

aturdir [aturðír] *v. tr.* **1.** to daze; to stun. ‖ **aturdirse** *v. prnl.* **2.** *fig.* (confundirse) to get confused; to get flustered.

audacia [awðáθja] *s. f.* (coraje) boldness; daring.

audaz [awðáθ] *adj.* daring; bold.

audición [awðiθjón] *s. f.* (acción) hearing.

audiencia [awðjénθja] *s. f.* **1.** (recepción) hearing; audience. **2.** (público) audience.

auge [áwxe] *s. m.* height.

aula [áwla] *s. f.* **1.** (en escuela) classroom. **2.** (en universidad) lecture room.

aullar [awʎár] *v. intr.* to howl.

aumentar [awmentár] *v. tr.* **1.** (incrementar) to increase. **2.** (precio) to raise. ‖ *v. intr.* **3.** to increase; to rise.

aun [áwn] *adv. mod.* even if. ‖ ~ **así** even so.

aún [aún] *adv. t.* **1.** (en frases negat.) yet. **2.** (en frases afirmat.) still. **3.** (en comparaciones) even.

aunque [áwŋke] *conj. conces.* **1.** (+ indic.) though; although. **2.** (+ subj.) even if. **3.** if.

aupar [awpár] *v. tr.* **1.** (elevar) to lift up. ‖ **auparse** *v. prnl.* **2.** (subirse) to get up.

auricular [awrikulár] *s. m.* **1.** (de teléfono) receiver. ‖ **auriculares** *s. m. pl.* **2.** headphones *pl.*

aurora [awróra] *s. f.* (alba) dawn; daybreak.

ausencia [awsénθja] *s. f.* absence.

ausentarse [awsentárse] *v. prnl.* (largarse) to go away; to absent oneself.

austero, -ra [awstéro] *adj.* (rígido) austere.

auténtico, -ca [awténtiko] *adj.* (genuino) authentic; genuine.

auto [áwto] *s. m., Amér.* car.

autobiografía [awtoβjoɣrafía] *s. f.* autobiography.

autobús [awtoβús] *s. m., Autom.* bus.

autóctono, -na [awtóktono] *adj.* (originario) indigenous; native; autochthonous.

autoescuela [awtoeskwéla] *s. f., Autom.* driving school.

autógrafo [awtóɣrafo] *s. m.* (firma) autograph.

automático, -ca [awtomátiko] *adj.* automatic.

automóvil [awtomóβil] *s. m., Autom.* car; automobile *Am. E.*

barniz [barníθ] *s. m.* **1.** (para madera) varnish. **2.** (para cerámica) glaze.

barra [báɾa] *s. f.* **1.** (de oro, metal) bar. **2.** (mostrador) bar. **3.** (vara) rod. **4.** (de pan) baguette.

barraca [baɾáka] *s. f.* **1.** (chabola) shack. **2.** (de feria) booth.

barranco [baɾáŋko] *s. m., Geogr.* (despeñadero) ravine.

barrendero, -ra [baɾeŋdéro] *s. m. y f.* sweeper; street sweeper.

barrer [baɾér] *v. tr.* (el suelo) to sweep.

barrera [baɾéra] *s. f.* barrier.

barricada [baɾikáda] *s. f.* barricade.

barriga [baɾíɣa] *s. f. fam.* belly; stomach. **2.** (de una vasija) belly.

barril [baɾíl] *s. m.* barrel; cask.

barrio [báɾjo] *s. m.* neighborhood; quarter.

barrizal [baɾiθál] *s. m.* (lodazal) quagmire; muddy area; mire.

barro [báɾo] *s. m.* **1.** mud. **2.** (arcilla) clay.

basar [basár] *v. tr.* **1.** (fundamentar) to base. || **basarse** *v. prnl.* **2.** to be based.

báscula [báskula] *s. f. sing.* (balanza) scales *pl.*

base [báse] *s. f.* **1.** (parte inferior) base. **2.** (conocimiento) basis.

basílica [basílika] *s. f., Rel.* (iglesia) basilica.

bastante [bastánte] *adj. indef.* **1.** enough. || *adv. cant.* **2.** enough. **3.** rather; quite.

bastar [bastár] *v. intr.* **1.** (ser suficiente) to suffice. || **¡basta!** *interj.* **2.** ¡that's enough!

basto, -ta [básto] *adj.* **1.** (áspero) rough. **2.** (grosero) rude.

bastón [bastón] *s. m.* **1.** walking stick; cane. **2.** (de esquí) ski stick/pole.

bastoncillo [bastonθíʎo] *s. m.* (de los oídos) cotton swab *Am. E.*; cotton bud *Br. E.*

basura [basúra] *s. f.* **1.** rubbish; garbage *Br. E.* **2.** (recipiente) dustbin *Br. E.*; garbage can *Am. E.* || **cubo de ~** trash can *Am. E.*

bata [báta] *s. f.* **1.** (para casa) dressing gown; robe. **2.** (de trabajo) smock; overall *Br. E.*

batalla [batáʎa] *s. f.* battle.

batería [batería] *s. f.* **1.** *Electrón.* battery. **2.** *Mús.* drums *pl.*

batido [batíðo] *s. m.* milk shake.

batidora [batiðóra] *s. f.* mixer.

batir [batír] *v. tr.* **1.** (huevos) to beat. **2.** *Gastr.* (nata) to whip.

baúl [baúl] *s. m.* trunk.

bautizar [bawtiθár] *v. tr., Rel.* (cristianar) to baptize; to christen.

baya [bája] *s. f., Bot.* berry.

bayeta [bajéta] *s. f.* dishcloth.

bazar [baθár] *s. m.* bazaar.

bazo [báθo] *s. m., Anat.* spleen.

bebé [beβé] *s. m.* baby.

beber [beβér] *v. tr. e intr.* to drink; tomar *Amér.*

bebida [beβíða] *s. f.* drink.

beca [béka] *s. f.* grant; scholarship.

becerro, -rra [beθéro] *s. m. y f., Zool.* (novillo) calf.

bedel, -la [beðél] *s. m. y f.* porter.

beicon [béjkon] *s. m.* bacon.

béisbol [béjsβol] *s. m., Dep.* baseball.

belén [belén] *s. m.* **1.** *Rel.* (nacimiento) crèche *Am. E.;* crib. **2.** *fig.* (desorden) confusion; mess.

bélico, -ca [béliko] *adj.* military.

belleza [beʎéθa] *s. f.* beauty.

bello, -lla [béʎo] *adj.* beautiful.

bellota [beʎóta] *s. f., Bot.* acorn.

bendecir [bendeθír] *v. tr., Rel.* (ensalzar) to bless.

beneficiar [benefiθjár] *v. tr.* **1.** (favorecer) to benefit. ‖ **beneficiarse** *v. prnl.* **2.** to benefit.

benéfico, -ca [benéfiko] *adj.* (caritativo) charitable; benevolent.

benevolencia [beneβoléŋθja] *s. f.* benevolence; kindness.

benjamín, -mina [beŋxamín] *s. m. y f.* youngest.

berberecho [berβerétʃo] *s. m., Zool.* (common) cockle.

berenjena [berenxéna] *s. f., Bot.* eggplant *Am. E.;* aubergine *Br. E.*

berrinche [beríntʃe] *s. m., fam.* tantrum; rage.

berro [béro] *s. m., Bot.* (planta) watercress.

berza [bérθa] *s. f., Bot.* cabbage.

besamel [besamél] *s. f., Gastr.* (salsa) white sauce.

besar [besár] *v. tr.* to kiss. .

beso [béso] *s. m.* kiss.

bestia [béstja] *s. f.* beast.

besugo [besúyo] *s. m., Zool.* (pescado) sea bream.

betún [betún] *s. m.* shoe polish.

biberón [biβerón] *s. m.* feeding bottle; baby's bottle.

Biblia [bíβlja] *s. f., Rel.* Bible.

bibliografía [biβljoɣrafía] *s. f.* bibliography.

biblioteca [biβljotéka] *s. f.* **1.** (lugar) library. **2.** (mueble) bookcase; book-shelves *pl.*

bicarbonato [bikarβonáto] *s. m., Quím.* baking soda.

bicho [bítʃo] *s. m.* **1.** (insecto) bug. **2.** *col.* (persona inquieta) monkey.

bicicleta [biθikléta] *s. f.* bicycle.

bidé [biðé] *s. m.* bidet.

bidón [biðón] *s. m.* drum.

bien [bjén] *s. m.* **1.** good. **2.** good; benefit. ‖ *adv. m.***3.** well. **4.** (correctamente) properly. **5.** (estar) fine. **6.** (correcto) right. ‖ *interj.* **7.** right. ‖ **¡ ~ !** *interj.* **8.** good!; well done!

bienestar [bjenestár] s. m. well-being; welfare.

bienvenida [bjembeníða] s. f. welcome. || **dar la ~** to welcome.

bigote [biɣóte] s. m. **1.** (de persona) mustache Am. E. **2.** (de animal) whisker.

bilingüe [bilíŋgwe] adj. (persona) bilingual.

bilis [bílis] s. f. **1.** Med. bile. **2.** fig. spleen.

billete [biʎéte] s. m. **1.** (de tren, autobús,...) ticket. **2.** (de lotería) ticket.

billetera [biʎetéra] s. f. (monedero) billfold Am. E.; wallet Br. E.

billón [biʎón] s. m. (dinero) trillion Am. E.; billion Br. E.

bingo [bíŋgo] s. m. **1.** (juego) bingo. **2.** (local) bingo hall.

biografía [bjoɣrafía] s. f. (vida) biography.

biología [bjoloxía] s. f. biology.

biombo [bjómbo] s. m. (mampara) folding screen.

biquini [bikíni] s. m. bikini.

birria [bírja] s. f. **1.** col. rubbish; crap. **2.** col. (cosa fea) monstrosity.

bisabuelo, -la [bisaβwélo] s. m. **1.** great-grandfather. || **bisabuela** s. f. **2.** great-grandmother. || **bisabuelos** s. m. pl. **3.** great-grandparents pl.

bisagra [bisáɣra] s. f. hinge.

bisiesto [bisjésto] adj. y s. m. (año) leap year.

bisnieto [bisnjéto] s. m. **1.** great-grandson. || **bisnieta** s. f. **2.** great-granddaughter. || **bisnietos** s. m. pl. **3.** great-grandchildren.

bistec [bisték] s. m. steak.

bisturí [bisturí] s. m., Med. (instrumento quirúrgico) scalpel.

bizco, -ca [bíθko] adj. **1.** cross-eyed. || s. m. y f. **2.** (bisojo) cross-eyed person.

bizcocho [biθkótʃo] s. m., Gastr. sponge cake.; sponge finger.

blanco, -ca [bláŋko] adj. **1.** white. **2.** (de piel) fairskinned. || s. m. **3.** (color) white. || s. m. y f. **4.** white person. || **en ~** blank.

blando, -da [blándo] adj. **1.** (cama) soft. **2.** (caráter) soft; weak.

blasfemia [blasfémja] s. f., Rel. **1.** blasphemy. **2.** fig. (grosería) profanity.

bledo [bléðo] s. m., Bot. blite.

bloc [blók] s. m. pad; notepad.

bloque [blóke] s. m. block.

blusa [blúsa] s. f. blouse.

boa [bóa] s. f., Zool. boa.

bobada [boβáða] s. f. nonsense.

bobina [boβína] s. f. **1.** bobbin; reel. **2.** Electrón. coil.

bobo, -ba [bóβo] adj. **1.** stupid; silly. || s. m. y f. **2.** (tonto) fool; idiot.

boca [bóka] s. f., Anat. mouth.

bocacalle [bokakáʎe] *s. f.* (calle secundaria) side street.

bocadillo [bokaðíʎo] *s. m.* **1.** sandwich; submarine. **2.** (en cómics) balloon; speech bubble.

bocado [bokáðo] *s. m.* **1.** (mordisco) mouthful. **2.** (tentempié) bite.

bocata [bokáta] *s. m., fam.* (bocadillo) sandwich; submarine.

boceto [boθéto] *s. m.* **1.** (esbozo) sketch. **2.** (proyecto) outline.

bochorno [botʃórno] *s. m.* **1.** *Meteor.* sultry weather. **2.** *fig.* (vergüenza) shame.

bocina [boθína] *s. f., Autom.* (claxon) horn.

boda [bóða] *s. f.* wedding.

bodega [boðéɣa] *s. f.* **1.** wine cellar; wine vault. **2.** (tienda) wine shop. **3.** *Náut.* (of ship) hold.

bodegón [boðeɣón] *s. m.* **1.** *Pint.* still life. **2.** (para comer) eating house.

bofetada [bofetáða] *s. f.* (sopapo) slap; blow (in the face).

bohemio, -mia [boémjo] *adj. y s. m. y f.* (artista) bohemian.

boicot [bojkót] *s. m.* boycott.

boina [bójna] *s. f.* beret.

bol [ból] *s. m.* bowl.

bola [bóla] *s. f.* **1.** (pelota) ball. ‖ **bo-** **la 2.** *fam.* (mentira) lie; fib *fam.*

boletín [boletín] *s. m.* bulletin.

boleto [boléto] *s. m., Amér.* (de lotería, entrada) ticket.

bolígrafo [bolíɣrafo] *s. m.* pen; ball-point.

bollo [bóʎo] *s. m.* **1.** (de pan) roll; bread roll. **2.** (dulce) bun.

bolo [bólo] *s. m.* **1.** tenpin. ‖ **bo-** **los** *s. m. pl.* **2.** (juego) tenpins *Am. E.*

bolsa [bólsa] *s. f.* bag.

bolsillo [bolsíʎo] *s. m.* (en la ropa) pocket.

bolso [bólso] *s. m.* (de mujer) handbag; purse *Am. E.*

bombero [bombéro] *s. m.* **1.** fireman. ‖ **bombera** *s. f.* **2.** firewoman.

bombilla [bombíʎa] *s. f.* bulb.

bombo [bómbo] *s. m.* **1.** *Mús.* bass drum. **2.** (publicidad) hype.

bombón [bombón] *s. m.* **1.** chocolate. **2.** *fam.* (mujer guapa) stunner *coll.*

bombona [bombóna] *s. f.* (de gas) gas canister/cylinder.

bondad [bondáð] *s. f.* kindness.

bonito [boníto] *s. m., Zool.* tuna.

bonito, -ta [boníto] *adj.* (lindo) nice; lovely.

bono [bóno] *s. m.* **1.** *Econ.* bond. **2.** (vale) voucher.

bonobús [bonoβús] *s. m.* 10-journey bus ticket; bus pass.

bonoloto [bonolóto] *s. f.* multidraw state lottery.

bonsái [bonsáj] *s. m., Bot.* bonsai.

boquerón [bokerón] *s. m., Zool. y Gastr.* (anchoa) anchovy.

boquete [bokéte] *s. m.* (orificio) hole; narrow opening; small gag.

boquilla [bokíʎa] *s. f.* **1.** (de cigarrillo) cigarette holder. **2.** *Mús.* mouthpiece.

bordar [borðár] *v. tr.* (en una tela) to embroider.

borde [bórðe] *s. m.* **1.** edge. **2.** (de un recipiente) rim.

bordillo [borðíʎo] *s. m.* (de la acera) curb *Am. E.*; kerb *Br. E.*

borrachera [boraʧéra] *s. f.* drunkenness.

borracho, -cha [boráʧo] *adj.* **1.** (bebido) drunk. ‖ *s. m. y f.* **2.** (beodo) drunkard.

borrador [boraðór] *s. m.* **1.** (escrito) draft *Am. E.* **2.** (para pizarra) eraser *Am. E.*; duster *Br. E.*

borrar [borár] *v. tr.* **1.** (con goma) to erase; to rub out. **2.** (cinta, archivo) to delete.

borrasca [boráska] *s. f.* **1.** *Meteor.* depression. **2.** *Meteor.* (tormenta) squall.

borrego, -ga [boréɣo] *s. m. y f. Zool.* (cordero pequeño) lamb.

borrico [boríko] *s. m.* **1.** *Zool.* donkey. **2.** *fam.* (persona) fool.

borrón [borón] *s. m.* (mancha) smudge; inkblot.

bosque [bóske] *s. m.* forest; woods *pl.*

bostezar [bosteθár] *v. intr.* to yawn.

bota [bóta] *s. f.* **1.** boot. **2.** (de vino) wine-skin.

botánico, -ca [botániko] *adj.* **1.** botanical. ‖ *s. m. y f.* **2.** botanist. ‖ **botánica** *s. f.* **3.** (ciencia) botany.

botar [botár] *v. tr.* **1.** (una pelota, un balón) to bounce. ‖ *v. intr.* **2.** (saltar) jump. **3.** (balón) to bounce. **4.** *Amér.* to throw.

bote[1] [bóte] *s. m.* (salto) bounce.

bote[2] [bóte] *s. m.* **1.** (lata) can; tin *Br. E.* **2.** (tarro) jar. **3.** (de juegos) pot.

bote[3] [bóte] *s. m., Náut.* boat.

botella [botéʎa] *s. f.* bottle.

botica [botíka] *s. f.* (farmacia) pharmacy; chemist's (shop).

botijo [botíxo] *s. m.* earthenware drinking jug with spout.

botín[1] [botín] *s. m.* (de un robo) booty; loot.

botín[2] [botín] *s. m.* (zapato) ankle boot.

botiquín [botikín] *s. m.* **1.** medicine chest/cabinet. **2.** (maletín) first-aid kit.

botón [botón] *s. m.* button.

botones [botónes] *s. m. sing.* **1.** (en hotel) bellboy *Am. E.*; page. **2.** (en oficina) office boy.

bóveda [bóβeða] *s. f.*, *Arq.* vault.

bovino, -na [boβíno] *adj. y s. m. y f.*, *Zool.* (vacuno) bovine.

boxeo [bokséo] *s. m.*, *Dep.* (lucha) boxing.

boya [boʝa] *s. f.*, *Náut.* buoy.

bozal [boθál] *s. m.* muzzle.

bracero [braθéro] *s. m.* laborer.

braga [bráγa] *s. f.* panties *pl. Am. E.*; knickers *pl. Br. E.*

bragueta [braγéta] *s. f.* fly; flies *pl.*

bramido [bramíðo] *s. m.* **1.** (de animal) bellow. **2.** (de persona) bellow.

brasa [brása] *s. f.* ember.

brasero [braséro] *s. m.* brazier.

brasier [brasjér] *s. m.*, *Amér.* (sujetador) bra.

bravo, -va [bráβo] *adj.* (valiente) brave; courageous.

brazo [bráθo] *s. m.* **1.** *Anat.* arm. **2.** (de una silla) arm.

brecha [brétʃa] *s. f.* **1.** (en la pared) breach; opening; gap. **2.** (en la cabeza) gash. **3.** *fig.* breach.

breva [bréβa] *s. f.* early fig.

breve [bréβe] *adj.* brief; short.

brevedad [breβeðáð] *s. f.* brevity; briefness.

bribón, -bona [briβón] *adj.* **1.** (vago) idle. || *s. m. y f.* **2.** (pícaro) scamp; rascal.

brillante [briʎánte] *adj.* **1.** bright. **2.** *fig.* (extraordinario) brilliant.

brillar [briʎár] *v. intr.* to shine.

brinco [bríŋko] *s. m.* (salto) leap; bound.

brindar [brindár] *v. intr.* **1.** to toast. || *v. tr.* **2.** (ofrecer) to afford.

brindis [bríndis] *s. m.* toast.

brío [brío] *s. m.* **1.** (ímpetu) energy; force. **2.** (valor) spirit.

brisa [brísa] *s. f.* breeze.

británico, -ca [britániko] *adj.* **1.** British; Britannic *frml.* || *s. m. y f.* **2.** (persona) British person.

brocha [brótʃa] *s. f.* brush.

broche [brótʃe] *s. m.* **1.** (de monedero, maletín) clasp. **2.** (joya) brooch.

broma [bróma] *s. f.* joke.

bronca [bróŋka] *s. f. fam.* (disputa) quarrel.

bronce [brónθe] *s. m.* bronze.

bronceador [broŋθeaðór] *s. m.* **1.** (crema) suntan lotion. **2.** (aceite) suntan oil

broncear [broŋθeár] *v. tr.* **1.** (el sol) to tan. **2.** (dar color) to bronze. || **broncearse** *v. prnl.* **3.** to get a suntan; to tan.

bronquio [bróŋkjo] *s. m.*, *Anat.* bronchus; bronchial tube.

bronquitis [broŋkítis] *s. m.*, *Med.* bronchitis.

brotar [brotár] *v. intr.* **1.** *Bot.* (plantas) to bud; to sprout. **2.** (agua) to spring.

brujo [brúχo] s. m. **1.** (hechicero) wizard; sorcerer. ‖ **bruja** s. f. **2.** witch.

brújula [brúχula] s. f. compass.

bruma [brúma] s. f. mist.

brusco, -ca [brúsko] adj. **1.** (rudo) rough; brusque. **2.** (repentino) sudden.

bruto, -ta [brúto] adj. **1.** (tonto) dumb; stupid. **2.** (grosero) brutish. ‖ s. m. y f. **3.** (persona violenta) brute.

buche [bútʃe] s. m. **1.** Zool. (de aves) crop. **2.** Zool. fam. (de animales) maw. **3.** Anat., fam. (estómago) maw.

bucle [búkle] s. m. (rizo) ringlet.

buen [bwén] adj. good. •Apocopated form of "bueno", used before a m. n.

bueno, -na [bwéno] adj. **1.** good. **2.** (agradable) nice. **3.** (clima) fine. ‖ interj. **4.** col. well. **5.** (de acuerdo) all right.

buey [bwéj] s. m., Zool. (macho vacuno) ox; bullock.

búfalo, -la [búfalo] s. m. y f., Zool. buffalo.

bufanda [bufánda] s. f. scarf.

buhardilla [bwarðíʎa] s. f. **1.** (desván) attic. **2.** (ventana) domer window.

búho [búo] s. m., Zool. owl.

buitre [bwítre] s. m. **1.** Zool. vulture. **2.** fig. (persona) vulture.

bulla [búʎa] s. f. **1.** (alboroto) racket. **2.** (muchedumbre) crowd.

bullicio [buʎíθjo] s. m. (ruido) bustle.

bulto [búlto] s. m. **1.** (volumen) bulk. **2.** Med. (hinchazón) lump; bump. **3.** (paquete) package.

buque [búke] s. m., Náut. ship.

burbuja [burβúχa] s. f. bubble.

burguesía [burɣesía] s. f. (clase media) bourgeoisie; middle class.

burla [búrla] s. f. (pitorreo) derision; mockery; humbug. ‖ **hacer ~** to mock.

burlar [burlár] v. tr. to evade. ‖ **burlarse** v. prnl. **2.** to mock.

burro, -rra [búro] adj. **1.** fam. stupid. ‖ s. m. y f. **2.** Zool. ass; donkey. **3.** fam. (estúpido) idiot.

bus [bús] s. m., fam. bus.

busca [búska] s. f. **1.** search. ‖ s. m. **2.** fam. (buscapersonas) beeper Am. E.; bleeper.

buscar [buskár] v. tr. **1.** to look for; to search for; to seek. **2.** (en lista, diccionario) to look up.

busto [bústo] s. m. **1.** (escultura) bust. **2.** Anat. (pecho de mujer) bust.

butaca [butáka] s. f. **1.** (sillón) easy chair; armchair. **2.** Cinem. y Teatr. seat.

buzón [buθón] s. m. mailbox Am. E.; letter box Br. E.

c [θé] *s. f.* (letra) c.

cabal [kaβál] *adj.* (exacto) exact.

cabalgar [kaβalɣár] *v. intr.* to ride.

caballa [kaβáʎa] *s. f., Zool.* (pez) mackerel *inv.*

caballero [kaβaʎéro] *s. m.* **1.** (señor) gentleman; sir. **2.** (cortés) gentleman.

caballete [kaβaʎéte] *s. m.* **1.** *Pint.* (de pintor) easel. **2.** *Anat.* (de la nariz) bridge.

caballo [kaβáʎo] *s. m.* **1.** *Zool.* horse. **2.** (ajedrez) knight. **3.** *jerg.* (heroína) smack.

cabaña [kaβáɲa] *s. f.* cabin; hut.

cabecera [kaβeθéra] *s. f.* **1.** head. **2.** (de la cama) headboard. **3.** (de una página) headline.

cabecilla [kaβeθíʎa] *s. m. y f.* (líder) ringleader.

cabellera [kaβeʎéra] *s. f.* hair.

cabello [kaβéʎo] *s. m.* **1.** (uno) hair. **2.** (conjunto) hair.

caber [kaβér] *v. intr.* **1.** to fit. ‖ *v. impers.* **2.** there is room.

cabeza [kaβéθa] *s. f.* **1.** *Anat.* head. **2.** (de un clavo) head. **3.** (de ajos) bulb (of garlic).

cabezada [kaβeθáða] *s. f.* nod.

cabildo [kaβíldo] *s. m.* **1.** (concejo) town council. **2.** *Rel.* chapter.

cabina [kaβína] *s. f.* cabin; booth.

cable [káβle] *s. m.* **1.** *Electrón.* cable; wire. **2.** (cuerda) cable. **3.** (telegrama) cable.

cabo [káβo] *s. m.* **1.** (extremo) end. **2.** (soga) rope. **3.** *Geogr.* cape.

cabra [káβra] *s. f., Zool.* goat.

cabrear [kaβreár] *v. tr.* **1.** *fam.* to annoy. ‖ **cabrearse** *v. prnl.* **2.** (mosquearse) to get angry.

cacahuete [kakawéte] *s. m., Bot.* peanut; monkey nut.

cacao [kakáo] *s. m.* **1.** *Bot.* cacao. **2.** (polvo, bebida) cocoa.

cacarear [kakareár] *v. intr.* **1.** *Zool.* (gallo) to crow. **2.** *Zool.* (gallina) to cluck.

cacerola [kaθeróla] *s. f.* (cazo) saucepan; pan.

cacharro [katʃáro] *s. m.* **1.** crock. **2.** *fam.* (cachivache) contraption.

cachear [katʃeár] *v. tr.* to search.

cachiporra [katʃipóra] *s. f.* (porra) club; truncheon *Br. E.*

cachondearse [katʃondeárse] *v. prnl.*, *col.* to make fun.

cachondeo [katʃondéo] *s. m.*, *col.* (guasa) lark; laugh.

cachondo, -da [katʃóndo] *adj.* **1.** *vulg.* (excitado) hot. ‖ *s. m. y f.* **2.** *fam.* (divertido) real laugh.

cachorro, -rra [katʃóro] *s. m. y f.* **1.** *Zool.* (de perro) puppy. **2.** *Zool.* (de león, oso...) cub.

cacique [kaθíke] *s. m.* **1.** (dominador) overlord. **2.** *Amér.* (en tribu indígena) cacique.

caco [káko] *s. m.*, *col.* thief.

cactus [káktus] *s. m. inv.*, *Bot.* (planta) cactus.

cada [káða] *adj. distr.* **1.** (individualmente) each. **2.** (colectivamente) every. **3.** every.

cadáver [kaðáβer] *s. m.* **1.** (humano) corpse. **2.** (muerto) body.

cadena [kaðéna] *s. f.* **1.** chain. **2.** (TV) channel.

cadencia [kaðénθja] *s. f.* (ritmo) cadence; rhythm.

cadera [kaðéra] *s. f.*, *Anat.* hip.

cadete [kaðéte] *s. m.* **1.** *Mil.* cadet. **2.** *Amér.* (aprendiz de comercio) apprentice.

caducar [kaðukár] *v. intr.* (expirar) to expire.

caer [kaér] *v. intr.* **1.** to fall. ‖ **caerse** *v. prnl.* to fall down.

café [kafé] *s. m.* **1.** coffee. **2.** (cafetería) café.

cafeína [kafeína] *s. f.* caffeine.

cafetera [kafetéra] *s. f.* **1.** (para hacer café) coffee maker. **2.** (para servir) coffeepot.

caída [kaíða] *s. f.* **1.** fall. **2.** (de precios, temperatura) drop. **3.** (del cabello) loss.

caja [káxa] *s. f.* **1.** box. **2.** (en supermercados) checkout. **3.** (en bancos) window.

cajero, -ra [kaxéro] *s. m. y f.*, *Econ.* cashier; teller. ‖ ~ **automático** cash machine.

cajetilla [kaxetíʎa] *s. f.* (de tabaco) pack *Am. E.*; packet *Br. E.*

cajón [kaxón] *s. m.* drawer.

cala [kála] *s. f.*, *Geogr.* cove.

calabaza [kalaβáθa] *s. f.* **1.** *Bot.* pumpkin. **2.** *fam.* (suspenso) fail.

calabobos [kalaβóβos] *s. m. inv.*, *Meteor.*, *fam.* (llovizna) drizzle.

calabozo [kalaβóθo] *s. m.* **1.** (prisión) jail; prison. **2.** (celda) cell.

calamar [kalamár] *s. m.*, *Zool.* squid *inv.*

calambre [kalámbre] *s. m.* **1.** (muscular) cramp. **2.** (descarga eléctrica) electric shock.

calamidad [kalamiðáθ] *s. f.* **1.** calamity. **2.** *fig.* (persona) good-for-nothing.

calar [kalár] *v. tr.* **1.** (empapar) to soak. **2.** (perforar) to pierce. **3.** (a una persona) to rumble *Br. E.*; to have sb's number *slang*. ‖ **calarse** *v. prnl.* **4.** (mojarse) to get soaked.

calcar [kalkár] *v. tr.* **1.** (un dibujo) to trace. **2.** *fig.* (imitar) to copy.

calcetín [kalθetín] *s. m.* sock.

calcinar [kalθinár] *v. tr.* **1.** *Quím.* to calcine. **2.** *fig.* (quemarse completamente) to burn.

calcio [kálθjo] *s. m.*, *Quím.* calcium.

calco [kálko] *s. m.* **1.** (de dibujo) tracing. **2.** (copia) carbon copy.

calcular [kalkulár] *v. tr.* **1.** to calculate; to compute. **2.** *fig.* (estimar) to reckon.

cálculo [kálkulo] *s. m.* **1.** *Mat.* (operación) calculation. **2.** *Med.* (stone) calculus.

caldear [kaldeár] *v. tr.* to heat.

caldera [kaldéra] *s. f.* boiler.

caldero [kaldéro] *s. m.* caldron.

caldo [káldo] *s. m.*, *Gastr.* stock.

calefacción [kalefakθjón] *s. f.* heating.

calendario [kalendárjo] *s. m.* (almanaque) calendar.

calentador [kalentaðór] *s. m.* (radiador) heater.

calentar [kalentár] *v. tr.* **1.** to heat. **2.** (comida) to warm up. ‖ **calentarse** *v. prnl.* **3.** to warm up. **4.** (habitación) to heat up.

calentura [kalentúra] *s. f.* **1.** *Med.* (fiebre) fever. **2.** (en labios) cold sore.

calibre [kaliβre] *s. m.* **1.** (de arma) caliber. **2.** *fig.* (importancia) caliber.

calidad [kaliðáð] *s. f.* quality.

cálido, -da [káliðo] *adj.* warm.

caliente [kaljénte] *adj.* **1.** hot. **2.** (no excesivo) warm.

calificación [kalifikaθjón] *s. f.* (puntuación) grade *Am. E.*; mark *Br. E.*

calificar [kalifikár] *v. tr.* **1.** to describe; to consider. **2.** (poner nota) to grade *Am. E.*; to mark *Br. E.*

caligrafía [kaliɣrafía] *s. f.* **1.** (arte) calligraphy. **2.** (de una persona) handwriting.

callado, -da [kaʎáðo] *adj.* **1.** quiet. **2.** (reservado) secretive.

callar [kaʎár] *v. intr.* **1.** (no hablar) to keep quiet. **2.** (dejar de hablar) to shut up; to quieten.

calle [káʎe] *s. f.* **1.** (camino) street. **2.** *Dep.* lane.

callejón [kaʎeχón] *s. m.* alley.

callo [káʎo] *s. m.* **1.** *Med.* (en dedos del pie) corn. **2.** *Med.* (en la planta del pie y palma de la mano) callus.

calma [kálma] *s. f.* **1.** (tranquilidad) calm; lull. **2.** (compostura) cool; composure.

calmar [kalmár] *v. tr.* **1.** to calm (down); to quieten down. **2.** (miedos) to lull.

calor [kalór] *s. m.* heat.

caloría [kaloría] *s. f.* calorie.

calumniar [kalumnjár] *v. tr.* (difamar) to calumniate; to slander.

caluroso, -sa [kaluróso] *adj.* *Meteor.* (día, clima) hot.

calvo, -va [kálβo] *adj.* **1.** bald. ‖ *s. m. y f.* **2.** bald person.

calzada [kalθáða] *s. f.* (camino) pavement *Am. E.*; roadway.

calzado [kalθáðo] *s. m.* footwear [Trabaja en la industria del calzado. *She works in the shoe industry.*]

calzador [kalθaðór] *s. m.* (para el zapato) shoehorn.

calzar [kalθár] *v. tr.* **1.** (poner) to put somebody's shoes on. **2.** (llevar) to wear.

calzón [kalθón] *s. m.* **1.** (ropa interior) drawers *pl.* **2.** (pantalón corto) shorts *pl.*

calzoncillos [kalθonθíλos] *s. m. pl.* underpants *pl.*; shorts *pl. Am. E.*

cama [káma] *s. f.* bed.

camaleón [kamaleón] *s. m., Zool.* (reptil) chameleon.

cámara [kámara] *s. f.* **1.** chamber. **2.** *Fot.* (aparato) camera.

camarero [kamaréro] *s. m.* **1.** waiter. ‖ **camarera** *s. f.* **2.** waitress. **3.** (en un hotel) chambermaid.

camarote [kamaróte] *s. m., Náut.* (compartimento) cabin.

cambiar [kambjár] *v. tr.* **1.** to change. **2.** (intercambiar) to exchange; to swap. ‖ *v. intr.* **3.** (dinero) to change. ‖ **cambiarse** *v. prnl.* **4.** (de ropa) to change.

cambio [kámbjo] *s. m.* **1.** *Econ.* change. **2.** (de moneda exterior) exchange. **3.** (dinero) change.

camello [kaméλo] *s. m., Zool.* camel.

camilla [kamíλa] *s. f.* stretcher.

caminar [kaminár] *v. intr.* **1.** to walk. ‖ *v. tr.* **2.** (viajar) to travel.

camino [kamíno] *s. m.* **1.** (senda) track; path. **2.** (ruta) way.

camión [kamjón] *s. m.* truck *Am. E.*; lorry *Br. E.*

camioneta [kamjonéta] *s. f.* van.

camisa [kamísa] *s. f.* shirt.

camiseta [kamiséta] *s. f.* **1.** (exterior) T-shirt. **2.** (ropa interior) undershirt *Am. E.*; vest *Br. E.*

camisón [kamisón] *s. m.* nightdress; nightgown.

campamento [kampaménto] *s. m.* camp.

campana [kampána] *s. f.* bell.

campanario [kampanárjo] *s. m.* belfry; bell tower.

campeón, -peona [kampeón] *s. m. y f.* (as) champion.

campeonato [kampeonáto] *s. m., Dep.* championship.

campesino, -na [kampesíno] *s. m. y f.* **1.** (agricultor) peasant; countryman. ‖ *adj.* **2.** (campestre) rural; country.

camping [kámpin] *s. m.* **1.** (actividad) camping. **2.** (lugar) campsite.

campo [kámpo] *s. m.* **1.** country; countryside. **2.** *Agr.* field. **3.** (ámbito) field. **4.** *Dep.* field.

camuflar [kamuflár] *v. tr.* to camouflage; to disguise.

cana [kána] *s. f.* grey/white hair.

canadiense [kanaðjénse] *adj. y s. m. y f.* Canadian.

canal [kanál] *s. m.* **1.** (natural, TV) channel. **2.** *Anat.* (artificial) canal.

canalizar [kanaliθár] *v. tr.* **1.** (aguas) to channel. **2.** (río, ayudas) to canalize.

canapé [kanapé] *s. m.*, *Gastr.* canapé.

canario [kanárjo] *s. m.*, *Zool.* (pájaro) canary.

canastilla [kanastíʎa] *s. f.* **1.** (de bebé) layette. **2.** (cesto pequeño) small basket.

cancelar [kanθelár] *v. tr.* **1.** to cancel. **2.** *Inform.* to abort. **3.** (deuda) to pay.

cáncer [kánθer] *s. m.*, *Med.* (tumor maligno) cancer.

cancha [kántʃa] *s. f.*, *Dep.* court.

canción [kanθjón] *s. f.* song.

candado [kandáðo] *s. m.* padlock.

candela [kandéla] *s. f.* **1.** (vela) candle. **2.** (lumbre) fire.

candelabro [kandeláβro] *s. m.* candelabrum; candlestick.

candidato, -ta [kandiðáto] *s. m. y f.* (aspirante) candidate.

candidez [kandiðéθ] *s. f.* (ingenuidad) ingenuousness; candor *Am. E.*

cándido, -da [kándiðo] *adj.* **1.** (ingenuo) naive. **2.** (sin malicia) guileless; innocent.

candil [kandíl] *s. m.* oil lamp.

canela [kanéla] *s. f.* cinnamon.

cangrejo [kaŋgréʝo] *s. m.* **1.** (de mar) crab. **2.** (de río) crayfish.

canguro [kaŋgúro] *s. m.* **1.** *Zool.* kangaroo. ‖ *s. m. y f.* **2.** *Esp., fig.* (persona) babysitter.

caníbal [kaníβal] *adj. y s. m. y f.* (antropófago) cannibal.

canica [kaníka] *s. m.* (juego) marble.

canilla [kaníʎa] *s. f.*, *Anat.* (hueso) long bone.

canjear [kaŋxeár] *v. tr.* (cambiar) to exchange.

canoa [kanóa] *s. f.* canoe.

cansado, -da [kansáðo] *adj.* **1.** (fatigado) tired; weary. **2.** (aburrido) boring.

cansancio [kansánθjo] *s. m.* (fatiga) tiredness; weariness.

cansar [kansár] *v. tr.* **1.** to tire; to weary. ‖ **cansarse** *v. prnl.* **2.** (fatigarse) to get tired.

cantante [kantánte] *s. m. y f.* singer.

cantaor, -ra [kantaór] *s. m. y f.* (de flamenco) flamenco singer.

cantar [kantár] *v. tr. e intr.* **1.** to sing. **2.** *fam.* (delatar) to squeal.

cantidad [kantiðáð] *s. f.* **1.** quantity. **2.** (de dinero) suma.

cantimplora [kaṇtimplóra] *s. f.* water bottle; canteen.

cantina [kaṇtína] *s. f.* **1.** cafetería. **2.** (en una fábrica, hospital, colegio) canteen.

canto¹ [káṇto] *s. m.* **1.** *Mús.* singing. **2.** *Mús.* (canción) song.

canto² [káṇto] *s. m.* (borde) edge.

caña [kápa] *s. f.* **1.** *Bot.* (planta) reed. **2.** *Bot.* (tallo) cane. **3.** (de cerveza) glass of beer.

cáñamo [kápamo] *s. m.* **1.** *Bot.* hemp. **2.** (tejido) hempen cloth.

cañería [kapería] *s. f.* piping.

caño [kápo] *s. m.* **1.** (tubo) pipe. **2.** (de una fuente) spout.

cañón [kapón] *s. m.* **1.** cannon. **2.** (de escopeta) barrel. **3.** *Geogr.* canyon.

caoba [kaóβa] *s. f.* **1.** *Bot.* mahogany (tree). **2.** (madera) mahogany.

caos [káos] *s. m.* (enredo) chaos.

capa [kápa] *s. f.* **1.** (mano) layer; coat. **2.** (ropa) cloak; cape.

capacidad [kapaθiðáð] *s. f.* **1.** (facultad) ability; capability. **2.** (cabida) capacity.

caparazón [kaparaθón] *s. m.* shell; carapace.

capataz, -za [kapatáθ] *s. m. y f.* (encargado) foreman.

capaz [kapáθ] *adj.* able; capable.

capellán [kapeʎán] *s. m.*, *Rel.* (clérigo) chaplain.

capilla [kapíʎa] *s. f.* chapel.

capital [kapitál] *adj.* **1.** (esencial) capital; main. ‖ *s. f.* **2.** (ciudad) capital. ‖ *s. m.* **3.** *Econ.* (dinero) capital.

capitán, -tana [kapitán] *s. m. y f.*, *Mil.* (de barco) captain.

capítulo [kapítulo] *s. m.* chapter.

capricho [kaprítʃo] *s. m.* (antojo) caprice; whim.

cápsula [kápsula] *s. f.* capsule.

captar [kaptár] *v. tr.* **1.** (ondas) to pick up. **2.** (sentido) to grasp. **3.** (atención) to capture.

capturar [kapturár] *v. tr.* **1.** (apresar) to capture. **2.** (cazar) to catch.

capucha [kapútʃa] *s. f.* hood.

cara [kára] *s. f.* **1.** *Anat.* face. **2.** (expresión) look. **3.** (lado) side.

caracol [karakól] *s. m.* **1.** *Zool.* snail. **2.** (de pelo) spit curl *Am. E.*

caracola [karakóla] *s. f.*, *Zool.* conch.

carácter [karákter] *s. m.* **1.** character. **2.** *fig.* (índole) character.

característico, -ca [karakterístiko] *adj.* characteristic.

caracterizar [karakteriθár] *v. tr.* to characterize.

caradura [karaðúra] *s. m. y f.*, *fam.* sassy *Am. E.*; cheeky *Br. E.*

¡caramba! [karámba] *interj.* good heavens!; good grief!

caramelo [karamélo] *s. m.* **1.** (dulce) sweetmeat; candy *Am. E.;* sweet *Br. E.* **2.** (azúcar fundido) caramel.

caravana [karaβána] *s. f.* **1.** (expedición) caravan. **2.** (atasco) traffic jam. **3.** (remolque) trailer *Am. E.;* caravan *Br. E.*

carbón [karβón] *s. m., Miner.* coal.

carcajada [karkaχáða] *s. f.* (risotada) guffaw.

cárcel [kárθel] *s. f.* prison; jail.

carcelero, -ra [karθeléro] *s. m. y f.* jailer; warden; gaoler.

carcomer [karkomér] *v. tr.* (carcomas) to eat away at.

cardenal[1] [karðenál] *s. m., Rel.* (prelado) cardinal.

cardenal[2] [karðenál] *s. m., Med.* (hematoma) bruise.

cardíaco, -ca [karðíako] *adj.* cardiac; heart.

cardo [kárðo] *s. m.* **1.** *Bot.* thistle. **2.** *Bot.* (comestible) cardoon.

carecer [kareθér] *v. intr.* to lack.

careta [karéta] *s. f.* mask.

carga [kárγa] *s. f.* **1.** (acción) load-ing. **2.** (mercancía) load.

cargador [karγaðór] *s. m.* **1.** loader. **2.** (de pistola) clip. **3.** (de pilas) charger.

cargamento [karγaménto] *s. m.* **1.** load. **2.** (en barco o avión) cargo.

cargar [karγár] *v. tr.* **1.** to load. **2.** (llenar) to fill.

caricatura [karikatúra] *s. f.* caricature.

caricia [karíθja] *s. f.* caress.

caridad [kariðáð] *s. f.* charity.

caries [kárjes] *s. f. inv.* **1.** (proceso) tooth decay **2.** cavity.

cariño [karíɲo] *s. m.* **1.** affection; fondness. **2.** (apelativo) honey.

cariñoso, -sa [kariɲóso] *adj.* (afectuoso) loving; affectionate.

carnaval [karnaβál] *s. m.* carnival.

carne [kárne] *s. f.* **1.** (de animal) meat. **2.** (de persona) flesh.

carné [karné] *s. m.* card.

carnicería [karniθería] *s. f.* (tienda) butcher's (shop).

carnívoro, -ra [karníβoro] *adj.* **1.** *Zool.* carnivorous. || *s. m.* **2.** *Zool.* carnivore.

caro, -ra [káro] *adj.* expensive.

carpa [kárpa] *s. f.* **1.** *Zool.* carp. **2.** (de circo) big tent; marquee.

carpeta [karpéta] *s. f.* folder.

carpintero, -ra [karpintéro] *s. m. y f.* carpenter; joiner.

carrera [karréra] *s. f.* **1.** *Dep.* race. **2.** (universitaria) studies. **3.** (profesional) career.

carreta [karréta] *s. f.* cart.

carrete [karréte] *s. m.* **1.** (bobina) spool. **2.** (para pescar) reel. **3.** (de fotos) roll of film.

carretera [kařetéra] *s. f.* road; highway.

carretilla [kařetíʎa] *s. f.* wheelbarrow.

carril [kaříl] *s. m.* **1.** *Autom.* lane. **2.** (de tren) rail. **3.** *Agr.* (surco) furrow.

carrillo [kaříʎo] *s. m.*, *Anat.* cheek.

carro [kářo] *s. m.* **1.** (carreta) cart. **2.** *Amér.* (coche) car.

carroza [kařóθa] *s. f.* **1.** (de caballos) carriage. **2.** (de carnaval) float.

carta [kárta] *s. f.* **1.** letter. **2.** (mapa) chart. **3.** (naipe) card. **4.** (de restaurante) menu.

cartel [kartél] *s. m.* poster; bill.

cartelera [karteléra] *s. f.* **1.** *Cinem. y Teatr.* billboard *Am. E.*; hoarding *Br. E.* **2.** (en periódicos) listings *pl.*

cartera [kartéra] *s. f.* **1.** (monedero) wallet. **2.** (para documentos) briefcase.

cartero, -ra [kartéro] *s. m. y f.* postman; mailman *Am. E.*

cartilla [kartíʎa] *s. f.* reader.

cartón [kartón] *s. m.* **1.** (material) cardboard. **2.** (de leche, tabaco, etc.) carton.

cartuchera [kartutʃéra] *s. f.* **1.** (estuche) cartridge belt. **2.** (cinturón) cartridge belt.

cartulina [kartulína] *s. f.* card.

casa [kása] *s. f.* **1.** house. **2.** (edificio) building. **3.** (empresa) firm; house.

casar [kasár] *v. tr.* **1.** to marry. ‖ *v. intr.* **2.** (piezas, colores) to match. ‖ **casarse** *v. prnl.* **3.** to marry; to get married.

cascabel [kaskaβél] *s. m.* bell.

cascada [kaskáða] *s. f.* waterfall.

cascanueces [kaskanwéθes] *s. m. inv.* nutcracker.

cascar [kaskár] *v. tr.* **1.** (romper) to crack. **2.** *col.* (pegar) to clobber. ‖ **cascarse** *v. prnl.* **4.** (romperse) to crack.

cáscara [káskara] *s. f.* **1.** (de huevo, nuez) shell. **2.** (de fruta) rind; peel. **3.** (de plátano, patata) skin.

casco [kásko] *s. m.* **1.** helmet. **2.** (de botella) bottle.

casero, -ra [kaséro] *adj.* **1.** (comida) homemade. **2.** (hogareño) home-loving.

casete [kaséte] *s. amb.* **1.** (cinta) cassette (tape). ‖ *s. m.* **2.** (radiocasete) cassette (player).

casi [kási] *adv. cant.* **1.** almost; nearly. **2.** (en frases negativas) hardly.

casilla [kasíʎa] *s. f.* **1.** (compartimento) pigeonhole. **2.** (en formularios) box.

casino [kasíno] *s. m.* casino.

caso [káso] *s. m.* (situación) case. ‖ **en ~ de** in case of.

caspa [káspa] *s. f.* dandruff.

casta [kásta] *s. f.* **1.** (grupo social) caste. **2.** (raza) race.

castaña [kastápa] *s. f., Bot.* (fruto) chestnut.

castaño, -ña [kastápo] *adj.* **1.** brown; chestnut. || *s. m.* **2.** *Bot.* (árbol) chestnut (tree).

castañuela [kastaɲwéla] *s. f., Mús.* castanets *pl.*

castellano [kasteʎáno] *adj.* **1.** Castilian. || *s. m. y f.* **2.** (persona) Castilian. || *s. m.* **3.** (idioma) Spanish; Castilian.

castidad [kastiðáð] *s. f.* chastity.

castigar [kastiɣár] *v. tr.* to punish; to chastise.

castigo [kastíɣo] *s. m.* (pena, sanción) punishment.

castillo [kastíʎo] *s. m.* castle.

castizo, -za [kastíθo] *adj.* traditional.

castrar [kastrár] *v. tr.* to castrate.

casual [kaswál] *adj.* (fortuito) chance; fortuitous.

casualidad [kaswaliðáð] *s. f.* (suerte) chance; accident.

catalogar [kataloɣár] *v. tr.* **1.** to catalog *Am. E.* **2.** (clasificar) to classify.

catarata [kataráta] *s. f.* (cascada) waterfall; falls *pl.*

catarro [katáro] *s. m.* **1.** *Med.* (inflamación) catarrh. **2.** *Med.* (resfriado) cold.

catástrofe [katástrofe] *s. f.* (desastre) catastrophe; disaster.

catear [kateár] *v. tr., fam.* (un examen) to flunk *Am. E., coll.*; to fail.

catecismo [kateθísmo] *s. m., Rel.* catechism.

cátedra [káteðra] *s. f.* (universitaria) chair; professorship.

catedral [kateðrál] *s. f., Rel.* (templo) cathedral.

catedrático, -ca [kateðrátiko] *s. m. y f.* (de universidad) professor.

categoría [kateɣoría] *s. f.* **1.** category; class. **2.** (rango) rank.

cateto, -ta [katéto] *s. m. y f.* (paleto) yokel *humour.*; hick *Am. E.*

catolicismo [katoliθísmo] *s. m., Rel.* Catholicism.

católico, -ca [katóliko] *adj. y s. m. y f., Rel.* Catholic.

catorce [katórθe] *adj. num. card. inv.* (también pron. num. y s. m.) **1.** fourteen. || *adj. num. ord. inv.* (también pron. num.) **2.** fourteenth; fourteenth.

cauce [káwθe] *s. m.* (de río) bed.

caudal [kawðál] *s. m.* **1.** (de río) flow. **2.** (riqueza) wealth.

causa [káwsa] *s. f.* **1.** (razón) cause; reason. **2.** (ideal) cause.

causar [kawsár] *v. tr.* to cause.

cautela [kawtéla] *s. f.* (precaución) caution; wariness.

cautivar [kawtiβár] *v. tr.* **1.** (tomar prisionero) to capture. **2.** *fig.* (seducir) to captivate.

cauto, -ta [káwto] *adj.* cautious.

cava [káβa] *s. m.* cava (sparkling wine).

cavar [kaβár] *v. tr.* to dig.

caverna [kaβérna] *s. f.* (cueva) cavern; cave.

caviar [kaβjár] *s. m.* caviar.

cavidad [kaβiðáð] *s. f.* cavity.

cavilar [kaβilár] *v. tr. e intr.* to ponder.

caza [káθa] *s. f.* **1.** hunting. **2.** (animales) game. **3.** *fig.* (persecución) chase.

cazador, -ra [kaθaðór] *s. m. y f.* **1.** hunter. ‖ **cazadora** *s. f.* **2.** (especie de chaqueta) jacket.

cazar [kaθár] *v. tr.* **1.** to hunt. **2.** (perseguir) to chase.

cazo [káθo] *s. m.* **1.** (cacerola) small saucepan. **2.** (cucharón) ladle.

cazuela [kaθwéla] *s. f.* casserole.

CD-ROM [θeðerón] *s. m.* (Compact Disc-Read Only Memory), *Inform.* CD-ROM.

cebada [θeβáða] *s. f., Bot.* (planta) barley.

cebar [θeβár] *v. tr.* to fatten up.

cebo [θéβo] *s. m.* (trampa, anzuelo) bait.

cebolla [θeβóλa] *s. f., Bot.* onion.

cebolleta [θeβoλéta] *s. f., Bot.* scallion; spring onion.

cebra [θéβra] *s. f., Zool.* zebra.

cecina [θeθína] *s. f., Gastr.* cured meat; salt beef.

ceder [θeðér] *v. tr.* **1.** (transferir) to transfer. ‖ *v. intr.* **2.** to give in.

cegar [θeɣár] *v. tr.* to blind.

ceja [θéxa] *s. f., Anat.* eyebrow.

celda [θélda] *s. f.* cell.

celebrar [θeleβrár] *v. tr.* **1.** to celebrate. **2.** (reunión) to hold. **3.** (alegrarse) to be delighted.

célebre [θéleβre] *adj.* (famoso) celebrated; famous; well-known.

celeste [θeléste] *adj.* **1.** (del cielo) celestial. **2.** (color) skyblue.

celo[1] [θélo] *s. m.* **1.** (esmero) zeal. **2.** *Zool.* (macho) rut. **3.** *Zool.* (hembra) heat. ‖ **celos** *s. m. pl.* **4.** jealousy *sing.*

celo[2] [θélo] *s. m.* (cinta adhesiva) Scotch tape *Am. E.*; sellotape *Br. E.*

célula [θélula] *s. f., Biol.* cell.

celular [θelulár] *s. m., Amér.* (teléfono móvil) celular.

cementerio [θementérjo] *s. m.* (camposanto) cemetery.

cemento [θeménto] *s. m.* **1.** (polvo) cement. **2.** (masa) concrete.

cena [θéna] *s. f.* supper; dinner.

cenar [θenár] *v. tr.* **1.** to have for dinner. ‖ *v. intr.* **2.** to have dinner; to have supper.

cencerro [θeŋθéro] *s. m.* cowbell.

cenicero [θeniθéro] *s. m.* ash-tray.

ceniza [θeníθa] *s. f.* ash.

censo [θénso] *s. m.* census.

censura [θensúra] *s. f.* **1.** (de libro, película) censorship. **2.** (crítica) censure.

censurar [θensurár] *v. tr.* **1.** (libro, película) to censor. **2.** (criticar) to censure; to criticize.

centella [θentéʎa] *s. f.* **1.** (rayo) lightning. **2.** (chispa) spark.

centellear [θenteʎeár] *v. intr.* **1.** (luz, joyas) to sparkle. **2.** (estrella) to twinkle.

centena [θenténa] *s. f.* hundred.

centenar [θentenár] *s. m.* a/one hundred.

centeno [θenténo] *s. m.*, *Bot.* rye. ‖ **pan de ~** rye bread.

centésimo, -ma [θentésimo] *adj. num. ord.* (también pron. num.) **1.** hundredth. ‖ *adj. num. fracc.* (también s. m. y f.) **2.** hundredth.

centígrado, -da [θentíɣraðo] *adj.* centigrade.

centigramo [θentiɣrámo] *s. m.* (unidad de peso) centigram.

centilitro [θentilítro] *s. m.* (medida para líquidos) centiliter.

centímetro [θentímetro] *s. m.* centimeter *Am. E.*

céntimo, -ma [θéntimo] *adj. num.* (también s. m. y f.) **1.** hundredth. ‖ *s. m.* **2.** (moneda) cent (de euro, EE.UU., Canada, Países Bajos).

centinela [θentinéla] *s. m. y f.* **1.** *Mil.* sentry. **2.** *fig.* (vigilante) watch.

central [θentrál] *adj.* **1.** central. ‖ *s. f.* **2.** (oficina) head office.

centralita [θentralíta] *s. f.* switchboard.

centralizar [θentraliθár] *v. tr.* **1.** to centralize. ‖ **centralizarse** *v. prnl.* **2.** to become central-ized.

centrar [θentrár] *v. tr.* to center.

centro [θéntro] *s. m.* **1.** center; middle. **2.** (de la ciudad) downtown *Am. E.*; city centre *Br. E.*

ceñir [θeɲír] *v. tr.* **1.** to be tight. **2.** (rodear) to encircle.

ceño [θéɲo] *s. m.* frown.

cepa [θépa] *s. f.* **1.** *Agr.* (tocón) stump. **2.** *Agr.* (de vid) stock.

cepillar [θepiʎár] *v. tr.* **1.** to brush. **2.** (madera) to plane.

cepillo [θepíʎo] *s. m.* **1.** brush. **2.** (de pelo) hairbrush. ‖ **~ de dientes** toothbrush.

cera [θéra] *s. f.* wax.

cerámica [θerámika] *s. f.* **1.** (arte) ceramics *sing.*; pottery. **2.** (objeto) piece of pottery.

cerca¹ [θérka] *s. f.* fence.

cerca² [θérka] *adv. l.* near; close.

cercar [θerkár] *v. tr.* **1.** (vallar) to fence (in); to enclose. **2.** (rodear) to surround.

cerco [θérko] *s. m.* **1.** (círculo) ring. **2.** (marco) frame.

cerdo, -da [θérðo] *s. m.* **1.** Zool. pig. **2.** (carne) pork. ‖ *s. m. y f.* **3.** insult. (sucio) pig. **4.** insult. (despreciable) swine. ‖ **cerda** *s. f.* **5.** Zool. (animal) sow.

cereal [θereál] *adj. y s. m.* cereal. ‖ **cereales** *s. m. pl.* **2.** (para desayunar) cereal *sing.*

cerebro [θeréβro] *s. m.* **1.** Anat. (seso) brain. **2.** *fig.* (inteligencia) brains *pl.*

ceremonia [θeremónja] *s. f.* **1.** ceremony. **2.** (solemnidad) solemnity.

cereza [θeréθa] *s. f.*, Bot. cherry.

cerezo [θeréθo] *s. m.*, Bot. (árbol) cherry tree.

cerilla [θeríʎa] *s. f.* match. ‖ **caja de cerillas** box of matches.

cerner [θernér] *v. tr.* to sieve.

cero [θéro] *s. m.* (también adj. y pron. num.) zero.

cerradura [θeraðúra] *s. f.* lock.

cerrar [θerár] *v. tr.* **1.** to close; to shut. ‖ **cerrarse** *v. prnl.* **2.** to close; to shut.

cerrojo [θeróχo] *s. m.* bolt.

certamen [θertámen] *s. m.* (concurso) contest.

certero, -ra [θertéro] *adj.* (acertado) accurate.

certeza [θertéθa] *s. f.* certainty.

certificar [θertifikár] *v. tr.* **1.** to certify. **2.** (carta) to register.

cervecería [θerβeθería] *s. f.* **1.** bar. **2.** (fábrica) brewery.

cerveza [θerβéθa] *s. f.* beer; ale.

cesar [θesár] *v. intr.* **1.** to stop; to cease. **2.** (en el trabajo) to leave.

césped [θéspeð] *s. m.* (hierba) grass; lawn.

cesta [θésta] *s. f.* basket.

cesto [θésto] *s. m.* basket.

ch [tʃé] *s. f.* ch (letter of the Spanish alphabet).

chabacano, -na [tʃaβakáno] *adj.* (ordinario) vulgar; tawdry.

chabola [tʃaβóla] *s. f.* shanty.

chafar [tʃafár] *v. tr.* **1.** to squash. **2.** *fam.* (planes) to spoil.

chal [tʃál] *s. m.* shawl; wrap.

chalé [tʃalé] *s. m.* house.

chaleco [tʃaléko] *s. m.* vest Am. E.; waistcoat Br. E. ‖ ~ **salvavidas** life jacket.

champán [tʃampán] *s. m.* (bebida) champagne.

champiñón [tʃampiɲón] *s. m.*, Bot. mushroom.

champú [tʃampú] *s. m.* shampoo.

chamuscar [tʃamuskár] *v. tr.* **1.** to singe; to scorch. ‖ **chamuscarse** *v. prnl.* **2.** (quemarse) to burn.

chancla [tʃáŋkla] *s. f.* (para la playa) thong *Am. E.*; flip-flop *Br. E.*

chándal [tʃáɳdal] *s. m., Dep.* tracksuit; jogging suit.

chantaje [tʃaɳtáχe] *s. m.* (extorsión) blackmail.

chapa [tʃápa] *s. f.* **1.** (de metal) sheet. **2.** (de madera) veneer.

chaparrón [tʃaparrón] *s. m. Meteor.* (lluvia) shower.

chapuza [tʃapúθa] *s. f.* **1.** *col.* (mal hecho) botch; botched job. **2.** (trabajo ocasional) odd job.

chaqueta [tʃakéta] *s. f.* jacket.

charca [tʃárka] *s. f.* pool; pond.

charco [tʃárko] *s. m.* puddle.

charlar [tʃarlár] *v. intr., fam.* (hablar) to chat; to talk.

charol [tʃaról] *s. m.* **1.** (barniz) lacquer. **2.** (cuero) patent leather; patent.

chasco [tʃásko] *s. m.* (decepción) disappointment.

chasquido [tʃaskíðo] *s. m.* **1.** (de lengua) click. **2.** (de látigo) crack. **3.** (de rama) snap.

chatarra [tʃatárra] *s. f.* **1.** (escoria) scrap. **2.** (trastos) junk.

chato, -ta [tʃáto] *adj.* **1.** (nariz) flat. **2.** (persona) flatnosed. ‖ ~ **de vino** glass of wine.

chaval [tʃaβál] *s. m.* **1.** (mozo) lad. ‖ **chavala** *s. f.* **2.** lass.

chelín [tʃelín] *s. m., Econ.* (antigua moneda británica) shilling.

chepa [tʃépa] *s. f., fam.* (joroba) hunch; hump.

cheque [tʃéke] *s. m.* check *Am. E.*

chichón [tʃitʃón] *s. m.* (bulto) bump; lump.

chico, -ca [tʃíko] *adj.* **1.** small. ‖ *s. m.* **2.** boy; lad. ‖ **chica** *s. f.* **3.** girl; lass. **4.** (criada) maid.

chillar [tʃiʎár] *v. intr.* to scream.

chimenea [tʃimenéa] *s. f.* **1.** (conducto) chimney. **2.** (hogar) fireplace.

chimpancé [tʃimpaɳθé] *s. m., Zool.* (mono) chimpanzee.

chinche [tʃíntʃe] *s. f., Zool.* bug.

chincheta [tʃintʃéta] *s. f.* (tachuela) thumbtack *Am. E.*; drawing pin *Br. E.*

chirriar [tʃirrjár] *v. intr.* **1.** (puerta) to squeak; to creak. **2.** (neumáticos, frenos) to screech.

chisme [tʃísme] *s. m.* **1.** (cotilleo) gossip. **2.** *fam.* (trasto) thing.

chispa [tʃíspa] *s. f.* **1.** (de fuego) spark. **2.** (ingenio) wit. **3.** *fam.* (pizca) spark.

chispear [tʃispeár] *v. intr.* **1.** (brillar) to spark. ‖ *v. impers.* **2.** (lloviznar) to spit.

chiste [tʃíste] *s. m.* joke; funny story. ‖ **contar un ~** to tell a joke.

chistera [tʃistéra] *s. f.* **1.** *fam.* (sombrero) top hat. **2.** (cesta) basket.

chivo, -va [tʃíβo] *s. m. y f., Zool.* (cría de cabra) kid.

chocar [tʃokár] *v. tr.* to collide; to crash.

chocolate [tʃokoláte] *s. m.* chocolate; cocoa.

chocolatina [tʃokolatína] *s. f.* (tableta) chocolate bar.

chófer [tʃófer] *s. m.* **1.** chauffeur. **2.** (de vehículos colectivos) driver. •Su pl. es "chóferes"

choque [tʃóke] *s. m.* **1.** collision; crash. **2.** (riña) jostle.

chorizo [tʃoríθo] *s. m.* chorizo (highly seasoned pork sausage).

chorro [tʃóro] *s. m.* jet; stream.

choza [tʃóθa] *s. f.* hut; shack.

chubasco [tʃuβásko] *s. m., Meteor.* squall; shower.

chubasquero [tʃuβaskéro] *s. m.* (para la lluvia) raincoat.

chuchería [tʃutʃería] *s. f.* **1.** knick-knack; trinket. **2.** (golosina) titbit *Am. E.*

chucho [tʃútʃo] *s. m., fam.* (perro) mutt *Am. E.* dog.

chuleta [tʃuléta] *s. f.* **1.** *Gastr.* chop; cutlet. **2.** (para copiar en examen) crib.

chulo, -la [tʃúlo] *adj.* **1.** *fam.* (bonito) cute; neat. **2.** *fam.* (persona) nervy *Am. E.*

chupar [tʃupár] *v. tr.* to suck.

chupete [tʃupéte] *s. m.* pacifier *Am. E.; dummy Br. E.*

churro [tʃúro] *s. m., Esp., Gastr.* churro (strip of fried dough).

chusma [tʃúsma] *s. f.* **1.** rabble; riffraff. **2.** (muchedumbre) mob.

cicatriz [θikatríθ] *s. f., Med.* scar.

cicatrizar [θikatriθár] *v. tr.* **1.** *Med.* (cerrar una herida) to heal. ‖ **cicatrizarse** *v. prnl.* **2.** *Med.* to cicatrize; to form a scar.

ciclismo [θiklísmo] *s. m., Dep.* cycling.

ciclo [θíklo] *s. m.* cycle; period.

ciclón [θiklón] *s. m., Meteor.* (huracán) cyclone; hurricane.

ciego, -ga [θjéɣo] *adj.* **1.** blind; sightless. ‖ *s. m. y f.* **2.** (invidente) blind person.

cielo [θjélo] *s. m.* sky.

cien [θjén] *adj. num. card. inv.* (también pron. num. y s. m.) **1.** a/one hundred. ‖ *adj. num. ord.* (también pron. num.) **2.** hundredth; a/one hundred.

científico, -ca [θjentífiko] *adj.* scientific.

ciento [θjénto] *adj. num. card.* **1.** a/one hundred. ‖ *adj. num. ord.* **2.** a/one hundred. ‖ **cientos** *s. pl.* **3.** hundreds .

cierre [θjére] *s. m.* **1.** closing; shutting. **2.** (de negocio) closure.

cierto, -ta [θjérto] *adj.* **1.** certain. **2.** (seguro) sure. **3.** (verdadero) true.

ciervo, -va [θjérβo] s. m. y f. **1.** Zool. deer inv. ‖ s. m. **2.** Zool. (macho) stag; hart. ‖ **cierva** s. f. **3.** Zool. (hembra) hind; doe.

cifra [θífra] s. f. **1.** Mat. (número) figure; number. **2.** (código) cipher; code.

cigarra [θiɣára] s. f., Zool. cicada.

cigarro [θiɣáro] s. m. **1.** (puro) cigar. **2.** (cigarrillo) cigarette.

cigüeña [θiɣwéna] s. f., Zool. (ave) stork.

cilindro [θilíndro] s. m. cylinder.

cima [θíma] s. f. top; peak.

cimiento [θimjénto] s. m., Albañ. foundation. •Se usa más en pl.

cincelar [θinθelár] v. tr. (labrar) to chisel; to carve; to engrave.

cinco [θíŋko] adj. num. card. inv. (también pron. num. y s. m.) **1.** five. ‖ adj. num. ord. inv. (también pron. num.) **2.** fifth; five.

cincuenta [θiŋkwénta] adj. num. card. inv. (también pron. num. y s. m.) **1.** fifty. ‖ adj. num. ord. inv. (también pron. num.) **2.** fiftieth; fifty.

cine [θíne] s. m. cinema.

cínico, -ca [θíniko] adj. **1.** cynical. ‖ s. m. **2.** (falso) cynic.

cinta [θínta] s. f. ribbon.

cintura [θintúra] s. f., Anat. (talle) waist.

cinturón [θinturón] s. m. belt.

ciprés [θiprés] s. m., Bot. cypress.

circo [θírko] s. m. circus.

circular¹ [θirkulár] v. intr. **1.** to circulate. **2.** (vehículos) to run.

circular² [θirkulár] adj. **1.** circular. ‖ s. f. **2.** (orden) circular.

círculo [θírkulo] s. m. circle.

circunferencia [θirkumferénθja] s. f., Mat. circumference.

circunstancia [θirkunstánθja] s. f. circumstance.

ciruela [θirwéla] s. f., Bot. plum.

ciruelo [θirwélo] s. m., Bot. (árbol) plum tree.

cirugía [θiruχía] s. f., Med. surgery.

cisne [θísne] s. m., Zool. swan.

cisterna [θistérna] s. f. **1.** (depósito) tank; cistern. **2.** (de retrete) cistern.

cita [θíta] s. f. **1.** appointment. **2.** (amorosa) date.

cítrico, -ca [θítriko] adj. **1.** citric; citrus. ‖ **cítricos** s. m. pl. **2.** citrus.

ciudad [θjuðáð] s. f. town; city.

ciudadano, -na [θjuðaðáno] adj. **1.** (cívico) civic. ‖ s. m. y f. **2.** citizen.

civil [θiβíl] adj. **1.** civil. **2.** (no militar) civilian.

civilización [θiβiliθaθjón] s. f. (desarrollo) civilization.

civilizar [θiβiliθár] v. tr. (educar) to civilize.

cizaña [θiθáɲa] s. f. **1.** Bot. darnel. **2.** fig. (discordia) discord.

clamar [klamár] v. tr. (gritar) to clamor for Am. E.; to cry out.

clandestino, -na [klandestíno] adj. clandestine; underground.

clara [klára] s. f. **1.** (de huevo) white. **2.** fam. (bebida) shandy.

clarear [klareár] v. intr. (amanecer) to dawn.

clarividencia [klariβiðénθja] s. f. clairvoyance; farsightedness.

claro, -ra [kláro] adj. **1.** clear; evident. **2.** (liquido) thin.

clase [kláse] s. f. **1.** class. **2.** (tipo) kind; specie. **3.** (aula) classroom.

clasificar [klasifikár] v. tr. **1.** (organizar) to classify; to class. **2.** (libros, cartas) to sort; to grade.

claudicar [klawðikár] v. intr. (rendirse) to yield; to give in.

claustro [kláwstro] s. m., Arq. cloister.

clausurar [klawsurár] v. tr. (cerrar) to close.

clavar [klaβár] v. tr. to nail.

clave [kláβe] s. f. **1.** key; clue. **2.** (código) code.

clavel [klaβél] s. m., Bot. (planta) carnation; pink.

clavija [klaβíxa] s. f. **1.** Tecnol. peg. **2.** Electrón. (enchufe) plug.

clavo [kláβo] s. m. **1.** (punta) nail. **2.** Bot. clove.

cliente, -ta [kljénte] s. m. y f. (consumidor) customer; client.

clima [klíma] s. m. , Meteor. (temperatura) climate.

clínica [klínika] s. f. clinic.

cloaca [kloáka] s. f. sewer.

cloro [klóro] s. m., Quím. chlorine.

club [klúb] s. m. club.

coba [kóβa] s. f., fam. soft-soap.

cobarde [koβárðe] adj. **1.** cowardly. || s. m. y f. **2.** coward.

cobijar [koβixár] v. tr. **1.** to lodge. || **cobijarse** v. prnl. **2.** (refugiarse) to shelter.

cobra [kóβra] s. f., Zool. cobra.

cobrar [koβrár] v. tr. **1.** to charge; to collect. **2.** (sueldo) to earn.

cocaína [kokaína] s. f. (droga) cocaine.

cocer [koθér] v. tr. **1.** Gastr. (cocinar) to cook. **2.** (hervir) to boil. **3.** (bread) to bake.

coche [kótʃe] s. m. **1.** Autom. auto Am. E.; car. **2.** (de tren) carriage. **3.** (de caballos) coach.

cochera [kotʃéra] s. f. garage.

cocido [koθíðo] s. m., Esp., Gastr. stew (with chickpeas, meat, chorizo...).

cocina [koθína] s. f. **1.** (lugar) kitchen. **2.** (fogón) stove Am. E.; cooker Br. E.

cocinar [koθinár] v. tr. e intr. (guisar) to cook.

coco [kóko] s. m., Bot. coconut.

cocodrilo [kokoðrílo] s. m., Zool. crocodile.

cocotero [kokotéro] s. m., Bot. coconut tree; coconut palm.

cóctel [kóktel] s. m. cocktail.

codera [koðéra] s. f. elbow patch.

codicia [koðíθja] s. f. avarice.

codo [kóðo] s. m., Anat. elbow.

codorniz [koðorníθ] s. f., Zool. (ave) quail.

coexistir [koeksistír] v. intr. to coexist.

cofre [kófre] s. m. 1. (baúl) chest; coffer. 2. (para dinero) box.

coger [koχér] v. tr. 1. to take; to hold. 2. (atrapar) to catch. 3. (recoger) to pick; to gather. 4. (bus, tren) to take; to catch.

cogollo [koɣóʎo] s. m. 1. (de lechuga, col) heart. 2. (brote) shoot.

cogote [koɣóte] s. m. 1. Anat. (nuca) scruff of the neck. 2. Anat. (cuello) neck; nape.

cohabitar [koaβitár] v. intr. (convivir) to live together.

cohete [koéte] s. m. rocket.

coincidir [kojnθiðír] v. intr. 1. to coincide. 2. (opiniones) to accord.

cojear [koχeár] v. intr. 1. (personas) to limp; to hobble. 2. (muebles) to wobble.

cojín [koχín] s. m. cushion.

cojo, -ja [kóχo] adj. 1. (persona) lame; crippled. 2. (mueble) wobbly. ‖ s. m. y f. lame person.

col [kól] s. f., Bot. cabbage.

cola[1] [kóla] s. f. 1. Zool. tail. 2. (de un vestido) train. 3. (fila) line Am. E.

cola[2] [kóla] s. f. (para pegar) glue.

colaborar [kolaβorár] v. intr. 1. (cooperar) to collaborate. 2. (en medios de comunicación) to contribute.

colada [koláða] s. f. wash; laundry.

colador [kolaðór] s. m. 1. (de té) strainer. 2. (para verduras) colander. 3. (tamiz) sieve.

colar [kolár] v. tr. 1. (líquido) to strain; to filter. ‖ **colarse** v. prnl. 3. (en el cine, bus) to sneak in.

colcha [kóltʃa] s. f. bedspread; counterpane; bedcover Br. E.

colchón [koltʃón] s. m. mattress.

colectividad [kolektiβiðáð] s. f. (población) community; group.

colega [koléɣa] s. m. y f. 1. colleague. 2. col. (amigo) mate.

colegio [koléχjo] s. m. school; public school Am. E.

cólera [kólera] s. f. 1. fig. (ira) anger; wrath. 2. Med. cholera.

coleta [koléta] s. f. ponytail.

colgar [kolɣár] v. tr. 1. to hang. ‖ v. intr. 2. (pender) to hang; to dangle.

coliflor [koliflór] *s. f., Bot.* cauliflower.

colilla [koliʎa] *s. f.* **1.** (de un cigarrillo) butt; stub. **2.** (de un puro) stump.

colina [kolína] *s. f., Geogr.* (cerro) hill; slope.

collar [koʎár] *s. m.* **1.** necklace. **2.** (para animales) collar.

colmena [kolména] *s. f., Zool.* (de abejas) beehive; hive.

colmillo [kolmíʎo] *s. m.* **1.** *Anat.* eyetooth. **2.** *Zool.* (de elefante) tusk. **3.** *Zool.* (de perro) fang.

colocar [kolokár] *v. tr.* **1.** to place; to put. **2.** (ubicar) to locate.

colonia[1] [kolónja] *s. f.* **1.** colony; settlement. **2.** (campamento) summer camp.

colonia[2] [kolónja] *s. f.* (agua de colonia) cologne.

colonizar [koloniθár] *v. tr.* (poblar) to colonize; to settle.

colono [kolóno] *s. m.* **1.** *Agr.* (labrador) farmer. **2.** (habitante) colonist; settler.

coloquio [kolókjo] *s. m.* talk; colloquy *frml.*; discussion.

color [kolór] *s. m.* color.

colorete [koloréte] *s. m.* rouge.

colosal [kolosál] *adj.* **1.** colossal. **2.** *fig.* (extraordinario) gigantic.

columna [kolúnna] *s. f.* **1.** column. **2.** *Arq.* (pilar) pillar.

columpio [kolúmpjo] *s. m.* (para niños) swing.

comarca [komárka] *s. f.* region.

comba [kómba] *s. f.* **1.** (curvatura) curve. **2.** (juego) skipping. **3.** (cuerda) skipping rope.

combatir [kombatír] *v. tr.* **1.** to combat *frml.* **2.** (luchar) to wrestle. ‖ *v. intr.* **3.** to struggle; to conflict.

combinar [kombinár] *v. tr.* **1.** to combine. **2.** (cosas) to compound.

combustible [kombustíβle] *adj.* **1.** combustible. ‖ *s. m.* **2.** combustible. **3.** (carburante) fuel.

comedia [komédja] *s. f.* **1.** *Teatr.* comedy. **2.** (obra) play. **3.** *fig.* (engaño) sham; farce.

comedor [komeðór] *s. m.* dining room.

comentar [komeṇtár] *v. tr.* to comment; to explain.

comentario [komeṇtárjo] *s. m.* **1.** (observación) comment; remark. **2.** (crítica) comment.

comenzar [komeṇθár] *v. tr. e intr.* **1.** (iniciar) to begin; to start; to commence. ‖ *v. tr.* **2.** initiate.

comer [komér] *v. tr. e intr.* to eat.

comerciar [komerθjár] *v. intr.* (negociar) to trade.

comercio [komérθjo] *s. m.* **1.** commerce; trade. **2.** (tienda) store *Am. E.*; shop *Br. E.*

comestible [komestíβle] *adj.*
1. eatable; edible. || **comestibles** *s. m. pl.* **2.** eatables.

cometa [kométa] *s. m.* **1.** *Astron.* comet. || *s. f.* **2.** (juguete) kite.

cometer [kometér] *v. tr.* **1.** (delito) to commit; to perpetrate. **2.** (un pecado) to sin.

cómic [kómik] *s. m.* comic.

comida [komíða] *s. f.* **1.** (alimento) food. **2.** (acción) meal.

comienzo [komjénθo] *s. m.* (inicio) beginning; start.

comillas [komíλas] *s. f. pl., Ling.* inverted commas.

comisaría [komisaría] *s. f.* (oficina) police station.

comisario, -ria [komisárjo] *s. m. y f.* **1.** (de policía) inspector; superintendent *Br. E.* **2.** (delegado) commissioner.

comisión [komisjón] *s. f.* **1.** (pago) commission. **2.** (delegación) committee.

comité [komité] *s. m.* committee.

como [kómo] *adv. mod.* **1.** as. || *adv. comp.* **2.** like. **3.** (por ejemplo) as; like; such as. || *conj. caus.* **4.** since; as.

cómo [kómo] *s. m.* **1.** how. || *adv. int.* **2.** how. **3.** (por qué) why.

cómoda [kómoða] *s. f.* (mueble) chest of drawers.

cómodo, -da [kómoðo] *adj.* **1.** comfortable. **2.** (útil) handy.

compacto, -ta [kompákto] *adj.* compact; dense.

compadecer [kompaðeθér] *v. tr.* to feel sorry for; to pity.

compaginar [kompaxinár] *v. tr.* **1.** to combine. || **compaginarse** *v. prnl.* **2.** to be compatible.

compañero, -ra [kompañéro] *s. m. y f.* **1.** companion; partner; fellow. **2.** (amigo, compinche) mate; pal.

compañía [kompañía] *s. f.* **1.** company. **2.** (empresa) corporation.

comparar [komparár] *v. tr.* (confrontar) to compare.

compartir [kompartír] *v. tr.* **1.** (repartir) to divide. **2.** (casa, opinión) to share.

compás [kompás] *s. m.* **1.** *Mat.* (instrumento) compasses *pl.* **2.** *Mús.* (ritmo) time; meter *Am. E.*

compasión [kompasjón] *s. f.* compassion; pity.

compatriota [kompatrjóta] *s. m. y f.* compatriot; (hombre) fellow countryman; (mujer) fellow countrywoman.

compenetrarse [kompenetrárse] *v. prnl.* to get on with; to get along with. || **~ con algo** to identify with.

compensar [kompensár] *v. tr.* to compensate; to indemnify.

competir [kompetír] *v. intr.* **1.** to compete. **2.** (rivalizar) to rival.

complacer [komplaθér] *v. tr.* (agradar) to please.

complejo, -ja [kompléχo] *adj. y s. m.* **1.** complex. ‖ *adj.* **2.** (complicado) complicated.

complemento [kompleménto] *s. m.* complement.

completar [kompletár] *v. tr.* **1.** to complete. **2.** (acabar) to finish.

complexión [kompleksjón] *s. f.*, *Anat.* build; constitution.

complicar [komplikár] *v. tr.* to complicate; to make difficult.

cómplice [kómpliθe] *s. m. y f.* (compinche) accomplice.

complot [komplót] *s. m.* plot.

componer [komponér] *v. tr.* to compose; to compound.

comportamiento [komportam-jénto] *s. m.* behavior *Am. E.*

comportarse [komportárse] *v. prnl.* to behave.

composición [komposiθjón] *s. f.* composition; makeup. .

compra [kómpra] *s. f.* purchase.

comprar [komprár] *v. tr.* to buy.

comprender [komprendér] *v. tr.* **1.** to understand; to comprehend. **2.** (darse cuenta) to realize.

compresa [komprésa] *s. f.*, *Med.* compress. ‖ ~ **femenina** sanitary napkin *Am. E.*

comprimir [komprimír] *v. tr.* **1.** to compress. **2.** (apretar) to squeeze; to press.

comprobar [komproβár] *v. tr.* **1.** to verify; to check. **2.** (demostrar) to prove.

comprometerse [komprome-térse] *v. prnl.* to promise.

compromiso [kompromíso] *s. m.* **1.** (arreglo) compromise. **2.** (cita) engagement.

computador, -ra [komputadór] *s. m. y f.*, *Amér.* (ordenador) computer.

comulgar [komulχár] *v. intr.*, *Rel.* to take communion.

común [komún] *adj.* **1.** common. **2.** (corriente) ordinary.

comunicación [komunikaθjón] *s. f.* **1.** communication. **2.** (un escrito) notice.

comunicar [komunikár] *v. tr. e intr.* to communicate.

comunidad [komuniðáð] *s. f.* **1.** community. **2.** (agrupación) guild; society.

comunión [komunjón] *s. f.*, *Rel.* communion.

con [kón] *prep.* **1.** with. **2.** (instrumento) with. **3.** (descripción) with. **4.** to. **5.** (comportamiento) toward.

concebir [konθeβír] *v. tr. e intr.* **1.** (planes, hijos) to conceive. ‖ *v. tr.* **2.** (ideas) to entertain.

conceder [konθeðér] v. tr. to grant; (premio) to award.

concentrar [konθentrár] v. tr. **1.** to concentrate. **2.** (centrar la atención) to focus.

concepto [konθépto] s. m. (noción) concept; idea.

concernir [konθernír] v. tr. to concern; to refer to.

concertar [konθertár] v. tr. **1.** to concert frml. **2.** (una cita) to arrange.

concha [kóntʃa] s. f. shell.

conciencia [konθjénθja] s. f. **1.** awareness; consciousness. **2.** (moral) conscience.

concierto [konθjérto] s. m., Mús. concert.

concluir [konkluír] v. tr. (finalizar) to conclude; to finish.

conclusión [konklusjón] s. f. (final) conclusion; end.

concordia [konkórðja] s. f. (armonía) concord; harmony.

concretar [konkretár] v. tr. (precisar) to make concrete.

concurrir [konkuřír] v. intr. **1.** to meet. **2.** (coincidir) to concur.

concurso [konkúrso] s. m. competition; contest.

condena [kondéna] s. f. **1.** penalty. **2.** Der. (sentencia) conviction; sentence.

condenar [kondenár] v. tr. to condemn; to damn.

condescender [kondesθendér] v. intr. **1.** (dignarse) to condescend. **2.** (ceder) to comply.

condición [kondiθjón] s. f. **1.** (situación) condition; state. **2.** (índole) status; position.

condimentar [kondimentár] v. tr., Gastr. to season; to flavor.

condimento [kondiménto] s. m., Gastr. (aliño) condiment; seasoning.

condón [kondón] s. m. condom.

conducir [konduθír] v. tr. **1.** (coche) to drive. **2.** (gente) to lead.

conducta [kondúkta] s. f. (comportamiento) behavior; conduct.

conducto [kondúkto] s. m. (tubería) pipe; conduit.

conectar [konektár] v. tr. (enlazar) to connect; to link.

conejo, -ja [konéxo] s. m., Zool. rabbit.

confeccionar [komfekθjonár] v. tr. **1.** (elaborar) to make; to make up. **2.** Gastr. (un plato) to cook.

conferencia [komferénθja] s. f. **1.** (reunión) conference. **2.** (charla) lecture. **3.** (llamada a larga distancia) trunk call.

confesar [komfesár] v. tr. (revelar) to confess.

confianza [komfiánθa] s. f. **1.** (seguridad) confidence. **2.** (fe) trust; faith.

confiar [komfiár] *v. tr.* **1.** (entregar) to entrust. **2.** (secreto) to confide; to commit.

confidencia [komfiðéɳθja] *s. f.* confidence; secret.

confidencial [komfiðeɳθjál] *adj.* (secreto) confidential; private.

confirmar [komfirmár] *v. tr.* to confirm; to ratify; to prove.

confiscar [komfiskár] *v. tr.* (requisar) to confiscate.

confitería [komfiteɾía] *s. f.* confectionery; candy store *Am. E* .

conflicto [komflíkto] *s. m.* conflict; clash.

conformar [komformár] *v. tr.* **1.** (configurar) to shape. **2.** to conform.

confortable [komfortáβle] *adj.* (cómodo) comfortable.

confundir [komfuɳdír] *v. tr.* **1.** (equivocar) to confuse; to mistake. || **confundirse** *v. prnl.* **2.** (equivocarse) to get confused.

congelador [koɳxelaðór] *s. m.* (refrigerador) freezer; deep-freeze.

congelar [koɳxelár] *v. tr.* **1.** (helar) to freeze. **2.** (comida) to deep-freeze.

congeniar [koɳxenjár] (con) *v. intr.* (simpatizar) to get on with.

congoja [koɳgóxa] *s. f.* **1.** (angustia) anguish. **2.** (pena) sorrow; heartache.

congregar [koɳgreɣár] *v. tr.* to congregate.

conjetura [koɳxetúra] *s. f.* (suposición) conjecture; guess.

conjugar [koɳxuɣár] *v. tr., Ling.* to conjugate.

conjunto [koɳxúɳto] *adj.* **1.** (compartido) joint. || *s. m.* **2.** aggregate; whole.

conmigo [kommíɣo] *contr. prep. y pron. pers. 1ª sing.* with me.

conmoción [kommoθjón] *s. f.* **1.** commotion; shock. **2.** *Med.* concussion.

conmover [kommoβér] *v. tr.* **1.** to touch; to affect. || **conmoverse** *v. prnl.* **2.** (emocionarse) to be moved.

conocer [konoθér] *v. tr.* **1.** to know; (a algn) to be acquainted with sb. **2.** (por primera vez) to meet. || **conocerse** *v. prnl.* **3.** to know oneself.

conocimiento [konoθimjéɳto] *s. m.* **1.** (saber) knowledge; acquaintance. **2.** (sentido) consciousness.

conquistar [koɳkistár] *v. tr.* **1.** *Mil.* (país, ciudad) to conquer. **2.** (puesto, título) to win.

consagrar [konsaɣrár] *v. tr.* **1.** *Rel.* to consecrate. **2.** (dedicar) to devote; to dedicate.

consciente [konsθjéɳte] *adj.* (sensato) conscious.

consecuencia [konsekwénθja] *s. f.* consequence; result.

conseguir [konseɣír] *v. tr.* **1.** (una cosa) to get; to obtain. **2.** (objetivo, fin) to achieve.

consejo [konséχo] *s. m.* advice.

consentir [konseɳtír] *v. tr.* **1.** (permitir) to permit; to allow. **2.** (mimar) to pamper.

conserje [konsérχe] *s. m.* **1.** concierge. **2.** (portero) porter.

conserva [konsérβa] *s. f.* **1.** (en lata) conserve. **2.** (mermelada) preserves *pl.*

conservar [konserβár] *v. tr.* **1.** to conserve; to preserve. **2.** (mantener) to maintain.

considerar [konsiðerár] *v. tr.* **1.** to consider; to account. **2.** (estimar) to regard.

consigna [konsíɣna] *s. f.* **1.** *Mil.* order. **2.** (de equipaje) checkroom *Am. E.;* left luggage.

consignar [konsiɣnár] *v. tr.* (cantidad) to assign.

consigo [konsíɣo] *contr. prep. y pron. pers.* **1.** (con él) with him. **2.** (con ella) with her. **3.** (con usted) with you. **4.** (con ellos) with them.

consistencia [konsisténθja] *s. f.* (estabilidad) firmness.

consistir [konsistír] *v. intr.* **1.** to consist (of). **2.** (radicar) to lie.

consola [konsóla] *s. f.* console.

consolar [konsolár] *v. tr.* (animar) to console; to comfort.

consolidar [konsoliðár] *v. tr.* **1.** to consolidate. **2.** (amistad) to strengthen.

consomé [konsomé] *s. m., Gastr.* (caldo) consommé.

conspirar [konspirár] *v. intr.* (confabularse) to conspire.

constancia [konstánθja] *s. f.* constancy; perseverance.

constar [konstár] *(de) v. intr.* to consist of; to be included.

constelación [konstelaθjón] *s. f., Astron.* constellation.

constipado [konstipáðo] *s. m.* (catarro) cold.

construcción [konstrukθjón] *s. f.* **1.** construction. **2.** (edificio) building.

construir [konstruír] *v. tr.* **1.** (figuras, frases) to construct. **2.** (edificios, sociedad) to build.

consuelo [konswélo] *s. m.* (ánimo) consolation; comfort.

cónsul [kónsul] *s. m. y f.* consul.

consultar [konsultár] *v. tr.* (asesorarse) to consult.

consumar [konsumár] *v. tr.* **1.** to complete. **2.** (crimen) to commit. **3.** (matrimonio) to consummate.

consumición [konsumiθjón] *s. f.* **1.** consumption. **2.** (bebida) drink.

consumir [konsumír] *v. tr.* **1.** (gastar) to consume; to spend. **2.** (destruir) to destroy.

consumo [konsúmo] *s. m.* consumption.

contabilidad [kontaβiliðáð] *s. f.* accounting; bookkeeping.

contagiar [kontaxjár] *v. tr.* **1.** *Med.* (enfermedad) to transmit. **2.** (a una persona) to infect.

contagio [kontáxjo] *s. m., Med.* (infección) contagion; infection.

contaminar [kontaminár] *v. tr.* **1.** to contaminate; to infect. **2.** (aire, agua) to pollute.

contar [kontár] *v. intr.* **1.** *Mat.* to count; to number. **2.** (un cuento) to tell; to narrate.

contemplar [kontemplár] *v. tr.* (observar) to contemplate.

contemporáneo, -a [kontemporáneo] *adj. y s. m. y f.* contemporary.

contener [kontenér] *v. tr.* **1.** to contain; to hold. **2.** (reprimir) to restrain; to repress. ‖ **contenerse** *v. prnl.* **3.** to contain oneself.

contentar [kontentár] *v. tr.* **1.** to content. **2.** (satisfacer) to please.

contento, -ta [konténto] *adj.* **1.** happy; glad. ‖ *s. m.* **2.** contentment; happiness.

contestar [kontestár] *v. tr.* (al teléfono, una pregunta) to answer; to reply.

contigo [kontíyo] *contr. prep. y pron. pers. 2ª sing.* with you.

contiguo, -gua [kontíywo] *adj.* **1.** contiguous; next. **2.** (habitación) adjacent.

continente [kontinénte] *s. m., Geogr.* continent.

continuar [kontinuár] *v. tr.* to continue; to carry on.

contorno [kontórno] *s. m.* **1.** outline. **2.** *Geogr.* contour.

contra [kóntra] *prep.* **1.** (oposición) against. **2.** (posición) against. ‖ *s. f.* **3.** opposition.

contrabajo [kontraβáxo] *s. m.* **1.** *Mús.* (instrumento) double bass **2.** *Mús* (instrumentista) double bass player

contrabandista [kontraβandísta] *s. m. y f.* smuggler; contrabandist.

contradecir [kontraðeθír] *v. tr.* to contradict. **2.** (oponerse) to run against.

contraer [kontraér] *v. tr.* **1.** to contract. **2.** (enfermedad) to catch.

contraluz [kontralúθ] *s. m. y f.* back light. ‖ **a ~** against the light.

contrapeso [kontrapéso] *s. m.* counterweight; counterbalance.

contraponer [kontraponér] *v. tr.* **1.** (contrastar) to contrast **2.** (oponer) to oppose.

contrariar [kontrariár] *v. tr.* (oponerse) to oppose.

contrariedad [kontrarjeðáð] *s. f.* **1.** (oposición) contrariety. **2.** (contratiempo) setback.

contrario, -ria [kontrárjo] *adj.* **1.** (opuesto) opposite. **2.** (perjudicial) contrary. ‖ *s. m. y f.* **3.** enemy; rival.

contrarrestar [kontrařestár] *v. tr.* **1.** (hacer frente) to resist. **2.** (compensar) to offset.

contraseña [kontraséɲa] *s. f.* countersign; password.

contrastar [kontrastár] *v. intr.* (oponerse) to contrast.

contratar [kontratár] *v. tr.* **1.** to contract. **2.** (empleados) to take on.

contratiempo [kontratjémpo] *s. m.* (contrariedad) reverse.

contrato [kontráto] *s. m.* contract; agreement.

contribuir [kontriβuír] *v. tr. e intr.* **1.** to contribute. ‖ *v. intr.* **2.** *Econ.* to pay taxes.

control [kontról] *s. m.* **1.** control. **2.** (inspección) check.

contusión [kontusjón] *s. f.* (magulladura) bruise.

convalecer [kombaleθér] *v. intr.* to convalesce; to recover; to recuperate.

convencer [kombenθér] *v. tr.* (persuadir) to convince.

convención [kombenθjón] *s. f.* (asamblea) congress.

conveniente [kombenjénte] *adj.* **1.** (oportuno) suitable. **2.** (aconsejable) advisable.

convenio [kombénjo] *s. m.* (acuerdo) agreement; treaty.

convenir [kombenír] *v. intr.* **1.** to agree (about/on sth). **2.** (ser apropiado) to suit; to good for.

convento [kombénto] *s. m.* **1.** (de monjas) convent. **2.** (de monjes) monastery.

conversación [kombersaθjón] *s. f.* **1.** conversation; talk. **2.** (charla) chat.

conversar [kombersár] *v. intr.* **1.** (hablar) to converse; to talk. **2.** (charlar) to chat.

convertir [kombertír] *v. tr.* (transformar) to turn.

convicción [kombikθjón] *s. f.* (creencia) conviction; assurance.

convidar [kombiðár] *v. tr.* (invitar) to invite; to offer.

convite [kombíte] *s. m.* **1.** (fiesta) party. **2.** (banquete) banquet.

convocar [kombokár] *v. tr.* to convoke; to call together.

convocatoria, -ria [kombokatórja] *s. f.* notification; call.

convoy [kombój] *s. m., Autom.* (de vehículos) convoy.

convulsión [kombulsjón] *s. f., Med.* convulsion.

conyugal [koɲjuvál] *adj.* conjugal *frml.;* marital.

cónyuge [kónʃuɣe] *s. m. y f.*
1. spouse; partner. ‖ **cónyuges**
s. m. pl. **2.** married couple.

coñac [koɲák] *s. m.* cognac.

cooperación [kooperaθjón] *s. f.*
(colaboración) cooperation.

cooperar [kooperár] *v. intr.* (colaborar) to work together.

coordinar [koorðinár] *v. tr.* to
coordinate.

copa [kópa] *s. f.* **1.** (vaso) wineglass. **2.** (de árbol) top. **3.**
(bebida alcohólica) drink.

copia [kópja] *s. f.* **1.** copy; imitation. **2.** (duplicado) counterpart.

copiar [kopjár] *v. tr.* **1.** (imitar)
to imitate. **2.** (reproducir) to
copy.

copla [kópla] *s. f.* **1.** *Lit.* stanza.
2. (canción popular) song.

copo [kópo] *s. m.* flake.

coqueto, -ta [kokéto] *adj.* (sonrisa, mirada) flirtatious; coquettish.

coraje [koráxe] *s. m.* **1.** courage.
2. (ánimo) spirit. **3.** (ira) temper.

coral[1] [korál] *adj.* **1.** *Mús.* choral.
‖ *s. f.* **2.** *Mús.* choral.

coral[2] [korál] *s. m.*, *Zool.* coral.

corazón [koraθón] *s. m.* **1.** *Anat.*
heart. **2.** (de frutas) core.

corazonada [koraθonáða] *s. f.*
(presentimiento) presentiment.

corbata [korβáta] *s. f.* necktie
Am. E.; tie.

corchete [kortʃéte] *s. m.* (para
abrochar) hook and eye.

corcho [kórtʃo] *s. m.* cork.

cordel [korðél] *s. m.* cord; string.

cordero, -ra [korðéro] *s. m.*,
Zool. lamb.

cordillera [korðiʎéra] *s. f.*,
Geogr. mountain range.

cordón [korðón] *s. m.* **1.** (cuerda) cord; string. **2.** (de zapatos)
shoelace; lace.

cornisa [kornísa] *s. f.*, *Arq.* cornice.

coro [kóro] *s. m.* **1.** *Mús.* choir.
2. *Teatr.* chorus.

corona [koróna] *s. f.* **1.** (de ra-
mas, flores) wreath; garland.
2. (aureola) halo.

coronar [koronár] *v. tr.* (a un
monarca) to crown.

coronel [koronél] *s. m.*, *Mil.* co-
lonel.

coronilla [koroníʎa] *s. f.*, *Anat.*
(cogote) crown (of the head).

corporación [korporaθjón] *s.
f.*, *Econ.* (organismo) corporation.

corpulencia [korpuléɲθja] *s. f.*
(fortaleza) stoutness.

corral [kořál] *s. m.* **1.** (ganado) corral *Am. E.;* stockyard.
2. (granja) yard.

correa [kořéa] *s. f.* **1.** (tira) strap.
2. *Tecnol.* belt. **3.** (de reloj)
watchband *Am. E.*

corrección [kořekθjón] *s. f.* **1.** (rectificación) correction; amendment. **2.** (cortesía) correctness; courtesy.

correcto, -ta [kořékto] *adj.* **1.** (sin errores) correct; right. **2.** (comportamiento) seemly *frml.*

corregir [kořeχír] *v. tr.* **1.** to correct; to right. **2.** *Educ.* (ejercicios) to mark..

correo [kořéo] *s. m.* **1.** mail *Am. E.*; post *Br. E.* **2.** (mensajero) courier. ‖ **~ electrónico** *Inform.* e-mail.

correr [kořér] *v. tr.* **1.** to run. **2.** *Dep.* (caballo, piloto) to race. **3.** (apresurarse) to hurry.

correspondencia [kořespoŋdénθja] *s. f.* **1.** correspondence. **2.** (cartas) mail.

corresponder [kořespoŋdér] *v. intr.* **1.** to correspond. **2.** (tocar) to concern.

correspondiente [kořespoŋdjénte] *adj.* corresponding; correspondent *frml.*

corresponsal [kořesponsál] *s. m. y f.* (de radio, TV) correspondent.

corro [kořo] *s. m.* **1.** ring. **2.** (de personas) circle.

corroborar [kořoβorár] *v. tr.* (ratificar) to corroborate.

corromper [kořompér] *v. tr.* **1.** (pudrir) to rot. **2.** (pervertir) to corrupt.

corrupción [kořupθjón] *s. f.* corruption.

cortar [kortár] *v. tr.* **1.** to cut. **2.** (talar) to cut down. **3.** (suministro) to cut off. **4.** (interrumpir) to interrupt. ‖ **cortarse** *v. prnl.* **8.** (leche, etc) to curdle; to go off.

corte [kórte] *s. m.* **1.** cut. **2.** (filo de un cuchillo, de un libro) edge. **3.** (con tijeras) snip.

cortejar [korteχár] *v. tr.* to court.

cortés [kortés] *adj.* polite.

cortesía [kortesía] *s. f.* (educación) courtesy; politeness.

corteza [kortéθa] *s. f.* **1.** (de árbol) bark. **2.** (de fruta) peel. **3.** (de queso) rind. **4.** (de pan) crust.

cortijo [kortíχo] *s. m.* (en Andalucía) farmhouse; farm.

cortina [kortína] *s. f.* curtain.

corto, -ta [kórto] *adj.* **1.** short. **2.** (escaso) scant.

corzo, -za [kórθo] *s. m. y f.* **1.** *Zool.* roe; roe deer. **2.** (macho) roebuck.

cosa [kósa] *s. f.* thing.

coscorrón [koskořón] *s. m.* bump; knock (on the head).

cosecha [kosétʃa] *s. f.* **1.** *Agr.* harvest; crop. **2.** (año del vino) vintage.

coser [kosér] *v. tr.* **1.** to sew. **2.** (una herida) to stitch.

cosmopolita [kosmopolíta] *adj. y s. m. y f.* cosmopolitan.

cosquillas [koskíʎas] *s. f. pl.* tickling *sing.;* tickle *sing.*

costa [kósta] *s. f.* **1.** *Geogr.* (litoral) coast. **2.** (playa) shore *Am. E.;* beach *Br. E.* **3.** (orilla del mar) seashore.

costar [kostár] *v. intr.* to cost.

coste [kóste] *s. m., Econ.* cost.

costilla [kostíʎa] *s. f.* **1.** *Anat.* rib. **2.** *Gastr.* cutlet. ‖ **costillas** *s. f. pl.* **3.** *Anat. fam.* back.

costumbre [kostúmbre] *s. f.* **1.** (hábito) habit. **2.** (tradición) custom.

costura [kostúra] *s. f.* **1.** (acción) sewing; needlework. **2.** (puntadas) seam.

costurero [kosturéro] *s. m.* sewing basket; sewing case.

cotidiano, -na [kotiðjáno] *adj.* daily; everyday; day to day.

cotilla [kotíʎa] *adj. y s. m. y f., fam.* (chismoso) gossip.

cotilleo [kotiʎéo] *s. m.* gossip.

coto [kóto] *s. m.* (de caza, pesca) reserve.

coyuntura [koʝuntúra] *s. f.* (circunstancia) opportunity.

coz [kóθ] *s. f.* kick.

cráneo [kráneo] *s. m., Anat.* skull; cranium.

cráter [kráter] *s. m.* crater.

creación [kreaθjón] *s. f.* creation.

creador, -ra [kreaðór] *adj.* **1.** creative. ‖ *s. m. y f.* **2.** creator.

crear [kreár] *v. tr.* **1.** to create. **2.** (institución) to found.

crecer [kreθér] *v. intr.* **1.** to grow. **2.** (un río) to swell. **3.** *Econ.* (precio) to rise.

creciente [kreθjénte] *adj.* (interés, necesidad) increasing.

crecimiento [kreθimjénto] *s. m.* (desarrollo) growth; increase.

crédito [kréðito] *s. m.* **1.** *Econ.* credit. **2.** (confianza) belief. **3.** (renombre, fama) standing.

creencia [kreénθja] *s. f.* belief.

creer [kreér] *v. tr.* **1.** (tener fe, confianza) to believe. **2.** (pensar, juzgar) to think.

crema [kréma] *s. f.* cream.

cremallera [kremaʎéra] *s. f.* zipper *Am. E.;* zip-fastener *Br. E.*

crepúsculo [krepúskulo] *s. m.* (atardecer) twilight; dusk *frml.*

cresta [krésta] *s. f.* **1.** (de gallo) comb. **2.** *Geogr.* (de montaña) crest; summit.

cría [kría] *s. f.* **1.** (animales) breeding; raising. **2.** (camada) brood.

criado, -da [kriáðo] *adj.* **1.** (persona) bred. ‖ *s. m. y f.* **2.** servant. ‖ **criada** *s. f.* **3.** maid.

criar [kriár] *v. tr.* **1.** (animales) to breed. **2.** (nutrir, amamantar) to nurse. **3.** (educar) to bring up.

criatura [krjatúra] *s. f.* **1.** (ser) creature. **2.** (niño) child.

cribar [kriβár] *v. tr.* **1.** (colar) to sieve; to sift. **2.** *fig.* (candidatos) to screen.

crimen [krímen] *s. m.* crime.

criminal [kriminál] *adj.* **1.** (delincuente) criminal. || *s. m. y f.* **2.** (malhechor) criminal.

crío, -a [krío] *s. m.* **1.** *fam.* boy; kid. || **cría** *s. f.* **2.** *fam.* girl; kid.

crisis [krísis] *s. f. inv.* crisis.

crispar [krispár] *v. tr.* **1.** (causar contracción) to tense. **2.** *fig.* (a una persona) to irritate.

cristal [kristál] *s. m.* **1.** crystal. **2.** (de ventana) pane (window).

criterio [kritérjo] *s. m.* **1.** criterion. **2.** (juicio) judgment. **3.** (discernimiento) discernment.

crítica [krítika] *s. f.* criticism.

criticar [kritikár] *v. tr.* **1.** to criticize; to censure *frml.* || *v. intr.* **2.** (murmurar) to gossip.

croar [kroár] *v. intr.* to croak.

cromo [krómo] *s. m.* **1.** *Quím.* (metal) chromium. **2.** (estampa) picture card.

crónica [krónika] *s. f.* **1.** *Hist.* chronicle. **2.** (en medios de comunicación) article.

cronómetro [kronómetro] *s. m.* **1.** *Dep.* stopwatch. **2.** *Tecnol.* chronometer.

croqueta [krokéta] *s. f.,* *Gastr.* croquette.

cruce [krúθe] *s. m.* **1.** (acción) crossing. **2.** (de calles) crossroads.

crucero [kruθéro] *s. m.,* *Náut.* (viaje) cruise.

crucificar [kruθifikár] *v. tr.* (en una cruz) to crucify.

crucifijo [kruθifixo] *s. m.* (cruz) crucifix.

crucigrama [kruθiɣráma] *s. m.* crossword; crossword puzzle.

crudeza [kruðéθa] *s. f.* **1.** (de alimento) rawness. **2.** (rudeza) crudeness.

crudo, -da [krúðo] *adj.* **1.** (sin cocinar) raw. **2.** (sin refinar) crude.

cruel [kruél] *adj.* cruel.

crujir [kruxír] *v. intr.* **1.** (puerta) to creak. **2.** (papel) to rustle.

cruz [krúθ] *s. f.* **1.** cross. **2.** (de un moneda) tails *pl.*

cruzar [kruθár] *v. tr.* to cross.

cuaderno [kwaðérno] *s. m.* **1.** (de notas) notebook. **2.** (de ejercicios) exercise book.

cuadra [kwáðra] *s. f.* **1.** stable. **2.** *Amér.* (manzana de casas) block (of houses).

cuadrado, -da [kwaðráðo] *adj.,* *Mat.* square.

cuadrícula [kwaðríkula] *s. f.* grid; squares *pl.*

cuadrilla [kwaðríλa] *s. f.* **1.** quadrille. **2.** (grupo) group. **3.** (de jóvenes, ladrones) band.

cuadro [kwáðro] *s. m.* **1.** (pintura) painting. **2.** (grabado) picture. **3.** *Mat.* square.

cuádruple [kwáðruple] *sust. num. mult.* (también adj.) quadruple; four times.

cuajada [kwaχáða] *s. f., Gastr.* curd; junket.

cuajar [kwaχár] *v. tr.* **1.** (leche, salsa) to curd; to curdle. **2.** (flan, yogur) to set.

cual [kwál] *conj. comp., lit.* like. || **cada ~** everyone; each.

cuál [kwál] *pron. int.* which [¿Cuáles son tus colores favoritos? *Which are your favorite colors?*]

cualidad [kwaliðáð] *s. f.* **1.** (virtud, aptitud) quality; attribute. **2.** (característica) characteristic.

cualquier [kwalkjér] *adj. indef.* any.

cualquiera [kwalkjéra] *adj. indef.* **1.** any. || *pron. indef.* **2.** any-one. **3.** (de dos) either.

cuando [kwándo] *conj. t.***1.** when. || *conj. cond.* **2.** if. || *conj. advers.* **3.** when.]

cuándo [kwándo] *adv. int.* **1.** when. || *s. m.* **2.** when. || *adv. excl.* **3.** when.

cuanto, -ta [kwánto] *pron. rel.* everything; whatever.

cuánto [kwánto] *pron. excl.* **1.** what a lot of. || *pron. int.* (también pron. excl.) **2.** (singular) how much. **3.** (plural) how many. || *pron. int. n.* **4.** how long…?

cuarenta [kwarénta] *adj. num. card. inv.* (también pron. num. y s. m.) **1.** forty. || *adj. num. ord. inv.* (también pron. num.) **2.** fortieth; forty.

cuarentena [kwarenténa] *s. f., Med.* quarantine.

cuartel [kwartél] *s. m.* **1.** barracks. **2.** (residencia de oficiales) quarters.

cuartilla [kwartíλa] *s. f.* (hoja) sheet of paper.

cuarto, -ta [kwárto] *adj. num. ord.* (también pron. num.) **1.** fourth; four. || *adj. num. fracc.* (también s. m. y f.) **2.** quarter. || *s. m.* **3.** room.

cuatro [kwátro] *adj. num. card. inv.* (también pron. num. y s. m.) **1.** four. || *adj. num. ord. inv.* (también pron. num.) **2.** fourth; four.

cuatrocientos, -tas [kwatroθjéntos] *adj. num. card. inv.* (también pron. num. y s. m.) four hundred.

cuba [kúβa] *s. f.* cask; barrel.

cubalibre [kuβalíβre] *s. m.* (bebida alcohólica) rum and coke.

cubierta [kuβjérta] *s. f.* **1.** cover; covering. **2.** *Arq.* (tejado) roof.

cubo [kúβo] *s. m.* **1.** bucket; pail. **2.** *Mat.* cube.

cubrir [kuβrír] *v. tr.* **1.** to cover. **2.** (con líquido, rebozar) to coat. **3.** (plaza vacante) to fill. **4.** (un edificio) to roof.

cucaracha [kukarátʃa] *s. f.*, *Zool.* cockroach; roach *fam.*

cuchara [kutʃára] *s. f.* spoon.

cucharón [kutʃarón] *s. m.* ladle.

cuchilla [kutʃiʎa] *s. f.* **1.** knife. **2.** (de arma blanca) blade.

cuchillo [kutʃiʎo] *s. m.* knife.

cuco, -ca [kúko] *adj.* **1.** *fam.* (bonito) nice. **2.** (astuto) crafty.

cucurucho [kukurútʃo] *s. m.* **1.** (de papel) cone. **2.** (de helado) ice cream. **3.** (barquillo) ice-cream cone.

cuello [kwéʎo] *s. m.* **1.** *Anat.* neck. **2.** (de una prenda) collar.

cuenca [kwéŋka] *s. f.* **1.** *Anat.* (del ojo) socket. **2.** *Geogr.* (de un río) basin.

cuenco [kwéŋko] *s. m.* (recipiente) bowl; container.

cuenta [kwénta] *s. f.* **1.** bead. **2.** (cálculo) count. **3.** (factura) bill *Br. E.* **4.** *Econ.* (en un banco, comercio) account.

cuento [kwénto] *s. m.* **1.** (para niños) tale. **2.** *Lit.* (narración corta) short story.

cuerda [kwérða] *s. f.* **1.** string. **2.** *Anat.* cord. **3.** *Mat.* chord.

cuerno [kwérno] *s. m.* **1.** horn. **2.** (ciervo) antler.

cuero [kwéro] *s. m.* **1.** (piel de animal) leather. **2.** (de persona) skin.

cuerpo [kwérpo] *s. m., Anat.* body.

cuesta [kwésta] *s. f.* slope; hill.

cuestión [kwestjón] *s. f.* **1.** (pregunta) question. **2.** (asunto) matter.

cueva [kwéβa] *s. f.* cave.

cuidado [kwjðáðo] *s. m.* **1.** care; carefulness. **2.** precaution. ‖ ¡ ~ ! *interj.* **3.** look out!

cuidar [kwjðár] *v. tr.* **1.** to care for. **2.** *Med.* (pacientes) to nurse.

culebra [kuléβra] *s. f., Zool.* (reptil) snake.

culo [kúlo] *s. m., Anat.* (trasero) bottom *fam.*; ass *Am. E.*, *vulg.*

culpa [kúlpa] *s. f.* **1.** (error) fault. **2.** *Der.* guilt. **3.** (responsabilidad) blame. **4.** (pecado) sin.

culpar [kulpár] *v. tr.* to blame.

cultivar [kultiβár] *v. tr.* **1.** *Agr.* (campo, tierras) to farm. **2.** (campo, amistad) to cultivate. **3.** (plantas) to grow.

culto, -ta [kúlto] *adj.* **1.** (persona, pueblo) cultured; educated. **2.** (cultivado) cultivated.

cultura [kultúra] *s. f.* culture.

cumbre [kúmbre] *s. f.* **1.** (de una montaña) summit; top. **2.** (culminación) pinnacle *fig.*

cumpleaños [kumpleáɲos] *s. m. inv.* birthday. ‖ **¡feliz ~ !** happy birthday!

cumplimentar [kumplimeɳtár] *v. tr.* **1.** (rellenar) to fulfill *Am. E.* **2.** (felicitar) to congratulate.

cumplir [kumplír] *v. tr.* **1.** (realizar) to fulfill *Am. E.;* to perform. **2.** (una promesa) to keep. **3.** (años) to be.

cuna [kúna] *s. f.* **1.** (tradicional) cradle. **2.** (con barandas) crib *Am. E.* **3.** *fig.* (inicio) origin.

cundir [kuɳdír] *v. intr.* (extenderse) to spread.

cuneta [kunéta] *s. f.* (zanja) ditch.

cuñado, -da [kuɲáðo] *s. m.* **1.** brother-in-law. ‖ **cuñada** *s. f.* **2.** sister-in-law.

cuota [kwóta] *s. f.* **1.** (de un club o asociación) membership fees. **2.** (porción) quota; share.

cúpula [kúpula] *s. f., Arq.* dome; cupola.

cura [kúra] *s. m.* **1.** *Rel.* (sacerdote) priest. ‖ *s. f.* **2.** *Med.* cure.

curación [kuraθjón] *s. f.* **1.** (cura) cure. **2.** (de una herida) healing.

curar [kurár] *v. tr.* **1.** (sanar; carne, pescado) to cure. **2.** (enfermedad) to treat. ‖ *v. intr.* **3.** (herida) to heal.

curiosear [kurjoseár] *v. intr.* (en asuntos ajenos) to pry.

cursar [kursár] *v. tr.* **1.** (estudiar) to study; to attend a course. **2.** (enviar, tramitar) to send.

cursi [kúrsi] *adj.* **1.** *fam.* (ridículo) pretentious *fam.* **2.** (ostentoso) flashy.

curso [kúrso] *s. m.* **1.** (escolar) course. **2.** (de un río) course.

curva [kúrβa] *s. f.* **1.** curve. **2.** (en carretera) bend.

cúspide [kúspiðe] *s. f.* **1.** *Geogr.* (de una montaña) top; summit. **2.** (culminación) peak *fig.*

custodia [kustóðja] *s. f.* **1.** (tutela, vigilancia) custody.

custodiar [kustoðjár] *v. tr.* (proteger, guardar) to guard.

cutis [kútis] *s. m. inv.* (piel de la cara) skin; complexion.

cuyo, -ya [kújo] *pron. rel.* whose.

d

d [dé] *s. f.* (letra) d.

dado [dáðo] *s. m.* **1.** (para juegos) die *frml.* ‖ **dados** *s. m. pl.* **2.** dice.

daga [dáɣa] *s. f.* dagger.

dama [dáma] *s. f.* **1.** *form.* (señora) lady. **2.** (en ajedrez, naipes) queen. ‖ **damas** *s. pl.* **3.** (juego) checkers *Am. E.*; draughts *Br. E.*

damnificar [dannifikár] *v. tr.* **1.** (personas) to hurt; to harm. **2.** (cosas) to damage.

danza [dánθa] *s. f.* (baile) dance.

danzar [danθár] *v. tr.* to dance.

dañar [daɲár] *v. tr.* **1.** (cosas) to damage. **2.** (personas) to hurt.

daño [dáɲo] *s. m.* **1.** (material) damage. **2.** (a persona) hurt; harm; injury.

dar [dár] *v. tr.* **1.** (consejos, recuerdos; conceder) to give. **2.** (entregar algo) to hand out. **3.** (el gas, la luz, etc.) to turn on.

dardo [dárðo] *s. m.* dart.

datar [datár] *v. tr.* to date.

dátil [dátil] *s. m., Bot.* (fruto) date.

dato [dáto] *s. m.* **1.** fact; datum. ‖ **datos** *s. m. pl.* **2.** data.

de [dé] *prep.* **1.** (origen) from. **2.** (relación, material, contenido) of. **3.** (descripción) in.**4.** (sobre) of.

debajo [deβáχo] *adv. l.* below; underneath.

debate [deβáte] *s. m.* **1.** debate. **2.** (más informal) discussion.

debatir [deβatír] *v. tr.* **1.** (discutir) to debate. **2.** (más informal) to discuss.

deber [deβér] *s. m.* **1.** (obligación) duty. **2.** (responsabilidad) responsibility. ‖ *v. tr.* **3.** (dinero, favor, etc.) to owe. **4.** (en presente y futuro) must. **5.** (en condicional) ought to. | *v. aux.* **6.** (probabilidad) must. **7.** (obligación) must. ‖ **deberes** *s. m. pl.* **8.** homework *sing.*

débil [déβil] *adj.* (flojo) weak.

debilidad [deβiliðáð] *s. f.* **1.** (física) debility. **2.** (de personalidad) weakness.

debilitar [deβilitár] *v. tr.* **1.** to weaken; to debilitate. ‖ **debilitarse** *v. prnl.* **2.** to weaken; to grow weak.

década [dékaða] *s. f.* decade.

decaer [dekaér] *v. intr.* **1.** (imperio, civilización) to decay. **2.** (debilitarse) to weaken.

decaído, -da [dekaíðo] *adj.* low; down [Últimamente estoy decaída; todo me sale mal. *I feel down lately, everything goes wrong.*]

decano, -na [dekáno] *s. m.* (Universidad) dean.

decapitar [dekapitár] *v. tr.* (descabezar) to behead.

decena [deθéna] *s. f., Mat.* ten.

decencia [deθénθja] *s. f.* **1.** (decoro) decency. **2.** (honradez) honesty.

decepcionar [deθepθjonár] *v. tr.* (desilusionar) to disappoint.

decidir [deθiðír] *v. tr.* **1.** (resolver) to decide. **2.** (fijar, acordar) to determine.

decimal [deθimál] *adj. y s. m.* decimal.

décimo, -ma [déθimo] *adj. num. ord.* (también pron. num.) **1.** tenth; ten. ‖ *adj. num. fracc.* (también s. m.) **2.** tenth. ‖ *s. m.* **3.** (de lotería) tenth share of a lottery ticket.

decir¹ [deθír] *s. m.* saying.

decir² [deθír] *v. tr.* **1.** (expresar) to say. **2.** (contar) to tell. **3.** (hablar) to talk.

decisión [deθisjón] *s. f.* **1.** (resolución) decision. **2.** (firmeza de carácter) resolution.

decisivo, -va [deθisíβo] *adj.* **1.** (resultado, momento) decisive. **2.** (prueba) conclusive.

declaración [deklaraθjón] *s. f.* **1.** declaration. **2.** (afirmación) statement.

declarar [deklarár] *v. tr.* **1.** to declare. **2.** (afirmar) to state. ‖ *v. intr.* **4.** to declare. **5.** *Der.* (testificar) to testify *frml.*

declinar [deklinár] *v. tr.* **1.** (rechazar) to decline; to refuse. **2.** *Ling.* to decline. ‖ *v. intr.* **3.** (decaer) to decline.

declive [deklíβe] *s. m.* (del terreno) slope; incline *frml.*

decorar [dekorár] *v. tr.* (adornar) to decorate.

decoro [dekóro] *s. m.* **1.** (pudor) decorum. **2.** (dignidad) decency.

dedal [deðál] *s. m.* thimble.

dedicar [deðikár] *v. tr.* **1.** (ofrecer) to dedicate. **2.** (tiempo, esfuerzos) to devote.

dedo [déðo] *s. m.* **1.** *Anat.* (de la mano) finger. **2.** *Anat.* (del pie) toe.

deducir [deðuθír] *v. tr.* **1.** (inferir) to deduce. **2.** *Econ.* to deduct.

defecto [defékto] *s. m.* **1.** fault. **2.** (imperfección) defect.

defender [defendér] *v. tr.* **1.** to defend. **2.** (proteger) to protect.

defensa [defénsa] *s. f.* defense.

deficiente [defiθjénte] *adj.* **1.** deficient; faulty. **2.** (insuficiente) insufficient.

definir [definír] *v. tr.* to define.

definitivo, -va [definitíβo] *adj.* definitive; final.

deformar [deformár] *v. tr.* **1.** to deform. **2.** (cara) to disfigure.

defraudar [defrawðár] *v. tr.* **1.** (decepcionar) to disappoint. **2.** (estafar) to defraud; to cheat.

defunción [defuɲjón] *s. f.* (muerte) death; demise *frml.*

degenerar [deχenerár] *v. intr.* (ir a peor) to degenerate.

degollar [deɣoʎár] *v. tr.* **1.** (cortar la garganta) to slit the throat. **2.** (decapitar) to behead.

degradar [deɣraðár] *v. tr.* **1.** (humillar) to degrade. ‖ **degradarse** *v. prnl.* **2.** (humillarse) to demean oneself.

dehesa [deésa] *s. f.* meadow; pasture.

dejar [deχár] *v. tr.* **1.** to leave. **2.** (familia) to abandon. **3.** (permitir) to let. **4.** (prestar) to lend. **5.** (trabajo) to quit.

del [dél] *contr. prep. art. determ.* (de + el) of the.

delantal [delantál] *s. m.* **1.** (para cocinar) apron. **2.** (de escolar) pinafore.

delante [delánte] *adv. l.* in front; ahead. ‖ **~ de** in front of; before.

delatar [delatár] *v. tr.* to denounce.

delegación [deleɣaθjón] *s. f.* **1.** (grupo) delegation. **2.** (oficina) branch.

deleite [deléjte] *s. m.* delight.

deletrear [deletreár] *v. tr.* to spell.

delfín [delfín] *s. m., Zool.* dolphin.

delgadez [delɣaðéθ] *s. f.* **1.** (flacura) thinness. **2.** (esbeltez) slenderness.

delgado, -da [delɣáðo] *adj.* **1.** (flaco) thin. **2.** (esbelto) slim.

deliberar [deliβerár] *v. tr.* to deliberate.

delicadeza [delikaðéθa] *s. f.* delicacy; daintiness.

delicia [deliθja] *s. f.* (goce) delight; pleasure.

delicioso, -sa [deliθjóso] *adj.* **1.** (comida) delicious. **2.** (día, clima) delightful.

delirar [delirár] *v. intr.* (desvariar) to be delirious.

delirio [delírjo] *s. m.* **1.** *Med.* delirium; madness. **2.** frenzy *fam.*

delito [delíto] *s. m.* crime; offense.

demanda [demánda] *s. f.* **1.** demand. **2.** (petición) petition.

demandar [demandár] *v. tr.* **1.** (pedir) to demand. **2.** *Der.* (denunciar) to sue.

demás [demás] *adj. indef.* other.

demasiado, -da [demasjáðo] *adj. indef.* (también pron. indef.) **1.** too much (uncount. n.); too many (count. n.). ‖ *adv. cant.* **2.** (+ adj.) too. **3.** too much.

demencia [deménθja] *s. f.* (locura) madness; insanity.

demente [deménte] *adj.* (loco) demented; insane.

democracia [demokráθja] *s. f.*, *Polít.* democracy.

demoler [demolér] *v. tr.* **1.** (destruir) to demolish. **2.** (edificio) to pull down.

demonio [demónjo] *s. m.* devil.

demora [demóra] *s. f.* delay.

demostrar [demostrár] *v. tr.* **1.** to demonstrate. **2.** (probar) to prove. **3.** (interés) to show.

denegar [denegár] *v. tr.* **1.** (rechazar) to refuse; to decline. **2.** (negar) to deny.

denominación [denominaθjón] *s. f.* denomination; name.

denominar [denominár] *v. tr.* (nombrar) to name

denotar [denotár] *v. tr.* (indicar) to denote; to indicate.

densidad [densiðáð] *s. f.*, *Fís.* (líquido, material) density; thickness.

denso, -sa [dénso] *adj.* (compacto) dense; thick.

dentado [dentáðo] *adj.* toothed.

dentadura [dentaðúra] *s. f.* teeth.

dentera [dentéra] *s. f.* (envidia) envy *fam.* || **dar ~** (sensación desagradable) to set one's teeth on edge.

dentista [dentísta] *s. m. y f.* (odontólogo) dentist.

dentro [déntro] *adv.* **1.** (en el espacio) in; inside; indoors. **2.** (de límites, posibilidades) within.

denunciar [denunθjár] *v. tr.* **1.** (delito) to report. **2.** (condenar) to denounce.

deparar [deparár] *v. tr.* **1.** (proveer) to provide. **2.** (ofrecer) to present.

departamento [departaménto] *s. m.* **1.** (de un empresa, institución) department. **2.** (ferrocarril) compartment.

depender [depender] *v. intr.* to depend.

dependiente [dependjénte] *s. m. y f.* shop assistant.

depilar [depilár] *v. tr.* to depilate; to wax.

deplorar [deplorár] *v. tr.* to deplore; to lament; to regret deeply.

deponer [deponér] *v. tr.* **1.** (un líder) to depose; to overthrow. **2.** (dejar) to abandon.

deportar [deportár] *v. tr.* (desterrar) to deport.

deporte [depórte] *s. m.* sport.

deportista [deportísta] *adj.* **1.** sporty. || *s. m.* **2.** (atleta) sportsman. || *s. f.* **3.** sportswoman.

depositar [depositár] *v. tr.* **1.** *Econ.* to deposit. **2.** (colocar) to place; to put.

depósito [depósito] *s. m.* **1.** *Econ.* (bancario) deposit. **2.** (almacén) store; warehouse. **3.** (de agua, gasolina) tank.

depreciar [depreθjár] *v. tr.* (devaluar) to depreciate.

deprimir [deprimír] *v. tr.* **1.** to depress. ‖ **deprimirse** *v. prnl.* **2.** to be depressed.

deprisa [deprísa] *adv.* **1.** fast. ‖ ¡ ~ ! *interj.* **2.** quick! ‖ **ir ~** to rush.

depurar [depurár] *v. tr.* (agua) to purify; to depurate.

derecha [derétʃa] *s. f.* **1.** (mano) right hand. **2.** (lugar) right.

derecho, -cha [derétʃo] *adj.* **1.** (de la derecha) right. **2.** (recto, erguido) upright. **3.** (de pie) standing.

derivar [deriβár] *v. tr.* **1.** to derive. **2.** (cambiar de dirección) to direct.

derramar [deramár] *v. tr.* **1.** (líquido) to spill; to pour. **2.** (lágrimas) to weep.

derretir [deretír] *v. tr.* **1.** to melt. **2.** (hielo, nieve) to thaw.

derribar [deriβár] *v. tr.* (edificio, muro) to demolish.

derrochar [derotʃár] *v. tr.* to waste; to squander.

derroche [derótʃe] *s. m.* **1.** (de dinero, de bienes) waste. **2.** (exceso) extravagance.

derrotar [derotár] *v. tr.* (vencer) to defeat; to rout.

derrumbar [derumbár] *v. tr.* (demoler) to demolish.

desabrochar [desaβrotʃár] *v. tr.* to unbutton; to unfasten.

desaconsejar [desakonseχár] *v. tr.* to dissuade; to advise against.

desacreditar [desakreðitár] *v. tr.* **1.** to discredit. **2.** (menospreciar) to disparage.

desactivar [desaktiβár] *v. tr.* (neutralizar) to deactivate.

desacuerdo [desakwérðo] *s. m.* (conflicto) disagreement.

desafiar [desafiár] *v. tr.* **1.** (a una persona) to challenge. **2.** (un peligro) to defy.

desafinar [desafinár] *v. tr.* **1.** to play out of tune. ‖ *v. intr.* **2.** (instrumento) to be out of tune.

desafío [desafío] *s. m.* **1.** (reto) challenge. **2.** (duelo) duel.

desafortunado, -da [desafortunáðo] *adj.* **1.** (persona) unlucky. **2.** (suceso) unfortunate.

desagradable [desaɣraðáβle] *adj.* disagreeable; unpleasant.

desagradar [desaɣraðár] *v. intr.* (disgustar) to displease.

desagüe [desáɣue] *s. m.* **1.** (acción) drainage. **2.** (de un patio, etc) outlet; drain.

desahogado, -da [desaoɣáðo] *adj.* **1.** (espacioso) roomy. **2.** (posición económica) comfortable.

desahuciar [desawθjár] *v. tr.* **1.** (desalojar a un inquilino) to evict; to give someone notice to quit *Am. E.* **2.** (quitar esperanzas) to deprive of hope.

desairar [desajrár] *v. tr.* (menospreciar) to slight; to snub.

desalentar [desalentár] *v. tr.* to discourage *fig.*; to dishearten, *fig.*

desalojar [desaloχár] *v. tr.* **1.** (inquilino) to evict. **2.** (personas) to dislodge.

desamparar [desamparár] *v. tr.* (abandonar) to abandon; to desert.

desandar [desandár] *v. tr.* to retrace.

desangrar [desaŋgrár] *v. tr.*, *Med.* to bleed.

desanimar [desanimár] *v. tr.* **1.** to discourage; to dishearten. ‖ **desanimarse** *v. prnl.* **2.** to become discouraged.

desaparecer [desapareθér] *v. intr.* **1.** to disappear. **2.** (disipar) to dissipate.

desaprovechar [desaproβetʃár] *v. tr.* (tiempo, dinero) to waste.

desarrollar [desaróʎár] *v. tr.* to develop.

desastre [desástre] *s. m.* disaster.

desastroso, -sa [desastróso] *adj.* disastrous; unsuccessful.

desatar [desatár] *v. tr.* **1.** to untie; to unfasten. **2.** (ira, violencia) to loose. ‖ **desatarse** *v. prnl.* **4.** (soltarse) to loosen.

desatascar [desataskár] *v. tr.* (desatrancar) to unblock; to clear.

desatender [desatendér] *v. tr.* (no prestar atención) to disregard; to ignore.

desatornillar [desatorniʎár] *v. tr.* to unscrew.

desayunar [desajunár] *v. intr.* to have breakfast.

desayuno [desajúno] *s. m.* (por la mañana) breakfast.

desbandada [desβandáða] *s. f.* (estampida) stampede.

desbarajuste [desβaraχúste] *s. m.* (desorden) confusion.

desbaratar [desβaratár] *v. tr.* (arruinar) to ruin.

desbordar [desβorðár] *v. tr. e intr.* **1.** to overflow. ‖ **desbordarse** *v. prnl.* **2.** (derramarse) to overflow; to flood.

descafeinado, -da [deskafejnáðo] *adj.* **1.** decaffeinated. **2.** *fig.* diluted. ‖ *s. m.* **3.** (café) decaffeinated coffee.

descalabrar [deskalaβrár] *v. tr.* to wound in the head.

descalificar [deskalifikár] *v. tr.* (desacreditar) to disqualify.

descalzar [deskalθár] *v. tr.* **1.** (a alguien) to take off sb's shoes. ‖ **descalzarse** *v. prnl.* **2.** to take off one's shoes.

descansar [deskansár] *v. tr.* **1.** to rest. **2.** (dormir) to sleep.

descanso [deskánso] *s. m.*
1. rest; break. **2.** (alivio) relief.

descarado, -da [deskaráðo]
adj. **1.** (insolente) cheeky. **2.**
(desvergonzado, atrevido) shameless.

descargar [deskarɣár] *v. tr.*
1. (mercancías) to unload. **2.**
(arma) to fire.

descaro [deskáro] *s. m.* **1.** (des-
vergüenza) cheek; impudence.
2. (atrevimiento) audacity.

descarrilar [deskařilár] *v. intr.*
(tren) to derail.

descendencia [desθeṇdéṇθja]
s. f. **1.** (hijos) offspring. **2.** (origen) descent.

descender [desθeṇdér] *v. intr.* to descend *frml.;* to come
down.

descenso [desθénso] *s. m.* **1.**
(desde una altura) descent. **2.**
(de la temperatura) fall; drop.

descodificar [deskoðifikár]
v. tr. to decode; to decipher.

descolgar [deskolɣár] *v. tr.* **1.**
to take down. **2.** (cortinas, cua-
dros) to unhook.

descolorido, -da [deskoloríðo]
adj. **1.** (desteñido) faded. **2.**
(que pierde color) discolored.

descomponer [deskomponér] *v.
tr.* **1.** to decompose. ‖ **descomponerse** *v. prnl.* **2.** (cadaver,
alimento) to decompose.

desconcertar [deskoṇθertár]
v. tr. **1.** to disconcert. **2.** (desorientar) to confuse.

desconectar [deskonektár] *v. tr.*
1. (televisión, luz) to switch off
fam.; to turn off. **2.** (interrumpir) to disconnect.

desconfiado, -da [deskomfiáðo]
adj. (receloso) distrustful.

desconfiar [deskomfiár] *v. intr.*
(recelar) to distrust; to mistrust.

desconocido, -da [deskonoθíðo]
adj. **1.** unknown. **2.** (muy cam-
biado) unrecognizable *fam.*
‖ *s. m. y f.* **3.** unknown.

descontar [deskoṇtár] *v. tr.* to
discount.

descontrol [deskoṇtról] *s. m.*
1. (desorden) chaos; disorder.
2. (falta de mesura) recklessness.

descorrer [deskořér] *v. tr.* (cortinas, un cerrojo) to draw.

descortés [deskortés] *adj.* dis-
courteous *frml.;* impolite; rude.

describir [deskriβír] *v. tr.* to describe.

descuartizar [deskwartiθár] *v. tr.*
(cortar en trozos) to quarter.

descubierto, -ta [deskuβjérto]
adj. **1.** (encontrado) discovered.
2. (sin cubierta) uncovered.

descubrir [deskuβrír] *v. tr.* **1.** to
discover. **2.** (conspiración) to
uncover. **3.** (enterarse) to find
out; to discover.

descuento [deskwénto] *s. m.* **1.** (rebaja) discount. **2.** (del sueldo) deduction.

descuidado, -da [deskwiðáðo] *adj.* (negligente) careless.

descuidar [deskwiðár] *v. tr.* to neglect; to overlook.

descuido [deskwíðo] *s. m.* **1.** (falta de cuidado) negligence; carelessness. **2.** (distracción) oversight; mistake.

desde [désðe] *prep.* **1.** (en el tiempo) since; from. **2.** (en el espacio) from. **3.** (perspectiva) from.

desdecir [desðeθír] *v. intr.* (desmentir) to deny.

desdén [desðén] *s. m.* (desprecio) disdain; scorn; contempt.

desdicha [desðítʃa] *s. f.* **1.** (desgracia) misfortune. **2.** (infelicidad) unhappiness.

desdoblar [desðoβlár] *v.* **1.** (extender) to unfold. **2.** (duplicar) to split.

desear [deseár] *v. tr.* **1.** (con pasión) to desire. **2.** (querer) to want. **3.** (anhelar) to wish.

desechable [desetʃáβle] *adj.* disposable; throwaway.

desechar [desetʃár] *v. tr.* **1.** (renunciar) to refuse; to reject. **2.** (tirar) to throw out.

desembalar [desembalár] *v. tr.* (desempaquetar) to unpack.

desembarcar [desembarkár] *v. tr.* **1.** (mercancías) to unload. ‖ *v. tr., intr. y prnl.* **2.** (pasajeros) to disembark.

desembocar [desembokár] *v. intr.* **1.** (río) to flow. **2.** (calle) to lead to.

desembolso [desembólso] *s. m.* (pago) payment; outlay.

desempeñar [desempeɲár] *v. tr.* **1.** (recuperar lo empeñado) to redeem. **2.** (cumplir una obligación, un deber) to fulfill.

desempleo [despléo] *s. m.* (paro) unemployment.

desencadenar [desenkaðenár] *v. tr.* **1.** to unchain; to unshackle. **2.** (desatar) to unleash.

desencajar [desenkaxár] *v. tr.* **1.** *Mec.* to take apart. **2.** (mandíbula) to dislocate.

desencanto [desenkánto] *s. m.* (desilusión) disenchantment; disappointment.

desenchufar [desentʃufár] *v. tr., Electrón.* (desconectar) to unplug; to disconnect.

desenfundar [desemfundár] *v. tr.* (un arma) to draw.

desenganchar [desengantʃár] *v. tr.* **1.** (soltar) to unhook. ‖ **desengancharse** *v. prnl.* **2.** *slang.* to come off drugs.

desengañar [desengaɲár] *v. tr.* **1.** to undeceive *lit.* **2.** (quitar la ilusión) to disillusion. ‖ **desengañarse** *v. prnl.* **3.** (decepcionarse) to become disillusioned.

desengrasar [desengrasár] *v. tr.* to remove the grease from.

desenmascarar [desemmaskarár] *v. tr.* **1.** to unmask. **2.** (estafador, culpable) to expose.

desenredar [desenřeðár] *v. tr.* **1.** (lío) to straighten out. **2.** (pelo, lana) to disentangle.

desenterrar [desenteřár] *v. tr.* **1.** to dig up. **2.** (hueso, tesoro) to unearth.

desenvolver [desembolβér] *v. tr.* **1.** (paquete) to unwrap. **2.** (hechos, sucesos) to disentangle; to develop.

deseo [deséo] *s. m.* desire; wish.

desequilibrar [desekiliβrár] *v. tr.* to unbalance.

desertar [desertár] *v. intr.* **1.** *Mil.* to desert. **2.** (abandonar obligaciones) to abandon.

desesperar [desesperár] *v. tr.* **1.** to exasperate. ‖ *v. intr.* **2.** to despair. ‖ **desesperarse** *v. prnl.* **3.** to become exasperated.

desestimar [desestimár] *v. intr.* **1.** (menospreciar) to underestimate. **2.** (propuesta, petición, recurso) to reject.

desfallecer [desfaλeθér] *v. intr.* **1.** (debilitarse) to weaken. **2.** (desvanecerse) to faint.

desfase [desfáse] *s. m.* imbalance.

desfigurar [desfiɣurár] *v. tr.* **1.** (cara) to disfigure. **2.** (cuerpo) to deform.

desfiladero [desfilaðéro] *s. m., Geogr.* defile; gorge; notch *Am. E.*

desfilar [desfilár] *v. intr., Mil.* to parade; to march past.

desgana [desɣána] *s. f.* **1.** (inapetencia) lack of appetite. **2.** (falta de entusiasmo) boredom.

desgarrar [desɣařár] *v. tr.* (romper) to tear; to rend.

desgastar [desɣastár] *v. tr.* **1.** (consumir) to wear out. **2.** (deteriorar) to wear down.

desgracia [desɣráθja] *s. f.* misfortune *frml.;* mishap.

deshabitado, -da [desaβitáðo] *adj.* **1.** (región) uninhabited. **2.** (edificio) unoccupied.

deshacer [desaθér] *v. tr.* **1.** (paquete) to undo. **2.** (destruir) to destroy. **3.** (derretir) to melt.

desheredar [desereðár] *v. tr.* to disinherit.

deshidratar [desiðratár] *v. tr.* **1.** to dehydrate. ‖ **deshidratarse** *v. prnl.* **2.** to become dehydrated.

deshinchar [desintʃár] *v. tr.* (globo, balón) to deflate.

desidia [desíðja] *s. f.* (apatía) apathy; laziness.

desierto, -ta [desjérto] *adj.* **1.** (paisaje) bleak. **2.** (calle, pueblo) deserted.‖ *s. m.* **3.** *Geogr.* desert.

designar [designár] *v. tr.* **1.** to designate. **2.** (nombrar) to name. **3.** (indicar) to point out.

desilusionar [desilusjonár] *v. tr.* **1.** to disillusion. **2.** (decepcionar) to disappoint.

desinfectar [desimfektár] *v. tr.* (esterilizar) to disinfect.

desinflar [desimflár] *v. tr.* (deshinchar) to deflate.

desinterés [desinterés] *s. m.* **1.** (altruismo) unselfishness. **2.** (objetividad) disinterestedness.

desligar [deslivár] *v. tr.* **1.** (desatar) to untie. **2.** (separar) to sep-arate. ‖ **desligarse** *v. prnl.* **3.** to extricate.

deslumbrar [deslumbrár] *v. tr.* **1.** to dazzle. **2.** (cegar) to blind.

desmayarse [desmajárse] *v. prnl.* to lose consciousness.

desmayo [desmájo] *s. m.* faint.

desmedido, -da [desmeðíðo] *adj.* (desmesurado) excessive.

desmentir [desmentír] *v. tr.* **1.** to deny. **2.** (contradecir) to belie; to contradict.

desmenuzar [desmenuθár] *v. tr.* **1.** (deshacer) to crumble. **2.** (pollo) to shred.

desmerecer [desmereθér] *v. tr.* (alabanza, recompensa) to be unworthy of.

desmontar [desmontár] *v. tr.* **1.** to dismount. **2.** (mueble) to take apart.

desmoralizarse [desmoraliθárse] *v. prnl.* to get demoralized.

desnatar [desnatár] *v. tr.* to skim.

desnudar [desnuðár] *v. tr.* **1.** to undress; to strip; to desintegra-te. ‖ **desnudarse** *v. prnl.* **2.** to undress; to get undressed.

desnudo, -da [desnúðo] *adj.* (cuerpo) naked; nude.

desobedecer [desoβeðeθér] *v. tr.* (contravenir) to disobey.

desocupado, -da [desokupáðo] *adj.* **1.** (vacío) vacant; unoccupied. **2.** (ocioso) free. **3.** (sin trabajo) unemployed.

desocupar [desokupár] *v. tr.* **1.** (armario) to empty. **2.** (casa, habitación) to vacate.

desodorante [desoðoránte] *adj. y s. m.* deodorant.

desoír [desoír] *v. tr.* to ignore.

desolación [desolaθjón] *s. f.* **1.** (aflicción) desolation. **2.** *fig.* (pena) grief.

desorbitado, -da [desorβitáðo] *adj.* (exagerado) exorbitant.

desorden [desórðen] *s. m.* **1.** (desarreglo) disorder; mess. **2.** (disturbio) riot.

desorganizar [desorɣaniθár] *v. tr.* to disorganize; to disrupt.

desorientar [desorjentár] *v. tr.* **1.** (extraviar) to mislead. **2.** (desconcertar) to confuse.

despachar [despatʃár] *v. tr.* **1.** (resolver) to get through. **2.** (enviar) to send. **3.** (en una tienda) to serve.

despacho [despátʃo] *s. m.* **1.** (oficina) office. **2.** (en casa) study.

despacio [despáθjo] *adv.* **1.** (lentamente) slowly. ‖ ¡ ~ ! *interj.* **2.** take it easy.

desparpajo [desparpáxo] *s. m., fam.* (desenvoltura) self-confidence.

desparramar [desparamár] *v. tr.* **1.** (esparcir) to scatter. **2.** (líquido) to spill.

despedazar [despeðaθár] *v. tr.* (descuartizar) to tear to pieces.

despedir [despeðír] *v. tr.* **1.** (del trabajo) to sack. **2.** (decir adiós) to say good-bye. ‖ **despedirse** *v. prnl.* **5.** to say goodbye.

despegar [despeɣár] *v. tr.* **1.** to unstick. ‖ *v. intr.* **2.** (avión) to take off.

despeinar [despejnár] *v. tr.* **1.** to mess up; to dishevel. ‖ **despeinarse** *v. prnl.* **2.** to mess up one's hair.

despensa [despénsa] *s. f.* **1.** larder; pantry. **2.** *Náut.* storeroom.

desperdiciar [desperðiθjár] *v. tr.* to waste; to throw away.

desperdicio [desperðíθjo] *s. m.* **1.** waste. ‖ **desperdicios** *s. m. pl.* **2.** (basura) rubbish *sing*.

desperdigar [desperðiɣár] *v. tr. y prnl.* to scatter; to separate. ‖ **desperdigarse** *v. prnl.* **2.** (dispersarse) to separate.

desperfecto [desperfékto] *s. m.* **1.** (defecto) flaw; fault. **2.** (daño) damage.

despertador [despertaðór] *s. m.* (reloj) alarm clock.

despertar [despertár] *v. tr.* to wake up; to awake.

despiadado, -da [despjaðáðo] *adj.* **1.** (ataque, crítica) merciless; cruel. **2.** (persona) ruthless.

despilfarro [despilfáro] *s. m.* (derroche) wastefulness.

despistar [despistár] *v. tr.* **1.** (hacer perder la pista) to throw off the scent. **2.** *fig.* (confundir) to confuse; to bewilder.

despiste [despíste] *s. m.* **1.** (error) slip. **2.** (distracción) absentmindedness.

desplazamiento [desplaθamjénto] *s. m.* **1.** (viaje) journey. **2.** (traslado) move.

desplazar [desplaθár] *v. tr.* **1.** to displace. ‖ **desplazarse** *v. prnl.* **2.** to move.

desplegar [despleɣár] *v. tr.* **1.** (abrir) to unfold; to open out. **2.** (extender) to spread.

desplomarse [desplomárse] *v. prnl.* to collapse; to break down.

desplumar [desplumár] *v. tr.* **1.** (ave) to pluck. **2.** *fig.* (estafar) to fleece; to rip off.

despoblar [despoβlár] *v. tr.* **1.** to depopulate. ‖ **despoblarse** *v. prnl.* **2.** to become depopulated.

despojar [despoχár] *v. tr.* **1.** (quitar) to strip. **2.** *fig.* (de bienes) to divest; to deprive.

despreciable [despreθjáβle] *adj.* despicable; contemptible.

despreciar [despreθjár] *v. tr.* **1.** (desdeñar) to despise; to scorn. **2.** (rechazar) to spurn. **3.** (menospreciar) to belittle.

desprender [despreⁿdér] *v. tr.* **1.** (soltar) to loosen. **2.** (separar) to detach; to separate. ‖ **desprenderse** *v. prnl.* **3.** (soltarse) to come away.

desprestigiar [desprestiχjár] *v. tr.* **1.** (desacreditar) to discredit. ‖ **desprestigiarse** *v. prnl.* **2.** to lose prestige.

desprevenido, -da [despreβeníðo] *adj.* unprepared.

después [despwés] *adv. t.* later; later on; then; after; afterward; next. ‖ **~ de** after. (indicando orden) next to. | (lugar) past.

despuntar [despuⁿtár] *v. tr.* **1.** to blunt. ‖ *v. intr.* **2.** (planta) to sprout. **3.** (el día) to dawn.

desquiciar [deskiθjár] *v. tr.* **1.** (desajustar) to unhinge. **2.** *fig.* (trastornar) to upset.

desquitarse [deskitárse] *v. prnl.* (resarcirse) to get even with.

destacar [destakár] *v. tr. fig.* to emphasize; to point up.

destajo [destáχo] *s. m.* piecework. ‖ **a ~** (con afán) eagerly.

destapar [destapár] *v. tr.* **1.** (abrir) to open. **2.** *fig.* (descubrir) to uncover.

destello [destéʎo] *s. m.* **1.** (brillo) gleam. **2.** (de metal) glint.

desteñir [desteɲír] *v. tr.* to discolor; to fade. ‖ **desteñirse** *v. prnl.* **2.** (decolorarse) to lose color; to fade.

desterrar [desterár] *v. tr.* (expulsar) to exile; to banish.

destinar [destinár] *v. tr.* **1.** to destine *lit.* **2.** (asignar) to assign.

destino [destíno] *s. m.* **1.** (suerte) destiny. **2.** (rumbo) destination. **3.** (sino) fate; doom.

destituir [destituír] *v. tr.* **1.** (cesar) to dismiss. **2.** (a un presidente, dictador) to remove from office.

destornillador [destorniʎaðór] *s. m.* screwdriver.

destreza [destréθa] *s. f.* **1.** (habilidad) skill. **2.** (maña) dexterity.

destrozar [destroθár] *v. tr.* **1.** (romper) to destroy. **2.** (nervios, salud) to shatter.

destruir [destruír] *v. tr.* **1.** to destroy. **2.** *fig.* (figura, proyecto) to ruin. **3.** *fig.* (confianza) to shatter.

desunir [desunír] *v. tr.* to split.

desuso [desúso] *s. m.* disuse.

desvalido, -da [desβaliðo] *adj.* (indefenso) helpless; destitute.

desván [desβán] *s. m.* attic; loft.

desvanecer [desβaneθér] *v. tr.* **1.** (disipar) to dispel *fig.* ‖ **desvanecerse** *v. prnl.* **2.** (desmayarse) to swoon *lit.*

desvariar [desβariár] *v. intr.* (delirar) to talk nonsense; to rave.

desvelar[1] [desβelár] *v. tr.* **1.** (quitar el sueño) to keep awake. ‖ **desvelarse** *v. prnl.* **2.** to stay awake.

desvelar[2] [desβelár] *v. tr.* (descubrir) to reveal; to discover.

desventaja [desβentáxa] *s. f.* (inconveniente) disadvantage.

desviar [desβiár] *v. tr.* **1.** (tráfico, fondos) to divert. **2.** (golpe) to deflect. ‖ **desviarse** *v. prnl.* **3.** (de su curso) to deviate.

desvío [desβío] *s. m.* diversion.

desvivirse [desβiβírse] *v. prnl.* (esforzarse) to be completely devoted.

detallar [detaʎár] *v. tr.* to detail.

detalle [detáʎe] *s. m.* detail.

detective [detektíβe] *s. m. y f.* detective.

detener [detenér] *v. tr.* **1.** to stop; to halt. **2.** *Der.* to arrest; to detain. ‖ **detenerse** *v. prnl.* **3.** (parar) to stop.

detergente [deterxénte] *adj. y s. m.* detergent.

deteriorar [deteriorár] *v. tr.* (estropear) to spoil.

determinar [determinár] *v. tr.* **1.** to determine. **2.** (decide) to decide.

detestar [detestár] *v. tr.* to detest; to hate; to abhor *frml.*

detrás [detrás] *adv. l.* behind. ‖ **de ~** back. **~ de** behind; after.

deuda [déwða] *s. f., Econ.* debt.

devolver [deβolβér] *v. tr.* **1.** (restituir) to give back; to return. **2.** *Econ.* (reembolsar) to refund.

devorar [deβorár] *v. tr.* (con ansia) to devour.

día [día] *s. m.* day.

diablo [djáβlo] *s. m.* (demonio) devil; demon.

diagnosticar [djagnostikár] *v. tr., Med.* (una enfermedad) to diagnose.

dialecto [djalékto] *s. m.* dialect.

dialogar [djalovár] *v. intr.* (conversar) to have a conversation.

diálogo [diáloɣo] *s. m.* dialogue.

diamante [djamánte] *s. m.* diamond.

diana [djána] *s. f.* **1.** *Mil.* reveille. **2.** *Dep.* target. **3.** (para dardos) dartboard.

diapositiva [djaposití βa] *s. f.*, *Fot.* slide; transparency.

diario, -ria [djárjo] *adj.* **1.** daily; everyday. ‖ *s. m.* **2.** (libro personal) diary. **3.** (periódico) newspaper. ‖ **a ~** daily; every day.

dibujar [diβuxár] *v. tr.* (trazar) to draw; to sketch.

dibujo [diβúxo] *s. m.* **1.** drawing; sketch-ing. **2.** *Tecnol.* design. ‖ **dibujos animados** cartoons.

dicción [dikθjón] *s. f.* diction.

diccionario [dikθjonárjo] *s. m.* dictionary.

dicha [dít∫a] *s. f.* **1.** (suerte) good fortune. **2.** (alegría) happiness.

diciembre [diθjémbre] *s. m.* December.

dictado [diktáðo] *s. m.* dictation.

dictamen [diktámen] *s. m.* **1.** (opinión) opinion. **2.** *Der.* (juicio) dictum; judgement.

dictar [diktár] *v. tr.* **1.** (texto) to dictate. **2.** (sentencia) to pronounce.

diecinueve [djeθinwéβe] *adj. num. card. inv.* (también pron. num. y s. m.) **1.** nineteen. ‖ *adj. num. ord. inv.* (también pron. num.) **2.** nineteenth; nineteen.

dieciocho [djeθiót∫o] *adj. num. card. inv.* (también pron. num. y s. m.) **1.** eighteen. ‖ *adj. num. ord. inv.* (también pron. num.) **2.** eighteenth; eighteen.

dieciséis [djeθiséjs] *adj. num. card. inv.* (también pron. num. y s. m.) **1.** sixteen. ‖ *adj. num. ord. inv.* (también pron. num.) **2.** sixteenth; sixteen.

diecisiete [djeθisjéte] *adj. num. card. inv.* (también pron. num. y s. m.) **1.** seventeen. ‖ *adj. num. ord. inv.* (también pron. num.) **2.** seventeenth; seventeen.

diente [djénte] *s. m.* **1.** *Anat.* tooth. **2.** (de ajo) clove. **3.** *Tecnol.* cog. ‖ **dientes** *s. m. pl.* **4.** teeth.

diéresis [djéresis] *s. f. inv.*, *Ling.* (signo ortográfico) diaeresis.

diestro [djéstro] *adj.* **1.** (derecho) right. **2.** (hábil) skillful.

dieta [djéta] *s. f.* (regimen) diet.

diez [djéθ] *adj. num. card. inv.* (también pron. num. y s. m.) **1.** ten. ‖ *adj. num. ord. inv.* (también pron. num.) **2.** ten; tenth.

difamar [difamár] *v. tr.* **1.** to defame; to slander. **2.** (por escrito) to libel. **3.** (criticar) to malign.

diferencia [diferénθja] *s. f.* **1.** difference. **2.** (distinción) distinction.

diferenciar [diferenθjár] *v. tr.*
1. to differentiate. ‖ *v. intr.* **2.**
to differ.

diferente [diferénte] *adj.* **1.** different; unlike. **2.** (motivos, maneras) various.

diferir [diferír] *v. tr.* **1.** (aplazar) to postpone; to defer. ‖ *v. intr.*
2. (distinguirse) to differ.

difícil [difíθil] *adj.* difficult.

dificultad [difikultáð] *s. f.* **1.** difficulty. **2.** (problema) trouble.

dificultar [difikultár] *v. tr.* **1.** (complicar) to make difficult. **2.** (estorbar) to obstruct; to restrict.

difundir [difundír] *v. tr.* **1.** (luz, calor) to diffuse. **2.** *fig.* (noticia, enfermedad) to spread.

difunto, -ta [difúnto] *adj.* **1.** deceased; late. ‖ *s. m. y f.* **2.** deceased.

digerir [diχerír] *v. tr.* to digest.

dignidad [digniðáð] *s. f.* **1.** (cualidad) dignity. **2.** (persona) dignitary.

dilación [dilaθjón] *s. f.* delay.

dilapidar [dilapiðár] *v. tr.* (gastar) to squander; to waste.

dilatar [dilatár] *v. tr.* **1.** (agrandar) to expand. **2.** *Med.* to dilate.

dilema [diléma] *s. m.* dilemma.

diluir [diluír] *v. tr.* **1.** to dilute; to dissolve. ‖ **diluirse** *v. prnl.*
2. to dilute.

diluvio [dilúβjo] *s. m.* (lluvia) deluge; heavy rain.

dimensión [dimensjón] *s. f.* dimension.

diminuto [diminúto] *adj.* tiny; minute.

dimitir [dimitír] *v. tr.* to resign.

dinamita [dinamíta] *s. f.* (explosivo) dynamite.

dinastía [dinastía] *s. f.* dynasty.

dinero [dinéro] *s. m.* money.

dinosaurio [dinosáwrjo] *s. m.* dinosaur.

dios [djós] *s. m.* **1.** god. ‖ **diosa**
s. f. **2.** goddess. ‖ **Dios** *n. p. m.*
3. *Rel.* God.

diploma [diplóma] *s. m.* (título) diploma.

diplomacia [diplomáθja] *s. f.*,
Polít. (tacto) diplomacy.

diptongo [diptóŋgo] *s. m.*, *Ling.*
diphthong.

dique [díke] *s. m.* **1.** *Náut.* dyke.
2. *Náut.* (de contención) dam.

dirección [direkθjón] *s. f.*
1. (administración) administration. **2.** (dirigentes) management.

directo [dirékto] *adj.* **1.** direct.
2. (vuelo, viaje) nonstop. ‖ **en ~**
(radio, TV) live.

director, -ra [direktór] *s. m. y*
f. **1.** director. **2.** (gerente) manager. **3.** (de una escuela) principal *Am. E.*

dirigir [diriχír] *v. tr.* **1.** to direct. **2.** (empresa) to manage. **3.** (orientar) to aim.

discernir [disθernír] *v. tr.* (distinguir) to discern.

discípulo, -la [disθípulo] *s. m. y f.* **1.** (alumno) pupil. **2.** (seguidor) disciple.

disco [dísko] *s. m.* **1.** disk *Am. E.* **2.** *Mús.* record; disc.

discografía [diskoɣrafía] *s. f., form.* discography *frml.*

díscolo [dískolo] *adj.* disobedient.

discordia [diskórðja] *s. f.* (desavenencia) discord.

discoteca [diskotéka] *s. f.* **1.** record collection. **2.** (lugar) discotheque.

discreción [diskreθjón] *s. f.* **1.** discretion; tact. **2.** (reserva) prudence; discretion.

discrepar [diskrepár] *v. intr.* **1.** (disentir) to disagree; to dissent *frml.* **2.** (diferenciarse) to differ.

discreto, -ta [diskréto] *adj. m. y f.* **1.** (prudente) discreet; tactful. **2.** (moderado) reasonable.

discriminar [diskriminár] *v. tr.* **1.** to discriminate against. **2.** (diferenciar) to discriminate between.

disculpa [diskúlpa] *s. f.* **1.** (excusa) excuse. **2.** (perdón) apology.

disculpar [diskulpár] *v. tr.* **1.** to excuse; to pardon. || **disculparse** *v. prnl.* **2.** to apologize.

discurso [diskúrso] *s. m.* **1.** (conferencia) speech. **2.** (disertación) dissertation.

discusión [diskusjón] *s. f.* **1.** (charla) discussion. **2.** (disputa) argument.

discutir [diskutír] *v. tr.* **1.** (hablar) to discuss. **2.** (contradecir) to question. || *v. intr.* **4.** to discuss. **5.** (pelear) to argue.

diseccionar [disekθjonár] *v. tr., Anat. y Zool.* to dissect.

diseminar [diseminár] *v. tr.* (desparramar) to disseminate.

diseñar [disepár] *v. tr.* to design.

diseño [disépo] *s. m.* design.

disfraz [disfráθ] *s. m.* **1.** disguise. **2.** (prenda) fancy dress.

disfrazar [disfraθár] *v. tr.* **1.** to disguise. **2.** *fig.* (voz, sentimientos) to disguise.

disfrutar [disfrutár] *v. tr.* (gozar) to enjoy.

disgregar [disɣreɣár] *v. tr.* **1.** (desintegrar) to disintegrate. **2.** (dispersar) to disperse. || **disgregarse** *v. prnl.* **3.** (deshacerse) to disintegrate.

disgustar [disɣustár] *v. tr.* **1.** to upset. **2.** (desagradar) to displease. || **disgustarse** *v. prnl.* **3.** to get upset.

disgusto [disɣústo] *s. m.* **1.** (enfado) displeasure. **2.** (desilusión) chagrin.

disimular [disimulár] *v. tr.* **1.** to hide; to conceal. **2.** (defecto) to disguise.

dislocar [dislokár] *v. tr.* **1.** *Med* (hueso) to dislocate; to displace. ‖ **dislocarse** *v. prnl.* **2.** *Med* (hueso) to dislocate.

disminución [disminuθjón] *s. f.* (mengua) decrease; diminution.

disminuir [disminuír] *v. tr.* **1.** to decrease; to abate. ‖ *v. intr.* **2.** to diminish.

disolver [disolβér] *v. tr.* **1.** to dissolve. **2.** (anular) to annul. ‖ **disolverse** *v. prnl.* **3.** (azucar, aspirina) to dissolve.

disparar [disparár] *v. tr.* **1.** (arma) to fire. **2.** (bala, flecha) to shoot.

disparate [disparáte] *s. m.* **1.** (desatino) blunder; nonsense. **2.** (tonterias) rubbish; foolish act.

disparo [dispáro] *s. m.* **1.** shot. **2.** (tiro) -gunshot.

dispensar [dispensár] *v. tr.* **1.** to dispense. **2.** (otorgar) to grant. **3.** (disculpar) to pardon.

dispersar [dispersár] *v. tr.* **1.** (separar) to disperse. **2.** (esparcir) to scatter.

disponer [disponér] *v. tr.* **1.** (arreglar) to arrange; to dispose *frml.* **2.** (ordenar) to order.

disponible [disponíβle] *adj.* (libre) available.

disposición [disposiθjón] *s. f.* **1.** (uso) disposition; disposal. **2.** (colocación) arrangement.

disputa [dispúta] *s. f.* **1.** (discusión) dispute; argument; quarrel. **2.** (controversia) controversy.

disputar [disputár] *v. tr. e intr.* **1.** (discutir) to dispute; to question. **2.** (competir) to contest.

disquete [diskéte] *s. m., Inform.* diskette; floppy disk.

distancia [distánθja] *s. f.* (espacio) distance.

distante [distánte] *adj.* **1.** distant. **2.** (lugar) remote.

distinción [distinθjón] *s. f.* (diferencia) distinction.

distinguido [distinɡíðo] *adj.* **1.** (ilustre) distinguished. **2.** (elegante) elegant.

distinguir [distinɡír] *v. tr.* **1.** (diferenciar) to distinguish. **2.** (ver) to make out.

distinto, -ta [distínto] *adj.* (diferente) different; unlike.

distracción [distrakθjón] *s. f.* **1.** distraction. **2.** (entretenimiento) amusement.

distraer [distraér] *v. tr.* **1.** (atención) to distract. **2.** (divertir) to entertain; to amuse.‖ **distraerse** *v. prnl.* **3.** (divertirse) to amuse oneself.

distraído, -da [distraíðo] *adj.* (abstraído) absentminded.

distribución [distriβuθjón] *s. f.* **1.** distribution. **2.** (entrega) delivery.

distribuir [distriβuír] *v. tr.* **1.** to distribute; to deliver. **2.** (repartir) to allocate; to pass out; to divide.

disturbio [distúrβjo] *s. m.* (alteración) disturbance.

disuadir [diswaðír] *v. tr.* (convencer de lo contrario) to dissuade; to deter.

disyuntiva [disʝuntíβa] *s. f.* dilemma.

diurno, -na [diúrno] *adj.* **1.** day. **2.** (planta, animal) diurnal.

divagar [diβaɣár] *v. intr.* **1.** (desviarse) to digress; to ramble. **2.** (vagar) to wander.

diván [diβán] *s. m.* couch; divan.

diversidad [diβersiðáð] *s. f.* (variedad) diversity; variety.

diversión [diβersjón] *s. f.* (divertimento) fun; amusement.

diverso, -sa [diβérso] *adj.* **1.** diverse. **2.** (diferente) different.

divertido, -da [diβertíðo] *adj.* **1.** (de risa) amusing; funny. **2.** (entretenido) entertaining; fun.

divertir [diβertír] *v. tr.* **1.** to amuse; to entertain. ‖ **divertirse** *v. prnl.* **2.** to enjoy oneself; to have a good time.

dividir [diβiðír] *v. tr.* **1.** to div-ide; to split. **2.** (repartir) to share. ‖ **dividirse** *v. prnl.* **3.** to divide.

divinidad [diβiniðáð] *s. f.* **1.** (cualidad) divinity. **2.** (dios pagano) deity.

divino, -na [diβíno] *adj.* **1.** divine. **2.** *fig.* adorable.

divisar [diβisár] *v. tr.* (distinguir) to make out; to sight.

división [diβisjón] *s. f.* division.

divorciar [diβorθjár] *v. tr.* **1.** to divorce. ‖ **divorciarse** *v. prnl.* **2.** (separarse) to get divorced.

divulgar [diβulɣár] *v. tr.* **1.** (noticias) to spread. **2.** (secretos) to divulge.

DNI [deneí] *sigla* (Documento Nacional de Identidad) identity card.

do [dó] *s. m., Mús.* do.

doblar [doβlár] *v. tr.* **1.** (duplicar) to double. **2.** (plegar) to fold.

doble [dóβle] *adj.* **1.** double. ‖ *s. m.* **2.** double. ‖ *adv.* **3.** double.

doblez [doβléθ] *s. m.* (pliegue) fold; crease.

doce [dóθe] *adj. num. card. inv.* (también pron. num. y s. m.) **1.** twelve. ‖ *adj. num. ord. inv.* (también pron. num.) **2.** twelfth; twelve.

docena [doθéna] *s. f.* dozen.

dócil [dóθil] *adj.* docile.

docilidad [doθiliðáð] *s. f.* docility; meekness; obedience.

doctor, -ra [doktór] *s. m. y f.* (médico) doctor.

doctorado [doktoráðo] *s. m.* (universidad) doctorate; PhD.

doctrina [doktrína] *s. f.* **1.** (ideología) doctrine. **2.** (enseñanza) teaching.

documental [dokumentál] *adj. y s. m., Cinem.* documentary.

documentar [dokumentár] *v. tr.* (justificar) to document.

documento [dokuménto] *s. m.* document. ‖ **Documento Nacional de Identidad** (DNI) identity card.

dogma [dóɣma] *s. m.* dogma.

dólar [dólar] *s. m., Econ.* (moneda americana) dollar.

dolencia [dolénθja] *s. f.* (afección) ailment; complaint.

dolor [dolór] *s. m.* **1.** pain; ache. **2.** (agudo) agony. **3.** (pena) grief; sorrow.

dolorido, -da [doloríðo] *adj.* **1.** (dañado) sore; aching. **2.** (afligido) hurt.

doloroso, -sa [doloróso] *adj.* **1.** painful. **2.** (pérdida) grievous.

domar [domár] *v. tr.* **1.** (animal) to tame. **2.** (caballos) to break in.

domesticar [domestikár] *v. tr.* **1.** to domesticate. **2.** (animal) to tame.

domicilio [domiθíljo] *s. m.* (residencia) home; residence.

dominar [dominár] *v. tr.* **1.** to dominate. **2.** (adversario) to overpower. **3.** (conocer a fondo) to master.

domingo [domíŋgo] *s. m.* (día de la semana) Sunday.

dominio [domínjo] *s. m.* **1.** *Polít.* dominion. **2.** *Inform.* domain. **3.** (control) mastery; control.

dominó [dominó] *s. m.* **1.** (juego) dominoes *pl.* **2.** (ficha) dom-ino.

don[1] [dón] *s. m.* **1.** (regalo) gift; present. **2.** (talento) talent.

don[2] [dón] *s. m.* (tratamiento) Mr.

donación [donaθjón] *s. f.* donation.

donar [donár] *v. tr.* (dar) to donate; to give.

donde [dónde] *adv. rel.* where.

doña [dóɲa] *s. f.* (tratamiento) Mrs.

dopaje [dopáχe] *s. m., Dep.* drugtaking.

dorar [dorár] *v. tr.* **1.** (bañar en oro) to gild. **2.** (tostar) to brown.

dormir [dormír] *v. tr. e intr.* to sleep.

dormitorio [dormitórjo] *s. m.* **1.** (en una casa) bedroom. **2.** (en un colegio) dormitory.

dorso [dórso] *s. m.* back.

dos [dós] *adj. num. card. inv.* (también pron. num. y s. m.) **1.** two. ‖ *adj. num. ord. inv.* (también pron. num.) **2.** two; second.

doscientos, -tas [dosθjéntos] *adj. num. card.* (también pron. num., s. m. y adj. num. ord.) two hundred.

dosis [dósis] *s. f. inv.* dose.

dotar [dotár] *v. tr.* **1.** to endow; to provide. **2.** (una oficina) to staff.

dote [dóte] *s. f.* (bienes) dowry.

drama [dráma] *s. m.* drama.

droga [dróɣa] *s. f.* **1.** drug. **2.** *Dep.* (dopaje) dope.

drogadicto [droɣaðíkto] *s. m. y f.* (drogodependiente) drug addict.

drogar [droɣár] *v. tr.* **1.** to drug; to dope. ǁ **drogarse** *v. prnl.* **2.** (doparse) to take drugs; to dope.

drogodependiente [droɣoðepéndjénte] *s. m. y f.* (drogadicto) drug addict.

droguería [droɣería] *s. f.* drugstore *Am. E.*

ducha [dútʃa] *s. f.* shower.

ducharse [dutʃárse] *v. prnl.* to shower.

duda [dúða] *s. f.* doubt.

dudar [duðár] *v. intr.* **1.** to doubt. **2.** (vacilar) to hesitate.

dudoso, -sa [duðóso] *adj.* **1.** (incierto) uncertain. **2.** (indeciso) indecisive.

duelo¹ [dwélo] *s. m.* (combate) duel; challenge.

duelo² [dwélo] *s. m.* **1.** (dolor) grief; sorrow. **2.** (luto) mourning.

duende [dwénde] *s. m.* **1.** goblin. **2.** (duendecillo) sprite.

dueño, -ña [dwéɲo] *s. m. y f.* **1.** owner. **2.** (de una casa) landlord. ǁ **dueña** *s. f.* **3.** (de una casa) landlady.

dulce [dúlθe] *adj.* **1.** (sabor) sweet. **2.** (carácter, voz) soft; gentle. ǁ *s. m.* **3.** candy *Am. E.* ǁ **dulces** *s. m. pl.* **4.** sweets.

dulcificar [dulθifikár] *v. tr.* (endulzar) to sweeten.

dulzura [dulθúra] *s. f.* **1.** sweetness. **2.** *fig.*(ternura) gentleness.

duna [dúna] *s. f., Geogr.* dune.

dúo [dúo] *s. m., Mús.* duet.

duodécimo, -ma [dwoðéθimo] *adj. num. ord.* (también pron. num.) **1.** twelfth; twelve. ǁ *adj. num. fracc.* (también s. m. y f.) **2.** twelfth.

dúplex [dúpleks] *s. m. inv.* (piso doble) duplex *Am. E.*

duplicado [duplikáðo] *s. m.* (copia) duplicate.

duplicar [duplikár] *v. tr.* **1.** to duplicate. **2.** (cifras) to double.

durante [duránte] *prep.* during; over; for.

durar [durár] *v. intr.* **1.** to last. **2.** (ropa, zapatos) to wear (well).

duro, -ra [dúro] *adj.* **1.** hard. **2.** (carácter) tough; cruel.

e¹ [é] *s. f.* (letra) e.

e² [é] *conj. copul.* and. • Used before words beginning with "i" or "hi"

ebanista [eβanísta] *s. m. y f.* (carpintero) cabinetmaker.

ébano [éβano] *s. m., Bot.* ebony.

ebrio, -bria [éβrjo] *adj.* drunk.

echar [etʃár] *v. tr.* **1.** (lanzar) to throw. **2.** (líquido, sal, etc.) to pour. **3.** (expulsar) to expel. ‖ **echarse** *v. prnl.* **4.** (tumbarse) to lie; to lie down.

eclipsar [eklipsár] *v. tr.* **1.** *Astron.* to eclipse. **2.** *fig.* to outshine.

eco [éko] *s. m.* echo. ‖ **hacer ~** to echo.

ecología [ekoloɣía] *s. f.* ecology.

ecologista [ekoloɣísta] *adj.* **1.** ecological; ecology. ‖ *s. m. y f.* **2.** ecologist.

economía [ekonomía] *s. f.* **1.** economy. **2.** (ahorro) saving. **3.** (cualidad) thrift.

economizar [ekonomiθár] *v. tr.* (ahorrar) to economize; to save.

ecuador [ekwaðór] *s. m., Geogr.* equator.

edad [eðáð] *s. f.* age.

edición [eðiθjón] *s. f.* **1.** *Impr.* (publicación) publication. **2.** (tirada) edition.

edicto [eðíkto] *s. m.* edict.

edificar [eðifikár] *v. tr.* **1.** (construir) to build. **2.** *fig.* (enseñar) to edify; to uplift.

edificio [eðifíθjo] *s. m.* building.

editar [eðitár] *v. tr.* **1.** (libros) to publish. **2.** *Inform.* to edit.

editorial [eðitorjál] *adj.* **1.** editorial. **2.** (casa, actividad) publishing. ‖ *s. f.* **3.** (empresa) publishing company.

edredón [eðreðón] *s. m.* quilt; duvet *Br. E.;* comforter *Am. E.*

educación [eðukaθjón] *s. f.* **1.** education. **2.** (urbanidad) bringing-up.

educado [eðukáðo] *adj.* polite.

educar [eðukár] *v. tr.* **1.** (enseñar) to educate; to teach. **2.** (entrenar) to train.

edulcorante [eðulkoránte] *s. m.* (sacarina) sweetener.

efectivo, -va [efektíβo] *adj.* **1.** effective. **2.** (real) real. ‖ *s. m.* **3.** *Econ.* (metálico) cash.

efecto [efékto] *s. m.* **1.** effect. ‖ **efectos** *s. m. pl.* **2.** effects.

efectuar [efektuár] *v. tr.* (ejecutar) to carry out.

efervescente [eferβesθénte] *adj.* effervescent.

eficacia [efikáθja] *s. f.* **1.** (persona) efficiency. **2.** (cosas) efficacy; effectiveness.

egoísmo [eɣoísmo] *s. m.* egoism.

egoísta [eɣoísta] *adj.* **1.** selfish. ‖ *s. m. y f.* **2.** egoist selfish person.

eje [éχe] *s. m.* **1.** axis. **2.** (de rueda) axle. **3.** *fig.* (centro) hub; core.

ejecutar [eχekutár] *v. tr.* **1.** to execute. **2.** (cumplir) to fulfill.

ejemplar [eχemplár] *adj.* **1.** exemplary; model. ‖ *s. m.* **2.** (libro) copy.

ejemplo [eχémplo] *s. m.* example. ‖ **por ~** for example.

ejercer [eχerθér] *v. tr.* **1.** to exercise *frml.* **2.** (influencia) to exert.

ejercicio [eχerθíθjo] *s. m.* **1.** exercise. **2.** (práctica) practice.

ejército [eχérθito] *s. m.* army.

el [él] *art. determ. m. sing.* the.

él [él] *pron. pers. nomin. 3ª pers. m. sing.* **1.** (persona) he. **2.** (animal, cosa) it. ‖ *pron. pers. prep.* **3.** him. **4.** (cosa, animal) it. ‖ **~ mismo** himself [Él mismo lo reconoció. *He admitted it himself.*]

elaborar [elaβorár] *v. tr.* **1.** (producto) to produce. **2.** (plan) to elaborate.

elástico [elástiko] *adj. y s. m.* (flexible) elastic.

elección [elekθjón] *s. f.* choice.

electricidad [elektriθiðáð] *s. f.* (energía) electricity.

eléctrico, -ca [eléktriko] *adj.* (tren, luz) electric; electrical.

elefante, -ta [elefánte] *s. m., Zool.* elephant.

elegancia [eleγánθja] *s. f.* (estilo) elegance; style; smartness.

elegante [eleγánte] *adj.* elegant.

elegir [eleχír] *v. tr.* to choose.

elemental [elementál] *adj.* **1.** (fundamental) elemental. **2.** (fácil) elementary.

elemento [eleménto] *s. m.* **1.** element. **2.** (miembro) member.

elevador [eleβaðór] *s. m., Amér.* elevador *Am. E.*

elevar [eleβár] *v. tr.* **1.** (levantar) to elevate; to raise. ‖ **elevarse** *v. prnl.* **2.** (subir) to rise.

eliminar [eliminár] *v. tr.* **1.** to eliminate. **2.** (obstáculo) to remove.

ella [éλa] *pron. pers. nomin. 3ª pers. f. sing.* **1.** (persona) she. **2.** (animal, objeto) it. ‖ *pron. pers. prep.* **3.** her. **4.** (animal, objeto) it. ‖ **~ misma** herself.

ello [éλo] *pron. pers. nomin. 3ª pers. n. sing.* **1.** it. ‖ *pron. pers. prep.* **2.** it.

ellos, -llas [éλos] *pron. pers. nomin. 3ª pers. pl.* **1.** they. ‖ *pron. pers. prep.* **2.** them.

elogio [elóχjo] *s. m.* praise.

eludir [eluðír] *v. tr.* **1.** (evitar) to evade; to avoid; to dodge. **2.** (escapar) to elude.

emancipar [emanθipár] *v. tr.* **1.** to emancipate. ‖ **emanciparse** *v. prnl.* **2.** (independizarse) to become emancipated.

embadurnar [embaðurnár] *v. tr.* (manchar) to smear; to daub.

embajada [embaxáða] *s. f.* **1.** *Polít.* embassy. **2.** (comunicación) message.

embajador [embaxaðór] *s. m.* **1.** (diplomático) ambassador. || **embajadora** *s. f.* **2.** (diplomática) ambassadress.

embalse [embálse] *s. m., Geogr.* reservoir; dam.

embarazada [embaraθáða] *adj.* **1.** pregnant. || *s. f.* **2.** pregnant woman.

embarazo [embaráθo] *s. m.* **1.** pregnancy. **2.** (apuro) embarrassment *frml.*

embarcadero [embarkaðéro] *s. m.* **1.** *Náut.* pier; quay. **2.** *Náut.* (para mercancías) wharf.

embarcar [embarkár] *v. tr.* **1.** (avión) to board. **2.** *Náut.* (personas) to embark. **3.** *Náut.* (mercancías) to ship.

embargar [embarvár] *v. tr.* **1.** *Der.* to seize; to impound. **2.** (mercancías) to embargo. **3.** *fig.* (la emoción) to overwhelm.

embelesar [embelesár] *v. tr.* **1.** to charm; to fascinate. || **embelesarse** *v. prnl.* **2.** to be fascinated.

embellecer [embeʎeθér] *v. tr.* **1.** to beautify; to embellish.

|| **embellecerse** *v. prnl.* **2.** (acicalarse) to beautify oneself.

emblema [embléma] *s. m.* **1.** (insignia) emblem. **2.** (símbolo) symbol.

embolsar [embolsár] *v. tr.* **1.** to pocket. **2.** (meter en una bolsa) to bag.

emborrachar [emboʀatʃár] *v. tr.* to get drunk.

emborronar [emboʀonár] *v. tr.* **1.** (manchar) to smudge. **2.** (con tinta) to blot.

embotellar [emboteʎár] *v. tr.* (un líquido) to bottle.

embriagar [embrjavár] *v. tr.* **1.** (perfume) to intoxicate *lit.* **2.** (emborrachar) to get drunk.

embrión [embrjón] *s. m., Biol.* embryo.

embrollar [embroʎár] *v. tr.* **1.** (una situación) to complicate. **2.** (a una persona) to confuse. **3.** (enredar) to entangle.

embrollo [embróʎo] *s. m.* **1.** (de cables) tangle. **2.** (lío) muddle.

embrujar [embruxár] *v. tr.* **1.** *fig.* (hechizar) to bewitch. **2.** (cautivar) to enchant.

embudo [embúðo] *s. m.* funnel.

embuste [embúste] *s. m.* **1.** trick; story. **2.** (mentira) lie.

embutido [embutíðo] *s. m.* **1.** *Gastr.* (salchicha) sausage. **2.** *Gastr.* (fiambre) cold meat.

embutir [embutír] *v. tr.* **1.** to stuff. **2.** (incrustar) to inlay.

emergencia [emerχénθja] *s. f.* **1.** (situación difícil) emergency. **2.** (salida) emergence.

emigración [emivraθjón] *s. f.* emigration; migration.

emigrar [emivrár] *v. intr.* **1.** (expatriarse) to emigrate. **2.** (aves) to migrate.

emisora [emisóra] *s. f.* **1.** (de radio) radio station. **2.** (de televisión) television station.

emitir [emitír] *v. tr.* **1.** to emit. **2.** (programa) to broadcast. **3.** (comunicado) to issue.

emoción [emoθjón] *s. f.* **1.** (sentimiento) emotion. **2.** (expectación) excitement.

emocionar [emoθjonár] *v. tr.* **1.** (conmover) to move; to affect. **2.** (excitar) to thrill. ‖ **emocionarse** *v. prnl.* **3.** (conmoverse) to be moved to tears.

emotivo, -va [emotíβo] *adj.* **1.** emotional. **2.** (palabras) emotive.

empalmar [empalmár] *v. tr.* (unir) to join; to connect.

empanada [empanáða] *s. f., Gastr.* pie.

empanadilla [empanaðíλa] *s. f., Gastr.* tuna/meat pasty.

empanar [empanár] *v. tr., Gastr.* (rebozar) to bread.

empañar [empaɲár] *v. tr.* **1.** (cristal) to mist up; to steam up. ‖ **empañarse** *v. prnl.* **2.** (enturbiarse) to steam up.

empapar [empapár] *v. tr.* **1.** to soak. ‖ **empaparse** *v. prnl.* **2.** (mojarse) to get wet through.

empapelar [empapelár] *v. tr.* **1.** (paredes) to paper. **2.** (envolver) to wrap in paper.

empaquetar [empaketár] *v. tr.* to pack; to package.

emparejar [empareχár] *v. tr.* **1.** (cosas) to match. **2.** (personas) to pair (off).

empastar [empastár] *v. tr.* **1.** *Med.* (dientes) to fill. **2.** (encuadernar) to bind.

empaste [empáste] *s. m.* (de un diente) filling.

empatar [empatár] *v. tr., Dep.* to tie *Am. E.;* to draw *Br. E.*

empedrar [empeðrár] *v. tr.* (el suelo) to pave.

empeine [empéjne] *s. m.* (pie, zapato) instep.

empeñar [empeɲár] *v. tr.* **1.** (cosas) to hock *Am. E.;* to pawn. **2.** (palabra, honor) to pledge. ‖ **empeñarse** *v. prnl.* **3.** (esforzarse) to strive to.

empeorar [empeorár] *v. tr.* **1.** to make worse; to deteriorate; to worsen. ‖ *v. intr.* **2.** to get worse; to deteriorate.

empequeñecer [empekeɲeθér]
v. tr. to dwarf; to belittle *fig.*

emperador [emperaðór] *s. m.*
emperor.

emperatriz [emperatríθ] *s. f.*
empress.

empezar [empeθár] *v. tr. e intr.*
1. (a hacer algo) to begin. **2.**
(algo) to start.

emplazar [emplaθár] *v. tr., Der.*
(citar) to summons.

empleado, -da [empleáðo] *s.
m. y f.* employee; clerk.

emplear [empleár] *v. tr.* **1.** (dar
empleo) to employ. **2.** (usar) to
use; to utilize.

empleo [empléo] *s. m.* **1.** (trabajo) employment. **2.** (puesto)
job; post.

empobrecer [empoβreθér] *v. tr.*
to impoverish.

empollar [empoʎár] *v. tr.*
1. (huevos) to hatch; to brood.
2. (estudiar) to swot *coll.*

empolvar [empolβár] *v. tr.* (nariz) to powder.

empotrar [empotrár] *v. tr.* (encajar) to embed.

emprender [emprendér] *v. tr.* to
undertake; to start; to begin.

empresa [emprésa] *s. f.* **1.** (tarea) undertaking. **2.** (compañia)
enterprise; firm.

empujar [empuxár] *v. tr.* **1.** to
push; to shove. **2.** *fig.* to force.

en [én] *prep.* **1.** in. **2.** (al lado
de) at. **3.** (dentro) in; into. **4.**
(means of transport) by.

enajenar [enaxenár] *v. tr.* **1.** *Der.*
(propiedad) to alienate. **2.** (vender) to sell.

enamorado, -da [enamoráðo]
adj. **1.** in love; lovesick. || *s. m. y
f.* **2.** (novio, amante) sweetheart.

enamorar [enamorár] *v. tr.* **1.** to
win the love of. || **enamorarse**
v. prnl. **2.** to fall in love.

enano, -na [enáno] *adj.* **1.**
dwarfish. || *s. m. y f.* **2.** dwarf.

enardecer [enarðeθér] *v. tr.* (pa-
siones) to inflame; to rouse.

encabezar [eŋkaβeθár] *v. tr.*
1. to head. **2.** (una lista) to top.
3. (carta) to put a heading to.

encadenar [eŋkaðenár] *v. tr.*
1. to chain. **2.** (con grilletes) to
shackle; to fetter. **3.** *fig.* (atar) to
tie down.

encajar [eŋkaxár] *v. tr.* **1.** to fit;
to insert. **2.** *Tecnol.* to gear.

encajonar [eŋkaxonár] *v. tr.* **1.**
(en sitio estrecho) to squeeze
in. || **encajonarse** *v. prnl.* **2.** to
narrow.

encaminar [eŋkaminár] *v. tr.*
1. to direct. || **encaminarse** *v.
prnl.* **2.** to be directed. **3.** (a un
lugar) to head.

encantado, -da [eŋkaɲtáðo]
adj. (satisfecho) delighted.

encantador, -ra [eŋkantaðór] *adj.* (cautivador) charming.

encantar [eŋkantár] *v. tr.* **1.** (gustar) to charm; to delight. **2.** (cautivar) to fascinate.

encapotarse [eŋkapotárse] *v. prnl., Meteor.* (nublarse) to cloud over; to become overcast.

encapricharse [eŋkapritʃárse] (con) *v. prnl., fam.* (empeñarse) to be infatuated with.

encarcelar [eŋkarθelár] *v. tr.* (a un preso) to jail; to imprison.

encarecer [eŋkareθér] *v. tr.* **1.** (un producto) to raise the price of. **2.** (rogar) to beg.

encargado, -da [eŋkarɣáðo] *s. m. y f.* person in change.

encargar [eŋkarɣár] *v. tr.* **1.** (encomendar) to entrust. **2.** *Econ.* (solicitar) to order.

encariñarse [eŋkariɲárse] *v. prnl.* to grow fond.

encasillar [eŋkasiʎár] *v. tr.* **1.** (poner en casillas) to pigeonhole. **2.** (clasificar) to classify.

encauzar [eŋkawθár] *v. tr.* (encaminar) to channel.

encender [eŋθendér] *v. tr.* **1.** to light. **2.** (prender fuego) to fire. **3.** (luz, gas) to turn on.

encerado, -da [eŋθeráðo] *s. m.* (pizarra) blackboard.

encerrar [eŋθeřár] *v. tr.* **1.** to shut in. **2.** (con llave) to lock up.

enchufar [entʃufár] *v. tr., Electrón.* to plug in.

enchufe [entʃúfe] *s. m., Electrón.* **1.** (macho) plug. **2.** (hembra) socket.

encía [enθía] *s. f., Anat.* gum.

enciclopedia [enθiklopéðja] *s. f.* encyclopaedia.

encima [enθíma] *adv. l.* **1.** (arriba) above; on top. ‖ *adv. cant.* **2.** on top of that.

encina [enθína] *s. f., Bot.* (árbol) holm oak.

enclenque [eŋkléŋke] *adj.* **1.** (enfermizo) sickly; unhealthy. **2.** (débil) feeble.

encoger [eŋkoxér] *v. tr.* **1.** to shrink. **2.** (amilanar) to intimidate *fig.* ‖ *v. intr.* **3.** to shrink.

encolar [eŋkolár] *v. tr.* **1.** to glue. **2.** (lienzo, papel) to size.

encolerizar [eŋkoleriθár] *v. tr.* (enfurecer) to enrage.

encontrar [eŋkontrár] *v. tr.* **1.** to find. **2.** (a algn por casualidad) to meet. ‖ **encontrarse** *v. prnl.* **3.** (por casualidad) to meet. **4.** (descubrir) to find oneself.

encrespar [eŋkrespár] *v. tr.* **1.** (pelo) to curl. **2.** (irritar) to irritate. ‖ **encresparse** *v. prnl.* **3.** (pelo) to curl.

encuadernar [eŋkwaðernár] *v. tr.* to bind. ‖ **sin** ~ unbound.

encuadrar [eŋkwaðrár] v. tr. **1.** (incluir) to insert. **2.** (imágenes) to frame; to center.

encubrir [eŋkuβrír] v. tr. (ocultar) to hide; to conceal.

encuentro [eŋkwéntro] s. m. meeting; encounter.

encuesta [eŋkwésta] s. f. **1.** (sondeo) poll; survey. **2.** (investigación) inquiry.

endeble [endéβle] adj. (débil) feeble; weak.

endeudarse [eŋ dewðárse] v. prnl. to get oneself into debt.

endibia o endivia [endíβja] s. f., Bot. endive.

endulzar [endulθár] v. tr. **1.** (azucarar) to sweeten; to sugar.

endurecer [endureθér] v. tr. **1.** to harden. **2.** fig. (fortalecer) to toughen.

enemigo, -ga [enemíɣo] adj. **1.** (contrario) enemy; hostile. ‖ s. m. y f. **2.** enemy; foe.

enemistad [enemistáð] s. f. enmity.

enemistar [enemistár] v. tr. **1.** to make enemies. ‖ **enemistarse** v. prnl. **2.** to become enemies.

energía [enerɣía] s. f. **1.** energy; drive. **2.** (fuerza) force.

enero [enéro] s. m. January.

enfadar [enfadár] v. tr. **1.** to anger; to make angry. ‖ **enfadarse** v. prnl. **2.** to get angry.

enfado [enfáðo] s. m. anger.

énfasis [émfasis] s. amb. (fuerza) emphasis.

enfermar [emfermár] v. intr. to get sick; to sicken.

enfermedad [emfermeðáð] s. f., Med. illness; disease.

enfermero, -ra [emferméro] s. m. y f., Med. nurse.

enfermo, -ma [emférmo] adj. **1.** Med. ill; sick. ‖ s. m. y f. **2.** patient.

enfervorizar [emferβoriθár] v. tr. to fire the enthusiasm.

enfocar [emfokár] v. tr. to focus.

enfrentar [emfrentár] v. tr. **1.** (encarar) to confront; to face (up to). ‖ **enfrentarse** v. prnl. **2.** (encararse) to face.

enfriar [emfriár] v. tr. **1.** (alimentos) to cool; to chill. ‖ **enfriarse** v. prnl. **2.** (tener frío) to get cold. **4.** (alimentos) to cool down.

enfurecer [emfureθér] v. tr. **1.** to infuriate; to enrage. ‖ **enfurecerse** v. prnl. **2.** (enfadarse) to be-come furious; to rage.

engalanar [eŋgalanár] v. tr. (adornar) to decorate.

engañar [eŋgaɲár] v. tr. **1.** to deceive; to fool. **2.** (estafar) to cheat; to trick.

engatusar [eŋgatusár] v. tr., fam. to coax; to wheedle.

engendrar [eŋxeŋdrár] *v. tr.*
1. *Biol.* to beget. **2.** *Biol.* (hijos)
to father.

engordar [eŋgordár] *v. tr.* **1.** (cebar) to fatten. ‖ *v. intr.* **2.** (persona) to get fat.

engorro [eŋgóřo] *s. m.* nuisance.

engrandecer [eŋgraŋdeθér] *v. tr.* **1.** (aumentar) to enlarge. **2.** (exagerar) to exaggerate.

engrasar [eŋgrasár] *v. tr.* (lubrificar) to grease; to lubricate.

engullir [eŋguʎír] *v. tr.* (tragar) to devour; to gulp (down).

enhebrar [eneβrár] *v. tr.* **1.** (aguja) to thread. **2.** (perlas) to string.

enhorabuena [enoraβwéna] *s. f.* **1.** congratulations *pl.* ‖ ¡ ~ ! *interj.* **2.** congratulations!

enigma [eníɣma] *s. m.* **1.** enigma. **2.** (problema) puzzle. **3.** (misterio) riddle.

enjabonar [eŋxaβonár] *v. tr.* to soap.

enjambre [eŋxámbre] *s. m.*, *Zool.* (de abejas) hive.

enjaular [eŋxawlár] *v. tr.* **1.** (animal) to cage. **2.** (encarcelar) to jail *fam.*

enlace [enláθe] *s. m.* (conexión) link; connection.

enlazar [enlaθár] *v. tr.* **1.** (conectar) to link; to connect. **2.** (atar) to tie. ‖ **enlazarse** *v. prnl.* **3.** (unirse) to be linked.

enloquecer [enlokeθér] *v. tr.* **1.** (volver loco) to drive crazy; to madden. ‖ *v. intr.* **2.** (volverse loco) to go mad.

enmarañar [emmaraɲár] *v. tr.* **1.** (pelo, lana) to tangle. **2.** *fig.* (asunto) to complicate. ‖ **enmarañarse** *v. prnl.* **3.** (pelo) to mat. **4.** (complicarse) to get confused.

enmascarar [emmaskarár] *v. tr.* **1.** (poner una máscara) to mask. **2.** *fig.* (ocultar) to disguise. ‖ **enmascararse** *v. prnl.* **3.** to put on a mask.

enmendar [emmeŋdár] *v. tr.* **1.** (corregir) to correct. ‖ **enmendarse** *v. prnl.* **2.** (corregirse) to mend one's ways.

enmudecer [emmuðeθér] *v. tr.* (callar) to silence.

ennegrecer [enneɣreθér] *v. tr.* (poner negro) to blacken.

enojar [enoxár] *v. tr.* **1.** to anger; to make angry. ‖ **enojarse** *v. prnl.* **2.** (enfadarse) to get angry; to lose one's temper.

enorgullecer [enorɣuʎeθér] *v. tr.* **1.** to pride; to make proud. ‖ **enorgullecerse** *v. prnl.* **2.** to be proud.

enorme [enórme] *adj.* (grande) huge; enormous; vast.

enredadera [enřeðaðéra] *s. f.*, *Bot.* creeper; climbing plant.

enredar [enřeðár] *v. tr.* **1.** (enmarañar) to entangle. **2.** *fig.* (involucrar) to involve

enrejar [enřeχár] *v. tr.* **1.** (puerta, ventana) to put a grille on. **2.** (terreno) to fence in.

enrevesado [enřeβesáðo] *adj.* (difícil) complicated; intricate.

enriquecer [enřikeθér] *v. tr.* **1.** (hacer rico) to make rich. **2.** *fig.* (mejorar) to enrich.

enrojecer [enřoχeθér] *v. tr.* **1.** (volver rojo) to redden. ǁ *v. intr.* **2.** (ruborizarse) to blush.

enrollar [enřoλár] *v. tr.* **1.** (papel) to roll up. **2.** (hilo) to wind up.

enroscar [enřoskár] *v.* **1.** (torcer) to twist. **2.** (tornillo) to screw in.

ensaimada [ensaimáða] *s. f., Gastr.* (dulce) typical Majorcan round pastry.

ensalada [ensaláða] *s. f., Gastr.* salad.

ensaladilla [ensalaðíλa] *s. f., Gastr.* (rusa) Russian salad.

ensalzar [ensalθár] *v. tr.* **1.** (elogiar) to extoll; to praise. **2.** (enaltecer) to exalt.

ensanchar [ensantʃár] *v. tr.* **1.** to widen; to enlarge. **2.** (jersey) to stretch.

ensangrentar [ensaŋgrentár] *v. tr.* to stain with blood.

ensayar [ensaǰár] *v. tr.* **1.** to test; to try out. **2.** *Teatr.* to rehearse.

ensayo [ensáǰo] *s. m.* **1.** (prueba) test; trial. **2.** *Teatr.* rehearsal. **3.** *Lit.* essay.

enseguida o en seguida [enseɣíða] *adv. t.* (inmediatamente) at once; immediately.

ensenada [ensenáða] *s. f., Geogr.* (bahía) inlet; cove.

enseñar [ensenár] *v. tr.* **1.** (educar) to teach. **2.** (mostrar) to show.

ensordecer [ensorðeθér] *v. tr.* **1.** to deafen. ǁ *v. intr.* **2.** (quedarse sordo) to go deaf.

ensuciar [ensuθjár] *v. tr.* **1.** to dirty. ǁ **ensuciarse** *v. prnl.* **2.** (mancharse) to get dirty.

ensueño [enswéno] *s. m.* **1.** (sueño) dream; fantasy. **2.** (ilusión) illusion.

entallar¹ [entaλár] *v. tr.* (esculpir, tallar) to sculpture; to carve.

entallar² [entaλár] *v. intr.* (venir bien) to fit.

entender [entendér] *v. tr.* **1.** to understand; to comprehend. ǁ *v. intr.* **2.** to understand. ǁ **entenderse** *v. prnl.* **3.** (comprenderse) to be understood. **4.** (llevarse bien) to get along with.

entendimiento [entendimjénto] *s. m.* **1.** (acuerdo) understanding. **2.** (inteligencia) mind; intellect.

enterar [eṇterár] *v. tr.* **1.** to inform. ‖ **enterarse** *v. prnl.* **2.** to hear; to learn. **3.** (averiguar) to find out.

enternecer [eṇterneθér] *v. tr.* **1.** *fig.* (apiadar) to touch; to move. **2.** (ablandar) to soften. ‖ **enternecerse** *v. prnl.* **3.** *fig.* (emocionarse) to be touched.

entero, -ra [eṇtéro] *adj.* **1.** (total) whole. **2.** (intacto) unbroken; intact.

enterrar [eṇterár] *v. tr.* to bury.

entierro [eṇtiéρo] *s. m.* burial.

entonces [eṇtónθes] *adv. t.* then.

entorpecer [eṇtorpeθér] *v. tr.* **1.** (sentidos) to dull. **2.** (impedir) to obstruct; to impede.

entrada [eṇtráða] *s. f.* **1.** entrance. **2.** (puerta) way in. **3.** *Cinem. y Teatr.* ticket; admission.

entraña [eṇtrápa] *s. f. sing.* **1.** *fig.* core. ‖ **entrañas** *s. f. pl.* **2.** *Anat.* entrails; bowels. **3.** *fig.* bowels.

entrañable [eṇtrapáβle] *adj.* **1.** (íntimo) close; intimate. **2.** (afectuoso) loving.

entrañar [eṇtrapár] *v. tr.* **1.** to entail; to imply; to involve. **2.** (esconder) to hide.

entrar [eṇtrár] *v. intr.* **1.** to come in; to go in; to enter. **2.** (ir bien) to fit.

entre [éṇtre] *prep.* **1.** (dos) between. **2.** (más de dos objetos) among. **3.** (más de dos) between.

entreacto [eṇtreákto] *s. m., Teatr.* (intermedio) interval.

entrecejo [eṇtreθéχo] *s. m., Anat.* (ceño) frown.

entredicho [eṇtreðítʃo] *s. m.* (prohibición) prohibition.

entrega [eṇtréγa] *s. f.* **1.** (de mercancías) delivery. **2.** (de documentos) surrender.

entregar [eṇtreγár] *v. tr.* **1.** to deliver. **2.** (deberes) to hand in.

entrelazar [eṇtrelaθár] *v. tr.* (enlazar) to interlace; to entwine.

entremés [eṇtremés] *s. m.* **1.** *Gastr.* hors d'oeuvre. **2.** *Teatr.* interlude.

entremezclar [eṇtremeθklár] *v. tr.* to intermingle; to mix.

entrenador [eṇtrenaðór] *s. m., Dep.* coach *Am. E.*; trainer *Br. E.*

entrenamiento [eṇtrenamiéṇto] *s. m., Dep.* training.

entrenar [eṇtrenár] *v. tr.* **1.** *Dep.* to train; to coach. ‖ **entrenarse** *v. prnl.* **2.** *Dep.* to train; to coach.

entresacar [eṇtresakár] *v. tr.* (seleccionar) to select; to extract.

entresuelo [eṇtreswélo] *s. m.* mezzanine; second floor *Am. E.*

entretanto [eṇtretáṇto] *adv.* meanwhile; in the meantime.

entretener [eṇtretenér] *v. tr.*
1. (entorpecer) to detain. **2.** (divertir) to entertain.

entretiempo, de [eṇtretjémpo]
loc. (ropa) lightweight.

entrever [eṇtreβér] *v. tr.* **1.** (vislumbrar) to glimpse. **2.** *fig.* (adivinar) to guess.

entrevista [eṇtreβísta] *s. f.* interview.

entristecer [eṇtristeθér] *v. tr.*
1. to sadden; to make sad. ‖ **entristecerse** *v. prnl.* **2.** to grow sad.

entrometerse [eṇtrometérse]
v. prnl. to meddle; to nose.

enturbiar [eṇturβjár] *v. tr.*
1. (agua) to make cloudy; to muddy. **2.** *fig.* to confuse

entusiasmar [eṇtusjasmár] *v. tr.*
1. to excite; to delight. ‖ **entusiasmarse** *v. prnl.* **2.** (apasionarse) to get excited.

entusiasmo [eṇtusjásmo] *s. m.*
(exaltación) enthusiasm.

enumeración [enumeraθjón]
s. f. (cómputo) enumeration; list.

enumerar [enumerár] *v. tr.*
(enunciar) to list.

enunciar [enunθjár] *v. tr.* **1.**
(teoría) to enunciate. **2.** (palabras) to state.

envasar [embasár] *v. tr.* **1.** (en botellas) to bottle. **2.** (enlatar) to can.

envase [embáse] *s. m.* **1.** (paquete) packing. **2.** (botella) bottling. **3.** (lata) canning.

envejecer [embeχeθér] *v. tr.*
1. to age. ‖ *v. intr.* **2.** (parecer viejo) to grow old.

envenenar [embenenár] *v. tr.*
1. to poison. ‖ **envenenarse**
v. prnl. **2.** (involuntariamente) to be poisoned. **3.** (voluntariamente) to poison oneself.

enviado, -da [embiáðo] *s. m.*
y f. **1.** (mensajero) messenger.
2. (corresponsal) correspondent.

enviar [embiár] *v. tr.* to send. .

enviciar [embiθjár] *v. tr.* (corromper) to corrupt.

envidia [embíðja] *s. f.* envy.

envidiar [embiðjár] *v. tr.* (tener envidia) to envy.

envilecer [embileθér] *v. tr.* (degradar) to degrade; to debase.

enviudar [embjuðár] *v. intr.*
1. (hombre) to become a widower. **2.** (mujer) to become a widow.

envoltorio [emboltórjo] *s. m.*
1. (de un regalo) wrapping. **2.** (de un caramelo) wrapper.

envolver [embolβér] *v. tr.* **1.** (paquete, regalo) to wrap up. **2.** *fig.* (involucrar) to involve.

enzarzar [eṇθarθár] *v. tr.* **1.** to set at odds. ‖ **enzarzarse** *v. tr.*
2. to get involved (in a dispute).

epidemia [epidémja] *s. f.* (infección) epidemic.

epílogo [epíloɣo] *s. m.* epilog.

episodio [episóðjo] *s. m.* **1.** *Lit.* episode. **2.** (suceso) incident.

época [époka] *s. f.* time; age.

equilibrar [ekiliβrár] *v. tr.* **1.** to balance. **2.** (situación) to even. ‖ **equilibrarse** *v. prnl.* **3.** (nivelarse) to balance.

equipaje [ekipáxe] *s. m.* baggage *Am. E.*; luggage *Br. E.* ‖ **hacer el ~** to pack.

equipar [ekipár] *v. tr.* **1.** (proveer) to equip. ‖ **equiparse** *v. prnl.* **2.** (abastecerse) to equip oneself.

equiparar [ekiparár] *v. tr.* (comparar) to compare; to liken.

equipo [ekípo] *s. m.* **1.** (de materiales, utensilios) equipment; apparatus. **2.** (de personas) team.

equitación [ekitaθjón] *s. f.* horseback riding *Am. E.*; riding.

equivaler [ekiβalér] *v. intr.* (ser igual) to be equivalent (to).

equivocación [ekiβokaθjón] *s. f.* **1.** error; mistake. **2.** (malentendido) misunderstanding.

equivocar [ekiβokár] *v. tr.* **1.** to get wrong. ‖ **equivocarse** *v. prnl.* **2.** to make a mistake.

era [éra] *s. f.* era; age.

erguir [erɣír] *v. tr.* **1.** to raise. **2.** (poner derecho) to straighten.

erigir [erixír] *v. tr.* (construir) to build; to erect.

erizar [eriθár] *v. tr.* to bristle.

erizo [eríθo] *s. m., Zool.* hedgehog.

ermita [ermíta] *s. f.* (capilla) hermitage; chapel.

erótico, -ca [erótiko] *adj.* erotic.

errar [erár] *v. tr.* **1.** (objetivo) to miss. ‖ *v. intr.* **2.** (vagar) to wander. **3.** (equivocarse) to err.

error [erór] *s. m.* error; mistake.

eructar [eruktár] *v. intr.* to belch; to burp.

erupción [erupθjón] *s. f.* **1.** eruption. **2.** *Med.* (en la piel) rash.

esa [ésa] *pron. dem. f.* *ese.

esbelto, -ta [esβélto] *adj.* (delgado) slim; slender; willowy.

esbozar [esβoθár] *v. tr.* **1.** (figura) to sketch. **2.** (idea) to outline.

escabeche [eskaβétʃe] *s. m., Gastr.* (en vinagre) pickle.

escala [eskála] *s. f.* (para medir) scale.

escalar [eskalár] *v. tr.* to climb.

escalera [eskaléra] *s. f.* staircase; stairs *pl.*

escalerilla [eskaleríʃa] *s. f.* **1.** *Náut.* (barco) gangplank; gangway. **2.** (avión) steps.

escalfar [eskalfár] *v. tr., Gastr.* (huevos) to poach.

escalofrío [eskalofrío] *s. m.* **1.** shiver. **2.** (de fiebre) chill.

escalón [eskalón] *s. m.* (peldaño) step; stair.

escalonar [eskalonár] *v. tr.* **1.** (pagos, vacaciones) to stagger. **2.** (terreno) to terrace.

escalope [eskalópe] *s. m., Gastr.* (filete empanado) escalope.

escama [eskáma] *s. f.* **1.** *Zool.* scale. **2.** (de piel, jabón) flake.

escanciar [eskanθjár] *v. tr.* (sidra, vino) to pour; to serve.

escandalizar [eskandaliθár] *v. tr.* **1.** to shock; to scandalize. ‖ **escandalizarse** *v. prnl.* **2.** to be scandalized.

escándalo [eskándalo] *s. m.* (alboroto, jaleo) commotion.

escapar [eskapár] *v. intr.* **1.** (huir) to escape; to run away. ‖ **escaparse** *v. prnl.* **2.** to get away.

escaparate [eskaparáte] *s. m.* (de una tienda) shop window.

escapatoria [eskapatórja] *s. f.* **1.** (escape) escape. **2.** (salida, solución) way out.

escarabajo [eskaraβáχo] *s. m., Zool.* (tb. automóvil) beetle.

escarbar [eskarβár] *v. tr.* **1.** to scrabble; to scratch. **2.** (dientes, oídos) to pick.

escarcha [eskártʃa] *s. f.* frost.

escarmentar [eskarmentár] *v. tr.* **1.** to punish severely; to teach sb a lesson. ‖ *v. intr.* **2.** to learn one's lesson.

escarmiento [eskarmjénto] *s. m.* (castigo) punishment; lesson.

escarola [eskaróla] *s. f., Bot.* (hortaliza) endive.

escasear [eskaseár] *v. intr.* (faltar) to be scarce; to fall short.

escasez [eskaséθ] *s. f.* (carencia) shortage; scarcity.

escatimar [eskatimár] *v. tr.* to curtail.

escayola [eskajóla] *s. f.* **1.** plaster. **2.** *Med.* plaster cast

escena [esθéna] *s. f.* scene.

escenario [esθenárjo] *s. m., Teatr.* stage.

esclavitud [esklaβituθ] *s. f.* **1.** slavery. **2.** (servidumbre) servitude. **3.** (cautiverio) bondage.

esclavo, -va [esklaβo] *adj.* **1.** slave. ‖ *s. m. y f.* **2.** slave.

escoba [eskóβa] *s. f.* broom.

escobilla [eskoβíʎa] *s. f.* **1.** brush. **2.** (del baño) toilet brush.

escocer [eskoθér] *v. tr. e intr.* **1.** *Med.* (herida, ojos) to smart; to sting. **2.** *fig.* (desagradar) to displease.

escocés, -sa [eskoθés] *adj.* **1.** (ciudad, persona) Scottish. **2.** (whisky) Scotch. ‖ *s. m. y f.* **3.** (persona) Scot. ‖ *s. m.* **4.** (hombre) Scotsman. ‖ **escocesa** *s. f.* **5.** Scotswoman.

escoger [eskoχér] *v. tr.* (elegir) to choose; to select.

escolar [eskolár] *adj.* **1.** scholastic; school. ‖ *s. m. y f.* **2.** pupil.

escombro [eskómbro] *s. m.* (desperdicio) waste.

esconder [eskondér] *v.* **1.** to hide; to conceal *frml.* ‖ **esconderse** *v. prnl.* **2.** to hide; to lurk.

escondite [eskondíte] *s. m.* **1.** (para cosas) hiding place. **2.** (juego) hideand-seek.

escotilla [eskotíʎa] *s., Náut.* (abertura) hatch; hatchway.

escribir [eskriβír] *v. tr. e intr.* to write.

escritorio [eskritórjo] *s. m.* (mueble) desk; writing desk.

escrúpulo [eskrúpulo] *s. m.* scruple; qualm. ‖ **sin escrúpulos** unprincipled.

escuálido, -da [eskwáliðo] *adj.* (flaco) skinny.

escuchar [eskutʃár] *v. tr.* **1.** to listen (to). **2.** (consejo) to heed.

escudriñar [eskuðriɲár] *v. tr.* (examinar) to scrutinize.

escuela [eskwéla] *s. f.* school.

escueto, -ta [eskwéto] *adj.* (parco) plain; unadorned; bare.

escupir [eskupír] *v. intr.* to spit.

escurrir [eskuřír] *v. tr.* **1.** to drain. **2.** (ropa) to wring. ‖ *v. intr.* **3.** (líquido) to drip.

esdrújulo, -la [esðrúxulo] *adj.* **1.** *Ling.* proparoxytone. ‖ **esdrújula** *s. f.* **2.** *Ling.* proparoxytone.

ese, -sa, -so [ése] *adj. dem. sing.* **1.** that. ‖ *pron. dem. sing.* **2.** that. ‖ **esos -sas** *adj. dem. pl.* **3.** those. ‖ *pron. dem. pl.* **4.** those.

esencia [eséɲθja] *s. f.* **1.** essence. **2.** (naturaleza) marrow. **3.** (perfume) scent.

esfera [esféra] *s. f.* sphere.

esfinge [esfíɲxe] *s. f.* sphinx.

esforzarse [esforθárse] *v. prnl.* to make an effort; to try hard.

esfumarse [esfumárse] *v. prnl.* **1.** *fig.* (esperanzas, etc) to fade away. **2.** *fig.* (persona) to vanish.

eslabón [eslaβón] *s. m.* link.

eslogan [eslóɣan] *s. m.* slogan.

esmalte [esmálte] *s. m.* **1.** (barniz) enamel. **2.** (de uñas) varnish.

esmerarse [esmerárse] *v. prnl.* (esforzarse) to take great pains.

esmero [esméro] *s. m.* great care.

esmoquin [esmókin] *s. m.* tuxedo *Am. E.*; dinner jacket *Br. E.*

eso [éso] *pron. dem. n. sing.* that.

esófago [esófaɣo] *s. m., Anat.* esophagus; gullet.

espaciar [espaθjár] *v. tr.* (esparcir) to space (out).

espacio [espáθjo] *s. m.* **1.** space. **2.** (capacidad) room. **3.** (hueco) gap.

espada [espáða] *s. f.* sword.

espagueti [espaɣéti] *s. m.* **1.** *Gastr.* piece of spaguetti. ‖ **espaguetis** *s. m. pl.* **2.** *Gastr.* spaguetti *pl.*

espalda [espálda] *s. f.* **1.** *Anat.* back. ‖ **espaldas** *s. f. pl.* **2.** back.

espantapájaros [espantapáxaros] *s. m. inv.* scarecrow.

espantar [espantár] *v. tr.* **1.** (asustar) to frighten; to scare. **2.** *fam.* (asombrar) to appall.

espanto [espánto] *s. m.* **1.** fright; scare. **2.** (terror) terror.

español, -la [espaɲól] *adj.* **1.** Spanish. ‖ *s. m.* **2.** (idioma) Spanish. ‖ *s. m. y f.* **3.** (persona) Spaniard.

esparadrapo [esparaðrápo] *s. m., Farm.* sticking plaster.

esparcir [esparθír] *v. tr.* **1.** to spread. **2.** (derramar) to spill.

espárrago [espáraɣo] *s. m., Bot.* asparagus. ‖ **~ triguero** *Bot.* wild asparagus.

esparto [espárto] *s. m., Bot.* (planta) esparto; esparto grass.

especia [espéθja] *s. f.* spice.

especial [espeθjál] *adj.* **1.** special. **2.** (peculiar) peculiar.

especialidad [espeθjaliðáð] *s. f.* specialty.

especializar [espeθjaliθár] *v. tr.* **1.** to specialize. ‖ **especializarse** *v. prnl.* **2.** to specialize.

especie [espéθje] *s. f.* **1.** *Biol.* species *inv.* **2.** (clase) kind; sort.

especificar [espeθifikár] *v. tr.* (explicar) to specify.

espectáculo [espektákulo] *s. m.* **1.** (teatro y TV) show; performance. **2.** (escena) spectacle.

espectador, -ra [espektaðór] *s. m. y f.* **1.** *Dep.* spectator. **2.** (de un incidente) onlooker.

espectro [espéktro] *s. m.* **1.** spectrum. **2.** (fantasma) ghost.

especular [espekulár] *v. tr.* **1.** (conjeturar) to speculate about. ‖ *v. intr.* **2.** (comerciar) to speculate on.

espejo [espéxo] *s. m.* mirror.

esperar [esperár] *v. tr.* **1.** (aguardar) to wait for. **2.** (desear) to hope.

espermatozoide [espermatoθójðe] *s. m., Biol.* spermatozoon.

espeso, -sa [espéso] *adj.* **1.** thick. **2.** (bosque, niebla) dense.

espiar [espiár] *v. tr.* **1.** to spy on; to peep. ‖ *v. intr.* **2.** to spy.

espina [espína] *s. f.* **1.** *Bot.* (de un rosal) thorn. **2.** *Bot.* (de un cactus) prickle. **3.** (de pez) bone; fishbone.

espinaca [espináka] *s. f., Bot.* spinach.

espiral [espirál] *s. f.* spiral.

espirar [espirár] *v. tr. e intr.* (respirar) to breathe out.

espíritu [espíritu] *s. m.* **1.** spirit. **2.** *Rel.* soul. **3.** (fantasma) ghost.

esplendidez [esplendiðéθ] *s. f.* splendor; magnificence.

esplendor [esplendór] *s. m.* **1.** splendor. **2.** (resplandor, brillo) brilliance; glow.

esponja [espóŋxa] *s. f.* sponge.

esposar [esposár] *v. tr.* to handcuff; to manacle.

esposo, -sa [espóso] *s. m. y f.* **1.** spouse. ‖ *s. m.* **2.** husband. ‖ **esposa** *s. f.* **3.** (mujer) wife.

espuma [espúma] *s. f.* **1.** foam. **2.** (del jabón) lather.

esqueje [eskéxe] *s. m.* **1.** *Agr.* (para plantar) cutting. **2.** *Bot.* (para injertar) scion.

esquema [eskéma] *s. m.* **1.** (sinopsis) scheme. **2.** (de un libro, informe) skeleton; plan.

esquí [eskí] *s. m.* **1.** (tabla) ski. **2.** *Dep.* skiing.

esquiar [eskiár] *v. intr., Dep.* to ski.

esquina [eskína] *s. f.* (en la calle) corner.

esquivar [eskiβár] *v. tr.* **1.** to avoid. **2.** (eludir) to elude.

esta [ésta] *pron. dem. f.* *este.

estabilidad [estaβiliðáð] *s. f.* (equilibrio) stability.

estabilizar [estaβiliθár] *v. tr.* **1.** to stabilize. ‖ **estabilizarse** *v. prnl.* **2.** to stabilize.

establecer [estaβleθér] *v. tr.* **1.** to establish. **2.** (fundar) to found. **3.** (bases) to lay down.

establo [estáβlo] *s. m.* stable.

estaca [estáka] *s. f.* stake.

estación [estaθjón] *s. f.* **1.** (del año) season. **2.** (tren, autobús) station; depot *Am. E.*

estadio [estáðjo] *s. m.* **1.** *Dep.* stadium; arena. **2.** (fase) stage.

estadística [estaðístika] *s. f.* (ciencia) statistics *pl.*

estadounidense [estaðowniðénse] *adj. y s. m. y f.* American.

estafa [estáfa] *s. f.* swindle; trick.

estafador, -ra [estafaðór] *s. m. y f.* swindler; cheater *Am. E.*

estafar [estafár] *v. tr., Der.* to swindle; to defraud.

estallar [estaʎár] *v. intr.* **1.** to burst. **2.** (bomba) to explode.

estambre [estámbre] *s. m., Bot.* stamen.

estampa [estámpa] *s. f.* **1.** picture. **2.** *fig.* (aspecto) appearance.

estampar [estampár] *v. tr.* **1.** (imprimir) to print. **2.** (metal, un sello) to stamp.

estancar [estaŋkár] *v. tr.* **1.** (contener) to dam up. **2.** (hemorragia) to stanch. ‖ **estancarse** *v. prnl.* **3.** to stagnate;

estancia [estáŋθja] *s. f.* room.

estanco [estáŋko] *s. m.* (tienda) tobacconist's.

estanque [estáŋke] *s. m.* **1.** (embalse) pool; pond. **2.** (depósito) reservoir.

estante [estánte] *s. m.* shelf.

estantería [estantería] *s. f.* (mueble) shelving; shelves *pl.*

estar [estár] *v. intr.* **1.** (existir, hallarse) to be. **2.** (posición) to be; to stand. **3.** (un objeto) to lie.

estatua [estátwa] *s. f.* statue.

estatura [estatúra] *s. f.* stature.

este, -ta, -to [éste] *adj. dem. sing.* **1.** this. ‖ *pron. dem. sing.* **2.** this. **3.** this. ‖ **estos -tas** *adj. dem. pl.* **4.** these. ‖ *pron. dem. pl.* **5.** these.

este [éste] *s. m., Geogr.* east.

estela [estéla] *s. f.* **1.** (de un barco) wake. **2.** (de avión) trail.

estéreo [estéreo] *adj.* **1.** stereo. ‖ *s. m.* **2.** (para escuchar música, radio) stereo.

estéril [estéril] *adj.* sterile.

esterilidad [esteriliðáð] *s. f.* **1.** sterility. **2.** (de un terreno) barrenness.

esterilizar [esteriliθár] *v. tr.* to sterilize.

estético, -ca [estétiko] *adj.* **1.** esthetic *Am. E.*; aesthetic *Br. E.* ‖ **estética** *s. f.* **2.** (filosofía) esthetic *Am. E.*; aesthetics *sing. Br. E.*

estiércol [estjérkol] *s. m.* (abono) manure; dung.

estilo [estílo] *s. m.* **1.** style. **2.** (moda) fashion.

estima [estíma] *s. f.* esteem.

estimar [estimár] *v. tr.* **1.** (apreciar) to esteem; to respect. **2.** (considerar) to consider.

estimular [estimulár] *v. tr.* **1.** to stimulate. **2.** *fig.* (alentar) to encourage.

estirar [estirár] *v. tr.* **1.** to stretch; to draw out. **2.** (el cuello) to crane one's neck.

estirón [estirón] *s. m.* **1.** (tirón) pull; jerk. **2.** (crecimiento) sudden growth.

estirpe [estírpe] *s. f.* lineage.

esto [ésto] *pron. dem. n. pl.* this.

estofado [estofáðo] *s. m., Gastr.* (guiso) stew.

estómago [estómaɣo] *s. m., Anat.* stomach.

estorbar [estorβár] *v. tr.* **1.** (obstruir) to obstruct. **2.** (impedir) to hinder. **3.** (molestar) to stand in the way.

estorbo [estórβo] *s. m.* **1.** (obstáculo) obstruction. **2.** (molestia) hindrance.

estornudar [estornuðár] *v. intr.* to sneeze.

estrafalario, -ria [estrafalárjo] *adj.* **1.** *fam.* (desaliñado) slovenly; sloppy. **2.** *fig. y fam.* (excéntrico) eccentric.

estrago [estráɣo] *s. m.* ruinn.

estrangular [estraŋgulár] *v. tr.* (persona, animal) to strangle; to choke.

estrechar [estretʃár] *v. tr.* (reducir) to narrow.

estrecho, -cha [estrétʃo] *adj.* **1.** narrow. **2.** (apretado) tight.

estrella [estréʎa] *s. f., Astron.* (astro) star.

estrellar [estreʎár] *v. tr., fam.* (hacer pedazos) to smash (to pieces); to shatter.

estremecer [estremeθér] *v. tr.* **1.** to shake. ‖ **estremecerse** *v. prnl.* **2.** (temblar) to quiver.

estrenar [estrenár] *v. tr.* to use for the first time.

estreñimiento [estreɲimjénto] *s. m., Med.* constipation.

estrépito [estrépito] *s. m.* (ruido) noise.

estricto, -ta [estríkto] *adj.* **1.** (severo) severe. **2.** (riguroso) strict; close.

estrofa [estrófa] *s. f., Lit.* stanza; verse.

estropajo [estropáχo] *s. m.* scourer.

estropear [estropeár] *v. tr.* **1.** (dañar) to damage. **2.** (arruinar) to ruin.

estrujar [estruχár] *v. tr.* **1.** (apretar) to squeeze; to crumple. **2.** (aplastar) to crush.

estuche [estútʃe] *s. m.* **1.** (caja) case; box. **2.** (vaina) sheath.

estudiante [estuðjánte] *s. m. y f.* student.

estudiar [estuðjár] *v. tr.* **1.** to study. **2.** (una propuesta) to think over.

estufa [estúfa] *s. f.* (brasero) heater; stove.

estupendo, -da [estupéndo] *adj.* wonderful; marvelous.

estupidez [estupiðéθ] *s. f.* **1.** (torpeza) stupidity. **2.** (acto) stupid thing. **3.** (tontería) silliness.

estúpido, -da [estúpiðo] *adj.* **1.** stupid; silly. ‖ *s. m. y f.* **2.** idiot.

etapa [etápa] *s. f.* stage.

etcétera [etθétera] *s. amb.* et cetera; and so on/forth.

eterno, -na [etérno] *adj.* (inacabable) eternal; everlasting.

ético, -ca [étiko] *adj.* ethical.

etiqueta [etikéta] *s. f.* **1.** (modales) etiquette; formality. **2.** (rótulo) label.

etnia [étnja] *s. f.* ethnic group.

eucalipto [ewkalípto] *s. m., Bot.* (árbol) eucalyptus.

eucaristía [ewkaristía] *s. f., Rel.* (misa) Eucharist.

euforia [ewfórja] *s. f.* euphoria.

euro [éwro] *s. m.* (unidad monetaria europea) euro.

europeo, -pea [ewropéo] *adj. y s. m. y f.* European.

evacuar [eβakwár] *v. tr.* **1.** to evacuate. **2.** *Anat.* to empty.

evadir [eβaðír] *v. tr.* **1.** (respuesta, peligro) to avoid. **2.** (respon-

sabilidad) to shirk. ‖ **evadirse**
v. prnl. **3.** (escaparse) to get
away.

evaluación [eβalwaθjón] *s. f.*
assesement; evaluation.

evaluar [eβaluár] *v. tr.* **1.** to assess. **2.** (datos) to evaluate.

Evangelio [eβaŋχéljo] *s. m., Rel.*
gospel.

evaporación [eβaporaθjón] *s. f.*
(volatilización) evaporation.

evaporar [eβaporár] *v. tr.* **1.**
to evaporate. ‖ **evaporarse** *v.*
prnl. **2.** to evaporate. **3.** *fig.* to
vanish.

evasiva [eβasíβa] *s. f.* (excusa)
excuse; evasion; subterfuge.

eventual [eβentwál] *adj.* eventual; possible.

evidencia [eβiðénθja] *s. f.* (prueba) evidence; proof.

evidente [eβiðénte] *adj.* (claro)
evident; obvious; clear.

evitar [eβitár] *v. tr.* **1.** to avoid.
2. (impedir) to prevent. **3.** (eludir) to shirk.

evocar [eβokár] *v. tr.* **1.** (pasado) to recall. **2.** (recuerdo) to
evoke.

evolución [eβoluθjón] *s. f.*
1. (cambio) evolution. **2.** (desarrollo) development.

evolucionar [eβoluθjonár] *v. in-*
tr. **1.** to evolve. **2.** (desarrollar)
to develop.

exacto, -ta [eksákto] *adj.*
1. exact. **2.** (preciso) accurate.
3. (correcto) right.

exagerado [eksaχeráðo] *adj.*
1. exaggerated. **2.** (excesivo)
excessive.

exagerar [eksaχerár] *v. tr.* **1.** to
exaggerate. **2.** (exceder, sobrepasar) to overdo.

exaltación [eksa]taθjón] *s. f.*
1. exaltation. **2.** (alabanza) praise.

examen [eksámen] *s. m.* exam;
examination *frml.;* test *Am. E.* .

examinar [eksaminár] *v. tr.* **1.**
to examine. **2.** (inspeccionar) to
inspect. ‖ **examinarse** *v. prnl.*
3. to take an examination.

exasperar [eksasperár] *v. tr.,*
fam. (sacar de quicio) to exasperate.

excavar [eskaβár] *v. tr.* **1.** to excavate. **2.** *Albañ.* to dig.

excedente [esθeðénte] *adj.*
1. (que sobra) excess; surplus.
2. (excesivo) excessive.

exceder [esθeðér] *v. tr. e intr.*
1. (superar) to exceed; to surpass. **2.** (sobrepasar) to excel.
‖ **excederse** *v. prnl.* **3.** to go
too far.

excepcional [esθepθjonál] *adj.*
exceptional; outstanding.

excepto [esθépto] *prep.* except;
apart from; besides.

exceptuar [esθeptuár] *v. tr.* (excluir) to except; to exclude.

exceso [esθéso] *s. m.* surplus.

excitación [esθitaθjón] *s. f.* **1.** (sentimiento) excitement. **2.** (acción) excitation; agitation.

excitar [esθitár] *v. tr.* **1.** to excite. **2.** (sexualmente) to arouse.

exclamación [esklamaθjón] *s. f.* **1.** exclamation. **2.** (grito) cry.

exclamar [esklamár] *v. intr.* (proferir) to exclaim.

excluir [esklúir] *v. tr.* **1.** to exclude. **2.** (descartar) to rule out. **3.** (omitir) to leave out. **4.** (rechazar) to reject.

exclusiva [esklusíβa] *s. f.* **1.** (privilegio) exclusive right. **2.** (en medios de comunicación) exclusive.

exclusivo, -va [esklusíβo] *adj.* (único) exclusive; sole.

excremento [eskreménto] *s. m.* (heces) excrement; faeces *frml.*

excursión [eskursjón] *s. f.* excursion; trip.

excusa [eskúsa] *s. f.* **1.** excuse. **2.** (disculpa) apology.

excusar [eskusár] *v. tr.* **1.** to excuse. **2.** (disculpar) to forgive.

exhalar [eksalár] *v. tr.* **1.** to exhale. **2.** (un gas) to emit. **3.** (suspiro) to breathe.

exhibir [eksiβír] *v. tr.* **1.** to exhibit. **2.** (mostrar) to show.

exigencia [eksiχénθja] *s. f.* **1.** (requisito) exigency. **2.** (pretensión) demand.

exigente [eksiχénte] *adj.* demanding; exacting.

exigir [eksiχír] *v. tr.* **1.** to demand. **2.** (lealtad) to exact. **3.** (requerir) to require.

exiliado, -da [eksiljáðo] *adj.* **1.** exiled; in exile. ‖ *s. m. y f.* **2.** (expatriado) exile.

exiliar [eksiljár] *v. tr.* to exile.

existencia [eksisténθja] *s. f.* **1.** existence. **2.** (vida) life.

existir [eksistír] *v. intr.* **1.** to exist; to be. **2.** (vivir) to live.

éxito [éksito] *s. m.* success.

éxodo [éksoðo] *s. m.* exodus.

exorbitante [eksorβitánte] *adj.* (exagerado) exorbitant.

expansión [espansjón] *s. f.* **1.** expansion. **2.** (crecimiento) growth.

expectación [espektaθjón] *s. f.* expectancy; expectation.

expectativa [espektatíβa] *s. f.* **1.** (esperanza) expectation; expectancy. **2.** (perspectiva) prospect.

expedición [espeðiθjón] *s. f.* expedition.

expediente [espeðjénte] *s. m.* (informe) dossier.

expedir [espeðír] *v. tr.* **1.** to dispatch. **2.** (título) to issue.

experiencia [esperjénθja] *s. f.* **1.** experience. **2.** (experimento) experiment.

experimentado, -da [esperimentádo] *adj.* **1.** (persona) experienced. **2.** (método) tried.

experimentar [esperimentár] *v. tr.* **1.** (hacer experimentos) to experiment; to test. **2.** (notar) to experience.

experimento [esperiménto] *s. m.* (prueba) experiment; test.

explicación [esplikaθjón] *s. f.* (excusa, aclaración) explan-ation.

explicar [esplikár] *v. tr.* **1.** to explain. **2.** (una teoría) to expound.

explicativo, -va [esplikatíβo] *adj.* explanatory.

explícito [esplíθito] *adj.* explicit.

exploración [esploraθjón] *s. f.* exploration.

explorador, -ra [esploradór] *adj.* **1.** exploring. ‖ *s. m. y f.* **2.** (de un lugar) explorer.

explorar [esplorár] *v. tr. e intr.* **1.** to explore. **2.** (posibilidades) to investigate.

explosión [esplosjón] *s. f.* **1.** explosion. **2.** (estallido) blast.

explosivo, -va [esplosíβo] *adj.* **1.** explosive. ‖ *s. m.* **2.** explosive.

explotar [esplotár] *v. tr.* **1.** (beneficiarse) to exploit. ‖ *v. intr.* **2.** (bomba) to explode.

exponer [esponér] *v. tr.* **1.** to expose. **2.** (mostrar) to exhibit; to show. **3.** (idea) to explain. **4.** (teoría) to expound.

exportar [esportár] *v. tr.* (enviar) to export.

exposición [esposiθjón] *s. f.* **1.** (arte) exhibition; show. **2.** *Fot.* exposure.

exprés [esprés] *adj. inv.* **1.** express. ‖ *s. m.* **2.** (café) espresso.

expresar [espresár] *v. tr.* **1.** to express. **2.** (indicar) to convey. **3.** (opinión) to voice.

expresión [espresjón] *s. f.* expression.

expresivo, -va [espresíβo] *adj.* **1.** expressive. **2.** (cariñoso) warm.

expreso, -sa [espréso] *adj.* **1.** (especificado) express. ‖ *s. m.* **2.** (tren) express.

exprimir [esprimír] *v. tr.* **1.** (fruta) to squeeze. **2.** (zumo) to squeeze out.

expuesto, -ta [espwésto] *adj.* (sin protección) exposed.

expulsar [espulsár] *v. tr.* (echar) to expel; to eject.

expulsión [espulsjón] *s. f.* expulsion.

exquisito, -ta [eskisíto] *adj.* **1.** exquisite. **2.** (delicioso) delicious.

extender [estendér] *v. tr.* **1.** to extend. **2.** (mapa, mantequila) to spread.

extensión [estensjón] *s. f.* **1.** extension. **2.** (dimensión) extent.

extenuado, -da [estenuáðo] *adj.* (agoto) exhausted.

extenuar [estenuár] *v. tr.* **1.** (agotar) to exhaust. **2.** (debilitar) to debilitate.

exterior [esterjór] *adj.* exterior.

exterminar [esterminár] *v. tr.* to exterminate; to destroy.

externo, -na [estérno] *adj.* **1.** external; exterior. **2.** (superficial) outward.

extinguir [estiŋgír] *v. tr.* **1.** (fuego) to extinguish. **2.** (deuda, raza) to wipe out.

extintor [estintór] *s. m.* (de incendios) extinguisher.

extra [éstra] *adj.* **1.** (adicional) extra. ‖ *s. m. y f.* **2.** extra.

extraer [estraér] *v. tr.* **1.** to extract; to take out. **2.** (líquido) to abstract. **3.** (muela, arma) to pull out.

extranjero, -ra [estraŋxéro] *adj.* **1.** foreign. ‖ *s. m. y f.* **2.** (persona) foreigner.

extrañar [estraɲár] *v. tr.* **1.** (sorprender) to surprise. **2.** (echar de menos) to miss.

extraño, -ña [estráɲo] *adj.* **1.** strange. **2.** (raro) weird.

extraordinario, -ria [estraorðinárjo] *adj.* **1.** (suceso) extraordinary. **2.** (circunstancias) special.

extraterrestre [estrateréstre] *adj.* **1.** extraterrestrial; alien. ‖ *s. m. y f.* **2.** (alienígena) alien.

extravagante [estraβaɣánte] *adj.* **1.** (comportamiento, ideas) extravagant. **2.** (persona, ropa) flamboyant; eccentric.

extraviarse [estraβiárse] *v. prnl.* (perderse) to get lost.

extremar [estremár] *v. tr.* to carry to extremes.

extremidad [estremiðáð] *s. f.* **1.** *Anat.* (miembro) extremity. **2.** (extremo) end.

extremo, -ma [estrémo] *adj.* **1.** extreme; utmost. ‖ *s. m.* **2.** (límite) end.

exuberancia [eksuβeránθja] *s. f.* (abundancia) exuberance; profusion; plenty.

exuberante [eksuβeránte] *adj.* exuberant; profuse; luxuriant; rampant.

f [éfe] *s. f.* (letra) f.

fa [fá] *s. m.* **1.** *Mús.* (nota) F. **2.** *Mús.* (solfeo) fa.

fabada [faβáða] *s. f.*, *Gastr.* (typical meal from Asturias made of beans and pork) bean stew.

fábrica [fáβrika] *s. f.* (industria) factory; works *pl.*

fabricar [faβrikár] *v. tr.* to manufacture; to produce; to make.

fábula [fáβula] *s. f.* **1.** *Lit.* (relato) fable. **2.** (mito) myth. **3.** *fig.* (mentira) invention.

faceta [faθéta] *s. f.* facet.

fachada [fatʃáða] *s. f.* **1.** *Arq.* façade; front. **2.** *fam.* (apariencia) façade; appearance.

facial [faθjál] *adj.* facial.

fácil [fáθil] *adj.* **1.** easy. **2.** (sencillo) simple. **3.** (respuesta, chiste) facile.

factor [faktór] *s. m.* factor.

factura [faktúra] *s. f.*, *Econ.* bill.

facturar [fakturár] *v. tr.* (equipaje) to check in.

facultad [fakultáð] *s. f.* **1.** faculty. **2.** *form.* (poder) power. **3.** (universidad) college.

faena [faéna] *s. f.* **1.** (tarea) task; job. **2.** (trabajo) work.

faisán [fajsán] *s. m.*, *Zool.* (ave) pheasant.

faja [fáχa] *s. f.* **1.** (prenda) girdle; corset. **2.** (banda) band.

falda [fálda] *s. f.* skirt.

fallar¹ [faʎár] *v. tr.* **1.** *Der.* to pronounce. **2.** (premio) to award.

fallar² [faʎár] *v. intr.* to fail.

fallecer [faʎeθér] *v. intr.*, *form.* (morir) to pass away; to die.

fallo¹ [fáʎo] *s. m.*, *Der.* (sentencia) sentence; judgment.

fallo² [fáʎo] *s. f.* **1.** (error) mistake. **2.** (defecto) fault; defect.

falsear [falseár] *v. tr.* **1.** (datos) to falsify. **2.** (la realidad) to distort. **3.** (falsificar) to counterfeit.

falsedad [falseðáð] *s. f.* **1.** falseness; untruth. **2.** (mentira) falsehood *frml.*

falso, -sa [fálso] *adj.* **1.** false. **2.** (erróneo) wrong. **3.** (embustero) deceitful.

falta [fálta] *s. f.* **1.** (carencia) lack; shortage. **2.** (error) mistake. **3.** (ausencia) absence.

faltar [faltár] *v. intr.* **1.** (una cosa) to be missing. **2.** (una persona) to be absent. **3.** (haber poco) to be lacking. **4.** (no tener) to lack.

fama [fáma] *s. f.* **1.** (renombre) fame; renown. **2.** (reputación) reputation.

familia [famílja] *s. f.* family.

familiar [familjár] *adj.* **1.** (familia) family. **2.** (conocido) familiar. ‖ *s. m.* **3.** (un pariente) relative.

familiaridad [familjariðáð] *s. f.* (confianza) familiarity.

familiarizarse [familjariθárse] *v. prnl.* to familiarize oneself.

famoso, -sa [famóso] *adj.* (conocido) famous; well-known.

fan [fán] *s. m. y f.* fan.

fanático, -ca [fanátiko] *adj.* **1.** (obcecado) fanatical. ‖ *s. m. y f.* **2.** fanatic.

fanfarronear [faɱfaɾoneár] *v. intr.* **1.** (chulear) to show off. **2.** (bravear) to boast; to brag.

fango [fáŋgo] *s. m.* mud; mire.

fantasía [fantasía] *s. f.* **1.** (imaginación) fantasy; imagination. **2.** (irrealidad) fancy.

fantasma [fantásma] *s. m.* (espectro) ghost; phantom.

faquir [fakír] *s. m.* fakir.

faraón [faraón] *s. m.* Pharaoh.

fardar [farðár] *v. intr.*, *col.* (alardear) to show off; to boast.

faringe [fariŋxe] *s. f.*, *Anat.* pharynx.

farmacia [farmáθja] *s. f.* **1.** (disciplina) pharmacy. **2.** (tienda) pharmacy *frml.*; drugstore *Am. E.*; chemist's *Br. E.*

faro [fáro] *s. m.* **1.** *Náut.* (torre) lighthouse. **2.** (señal) beacon. **3.** *Autom.* headlight.

farola [faróla] *s. f.* street lamp.

farsa [fársa] *s. f.* **1.** *Teatr.* farce. **2.** *fig.* (engaño) sham.

fascículo [fasθíkulo] *s. m.* (cuadernillo) part; installment.

fascinar [fasθinár] *v. tr.* **1.** to fascinate. **2.** *fig.* (encantar) to captivate.

fase [fáse] *s. f.* stage; phase.

fastidiar [fastiðjár] *v. tr.* **1.** (molestar) to annoy; to bother. **2.** (hastiar) to sicken.

fatal [fatál] *adj.* **1.** fatal. ‖ *adv.* **2.** (pésimamente) terrible.

fatalidad [fataliðáð] *s. f.* **1.** (destino) fate. **2.** (desgracia) misfortune.

fatiga [fatíya] *s. f.* fatigue.

fatigar [fatiyár] *v. tr.* **1.** to fatigue; to tire. **2.** *fig.* (molestar) to annoy. ‖ **fatigarse** *v. prnl.* **3.** (cansarse) to get tired.

fauna [fáwna] *s. f.*, *Zool.* fauna.

favor [faβór] *s. m.* favor; help. ‖ **por ~** please.

favorecer [faβoreθér] *v. tr.* **1.** to favor. **2.** (apoyar) to support. **3.** (sentar bien) to flatter.

favorito, -ta [faβoríto] *adj.* **1.** favorite. ‖ *s. m. y f.* **2.** favorite.

fax [fáks] *s. m.* fax.

fe [fé] *s. f.* **1.** *Rel.* faith. **2.** (convicción) belief.

febrero [feβréro] *s. m.* February.

fecha [fétʃa] *s. f.* date.

fechar [fetʃár] *v. tr.* to date.

fechoría [fetʃoría] *s. f.* misdeed.

fécula [fékula] *s. f.*, *Gastr.* starch.

fecundar [fekuṇdár] *v. tr., Biol. y Bot.* (fertilizar) to fertilize.

felicidad [feliθiðáð] *s. f.* **1.** (happiness) felicity. ‖ **¡felicidades!** *interj.* **2.** congratulations!

felicitar [feliθitár] *v. tr. e* (congratular) to congratulate.

feliz [feliθ] *adj.* **1.** (contento) happy. **2.** (afortunado) lucky.

felpa [félpa] *s. f.* plush.

felpudo [felpúðo] *s. m.* doormat.

femenino, -na [femeníno] *adj.* **1.** feminine. **2.** *Biol.* female. ‖ *s. m.* **3.** feminine.

fenomenal [fenomenál] *adj. fam.* (fantástico) fantastic; great.

fenómeno [fenómeno] *s. m.* **1.** (hecho) phenomenon. **2.** (genio) genius.

feo, -a [féo] *adj.* ugly.

feria [férja] *s. f.* **1.** (exposición) fair. **2.** (fiesta) festival.

fermentar [fermeṇtár] *v. tr. e intr.* (pudrirse) to ferment.

ferretería [feřetería] *s. f.* hardware shop; ironmonger's *Br. E.*

ferrocarril [feřokaříl] *s. m.* railroad *Am. E.;* railway *Br. E.*

ferry [féři] *s. m.* ferry.

fertilizar [fertiliθár] *v. tr.* (abonar) to fertilize.

fervor [feřβór] *s. m.* fervor; ardor.

festejar [festeχár] *v. tr.* **1.** (celebrar) to celebrate. **2.** (agasajar) to feast; to entertain.

festín [festín] *s. m.* feast; banquet.

festival [festiβál] *s. m.* festival.

festividad [festiβiðáð] *s. f.* (día festivo) festivity.

festivo, -va [festíβo] *adj.* **1.** festive. **2.** (alegre) jolly. **3.** (día) holiday.

feto [féto] *s. m., Biol.* fetus.

fiambre [fjámbre] *adj.* **1.** (comida fría) cold. ‖ *s. m.* **2.** cold meat. **3.** *fam.*(muerto) corpse

fiambrera [fjambréra] *s. f.* (recipiente) lunch box.

fianza [fjáɳθa] *s. f.* **1.** *Der.* bail. **2.** (aval) deposit; pledge.

fiar [fiár] *v. tr.* **1.** (garantizar) to guarantee. ‖ *v. intr.* **2.** (dar crédito) to give credit to.

fibra [fíβra] *s. f.* fiber.

ficción [fikθjón] *s. f.* fiction.

ficha [fítʃa] *s. f.* **1.** (tarjeta) index card. **2.** (para teléfono) token. **3.** (en juegos) counter.

fichar [fitʃár] *v. tr.* **1.** (policía) to open a file (on sb). ‖ *v. intr.* **2.** (hora de salir) to punch out *Am. E.;* to clock out *Br. E.* **3.** (hora de entrar) to punch in *Am. E.;* to clock in *Br. E.*

ficticio, -cia [fiktiθjo] *adj.* (imaginario) fictitious; imaginary.

fidelidad [fiðeliðáð] *s. f.* (lealtad) fidelity; loyalty; faithfulness.

fideo [fiðéo] *s. m., Gastr.* noodle.

fiebre [fjéβre] *s. f., Med.* fever; temperature. ‖ **tener ~** *Med.* to have a temperature.

fiel [fjél] *adj.* **1.** (leal) faithful; loyal. **2.** (exacto) accurate; exact. ‖ *s. m. y f.* **3.** (creyente) believer.

fieltro [fjéltro] *s. m.* felt.

fiera [fjéra] *s. f.* wild animal.

fiero, -ra [fjéro] *adj.* **1.** *Zool.* (feroz) fierce; ferocious. **2.** (salvaje) wild.

fiesta [fjésta] *s. f.* **1.** (reunión) party. **2.** *Rel.* feast. **3.** (vacaciones) holiday. ‖ **día de ~** holiday.

fijar [fixár] *v. tr.* **1.** (sujetar) to fix; to fasten. **2.** (establecer) to establish. **3.** (noticia) to affix. **4.** (fecha, precio, etc.) to set.

fila [fíla] *s. f.* **1.** file; line. **2.** (de cine, teatro) row; queue *Br. E.*

filete [filéte] *s. m.* **1.** (de carne, pescado) filet. **2.** (de carne) steak.

filmar [filmár] *v. tr.* **1.** (escena) to film. **2.** (una película) to shoot.

filme [fílme] *s. m.* (película) movie *Am. E.*; film *Br. E.*

filo [fílo] *s. m.* edge.

filosofía [filosofía] *s. f.* philosophy.

filtrar [filtrár] *v. tr.* **1.** to filter. **2.** (información) to leak. ‖ *v. intr.* **3.** to filter.

filtro [fíltro] *s. m.* filter.

fin [fín] *s. m.* **1.** end. **2.** (objetivo) aim; purpose.

final [finál] *adj.* **1.** final; last. **2.** (objetivo) ultimate. ‖ *s. m.* **3.** end; finish.

finalizar [finaliθár] *v. tr.* **1.** to finish. ‖ *v. intr.* **2.** to end.

finca [fíŋka] *s. f.* estate; property.

fingir [fiŋxír] *v. tr.* **1.** to feign; to fake. ‖ *v. intr.* **2.** (aparentar) to pretend.

finura [finúra] *s. f.* **1.** (de un tejido, porcelana) fineness. **2.** (refinamiento) refinement.

firma [fírma] *s. f.* **1.** signature. **2.** (acción) signing. **3.** (empresa) company; firm *Br. E.*

firmamento [firmaménto] *s. m., Astron.* firmament; sky.

firmar [firmár] *v. tr.* to sign.

firme [fírme] *adj.* **1.** firm. **2.** (estable) stable. **3.** (constante) steady.

fiscal [fiskál] *adj.* **1.** fiscal. ‖ *s. m. y f.* **2.** district attorney *Am. E.*; public prosecutor *Br. E.*

fisgar [fisɣár] *v. intr., fam.* (fisgonear) to snoop; to pry.

físico, -ca [físiko] *adj.* **1.** physical. ‖ *s. m.* **3.** (aspecto) physique. ‖ **física** *s. f.* **4.** (ciencia) physics *sing.*

fisonomía [fisonomía] *s. f.* (de una persona) physiognomy *frml.*; features; look.

fisura [fisúra] *s. f.* fissure.

flácido [fláθiðo] *adj.* flabby.

flaco, -ca [fláko] *adj.* thin; skinny.

flagelar [flaxelár] *v. tr.* **1.** to flagellate; to scourge. **2.** *fig.* (criticar) to flay.

flamante [flamánte] *adj.* **1.** (brillante) bright; brilliant. **2.** (nuevo) brandnew.

flamenco, -ca [flaménko] *adj.* **1.** (de Flandes) Flemish. **2.** (música) gypsy. ‖ *s. m. y f.* **3.** (persona) Flemish. ‖ *s. m.* **4.** (idioma) Flemish. **5.** *Zool.* flamingo. **6.** *Mús.* flamenco.

flan [flán] *s. m., Gastr.* (dulce) caramel custard.

flanco [flánko] *s. m.* flank; side.

flaquear [flakeár] *v. intr.* **1.** (debilitarse) to weaken. **2.** (desanimarse) to lose heart.

flaqueza [flakéθa] *s. f.* **1.** (delgadez) thinness. **2.** *fig.* weakness.

flas [flás] *s. m., Fot.* flash.

flauta [fláwta] *s. f., Mús.* flute.

flecha [flétʃa] *s. f.* **1.** (arma) arrow. **2.** *Arq.* spire.

fleco [fléko] *s. m.* (adorno) fringe.

flema [fléma] *s. f.* phlegm.

flequillo [flekíλo] *s. m.* bangs *pl. Am. E.;* fringe *Br. E.*

fletar [fletár] *v. tr.* (barco, avión) to charter.

flexible [fleksíβle] *adj.* flexible.

flexión [fleksjón] *s. f. Dep.* push-up *Am. E.;* press-up *Br. E.*

flexo [flékso] *s. m.* desk lamp.

flirtear [flirteár] *v. intr.* to flirt.

flojo, -ja [flóχo] *adj.* **1.** (suelto) loose; slack. **2.** (débil) weak.

flor [flór] *s. f.* **1.** *Bot.* flower; blossom. **2.** *fig.* (piropo) compliment.

flora [flóra] *s. f., Bot.* flora.

florecer [floreθér] *v. intr.* **1.** *Bot.* (plantas) to flower; to blossom. **2.** *fig.* (prosperar) to flourish.

floristería [floristería] *s. f.* (tienda) florist's shop.

flota [flóta] *s. f.* fleet.

flotar [flotár] *v. intr.* to float.

fluir [fluír] *v. intr.* to flow.

flujo [flúχo] *s. m.* flow.

fluvial [fluβjal] *adj.* river; fluvial.

foca [fóka] *s. f., Zool.* seal.

foco [fóko] *s. m.* **1.** *Fís. y Mat.* focus. **2.** (lámpara) spotlight. **3.** *fig.* (núcleo) center.

fofo, -fa [fófo] *adj.* **1.** (esponjoso) soft. **2.** (persona) flabby.

fogata [fováta] *s. f.* bonfire.

fogón [fovón] *s. m.* **1.** (cocina) stove. **2.** (quemador) burner.

foie-gras [foayrás] *s. m., Gastr.* (paté) foie gras.

folio [fóljo] *s. m.* (hoja) sheet; sheet of paper.

folleto [foλéto] *s. m.* (librillo) pamphlet; booklet.

follón [foλón] *s. m.* **1.** *fam.* (alboroto) commotion. **2.** (desorden) disorder.

fomentar [fomentár] *v. tr.* (promover) to promote; to foster.

fonda [fónda] *s. f.* (mesón) inn; hostelry.

fondo [fóndo] *s. m.* **1.** (de una cosa) bottom. **2.** (medida) depth. ‖ **al ~** at the back.

fontanería [fontanería] *s. f.* plumbing.

fontanero, -ra [fontanéro] *s. m. y f.* plumber.

forastero, -ra [forastéro] *adj.* **1.** foreign; strange. ‖ *s. m. y f.* **2.** outsider; stranger.

forcejear [forθeçeár] *v. intr.* (luchar) to struggle; to wrestle.

forense [forénse] *adj.* **1.** forensic. ‖ *s. m. y f.* **2.** *Med.* coroner.

forjar [forçár] *v. tr.* to forge.

forma [fórma] *s. f.* **1.** form; shape. **2.** (manera) way.

formal [formál] *adj.* **1.** formal. **2.** (cumplidor) dependable.

formalidad [formalidáð] *s. f.* **1.** formality. **2.** (seriedad) seriousness.

formalizar [formaliθár] *v. tr.* (hacer formal) to formalize.

formar [formár] *v. tr.* **1.** to form; to shape. **2.** (constituir) to make up. **3.** (enseñar) to educate.

formidable [formiðáβle] *adj.* **1.** (enorme) formidable. **2.** (magnífico) wonderful; terrific.

formular [formulár] *v. tr.* **1.** to formulate. **2.** (pregunta) to pose. **3.** (quejas) to lodge.

formulario [formulárjo] *s. m.* (documento) form.

forraje [forráçe] *s. m., Agr.* (para el ganado) forage; fodder.

forrar [forrár] *v. tr.* **1.** (por dentro) to line. **2.** (por fuera) to cover. ‖ **forrarse** *v. prnl.* **3.** (enriquecerse) to get rich; scoop.

forro [fórro] *s. m.* **1.** (de un abrigo) lining. **2.** (de un sillón, libro) cover.

fortalecer [fortaleθér] *v. tr.* **1.** (vigorizar) to strengthen; to fortify. ‖ **fortalecerse** *v. prnl.* **2.** to become stronger.

fortificar [fortifikár] *v. tr.* **1.** *Mil.* (un lugar) to fortify. **2.** (dar fuerzas) to strengthen.

fortuito, -ta [fortuíto] *adj.* fortuitous; accidental; casual.

fortuna [fortúna] *s. f.* **1.** fortune. **2.** (suerte) luck. **3.** (dinero) pile.

forzar [forθár] *v. tr.* **1.** *fig.* (obligar) to force; to constrain. **2.** (para entrar) to break in.

fosa [fósa] *s. f.* **1.** (sepultura) grave; tomb. **2.** (hoyo) pit. **3.** *Anat.* cavity.

fosforescente [fosforesθénte] *adj.* **1.** *Fís.* phosphorescent. **2.** (color) fluorescent.

fósil [fósil] *adj. y s. m.* fossil.

foso [fóso] *s. m.* **1.** (zanja) ditch; trench. **2.** *Teatr.* pit. **3.** (de fortificación) moat.

fotocopia [fotokópja] *s. f.* photocopy.

fotocopiadora [fotokopjaðóra] s. f. photocopier.

fotografía [fotoɣrafía] s. f. 1. (proceso) photography. 2. (retrato) photograph.

fotografiar [fotoɣrafjár] v. tr. to photograph; to take a photograph.

frac [frák] s. m. tail coat; tails pl.

fracasar [frakasár] v. intr. 1. to fail. 2. (plan) to fall through.

fracaso [frakáso] s. m. 1. failure. 2. (de negociaciones) breakdown.

fraccionar [frakθjonár] v. tr. (dividir) to divide in parts.

fractura [fraktúra] s. f. fracture.

fragancia [fraɣánθja] s. f. (perfume) fragrance; scent.

fragata [fraɣáta] s. f., Náut. frigate.

frágil [fráχil] adj. 1. fragile; breakable. 2. fig. (débil) frail.

fragmento [fraɣménto] s. m. 1. fragment. 2. piece; bit.

fraguar [fraɣwár] v. tr. 1. to forge. 2. fig. (tramar) to plot.

fraile [frájle] s. m., Rel. friar.

frambuesa [frambwésa] s. f., Bot. (fruta) raspberry.

franco, -ca [fránko] adj. (sincero) frank; open.

franela [franéla] s. f. flannel.

franja [fránχa] s. f. 1. fringe. 2. (banda) band; strip.

franqueza [franké θa] s. f. (llaneza) frankness.

frasco [frásko] s. m. bottle; flask.

frase [fráse] s. f. 1. Ling. (oración) sentence. 2. (expresión) phrase.

fraternal [fraternál] adj. (amor) brotherly; fraternal.

fraude [fráwðe] s. m. fraud.

fray [fráj] s. m., Rel. brother.

frecuencia [frekwénθja] s. f. (asiduidad) frequency.

frecuentar [frekwentár] v. tr. to frequent.

fregadero [freɣaðéro] s. m. (pila) sink; kitchen sink.

fregar [freɣár] v. tr. 1. (lavar) to wash. 2. (frotar) to scrub; to rub. 3. (con fregona) to mop.

fregona [freɣóna] s. f. (utensilio) mop.

freír [freír] v. tr. to fry.

frenar [frenár] v. tr. to brake.

frenesí [frenesí] s. m. frenzy.

freno [fréno] s. m., Autom. brake.

frente [frénte] s. f. 1. Anat. forehead; brow lit. ‖ s. m. 2. front.

fresa [frésa] s. f., Bot. (fruta) strawberry.

fresco, -ca [frésko] adj. 1. cool. 2. fig. (reciente) fresh. 3. fig. (descarado) sassy; cheeky. ‖ s. m. 5. (frescor) fresh air.

frescura [freskúra] s. f. 1. (descaro) nerve; cheek. 2. (de verdura, pan) freshness.

frialdad [frjaldáð] s. f. 1. (frío) coldness. 2. fig. (indiferencia) indifference.

friccionar [frikθjonár] *v. tr.* (frotar) to rub; to massage.

friega [frjéɣa] *s. f.* rub.

frigorífico [friɣorífiko] *s. m.* (nevera) refrigerator; icebox *Am. E.*

frío, -a [frío] *adj.* **1.** cold; chilly. **2.** *fig.* (indiferente) indifferent. **3.** (poco amistoso) frigid. ‖ *s. m.* **4.** cold; coldness.

frívolo, -la [fríβolo] *adj.* **1.** frivolous. **2.** (superficial) shallow.

frontal [frontál] *adj.* **1.** frontal; direct. ‖ *s. m.* **2.** *Anat.* (hueso) frontal bone.

frontera [frontéra] *s. f.* **1.** frontier *frml.* **2.** *Geogr.* border.

fronterizo, -za [fronteríθo] *adj.* (limítrofe) frontier; border.

frontón [frontón] *s. m.* **1.** *Dep.* (juego) pelota. **2.** *Dep.* (cancha) pelota court.

frotar [frotár] *v. tr.* to rub.

fructífero, -ra [fruktífero] *adj., fig.* fruitful; profitable.

frugal [fruɣál] *adj.* **1.** (comedido) frugal. **2.** (vida) spartan.

fruncir [frunθír] *v. tr.* **1.** (el ceño) to knit. **2.** (tela) to gather.

frustrar [frustrár] *v. tr.* **1.** (persona) to frustrate. **2.** (plan) to thwart.

fruta [frúta] *s. f.* fruit.

frutería [frutería] *s. f.* fruit shop.

frutero, -ra [frutéro] *adj.* **1.** fruit. ‖ *s. m. y f.* **2.** (persona) fruiterer. ‖ *s. m.* **3.** (plato) fruit bowl.

fruto [frúto] *s. m.* **1.** fruit. **2.** *fig.* (resultado) profit. ‖ **~ seco** nut.

fuego [fwéɣo] *s. m.* fire.

fuente [fwénte] *s. f.* **1.** fountain. **2.** (manantial) spring. **3.** (recipiente) serving dish.

fuera [fwéra] *adv. l.* **1.** out; outside. **2.** (alejado) away. **3.** (en el extranjero) abroad.

fuero [fwéro] *s. m.* **1.** (carta municipal) charter. **2.** (privilegio) privilege.

fuerte [fwérte] *adj.* **1.** strong. **2.** (golpe) hard. **3.** (ruido) loud.

fuerza [fwérθa] *s. f.* **1.** (fortaleza) strength. **2.** (violencia) violence. **3.** (intensidad) intensity.

fuga [fúɣa] *s. f.* **1.** (huida) escape; flight. **2.** (de un líquido) leak.

fugarse [fuɣárse] *v. prnl.* (escapar) to abscond; to escape; to flee.

fular [fulár] *s. m.* (pañuelo) scarf.

fulgor [fulɣór] *s. m.* **1.** (resplandor) brilliance. **2.** (esplendor) splendor.

fulminar [fulminár] *v. tr.* (con rayos) to strike by lighting.

fumador, -ra [fumaðór] *adj.* **1.** smoking. ‖ *s. m. y f.* **2.** smoker.

fumar [fumár] *v. tr. e intr.* to smoke.

función [funθjón] *s. f.* **1.** function. **2.** (cargo) duty. **3.** *Cinem. y Teatr.* performance.

funcionamiento [fuŋθjonamjéɲto] *s. m.* **1.** operation. **2.** *Tecnol.* working. **3.** (marcha de una máquina) running.

funcionar [fuŋθjonár] *v. intr.* to function; to work. ‖ **no funciona** out of order.

funcionario [fuŋθjonárjo] *s. m. y f.* (público) civil servant.

funda [fúnda] *s. f.* **1.** (flexible) cover. **2.** (rígida) case.

fundamental [fuɲdameɲtál] *adj.* **1.** fundamental; primary. **2.** (primordial) prime.

fundamentar [fuɲdameɲtár] *v. tr.* **1.** (establecer) to found. **2.** *fig.* to base.

fundamento [fuɲdaméɲto] *s. m.* foundation; basis; fundament.

fundar [fuɲdár] *v. tr.* **1.** to found. **2.** (empresa) to establish. **3.** *fig.* (basar) to base.

fundición [fuɲdiθjón] *s. f.* **1.** (fábrica) foundry. **2.** (de metales) smelting.

fundir [fuɲdír] *v. tr.* **1.** (metal, hielo) to melt. **2.** *Tecnol.* to found. **3.** (minerales) to smelt. ‖ **fundirse** *v. prnl.* **4.** (metal, hielo) to melt. **5.** (una bombilla) to burn out.

funeral [funerál] *adj.* **1.** funeral. ‖ *s. m.* **2.** funeral; exequies.

funesto, -ta [funésto] *adj.* (nefasto) fatal; disastrous; terrible.

funicular [funikulár] *s. m.* (de tren) funicular (railway).

furgón [furɣón] *s. m.* **1.** van; wagon. **2.** (de tren) boxcar *Am. E.*

furgoneta [furɣonéta] *s. f.* van.

furia [fúrja] *s. f.* fury.

furioso, -sa [furjóso] *adj.* **1.** (iracundo) furious. **2.** (violento) violent; tearing.

furor [furór] *s. m.* **1.** furor; rage. **2.** (olas, tempestad) fury. **3.** *fig.* (pasión) frenzy; passion.

fusilar [fusilár] *v. tr.* (ejecutar con un tiro) to shoot; to execute.

fusión [fusjón] *s. f.* (unión) fusion; union.

fusionar [fusjonár] *v. tr.* **1.** (piezas, metales) to fuze. **2.** (empresas) to merge. ‖ **fusionarse** *v. prnl.* **3.** (piezas, metales) to fuze. **4.** (empresas) to merge.

fusta [fústa] *s. f.*, *Equit.* whip.

fuste [fúste] *s. m.*, *Arq.* (de la columna) shaft.

fútbol [fútβol] *s. m.*, *Dep.* soccer *Am. E.*; football *Br. E.*

futuro, -ra [futúro] *adj.* **1.** future. ‖ *s. m.* **2.** future. ‖ **en el ~** in the future.

g

g [χé] *s. f.* (letra) g.

gabán [gaβán] *s. m.* overcoat.

gabardina [gaβarðína] *s. f.* (prenda) raincoat.

gabinete [gaβinéte] *s. m.* **1.** (despacho) study. **2.** (de médico, abogado) office.

gacela [gaθéla] *s. f.*, *Zool.* gazelle.

gaceta [gaθéta] *s. f.* gazette.

gafas [gáfas] *s. f. pl.* glasses *pl.* ‖ **~ de sol** sunglasses *pl.*

gaita [gájta] *s. f.* bagpipes *pl.*

gajo [gáχo] *s. m.* **1.** (de uvas) bunch. **2.** (de cítricos) segment.

gala [gála] *s. f.* **1.** (vestido) full dress. **2.** (espectáculo) gala.

galán [galán] *s. m.* gallant; lover.

galápago [galápaɣo] *s. m.*, *Zool.* (tortuga) freshwater tortoise.

galardonar [galarðonár] *v. tr.* (premiar) to reward.

galaxia [galáksja] *s. f.* galaxy.

galería [galería] *s. f.* **1.** gallery. **2.** (balcón) veranda. **3.** (de una casa) corridor.

galés, -esa [galés] *adj.* **1.** Welsh. ‖ *s. m.* **2.** (idioma) Welsh. **3.** (hombre) Welshman. ‖ **galesa** *s. f.* **4.** (mujer) Welshwoman.

gallardía [gaʎarðía] *s. f.* **1.** (gracia) gracefulness. **2.** (elegancia) elegance. **3.** (valor) gallantry.

gallego [gaʎéɣo] *adj. y s. m. y f.* (persona) Galician.

galleta [gaʎéta] *s. f.* **1.** (dulce) cookie *Am. E.*; biscuit *Br. E.* **2.** (salada) cracker.

gallina [gaʎína] *s. f.*, *Zool.* hen.

gallinero, -ra [gaʎinéro] *s. m.* (corral) henhouse; coop.

gallo [gáʎo] *s. m.* (ave) rooster *Am. E.*; cock *Br. E.*

galopar [galopár] *v. intr.*, *Equit.* (ir a caballo) to gallop.

galope [galópe] *s. m.* gallop.

gama [gáma] *s. f.* **1.** *Mús.* (escala) scale. **2.** (de colores) range.

gamba [gámba] *s. f.*, *Zool.* shrimp *Am. E.*; prawn *Br. E.*

gamberro [gambéro] *s. m. y f.* **1.** (sin modales) lout. **2.** (violento) hooligan.

gamo, -ma [gámo] *s. m. y f.*, *Zool.* fallow deer.

gana [gána] *s. f.* (deseo) desire.

ganadería [ganaðería] *s. f.* **1.** cattle breeding. **2.** (ganado) cattle.

ganado [ganáðo] *s. m.* cattle; livestock.

ganancia [ganánθja] *s. f.* **1.** gain; profit. **2.** (aumento) increase.

ganar [ganár] *v. tr.* **1.** (sueldo) to earn. **2.** (sacar ventaja) to gain. **3.** (premio) to win.

gancho [gántʃo] *s. m.* **1.** (garfio) hook. **2.** (cebo) bait.

gandul, -la [gandúl] *s. m. y f.*, *fam.* (perezoso) lazybones *inv.*; loafer.

ganga [gánga] *s. f.* **1.** *Zool.* sand grouse. **2.** *fig.* (barato) bargain.

ganso, -sa [gánso] *s. m. y f., Zool.* (ave) goose.

gánster o gángster [gánster] *s. m. y f.* gangster.

garabatear [garaβateár] *v. tr. e intr.* (emborronar) to scribble.

garaje [garáχe] *s. m.* garage.

garantía [garantía] *s. f.* (aval) guarantee; warranty.

garbanzo [garβánθo] *s. m., Bot.* chickpea.

garbo [gárβo] *s. m.* **1.** (airosidad al andar) poise; jauntiness. **2.** *fig.* (gracia) grace.

gardenia [garðénja] *s. f., Bot.* (planta) gardenia.

garfio [gárfjo] *s. m.* hook.

garganta [garγánta] *s. f.* **1.** *Anat.* throat. **2.** *Geogr.* gorge; ravine.

gargantilla [garγantíʎa] *s. f.* (collar) necklace.

gárgara [gárγara] *s. f.* gargle.

garita [garíta] *s. f.* **1.** *Mil.* (del centinela) sentry box. **2.** (de portero) lodge.

garra [gářa] *s. f.* **1.** *Zool.* (de animal) claw. **2.** (de ave) talon.

garrafa [gařáfa] *s. f.* carafe.

garza [gárθa] *s. f., Zool.* heron.

gas [gás] *s. m.* gas.

gasa [gása] *s. f.* gauze.

gaseosa [gaseósa] *s. f.* soda *Am. E.;* lemonade *Br. E.*

gaseoso, -sa [gaseóso] *adj.* **1.** (cuerpo, estado) gaseous. **2.** (bebida) sparkling.

gasóleo [gasóleo] *s. m.* **1.** (calefacción) oil; gas oil. **2.** (motores) diesel.

gasolina [gasolína] *s. f., Autom.* gasoline *Am. E.;* petrol *Br. E.*

gasolinera [gasolinéra] *s. f.* gas station *Am. E.;* petrol station *Br. E.;* garage *Br. E.*

gastar [gastár] *v. tr.* **1.** (tiempo, dinero) to spend. **2.** *fig.* (malgastar) to waste.

gastronomía [gastronomía] *s. f.* gastronomy.

gato, -ta [gáto] *s. m. y f., Zool.* cat.

gavilán [gaβilán] *s. m., Zool.* (pájaro) sparrowhawk.

gaviota [gaβjóta] *s. f., Zool.* (ave) seagull; gull.

gay [géj] *adj. y s. m.* gay.

gazapo [gaθápo] *s. m.* **1.** (errata) error; misprint. **2.** *fam.* (equivocación) mistake.

gazpacho [gaθpátʃo] *s. m., Gastr.* (sopa fría) cold vegetable soup; gazpacho.

gel [χél] *s. m.* gel.

gelatina [χelatína] *s. f.* **1.** (ingrediente) gelatin. **2.** *Gastr.* jelly.

gema [χéma] *s. f., Miner.* gem.

gemelo, -la [χemélo] *adj. y s. m. y f.* **1.** (hermano) twin. ‖ *s. m.* **2.** *Anat.* calf muscle.

gemir [χemír] *v. intr.* (de dolor, pena) to moan; to groan.

gen [χén] *s. m., Biol.* gene.

generación [χeneraθjón] *s. f.* generation.

general [χenerál] *adj.* **1.** general. **2.** (común) usual.

generalizar [χeneraliθár] *v. intr.* **1.** to generalize. ‖ **generalizarse** *v. prnl.* **2.** (hacerse público) to become widespread.

género [χénero] *s. m.* (clase) kind.

generosidad [χenerosiδáδ] *s. f.* (esplendidez) generosity.

generoso, -sa [χeneróso] *adj.* (desprendido) generous.

genético, -ca [χenétiko] *adj.* **1.** genetic. ‖ **genética** *s. f.* **2.** gen-etics *sing.*

genio [χénjo] *s. m.* **1.** (mal carác-ter) temper. **2.** (talento) genius.

genital [χenitál] *adj.* **1.** genital. ‖ **genitales** *s. m. pl.* **2.** *Anat.* (sexo) genitals.

gente [χénte] *s. f. sing.* **1.** people *pl.* **2.** (familia) folks *pl. Am. E.*

gentileza [χentiléθa] *s. f.* **1.** kind-ness. **2.** (cortesía) courtesy.

gentilicio [χentilíθjo] *s. m.* na-me given to the people from a city, region or country.

gentío [χentío] *s. m.* crowd.

genuino, -na [χenuíno] *adj.* (natural, propio) genuine.

geografía [χeoɣrafía] *s. f.* geog-raphy.

geología [χeoloχía] *s. f.* geology.

geranio [χeránjo] *s. m., Bot.* (planta) geranium.

gerencia [χeréŋθja] *s. f.* **1.** (acti-vidad) management. **2.** (cargo) post of manager. **3.** (oficina) manager's office.

gerente [χeréŋte] *s. m.* (adminis-trador) manager; director.

germen [χérmen] *s. m.; Biol.* (semilla) germ.

germinar [χerminár] *v. intr.* (brotar) to germinate.

gerundio [χerúŋdjo] *s. m., Ling.* gerund.

gestación [χestaθjón] *s. f., Biol.* (del óvulo) gestation.

gestar [χestár] *v. tr.* **1.** to gesta-te. ‖ **gestarse** *v. prnl.* **2.** (desa-rrollarse) to be brewing.

gesticular [χestikulár] *v. intr.* (gestear) to gesticulate.

gestionar [χestjonár] *v. tr.* **1.** (negociar) negotiate. **2.** (diri-gir) to manage.

gesto [χésto] *s. m.* **1.** (ademán) gesture. **2.** (mueca) grimace; face.

gigantesco, -ca [χiɣaŋtésko] *adj.* (colosal) gigantic; giant.

gimnasia [χimnásja] *s. f.* **1.** gym-nastics *pl.* **2.** (ejercicio) exercise.

gimnasio [χimnásjo] *s. m.* gym-nasium; gym; health club *Am. E.*

gimotear [χimoteár] *v. intr.* **1.** to whine; to whimper. **2.** (lloriquear) to snivel.

ginebra [χinéβra] *s. f.* (bebida alcohólica) gin.

ginecólogo, -ga [χinekóloγo] *s. m. y f., Med.* gynecologist.

gira [χíra] *s. f.* (excursión) tour; trip; excursion.

girar [χirár] *v. intr.* **1.** (torcer) to turn. **2.** (dar vueltas) to rotate. **3.** (rápidamente) to spin.

girasol [χirasól] *s. m., Bot.* (planta) sunflower.

giro [χíro] *s. m.* (movimiento) turn.

glaciar [glaθjár] *adj.* **1.** glacial. || *s. m.* **2.** *Geol.* glacier.

glándula [glándula] *s. f., Anat.* (órgano) gland.

glicerina [gliθerína] *s. f., Quím.* glycerine.

global [gloβál] *adj.* **1.** (completo) total. **2.** (en conjunto) global.

globo [glóβo] *s. m.* **1.** balloon. **2.** (esfera) globe; sphere.

glóbulo [glóβulo] *s. m.* **1.** (globo) globule. **2.** *Biol.* corpuscle.

gloria [glórja] *s. f.* **1.** glory. **2.** *fig.* (placer) delight.

glosar [glosár] *v. tr.* (comentar) to comment.

glotón, -na [glotón] *adj.* **1.** gluttonous; greedy. || *s. m. y f.* **2.** (persona) glutton.

glúteo, -a [glúteo] *adj.* **1.** *Anat.* gluteal. || *s. m.* **2.** *Anat.* gluteus.

gnomo [nómo] *s. m.* gnome.

gobernar [goβernár] *v. tr.* **1.** (dirigir) to guide. **2.** (país) to govern; to rule. || *v. intr.* **3.** to govern.

gobierno [goβjérno] *s. m.* **1.** *Polít.* government. **2.** (gestión) management.

goce [góθe] *s. m.* **1.** enjoyment. **2.** (placer) pleasure; delight.

gofre [gófre] *s. m., Gastr.* waffle.

gol [gól] *s. m., Dep.* goal.

golf [gólf] *s. m., Dep.* golf.

golfo [gólfo] *s. m., Geogr.* gulf.

golondrina [golondrína] *s. f., Zool.* (pájaro) swallow.

golosina [golosína] *s. f.* **1.** (caramelos) candy *Am. E.;* sweet *Br. E.* **2.** (exquisitez) tidbit *Am. E.;* titbit *Br. E.*

golpe [gólpe] *s. m.* **1.** blow; knock. **2.** (puñetazo) punch.

golpear [golpeár] *v. tr.* **1.** to hit. **2.** (cosas) to knock; to beat.

goma [góma] *s. f.* **1.** gum. **2.** (caucho) rubber. **3.** (de borrar) eraser. **4.** (preservativo) condom. **5.** (pegamento) glue.

gomina [gomína] *s. f.* hair gel.

góndola [góndola] *s. f.* gondola.

gong o gongo [gón] *s. m.* gong.

gordo, -da [górðo] *adj.* **1.** (carnoso) fat. **2.** (volumen) thick. || *s. m. y f.* **3.** fat person.

gorila [goríla] *s. m., Zool.* gorilla.

gorra [góřa] *s. f.* cap.

gorrión [gořión] *s. m., Zool.* (pájaro) sparrow.

gorro [góřo] *s. m.* cap.

gorrón, -rrona [gořón] *s. m.* (aprovechado) scrounger; sponger *Br. E.*

gota [góta] *s. f.* drop.

gotear [goteár] *v. intr.* **1.** to drip. **2.** (lloviznar) to drizzle.

gotera [gotéra] *s. f.* **1.** (en el tejado) leak. **2.** (mancha) damp stain.

gozar [goθár] *v. tr.* **1.** to enjoy. ‖ *v. intr.* **2.** (divertirse) to enjoy oneself.

gozo [góθo] *s. m.* **1.** (alegría) joy. **2.** (placer) pleasure.

grabado [graβáðo] *s. m.* **1.** (arte) engraving. **2.** (dibujo) picture.

grabadora [graβaðóra] *s. f.* tape recorder.

grabar [graβár] *v. tr.* **1.** (arte) to engrave. **2.** (discos) to record.

gracia [gráθja] *s. f.* **1.** *Rel.* grace. **2.** (chiste) joke. **3.** (ingenio) wit.

gracioso, -sa [graθjóso] *adj.* (divertido) funny; amusing.

grada [gráða] *s. f.* **1.** (peldaño) step. **2.** *Dep.* (graderío) stand.

grado [gráðo] *s. m.* **1.** degree. **2.** (nivel) rate. **3.** (curso) grade *Am. E.*

graduar [graðuár] *v. tr.* **1.** to graduate. **2.** (medir) to measure.

gráfico, -ca [gráfiko] *adj.* **1.** graphic. ‖ *s. m. y f.* **2.** *Mat.* (esquema) graph.

gragea [graχéa] *s. f., Farm.* (píldora) pill; tablet.

gramática [gramátika] *s. f.* grammar.

gramo [grámo] *s. m.* gram.

gran [grán] *adj.* great. •Apocopated form of "grande". It is used before singular noun.

granada [granáða] *s. f., Bot.* (fruta) pomegranate.

granate [granáte] *s. m.* **1.** *Miner.* garnet. **2.** (color) deep red; maroon.

grande [gránde] *adj.* (tamaño) large; big.

grandeza [grandéθa] *s. f.* **1.** (tamaño) largeness. **2.** (magnitud) magnitude.

granero [granéro] *s. m., Agr.* granary; barn.

granito [graníto] *s. m.* (roca) granite.

granizar [graniθár] *v. impers., Meteor.* to hail.

granizo [graníθo] *s. m.* **1.** (conjunto) hail. **2.** (bola) hail stone.

granja [gránχa] *s. f.* farm.

grano [gráno] *s. m.* **1.** grain. **2.** (semilla) seed. **3.** (de cereal) corn.

granuja [granúχa] *s. m.* (bribón) rascal; scoundrel.

grapa [grápa] *s. f.* **1.** staple. **2.** *Tecnol.* cramp.

grapar [grapár] *v. tr.* to staple.

grasa [grása] *s. f.* (manteca) fat.

graso, -sa [gráso] *adj.* (comida, sustancia) fatty.

gratificar [gratifikár] *v. tr.* **1.** (recompensar) to reward. **2.** (satisfacer) to gratify; to satisfy.

gratinar [gratinár] *v. tr., Gastr.* (dorar) to cook au gratin.

gratis [grátis] *adj. y adv.* **1.** free. ‖ *adv.* **2.** gratis.

gratitud [gratitúθ] *s. f.* (agradecimiento) gratitude; thankfulness.

grato, -ta [gráto] *adj.* (agradable) pleasant; pleasing.

grava [gráβa] *s. f.* **1.** (guijos) gravel. **2.** (piedra) crushed stone.

gravar [graβár] *v. tr.* **1.** (cargar) to burden. **2.** (impuestos) to tax.

grave [gráβe] *adj.* **1.** (situación) serious; grave. **2.** (muy enfermo) seriously ill. **3.** (crisis) acute.

gravedad [graβeδáδ] *s. f.* seriousness; acuteness.

graznido [graθníδo] *s. m.* **1.** (del cuervo) caw. **2.** (de pato) quack.

gremio [grémjo] *s. m.* (sindicato) union.

greña [gréɲa] *s. f., pey.* untidy hair. •Chiefly in pl.

gresca [gréska] *s. f.* **1.** *col.* (bulla) rumpus; commotion. **2.** *col.* (pelea) fight.

grieta [grjéta] *s. f.* crack; crevice.

grifo [grífo] *s. m.* faucet *Am. E.;* tap *Br. E.*

grill [gríl] *s. m.* grill.

grillo [gríʎo] *s. m., Zool.* cricket.

gripe [grípe] *s. f., Med.* flu; influenza.

gris [grís] *adj.* **1.** (color) gray. **2.** (monótono) drab. ‖ *s. m. y f.* **3.** (color) gray.

gritar [gritár] *v. intr.* (chillar) to shout; to yell; to scream.

grito [gríto] *s. m.* (chillido) shout; yell.

grosella [groséʎa] *s. f., Bot.* (fruto) redcurrant.

grosería [groseɾía] *s. f.* **1.** (descortesía) rudeness; impoliteness. **2.** (vulgaridad) vulgarity.

grosor [grosór] *s. m.* thickness.

grúa [grúa] *s. f.* **1.** *Tecnol.* crane. **2.** *Náut.* (de petróleo) derrick.

grueso, -sa [grwéso] *adj.* **1.** thick. **2.** (persona) stout.

grulla [grúʎa] *s. f., Zool.* crane.

grumo [grúmo] *s. m.* **1.** lump. **2.** (de sangre) clot. **2.** (de leche) curd.

gruñido [gruɲíδo] *s. m.* **1.** (animal) grunt. **2.** *fig.* (persona) grumble.

gruñir [gruɲír] *v. intr.* **1.** (animal) to growl. **2.** *fam.* (persona) to grouse.

grupo [grúpo] *s. m.* group.

gruta [grúta] *s. f.* **1.** (natural) cave. **2.** (artificial) grotto.

guante [gwánte] *s. m.* glove.

guapo, -pa [gwápo] *adj.* **1.** (persona) good-looking; attractive. **2.** *fam.* (hombre) handsome. **3.** (mujer) pretty.

guarda [gwárða] *s. m. y f.* (vigilante) keeper; guard.

guardabarros [gwarðaβáros] *s. m. inv.*, *Autom.* fender *Am. E.*; mudguard *Br. E.*

guardabosque [gwarðaβóske] *s. m. y f.* forester.

guardacostas [gwarðakóstas] *s. m. y f. inv.* **1.** (persona) coastguard. ‖ *s. m. inv.* **2.** (buque) coastguard vessel.

guardaespaldas [gwarðaes páldas] *s. m. y f. inv.* (escolta) bodyguard.

guardar [gwarðár] *v. tr.* **1.** to keep. **2.** (vigilar) to guard. **3.** (conservar) to preserve.

guardería [gwarðeɾía] *s. f.* nursery; crèche *Br. E.*

guardia [gwárðja] *s. f.* **1.** guard. **2.** (cuidado) care. ‖ *s. m. y f.* **3.** (agente) patrolman *Am. E.*

guardián, -na [gwarðján] *s. m. y f.* (protector) guardian; keeper.

guarida [gwaɾiða] *s. f.* **1.** (de animal) lair. **2.** (de persona) haunt. **3.** (refugio) refuge.

guasa [gwása] *s. f., fam.* joke; jest.

guay [gwáj] *adj., fam.* cool.

guerra [géra] *s. f.* **1.** war; warfare. **2.** (pelea) struggle.

guerrero, -ra [geréro] *adj.* **1.** fighting. **2.** (carácter) warlike. ‖ *s. m. y f.* **3.** (soldado) warrior.

guía [gía] *s. m. y f.* **1.** (persona) guide. ‖ *s. f.* **2.** (norma) guidance. **3.** (publicación) directory.

guiar [giár] *v. tr.* **1.** to guide. **2.** (dirigir) to lead.

guindilla [gindíʎa] *s. f., Bot.* chili.

guiñar [giɲár] *v. tr.* **1.** (un ojo) to wink. ‖ *v. intr.* **2.** to wink.

guion [gjón] *s. m.* **1.** (esquema) outline. **2.** *Cinem.* script.

guisante [gisánte] *s. m., Bot.* pea.

guisar [gisár] *v. tr.* to stew.

guiso [gíso] *s. m.* **1.** dish. **2.** *Gastr.* (guisado) stew; casserole.

guitarra [gitára] *s. f., Mús.* guitar.

gula [gúla] *s. f.* greed; gluttony.

gusanillo [gusaníʎo] *s. m., fam.* (inquietud) itch.

gusano [gusáno] *s. m.* **1.** *Zool.* worm. **2.** *Zool.* (lombriz de tierra) earthworm.

gustar [gustár] *v. tr.* **1.** (agradar) to like. **2.** (probar) to try. ‖ *v. intr.* **3.** (complacer) to please.

gusto [gústo] *s. m.* **1.** taste. **2.** (afición) liking.

h

h [átʃe] *s. f.* (letra) h.

haba [áβa] *s. f., Bot.* bean.

haber [aβér] *v. aux.* **1.** (sirve para conjugar otros vbs. en tiempos compuestos) to have. ‖ *v. impers.* **2.** (existir) to be.

hábil [áβil] *adj.* **1.** (astuto) clever; smart. **2.** (diestro) skillful. **3.** (experto) skilled.

habilidad [aβiliðáð] *s. f.* **1.** skilfulness. **2.** (destreza) skill.

habilitar [aβilitár] *v. tr.* **1.** (un espacio) to fit out. **2.** (autorizar) to authorize. **3.** (capacitar) to enable.

habitación [aβitaθjón] *s. f.* **1.** (cuarto) room. **2.** (dormitorio) bedroom.

habitar [aβitár] *v. tr.* **1.** (un lugar) to inhabit. ‖ *v. intr.* **2.** (en un lugar) to live.

hábitat [áβitat] *s. m.* habitat.

hábito [áβito] *s. m.* (costumbre) habit; custom.

habitual [aβitwál] *adj.* **1.** (frecuente) usual. **2.** (hora, ruta) customary.

habituar [aβitwár] *v. tr.* (acostumbrar) to accustom.

hablar [aβlár] *v. intr.* **1.** to speak; to talk. **2.** (charlar, conversar) to chat; to talk. ‖ **hablar-se** *v. prnl.* **3.** (entenderse) to speak to each other.

hacer [aθér] *v. tr.* **1.** (crear, producir, fabricar) to make. **2.** (amigos, dinero) to make. **3.** (obrar, ejecutar) to do. **4.** (construir) to build. ‖ *v. impers.* (Se usa siempre en 3ª pers. sing.) **5.** (clima) to be. **6.** (tiempo transcurrido) ago. ‖ **hacerse** *v. prnl.* **7.** (volverse) to become. **8.** (mayor) to grow. **9.** (acostumbrarse a) to get used to.

hacha [átʃa] *s. f.* (herramienta) ax.

hacia [áθja] *prep.* **1.** (dirección) toward. **2.** (aproximación) toward.

hacienda [aθjénda] *s. f.* (finca) farm; estate.

halagar [alaɣár] *v. tr.* **1.** (lisonjear) to flatter. **2.** (agradar) to please.

halago [aláɣo] *s. m.* (adulación) flattery; compliment; praise.

halcón [alkón] *s. m., Zool.* (ave) falcon; hawk.

hall [χól] *s. m.* hall.

hallar [aʎár] *v. tr.* **1.** (encontrar) to find. **2.** (descubrir) to discover. ‖ **hallarse** *v. prnl.* **3.** (estar) to be (situated).

hallazgo [aʎáθɣo] *s. m.* **1.** (descubrimiento) finding; discovery. **2.** (cosa encontrada) find.

hamaca [amáka] *s. f.* hammock.

hambre [ámbre] *s. f.* hunger.

hambriento [ambrjénto] *adj.*
1. hungry; starving. ‖ *s. m. y f.*
2. hungry person.

hamburguesa [amburvésa] *s. f.,*
Gastr. hamburger.

harapo [arápo] *s. m.* (andrajo) rag.

harina [arína] *s. f.* **1.** flour. **2.**
(de avena, maíz) meal.

hartar [artár] *v. tr.* **1.** (saciar)
to satiate. **2.** *fig.* (fastidiar) to
sicken. ‖ **hartarse** *v. prnl.* **3.**
(de comida) to fill; to gorge.

harto, -ta [árto] *adj.* **1.** (repleto)
full. **2.** (cansado) fed up; tired.

hasta [ásta] *prep.* **1.** (en el tiempo) until; till. **2.** (en el espacio)
to. **3.** (en cantidades) up to; as
far as. ‖ *adv.* **4.** even.

haya [ája] *s. f.* **1.** *Bot.* (árbol,
madera) beech. **2.** *Bot.* (árbol)
beechtree.

hazaña [aθáɲa] *s. f.* **1.** (acción
heróica) deed; exploit. **2.** (con
gran esfuerzo) feat; achievement.

hebilla [eβíʎa] *s. f.* **1.** (de zapato) buckle. **2.** (de cinturón)
clasp.

hechicero, -ra [etʃiθéro] *adj.*
1. bewitching. ‖ *s. m.* **2.** wizard; sorcerer. ‖ **hechicera** *s. f.*
3. (bruja) witch.

hechizar [etʃiθár] *v. tr.* **1.** (embrujar) to cast a spell on. **2.** *fig.*
to bewitch; to charm.

hecho, -cha [étʃo] *adj.* **1.** complete. **2.** (maduro) mature.
‖ *s. m.* **3.** (acto) deed. **4.** (dato) fact.

helada [eláða] *s. f., Meteor.* frost.

helado [eláðo] *adj.* **1.** frozen.
2. (glacial) icy; frosty. **3.** *fig.*
(recibimiento) chilly. ‖ *s. m.* **4.**
ice cream.

helar [elár] *v. intr.* **1.** (congelar)
to freeze. **2.** *fig.* (dejar atónito)
to amaze. ‖ **helarse** *v. prnl.* **3.**
(congelarse) to freeze.

helecho [elétʃo] *s. m., Bot.*
(planta) fern; bracken.

hélice [éliθe] *s. f.* (de avión, barco) propeller.

helicóptero [elikóptero] *s. m.,*
Aeron. helicopter.

hembra [émbra] *adj. inv.* **1.** female. ‖ *s. f.* **2.** (mujer) woman.
3. *Zool. y Bot.* female.

hemorragia [emoráxja] *s. f.,*
Med. hemorrhage.

henchir [entʃír] *v. tr.* **1.** (llenar)
to fill; to stuff.

heno [éno] *s. m., Bot.* hay.

heptágono [eptáɣono] *s. m.*
heptagon.

herbívoro, -ra [erβíβoro] *adj.*
1. *Zool.* herbivorous. ‖ *s. m. y f.*
2. *Zool.* herbivore.

herbolario [erβolárjo] *s. m. y*
f. **1.** (persona) herbalist. ‖ *s. m.*
2. (tienda) herbalist's (shop).

heredar [ereðár] *v. tr.* (percibir una herencia) to inherit; to come into.

heredero, -ra [ereðéro] *s. m.* **1.** heir. ‖ **heredera** *s. f.* **2.** heiress.

herejía [ereχía] *s. f., Rel.* heresy.

herencia [erénθja] *s. f.* **1.** *Der.* inheritance; legacy. **2.** *Biol.* heredity. **3.** *fig.* heritage.

herida [eríða] *s. f.* wound; injury.

herido, -da [eríðo] *adj.* **1.** (físicamente) wounded; injured. **2.** (emocionalmente) hurt. ‖ *s. m. y f.* **3.** wounded person.

herir [erír] *v. tr.* **1.** (causar heridas) to wound; to injure. **2.** (golpear) to hit.

hermanastro [ermanástro] *s. m.* **1.** (mediohermano) stepbrother. ‖ **hermanastra** *s. f.* **2.** stepsister.

hermano [ermáno] *s. m.* **1.** brother. ‖ **hermana** *s. f.* **2.** sister.

hermoso, -sa [ermóso] *adj.* **1.** (bello) beautiful; lovely. **2.** (guapo) handsome.

hermosura [ermosúra] *s. f.* **1.** (cualidad) beauty; loveliness. **2.** (persona) beauty.

héroe [éroe] *s. m.* hero.

heroico, -ca [erójko] *adj.* (valeroso) heroic.

heroína [eroína] *s. f.* (droga) heroin.

herradura [eraðúra] *s. f.* (de un caballo) horseshoe.

herramienta [eramjénta] *s. f., Tecnol.* tool.

hervir [erßír] *v. intr.* **1.** to boil. **2.** (burbujear) to bubble.

hibernar [ißernár] *v. intr.* to hibernate.

hidratar [iðratár] *v. tr.* (piel) to moisturize.

hiedra [jéðra] *s. f., Bot.* ivy.

hielo [jélo] *s. m.* ice.

hiena [jéna] *s. f., Zool.* hyena.

hierba [jérßa] *s. f.* grass.

hierbabuena [jerßaßwéna] *s. f., Bot.* (menta) mint.

hierro [jéro] *s. m.* (metal) iron.

hígado [íγaðo] *s. m., Anat.* liver.

higiene [iχjéne] *s. f.* hygiene.

higiénico, -ca [iχjéniko] *adj.* hygienic; sanitary.

higo [íγo] *s. m., Bot.* fig.

hijastro [iχástro] *s. m.* **1.** stepson. ‖ **hijastra** *s. f.* **2.** stepdaughter.

hijo [íχo] *s. m. y f.* **1.** son; child. ‖ **hija** *s. f.* **2.** daughter. ‖ **hijos** *s. m. y f. pl.* **3.** children.

hilar [ilár] *v. tr.* **1.** to spin. **2.** *fig.* (idea, plan) to work out.

hilo [ílo] *s. m.* thread.

hincha [íntʃa] *s. m. y f.* fan; supporter.

hinchar [intʃár] *v. tr.* **1.** to swell. **2.** (inflar) to inflate; to blow up.

hinojo [inóχo] *s. m., Bot.* fennel.

hipermercado [ipermerkáðo] *s. m.* large supermarket.

hipo [ípo] *s. m.* hiccup.

hipódromo [ipóðromo] *s. m., Equit.* racetrack *Am. E.*; racecourse *Br. E.*

hipopótamo [ipopótamo] *s. m., Zool.* hippopotamus; hippo *coll.*

hipotecar [ipotekár] *v. tr.* to mortgage.

hispanoamericano [ispanoamerikáno] *adj. y s. m. y f.* Spanish American; Latin American.

histerismo [isterísmo] *s. m.* hysteria.

historia [istórja] *s. f.* **1.** (estudio del pasado) history. **2.** (cuento) story; tale.

hocico [oθíko] *s. m., Zool.* (de animal) muzzle; snout.

hogar [oɣár] *s. m.* (de la chimenea) hearth; fireplace.

hoja [óχa] *s. f.* **1.** *Bot.* (de árbol) leaf. **2.** (de un libro) page.

¡hola! [óla] *interj.* hello!; hi! *coll.*

hombre [ómbre] *s. m.* man.

hombro [ómbro] *s. m., Anat.* shoulder.

homicida [omiθíða] *adj.* **1.** homicidal. ‖ *s. m. y f.* **2.** murderer; homicide.

homosexual [omosekswál] *adj. y s. m. y f.* homosexual; gay.

honestidad [onestiðáð] *s. f.* **1.** (integridad) honesty. **2.** (castidad) purity.

hongo [óŋgo] *s. m.* **1.** *Bot.* fungus. **2.** (comestible) mushroom.

honor [onór] *s. m.* honor.

honradez [onraðéθ] *s. f.* **1.** honesty. **2.** (integridad) integrity.

honrar [onrár] *v. tr.* to honor; to respect.

hora [óra] *s. f.* **1.** hour. **2.** (momento puntual) time. **3.** (de clase) period. ‖ **¿qué ~ es?** what time is it?

horario [orárjo] *s. m.* schedule *Am. E.*; timetable *Br. E.*

horizontal [oriθoɲtál] *adj. y s. m. y f.* horizontal.

horizonte [oriθóɲte] *s. m.* (límite) horizon.

hormiga [ormíɣa] *s. f., Zool.* ant.

horno [órno] *s. m.* **1.** (de cocina) oven. **2.** *Tecnol.* furnace.

horror [orór] *s. m.* horror; dread.

horrorizar [ororiθár] *v. tr.* (horripilar) to horrify; to appall.

hortaliza [ortalíθa] *s. f.* vegetable.

hortera [ortéra] *adj.* vulgar; tawdry.

hospedar [ospeðár] *v. tr.* **1.** to lodge; to accommodate. ‖ **hospedarse** *v. prnl.* **2.** (alojarse) to lodge; to stay.

hospital [ospitál] *s. m.* hospital.

hospitalario, -ria [ospitalárjo] *adj.* (acogedor) hospitable; welcoming.

hospitalidad [ospitaliðáð] *s. f.* (acogida) hospitality.

hostal [ostál] *s. m.* cheap hotel.

hostigar [ostiɣár] *v. tr. fig.* (molestar) to pester.

hostil [ostíl] *adj.* hostile; unfriendly.

hotel [otél] *s. m.* hotel.

hoy [ój] *adv. t.* today.

hoyo [ójo] *s. m.* (agujero) hole; pit.

hucha [útʃa] *s. f.* (para el dinero) moneybox; piggybank.

hueco, -ca [wéko] *adj.* **1.** (vacio) hollow; empty. || *s. m.* **2.** (cavidad) hollow; cavity. **3.** (espacio) gap.

huelga [wélɣa] *s. f.* strike.

huella [wéʎa] *s. f.* **1.** (de persona, animal) footprint. **2.** (de dedo) print. **3.** (marca) mark.

huérfano, -na [wérfano] *adj.* **1.** orphan. **2.** (de padre) fatherless. **3.** (de madre) motherless. || *s. m. y f.* **4.** orphan.

huerta [wérta] *s. f.* **1.** (huerto grande) garden; vegetable garden. **2.** (con árboles frutales) orchard.

huerto [wérto] *s. m.* **1.** (de verduras) garden; vegetable garden. **2.** (de árboles frutales) orchard.

hueso [wéso] *s. m.* **1.** *Anat.* bone. **2.** *Bot.* (de fruta) pit *Am. E.*; stone *Br. E.*

huésped [wéspeð] *s. m. y f.* **1.** (invitado) guest. **2.** (en hotel, etc.) lodger; boarder. **3.** (anfitrión) host.

huevo [wéβo] *s. m.* egg.

huida [uíða] *s. f.* (fuga) flight; escape.

huir [uír] *v. tr.* **1.** (escapar) to flee. **2.** (evadir) to avoid. || *v. intr.* **3.** (escapar) to flee; to run away.

humanidad [umaniðáð] *s. f.* **1.** (género humano) mankind. **2.** (cualidad) humanity.

humanitario [umanitárjo] *adj.* **1.** humanitarian. **2.** (benévolo) humane.

humano, -na [umáno] *adj.* **1.** human. **2.** (humanitario) humane. || **género ~** mankind.

humareda [umaréða] *s. f.* (nube de humo) cloud of smoke.

humear [umeár] *v. intr.* **1.** (chimenea, hoguera) to smoke. **2.** (sopa, café) to steam.

humedad [umeðáð] *s. f.* (del clima) humidity.

humedecer [umeðeθér] *v. tr.* to moisten; to dampen.

húmedo [úmeðo] *adj.* **1.** (mojado) moist; damp; wet. **2.** *Meteor.* humid; moist.

humildad [umiḷdáð] *s. f.* (modestia) humility; humbleness.

humilde [umíḷde] *adj.* **1.** (modesto) humble. **2.** (sumiso) meek.

humillación [umiʎaθjón] *s. f.* (ofensa) humiliation; humbling.

humillar [umiʎár] *v. tr.* to humiliate; to humble.

humo [úmo] *s. m.* **1.** smoke. **2.** (gases) fumes *pl.* **3.** (vapor) steam. ‖ **humos** *s. pl.* **4.** *fig.* conceit *sing.* ‖ **echar humos** to fume.

humor [umór] *s. m.* **1.** humor. **2.** (disposición) mood.

hundir [uṇdír] *v. tr.* to sink; to founder.

huracán [urakán] *s. m.*, *Meteor.* (ciclón) hurricane.

huraño [uráɲo] *adj.*, *pey.* (antisocial) unsociable; sullen.

hurgar [urvár] *v. tr.* to poke.

hurtar [urtár] *v. tr.* to steal.

husmear [usmeár] *v. tr.* **1.** (oler) to sniff; to scent. **2.** *fam.* (curiosear) to pry out.

i

i [i] *s. f.* (letra) i.

iceberg [iθeβér] *s. m.* iceberg.

ida [íða] *s. f.* **1.** going. **2.** (salida) departure.

idea [iðéa] *s. f.* **1.** idea; notion. **2.** (concepto) concept.

ideal [iðeál] *adj.* ideal; perfect.

idear [iðeár] *v. tr.* (plan) to devise; to invent; to conceive.

ídem [íðen] *pron.* idem.

idéntico, -ca [iðéŋtiko] *adj.* (igual) identical.

identificar [iðeŋtifikár] *v. tr.* (reconocer) to identify.

idioma [iðjóma] *s. m.* language.

idiota [iðjóta] *adj.* **1.** idiotic; foolish. ǁ *s. m. y f.* **2.** idiot; fool.

idolatría [iðolatría] *s. f.* idolatry.

ídolo [íðolo] *s. m.* idol.

iglesia [iɣlésja] *s. f.* church.

iglú [iɣlú] *s. m.* igloo.

ignorancia [iɣnoráŋja] *s. f.* (desconocimiento) ignorance.

ignorar [iɣnorár] *v. tr.* **1.** (desconocer) to be unaware of. **2.** (no hacer caso) to ignore.

igual [iɣwál] *adj.* **1.** (equivalente) equal. **2.** (similar) alike.

igualar [iɣwalár] *v. tr.* **1.** to equalize. **2.** (nivelar) to level.

igualdad [iɣwaldáð] *s. f.* **1.** equality. **2.** (uniformidad) sameness.

ilegal [ileɣál] *adj.* illegal.

ileso, -sa [iléso] *adj.* unhurt.

ilícito [iliθito] *adj.* illicit.

ilimitado, -da [ilimitáðo] *adj.* (infinito) unlimited; boundless.

iluminar [iluminár] *v. tr.* to illuminate; to light (up).

ilusión [ilusjón] *s. f.* **1.** illusion. **2.** (esperanza) hope.

ilusionista [ilusjonísta] *s. m. y f.* (mago) conjurer; illusionist.

iluso, -sa [ilúso] *adj.* **1.** (crédulo) gullible. ǁ *s. m. y f.* **2.** (soñador) dreamer; dupe.

ilustrar [ilustrár] *v. tr.* **1.** to illustrate. **2.** (aclarar) to explain. **3.** (instruir) to enlighten. .

imagen [imáχen] *s. f.* **1.** image. **2.** (dibujo) picture.

imaginación [imaχinaθjón] *s. f.* (inventiva) imagination.

imaginar [imaχinár] *v. tr.* to imagine.

imaginario, -ria [imaχinárjo] *adj.* (ficticio) imaginary.

imaginativo [imaχinatiβo] *adj.* (iluso) imaginative; fanciful.

imán [imán] *s. m.* magnet.

imitación [imitaθjón] *s. f.* (copia) imitation; copy.

imitar [imitár] *v. tr.* to imitate.

impaciencia [impaθjéŋθja] *s. f.* (inquietud) impatience.

impar [impár] *adj.* **1.** *Mat.* odd. ǁ *s. m.* **2.** *Mat.* odd number.

imparcial [imparθjál] *adj.* (justo) impartial.

impedimento [impeðiméŋto] *s. m.* (obstáculo) impediment.

impedir [impeðír] *v. tr.* **1.** (obstruir) to impede; to obstruct. **2.** (estorbar) to prevent.

imperceptible [imperθeptíβle] *adj.* (inapreciable) imperceptible.

imperdible [imperðíβle] *s. m.* (pasador) safety pin.

imperfección [imperfekθjón] *s. f.* **1.** imperfection. **2.** (defecto) defect; fault.

imperio [impérjo] *s. m.* empire.

impermeable [impermeáβle] *adj.* **1.** (material) waterproof. ‖ *s. m.* **2.** (chubasquero) raincoat.

impersonal [impersonál] *adj.* impersonal (también Ling.).

impertinencia [impertinénθja] *s. f.* (indiscreción) impertinence.

impetuoso, -sa [impetuóso] *adj.* **1.** (violento) violent. **2.** (impulsivo) impetuous.

implacable [implakáβle] *adj.* (despiadado) relentless.

implantar [implaŋtár] *v. tr.* **1.** *Med.* to implant. **2.** (reformas) to introduce.

implicar [implikár] *v. tr.* **1.** (involucrar) to implicate. **2.** (entrañar) to imply.

implorar [implorár] *v. tr.* (suplicar) to implore; to beg.

imponente [imponéŋte] *adj.* (impresionante) impressive.

importación [importaθjón] *s. f.*, *Econ.* importation; import.

importancia [importánθja] *s. f.* importance. ‖ **sin ~** unimportant.

importante [importáŋte] *adj.* important; significant.

importar [importár] *v. tr.* **1.** (del extranjero) import. ‖ *v. intr.* **2.** (interesar) to matter.

importe [impórte] *s. m.* (cantidad) amount.

impotencia [impotéŋθja] *s. f.* impotence (también Med.).

impracticable [impraktikáβle] *adj.* **1.** impracticable; unviable. **2.** (intransitable) impassable.

impregnar [impregnár] *v. tr.* (empapar) to soak; to impregnate.

imprenta [imprénta] *s. f.* **1.** (actividad) printing. **2.** (aparato) printing press; press.

imprescindible [impresθindíβle] *adj.* (indispensable) essential; indispensable; absolutely necessary.

impresionar [impresjonár] *v. tr.* **1.** (sorprender) to impress. **2.** (conmover) to touch; to affect.

impresora [impresóra] *s. f.*, *Inform.* printer.

imprevisto, -ta [impreβísto] *adj.* unforeseen; unexpected.

imprimir [imprimír] *v. tr.* **1.** (estampar) to stamp. **2.** *Impr.* (textos) to print.

improbable [improβáβle] *adj.* (imposible) improbable.

improvisar [improβisár] *v. tr.* to improvise.

imprudencia [impruðénθja] *s. f.* **1.** (descuido) imprudence. **2.** (indiscreción) indiscretion.

impugnar [impuɣnár] *v. tr.* (contradecir) to oppose.

impulsivo, -va [impulsíβo] *adj.* (impulsivo, impetuoso) impulsive.

inaccesible [inakθesíβle] *adj.* **1.** inaccessible; unapproachable. **2.** (inalcanzable) unattainable.

inaceptable [inaθeptáβle] *adj.* (inadmisible) unacceptable; inadmissible.

inadecuado, -da [inaðekwáðo] *adj.* **1.** (insuficiente) inadequate. **2.** (inapropiado) unsuitable.

inagotable [inaɣotáβle] *adj.* (interminable) inexhaustible.

inaguantable [inaɣwantáβle] *adj.* (insoportable) unbearable.

inalámbrico [inalámbriko] *adj.* (teléfono) cordless.

inalterable [inalteráβle] *adj.* **1.** unalterable. **2.** (impasible) unmoved.

inaudito, -ta [inawðíto] *adj.* (nunca oído) unheard of.

inauguración [inawɣuraθjón] *s. f.* (apertura) opening.

inaugurar [inawɣurár] *v. tr.* (abrir) to open; to inaugurate.

incalculable [iŋkalkuláβle] *adj.* (innumerable) incalculable.

incansable [iŋkansáβle] *adj.* (infatigable) indefatigable.

incendiar [inθendjár] *v. tr.* to set on fire; to burn.

incendio [inθéndjo] *s. m.* fire.

incertidumbre [inθertiðúmbre] *s. f.* (duda) uncertainty; doubt.

incidencia [inθiðénθja] *s. f.* **1.** (suceso) incidence; occurrence. **2.** (repercusión) effect; impact.

incitar [inθitár] *v. tr.* to incite.

inclinar [iŋklinár] *v. tr.* **1.** to incline. **2.** (cabeza) to bow.

incluir [iŋkluír] *v. tr.* to include.

incógnito, -ta [iŋkóɣnito] *adj.* **1.** (desconocido) unknown. ǁ **incógnita** *s. f.* **2.** (misterio) enigma; mystery. ǁ **de ~** incognito.

incoherente [iŋkoerénte] *adj.* (incongruente) incoherent.

incomodar [iŋkomoðár] *v. tr.* **1.** to inconvenience. **2.** (fastidiar) to annoy. ǁ **incomodarse** *v. prnl.* **3.** to feel uncomfortable.

incomodidad [iŋkomoðiðáð] *s. f.* **1.** (falta de comodidad) discomfort; uncomfortableness. **2.** (molestia) inconvenience; bother.

incomparable [iŋkomparáβle] *adj.* (inmejorable) incomparable.

incompatibilidad [iŋkompatiβiliðáð] *s. f.* incompatibility.

incompleto [iŋkompléto] *adj.*
1. incomplete. **2.** (inacabado)
unfinished.

incomprensible [iŋkompren
síβle] *adj.* incomprehensible.

incomunicar [iŋkomunikár] *v.
tr.* (aislar) to isolate; to cut off.

inconcebible [iŋkonθeβíβle] *adj.*
(inimaginable) inconceivable.

inconfundible [iŋkoɱfuɲdíβle]
adj. (característico) unmistakable.

inconsciencia [iŋkonsθjénθja]
s. f., Med. unconsciousness.

inconsciente [iŋkonsθjénte]
adj. (involuntario) unwitting;
unconscious.

incontable [iŋkontáβle] *adj.* (innumerable) uncountable.

inconveniencia [iŋkombe
njénθja] *s. f.* inconvenience.

inconveniente [iŋkombenjénte]
adj. **1.** inconvenient. **2.** (inoportuno) inopportune. ‖ *s. m.* **3.**
(problema) difficulty.

incordiar [iŋkorðjár] *v. tr., col.*
(fastidiar) to annoy; to bug *coll.*

incorporar [iŋkorporár] *v. tr.*
1. to incorporate. **2.** (abarcar) to
embody. ‖ **incorporarse** *v. prnl.*
3. (levantarse) to sit up.

incorrección [iŋkořekθjón] *s. f.*
(falta) incorrectness; inaccuracy.

incorrecto, -ta [iŋkořékto] *adj.*
1. incorrect; wrong. **2.** (indeco-
roso) improper.

incrédulo, -la [iŋkréðulo] *adj.*
1. incredulous. **2.** *Rel.* unbe-
liev-ing. ‖ *s. m. y f.* **3.** skeptical.
4. *Rel.* unbeliever.

increíble [iŋkreíβle] *adj.* (inconcebible) incredible; unbelievable.

iinculpar [iŋkulpár] *v. tr.* (acusar) to accuse; to inculpate.

inculto, -ta [iŋkúlto] *adj.* (ignorante) uncultured; uneducated.

incumbir [iŋkumbír] *v. intr.* to
be sb's responsibility.

incumplir [iŋkumplír] *v. tr.* **1.**
(contrato) to breach. **2.** (promesa, ley) to break.

indagar [iŋdaɣár] *v. tr.* (investigar) to investigate; to search.

indecencia [iŋdeðénθja] *s. f.* indecency; immodesty; obscenity.

indeciso, -sa [iŋdeθíso] *adj.*
1. (dudoso) indecisive. **2.** (por
decidir) undecided.

indefenso, -sa [iŋdefénso] *adj.*
1. (niño, animal) defenseless.
2. (fortaleza) undefended.

independencia [iŋdepeɲdénθja]
s. f. (emancipación, liberación)
independence.

independizar [iŋdepeɲdiθár] *v.
tr.* **1.** to make independent. ‖
independizarse *v. prnl.* **2.** to
become independent.

indescriptible [iŋdeskriptíβle]
adj. (inexplicable) indescribable; inexplicable.

indicar [iŋdikár] *v. tr.* (señalar) to indicate; to show.

indicativo, -va [iŋdikatíβo] *adj. y s. m. y f.* **1.** indicative. ‖ *s. m.* **2.** *Ling.* (modo) indicative.

índice [índiθe] *s. m.* **1.** *Anat.* (dedo) forefinger. **2.** index. **3.** (catálogo) catalog.

indicio [iŋdíθjo] *s. m.* **1.** sign. **2.** (en indagaciones) clue.

indiferencia [iŋdiferénθja] *s. f.* (apatía) indifference; apathy.

indiferente [iŋdiferénte] *adj.* (apático) indifferent.

indigestión [iŋdiχestjón] *s. f.* (empacho) indigestion.

indignación [iŋdiɡnaθjón] *s. f.* (enfado) indignation; anger.

indiscreción [iŋdiskreθjón] *s. f.* (imprudencia) indiscretion.

indiscreto, -ta [iŋ diskréto] *adj.* (imprudente) indiscreet; tactless.

indiscutible [iŋdiskutíβle] *adj.* (irrebatible) indisputable.

indispensable [iŋdispensáβle] *adj.* (necesario) indispensable.

individuo [iŋdiβíðwo] *s. m.* **1.** individual. **2.** *pey.* (tipo) guy.

índole [índole] *s. f.* **1.** (carácter) character; nature. **2.** (clase) kind.

indómito, -ta [indómito] *adj.* **1.** (no domado) untamed. **2.** (indomable) indomitable.

indudable [induðáβle] *adj.* **1.** undoubted. **2.** (incuestionable) unquestionable; indubitable.

indulgencia [iŋdulχénθja] *s. f.* (benevolencia) indulgence.

industria [iŋdústrja] *s. f.* industry.

inédito, -ta [inéðito] *adj.* **1.** unpublished. **2.** (desconocido) unknown.

ineficaz [inefikáθ] *adj.* **1.** (inútil) ineffective; inefficacious. **2.** (ineficiente) inefficient.

ineludible [ineluðíβle] *adj.* (inevitable) inescapable; inevitable.

inepto, -ta [inépto] *adj.* (incompetente) inept; incompetent.

inesperado, -da [inesperáðo] *adj.* **1.** (fortuito) unexpected; unforeseen. **2.** (imprevisto) sudden.

inestable [inestáβle] *adj.* (variable) unstable; unsound.

inevitable [ineβitáβle] *adj.* (irremediable) inevitable.

inexacto, -ta [ineksákto] *adj.* (equívoco) inexact; inaccurate; inexistent.

inexistente [ineksisténte] *adj.* nonexistent; inexistent.

inexperto [inespérto] *adj.* (sin experiencia) inexperienced.

inexplicable [inesplikáβle] *adj.* (incomprensible) inexplicable.

infancia [imfánθja] *s. f.* (niñez) child-hood; infancy.

infantil [iɱfaɲtíl] *adj.* **1.** children's. **2.** (ingenuo) childlike.

infarto [iɱfárto] *s. m., Med.* heart attack.

infatigable [iɱfativáβle] *adj.* (incansable) indefatigable.

infectar [iɱfektár] *v. tr.* (contagiar) to infect.

infeliz [iɱfelíθ] *adj.* **1.** unhappy; wretched. **2.** (desdichado) unfortunate.

inferior [iɱferjór] *adj.* **1.** (en el espacio) lower. **2.** (en una jerarquía) inferior. ‖ *s. m. y f.* **3.** inferior; subordinate.

infidelidad [iɱfiðelidáð] *s. f.* (deslealtad) infidelity.

infiel [iɱfjél] *adj.* unfaithful.

infierno [iɱfjérno] *s. m.* hell.

infinito [iɱfiníto] *adj.* **1.** infinite; endless. **2.** *fig.* boundless. ‖ *s. m.* **3.** infinite.

inflamable [iɱflamáβle] *adj.* flammable; inflammable *Br. E.*

inflamación [iɱflamaθjón] *s. f., Med.* inflammation.

inflar [iɱflár] *v. tr.* **1.** (hinchar) to inflate; to blow up. **2.** *fig.* (exagerar) to exaggerate.

influir [iɱfluír] *v. tr.* **1.** to influence. ‖ *v. intr.* **2.** to have influence.

informal [iɱformál] *adj.* **1.** informal. **2.** (comportamiento) incorrect. **3.** (persona) unreliable.

informar [iɱformár] *v. tr.* **1.** to inform. ‖ *v. intr.* **2.** to report. ‖ **informarse** *v. prnl.* **3.** to find out.

informática [iɱformátika] *s. f.* computer science; computing.

informe [iɱfórme] *s. m.* **1.** report. **2.** (dictamen) statement.

infracción [iɱfrakθjón] *s. f.* (quebrantamiento) offense; breach; infraction *frml.*

infringir [iɱfriŋxír] *v. tr.* (quebrantar) to infringe; to break.

infructuoso, -sa [iɱfruktuóso] *adj.* (improductivo) fruitless.

infusión [iɱfusjón] *s. f.* infusion.

ingenio [iŋxénjo] *s. m.* **1.** (talento) talent. **2.** (agudeza) wit.

ingenioso, -sa [iŋxenjóso] *adj.* **1.** ingenious; inventive. **2.** (divertido) witty.

ingenuidad [iŋxenwiðáð] *s. f.* (inocencia) ingenuousness.

ingerir [iŋxerír] *v. tr.* to ingest.

ingle [íŋgle] *s. f., Anat.* groin.

inglés, -sa [iŋglés] *adj.* **1.** English. ‖ *s. m.* **2.** (idioma) English. **3.** (hombre) Englishman. ‖ **inglesa** *s. f.* **4.** (mujer) Englishwoman.

ingrediente [iŋgredjénte] *s. m.* (componente) ingredient.

ingresar [iŋgresár] *v. tr.* **1.** *Econ.* (dinero en un banco) to deposit; to bank. ‖ *v. intr.* **2.** (en un colegio) to enter. **3.** (en una orga-nización) to join. **4.** (en un hospital) to admit.

ingreso [iŋgréso] *s. m.* **1.** (entrada) entry. **2.** (admisión) admission. **3.** *Econ.* deposit.

inhalar [inalár] *v. tr.* to inhale.

inhumano, -na [inumáno] *adj.* **1.** (falto de compasión) inhumane. **2.** (cruel) inhuman.

inicial [iniθjál] *adj. y s. f.* initial.

iniciar [iniθjár] *v. tr.* **1.** initiate. **2.** (comenzar) to begin.

inicio [iníθjo] *s. m.* beginning.

injusto, -ta [iŋxústo] *adj.* unfair.

inmaculado [immakuláðo] *adj.* **1.** immaculate. **2.** (superficie) spotless.

inmaduro, -ra [immaðúro] *adj.* (verde) immature.

inmediaciones [immeðjaθjónes] *s. f. pl.* (alrededores) neighborhood *sing.*; surrounding area.

inmediato, -ta [immeðjáto] *adj.* (instantáneo) immediate.

inmenso, -sa [imménso] *adj.* (enorme) immense; huge.

inmerso, -sa [immérso] *adj.* **1.** immersed; submerged. **2.** *fig.* involved.

inmigración [immiɣraθjón] *s. f.* (migración) immigration.

inmigrante [immiɣránte] *adj. y s. m. y f.* immigrant.

inmortalizar [immortaliθár] *v. tr.* to immortalize.

innato, -ta [innáto] *adj.* innate.

innegable [inneɣáβle] *adj.* (indiscutible) undeniable.

innovación [innoβaθjón] *s. f.* (renovación) innovation.

innovar [innoβár] *v. tr.* (renovar) to innovate.

innumerable [innumeráβle] *adj.* (incalculable) innumerable.

inocente [inoθénte] *adj.* **1.** innocent; guiltless. **2.** (broma, chiste) harmless. ‖ *s. m. y f.* **3.** innocent.

inofensivo [inofensíβo] *adj.* (pacífico) harmless; inoffensive.

inolvidable [inolβiðáβle] *adj.* (imborrable) unforgettable.

inoportuno, -na [inoportúno] *adj.* **1.** inopportune. **2.** (visita, sugerencia) unwelcome.

inoxidable [inoksiðáβle] *adj.* **1.** rustproof. **2.** (acero) stainless.

inquietar [iŋkjetár] *v. tr.* **1.** to worry; to disturb. **2.** (alborotar) to agitate. **3.** (alarmar) to alarm.

inquietud [iŋkjetúð] *s. f.* **1.** worry; anxiety. **2.** (agitación) restlessness.

inscribir [inskriβír] *v. tr.* **1.** (grabar) to inscribe. **2.** (matricular) to enroll. **3.** (registrar) to record.

insecto [insékto] *s. m., Zool.* insect.

inseguridad [inseɣuriðáð] *s. f.* **1.** (falta de confianza) insecurity. **2.** (duda) uncertainty. **3.** (peligro) insecurity.

inseparable [inseparáβle] *adj.* (unido) inseparable.

insertar [insertár] *v. tr.* to insert.

inservible [inserβíβle] *adj.* (inútil) useless; ineffective.

insignia [insígnja] *s. f.* **1.** (emblema) badge. **2.** (bandera) flag; banner.

insignificante [insignifikánte] *adj.* insignificant; trivial.

insinuar [insinuár] *v. tr.* (sugerir) to insinuate.

insistir [insistír] *v. intr.* to insist.

insolación [insolaθjón] *s. f.* **1.** *Med.* sunstroke; insolation. **2.** *Meteor.* insolation *frml.*

insoportable [insoportáβle] *adj.* (inaguantable) unbearable.

inspeccionar [inspekθjonár] *v. tr.* (revisar) to inspect; to check.

inspirar [inspirár] *v. tr.* **1.** to inspire. **2.** (aspirar) to inhale.

instalar [instalár] *v. tr.* **1.** to install *Am. E.* **2.** (erigir) to set up. ‖ **instalarse** *v. prnl.* **3.** (persona) to settle down.

instante [instánte] *s. m.* instant; moment.

instar [instár] *v. tr.* to urge.

instigar [instiγár] *v. tr.* (inducir) to instigate; to incite.

instinto [instínto] *s. m.* instinct.

institución [instituθjón] *s. f.* (establecimiento) institution; establishment.

instituto [institúto] *s. m.* institute.

instruir [instruír] *v. tr.* **1.** to instruct. **2.** (enseñar) to educate. ‖ **instruirse** *v. prnl.* **3.** to learn.

instrumento [instruménto] *s. m.* **1.** instrument. **2.** (herramienta) tool.

insubordinar [insuβorðinár] *v. tr.* **1.** to stir up. ‖ **insubordinarse** *v. prnl.* **2.** to be insubordinate.

insuficiencia [insufiθjénθja] *s. f.* **1.** insufficiency. **2.** (inadecuación) inadequacy.

insuficiente [insufiθjénte] *adj.* (escaso) insufficient; inadequate.

insultar [insultár] *v. tr.* **1.** to insult; to abuse. **2.** (ofender) to offend.

insulto [insúlto] *s. m.* insult.

insuperable [insuperáβle] *adj.* **1.** (dificultad) insurmountable. **2.** (calidad, precio) unbeatable.

intachable [intatʃáβle] *adj.* (respetable) unimpeachable.

integrar [inteγrár] *v. tr.* to make up; to compose.

intelectual [intelektwál] *adj. y s. m. y f.* (erudito) intellectual.

inteligencia [inteliχénθja] *s. f.* **1.** (intelecto) intelligence. **2.** (comprensión) understanding.

inteligente [inteliɣénte] *adj.* intelligent.

intempestivo, -va [intempestíβo] *adj.* (inoportuno) untimely.

intención [inteṇθjón] *s. f.* (propósito) intention; purpose.

intensidad [intensiðáð] *s. f.* **1.** intensity. **2.** (de emoción) strength.

intensificar [intensifikár] *v. tr.* to intensify; to heighten.

intenso, -sa [inténso] *adj.* **1.** intense. **2.** (sentimiento) deep.

intentar [inteṇtár] *v. tr.* to try; to attempt.

intento [inténto] *s. m.* **1.** (propósito) intention; purpose. **2.** (tentativa) attempt.

intercambiar [interkambjár] *v. tr.* to exchange; to interchange.

intercambio [interkámbjo] *s. m.* exchange; interchange.

interceder [interθeðér] *v. intr.* (mediar) to intercede.

interés [interés] *s. m.* **1.** interest. **2.** (importancia) concern.

interesante [interesáṇte] *adj.* interesting.

interesar [interesár] *v. tr.* **1.** to interest. **2.** (afectar) to concern.

interferencia [interferénθja] *s. f.* (también radio) interference.

interino, -na [interíno] *adj.* temporary; provisional.

interior [interjór] *adj.* **1.** interior; inside. ‖ *s. m.* **2.** interior.

interlocutor, -ra [interlokutór] *s. m. y f.* speaker; interlocutor.

intermediario, -ria [intermeðjárjo] *adj.* **1.** intermediary. ‖ *s. m. y f.* **2.** intermediary; mediator; go between.

intermedio, -ria [intermédjo] *adj.* **1.** intermediate. ‖ *s. m.* **2.** (intervalo) interval.

interminable [intermináβle] *adj.* endless; interminable.

internacional [internaθjonál] *adj.* (mundial) international.

internar [internár] *v. tr.* **1.** *Polít.* to intern. **2.** (en un hospital) to confine.

internet [internét] *s. m., Inform.* internet.

interponer [interponér] *v. tr.* **1.** to interpose. ‖ **interponerse** *v. prnl.* **2.** to interpose.

interpretar [interpretár] *v. tr., Mús. y Teatr.* to interpret.

interrogación [interoɣaθjón] *s. f.* **1.** interrogation. **2.** *Ling.* (signo) question mark.

interrogar [interoɣár] *v. tr.* (preguntar) to question.

interrumpir [interumpír] *v. tr.* (suspender) to interrupt.

interruptor [interuptór] *s. m., Electrón.* (de la luz) switch.

interurbano, -na [interurβáno] *adj.* **1.** (autobús, llamada) long-distance. **2.** (tren) intercity.

intervalo [interβálo] *s. m.* **1.** intervalo. **2.** (en el espacio) gap.

intervenir [interβenír] *v. intr.* **1.** (participar) to take part; intervene. **2.** (controlar) to supervise.

intestino [intestíno] *s. m., Anat.* intestine; bowel.

intimar [intimár] *v. intr.* (entablar amistad) to become close.

intimidar [intimiðár] *v. tr.* (atemorizar) to intimidate.

íntimo, -ma [íntimo] *adj.* **1.** intimate. **2.** (vida) private.

intolerable [intoleráβle] *adj.* intolerable; unbearable.

intranquilo, -la [intrankílo] *adj.* (inquieto) restless; worried.

intrépido, -da [intrépiðo] *adj.* (osado) intrepid; fearless.

intriga [intríγa] *s. f.* **1.** (maquinación) intrigue. **2.** (plan) plot.

intrigar [intriγár] *v. tr.* **1.** (interesar) to intrigue. || *v. intr.* **2.** (maquinar) to plot; to scheme.

introducir [introðuθír] *v. tr.* **1.** to introduce. **2.** (meter) to insert.

intuición [intwiθjón] *s. f.* intuition.

intuir [intwír] *v. tr.* (captar) to sense; to intuit *frml.*

inundación [inunḍaθjón] *s. f.* (riada) flood; deluge.

inundar [inunḍár] *v. tr.* **1.** to flood. || **inundarse** *v. prnl.* **2.** to get flooded.

inusitado, -da [inusitáðo] *adj.* (inusual) unusual.

inútil [inútil] *adj.* **1.** useless. **2.** (innecesario) needless.

inutilidad [inutiliðáð] *s. f.* (ineficacia) uselessness.

inutilizar [inutiliθár] *v. tr.* (invalidar) to render useless.

invadir [imbaðír] *v. tr.* to invade.

invalidar [imbaliðár] *v. tr.* (inutilizar) to invalidate.

inválido, -da [imbáliðo] *adj.* **1.** (nulo) invalid. **2.** *Med.* (minusválido) disabled.

invariable [imbarjáβle] *adj.* invariable.

inventar [imbentár] *v. tr.* (hallar) to invent.

inventario [imbentárjo] *s. m.* **1.** (lista) inventory. **2.** (operación) stocktaking.

invernadero [imbernaðéro] *s. m.* greenhouse.

invernar [imbernár] *v. intr.* (pasar el invierno) to winter.

inverosímil [imberosímil] *adj.* (increíble) improbable; unlikely.

invertebrado, -da [imberteβráðo] *adj. y s. m., Zool.* invertebrate.

invertir [imbertír] *v. tr.* **1.** to invert. **2.** (dirección) to reverse.

investigación [imbestiγaθjón] *s. f.* **1.** investigation. **2.** (indagación) inquiry.

investigar [imbestiɣár] *v. tr.* **1.** (indagar) to investigate. **2.** (estudiar) to research.

invierno [imbjérno] *s. m.* winter.

invisible [imbisíβle] *adj.* invisible.

invitación [imbitaθjón] *s. f.* invitation.

invitar [imbitár] *v. tr.* to invite.

invocar [imbokár] *v. tr.* (llamar) to invoke; to call on.

involucrar [imbolukrár] *v. tr.* (implicar) to involve.

involuntario, -ria [imboluntárjo] *adj.* (espontáneo) involuntary; spontaneous.

inyección [injekθjón] *s. f., Med.* injection.

inyectar [injektár] *v. tr.* to inject.

ir [ír] *v. intr.* **1.** to go. **2.** (andar, caminar) to walk. **3.** (viajar) to travel. ‖ **irse** *v. prnl.* **4.** (marcharse) to go away; to be off.

ira [íra] *s. f.* wrath; anger.

iris [íris] *s. m. inv., Anat.* iris.

irlandés, -sa [irlandés] *adj.* **1.** Irish. ‖ *s. m.* **2.** (idioma) Irish. **3.** (hombre) Irishman. ‖ **irlandesa** *s. f.* **4.** (mujer) Irishwoman.

ironía [ironía] *s. f.* irony.

irracional [iraθjonál] *adj.* (descabellado) irrational.

irreal [ireál] *adj.* unreal.

irrealizable [irealiθáβle] *adj.* **1.** (proyecto) unfeasible. **2.** (deseo) unattainable; unreachable.

irreflexivo [irefleksíβo] *adj.* **1.** (acción) rash. **2.** (persona) unthinking.

irremediable [iremeðjáβle] *adj.* **1.** (irremisible) irremedi-able. **2.** (vicio, enfermedad) incurable.

irresistible [iresistíβle] *adj.* irresistible.

irresponsable [iresponsáβle] *adj.* (insensato) irresponsible.

irritación [iritaθjón] *s. f.* (ira) irritation.

irritar [iritár] *v. tr.* **1.** to irritate. **2.** (enfadar) to annoy.

irrumpir [irumpír] *v. intr.* to burst in.

isla [ísla] *s. f., Geogr.* island.

itinerario [itinerárjo] *s. m.* (recorrido, ruta) itinerary; route.

izquierda [iθkjérða] *s. f., Polít.* left; leftwing. ‖ **a la ~** on the left.

izquierdo, -da [iθkjérðo] *adj.* left.

j

j [χóta] *s. f.* (letra) j.

jabalí [χaβalí] *s. m., Zool.* (cerdo salvaje) wild boar.

jabón [χaβón] *s. m.* soap.

jadear [χaðeár] *v. intr.* to pant.

jalea [χaléa] *s. f.* jelly.

jaleo [χaléo] *s. m.* **1.** (alboroto) racket. **2.** (confusión) mess.

jamás [χamás] *adv. t.* never.

jamón [χamón] *s. m.* ham.

jaqueca [χakéka] *s. f.* headache.

jarabe [χaráβe] *s. m.* syrup.

jardín [χarðín] *s. m.* garden.

jardinería [χarðinería] *s. f.* gardening.

jarra [χára] *s. f.* jar.

jarro [χáro] *s. m.* (recipiente) pitcher *Am. E.*; jug *Br. E.*

jarrón [χarón] *s. m.* vase.

jaula [χáwla] *s. f.* **1.** (para animales) cage. **2.** (embalaje) crate.

jefe [χéfe] *s. m.* **1.** chief. **2.** (superior) boss. **3.** *Polít.* leader.

jerga [χérva] *s. f.* jargon; slang.

jeringuilla [χeringíλa] *s. f., Med.* (hypodermic) syringe.

jeroglífico, -ca [χeroɣlífiko] *adj.* **1.** hiero-glyphic. ‖ *s. m.* **2.** *Ling.* (escritura) hieroglyph.

jersey [χerséj] *s. m.* pullover; sweater; jumper *Br. E.*

jilguero [χilɣéro] *s. m., Zool.* (pájaro) goldfinch.

jinete [χinéte] *s. m.* (jockey) rider; horseman.

jirafa [χiráfa] *s. f., Zool.* giraffe.

jitomate [χitomáte] *s. m., Amér., Bot.* tomate.

jocoso [χokóso] *adj.* humorous.

joder [χoðér] *v. tr. e intr.* **1.** *vulg.* (copular) to fuck *slang.* ‖ *v. intr.* **2.** *vulg.* (fastidiar) to piss off.

jornada [χornáða] *s. f.* **1.** (laboral) working day. **2.** (trayecto) journey.

joroba [χoróβa] *s. f.* hump.

jorobar [χoroβár] *v. tr., fam.* (fastidiar) to bother; to annoy.

joven [χóβen] *adj.* **1.** young. ‖ *s. m. y f.* **2.** (hombre) youth. **3.** (mujer) girl.

joya [χója] *s. f.* **1.** jewel. **2.** *fig.* (cosa, persona) gem.

joyero, -ra [χojéro] *s. m. y f.* **1.** (persona) jeweler. ‖ *s. m.* **2.** (caja) jewel case.

jubilado, -da [χuβiláðo] *adj.* **1.** retired. ‖ *s. m. y f.* **2.** retiree *Am. E.*

jubilar [χuβilár] *v. tr.* **1.** to retire; to pension off. ‖ **jubilarse** *v. prnl.* **2.** (retirarse) to retire.

jjudía [χuðía] *s. f., Bot.* bean.

judo [χúðo] *s. m., Dep.* judo.

juego [χwéɣo] *s. m.* **1.** play. **2.** (pasatiempo) game. **3.** *Dep.* sport.

juerga [χwérɣa] *s. f., fam.* binge.

jueves [χwéβes] *s. m.* Thursday.

juez [χwéθ] *s. m., Der.* judge; magistrate *Br. E.*

jugada [χuváða] *s. f.* **1.** play. **2.** (ajedrez) move. || **~ mala** dirty trick.

jugar [χuvár] *v. intr.* **1.** (divertirse) to play. **2.** (apostar fuerte) to gamble. || *v. tr.* **3.** (un partido, un juego) to play. || **jugarse** *v. prnl.* **4.** (arriesgar) to risk.

jugarreta [χuvaṛéta] *s. f., fam.* (trastada) dirty trick.

jugo [χúvo] *s. m.* **1.** (zumo) juice. **2.** *fig.* (sustancia) substance.

jugoso, -sa [χuvóso] *adj.* **1.** (carne, fruta) juicy; succulent. **2.** *fig.* (sustancioso) substantial.

juguete [χuvéte] *s. m.* toy.

juguetear [χuveteár] *v. intr.* (jugar) to play; to frolic.

juguetería [χuvetería] *s. f.* (tienda) toy store.

juguetón, -tona [χuvetón] *adj.* playful; frolicsome; boisterous.

juicio [χwíθjo] *s. m.* **1.** (facultad mental) judgment. **2.** (opinion) opinion.

juicioso, -sa [jwiθjóso] *adj.* (sensato) sensible; wise.

julio [χúljo] *s. m.* (mes) July.

junco [χúŋko] *s. m., Bot.* (planta) rush; reed.

jungla [χúŋgla] *s. f.* jungle.

junio [χúnjo] *s. m.* June.

júnior [júnjor] *adj.* junior.

junta [χúnta] *s. f.* **1.** (reunión) meeting; conference. **2.** (conjunto de personas) board; council. **3.** (sesión) session.

juntar [χuntár] *v. tr.* **1.** (unir) to join; to unite. **2.** (reunir) to collect. **3.** (gente) to gather.

junto, -ta [χúnto] *adj.* (plural) together. || **~ a** next to; by; along-side; beside; nigh (arc.).

jurado, -da [χuráðo] *adj.* **1.** sworn. || *s. m.* **2.** (grupo) jury.

juramento [χuraménto] *s. m.* **1.** *Der.* oath. **2.** (blasfemia) curse.

jurar [χurár] *v. tr. intr. y pr.* to swear.

justamente [χústaménte] *adv.* **1.** (con justicia) fairly. **2.** (precisamente) just.

justicia [χustíθja] *s. f.* justice.

justificante [χustifikánte] *s. m.* receipt; voucher.

justificar [χustifikár] *v. tr.* **1.** to justify. **2.** (probar) to verify.

justo, -ta [χústo] *adj.* **1.** just; fair; even. **2.** (preciso) right. **3.** (ajustado) tight. || *adv.* **4.** (exactamente) just.

juvenil [χuβeníl] *adj.* **1.** youthful. || *s. m. y f.* **2.** *Dep.* junior.

juventud [χuβeŋtuð] *s. f.* **1.** (edad) youth. **2.** (jóvenes) young people.

juzgar [χuθvár] *v. tr.* **1.** to judge. **2.** (considerar) to think.

k

k [ká] *s. f.* (letra) k.

kamikaze [kamikáθe] *s. m.* kamikaze.

karaoke [karaóke] *s. m.* karaoke.

kárate [kárate] *s. m.*, *Dep.* karate.

karateca o karateka [karatéka] *s. m. y f.*, *Dep.* karateka.

katiuska [katjúska] *s. f.* (bota) gumboot; Wellington boot *Br. E.*

kétchup [kéttʃup] *s. m.*, *angl.* ketchup.

kilo [kílo] *s. m.* (unidad de peso) kilo; kilogram.

kilogramo [kiloɣrámo] *s. m.* (unidad de peso) kilogram.

kilométrico [kilométriko] *adj.* kilometrical [Tuvimos que recorrer una distancia kilométrica. *We had to cover a kilometrical distance.*]

kilómetro [kilómetro] *s. m.* kilometer.

kilovatio [kilovátjo] *s. m.* (1 000 vatios) kilowatt.

kiosco [kjósko] *s. m.* kiosk.

kiwi [kíwi] *s. m.* **1.** *Bot.* kiwi fruit. **2.** *Zool.* kiwi.

koala [koála] *s. m.*, *Zool.* koala.

l

l [éle] *s. f.* (letra) l.

la¹ [lá] *art. f. sing.* **1.** the. ‖ *pron. pers. acus. 3ª pers. f. sing.* **2.** her. **3.** (cosa, animal) it. **4.** (usted) you.

la² [lá] *s. m.* **1.** *Mús.* (nota) A. **2.** *Mús.* (solfeo) la.

laberinto [laβeríṇto] *s. m.* maze; labyrinth.

labio [láβjo] *s. m., Anat.* lip.

labor [laβór] *s. f.* (trabajo) work.

laboratorio [laβoratórjo] *s. m.* laboratory; lab *coll.*

laborioso, -sa [laβorjóso] *adj.* **1.** (persona) hardworking. **2.** (duro trabajo) laborious.

labrador, -ra [laβraðór] *s. m., Agr.* (agricultor) farmer.

labrar [laβrár] *v. tr.* **1.** to work. **2.** *Agr.* (la tierra) to farm; to cultivate.

laca [láka] *s. f.* **1.** (para el pelo) hairspray. **2.** (resina) lac. **3.** (barniz) lacquer.

lacón [lakón] *s. m., Gastr.* ham (de la pata delantera).

lactancia [laktáṇθja] *s. f.* breast-feeding; lactation.

ladear [laðeár] *v. tr.* **1.** to tip; to tilt. **2.** (cabeza) to lean.

ladera [laðéra] *s. f., Geogr.* slope; hillside.

lado [láðo] *s. m.* side.

ladrar [laðrár] *v. intr.* to bark.

ladrido [laðríðo] *s. m.* bark.

ladrillo [laðríʎo] *s. m.* brick.

ladrón, -drona [laðrón] *adj.* **1.** thieving. ‖ *s. m. y f.* **2.** thief; robber. **3.** (de casas) burglar.

lagartija [laɣartíxa] *s. f., Zool.* wall lizard.

lago [láɣo] *s. m., Geogr.* lake.

lágrima [láɣrima] *s. f.* tear.

laguna [laɣúna] *s. f. Geogr.* (lago) lagoon.

lamentable [lameṇtáβle] *adj.* (deplorable) lamentable.

lamentar [lameṇtár] *v. tr.* **1.** (sentir) to regret. **2.** (deplorar) to lament.

lamer [lamér] *v. tr.* to lick.

lámina [lámina] *s. f., Impr.* (plancha) sheet; plate.

lámpara [lámpara] *s. f.* lamp.

lamparón [lamparón] *s. m.* (mancha) stain.

lana [lána] *s. f.* (material) wool.

lanar [lanár] *adj.* wool-bearing.

lancha [láṇtʃa] *s. f., Náut.* launch. **2.** *Mil.* barge.

langosta [laŋgósta] *s. f.* **1.** *Zool.* (insecto) locust. **2.** *Zool.* (crustáceo) lobster.

langostino [laŋgostíno] *s. m., Zool.* prawn.

lanza [láṇθa] *s. f.* (arma) lance.

lanzar [laṇθár] *v. tr.* **1.** to throw. **2.** (producto, proyecto) to launch.

lapicero [lapiθéro] *s. m.* pencil.

lápida [lápiða] *s. f.* **1.** (mortuoria) tombstone; gravestone. **2.** (conmemorativa) tablet.

lápiz [lápiθ] *s. m.* **1.** pencil. **2.** (de colores) crayon.

largar [larvár] *v. tr.* **1.** (soltar) to release. ‖ *v. intr.* **2.** (hablar) to get out. ‖ **largarse** *v. prnl.* **3.** (marcharse) to skip *Am. E.*

largo, -ga [lárvo] *adj.* **1.** (longitud, tiempo) long. **2.** (tiempo) lengthy. ‖ *s. m.* **3.** (longitud) length.

largometraje [larvometráχe] *s. m., Cínem.* (película) feature film.

larva [lárβa] *s. f., Zool.* larva.

las [lás] *art. determ. pl.* **1.** the. ‖ *pron. pers. acus. 3ª pl. f.* **2.** them. **3.** (a ustedes) you.

lástima [lástima] *s. f.* (pena) pity; shame.

lastimar [lastimár] *v. tr.* **1.** (herir) to hurt; to injure. **2.** (ofender) to offend.

lata [láta] *s. f.* (envase) can *Am. E.;* tin *Br. E.*

lateral [laterál] *adj.* side; lateral.

latido [latíðo] *s. m.* **1.** (del corazón) beat. **2.** (de una herida) throb.

látigo [látivo] *s. m.* whip.

latir [latír] *v. tr.* (palpitar) to beat.

latón [latón] *s. m.* brass.

laúd [laúð] *s. f., Mús.* lute.

laurel [lawrél] *s. m.* **1.** *Bot.* laurel. ‖ **laureles** *s. m. pl.* **2.** (triunfo) laurels.

lavabo [laβáβo] *s. m.* **1.** (pila) washbowl *Am. E.;* washbasin *Br. E.* **2.** (mueble) washstand. **3.** (baños) washroom *Am. E.;* lavatory *Br. E.*

lavadora [laβaðóra] *s. f.* washing machine; washer.

lavandería [laβaŋdería] *s. f.* **1.** laundry. **2.** (automática) laundromat *Am. E.;* launderette *Br. E.*

lavar [laβár] *v. tr.* **1.** to wash. **2.** (dinero) launder. **3.** scrub.

lavavajillas [laβaβaχíʎas] *s. m. inv.* **1.** (máquina) dishwasher. **2.** (detergente) dish liquid *Am. E.;* washing-up liquid *Br. E.*

lazo [láθo] *s. m.* **1.** (adorno) bow. **2.** (nudo) knot. **3.** (trampa) snare; trap.

le [lé] *pron. pers. dat. 3ª sing.* **1.** (él) him. **2.** (ella) her. **3.** (cosa, animal) it. **4.** (usted) you. ‖ *pron. pers. acus. 3ª sing. m.* **5.** *Esp.* (solo para personas) him.

leal [leál] *adj.* loyal; faithful.

lealtad [lealtáð] *s. f.* loyalty.

lección [lekθjón] *s. f.* lesson.

lechazo [letʃáθo] *s. m., Gastr.* (cordero lechal) sucking lamb.

leche [létʃe] *s. f.* milk.

lecho [létʃo] *s. m.* **1.** (cama) bed. **2.** *Geogr.* (del río) riverbed.

lechón [letʃón] *s. m.*, *Gastr. y Zool.* (cochinillo) suckling pig *Am. E.*; sucking pig *Br. E.*

lechuga [letʃúɣa] *s. f.*, *Bot.* (hortaliza) lettuce.

lechuza [letʃúθa] *s. f.*, *Zool.* (ave) barn owl.

leer [leér] *v. tr.* to read.

legal [leɣál] *adj.* **1.** legal. **2.** (lícito) lawful. **3.** *fam.* (persona) trustworthy.

legalizar [leɣaliθár] *v. tr.* **1.** to legalize. **2.** (un documento) to authenticate.

legaña [leɣáɲa] *s. f.* sleep.

legumbre [leɣúmbre] *s. f.*, *Bot.* legume.

lejano, -na [leχáno] *adj.* **1.** distant. **2.** *fig.* remote.

lejía [leχía] *s. f.* bleach.

lejos [léχos] *adv.* far; far away.

lencería [lenθería] *s. f.* **1.** (ropa interior femenina) lingerie. **2.** (ropa blanca) linen. **3.** (tienda) linen shop.

lengua [léŋgwa] *s. f.* **1.** *Anat.* tongue. **2.** *Ling.* language.

lenguado [leŋgwáðo] *s. m.*, *Zool.* (pescado) sole.

lenguaje [leŋgwáχe] *s. m.* language.

lente [lénte] *s. m. y f.* **1.** lens. || **lentes** *s. m. y f. pl.* **2.** glasses.

lenteja [lentéχa] *s. f.*, *Bot.* lentil.

lentilla [lentíʎa] *s. f.* contact lens.

lentitud [lentitúð] *s. f.* slowness.

lento, -ta [lénto] *adj.* slow.

leña [léɲa] *s. f.* **1.** (madera) firewood; wood. **2.** *fig. y fam.* (paliza) beating.

leño [léɲo] *s. m.* log.

león [león] *s. m.*, *Zool.* lion.

les [lés] *pron. pers. dat. 3ª pers. pl.* (También pron. pers. acus. en género masc.) **1.** (a ellos) them. **2.** (a ustedes) you.

lesión [lesjón] *s. f.* **1.** *Med.* lesion; injury. **2.** (perjuicio) harm.

letal [letál] *adj.* lethal.

letra [létra] *s. f.* **1.** letter. **2.** (caligrafía) handwriting; writing. || **letras** *s. f. pl.* **3.** arts.

letrero [letréro] *s. m.* **1.** (cartel) sign. **2.** (etiqueta) label.

levantar [leβantár] *v. tr.* **1.** to raise; to lift. **2.** (construir) to erect.

leve [léβe] *adj.* **1.** (ligero) light; slight. **2.** (castigo) mild.

léxico [léɣsiko] *s. m.*, *Ling.* **1.** (diccionario, glosario) lexicon. **2.** *Ling.* (vocabulario) vocabulary.

ley [léj] *s. f.* **1.** *Der.* law; act. **2.** *Dep.* rule.

leyenda [leʝénda] *s. f.* **1.** legend. **2.** (inscripción) inscription.

liar [liár] *v. tr.* **1.** (atar) to tie; to bind. **2.** (un cigarrillo) to roll.

liberación [liβeraθjón] *s. f.* **1.** (de un pueblo, país) liber-ation. **2.** (de la cárcel) release.

liberalidad [liβeraliðáð] *s. f.* (generosidad) generosity.

liberar [liβerár] *v. tr.* **1.** (un país) to liberate. **2.** (a un prisionero) to free.

libertad [liβertáð] *s. f.* freedom.

libertar [liβertár] *v. tr.* to liberate.

libra [líβra] *s. f.* (peso, moneda inglesa) pound.

librar [liβrár] *v. tr.* **1.** to save. **2.** *Der.* to free. **3.** (liberar) to liberate. ‖ **librarse** *v. prnl.* **4.** (deshacerse de) to get rid of.

libre [líβre] *adj.* **1.** free. **2.** (lugar) unoccupied. **3.** (asiento) vacant.

librería [liβrería] *s. f.* **1.** (tienda) book-store *Am. E.*; bookshop *Br. E.* **2.** (mueble) bookcase.

libro [líβro] *s. m.* book.

licencia [liθénθja] *s. f.* **1.** license *Am. E.* **2.** (permiso) permission.

licenciado, -da [liθenθjáðo] *s. m. y f.* **1.** graduate. **2.** (en Filosofía y Letras) BA.

liceo [liθéo] *s. m.* **1.** (sociedad literaria) literary society. **2.** (escuela) high school.

licor [likór] *s. m.* **1.** (alcohol) liquor; spirits *pl.* **2.** (dulce) liqueur.

licra [líkra] *s. f.* lycra.

licuar [likwár] *v. tr.*, *Gastr.* to liquidize.

líder [líðer] *s. m. y f.* leader.

liderar [liðerár] *v. tr.* to lead.

liebre [ljéβre] *s. f.*, *Zool.* hare.

liendre [ljéndre] *s. f.*, *Zool.* nit.

lienzo [ljénθo] *s. m.* **1.** linen. **2.** (arte) canvas; painting.

liga [líγa] *s. f.* **1.** *Polít. y Dep.* league. **2.** (de medias) garter.

ligar [liγár] *v. tr.* **1.** (atar) to bind; to tie. **2.** (unir) to join. ‖ *v. intr.* **3.** (conquistar) to pick up.

ligereza [liγeréθa] *s. f.* **1.** lightness; thinness. **2.** (agilidad) nimbleness. **3.** (frivolidad) levity.

ligero, -ra [liγéro] *adj.* **1.** (de peso) light. **2.** (ágil) nimble. **3.** (de poca importancia) slight. ‖ *adv.* **4.** (rápido) fast.

light [lájt] *adj. m. y f.* **1.** light. **2.** (comida) low-calorie. **3.** (cigarrillos) lowtar. **4.** (bebidas) diet.

lijar [liχár] *v. tr.*, *Tecnol.* to sand; to sand down; to sandpaper.

lila [líla] *s. f.*, *Bot.* lilac.

limar [limár] *v. tr.* to file.

limitar [limitár] *v. tr.* to limit.

límite [límite] *s. m.* **1.** limit. **2.** (frontera) boundary.

limón [limón] *s. m.*, *Bot.* lemon.

limonada [limonáða] *s. f.* (bebida) lemonade.

limosna [limósna] *s. f.* alms *pl.*

limpiar [limpjár] *v. tr.* **1.** to clean. **2.** (con un trapo) to wipe. **3.** (zapatos) to shine.

limpieza [limpjéθa] *s. f.* **1.** (estado) cleanliness. **2.** (acción) cleaning. **3.** (pulcritud) neatness.

limpio, -pia [límpjo] *adj.* **1.** (pulcro) clean. **2.** (moralmente) pure. **3.** (aseado) tidy.

linaje [linaxe] *s. m.* lineage.

lince [línθe] *adj.* **1.** *fig.* (astuto) shrewd. || *s. m.* **2.** *Zool.* lynx.

lindar [lindár] *v. intr.* (limitar) to adjoin.

línea [línea] *s. f.* **1.** line. **2.** (silueta) figure.

lingüístico, -ca [liŋgwístiko] *adj.* **1.** linguistic. || **lingüística** *s. f.* **2.** (ciencia del lenguaje) linguistics *sing.*

lino [líno] *s. m.* **1.** *Bot.* flax. **2.** (textil) linen.

linterna [lintérna] *s. f.* **1.** (farol) lantern. **2.** (de pilas) torch.

lío [lío] *s. m.* **1.** (paquete) bundle. **2.** *fam.* (desorden) mess.

liquidar [likiðár] *v. tr.* **1.** *Quím.* (licuar) to liquefy. **2.** *Econ.* (una deuda) to liquidate.

líquido, -da [líkiðo] *adj.* **1.** liquid. **2.** *Econ.* (sueldo) net. || *s. m.* **3.** (sustancia) liquid.

lira [líra] *s. f.*, *Mús.* lyre.

lirio [lírjo] *s. m.; Bot.* (flor) iris; lily.

liso, -sa [líso] *adj.* **1.** (superficie) smooth; even. **2.** (colores) plain. **3.** (pelo) straight.

lista [lísta] *s. f.* **1.** (de nombres, números) list. **2.** (raya) stripe.

listado [listáðo] *s. m.* listing; enumeration.

listín [listín] *s. m.* list.

listo, -ta [lísto] *adj.* **1.** (inteligente) smart; bright; clever. **2.** (preparado) ready.

litera [litéra] *s. f.* **1.** (en dormitorio) bunk. **2.** (en barco) berth.

literatura [literatúra] *s. f.* literature.

litoral [litorál] *adj.* **1.** *Geogr.* coastal; littoral. || *s. m.* **2.** *Geogr.* coast; littoral.

litro [lítro] *s. m.* (medida) liter.

llaga [ʎáva] *s. f.* **1.** *Med.* (úlcera) sore; ulcer. **2.** *Med.* (en la boca) canker.

llama¹ [ʎáma] *s. f.* (de fuego) flame. || **en llamas** ablaze; blazing.

llama² [ʎáma] *s. f., Zool.* llama.

llamada [ʎamáða] *s. f.* **1.** call. **2.** (a la puerta) knock. **3.** (al timbre) ring.

llamar [ʎamár] *v. tr.* **1.** to call. **2.** (convocar) to summon. **3.** (designar) to name.

llamativo, -va [ʎamatíβo] *adj.* **1.** showy. **2.** (color, ropa) loud.

llaneza [ʎanéθa] *s. f.* simplicity; straighforwardness; naturalness.

llano, -na [ʎáno] *adj.* **1.** (plano) level; even. **2.** (estilo) plain.

llanta [ʎánta] *s. f., Autom.* rim.

llanto [ʎánto] *s. m.* weeping.

llanura [ʎanúra] *s. f.* **1.** (de un terreno) smoothness; evenness. **2.** *Geogr.* plain.

llave [ʎáβe] *s. f.* **1.** key. **2.** (llave inglesa) wrench. **3.** (del gas, agua) faucet *Am. E.*; tap *Br. E.*

llavero [ʎaβéro] *s. m.* key ring.

llegar [ʎeɣár] *v. intr.* **1.** to arrive; to come; to reach. **2.** (ser bastante) to be enough. **3.** (alcanzar) to reach.

llenar [ʎenár] *v. tr.* **1.** to fill. **2.** (satisfacer) to fulfill; to satisfy. **3.** (hasta el borde) to fill up.

lleno, -na [ʎéno] *adj.* full.

llevar [ʎeβár] *v. tr.* **1.** to take. **2.** (transportar) to carry. **3.** (guiar) to lead. ‖ *v. intr.* **4.** (camino, pasos) to lead. .

llorar [ʎorár] *v. intr.* **1.** to weep; to cry. **2.** (gemir) to groan. **3.** (ojos) to water. ‖ *v. tr.* **4.** (persona, muerte) to mourn.

lloro [ʎóro] *s. m.* crying.

llover [ʎoβér] *v. impers.* to rain.

llovizna [ʎoβíθna] *s. f.* drizzle.

lloviznar [ʎoβiθnár] *v. impers., Meteor.* to drizzle.

lluvia [ʎúβja] *s. f., Meteor.* rain.

lluvioso, -sa [ʎuβjóso] *adj.* rainy; wet.

lo [ló] *art. determ. n. sing.* (+ adj.) **1.** the ...thing. ‖ *pron. pers.*

acus. 3ª pers. m. sing. **2.** him. **3.** (cosa, animal) it.

lobo [lóβo] *s. m., Zool.* wolf.

lóbulo [lóβulo] *s. m., Anat.* (en la oreja) lobe.

local [lokál] *adj.* **1.** local. ‖ *s. m.* **2.** (comercial) premises *pl.*

localidad [lokaliðáð] *s. f.* **1.** *form.* (población) locality. **2.** *Cinem. y Teatr.* (sitio) seat. **3.** *Cinem. y Teatr.* (entrada) ticket.

localizar [lokaliθár] *v. tr.* **1.** (ubicar) to localize. **2.** (fuego, epidemia) to locate.

loción [loθjón] *s. f.* lotion.

loco, -ca [lóko] *adj.* **1.** mad; crazy. **2.** *fig.* wild. ‖ *s. m. y f.* **3.** lunatic.

locomoción [lokomoθjón] *s. f.* (traslation) locomotion.

locuaz [lokwáθ] *adj.* (hablador) talkative.; verbose.

locura [lokúra] *s. f., Med.* (demencia) madness; insanity.

locutorio [lokutórjo] *s. m.* telephone booth.

lodo [lóðo] *s. m.* mud.

lógico, -ca [lóxiko] *adj.* **1.** logical. ‖ **lógica** *s. f.* **2.** logic.

lograr [loɣrár] *v. tr.* **1.** (obtener) to get; to obtain. **2.** (conseguir) to achieve; to attain.

loma [lóma] *s. f., Geogr.* **1.** hill; knoll. **2.** (más pequeño) hillock.

lombriz [lombríθ] *s. f.* worm.

lomo [lómo] *s. m.* **1.** *Anat.* (de animal) back. **2.** *Gastr.* loin. **3.** (de libro) spine.

lona [lóna] *s. f.* (tela) canvas.

loncha [lóntʃa] *s. f.* (rodaja) slice.

longaniza [loŋɡaníθa] *s. f., Gastr.* (embutido) pork sausage.

longitud [loŋxitúð] *s. f.* **1.** length. **2.** *Geogr.* longitude.

lord [lór] *s. m.* lord.

loro [lóro] *s. m., Zool.* parrot.

los [lós] *art. determ. pl.* **1.** the. ‖ *pron. pers. acus. 3ª pers. m. pl.* **2.** them.

losa [lósa] *s. f.* **1.** (del suelo) flagstone; slab. **2.** (de tumba) tombstone.

lote [lóte] *s. m.* **1.** (porción) share. **2.** *Econ.* lot. **3.** *Inform.* batch.

lotería [lotería] *s. f.* lottery.

loto[1] [lóto] *s. m., Bot.* lotus.

loto[2] [lóto] *s. f., fam.* lottery.

loza [lóθa] *s. f.* **1.** (vajilla) crockery. **2.** (de buena calidad) china.

lubina [luβína] *s. f., Zool.* (pez) sea bass.

lucha [lútʃa] *s. f.* **1.** fight. **2.** (para conseguir algo) struggle. **3.** *Dep.* wrestling.

luchar [lutʃár] *v. intr.* **1.** to fight. **2.** (para conseguir algo) to struggle. **3.** *Dep.* to wrestle.

lucidez [luθiðéθ] *s. f.* **1.** lucidity. **2.** (inteligencia) clarity.

luciérnaga [luθiérnaɣa] *s. f., Zool.* glowworm; firefly.

lucio [lúθjo] *s. m.* (pez) pike.

lucir [luθír] *v. tr.* **1.** to illuminate. **2.** *fig.* (manifestar cualidades) to display. ‖ *v. intr.* **3.** (brillar) to shine.

lluego [lwéɣo] *adv. t.* **1.** (después) later; later on; then; next. ‖ *conj. ilat.* **2.** therefore.

lugar [luɣár] *s. m.* **1.** place. **2.** (sitio) spot.

lúgubre [lúɣuβre] *adj.* gloomy.

lujo [lúxo] *s. m.* luxury.

lumbre [lúmbre] *s. f.* **1.** (fuego) fire. **2.** (luz) light.

luminoso, -sa [luminóso] *adj.* **1.** luminous. **2.** *fig.* (idea) bright.

luna [lúna] *s. f.* **1.** *Astrol.* moon. **2.** (espejo) mirror.

lunar [lunár] *adj.* **1.** *Astron.* lunar. ‖ *s. m.* **2.** (en la piel) beauty spot; mole. **3.** (redondel) spot.

lunes [lúnes] *s. m. inv.* Monday.

lupa [lúpa] *s. f.* magnifying glass.

lustro [lústro] *s. m.* five-year period; lustrum *frml.*

luto [lúto] *s. m.* **1.** mourning. **2.** *fig.* (pena) sorrow.

luz [lúθ] *s. f.* **1.** light. **2.** *fam.* (electricidad) electricity.

lycra [líkra] *s. f.* *licra.

m [éme] *s. f.* (letra) m.

macarrón [makaɾón] *s. m., Gastr.* (pasta) macaroni.

macedonia [maθeðónja] *s. f., Gastr.* fruit salad.

maceta [maθéta] *s. f.* (tiesto) flowerpot; pot; plant pot.

machacar [matʃakáɾ] *v. tr.* **1.** (triturar) to crush. **2.** (moler) to grind. **3.** (aplastar) to mash.

machacón, -na [matʃakón] *adj.* (insistente) insistent.

machete [matʃéte] *s. m.* machete.

macho [mátʃo] *adj.* **1.** male. **2.** *fam.* (viril) macho. ‖ *s. m.* **3.** (animal, planta) male.

macuto [makúto] *s. m.* (bolso de viaje) knapsack; haversack.

madeja [maðéxa] *s. f.* (de lana) hank; skein.

madera [maðéɾa] *s. f.* **1.** wood. **2.** (para la construcción) lumber *Am. E.;* timber *Br. E.*

madrastra [maðɾásta] *s. f.* stepmother.

madre [máðɾe] *s. f.* **1.** mother. **2.** *Rel.* (monja) nun.

madreselva [maðɾesélβa] *s. f., Bot.* (planta) honey-suckle.

madriguera [maðɾiɣéɾa] *s. f.* **1.** (de conejos) burrow. **2.** *fig.* (de criminales) den; lair; hideout.

madrugada [maðɾuɣáða] *s. f.* (alba) dawn. ‖ **de ~** at daybreak.

madrugar [maðɾuɣáɾ] *v. intr.* to get up early.

madurar [maðuɾáɾ] *v. tr. e intr.* **1.** (fruta) to ripen. **2.** *fig.* (personas) to mature.

madurez [maðuɾéθ] *s. f.* **1.** (de la fruta) ripeness. **2.** *fig.* (sensatez, edad adulta) maturity.

maduro, -ra [maðúɾo] *adj. m. y f.* (fruta) ripe.

maestro, -tra [maéstɾo] *adj.* **1.** (magistral) masterly; expert. **2.** (principal) main. ‖ *s. m. y f.* **3.** teacher.

magia [máxja] *s. f.* magic.

mágico, -ca [máχiko] *adj.* **1.** (número, poderes) magic. **2.** (lugar) magical.

magisterio [maxistéɾjo] *s. m.* **1.** (carrera) teacher training. **2.** (enseñanza) education; teaching.

magnate [magnáte] *s. m. y f.* (potentado) magnate; tycoon.

magnetismo [magnetísmo] *s. m.* (atracción) magnetism.

magnetizar [magnetiθáɾ] *v. tr.* (imantar) to magnetize.

magnífico, -ca [magnífiko] *adj.* (espléndido) splendid.

mago, -ga [máɣo] *s. m.* **1.** (ilusionista) magician; conjurer. **2.** (brujo) wizard.

mahonesa [maonésa] *s. f., Gastr.* (salsa) mayonnaise.

maíz [maíθ] *s. m., Bot.* corn *Am. E.*; maize *Br. E.*

majadero, -ra [maxaðéro] *adj.* **1.** silly; stupid. ‖ *s. m. y f.* **2.** fool.

majestuoso, -sa [maxestuóso] *adj.* (regio) majestic; stately.

majo [máxo] *adj.* **1.** (agradable) nice. **2.** *fam.* (guapo) attractive.

mal [mál] *adj.* **1.** bad. **2.** (incorrecto) wrong. ‖ *s. m.* **3.** evil. **4.** *Med.* illness; disease. **5.** (daño) harm. ‖ *adv.* **6.** badly; poorly. **7.** (erróneamente) wrong; wrongly.

maldad [maldáð] *s. f.* (crueldad) evil; wickedness; badness.

maldecir [maldeθír] *v. tr. e intr.* (jurar) to curse; to damn.

maldición [maldiθjón] *s. f.* curse; malediction.

maldito, -ta [maldíto] *adj.* (perverso) wicked.

maleducado [maleðukáðo] *adj.* (grosero) rude; bad-mannered.

maléfico, -ca [maléfiko] *adj.* **1.** evil. **2.** (influencia) harmful.

malestar [malestár] *s. m.* **1.** discomfort. **2.** *fig.* (inquietud) uneasiness.

maleta [maléta] *s. f.* **1.** suitcase. **2.** (de mano) valise.

maleza [maléθa] *s. f.* **1.** undergrowth; underbrush. **2.** (arbustos) scrub; thicket.

malgastar [malɣastár] *v. tr.* (tiempo, dinero) to waste.

malhechor, -ra [maletʃór] *adj.* **1.** criminal. ‖ *s. m. y f.* **2.** (delincuente) criminal; wrongdoer.

malhumor [malumór] *s. m.* (mal carácter) bad mood.

malhumorado, -da [malumoráðo] *adj.* bad-tempered.

malicia [malíθja] *s. f.* **1.** (maldad) wickedness; evilness. **2.** (astucia) slyness. **3.** (mala intención) malice; spite.

malla [máʎa] *s. f.* **1.** (de red) mesh. **2.** (para gimnasia) leotard.

malo, -la [málo] *adj.* **1.** bad. **2.** (malvado) evil. **3.** (travieso) naughty. **4.** (enfermo) ill.

maloliente [malolijénte] *adj.* (apestoso) stinking; smelly.

malsano, -na [malsáno] *adj.* **1.** (dañino) unhealthy. **2.** (morboso) morbid.

malsonante [malsonánte] *adj.* **1.** (grosero) rude. **2.** (cacofónico) ill-sounding.

maltrecho, -cha [maltrétʃo] *adj.* (maltratado) ill-treated.

malva [málβa] *adj. inv.* **1.** mauve. ‖ *s. f. 2. Bot.* mallow. ‖ *s. m.* **3.** (color) mauve.

malvado, -da [malβáðo] *adj.* **1.** wicked. ‖ *s. m. y f.* **2.** villain.

malversar [malβersár] *v. tr.* (fondos) to embezzle.

mama [máma] *s. f.* **1.** *Anat.* breast. **2.** *Zool.* mammary gland.

mamá [mamá] *s. f., col.* (madre)
mom *Am. E.;* mum *Br. E.*

mamar [mamár] *v. tr.* **1.** to suck.
‖ *v. intr.* **2.** (bebé) to feed. **3.**
(animal) to suckle.

mamífero [mamífero] *adj.*
1. mammalian. ‖ *s. m.* **2.** *Zool.*
mammal.

mampara [mampára] *s. f.* screen.

manada [manáða] *s. f.* **1.** *Zool.*
(de ganado) herd. **2.** *Zool.* (de
ovejas) flock. **3.** *Zool.* (de lobos,
perros) pack.

manantial [manantjál] *s. m.* (de
agua) spring.

manar [manár] *v. intr.* to flow.

manazas [manáðas] *s. m. y f.
inv., pey.* (torpe) clumsy idiot.

mancha [mántʃa] *s. f.* stain.

manchar [mantʃár] *v. tr.* **1.** to
stain. **2.** (ensuciar) to dirty.
3. (mancillar) to blemish; to
taint.

manco, -ca [mánko] *adj.* **1.** (sin
un brazo) one-armed. **2.** (sin
una mano) one-handed.

mandamiento [mandamjénto]
s. m. **1.** (orden) command; order. **2.** *Rel.* commandment.

mandar [mandár] *v. tr.* **1.** (ordenar) to order. **2.** (enviar) to
send. **3.** (dirigir) to lead. ‖ *v.
intr.* **4.** to be in charge of.

mandarina [mandarína] *s. f.,
Bot.* (fruta) mandarin (orange).

mandato [mandáto] *s. m.* (orden) order; command.

mandíbula [mandíβula] *s. f.,
Anat.* jaw.

mandil [mandíl] *s. m.* apron.

mando [mándo] *s. m.* **1.** (autoridad) command. **2.** (mandato)
mandate. **3.** (persona) autho-
rities *pl.*

manecilla [maneθíλa] *s. f.* (de
un reloj) hand.

manejar [maneχár] *v. tr.* **1.**
(usar, utilizar) to use. **2.** (manipular) to manage; to handle.

manejo [maneχo] *s. m.* (uso)
handling; use.

manera [manéra] *s. f.* **1.** way;
manner. **2.** (clase) kind; sort. ‖
maneras *s. f. pl.* **3.** (modales)
manners *pl.*

manga [mánga] *s. f.* (de camisa)
sleeve.

mango¹ [mángo] *s. m.* (asa)
handle; haft.

mango² [mángo] *s. m.* **1.** *Bot.*
(árbol) mango tree. **2.** *Bot.* (fruta) mango.

manguera [mangéra] *s. f.* hose.

manía [manía] *s. f.* **1.** *Med.* mania. **2.** (obsesión) obsession.

maniatar [manjatár] *v. tr.* (atar
las manos) to tie the hands of.

manicomio [manikómjo] *s. m.*
1. insane asylum *Am. E.;* mental
hospital *Br. E.*

manifestación [manifestaθjón] *s. f.* (declaración) declaration.

manifestar [manifestár] *v. tr.* **1.** (declarar) to declare; to state. **2.** (demostrar) to show.

maniobrar [manjoβrár] *v. tr.* **1.** (un vehículo) to maneuver. **2.** (manejar) to handle.

manipular [manipulár] *v. tr.* **1.** to manipulate. **2.** (mercancías) to handle.

maniquí [manikí] *s. m.* (en escaparates) dummy; mannequin.

manjar [maɲxár] *s. m.* **1.** (alimento) food; nourishment; dish. **2.** (comida exquisita) delicacy.

mano [máno] *s. f., Anat.* hand.

manojo [manóxo] *s. m.* bunch.

manopla [manópla] *s. f.* mitten.

manso, -sa [mánso] *adj.* **1.** (animal) tame. **2.** (persona) meek.

manta [mánta] *s. f.* **1.** blanket. **2.** (de viaje) rug.

manteca [mantéka] *s. f.* **1.** (de animal) fat. **2.** (de cerdo) lard.

mantel [mantél] *s. m.* tablecloth.

mantener [mantenér] *v. tr.* **1.** (sostener) to maintain. **2.** (conservar) to keep up. **3.** (alimentar) to support.

mantequilla [mantekíʎa] *s. f.* butter.

manto [mánto] *s. m.* **1.** (capa) cloak; mantle. **2.** (de ceremonia) robe.

mantón [mantón] *s. m.* shawl.

manual [manwál] *adj.* manual.

manufacturar [[manufakturár] *v. tr.* to (fabricar) manufacture.

manuscrito, -ta [manuskríto] *adj.* **1.** hand-written; manuscript *frml.* ‖ *s. m.* **2.** manuscript.

manutención [manuteɲθjón] *s. f., Der.* maintenance.

manzana [manθána] *s. f.* **1.** *Bot.* apple. **2.** (de pisos) block.

manzanilla [manθaníʎa] *s. f.* **1.** (planta) camomile. **2.** (bebida) camomile tea.

manzano [manθáno] *s. m., Bot.* (árbol) apple tree.

maña [mápa] *s. f.* **1.** (habilidad) skill; knack *coll.* **2.** (artimaña) guile *pej.;* trick.

mañana [mapána] *s. f.* **1.** (parte del día) morning. ‖ *s. m.* **2.** (futuro) future; tomorrow (no art.). ‖ *adv. t.* **3.** tomorrow. ‖ **¡hasta ~ !** see you tomorrow! **~ por la ~** tomorrow morning.

mapa [mápa] *s. m.* map.

mapamundi [mapamúndi] *s. m.* map of the world.

maqueta [makéta] *s. f.* mock-up.

maquillaje [makiʎáxe] *s. m.* makeup.

maquillar [makiʎár] *v. tr.* **1.** to make up. ‖ **maquillarse** *v. prnl.* **2.** to put make-up on.

máquina [mákina] *s. f.* machine.

maquinar [makinár] *v. tr.* to plot.

maquinaria [makinárja] *s. f.* **1.** (conjunto de máquinas) machinery. **2.** (mecanismo) mechanism.

maquinilla [makiníʎa] *s. f.* (de afeitar) safety razor.

mar [már] *s. amb., Geogr.* sea.

maratón [maratón] *s. m., Dep.* (carrera) marathon.

maravilla [maraβíʎa] *s. f.* **1.** marvel; wonder. **2.** (asombro) amazement.

maravilloso, -sa [maraβiʎóso] *adj.* (fantástico) marvelous; wonderful.

marca [márka] *s. f.* **1.** (señal) mark. **2.** (de ganado; comercial) brand.

marcar [markár] *v. tr.* **1.** (con una señal) to mark. **2.** (número de teléfono) to dial.

marcha [mártʃa] *s. f.* **1.** march. **2.** (velocidad) speed.

marchar [martʃár] *v. intr.* **1.** (ir) to go. **2.** (funcionar) to function.

marchitar [martʃitár] *v. tr.* to shrivel; to wilt.

marcial [marθjál] *adj.* martial.

marco [márko] *s. m.* **1.** (de un cuadro) frame. **2.** (de una puerta) doorframe.

marea [maréa] *s. f.* tide.

marear [mareár] *v. tr.* **1.** (molestar) to bother; to annoy.

marejada [marexáða] *s. f.* swell.

mareo [maréo] *s. m.* **1.** *Med.* (náusea) sickness; nausea. **2.** (en el mar) seasickness. **3.** *fig. y fam.* (confusión) muddle.

marfil [marfíl] *s. m.* ivory.

margarita [marɣaríta] *s. f.* **1.** *Bot.* (pequeña) daisy. **2.** *Bot.* (grande) marguerite.

margen [márxen] *s. amb.* **1.** (borde) border; edge. **2.** (de un río) riverside; bank. **3.** (de la carretera) side. **4.** (papel) margin.

marido [maríðo] *s. m.* husband.

marihuana [mariwána] *s. f., Bot.* (droga) marijuana; ganja.

marina [marína] *s. f.* **1.** *Náut.* (organización) navy. **2.** *Náut.* (barcos) fleet.

marinero, -ra [marinéro] *adj.* **1.** sea. ‖ *s. m.* **2.** sailor; seaman.

marino, -na [maríno] *adj.* **1.** (brisa, corriente) sea. **2.** (organismo) marine.

mariposa [maripósa] *s. f., Zool.* (insecto) butterfly.

mariquita [marikíta] *s. f., Zool.* (insecto) ladybug *Am. E.;* ladybird *Br. E.*

marisco [marísko] *s. m., Gastr.* seafood; shellfish.

marisma [marísma] *s. f., Geogr.* (laguna salada) marsh; swamp.

marítimo, -ma [marítimo] *adj.* (marino) sea; maritime.

mármol [mármol] *s. m.* marble.

maroma [maróma] *s. f., Náut.* (cuerda) rope; cable.

marrano [maráno] *s. m.* (animal) hog *Am. E.;* pig.

marrón [marón] *adj.* **1.** (color) brown. || *s. m.* **2.** (color) brown.

martes [mártes] *s. m. inv.* Tuesday.

martillear [martiʎeár] *v. tr. e intr.* to hammer.

mártir [mártir] *s. m. y f.* martyr.

martirio [martírjo] *s. m.* **1.** (muerte) martyrdom. **2.** *fig.* (sufrimiento) torment; ordeal.

martirizar [martiriθár] *v. tr.* **1.** to martyr. **2.** *fig.* (atormentar) to torment.

marzo [márθo] *s. m.* March.

mas [más] *conj. advers., form.* but.

más [más] *adj. indef. inv.* **1.** (comp.) more. **2.** (superl.) most. **3.** (después de pron. indef. o int.) else. || *Adv. c.* **4.** (comp.) more. **5.** (superl.) most. || *prep.* **6.** *Mat.* plus. || *s. m.* **7.** plus sign.

masa [mása] *s. f.* **1.** (conglomerado) mass. **2.** *Gastr.* dough.

masaje [masáχe] *s. m.* massage.

mascar [maskár] *v. tr.* **1.** to chew. **2.** *fig.* (mascullar) to mumble.

máscara [máskara] *s. f.* mask.

mascota [maskóta] *s. f.* **1.** (animal) pet. **2.** (amuleto) mascot.

masculino [maskulíno] *adj.* **1.** masculine. **2.** *Biol.* male. **3.** (varonil) manly.

mascullar [maskuʎár] *v. tr.* (farfullar) to mumble; to mutter.

masilla [masíʎa] *s. f.* putty.

máster [máster] *s. m.* master's degree.

masticar [mastikár] *v. tr.* (mascar) to chew; to masticate *frml.*

mástil [mástil] *s. m.* **1.** *Náut.* mast. **2.** (de guitarra) neck.

mastín [mastín] *s. m., Zool.* (raza de perro) mastiff.

mastodonte [mastodónte] *s. m.* **1.** (animal prehistórico) mastodon. **2.** *fig.* giant.

mata [máta] *s. f.* **1.** *Bot.* (arbusto) bush; shrub. **2.** (de hierba) tuft.

matadero [mataðéro] *s. m.* slaughterhouse *Am. E.;* abattoir *Br. E.*

matador [mataðór] *adj.* **1.** killing. || *s. m.* **2.** *Taur.* matador.

matamoscas [matamóskas] *s. m. inv.* **1.** (paleta) flyswatter. **2.** (spray) fly spray.

matar [matár] *v. tr.* **1.** (asesinar) to slaughter; to kill. **2.** (reses) to butcher.

matasellos [mataséʎos] *s. m. inv.* **1.** (instrumento) canceler. **2.** (marca) postmark.

mate [máte] *adj.* (sin brillo) mat; matt.

matemática [matemátika] *s. f.* mathematics; math *coll.*

materia [matérja] *s. f.* (sustancia) matter.

material [materjál] *adj.* **1.** material. ‖ *s. m.* **2.** *Econ.* material. **3.** *Tecnol.* equipment.

maternidad [materniðáð] *s. f.* maternity; motherhood.

materno, -na [matérno] *adj.* **1.** maternal. **2.** (lengua) mother.

matinal [matinál] *adj.* morning.

matiz [matíθ] *s. m.* **1.** (color) shade; hue. **2.** (rasgo) nuance.

matizar [matiθár] *v. tr.* **1.** *fig.* (puntualizar) to be more precise about. **2.** (dar color) to tinge.

matorral [matořál] *s. m.* (arbusto) thicket; brushwood.

matrícula [matríkula] *s. f.* **1.** (lista) roll; list. **2.** (registro) register. **3.** (inscripción) registration.

matricular [matrikulár] *v. tr.* **1.** to register; to enroll. ‖ **matricularse** *v. prnl.* **2.** to register.

matrimonio [matrimónjo] *s. m.* **1.** (institución) marriage; matrimony. **2.** (boda) wedding.

matriz [matríθ] *s. f., Anat.* (en hembras) womb; uterus.

maullido [mawʎíðo] *s. m.* miaow; mew.

máximo, -ma [máysimo] *adj.* **1.** maximum. **2.** (temperatura, velocidad) top.

mayo [májo] *s. m.* May.

mayonesa [majonésa] *s. f., Gastr.* (salsa) mayonnaise.

mayor [majór] *adj. compar.* **1.** greater. **2.** (ropa, ciudad) larger. **3.** (persona) older. **4.** (hermanos, hijos) elder.

mayordomo [majorðómo] *s. m.* (criado) butler.

mayoría [majoría] *s. f.* majority.

mayúsculo, -la [majúskulo] *adj.* **1.** (letra) capital. **2.** *fig.* tremendous.

maza [máθa] *s. f.* **1.** (arma) mace; pounder. **2.** *Mús.* drumstick.

mazapán [maθapán] *s. m., Gastr.* (dulce) marzipan.

mazo [máθo] *s. m.* **1.** (herramienta) mallet. **2.** (manojo) bunch.

mazorca [maθórka] *s. f., Agr.* (de maíz) cob; corncob.

me [mé] *pron. pers. 1ª sing.* **1.** (objeto) me. ‖ *pron. pers. refl.* **2.** myself.

mecánica [mekánika] *s. f.* **1.** (ciencia) mechanics *sing.* **2.** (mecanismo) mechanism.

mecanógrafo [mekanóɣrafo] *s. m. y f.* (dactilógrafo) typist.

mecedora [meθeðóra] *s. f.* rocking chair.

mecer [meθér] *v. tr.* **1.** to rock. **2.** (bebé) to dandle.

mecha [métʃa] *s. f.* **1.** (de vela) wick. **2.** (de explosivo) fuze.

mechero [metʃéro] *s. m.* **1.** lighter. **2.** (quemador) burner.

media¹ [méðja] *s. f.* (promedio) average; mean.

media² [méðja] *s. f.* **1.** (de media pierna) sock *Am. E.*; stocking.

mediano, -na [meðjáno] *adj.* medium.

medianoche [meðjanótʃe] *s. f.* midnight.

mediar [meðjár] *v. intr.* (interceder) to mediate; to intervene.

medicamento [meðikaménto] *s. m., Farm.* (fármaco) medicine.

medicina [meðiθína] *s. f.* (ciencia, medicamento) medicine.

médico, -ca [méðiko] *s. m. y f.* doctor; physician.

medida [meðíða] *s. f.* **1.** measure. **2.** (medición) measurement; measuring.

medio, -dia [méðjo] *adj. num.* **1.** (mitad) half. || *adj.* **2.** (detrás del s.) (promedio) average. || *s. m.* **3.** (centro) middle; center. **4.** (recurso) means. **5.** (entorno) environment.

mediocre [meðjókre] *adj.* (vulgar) mediocre.

mediodía [meðjoðía] *s. m.* **1.** midday; noon. **2.** (hora de comer) lunch time.

medir [meðír] *v. tr.* to measure.

meditar [meðitár] *v. tr. e intr.* (reflexionar) to meditate.

médula [méðula] *s. f., Anat.* (tuétano) marrow.

medusa [meðúsa] *s. f., Zool.* medusa; jellyfish.

megáfono [meɣáfono] *s. m.* **1.** megaphone. **2.** (altavoz) loudspeaker.

mejilla [meçíʎa] *s. f., Anat.* cheek.

mejillón [meçiʎón] *s. m., Zool.* mussel.

mejor [meçór] *adj. compar.* **1.** better. || *adj. sup.* **2.** best. || *adv. mod. compar.* **3.** better. || *adv. mod. sup.* **4.** best.

mejorar [meçorár] *v. tr.* to improve; to better.

melancolía [melaŋkolía] *s. f.* (nostalgia) melancholy.

melena [meléna] *s. f.* **1.** (de persona) long hair. **2.** (de león) mane.

mellizo, -za [meʎíθo] *adj. y s. m. y f.* (gemelo) twin.

melocotón [melokotón] *s. m., Bot.* (fruta) peach.

melodía [meloðía] *s. f.* melody.

melodrama [meloðráma] *s. m.* (drama) melodrama.

melón [melón] *s. m., Bot.* melon.

membrana [membrána] *s. f.* membrane.

membrillo [membríʎo] *s. m.* **1.** *Bot.* (árbol) quince tree. **2.** (fruta) quince.

memorable [memoráβle] *adj.* (inolvidable) memorable.

memoria [memórja] *s. f.* **1.** memory. **2.** (recuerdo) recollection. ‖ **memorias** *s. f. pl.* **4.** (biografía) memoirs.

menaje [menáχe] *s. m.* (muebles) furniture.

mencionar [menθjonár] *v. tr.* **1.** to mention. **2.** (como ejemplo) to instance.

mendigo [mendíγo] *s. m. y f.* (pordiosero) beggar; mendicant.

mendrugo [mendrúγo] *s. m.* (de pan) crust.

menear [meneár] *v. tr.* **1.** to move; to shake. **2.** (rabo) to wag.

menestra [menéstra] *s. f., Gastr.* vegetable stew.

menguar [meŋgwár] *v. tr.* **1.** (decrecer) to diminish. **2.** (en punto) to decrease.

menor [menór] *adj. compar.* **1.** (número) lesser. **2.** (más pequeño) smaller. **3.** (joven) younger. ‖ *adj. sup.* **4.** (número) least. **5.** (el más pequeño) smallest. **6.** (joven) youngest. ‖ *adj.* **7.** (inferior) minor. ‖ **~ de edad** minor.

menos [ménos] *adj. indef. inv.* **1.** (comp., sing.) less. **2.** (superl., sing.) least. **3.** (comp., pl.) fewer. ‖ *adv. c.* **4.** (comp.) less. **5.** (superl.) least. ‖ *prep.* **6.** but. **7.** *Mat.* minus. ‖ *s. m.* **8.** *Mat.* minus sign.

menospreciar [menospreθjár] *v. tr.* **1.** (subestimar) to underestimate; to undervalue. **2.** (despreciar) to despise; to scorn.

mensaje [mensáχe] *s. m.* (recado) message.

mensajero, -ra [mensaχéro] *s. m. y f.* messenger; courier.

menstruación [menstrwaθjón] *s. f.* (regla) menstruation.

mensual [menswál] *adj.* monthly.

mensualidad [menswaliðáð] *s. f.* **1.** (salario) monthly salary. **2.** (cuota) monthly payment.

menta [ménta] *s. f., Bot.* mint.

mentalidad [mentaliðáð] *s. f.* mentality.

mente [ménte] *s. f.* **1.** mind. **2.** (inteligencia) intelligence.

mentir [mentír] *v. intr.* to lie.

mentira [mentíra] *s. f.* lie.

mentiroso, -sa [mentiróso] *adj.* **1.** (embustero) lying. ‖ *s. m. y f.* **2.** liar.

menú [menú] *s. m., Gastr.* menu.

menudencia [menuðénθja] *s. f.* **1.** (pequeñez) smallness. **2.** (nimiedad) trifle.

meñique [meɲíke] *s. m., Anat.* (dedo) little finger.

meollo [meóʎo] *s. m.* **1.** *Anat.* (seso) brains *pl.* **2.** *Anat.* (médula) marrow. **3.** *fig.* (quid) essence.

mercadillo [merkaðíʎo] *s. m.* (rastro) street market.

mercado [merkáðo] *s. m.* market; mart.

mercancía [merkaɲθía] *s. f.* commodity.

mercantil [merkantíl] *adj.* (comercial) mercantile; commercial.

mercería [merθería] *s. f.* notions store *Am. E.*; haberdashery *Br. E.*

merecer [mereθér] *v. tr.* **1.** to deserve; to merit. || *v. intr.* **2.** to be worth.

merendar [merendár] *v. intr.* to have an afternoon snack.

merengue [meréŋge] *s. m., Gastr.* (dulce) meringue.

meridional [meriðjonál] *adj.* **1.** *Geogr.* southern; meridional. || *s. m. y f.* **2.** southerner.

merienda [merjénda] *s. f.* **1.** afternoon snack; tea. **2.** (en el campo) picnic.

mérito [mérito] *s. m.* **1.** merit. **2.** (valor) worth; value.

merluza [merlúθa] *s. f., Zool.* (pescado) hake.

mermar [mermár] *v. tr.* **1.** to decrease. || *v. intr.* **2.** (menguar) to decrease; to diminish.

mermelada [mermeláða] *s. f.* jam. || **~ de naranja** marmalade.

mero [méro] *s. m., Zool.* grouper.

merodear [meroðeár] *v. intr.* (deambular) to prowl.

mes [més] *s. m.* month.

mesa [mésa] *s. f.* **1.** table. **2.** (de trabajo) desk.

mesero [meséro] *s. m., Amér.* (camarero) waiter.

meseta [meséta] *s. f.* **1.** *Geogr.* plateau. **2.** *Arqueol.* landing.

mesón [mesón] *s. m.* old-style restaurant.

mestizo, -za [mestíθo] *adj.* **1.** of mixed race. || *s. m. y f.* **2.** half-breed; mestizo.

meta [méta] *s. f.* **1.** (en una carrera) finish. **2.** *fig.* (objetivo) purpose; objective.

metabolismo [metaβolísmo] *s. m., Med.* metabolism.

metáfora [metáfora] *s. f., Lit.* metaphor.

metal [metál] *s. m.* metal.

metálico [metáliko] *s. m.* (dinero) cash.

meteorología [meteoroloxía] *s. f.* meteorology.

meter [metér] *v. tr.* **1.** (colocar) to place. **2.** (introducir) to introduce. **3.** (causar) to make.

meticuloso [metikulóso] *adj.* (minucioso) meticulous; precise.

método [métoðo] *s. m.* **1.** (procedimiento) method. **2.** (sistema) system.

metro¹ [métro] *s. m.* (medida) meter.

metro² [métro] *s. m., fam.* subway *Am. E.*; underground *Br. E.*

metrobús [metroβús] *s. m.* 10-journey metro and bus ticket.

mezcla [méθkla] *s. f.* (agregado) mix; mixture; blend.

mezclar [meθklár] *v. tr.* **1.** (unir) to mix; to blend. **2.** (desordenar, involucrar) to mix up.

mezquino, -na [meθkíno] *adj.* **1.** (avaro) mean; niggard. **2.** (vil) vile; miserly.

mi [mí] *adj. pos. 1ª sing.* my.

mí [mí] *pron. pers. prep. 1ª sing.* me; myself.

microbio [mikróβjo] *s. m., Biol.* (microorganismo) microbe.

micrófono [mikrófono] *s. m.* microphone; mic *coll.*

microondas [mikroóndas] *s. m.* microwave; microwave oven.

microscopio [mikroskópjo] *s. m.* microscope.

miedo [mjéðo] *s. m.* fear; fright.

miedoso, -sa [mjeðóso] *adj.* **1.** fearful. ‖ *s. m. y f.* **2.** (cobarde) coward.

miel [mjél] *s. f.* honey.

miembro [mjémbro] *s. m.* **1.** *Anat.* limb. **2.** (socio) member.

mientras [mjéntras] *conj. t.* **1.** while. **2.** (+ subj.) as long as.

miércoles [mjérkoles] *s. m.* Wednesday.

mierda [mjérða] *s. f.* **1.** *vulg.* (excremento) shit. **2.** *vulg.* (suciedad) crap.

miga [míya] *s. f.* **1.** (de pan) crumb. **2.** (trocito) bit. **3.** *fig.* (meollo) essence.

mil [míl] *adj. num. card. inv.* (también pron. num.) **1.** thousand. ‖ *adj. num. ord. inv.* (también pron. num.) **2.** thousandth. ‖ *s. m.* **3.** thousand.

milagro [miláɣro] *s. m.* miracle.

milenario, -ria [milenárjo] *adj.* thousand-year-old; millenarian.

milenio [milénjo] *s. m.* millennium.

mili [míli] *s. f., fam.* (servicio militar) military service.

milicia [milíθja] *s. f.* militia.

miligramo [miliɣrámo] *s. m.* (medida de peso) milligram.

mililitro [mililítro] *s. m.* (medida de capacidad) milliliter.

milímetro [milímetro] *s. m.* (medida de longitud) millimeter.

militar [militár] *adj.* **1.** military. ‖ *s. m. y f.* **2.** (oficial) soldier.

milla [míʎa] *s. f.* (medida) mile.

millar [miʎár] *s. m.* thousand.

millón [miʎón] *s. m.* **1.** *Mat.* million. **2.** (se usa más en pl.) (número indet.) million.

mimar [mimár] *v. tr.* **1.** (persona) to spoil; to pamper. **2.** (animal) to pet.

mímica [mímika] *s. f.* mime.

mimo¹ [mímo] *s. m. y f., Teatr.* mime.

mimo² [mímo] *s. m.* **1.** (caricia) caress. **2.** (condescendencia) pampering.

mina [mína] *s. f.* **1.** *Miner.* mine. **2.** (de lápiz) lead.

mineral [minerál] *adj.* **1.** mineral. || *s. m.* **2.** (sustancia) mineral.

minería [minería] *s. f.* **1.** mining industry. **2.** *Miner.* mining.

miniatura [minjatúra] *s. f.* miniature.

minifalda [minifálda] *s. f.* (prenda para mujer) miniskirt; mini *fam.*

mínimo [mínimo] *adj.* **1.** *Mat.* minimum. **2.** (muy pequeño) tiny; minute. || *s. m.* **3.** minimum.

ministerio [ministérjo] *s. m.*, *Polít.* department *Am. E.;* ministry *Br. E.*

ministro, -tra [minístro] *s. m. y f.*, *Polít.* secretary *Am. E.;* minister.

minoría [minoría] *s. f.* minority.

minucioso [minuθjóso] *adj.* (meticuloso) meticulous; close.

minúsculo, -la [minúskulo] *adj.* (pequeño) minuscule; small.

minusválido, -da [minusβálido] *adj.* **1.** *Med.* disabled; handicapped. || *s. m. y f.* **2.** *Med.* (discapacitado) handicapped person; disabled person.

minutero [minutéro] *s. m.* minute hand.

minuto [minúto] *s. m.* minute.

mío, -a [mío] *adj. pos. 1ª sing.* **1.** (detrás del s.) my; of mine. || *pron. pos.* **2.** mine.

miopía [mjopía] *s. f., Med.* myopia.

mirada [miráða] *s. f.* **1.** look. **2.** (rápida) glance. **3.** (fija) stare.

mirador [miráðór] *s. m.* (galería) viewpoint.

miramiento [miramjénto] *s. m.* **1.** (cautela) caution. **2.** (consideración) consideration.

mirar [mirár] *v. tr.* **1.** to look at; to view. **2.** (observar) to watch. **3.** (fijamente) to gaze.

mirlo [mírlo] *s. m., Zool.* (pájaro) blackbird.

misa [mísa] *s. f., Rel.* mass.

miserable [miséráβle] *adj.* **1.** (pobre) wretched; poor; miserable. **2.** (avaro) mean. **3.** (perverso) wicked; vile. || *s. m. y f.* **4.** (perverso) wretch.

miseria [misérja] *s. f.* **1.** (desgracia) misery. **2.** (pobreza) poverty.

misión [misjón] *s. f.* mission.

mismo, -ma [mísmo] *adj.* **1.** (igual) same. **2.** (con énfasis) very; actual. || *pron. indef.* **3.** same.

miss [mís] *s. f.* miss.

míster [míster] *s. m.* (concurso de belleza masculino) mister.

misterio [mistérjo] *s. m.* (incógnita) mystery.

misterioso, -sa [misterjóso] *adj.* (oculto) mysterious.

mitad [mitáð] *s. f.* **1.** (una parte) half. **2.** (el centro) middle. ‖ ~ **y** ~ half and half.

mitigar [mitivár] *v. tr.* **1.** *form.* to mitigate; to palliate. **2.** (dolor) to relieve. **3.** (soledad) to alleviate.

mito [míto] *s. m.* myth.

mitología [mitoloχía] *s. f.* mythology.

mixto [míksto] *adj.* mixed.

mobiliario [moβiljárjo] *s. m.* furniture.

mochila [motʃila] *s. f.* backpack *Am. E.;* rucksack *Br. E.*

moco [móko] *s. m.* **1.** mucus. **2.** (de una vela) drippings *pl.*

moda [móða] *s. f.* fashion; vogue.

modelar [moðelár] *v. tr.* **1.** to model. **2.** (dar forma) to shape.

modelo [moðélo] *adj.* **1.** model. ‖ *s. m.* **2.** (ejemplo) model. **3.** (patrón) pattern.

moderar [moðerár] *v. tr.* **1.** to moderate. **2.** (atenuar) to temper.

modernizar [moðerniθár] *v. tr.* **1.** (actualizar) to modernize. ‖ **modernizarse** *v. prnl.* **2.** to modernize.

moderno, -na [moðérno] *adj.* **1.** modern. **2.** (a la moda) fashionable.

modestia [moðéstja] *s. f.* (sencillez) modesty.

modesto [moðésto] *adj.* **1.** modest. **2.** (humilde) humble.

módico, -ca [móðiko] *adj.* (moderado) reasonable; moderate.

modificar [moðifikár] *v. tr.* (corregir) to modify; to alter.

mofa [mófa] *s. f.* mockery.

mofeta [moféta] *s. f., Zool.* skunk.

moflete [mofléte] *s. m., Anat.* (mejilla) chubby cheek.

mogollón [movoλón] *s. m., fam.* loads; thousands.

mohín [moín] *s. m.* pout.

moho [móo] *s. m.* **1.** *Bot.* (en fruta, pan) mold; mildew. **2.** (en metal) rust.

mojar [moχár] *v. tr.* **1.** to wet. **2.** (empapar) to drench. **3.** (humedecer) to moisten.

molar [molár] *v. intr., jerg.* (gustar) to dig.

molde [mólde] *s. m.* **1.** mold. **2.** *Tecnol.* cast. **3.** *fig.* (modelo) model.

moldear [moldeár] *v. tr.* to mold.

mole [móle] *s. f.* (bulto grande) mass; bulk; fat lump.

molécula [molékula] *s. f., Biol.* molecule.

moler [molér] *v. tr.* **1.** to grind; to mill. **2.** (machacar) to pound.

molestar [molestár] *v. tr.* **1.** to disturb; to bother; to annoy. **2.** (causar molestias) to inconvenience.

molestia [moléstja] *s. f.* **1.** bother; nuisance. **2.** (fastidio) annoyance. **3.** *Med.* discomfort.

molesto, -ta [molésto] *adj.* **1.** (enfadado) annoyed; bothered. **2.** (fastidioso) annoying. **3.** (incómodo) inconvenient.

molinillo [moliníʎo] *s. m.* (de café) mill; grinder.

molino [molíno] *s. m.* mill.

molusco [molúsko] *s. m., Zool.* (almeja, mejillón) mollusk *Am. E.*

momentáneo, -nea [momentáneo] *adj.* (temporal) momentary.

momento [moménto] *s. m.* moment. ‖ **a cada ~** at every moment. **al ~** at once.

momia [mómja] *s. f.* mummy.

mona [móna] *s. f., Zool.* (hembra) monkey.

monada [monáða] *s. f.* **1.** *col.* lovely person; gorgeous person. **2.** (cosas) gorgeous thing; beautiful thing.

monasterio [monastérjo] *s. m., Rel.* (convento) monastery.

monda [mónda] *s. f.* (piel) peel.

mondar [mondár] *v. tr.* **1.** (pelar fruta) to peel. **2.** (frutos secos) to shell. **3.** (limpiar) to clean.

moneda [monéða] *s. f.* **1.** (pieza) coin. **2.** *Econ.* (unidad monetaria) currency; money.

monedero [monéðéro] *s. m.* (cartera) purse.

monigote [moniɣóte] *s. m.* **1.** *fig. y fam.* paper doll. **2.** (pelele) puppet; fool.

monitor, -ra [monitór] *s. m. y f.* **1.** instructor; coach. **2.** (campamento) monitor. **3.** (aparato) monitor.

monja [mónxa] *s. f., Rel.* nun; sister.

monje [mónxe] *s. m., Rel.* monk.

mono, -na [móno] *adj.* **1.** *fam.* cute; nice. ‖ *s. m. y f.* **2.** *Zool.* monkey; ape.

monólogo [monóloɣo] *s. m.* monolog.

monopatín [monopatín] *s. m.* (para jugar) skateboard.

monopolio [monopóljo] *s. m.* (monopolización) monopoly.

monosílabo, -ba [monosílaβo] *adj.* **1.** *Ling.* monosyllabic. ‖ *s. m.* **2.** *Ling.* monosyllable.

monotonía [monotonía] *s. f.* **1.** (de un sonido) monotone. **2.** *fig.* (rutina) monotony.

monótono, -na [monótono] *adj.* (aburrido) monotonous.

monstruo [mónstrwo] *s. m.* **1.** monster. **2.** *fig.* (fenómeno) genius.

monstruoso, -sa [monstruóso]
adj. **1.** monstrous. **2.** (enorme)
huge.

montacargas [montakárɣas]
s. m. inv. freight elevator *Am.
E.*; service lift *Br. E.*

montaje [montáxe] *s. m.* **1.** assembly. **2.** *Cinem.* montage.
3. (engarce) mount.

montaña [montána] *s. f.*, *Geogr.*
mountain.

montañero, -ra [montanéro]
s. m. y f. mountaineer.

montañismo [montanísmo] *s. m.*
mountaineering; mountain climbing.

montañoso, -sa [montanóso]
adj. (rocoso) mountainous;
mountain.

montar [montár] *v. tr.* **1.** to
mount. **2.** (cabalgar) to ride. ‖
v. intr. **3.** (en un animal) to ride.

monte [mónte] *s. m.*, *Geogr.*
(montaña) mountain; mount *lit.*

montículo [montíkulo] *s. m.*,
Geogr. (loma) hillock; mound.

montón [montón] *s. m.* **1.** (pila)
pile; heap. **2.** (de gente) crowd.

monumental [monumentál]
adj. **1.** monumental. **2.** *fig.*
enormous; huge.

monumento [monuménto] *s. m.*
monument.

moño [móno] *s. m.* (peinado)
bun; topknot.

moqueta [mokéta] *s. f.* fitted
carpet.

mora [móra] *s. f.* **1.** *Bot.* (zarzamora) blackberry. **2.** *Bot.* (del
moral) mulberry.

morado, -da [moráðo] *adj.* (color) purple.

moral [morál] *adj.* **1.** moral.
‖ *s. f.* **2.** (ánimo) morale. **3.** (ética) ethics *pl.*

moraleja [moraléxa] *s. f.* (enseñanza) moral.

morar [morár] *v. intr.*, *form.* (vivir) to dwell.

morcilla [morθíλa] *s. f.*, *Gastr.*
blood sausage *Am. E.*; black
pudding *Br. E.*

mordaz [morðáθ] *adj.* **1.** mor-
dant. **2.** *fig.* (crítica) biting; sar-
castic. **3.** *fig.* (comentario) acid.

mordaza [morðáθa] *s. f.* (en la
boca) gag.

morder [morðér] *v. tr.* **1.** to bite. **2.** (mordisquear) to nibble.
‖ *v. intr.* **3.** to bite.

mordisco [morðísko] *s. m.* bite;
nibble.

moreno, -na [moréno] *adj.*
1. (color) brown. **2.** (pelo, tez)
dark. **3.** (bronceado) suntanned.

moribundo, -da [moriβúndo]
adj. **1.** dying; moribund *frml.*
‖ *s. m. y f.* **2.** dying person.

morir [morír] *v. intr.* **1.** to die.
2. *fig.* (acabar) to end up.

moroso, -sa [moróso] *adj.*
1. (holgazán) slow. ‖ *s. m. y f.*
2. (deudor) debtor.

morriña [moríɲa] *s. f., fam.*
(añoranza) homesickness.

morro [móro] *s. m., Zool.* (hocico) snout; nose.

morsa [mórsa] *s. f., Zool.* walrus.

mortadela [mortaðéla] *s. f.,*
Gastr. (fiambre) mortadella.

mortaja [mortáxa] *s. f., Rel.* (sudario) shroud.

mortal [mortál] *adj.* **1.** mortal.
2. (letal) fatal; deadly. ‖ *s. m. y*
f. **3.** mortal.

mortalidad [mortaliðáð] *s. f.*
mortality.

mortandad [mortandáð] *s. f.*
1. (mortalidad) mortality. **2.**
(matanza) carnage.

mortero [mortéro] *s. m.* mortar.

mortificar [mortifikár] *v. tr.*
1. to mortify. ‖ **mortificarse**
v. prnl. **2.** to mortify.

mortuorio, -ria [mortwórjo]
adj. (fúnebre) mortuary.

mosca [móska] *s. f., Zool.* fly.

moscatel [moskatél] *adj. y s. m.*
(uva y vino) muscatel.

mosquitero [moskitéro] *s. m.*
mosquito net.

mosquito [moskíto] *s. m., Zool.*
gnat; mosquito.

mostaza [mostáθa] *s. f., Gastr. y*
Bot. mustard.

mosto [mósto] *s. m.* grape-juice.

mostrador, -ra [mostraðór]
s. m. **1.** (de una tienda) counter.
2. (de un bar) bar.

mostrar [mostrár] *v. tr.* **1.** to
show. **2.** (exponer) to display;
to exhibit.

mote [móte] *s. m.* (apodo) nickname.

motel [motél] *s. m.* motel.

motín [motín] *s. m.* **1.** *Mil.* (de
tropas) mutiny. **2.** (disturbio)
riot; rebellion.

motivar [motiβár] *v. tr.* (causar)
to motivate; to cause.

motivo [motíβo] *s. m.* **1.** motive;
reason. **2.** (arte) motif. **3.** (tema) theme; subject.

moto [móto] *s. f., Autom.* motorcycle.

motocicleta [motoθikléta] *s. f.,*
Autom. motorcycle.

motocross [motokrós] *s. m.,*
Dep. motocross.

motor [motór] *adj.* **1.** motor.
‖ *s. m.* **2.** motor; engine.

mover [moβér] *v. tr.* **1.** to move.
2. (cambiar de lugar) to shift.

móvil [móβil] *adj.* **1.** mobile.
2. (mueble) movable. ‖ *s. m.*
3. (motivo) motive.

movilizar [moβiliθár] *v. tr.* (tropas) to mobilize.

movimiento [moβimjénto] *s. m.*
1. movement. **2.** *Tecnol.* motion.

mozo, -za [móθo] *adj.* **1.** (joven) young. **2.** (soltero) single. ‖ *s. m.* **3.** lad.

muchacho [mutʃátʃo] *s. m.* **1.** (chico) boy; lad *Br. E.* ‖ **muchacha** *s. f.* **2.** (chica) girl; lass.

muchedumbre [mutʃeðúmbre] *s. f.* crowd; multitude *lit.*

mucho, -cha [mútʃo] *adj. indef.* **1.** a lot of; much (uncount. n.); many (count. n.). ‖ *pron. indef.* **2.** a lot; much (cont. n.); many (count. n.). ‖ *adv. c.* **3.** a lot; much.

mucosidad [mukosiðáð] *s. f.* (moco) mucosity; mucus.

mudanza [muðánθa] *s. f.* **1.** (cambio) change. **2.** (de casa) removal; move.

mudar [muðár] *v. tr.* **1.** (cambiar) to change. **2.** (trasladar) to move. ‖ **mudarse** *v. prnl.* **3.** (de casa) to move.

mudo [múðo] *adj.* **1.** dumb. **2.** *fig.* (callado) speechless.

mueble [mwéβle] *adj.* **1.** movable. ‖ *s. m.* **2.** piece of furniture.

mueca [mwéka] *s. f.* face.

muela [mwéla] *s. f.* **1.** (diente) tooth. **2.** (de atrás) back tooth.

muelle¹ [mwéʎe] *s. m.* (resorte) spring.

muelle² [mwéʎe] *s. m.* **1.** (embarcadero) pier; wharf. **2.** (andén del tren) train platform.

muerte [mwérte] *s. f.* **1.** death. **2.** (homicidio) murder.

muerto, -ta [mwérto] *adj.* **1.** dead. ‖ *s. m. y f.* **2.** (difunto) dead person.

muesca [mwéska] *s. f.* **1.** (grieta) nick; notch. **2.** (para encajar) slot; groove.

muestra [mwéstra] *s. f.* **1.** sample. **2.** (modelo) model. **3.** (señal) sign.

muestrario [mwestrárjo] *s. m.* (catálogo) collection of samples.

mugido [muχíðo] *s. m.* **1.** (de vaca) moo. **2.** (de toro) bellow.

mugir [muχír] *v. intr.* **1.** *Zool.* (vaca) to moo; to low. **2.** *Zool.* (toro) to bellow.

mugre [múγre] *s. f.* dirt; filth.

mujer [muχér] *s. f.* **1.** woman. **2.** (esposa) wife.

mula [múla] *s. f.*, *Zool.* mule; hinny.

mulato, -ta [muláto] *adj. y s. m. y f.* (de raza blanca y negra) mulatto.

muleta [muléta] *s. f.* **1.** (apoyo, bastón) crutch. **2.** *Taur.* muleta; red cloth.

mullido, -da [muʎíðo] *adj.* (esponjado) soft; springy.

multa [múlta] *s. f.* fine; forfeit.

multar [multár] *v. tr.* to fine.

multicolor [multikolór] *adj.* (colorido) multicolored.

multicopista [multikopísta] *adj.
y s. f.* (copiadora) duplicator.

multiforme [multifórme] *adj.*
(varias formas) multiform.

múltiple [múltiple] *adj.* (varia-
do) multiple.

multiplicación [multiplikaθjón]
s. f., Mat. multiplication.

multiplicar [multiplikár] *v. tr.
e intr.* **1.** *Mat.* to multiply.
|| **multiplicarse** *v. prnl.* **2.** (pro-
crearse) to multiply.

múltiplo [múltiplo] *s. m., Mat.*
multiple.

multitud [multitúð] *s. f.* **1.** (de
personas) crowd; horde. **2.** (de
cosas) multitude.

mundial [mundjál] *adj.* **1.** (uni-
versal) world; worldwide. || *s.
m.* **2.** *Dep.* world championship.

mundo [múndo] *s. m.* **1.** world.
2. (tierra) earth.

munición [muniθjón] *s. f., Mil.*
ammunition; munitions *pl.*

municipio [muniθípjo] *s. m.*
1. (territorio administrativo)
municipality. **2.** (ayuntamiento)
town council.

muñeca [muɲéka] *s. f.* **1.** *Anat.*
wrist. **2.** (juego) doll.

muñeco, -ca [muɲéko] *s. m.* (juguete) doll.

muralla [muráʎa] *s. f.* wall.

murciélago [murθjélaɣo] *s. m.,
Zool.* bat.

murmullo [murmúʎo] *s. m.*
1. murmur. **2.** (susurro) whisper.

murmurar [murmurár] *v. intr.*
1. to murmur. **2.** (susurrar) to
whisper.

muro [múro] *s. m.* wall.

musa [músa] *s. f.* **1.** *Mit.* Muse.
2. *Lit.* (inspiración) muse.

músculo [múskulo] *s. m., Anat.*
muscle.

museo [muséo] *s. m.* museum.

musgo [músɣo] *s. m., Bot.* moss.

música [músika] *s. f.* music.

músico [músiko] *adj.* **1.** musical.
|| *s. m. y f.* **2.** musician.

musitar [musitár] *v. intr.* (mascullar) to whisper.

muslo [múslo] *s. m., Anat.* thigh.

mustio, -a [mústjo] *adj.* faded.

musulmán, -na [musulmán]
adj. y s. m. y f., Rel. Muslim;
Moslem.

mutuo, -tua [mútwo] *adj.* (recíproco) mutual.

muy [mwí] *adv. intens.* very.

n [éne] *s. f.* (letra) n.

nácar [nákar] *s. m.* nacre.

nacer [naθér] *v. intr.* **1.** (persona) to be born. **2.** (río) to rise.

nacimiento [naθimjénto] *s. m.* **1.** birth. **2.** *fig.* (procedencia) origin; beginning.

nación [naθjón] *s. f.* **1.** nation. **2.** (país, estado) country.

nacional [naθjonál] *adj.* **1.** national. **2.** *Econ.* domestic. ‖ *s. m. y f.* **3.** national.

nacionalidad [naθjonaliðáð] *s. f.* (ciudadanía) nationality.

nada [náða] *s. f.* **1.** nothingness. ‖ *pron. indef.* **2.** nothing (en or. afirmativas); anything (en or. negativas o interrogativas); none. ‖ *adv. neg.* **3.** not at all.

nadar [naðár] *v. intr.* **1.** *Dep.* to swim. **2.** (flotar) to float.

nadie [náðje] *pron. indef.* **1.** (en or. afirmativas) nobody; no one. **2.** (en or. negativas) anyone.

naipe [nájpe] *s. m.* playing card.

nalga [nálɣa] *s. f.* **1.** *Anat.* buttock. ‖ **nalgas** *s. f. pl.* **2.** *Anat.* buttocks; bottom.

nana [nána] *s. f.* lullaby.

napolitana [napolitána] *s. f., Gastr.* (dulce) pastry filled with chocolate.

naranja [naránχa] *s. f.* **1.** *Bot.* (fruta) orange. ‖ *adj. y s. m.* **2.** (color) orange.

naranjo [naránχo] *s. m., Bot.* (árbol) orange tree.

narciso [narθíso] *s. m., Bot.* (flor) narcissus; daffodil.

narcótico, -ca [narkótiko] *adj. y s. m., Med.* (sedante) narcotic.

narcotráfico [narkotráfiko] *s. m.* drug trafficking.

nariz [naríθ] *s. f., Anat.* nose.

narrar [nařár] *v. tr.* to narrate.

narrativa [nařatíβa] *s. f., Lit.* (novela) narrative.

nata [náta] *s. f.* **1.** (de leche hervida) skin. **2.** (crema) cream.

natación [nataθjón] *s. f., Dep.* swimming.

natal [natál] *adj.* **1.** natal. **2.** (país) native.

natillas [natíʎas] *s. f. pl., Gastr.* (postre) custard *sing.*

nativo, -va [natíβo] *adj. y s. m. y f.* (aborigen) native.

natural [naturál] *adj.* **1.** natural. **2.** (sin elaboración) plain. **3.** (espontáneo) unaffected.

naturaleza [naturaléθa] *s. f.* **1.** nature. **2.** (modo de ser) disposition.

naturalidad [naturaliðáð] *s. f.* (sencillez) naturalness.

naufragar [nawfraɣár] *v. intr.* **1.** to cast away. **2.** (barco) to be wrecked. **3.** (persona) to be shipwrecked.

naufragio [nawfráxjo] *s. m.*, *Náut.* (hundimiento) shipwreck.

náusea [náwsea] *s. f.*, *Med.* (arcada) nausea; sickness.

náutico, -a [náwtiko] *adj.* **1.** nautical. || **náutica** *s. f.* **2.** navigation; seaman-ship.

navaja [naβáxa] *s. f.* (cuchillo) penknife; jackknife.

nave [náβe] *s. f.* **1.** *Náut.* ship. **2.** *Arq.* (de una iglesia) nave.

navegar [naβexár] *v. intr.* **1.** to navigate. **2.** *Náut.* (por mar) to sail. **3.** (en internet) to surf.

Navidad [naβiðáð] *s. f.* **1.** Christmas. || **Navidades** *s. f. pl.* **2.** Christmas time.

navío [naβío] *s. m.*, *Náut.* ship; vessel.

necedad [neθeðáð] *s. f.* **1.** (cualidad) foolishness. **2.** (estupidez) nonsense.

necesario [neθesárjo] *adj.* **1.** necessary. **2.** (inevitable) inevitable.

neceser [neθesér] *s. m.* **1.** (de aseo) toilet case; sponge case. **2.** (más grande) dressing case.

necesidad [neθesiðáð] *s. f.* **1.** necessity. **2.** (pobreza) want.

necesitado, -da [neθesitáðo] *adj.* **1.** (pobre) needy; poor. || *s. m. y f.* **2.** needy person.

necesitar [neθesitár] *v. tr.* **1.** to need. **2.** (carecer) to lack.

necio, -cia [néθjo] *adj.* **1.** (tonto) stupid; foolish. **2.** (terco) stubborn. || *s. m. y f.* **3.** idiot; fool. **4.** (terco) blockhead.

nécora [nékora] *s. f.*, *Zool.* (crustáceo) small edible sea crab.

néctar [nektár] *s. m.* nectar.

nectarina [nektarína] *s. f.*, *Bot.* (fruta) nectarine.

negación [neɣaθjón] *s. f.* negation; denial.

negar [neɣár] *v. tr.* **1.** to deny. **2.** (denegar) to refuse; to deny. **3.** (prohibir) to prohibit.

negativa [neɣatíβa] *s. f.* **1.** negative. **2.** (a una pregunta, acusación) denial.

negociar [neɣoθjár] *v. tr. e intr.* **1.** to negotiate. || *v. intr.* **2.** *Econ.* (comerciar) to trade; to deal.

negocio [neɣóθjo] *s. m.* business.

negro, -gra [néɣro] *adj.* **1.** black. **2.** (de color más oscuro) dark. || *s. m.* **3.** (color) black. || *s. m. y f.* **4.** (raza) black.

nene, -na [néne] *s. m. y f.* **1.** baby; child. || **nena** *s. f.* **2.** *fam.* (chica joven) babe.

nervio [nérβjo] *s. m.* **1.** *Anat.* nerve. **2.** *Anat.* (tendón) tendon. **3.** *fig.* (fuerza) vigor; strength.

nervioso, -sa [nerβjóso] *adj.* (inquieto) nervous.

neumonía [newmonía] *s. f.*, *Med.* (pulmonía) pneumonia.

neutral [newtrál] *adj.* neutral.

neutro, -tra [néwtro] *adj.*
1. *Ling.* y *Biol.* neuter. **2.** (imparcial, color) neutral.

nevada [neβáða] *s. f.* snowfall.

nevar [neβár] *v. intr.* to snow.

nevera [neβéra] *s. f.* (frigorífico) ice-box *Am. E.;* refrigerator.

nexo [néɣso] *s. m.* **1.** (enlace) link. **2.** *Ling.* connective.

ni [ní] *conj. copul.* or.

nicho [nítʃo] *s. m.* **1.** (hornacina) niche. **2.** (hueco) recess.

nido [níðo] *s. m.* nest.

niebla [njéβla] *s. f., Meteor.* fog.

nieto [njéto] *s. m.* **1.** grandson. || **nieta** *s. f.* **2.** granddaughter. || **nietos** *s. m. y pl.* **3.** grandchildren.

nieve [njéβe] *s. f., Meteor.* snow.

ningún [niŋgún] *adj. indef.* no.

ninguno, -na [niŋgúno] *adj. indef.* **1.** (en frases negativas) any. **2.** (en frases afirmativas) no. || *pron. indef.* **3.** (de dos) neither. **4.** (de más) none. **5.** (en frases negativas) any.

niñera [niɲéra] *s. f.* (tata) nursemaid *Am. E.;* nanny.

niñez [niɲéθ] *s. f.* childhood.

niño, -ña [níɲo] *s. m. y f.* **1.** child. || *s. m.* **2.** boy. || **niña** *s. f.* **3.** girl. || **niños** *s. m. pl.* **4.** children *pl.*

niqui [níki] *s. m.* polo shirt.

nivel [niβél] *s. m.* **1.** (altura) level. **2.** (categoría) standard.

no [nó](pl.: noes) *s. m.* **1.** (respuesta) no. **2.** (voto) no. || *adv. neg.* **3.** (modificando verbos, adverbios,...) not. **4.** (en respuestas) no. **5.** no (+ comp.).

noble [nóβle] *adj.* **1.** noble. || *s. m.* **2.** nobleman. || *s. f.* **3.** noblewoman.

nobleza [noβléθa] *s. f.* nobility.

noche [nótʃe] *s. f.* night.

Nochebuena [notʃeβwéna] *s. f.* (24 de diciembre) Christmas Eve.

Nochevieja [notʃeβjéxa] *s. f.* (31 de diciembre) New Year's Eve.

noción [noθjón] *s. f.* **1.** notion. || **nociones** *s. f. pl.* **2.** (conocimientos) basic knowledge.

nocivo, -va [noθíβo] *adj.* (perjudicial) harmful; noxious.

nogal [noɣál] *s. m.* **1.** *Bot.* (árbol) walnut-tree. **2.** (madera) walnut.

nómada [nómaða] *adj.* **1.** (errante) nomadic. || *s. m. y f.* **2.** nomad.

nombrar [nombrár] *v. tr.* **1.** to name. **2.** (mencionar) to mention. **3.** (para un cargo) to appoint.

nombre [nómbre] *s. m.* **1.** name. **2.** (fama) reputation.

nómina [nómina] *s. f.* **1.** (plantilla de empleados) pay roll. **2.** (recibo de pago) payslip. **3.** (paga) wages.

nominativo, -va [nominatíβo] *s. m., Ling.* nominative.

non [nón] *adj.* **1.** (número) odd. ‖ *s. m.*, **2.** *Mat.* odd number.

nordeste [nordéste] *s. m., Geogr.* northeast.

noria [nórja] *s. f.* **1.** (para sacar agua) waterwheel; noria. **2.** (para divertirse) ferris wheel *Am. E.*

norma [nórma] *s. f.* norm; rule.

normal [normál] *adj.* **1.** normal. **2.** (habitual) natural.

noroeste [noroéste] *s. m., Geogr.* northwest.

norte [nórte] *adj.* **1.** northern. ‖ *s. m.* **2.** *Geogr.* north. ‖ **al ~** *Geogr.* north.

norteamericano, -na [norteamerikáno] *adj. y s. m. y f.* (North) American.

nos [nós] *pron. pers. 1ª pl.* **1.** (objeto) us. ‖ *pron. pers. recípr.* **2.** each other. ‖ *pron. pers. refl.* **3.** ourselves.

nosotros, -tras [nosótros] *pron. pers. nomin. 1ª pl.* **1.** we. ‖ *pron. pers. prep.* **2.** us. ‖ **~ mismos** ourselves.

nostalgia [nostálχja] *s. f.* **1.** nostalgia. **2.** (morriña) homesickness.

nota [nóta] *s. f.* **1.** (anotación) note. **2.** (calificación) grade *Am. E.*; mark *Br. E.*

notable [notáβle] *adj.* **1.** notable; noteworthy. **2.** (considerable) considerable.

notar [notár] *v. tr.* to notice.

notario [notárjo] *s. m.* notary.

noticia [notíθja] *s. f.* **1.** news *sing.* ‖ **noticias** *s. f. pl.* **2.** (noticiario) news; tidings.

notificación [notifikaθjón] *s. f., form.* (aviso) advice; notification *frml.*

notificar [notifikár] *v. tr.* (comunicar) to notify; to advise.

novatada [noβatáδa] *s. f.* (broma) practical joke.

novato, -ta [noβáto] *adj.* **1.** inexperienced; raw. ‖ *s. m. y f.* **2.** (principiante) beginner; novice.

novecientos, -tas [noβeθjéntos] *adj. num. card.* (también pron. num. y s. m.) nine hundred.

novedad [noβeδáδ] *s. f.* **1.** (cosa nueva) novelty. **2.** (cualidad) newness. ‖ **novedades** *s. f. pl.* **3.** (noticias) news.

novedoso, -sa [noβeδóso] *adj.* (original) novel; innovative.

novela [noβéla] *s. f., Lit.* novel.

novelista [noβelísta] *s. m. y f.* novelist.

noveno [noβéno] *adj. num. ord.* (también pron. num.) **1.** ninth; nine. ‖ *adj. num. fracc.* (también s. m. y f.) **2.** ninth.

noventa [noβénta] *adj. num. card. inv.* (también pron. num. y s. m.) **1.** ninety. || *adj. num. ord. inv.* **2.** ninetieth; ninety.

noviazgo [noβjáθro] *s. m.* (relación) engagement; courtship.

noviembre [noβjémbre] *s. m.* (mes del año) November.

novillo, -lla [noβíλo] *s. m.* **1.** *Zool.* young bull; steer. || **novilla** *s. f.* **2.** *Zool.* heifer.

novio [nóβjo] *s. m.* **1.** boyfriend. **2.** (prometido) fiancé. **3.** (en una boda) bridegroom. || **novia** *s. f.* **4.** girlfriend. **5.** (prometida) fiancée. **6.** (en la boda) bride.

nube [núβe] *s. f., Meteor.* cloud.

nublado, -da [nuβláðo] *adj.* **1.** *Meteor.* cloudy; overcast. || *s. m.* **2.** *Meteor.* storm cloud.

nublarse [nuβlárse] *v. prnl., Meteor.* to cloud over.

nuca [núka] *s. f., Anat.* nape; back of the neck.

nudista [nuðísta] *adj. y s. m. y f.* nudist.

nudo [núðo] *s. m.* **1.** knot. **2.** *fig.* (vínculo) bond; tie.

nuera [nwéra] *s. f.* daughter-in-law.

nuestro, -tra [nwéstro] *adj. pos. 1ª pl.* **1.** our; of ours.] || *pron. pos.* **2.** ours.

nueve [nwéβe] *adj. num. card. inv.* (también pron. num. y s. m.) **1.** nine. || *adj. num. ord. inv.* (también pron. num.) **2.** ninth; nine.

nuevo, -va [nwéβo] *adj.* **1.** new. **2.** further.

nuez [nwéθ] *s. f.* **1.** *Bot.* walnut. **2.** *Anat.* Adam's apple.

nulo, -la [núlo] *adj.* **1.** (no válido) void; invalid. **2.** (incapaz) useless.

numerar [numerár] *v. tr., Mat.* to number.

número [número] *s. m.* **1.** number. **2.** numeral; figure. **3.** (de zapatos) size.

numeroso, -sa [numeróso] *adj.* (cuantioso) numerous.

nunca [núŋka] *adv. t.* never; ever.

nupcial [nupθjál] *adj.* nuptial.

nupcias [núpθjas] *s. f. pl.* (boda) wedding *sing.;* nuptials *pl.*

nutria [nútrja] *s. f., Zool.* otter.

nutrición [nutriθjón] *s. f.* (alimentación) nutrition; nourishment.

nutrir [nutrír] *v. tr.* **1.** to nourish; to feed. **2.** *fig.* (fortalecer algo) to encourage.

nutritivo, -va [nutritíβo] *adj.* nutritious; nourishing.

ñ [éɲe] *s. f.* (letra) ñ.

ñam ñam [ɲamɲám] *interj. fam.* yum-yum [Mañana comemos en un chino, ñam ñam. *Tomorrow we'll eat in a Chinese restaurant, yum-yum.*]

ñame [ɲáme] *s. m., Bot.* yam.

ñandú [ɲandú] *s. m., Zool.* rhea [El único ñandú que he visto ha sido en el zoológico de mi ciudad. *The only rhea I have seen it was in the zoo of my town.*]

ñango, -ga [ɲáŋgo] *adj.* (debilucho) wimpish.

ñaño, -ña [ɲáɲo] *s. m., Amér.* (soso) brother.

ñoñería [ɲoɲería] *s. f.* mawkishness; insipidness.

ñoñez [ɲoɲéθ] *s. f.* insipidness.

ñoño, -ña [ɲóɲo] *adj. y s. m. y f.* namby-pamby.

ñoqui [ɲóki] *s. m., Gastr.* gnocchi *pl.* [Ayer fuimos a comer ñoquis. *Yesterday we went to eat gnocchi.*]

ñorbo, -ña [ɲórβo] *s. m., Bot.* (flor) passion flower.

ñu [ɲú] *s. m., Zool.* gnu; wildebeest.

o¹ [ó] *s. f.* (letra) o.

o² [ó] *conj. disy.* or. ‖ **o... o...** either... or... •It becomes "u" before "o" or "ho".

oasis [oásis] *s. m. inv.* oasis.

obedecer [oβeðeθér] *v. tr. e intr.* (acatar) to obey.

obediencia [oβeðjénθja] *s. f.* (acatamiento) obedience.

obediente [oβeðjénte] *adj.* obedient.

obeso, -sa [oβéso] *adj.* obese.

obispo [oβíspo] *s. m.* bishop.

objetar [obχetár] *v. tr.* to object.

objeto [obχéto] *s. m.* **1.** object. **2.** (finalidad) purpose.

oblea [oβléa] *s. f., Gastr.* wafer.

obligación [oβliɣaθjón] *s. f.* **1.** (deber) obligation; duty. **2.** (responsabilidad) responsibility.

obligar [oβliɣár] *v. tr.* (forzar) to force; to obligate.

obligatorio [oβliɣatórjo] *adj.* (forzoso) compulsory.

oboe [oβóe] *s. m., Mús.* oboe.

obra [óβra] *s. f.* **1.** work. **2.** *Arq.* building. **3.** *Lit.* (libro) book.

obrar [oβrár] *v. tr.* **1.** (hacer) to work. ‖ *v. intr.* **2.** (actuar) to act.

obrero, -ra [oβréro] *adj.* **1.** working. ‖ *s. m. y f.* **2.** worker.

obsceno, -na [obsθéno] *adj.* (indecente) obscene.

obsequiar [obsekjár] *v. tr.* to give presents; to present; to offer.

obsequio [obsékjo] *s. m., form.* (regalo) gift; present.

observar [obserβár] *v. tr.* **1.** to observe. **2.** (notar) to notice.

observatorio [obserβatórjo] *s. m., Astron.* observatory.

obsesión [obsesjón] *s. f.* (fijación) obsession.

obstáculo [obstákulo] *s. m.* **1.** obstacle. **2.** (estorbo) hindrance.

obstante, no [obstánte] *loc. conj.* **1.** (sin embargo) however; nevertheless; nonetheless; notwithstanding; still. ‖ *loc. prep.* **2.** (a pesar de) out of spite; despite.

obstinarse [obstinárse] *v. prnl.* (emperrarse) to persist.

obtener [obtenér] *v. tr.* (conseguir) to obtain; to get.

obvio, -via [óbβjo] *adj.* obvious.

oca [óka] *s. f., Zool.* goose.

ocasión [okasjón] *s. f.* **1.** (oportunidad) opportunity; chance. **2.** (momento) occasion; moment.

ocasionar [okasjonár] *v. tr.* **1.** (causar) to cause; to bring about. **2.** (originar) to give rise to.

ocaso [okáso] *s. m.* **1.** (del sol) sunset. **2.** (occidente) west. **3.** *fig.* (final) decline.

occidente [okθiðénte] *s. m.* (oeste) west; occident.

océano [oθéano] *s. m.* ocean.

ochenta [otʃénta] *adj. num. card. inv.* (también pron. num. y s. m.) **1.** eighty. ‖ *adj. num. ord. inv.* (también pron. num.) **2.** eightieth; eighty.

ocho [ótʃo] *adj. num. card.* (también pron. num. y s. m.) **1.** eight. ‖ *adj. num. ord. inv.* (también pron. num.) **2.** eighth; eight.

ochocientos [otʃoθjéntos] *adj. num. card. m.* (también pron. num. y s.) eight hundred.

ocio [óθjo] *s. m.* leisure.

ocre [ókre] *s. m.* (color) ocher.

octavo, -va [oktáβo] *adj. num. ord.* (también pron. num.) **1.** eighth; eight. ‖ *adj. num. fracc.* (también s. m. y f.) **2.** eighth.

octubre [oktúbre] *s. m.* October.

oculista [okulísta] *s. m. y f.,* Med. (oftalmólogo) oculist; ophthalmologist.

ocultar [okultár] *v. tr.* **1.** to hide. **2.** (la verdad) to withhold.

ocupado [okupáðo] *adj.* **1.** (persona) busy. **2.** (asiento) occupied; taken.

ocupar [okupár] *v. tr.* **1.** to occupy. **2.** (un espacio) to take up. **3.** (una casa) to inhabit.

ocurrir [okuřír] *v. intr.* (suceder) to happen; to occur.

odiar [oðjár] *v. tr.* to hate.

odio [óðjo] *s. m.* hatred; hate.

oeste [oéste] *s. m.* (punto cardinal) west.

oferta [oférta] *s. f.* **1.** offer. **2.** (propuesta) proposal.

oficial [ofiθjál] *adj.* **1.** official. ‖ *s. m. y f.* **2.** (empleado) clerk.

oficina [ofiθína] *s. f.* office.

oficio [ofiθjo] *s. m.* **1.** (ocupación) occupation. **2.** (con especialización) trade. **3.** (cometido) office.

ofrecer [ofreθér] *v. tr.* **1.** (dar) to offer. **2.** (proponer) to propose.

oftalmólogo, -ga [oftalmóloɣo] *s. m. y f.,* Med. (oculista) ophthalmologist.

ofuscar [ofuskár] *v. tr.* (deslumbrar) to dazzle.

oído [oíðo] *s. m.* **1.** (sentido) hearing. **2.** Anat. ear.

oír [oír] *v. tr.* **1.** to hear. **2.** (escuchar) to listen to.

ojal [oxál] *s. m.* buttonhole.

¡ojalá! [oxalá] *interj.* I wish!; I hope so!

ojeada [oxeáða] *s. f.* glance; peep.

ojear [oxeár] *v. tr.* to glance.

ojera [oxéra] *s. f.* ring under the eyes; bag under the eyes.

ojo [óxo] *s. m.* **1.** Anat. (de aguja) eye. **2.** (agujero) hole.

ola [óla] *s. f.* **1.** wave. **2.** fig. (oleada) swell.

oleada [oleáða] *s. f.* swell; wave.

óleo [óleo] *s. m.* (sustancia) oil.

oler [olér] *v. tr.* **1.** (percibir un olor) to smell. **2.** *fig.* (sospechar) to sniff out.

olfatear [olfateár] *v. tr.* **1.** (oler) to smell; to sniff. **2.** *fig. y fam.* (indagar) to sniff out. **3.** (sospechar) to suspect.

olfato [olfáto] *s. m.* (sentido) smell.

olimpiada o olimpíada [olimpjáða] *s. f., Dep.* Olympic Games.

oliva [olíβa] *s. f., Bot.* olive.

olivo [olíβo] *s. m., Bot.* olive tree.

olla [óʎa] *s. f.* pot; stew pot.

olmo [ólmo] *s. m., Bot.* elm.

olor [olór] *s. m.* smell; odor.

oloroso, -sa [oloróso] *adj.* odorous; fragrant; sweet-smelling.

olvidar [olβiðár] *v. tr.* to forget.

ombligo [omblíγo] *s. m., Anat.* navel; belly button *coll.*

omitir [omitír] *v. tr.* (callar) to omit; to leave out.

once [ónθe] *adj. num. card. inv.* (también pron. num. y s. m.) **1.** eleven. ‖ *adj. num. ord. inv.* (también pron. num.) **2.** eleventh; eleven.

onda [óṇda] *s. f.* wave.

ondulación [oṇdulaθjón] *s. f.* **1.** (onda) undulation; wave. **2.** (del agua) ripple.

ondular [oṇdulár] *v. intr.* (moverse) to undulate.

onomástica [onomástika] *s. f.* (santo) saint's day .

opción [opθjón] *s. f.* **1.** (elección) option; choice. **2.** (alternativa) alternative.

ópera [ópera] *s. f., Mús.* opera.

operar [operár] *v. tr.* **1.** (llevar a cabo) to bring about. **2.** *Med.* to operate on.

opinar [opinár] *v. intr.* (pensar) to think; to consider; to be of the opinion.

opinión [opinjón] *s. f.* opinion.

oponer [oponér] *v. tr.* **1.** to oppose; to resist. ‖ **oponerse** *v. prnl.* **2.** (objetar) to object.

oportunidad [oportuniðáð] *s. f.* (ocasión) chance; opportunity.

oportuno, -na [oportúno] *adj.* **1.** opportune. **2.** (conveniente) pertinent.

oposición [oposiθjón] *s. f.* (enfrentamiento) opposition.

oprimir [oprimír] *v. tr.* **1.** (apretar) to press. **2.** *fig.* (tiranizar) to oppress.

oprobio [opróβjo] *s. m.* (injuria, ofensa) reproach.

optar [optár] *v. tr.* **1.** (elegir una cosa) to choose; to select. ‖ *v. intr.* **2.** (elegir) to opt.

óptica [óptika] *s. f.* **1.** *Fís.* optics. **2.** (tienda) optician's (shop).

optimismo [optimísmo] *s. m.* (entusiasmo) optimism.

óptimo, -ma [óptimo] *adj.* (perfecto) optimum; super *fam.*

opuesto, -ta [opwésto] *adj.* **1.** (de enfrente) opposite. **2.** (contrario) reverse.

opulencia [opulénθja] *s. f.* (riqueza) opulence; wealth.

oración [oraθjón] *s. f.* **1.** *Ling.* sentence; clause. **2.** *Rel.* prayer.

oral [orál] *adj.* oral.

orangután [orangután] *s. m.*, *Zool.* (mono) orangutan.

orar [orár] *v. intr.*, *Rel.* to pray.

oratoria [oratórja] *s. f.* oratory.

orca [órka] *s. f.*, *Zool.* killer whale.

orden [órðen] *s. m.* **1.** (colocación, disciplina) order. ‖ *s. f.* **2.** (mandato) order; mandate.

ordenación [orðenaθjón] *s. f.* **1.** (disposición) arrangement; organization. **2.** *Rel.* ordination.

ordenado, -da [orðenáðo] *adj.* **1.** (arreglado) tidy; orderly; in order. **2.** (metódico) methodical.

ordenador [orðenaðór] *s. m.*, *Inform.* (computadora) computer.

ordenar [orðenár] *v. tr.* **1.** (colocar) to arrange. **2.** (mandar) to order.

ordeñar [orðeñár] *v. tr.* to milk.

ordinario, -ria [orðinárjo] *adj.* **1.** (habitual) ordinary; usual. **2.** (vulgar) vulgar.

orégano [oréɣano] *s. m.*, *Bot.* (especia) oregano.

oreja [oréxa] *s. f.*, *Anat.* ear.

orfanato [orfanáto] *s. m.* (orfelinato) orphanage.

organismo [orɣanísmo] *s. m.* **1.** *Biol.* organism. **2.** (entidad pública) body.

organización [orɣaniθaθjón] *s. f.* (disposición) organization.

organizar [orɣaniθár] *v. tr.* to organize; to arrange.

órgano [órɣano] *s. m.* organ.

orgía [orxía] *s. f.* orgy.

orgullo [orɣúʎo] *s. m.* **1.** (satisfacción, soberbia) pride. **2.** (arrogancia) haughtiness.

oriental [orjentál] *adj.* **1.** eastern; oriental. ‖ *s. m. y f.* **2.** Oriental.

orientar [orjentár] *v. tr.* **1.** to orient *Am. E.*; to orientate *Br. E.* **2.** (guiar) to guide.

oriente [orjénte] *s. m.* east.

orificio [orifíθjo] *s. m.* hole.

origen [oríxen] *s. m.* origin.

original [orixinál] *adj.* **1.** original. **2.** (peculiar) quaint. ‖ *s. m.* **3.** (manuscrito) original.

orilla [oríʎa] *s. f.* **1.** (borde) border; edge. **2.** (del río) bank. **3.** (del mar) shore.

orina [orína] *s. f.* urine.

orinar [orinár] *v. intr.* (hacer pis) to urinate; to make water.

oro [óro] *s. m.* gold.

orquesta [orkésta] *s. f., Mús.* orchestra.

orquídea [orkíðea] *s. f., Bot.* (flor) orchid.

ortiga [ortíva] *s. f., Bot.* nettle.

ortografía [ortovrafía] *s. f.* spelling; orthography *frml.*

ortopédico, -ca [ortopéðiko] *adj.* **1.** orthopedic. ‖ *s. m. y f.* **2.** (ortopedista) orthopedist.

oruga [orúva] *s. f., Zool.* (larva) caterpillar.

orujo [orúχo] *s. m.* (aguardiente) eau-de vie; grape spint.

orzuelo [orθwélo] *s. m., Med.* (en el ojo) stye.

os [ós] *pron. pers. 2ª pl.* **1.** (objeto) you. ‖ *pron. pers. recípr.* **2.** each other. ‖ *pron. pers. refl.* **3.** yourselves.

osadía [osaðía] *s. f.* (audacia, descaro) boldness; audacity.

oscilar [osθilár] *v. intr.* **1.** to oscillate. **2.** (balancearse) to sway; to swing.

oscurecer [oskureθér] *v. tr.* (ensombrecer) to darken; to shadow.

oscuridad [oskuriðáð] *s. f.* **1.** (falta de luz) dark. **2.** (en un lugar) darkness.

oscuro [oskúro] *adj.* dark.

oso, -sa [óso] *s. m. y f., Zool.* bear.

ostra [óstra] *s. f., Zool.* oyster.

otear [oteár] *v. tr.* to scan.

otoñal [otoɲál] *adj.* autumnal.

otoño [otóɲo] *s. m.* fall *Am. E.;* autumn.

otorgar [otorvár] *v. tr.* (conceder) to grant.

otro, -tra [ótro] *adj. indef.* **1.** other *pl.;* another *sing.* **2.** else. ‖ *pron. indef.* **3.** other *pl.;* another *sing.*

ovación [oβaθjón] *s. f.* ovation.

oval [oβál] *adj.* oval.

ovalado [oβaláðo] *adj.* oval.

óvalo [óβalo] *s. m.* oval.

ovario [oβárjo] *s. m., Anat.* ovary.

oveja [oβéχa] *s. f., Zool.* sheep.

ovillo [oβíλo] *s. m.* (de lana) ball of wool.

ovino [oβíno] *adj.* ovine.

óvulo [óβulo] *s. m.* **1.** *Biol.* ovum (pl. ova). **2.** *Med.* pessary.

oxidar [oγsiðár] *v. tr.* **1.** *Quím.* to oxidize. **2.** (metales) to rust.

óxido [óγsiðo] *s. m.* **1.** (herrumbre) rust. **2.** *Quím.* oxide.

oxígeno [oγsíχeno] *s. m., Quím.* oxygen.

ozono [oθóno] *s. m., Quím.* (gas) ozone.

p

p [pé] *s. f.* (letra) p.

pabellón [paβeλón] *s. m.* **1.** (cárcel, edificio) block; building. **2.** *form.* (bandera) flag.

paciencia [paθjénθja] *s. f.* **1.** patience. **2.** (aguante) endurance.

paciente [paθjénte] *adj.* **1.** (tolerante) patient; tolerant. ‖ *s. m. y f.* **2.** *Med.* (enfermo) patient.

pacífico, -ca [paθífiko] *adj.* (calmado) peaceful.

pactar [paktár] *v. tr.* (acordar) to agree (to); to stipulate.

pacto [pákto] *s. m.* pact.

padecer [paðeθér] *v. tr.* **1.** (sufrir) to suffer. **2.** *fig.* (cambios) to undergo.

padrastro [paðrásto] *s. m.* stepfather.

padre [páðre] *s. m.* **1.** father. **2.** (padre o madre) parent. **3.** *Rel.* (sacerdote) priest.

padrino [paðríno] *s. m.* **1.** *Rel.* (de bautizo) godfather. **2.** (de boda) best man.

padrón [paðrón] *s. m.* census.

paella [paéλa] *s. f., Gastr.* paella.

paga [páγa] *s. f.* **1.** (pago) payment. **2.** (sueldo) salary; pay.

pagar [paγár] *v. tr.* **1.** to pay. **2.** (una deuda, un favor) to repay.

página [páxina] *s. f.* page.

pago [páγo] *s. m.* **1.** *Econ.* payment. **2.** *fig.* (recompensa) return; satisfaction.

país [país] *s. m.* **1.** (unidad política) country. **2.** (gente) nation.

paisaje [pajsáxe] *s. m.* (panorama) landscape; scenery.

paja [páxa] *s. f.* straw.

pajar [paxár] *s. m.* **1.** (edificio) loft. **2.** (al descubierto) haystack.

pájaro [páxaro] *s. m., Zool.* bird.

paje [páxe] *s. m.* page.

pala [pála] *s. f.* **1.** shovel; scoop. **2.** (para cavar) spade. **3.** (de hélice, remo) blade.

palabra [paláβra] *s. f.* **1.** (vocablo, promesa) word. **2.** (habla) speech.

palabrota [palaβróta] *s. f.* (taco) swearword; four-letter word.

palacio [paláθjo] *s. m.* **1.** (del rey) palace. **2.** (casa lujosa) mansion.

paladar [palaðár] *s. m.* **1.** *Anat.* palate. **2.** (gusto) taste.

palanca [palánka] *s. f.* **1.** *Tecnol.* lever. **2.** (para manos) handle.

palco [pálko] *s. m., Mús.* box.

paletilla [paletíλa] *s. f., Anat.* (omoplato) shoulder blade.

paleto [paléto] *s. m.* (pueblerino) hick *Am. E.*; rustic; yokel *Br. E.*

palidecer [paliðeθér] *v. intr.* (una persona) to turn pale.

pálido, -da [páliðo] *adj.* **1.** pale. **2.** (por enfermedad) pallid.

paliza [palíθa] *s. f.* (zurra, derrota) beating; thrashing.

palma [pálma] *s. f.* **1.** *Anat.* palm. **2.** *Bot.* palm tree.

palmada [palmáða] *s. f.* **1.** (golpe) slap. **2.** (con ruido) clap.

palmera [palméra] *s. f.*, *Bot.* (palma) palm tree; palm.

palmo [pálmo] *s. m.* (medida) span; handspan.

palo [pálo] *s. m.* **1.** stick. **2.** *Náut.* mast. **3.** (bastón) staff.

paloma [palóma] *s. f.*, *Zool.* **1.** pigeon. **2.** (blanca) dove.

palpar [palpár] *v. tr.* **1.** to touch; to feel. **2.** *Med.* to palpate.

palpitar [palpitár] *v. intr.* **1.** to palpitate. **2.** (latir) to beat.

pan [pán] *s. m.* **1.** bread. **2.** (barra) loaf.

pana [pána] *s. f.* corduroy.

panadería [panaðería] *s. f.* **1.** (tienda) baker's shop. **2.** (fábrica) bakery.

panadero, -ra [panaðéro] *s. m. y f.* baker.

panal [panál] *s. m.* honeycomb.

pancarta [paŋkárta] *s. f.* banner.

pánico [pániko] *s. m.* panic.

panorama [panoráma] *s. m.* **1.** (vista) view. **2.** (escenario) scene.

pantalla [pantáʎa] *s. f.* **1.** screen. **2.** (de una lámpara) lamp shade.

pantalón [pantalón] *s. m.* pants *pl. Am. E.*; trousers *Br. E.* ‖ **pantalones vaqueros** jeans.

pantano [pantáno] *s. m.* **1.** *Geogr.* (natural) marsh; swamp. **2.** (artificial) dam; reservoir.

pantera [pantéra] *s. f.*, *Zool.* (felino) panther.

pantorrilla [pantoříʎa] *s. f.*, *Anat.* calf.

panty [pánti] *s. m.* pantyhose *pl. Am. E.*; tights *pl. Br. E.*

panza [pánθa] *s. f.*, *Anat.* belly.

pañal [paɲál] *s. m. pl.* diaper *Am. E.*; nappy *Br. E.*

paño [páɲo] *s. m.* cloth.

pañuelo [paɲwélo] *s. m.* **1.** (para la nariz) handkerchief. **2.** (complemento) scarf.

papa¹ [pápa] *s. m.*, *Rel.* Pope.

papa² [pápa] *s. f.*, *Amér.* potato.

papá [papá] *s. m.*, *fam.* (padre) pop *Am. E.*; daddy; dad.

papada [papáða] *s. f.* **1.** *Anat.* (de humano) double chin. **2.** (de animal) dewlap.

papel [papél] *s. m.* **1.** paper. **2.** *Cinem. y Teatr.* part; role.

papelera [papeléra] *s. f.* **1.** wastebasket *Am. E.* **2.** (fábrica) paper mill.

papilla [papíʎa] *s. f.* (para bebés) formula *Am. E.*; baby food.

papiro [papíro] *s. m.* **1.** (manuscrito) papyrus. **2.** *Bot.* papyrus.

paquete, -ta [pakéte] *s. m.* **1.** (envío grande) parcel. **2.** (envío pequeño) packet.

par [pár] *adj.* **1.** (igual) like. **2.** *Mat.* even. ‖ *s. m.* **3.** (de zapatos, guantes) pair. **4.** (dos) couple. **5.** (complementario) peer.

para [pára] *prep.* **1.** (destinatario) for. **2.** (+ infinitivo) to (+ infinitivo). **3.** toward. **4.** (plazo) by.

parábola [paráβola] *s. f.* **1.** *Rel.* parable. **2.** *Mat.* parabola.

parabrisas [paraβrísas] *s. m. inv., Autom.* windshield *Am. E.;* windscreen *Br. E.*

parachoques [paratʃókes] *s. m. inv., Autom.* fender *Am. E.;* bumper *Br. E.*

parada [paráða] *s. f.* stop.

parado, -da [paráðo] *adj.* **1.** *fig.* (lento) slow. **2.** (sin trabajo) unemployed.

parador [paraðór] *s. m.* (del estado) parador; hotel (de lujo).

paraguas [paráwas] *s. m. inv.* (para la lluvia) umbrella.

paraíso [paraíso] *s. m.* **1.** paradise. **2.** *Rel.* heaven.

paraje [paráxe] *s. m.* spot; place.

paralítico, -ca [paralítiko] *adj. y s. m. y f., Med.* (impedido) paralytic.

paralizar [paraliθár] *v. tr.* **1.** to paralyze. **2.** (detener) to stop.

páramo [páramo] *s. m., Geogr.* (estepa) bleak plain; moor.

paraolimpiada [paraolimpjáða] *s. f., Dep.* Paralympic Games.

parapeto [parapéto] *s. m.* **1.** parapet. **2.** (muro de defensa) barricade.

parar [parár] *v. tr.* **1.** to stop. **2.** (detener) to halt *frml.* ‖ *v. intr.* **3.** to stop. **4.** (cesar) to cease.

pararrayos [pararáʝos] *s. m. inv.* lightning rod *Am. E.;* lightning conductor *Br. E.*

parcela [parθéla] *s. f.* lot *Am. E.*

parche [pártʃe] *s. m.* patch.

parchís [partʃís] *s. m.* (juego) parcheesi *Am. E.;* ludo *Br. E.*

parcial [parθjál] *adj.* **1.** partial. ‖ *s. m. y f.* **2.** (examen) assessment examination. **3.** *Dep.* (resultado) score.

parecer¹ [pareθér] *s. m.* (opinión) opinion.

parecer² [pareθér] *v. intr.* (asemejar) to seem; to look.

parecido, -da [pareθíðo] *adj.* **1.** similar; alike. ‖ *s. m.* **2.** (físico) resemblance.

pared [paréð] *s. f.* wall.

pareja [paréxa] *s. f.* **1.** pair. **2.** (en una relación) couple. **3.** (compañero) partner.

parentesco [parentésko] *s. m.* (consaguinidad) relationship.

paréntesis [paréntesis] *s. m.* parenthesis. ‖ **entre ~** in brackets.

pariente, -ta [parjénte] *s. m. y f.* relative; relation.

parir [paɾíɾ] *v. tr.* **1.** (mujer, mamífero) to have; to bear *frml.* **2.** (mujer) to give birth to.

parking [páɾkin] *s. m.*, *Autom.* parking lot *Am. E.*; car park *Br. E.*

paro [páɾo] *s. m.* **1.** (detención) stop. **2.** (desempleo) unemployment. **3.** (huelga) strike.

parodia [paɾóðja] *s. f.* parody.

parpadear [paɾpaðeáɾ] *v. intr.* **1.** (ojos) to blink. **2.** (luz) to flicker; to wink.

párpado [páɾpaðo] *s. m.*, *Anat.* eyelid.

parque [páɾke] *s. m.* park.

parra [páɾa] *s. f.*, *Bot.* grapevine.

párrafo [páɾafo] *s. m.* paragraph.

parrilla [paříʎa] *s. f.* broiler *Am. E.*; grill.

parrillada [paříʎáða] *s. f.* grill.

parroquia [pařókja] *s. f.* **1.** (área) parish. **2.** *Rel.* (iglesia) parish church.

parte [páɾte] *s. f.* **1.** part. **2.** (en un reparto) share; portion. **3.** (lugar) place.

partición [paɾtiθjón] *s. f.* **1.** (reparto) division. **2.** (de un terreno) partition.

participante [paɾtiθipánte] *adj.* **1.** participating. || *s. m. y f.* **2.** participant. **3.** (concurso) contestant. .

participar [paɾtiθipáɾ] *v. intr.* **1.** to participate; to take part. **2.** (compartir) to share. || *v. tr.* **3.** (informar) to inform.

particular [paɾtikuláɾ] *adj.* **1.** (concreto) particular. **2.** (personal) private; personal. **3.** (especial) special.

particularidad [paɾtikulaɾiðáð] *s. f.* (peculiaridad) particularity; peculiarity.

partida [paɾtíða] *s. f.* **1.** (salida) departure. **2.** (remesa) delivery.

partido, -da [paɾtíðo] *adj.* **1.** (dividido) split; divided. || *s. m.* **2.** *Dep.* (encuentro) game.

partir [paɾtíɾ] *v. tr.* **1.** (dividir) to split; to divide. **2.** (romper) to break. **3.** (distribuir) to distribute. **4.** (compartir) to share. || *v. intr.* **5.** (marcharse) to leave.

parto [páɾto] *s. m.*, *Med.* (alumbramiento) labor; childbirth.

párvulo [páɾβulo] *s. m. y f.* preschooler *Am. E.*; infant *Br. E.*

pasa [pása] *s. f.*, *Bot.* raisin.

pasado, -da [pasáðo] *adj.* **1.** past. **2.** (fruta) overripe. **3.** (anticuado) out-of-date.

pasador [pasaðóɾ] *s. m.* **1.** (pestillo) latch; bolt. **2.** (de una puerta) door bolt. **3.** (pasapuré) colander; strainer.

pasaje [pasáxe] *s. m.*, *Lit.* (de un texto) passage.

pasajero, -ra [pasaχéro] *adj.*
1. passing. **2.** (romance) transient. ‖ *s. m. y f.* **3.** (viajero) passenger.

pasamontañas [pasamoṇtáɲas] *s. m. inv.* (gorro) balaclava; ski mask.

pasaporte [pasapórte] *s. m.* passport.

pasapurés [pasapurés] *s. m., inv.* food mill.

pasar [pasár] *v. tr.* **1.** to pass. **2.** (acontecer) to come. **3.** (tiempo) to spend. ‖ *v. intr.* **4.** to pass; to go by. ‖ **pasarse** *v. prnl.* **5.** (olvidarse) to forget.

pasatiempo [pasatjémpo] *s. m.* entertainment; hobby.

Pascua [páskwa] *s. f.* **1.** *Rel.* (Resurrección) Easter. **2.** (Navidad) Christmas.

pase [páse] *s. m.* **1.** (permiso) pass; permit. **2.** *Cinem.* showing.

pasear [paseár] *v. intr.* (dar una vuelta) to go for a walk.

paseo [paséo] *s. m.* **1.** walk. **2.** (en bici, caballo) ride.

pasillo [pasíʎo] *s. m.* **1.** (corredor) passage; corridor. **2.** (entre dos cosas) aisle.

pasión [pasjón] *s. f.* passion.

pasivo, -va [pasíβo] *adj.* **1.** passive. **2.** (inactivo) inactive.

pasmado, -da [pasmáðo] *adj.* astonished; amazed.

pasmar [pasmár] *v. tr.* **1.** to amaze; to astound. ‖ **pasmarse** *v. prnl.* **2.** (asombrarse) to be amazed.

paso [páso] *s. m.* **1.** (pisada) step; footstep. **2.** (modo de andar) walk. **3.** (cruce) crossing. **4.** (camino accesible) passage.

pasota [pasóta] *adj. y s. m. y f., fam.* indifferent.

pasta [pásta] *s. f.* **1.** (masa) paste. **2.** *Gastr.* (italiana) pasta. **3.** *Gastr.* (para pan, pasteles) dough.

pastar [pastár] *v. intr.* (pacer) to graze; to pasture.

pastel [pastél] *s. m.* **1.** (dulce) cake. **2.** (de carne) pie.

pastelería [pastelería] *s. f.* (tienda) cake shop; confectioner's.

pastilla [pastíʎa] *s. f.* **1.** *Med.* pill; tablet. **2.** (de jabón) bar.

pasto [pásto] *s. m.* **1.** *Agr.* pasture. **2.** (hierba) grass.

pastor, -ra [pastór] *s. m.* **1.** (de ovejas) shepherd.‖ **pastora** *s. f.* **2.** shepherdess.

pastoso, -sa [pastóso] *adj.* **1.** (sustancia) pasty; doughy. **2.** (voz) mellow.

pata [páta] *s. f.* **1.** *Zool.* (pierna, de mueble) leg. **2.** *Zool.* (pie) foot.

patada [patáða] *s. f.* kick.

patalear [pataleár] *v. intr.* **1.** (con rabia) to stamp. **2.** (un niño) to kick.

patata [patáta] *s. f.* potato. ‖ **patatas fritas** (en sartén) french fries *Am. E.;* chips *Br. E.* (en bolsa) chips *Am. E.;* crisp.

paté [paté] *s. m., Gastr.* pâté.

patear [pateár] *v. tr.* to kick.

patilla [patíʎa] *s. f.* **1.** (de pelo) sideburn. **2.** (de gafas) arm.

patín [patín] *s. m.* **1.** skate. **2.** (bote de pedales) pedal boat.

patinar [patinár] *v. intr.* **1.** (con patines) to skate. **2.** (resbalarse) to skid.

patio [pátjo] *s. m.* courtyard.

pato [páto] *s. m., Zool.* duck.

patoso, -sa [patóso] *adj. col.* clumsy; awkward.

patria [pátrja] *s. f.* **1.** homeland. **2.** (país) country.

patrimonio [patrimónjo] *s. m.* **1.** patrimony. **2.** (herencia) inheritance; estate.

patriota [patrjóta] *adj.* **1.** patriotic. ‖ *s. m. y f.* **2.** patriot.

patrocinar [patroθinár] *v. tr.* (apadrinar) to sponsor.

patrón, -na [patrón] *s. m. y f.* **1.** (protector) sponsor; patron. **2.** *Rel.* (santo) patron saint.

pausa [páwsa] *s. f.* **1.** pause. **2.** (intervalo) break.

pauta [páwta] *s. f.* **1.** (modelo) guideline. **2.** (norma) norm.

pava [páβa] *s. f., Zool.* (hembra del pavo) turkey hen.

pavimento [paβiménto] *s. m.* (de la calle, carretera) pave-ment.

pavo [páβo] *s. m., Zool.* turkey.

pavor [paβór] *s. m.* **1.** (terror) dread. **2.** (miedo) fear.

payaso, -sa [pajáso] *s. m. y f.* (bufón) clown.

paz [páθ] *s. f.* **1.** peace. **2.** (silencio) quietness. **3.** (descanso) rest.

peaje [peáχe] *s. m.* toll.

peatón [peatón] *s. m.* pedestrian.

peca [péka] *s. f.* freckle.

pecado [pekáðo] *s. m., Rel.* sin.

pecar [pekár] *v. intr., Rel.* to sin.

pecera [peθéra] *s. f.* **1.** (redonda) goldfish bowl. **2.** (rectangular) fish tank.

pechera [petʃéra] *s. f.* **1.** (de una camisa) front. **2.** (de un vestido) bib; bosom.

pecho [pétʃo] *s. m.* **1.** *Anat.* (tórax) chest. **2.** (mama) breast.

pechuga [petʃúɣa] *s. f.* (de ave) breast.

peculiar [pekuljár] *adj.* peculiar.

pedal [peðál] *s. m.* pedal.

pedante [peðánte] *adj.* **1.** pedantic. ‖ *s. m. y f.* **2.** (afectado) pedant.

pedazo [peðáθo] *s. m.* piece; bit.

pediatría [peðjatría] *s. f., Med.* pediatrics.

pedido [peðíðo] *s. m.* **1.** *Econ.* order. **2.** (petición) request.

pedir [peðír] *v. tr.* **1.** to ask for; to ask. **2.** (bar, restaurante) to order. **3.** (solicitar) to request.

pedo [péðo] *s. m.* **1.** fart. **2.** *fig.* (borrachera) drunkenness.

pedrisco [peðrísko] *s. m., Meteor.* (granizada) hail; hailstone.

pega [péɣa] *s. f.* **1.** (broma) trick. **2.** *fig.* (obstáculo) inconvenience.

pegajoso, -sa [peɣaxóso] *adj.* **1.** (pegadizo) sticky. **2.** *Meteor.* (tiempo) clammy.

pegamento [peɣaménto] *s. m.* (cola) glue; adhesive.

pegar [peɣár] *v. tr.* **1.** to stick. **2.** *fig.* (dar golpes) to hit. **3.** *Med.* (una enfermedad) to transmit. ‖ *v. intr.* **4.** (adherirse) to stick. **5.** (conjuntar) to match. ‖ **pegarse** *v. prnl.* **6.** (a una persona) to cling.

pegatina [peɣatína] *s. f.* sticker.

pegote [peɣóte] *s. m.* **1.** *fam.* (persona) nuisance. **2.** *fam.* (masa) blob.

peinado, -da [pejnáðo] *s. m.* (en la peluquería) hairdo.

peinar [pejnár] *v. tr.* **1.** to comb. ‖ **peinarse** *v. prnl.* **2.** to comb one's hair.

peine [péjne] *s. m.* comb.

peineta [pejnéta] *s. f.* (adorno) ornamental comb.

peladilla [pelaðíʎa] *s. f., Gastr.* sugared almond.

pelar [pelár] *v. tr.* **1.** (fruta) to peel. **2.** (desplumar) to pluck.

peldaño [peldáɲo] *s. m.* **1.** step; stair. **2.** (de escalera de mano) rung.

pelea [peléa] *s. f.* **1.** (lucha) fight. **2.** (riña) quarrel; row.

pelear [peleár] *v. intr.* **1.** to fight. **2.** (reñir) to quarrel.

pelele [peléle] *s. m.* **1.** (muñeco) rag doll. **2.** *fig. y fam.* (persona) puppet.

pelícano [pelíkano] *s. m., Zool.* (ave) pelican.

película [pelíkula] *s. f.* **1.** *Cinem.* (filme) movie *Am. E.*; film *Br. E.* **2.** (capa fina) film.

peligrar [peliɣrár] *v. intr.* (estar en peligro) to be in danger.

peligro [pelíɣro] *s. m.* **1.** danger. **2.** (riesgo) risk.

peligroso, -sa [peliɣróso] *adj.* **1.** (arriesgado) dangerous; risky. **2.** (inseguro) unsafe; insecure.

pelirrojo, -ja [peliɾóxo] *adj.* (persona) red-haired.

pelliza [peʎíθa] *s. f.* furlined coat.

pellizcar [peʎiθkár] *v. tr.* (pizcar) to pinch; to nip.

pellizco [peʎíθko] *s. m.* pinch; nip.

pelma [pélma] *s. m. y f.* bore.

pelo [pélo] *s. m.* hair.

pelota [pelóta] *s. f.* ball.

peluca [pelúka] *s. f.* wig.

peluche [pelútʃe] *s. m.* (tejido) plush. ‖ **oso de ~** teddy bear.

peluquería [pelukería] *s. f.* **1.** (de señoras) hairdresser's. **2.** (de hombres) barbershop.

peluquero, -ra [pelukéro] *s. m. y f.* **1.** (de señoras) hairdresser. **2.** (de hombres) barber.

pelusa [pelúsa] *s. f.* **1.** (vello) fluff; fuzz. **2.** (en un jersey) ball of fluff.

pena [péna] *s. f.* **1.** (tristeza) sorrow; grief. **2.** (castigo) punishment; penalty.

penar [penár] *v. tr.* **1.** (castigar) to punish; to penalize. ‖ *v. intr.* **2.** (sufrir) to suffer.

pender [pendér] *v. intr.* **1.** (colgar) to hang. **2.** (depender) to depend.

pendiente [pendjénte] *adj.* **1.** (que cuelga) hanging. **2.** *fig.* (sin resolver) pending. ‖ *s. m.* **3.** (joya) earring.

pene [péne] *s. m., Anat.* penis.

penetrante [penetránte] *adj.* **1.** penetrating. **2.** (mirada, frío) piercing.

penetrar [penetrár] *v. tr.* **1.** to penetrate. **2.** (una sustancia) to permeate. **3.** (perforar) to pierce. ‖ *v. intr.* **4.** (entrar) to enter.

penicilina [peniθilína] *s. f., Med.* (antibiótico) penicillin.

península [península] *s. f., Geogr.* peninsula.

penique [peníke] *s. m.* **1.** *Econ.* (moneda inglesa) penny. ‖ **peniques** *s. m. pl.* **2.** *Econ.* pence.

penitencia [peniténθja] *s. f.* (arrepentimiento) penitence.

pensar [pensár] *v. tr.* **1.** to think. **2.** (creer) to believe.

pensión [pensjón] *s. f.* **1.** (hostal) guest house *Am. E.*; boarding house *Br. E.*; bed and breakfast. **2.** (jubilación) pension.

Pentecostés [pentekostés] *s. m. sing.* **1.** *Rel.* (cristiano) Pentecost; Whisuntide. **2.** *Rel.* (judío) Pentecost.

penúltimo, -ma [penúltimo] *adj. y s. m. y f.* (antes del último) penultimate; last but one.

penumbra [penúmbra] *s. f.* (sombra) penumbra.

penuria [penúrja] *s. f.* **1.** (escasez) scarcity; shortage. **2.** (pobreza) penury.

peña [péna] *s. f.* **1.** (roca) rock. **2.** (amigos) group; circle.

peón [peón] *s. m.* **1.** (trabajador) laborer; worker. **2.** (en ajedrez) pawn.

peonza [peónθa] *s. f.* (spinning) top.

peor [peór] *adj.* compar. **1.** worse. ‖ *adj.* sup. **2.** worst. ‖ *adv.* compar. **3.** worse. ‖ *adv.* sup. **4.** worst.

pepino [pepíno] *s. m.*, *Bot.* (planta y fruto) cucumber.

pepita [pepíta] *s. f.* **1.** *Bot.* (de fruta) seed; pip. **2.** *Miner.* (de oro) nugget.

pequeño, -ña [pekéɲo] *adj.* **1.** little; small. **2.** (bajo) short. **3.** (cifra) low.

pera [péra] *s. f.*, *Bot.* pear.

peral [perál] *s. m.*, *Bot.* pear tree.

percatarse [perkatárse] *v. prnl.* to realize; to notice.

percebe [perθéβe] *s. m.*, *Zool.* (crustáceo) goose barnacle.

percha [pértʃa] *s. f.* **1.** (colgador) hanger. **2.** (fijo en la pared) rack.

perchero [pertʃéro] *s. m.* **1.** (fijo en la pared) coat rack. **2.** (de pie) coat stand.

percibir [perθiβír] *v. tr.* **1.** to perceive. **2.** (sueldo) to receive.

perder [perðér] *v. tr.* **1.** to lose. **2.** (malgastar) to waste. **3.** (dejar escapar) to miss. ‖ *v. intr.* **4.** (ser derrotado) to lose. ‖ **perderse** *v. prnl.* **5.** to get lost.

perdición [perðiθjón] *s. f.* ruin.

pérdida [pérðiða] *s. f.* loss.

perdiz [perðíθ] *s. f.*, *Zool.* (ave) partridge.

perdón [perðón] *s. m.* pardon.

perdonar [perðonár] *v. tr.* **1.** to forgive. **2.** (excusar) to pardon; to excuse.

perdurar [perðurár] *v. intr.* (durar) to endure; to last.

peregrinación [pereɣrinaθjón] *s. f.* **1.** peregrination. **2.** *Rel.* pilgrimage.

peregrinar [pereɣrinár] *v. intr.* **1.** (de romería) to go on a pilgrimage. **2.** (viajar) to peregrinate.

perejil [perexíl] *s. m.*, *Bot.* (condimento) parsley.

perenne [perénne] *adj.* **1.** (imperecedero) perennial; everlasting. **2.** *Bot.* perennial.

pereza [peréθa] *s. f.* laziness.

perezoso, -sa [pereθóso] *adj.* (holgazán) lazy.

perfección [perfekθjón] *s. f.* perfection.

perfeccionar [perfekθjonár] *v. tr.* **1.** to perfect. **2.** (mejorar) to improve.

perfecto, -ta [perfékto] *adj.* perfect.

perfil [perfíl] *s. m.* **1.** profile. **2.** (silueta) outline; contour.

perfilar [perfilár] *v. tr.* **1.** to profile. **2.** (dar forma) to outline.

perforar [perforár] *v. tr.* **1.** (agujerear) to perforate. **2.** *Miner.* (un pozo) to drill.

perfumar [perfumár] *v. tr.* to perfume. ‖ *v. prnl.* **perfumarse** to put perfume on.

perfume [perfúme] *s. m.* perfume; scent.

perfumería [perfumería] *s. f.* (tienda) perfumery.

pergamino [perɣamíno] *s. m.* (piel) parchment.

pericia [períθja] *s. f.* skill.

periferia [periférja] *s. f.* **1.** periphery. **2.** (alrededores) surroundings.

perilla [períʎa] *s. f.* goatee.

perímetro [perímetro] *s. m.* (contorno) perimeter.

periódico, -ca [perjóðiko] *adj.* **1.** periodic; periodical. || *s. m.* **2.** newspaper; paper.

periodista [perjoðísta] *s. m. y f.* (reportero) journalist; reporter.

período [períoðo] *s. m.* period.

perito, -ta [períto] *adj.* expert.

perjudicar [perxuðikár] *v. tr.* **1.** (dañar) to harm; to damage. **2.** *fig.* (intereses) to prejudice.

perjuicio [perxwíθjo] *s. m.* (daño) damage; harm.

perjurar [perxurár] *v. intr.* **1.** *Der.* (jurar en falso) to commit perjury. || *v. tr.* **2.** to swear.

perla [pérla] *s. f.* pearl.

permanecer [permaneθér] *v. intr.* **1.** (quedarse) to stay; to remain. **2.** (durar) to last.

permanente [permanénte] *adj.* (estable) permanent.

permiso [permíso] *s. m.* **1.** (autorización) permission. **2.** (documento) license; permit.

permitir [permitír] *v. tr.* to allow; to permit *frml.*

pernicioso, -sa [perniθjóso] *adj., Med.* (dañino) pernicious.

pernoctar [pernoktár] *v. intr.* (hospedarse) to spend the night.

pero [péro] *s. m.* **1.** but; objection. || *conj. advers.* **2.** yet; but. || **3.** *adv.* only.

perpetuar [perpetuár] *v. tr.* (continuar) to perpetuate.

perpetuo, -tua [perpétwo] *adj.* (eterno) perpetual; everlasting.

perplejidad [perpleχiðáð] *s. f.* (irresolución) perplexity; bewilderment.

perplejo, -ja [perpléχo] *adj.* perplexed; confused.

perrera [peřéra] *s. f.* kennel.

perro, -rra [péřo] *s. m.* **1.** *Zool.* dog. || **perra** *s. f.* **2.** *Zool.* bitch.

perseguir [perseɣír] *v. tr.* **1.** to pursue. **2.** (una presa) to hunt.

perseverar [perseβerár] *v. intr.* (insistir) to persevere; to insist.

persiana [persjána] *s. f.* **1.** blind. **2.** (contraventana) shutter.

persistir [persistír] *v. intr.* to persist.

persona [persóna] *s. f.* person.

personaje [personáχe] *s. m.* **1.** (celebridad) personage *frml.* **2.** *Cinem. y Teatr.* character.

personificar [personifikár] *v. tr.* (representar) to personify.

perspectiva [perspektíβa] *s. f.*
   1. perspective. **2.** (posibilidad
   futura) prospect; outlook.

perspicacia [perspikáθja] *s. f.*
   (sutileza) shrewdness.

persuadir [perswaðír] *v. tr.* **1.**
   to persuade. **2.** (convencer)
   to convince. ‖ **persuadirse** *v.
   prnl.* **2.** (convencerse) to become convinced.

persuasión [perswasjón] *s. f.*
   (convicción) persuasion.

pertenecer [perteneθér] *v. intr.*
   to belong (to).

pértiga [pértiva] *s. f., Dep.* pole.

perturbar [perturβár] *v. tr.* **1.**
   (desordenar) to disturb. **2.**
   (mentalmente) to perturb.

perverso, -sa [perβérso] *adj.*
   (malo) perverse; wicked.

pervertir [perβertír] *v. tr.* (enviciar) to corrupt; to pervert.

pesa [pésa] *s. f.* weight.

pesadilla [pesaðíʎa] *s. f.* nightmare.

pesado, -da [pesáðo] *adj.* **1.**
   heavy. **2.** *fig.* (molesto) annoying.

pésame [pésame] *s. m.* condolences *pl.*

pesar[1] [pesár] *s. m.* **1.** (pena)
   sorrow; grief. **2.** (arrepentimiento) contrition.

pesar[2] [pesár] *v. tr. e intr.* **1.** to
   weigh. ‖ *v. tr.* **2.** *fig.* (lamentar)
   to regret.

pesca [péska] *s. f.* **1.** (acción)
   fishing. **2.** (peces) fish. **3.** (cantidad) catch.

pescadería [peskaðería] *s. f.* fish
   shop; fishmonger's *Br. E.*

pescadilla [peskaðíʎa] *s. f., Zool.*
   (pez) young hake.

pescado [peskáðo] *s. m.* fish.

pescador [peskaðór] *s. m.* fisherman.

pescar [peskár] *v. tr.* (peces) to
   fish.

pescuezo [peskwéθo] *s. m.,
   Anat., fam.* (cogote) neck.

pesebre [peséβre] *s. m.* **1.** (cajón) manger; stall. **2.** (de Navidad) crib.

pesimismo [pesimísmo] *s. m.*
   (escepticismo) pessimism.

pesimista [pesimísta] *adj.* **1.** pes-
   simistic. ‖ *s. m. y f.* **2.** pessimist.

pésimo, -ma [pésimo] *adj.* (ma-
   lísimo) dreadful.

peso [péso] *s. m.* **1.** weight. **2.**
   (carga) burden; load.

pestaña [pestáɲa] *s. f., Anat.*
   eyelash.

peste [péste] *s. f.* **1.** *Med.* plague.
   2. (mal olor) stink.

pestillo [pestíʎo] *s. m.* **1.** (cerrojo) bolt. **2.** (de una cerradura)
   latch.

petaca [petáka] *s. f.* **1.** (para cigarrillos) cigarette case. **2.** (para
   tabaco de liar) tobacco pouch.

pétalo [pétalo] *s. m., Bot.* petal.

petardo [petárðo] *s. m.* (explosivo) firecracker; banger *Br. E.*

peto [péto] *s. m.* **1.** *Hist.* (de armadura) breastplate. **2.** (prenda de vestir) bib.

petrificar [petrifikár] *v. tr.* **1.** to petrify. ‖ **petrificarse** *v. prnl.* **2.** to become petrified.

petróleo [petróleo] *s. m.* oil; petroleum.

pez [péθ] *s. m., Zool.* fish.

pezón [peθón] *s. m.* nipple.

pezuña [peθúɲa] *s. f., Zool.* hoof.

piadoso, -sa [pjaðóso] *adj.* (devoto) devout; pious.

piano [pjáno] *s. m. Mús.* piano.

piar [pjár] *v. intr.* to chirp.

picado, -da [pikáðo] *adj.* **1.** (material) pricked. **2.** (carne) mince.

picadura [pikaðúra] *s. f.* **1.** (de insecto, reptil) bite. **2.** (de abeja) sting.

picante [pikánte] *adj.* **1.** (comida) hot. **2.** *fig.* (comentario) spicy.

picaporte [pikapórte] *s. m.* **1.** (pomo) door handle. **2.** (mecanismo) latch.

picar [pikár] *v. tr.* **1.** (agujerear) to puncture; to prick. **2.** (insecto, reptil) to bite. **3.** (abeja) to sting. **4.** (cortar) to chop. **5.** (carne) to mince *Br. E.* ‖ *v. intr.* **6.** (escocer) to itch.

picardía [pikarðía] *s. f.* (astucia) craftiness; roguery.

pichón, -na [pitʃón] *s. m. y f.* **1.** *Zool.* (de paloma) young pigeon. **2.** *Gastr.* pigeon.

picnic [píknik] *s. m.* picnic.

pico [píko] *s. m.* **1.** *Zool.* beak; bill. **2.** (punta) corner.

picor [pikór] *s. m.* itch.

pie [pjé] *s. m.* **1.** foot. **2.** (base) base; stand. ‖ **pies** *s. m. pl.* **3.** feet.

piedad [pjeðáð] *s. f.* (lástima) mercy; pity.

piedra [pjéðra] *s. f.* **1.** (canto) stone. **2.** (roca) rock.

piel [pjél] *s. f.* **1.** skin. **2.** (cuero) leather. **3.** (fruta, patata) peel.

pienso [pjénso] *s. m.* fodder; feed.

pierna [pjérna] *s. f., Anat.* leg.

pieza [pjéθa] *s. f.* **1.** piece. **2.** *Tecnol.* part.

pijama [piχáma] *s. m.* pajamas *pl. Am. E.*; pyjamas *pl. Br. E.*

pila¹ [píla] *s. f.* (montón) pile.

pila² [píla] *s. f.* **1.** (lavadero) basin. **2.** (fregadero) sink.

píldora [píldora] *s. f., Farm.* pill.

pillar [piʎár] *v. tr.* **1.** (atrapar) to catch. **2.** (robar) to plunder.

pillo, -lla [píʎo] *adj.* **1.** *fam.* (travieso) roguish; rascally. **2.** (astuto) shrewd.

piloto [pilóto] *adj.* **1.** pilot. ‖ *s. m.* **2.** (de avión, barco) pilot. **3.** (de coches) driver.

pimentón [pimentón] *s. m., Bot.* **1.** (dulce) paprika. **2.** (picante) cayenne pepper.

pimienta [pimjénta] *s. f.* (especia) pepper.

pimiento [pimjénto] *s. m., Bot.* (planta y fruto) pepper.

pinar [pinár] *s. m.* pinewood.

pincel [pinθél] *s. m.* (arte) paintbrush.

pincelada [pinθeláða] *s. f.* (trazo) brush stroke.

pinchadiscos [pintʃaðískos] *s. m. inv., fam.* disc jockey; DJ.

pinchar [pintʃár] *v. tr.* **1.** (punzar) to prick. **2.** (una rueda) to puncture.

pingüino [piŋgwíno] *s. m., Zool.* (ave) penguin.

pino [píno] *s. m.* **1.** *Bot.* (árbol) pine tree. **2.** *Bot.* (madera) pine.

pinta¹ [pínta] *s. f.* (mancha) spot; mark.

pinta² [pínta] *s. f.* (medida) pint.

pintar [pintár] *v. tr.* **1.** (dar color) to paint. **2.** (dibujar) to draw. ‖ *v. intr.* **3.** to paint. ‖ **pintarse** *v. prnl.* **4.** (maquillarse) to make up.

pintaúñas [pintaúɲas] *s. m. inv.* (esmalte de uñas) nail polish.

pintor, -ra [pintór] *s. m. y f.* painter.

pintura [pintúra] *s. f.* **1.** (cuadro) painting. **2.** (material) paint.

pinza [pínθa] *s. f.* **1.** clothespin *Am. E.;* clothes peg *Br. E.* **2.** (para el pelo) bobby pin *Am. E.;* hairpin *Br. E.* ‖ **pinzas** *s. f. pl.* **3.** (para depilar) tweezers.

piña [píɲa] *s. f.* **1.** *Bot.* (del árbol) pine cone. **2.** *Bot.* (fruta) pine-apple.

piñón [piɲón] *s. m., Bot.* pinekernel; pine nut.

piojo [pjóxo] *s. m.* **1.** *Zool.* louse. ‖ **piojos** *s. m. pl.* **2.** *Zool.* lice.

pipa¹ [pípa] *s. f.* **1.** (de fumar) pipe. **2.** (tonel) hogshead; large barrel.

pipa² [pípa] *s. f.* **1.** *Bot.* (pepita de girasol) seed. **2.** *Bot.* (de la fruta) pip.

pipí [pipí] *s. m.* **1.** *fam.* (orina) pee. **2.** *Amér., fam.* (pene) weenie *Am. E.*

pirata [piráta] *adj.* **1.** pirate. **2.** (clandestino) bootleg. ‖ *s. m.* **3.** pirate.

piratería [piratería] *s. f.* piracy.

piropo [pirópo] *s. m., fam.* compliment; flattering comment.

piruleta [piruléta] *s. f.* lollipop.

pis [pís] *s. m.* pee.

pisar [pisár] *v. tr.* **1.** (con el pie) to tread on; to step on. **2.** (pisotear) to press.

piscina [pisθína] *s. f.* swimming pool.

piso [píso] *s. m.* **1.** (suelo) floor. **2.** (vivienda) apartment *Am. E.;* flat *Br. E.*

pisotear [pisoteár] *v. tr.* (pisar) to trample; to stamp on.

pista [písta] *s. f.* **1.** (superficie) track. **2.** (rastro) trail. **3.** (indicio) trace; clue.

pistacho [pistátʃo] *s. m., Bot.* pistachio nut; pistachio.

pistola [pistóla] *s. f.* (arma) gun; pistol.

pitar [pitár] *v. tr.* **1.** (pito) to blow. **2.** *Dep.* (arbitrar) to referee. ‖ *v. intr.* **3.** to blow a whistle; to whistle.

pitillo [pitíʎo] *s. m.* cigarette.

pito [píto] *s. m.* whistle.

pizarra [piθára] *s. f.* **1.** *Miner.* slate. **2.** (encerado) blackboard.

pizca [píθka] *s. f., fam.* pinch.

pizza [pítsa] *s. f., Gastr.* pizza.

pizzería [pitsería] *s. f.* pizzeria.

placa [pláka] *s. f.* **1.** plate. **2.** (conmemorativa) plaque. **3.** (de policía) badge.

placer¹ [plaθér] *v. tr.* (agradar) to please.

placer² [plaθér] *s. m.* **1.** pleasure; delight. **2.** (divertimento) enjoyment.

plaga [pláva] *s. f.* **1.** plague. **2.** *Agr.* pest.

plan [plán] *s. m.* **1.** plan. **2.** (proyecto) project.

plana [plána] *s. f.* (de periódico) page.

planchar [plantʃár] *v. tr.* (la ropa) to iron.

planear¹ [planeár] *v. tr.* to plan.

planear² [planeár] *v. intr.* (un avión, pájaro) to glide.

planeta [planéta] *s. m., Astron.* planet.

planificación [planifikaθjón] *s. f.* planning.

plano, -na [pláno] *adj.* **1.** flat; level. **2.** (liso) smooth. ‖ *s. m.* **3.** *Mat.* plane. **4.** (mapa) map.

planta [plánta] *s. f.* **1.** *Anat.* (del pie) sole. **2.** *Bot.* plant. **3.** (piso) floor.

plantación [plantaθjón] *s. f.* **1.** *Agr.* plantation. **2.** (acción) planting.

plantar [plantár] *v. tr.* **1.** *Bot.* to plant. **2.** *fig.* (a alguien) to jilt.

plantear [planteár] *v. tr.* to plan.

plantilla [plantíʎa] *s. f.* **1.** (para zapatos) insole. **2.** (empleados) staff.

plasmar [plasmár] *v. tr.* (dar forma) to shape.

plástico, -ca [plástiko] *s. m.* plastic.

plata [pláta] *s. f.* **1.** *Quím.* silver. **2.** *Amér.* (dinero) money.

plataforma [platafórma] *s. f.* platform.

plátano [plátano] *s. m.* **1.** *Bot.* (fruta) banana. **2.** *Bot.* (árbol) plane tree.

plática [plátika] *s. f.*, *Amér.* (charla) talk; chat.

platicar [platikár] *v. intr.* to talk.

plato [pláto] *s. m.* **1.** plate; dish. **2.** (en las comidas) course.

playa [plája] *s. f.* **1.** beach. **2.** (orilla) sea-shore.

plaza [pláθa] *s. f.* **1.** (de un pueblo o ciudad) square. **2.** (sitio) room.

plazo [pláθo] *s. m.* (periodo de tiempo) term.

plebe [pléβe] *s. f.* **1.** (pueblo) people *pl.* **2.** (chusma) plebs *pl.*

plegar [pleɣár] *v. tr.* **1.** (doblar) to fold; to bend. ‖ **plegarse** *v. prnl.* **2.** *fig.* (ceder) to yield.

pleito [pléjto] *s. m.* **1.** *Der.* lawsuit; litigation. **2.** (riña) dispute.

plenitud [plenitúð] *s. f.* (apogeo) plenitude; fullness.

pleno, -na [pléno] *adj.* (lleno) full; complete.

pliego [pljéɣo] *s. m.* (hoja) sheet (of paper).

pliegue [pljéɣe] *s. m.* **1.** (doblez) fold; crease. **2.** (en costura) pleat.

plomada [plomáða] *s. f.* (plomo) plumb.

plomo [plómo] *s. m.* **1.** (metal) lead. **2.** *Electrón.* (fusible) fuze.

pluma [plúma] *s. f.*, *Zool.* (ave) feather.

plural [plurál] *adj.* **1.** plural. ‖ *s. m.* **2.** *Ling.* plural.

población [poβlaθjón] *s. f.* **1.** (habitantes) population. **2.** (ciudad) town; city.

poblar [poβlár] *v. tr.* **1.** (con gente) to settle; to people. **2.** (habitar) to inhabit.

pobre [póβre] *adj.* **1.** poor. ‖ *s. m. y f.* **2.** pauper. **3.** (mendigo) beggar.

pocilga [poθílɣa] *s. f.* pigsty.

pócima [póθima] *s. f.* **1.** potion. **2.** *pey.* (brebaje) concoction.

poco, -ca [póko] *adj. indef.* (también pron.) **1.** (en singular) little. **2.** (en plural) few. ‖ *adv. c.* **3.** (+ verbo) not a lot. .

podar [poðár] *v. tr.* to prune.

poder[1] [poðér] *s. m.* power.

poder[2] [poðér] *v. tr.* **1.** (capacidad) can; to be able to. **2.** (permiso) can; may. **3.** (ser posible) to be possible.

podrido, -da [poðríðo] *adj.* (pocho) rotten; putrid.

poema [poéma] *s. m.*, *Lit.* poem.

poesía [poesía] *s. f.* **1.** *Lit.* (género) poetry; verse. **2.** *Lit.* (poema) poem.

polémica [polémika] *s. f.* (controversia) controversy.

polen [pólen] *s. m.*, *Bot.* pollen.

poleo [póleo] *s. m.*, *Bot.* (infusión) pennyroyal.

policía [poliθía] *s. f.* **1.** (cuerpo) police. **2.** (mujer) policewoman. ‖ *s. f.* **3.** (hombre) policeman; bobby *Br. E.*, *coll.*

políglota [políɣlota] *s. m. y f.* (habla varias lenguas) polyglot.

polígono [políɣono] *s. m.* **1.** *Mat.* polygon. **2.** (zona) zone.

polilla [políʎa] *s. f.*, *Zool.* moth.

política [polítika] *s. f.* **1.** politics *sing.* **2.** (estrategia) policy.

póliza [póliθa] *s. f.* **1.** (de seguro) policy. **2.** (sello) fiscal stamp.

polizón [poliθón] *s. m.*, *Náut.* (en un barco) stowaway.

pollo [póʎo] *s. m.* chicken.

polo[1] [pólo] *s. m.* **1.** *Fís.* y *Geogr.* pole. **2.** *fig.* (helado) Popsicle *Am. E.* (marca registrada); ice lolly *Br. E.*

polo[2] [pólo] *s. m.* **1.** *Dep.* polo. **2.** (niqui) polo shirt.

polvo [pólβo] *s. m.* **1.** dust. **2.** *Gastr.* y *Quím.* powder.

polvorón [polβorón] *s. m.*, *Gastr.* floury sweet with almonds (at Christmas time).

pomada [pomáða] *s. f.* ointment.

pomelo [pomélo] *s. m.*, *Bot.* (fruta) grapefruit.

pompa [pómpa] *s. f.* **1.** (burbuja) bubble. **2.** (ostentación) splendor; pomp.

pómulo [pómulo] *s. m.*, *Anat.* (hueso) cheekbone.

ponche [pónt∫e] *s. m.* (bebida) punch.

poncho [pónt∫o] *s. m.*, *Amér.* (capa) poncho.

ponderar [ponderár] *v. tr.* **1.** (considerar) to ponder; to weigh. **2.** (exagerar) to exaggerate.

poner [ponér] *v. tr.* **1.** to put. **2.** (colocar) to place.

poniente [ponjénte] *s. m.* (viento) westwind.

popa [pópa] *s. f.*, *Náut.* stern.

popular [populár] *adj.* **1.** (famoso) popular. **2.** (cultura) folk.

por [pór] *prep.* **1.** (causa) because of. **2.** (indicando el agente) by. **3.** (a través de) through; by; via. **4.** (medio) over. **5.** (lugar indeterminado) around; over. **6.** (finalidad) for. **7.** (proporción) per; to. **8.** (multiplicado por) by. **9.** (en juramentos) by.

porcelana [porθelána] *s. f.* (cerámica) porcelain; china.

porcentaje [porθentáχe] *s. m.* (tanto por ciento) percentage; percent.

porche [pórt∫e] *s. m.* porch.

porción [porθjón] *s. f.* portion.

pormenor [pormenór] *s. m.* (detalle) detail; particular.

pornografía [pornoɣrafía] *s. f.* pornography.

poro [póro] *s. m.*, *Anat.* pore.

porque [pórke] *conj. caus.* because; for.

porqué [porké] *s. m.* why; reason.

porquería [porkería] *s. f.* **1.** *fam.* (suciedad) dirt; filth. **2.** *fig.* (de poco valor) rubbish.

porra [pŏra] *s. f.* (palo) bludgeon.

porrazo [pŏráθo] *s. m.* blow.

porrón [pŏrón] *s. m.* (de vino) glass wine bottle with a long spout.

portada [portáða] *s. f.* **1.** *Arq.* front; façade. **2.** (de libro) title page. **3.** (de periódico) front page. **4.** (de revista) cover.

portal [portál] *s. m.* (zaguán) porch.

portarretrato [portaŕetráto] *s. m.* frame; photo frame.

portarse [portárse] *v. prnl.* (comportarse) to behave; to act.

portátil [portátil] *adj.* **1.** portable. ‖ *s. m.* **2.** (ordenador) portable computer.

portavoz [portaβóθ] *s. m. y f.* **1.** (hombre) spokesman. **2.** (mujer) spokewoman.

portento [porténto] *s. m.* (prodigio) wonder; prodigy.

portero, -ra [portéro] *s. m. y f.* **1.** (de una vivienda) porter; doorkeeper. **2.** (conserje) janitor *Am. E.*

pórtico [pórtiko] *s. m.* **1.** *Arq.* portico. **2.** *Arq.* (galería) arcade.

porvenir [porβenír] *s. m.* future.

posada [posáða] *s. f.* **1.** (mesón) boarding house; inn. **2.** (alojamiento) hospitality.

posar [posár] *v. tr.* (en el suelo) to lay down.

poseer [poseér] *v. tr.* (tener) to own; to possess.

posible [posíβle] *adj.* **1.** possible. **2.** (factible) feasible.

posición [posiθjón] *s. f.* **1.** position. **2.** (social) standing.

positivo, -va [positíβo] *adj.* positive.

poso [póso] *s. m.* dregs *pl.*.

posponer [posponér] *v. tr.* (aplazar) to postpone; to table *Am. E.*

postal [postál] *s. f.* (tarjeta) postcard.

poste [póste] *s. m.* **1.** pole. **2.** (columna) pillar.

póster [póster] *s. m.* poster.

posteridad [posteriðáð] *s. f.* posterity.

posterior [posterjór] *adj.* **1.** (lugar) posterior; back. **2.** (tiempo) later.

postigo [postíɣo] *s. m.* **1.** (puerta) wicket. **2.** (de una ventana) shutter.

postilla [postíʎa] *s. f.* scab.

postizo, -za [postíθo] *adj.* false.

postre [póstre] *s. m., Gastr.* dessert.

postura [postúra] *s. f.* **1.** (del cuerpo) posture; pose. **2.** (actitud) attitude.

potable [potáβle] *adj.* (bebible) drinkable.

potaje [potáχe] *s. m., Gastr.* (con legumbres) vegetable soup (generally with pulses).

potencia [poténθja] *s. f.* power.

potente [poténte] *adj.* **1.** powerful. **2.** (poderoso) mighty.

potro [pótro] *s. m., Zool.* colt.

poyo [pójo] *s. m.* stone bench (built against the wall at the front door).

pozo [póθo] *s. m.* **1.** (para sacar agua) well. **2.** *Miner.* shaft.

practicar [praktikár] *v. tr.* to practice.

prado [prádo] *s. m.* meadow.

precario, -ria [prekárjo] *adj.* (peligroso) precarious; unstable.

precaver [prekaβér] *v. tr.* (prevenir) to prevent.

preceder [preθeðér] *v. tr. e intr.* (ir delante) to precede; to go before.

precintar [preθintár] *v. tr.* to seal.

precio [préθjo] *s. m.* **1.** price. **2.** (valor) value.

precioso, -sa [preθjóso] *adj.* **1.** (valioso) precious. **2.** *fig.* (bonito) beautiful; pretty.

precipicio [preθipíθjo] *s. m., Geogr.* (barranco) cliff.

preciso, -sa [preθíso] *adj.* **1.** precise. **2.** (necesario) essential; necessary. **3.** (exacto) exact.

precoz [prekóθ] *adj.* precocious.

predecesor, -ra [preðeθesór] *s. m. y f.* (antecesor) predecessor.

predecir [preðeθír] *v. tr.* (presagiar) to predict.

predestinar [preðestinár] *v. tr.* (preelegir) to predestinate.

predicar [preðikár] *v. tr. e intr., Rel.* (evangelizar) to preach.

predisponer [preðisponér] *v. tr.* (contra algo o alguien) to predispose.

predominar [preðominár] *v. tr.* to predominate; to prevail.

prefabricado, -da [prefaβrikáðo] *adj.* prefabricated.

preferir [preferír] *v. tr.* to prefer.

prefijo [prefíχo] *s. m.* **1.** *Ling.* prefix. **2.** (telefónico) area code.

pregonar [preγonár] *v. tr.* **1.** (promulgar) to proclaim. **2.** (una noticia) to make public.

pregunta [preγúnta] *s. f.* (cuestión) question.

preguntar [preγuntár] *v. tr.* **1.** to ask; to question. **2.** (interrogar) to interrogate.

prejuzgar [preχuθγár] *v. tr.* (preconcebir) to prejudge.

preliminar [preliminár] *adj.* (antecedente) preliminary; introductory.

prematuro, -ra [prematúro] *adj.* (precoz) premature.

premeditar [premeðitár] *v. tr.* (planear) to premeditate.

premio [prémjo] *s. m.* **1.** award; prize. **2.** (recompensa) reward; recompense.

prenda [prénda] *s. f.* **1.** (garantía) pledge. **2.** (ropa) garment.

prendarse [prendárse] *v. prnl.* (enamorarse) to fall in love.

prendedor [prendeðór] *s. m.* brooch; pin.

prender [prendér] *v. tr.* **1.** (agarrar) to seize. **2.** (preso) to take.

prensa [prénsa] *s. f.* press.

prensar [prensár] *v. tr.* (comprimir) to press.

preocupar [preokupár] *v. tr.* (inquietar) to worry.

preparar [preparár] *v. tr.* **1.** to prepare. || **prepararse** *v. prnl.* **2.** (formarse) to prepare.

preposición [preposiθjón] *s. f., Ling.* preposition.

presa [présa] *s. f.* **1.** (animal) prey. **2.** (dique) dam; dyke.

presagiar [presaxjár] *v. tr.* (predecir) to predict; to presage.

prescindir [presθindír] *v. intr.* **1.** (de algo) to do without. **2.** (omitir) to omit.

presenciar [presenθjár] *v. tr.* **1.** (estar presente) to be present at. **2.** (ver) to witness.

presentar [presentár] *v. tr.* **1.** to present. **2.** (mostrar) to display. **3.** (a personas) to introduce.

presente [presénte] *adj.* **1.** present. || *s. m.* **2.** (momento actual) present; the here and now. **3.** *form.* (regalo) gift.

presentir [presentír] *v. tr.* (presagiar) to have a feeling.

preservar [preserβár] *v. tr.* (proteger) to protect; to preserve.

preservativo, -va [preserβatíβo] *s. m.* (condón) condom; sheath.

presidir [presiðír] *v. tr.* **1.** (dirigir) to preside over. || *v. intr.* **2.** to preside.

presionar [presjonár] *v. tr.* (botón) to press.

prestar [prestár] *v. tr.* **1.** (dejar prestado) to lend; to loan. **2.** (pedir prestado) to borrow. **3.** (ayuda) to give.

prestigio [prestíxjo] *s. m.* prestige.

presumir [presumír] *v. tr.* **1.** (suponer) to presume; to suppose. || *v. intr.* **2.** (alardear) to boast.

presupuesto [presupwésto] *s. m.* **1.** (cálculo) estimate. **2.** *Econ.* budget.

pretender [pretendér] *v. tr.* **1.** (intentar) to try. **2.** (querer) to want.

pretexto [pretéksto] *s. m.* **1.** pretext. **2.** (excusa) excuse.

prevalecer [preβaleθér] *v. intr.* (predominar) to prevail.

prevenir [preβenír] *v. tr.* **1.** (precaver) to prevent. **2.** (impedir) to forestall. **3.** (advertir) to warn.

prever [preβér] *v. tr.* (anticipar) to foresee; to anticipate.

primavera [primaβéra] *s. f.* spring.

primer [primér] *adj. num. ord.* first. •Apocopated form of "primero", used before a. m. n.

primero, -ra [priméro] *adj. num. ord.* (también pron. num. y s. m. y f.) **1.** first. **2.** (fila) front. ‖ *adv. t.* **3.** (en primer lugar) first.

primitivo, -va [primitíβo] *adj.* primitive.

primo, -ma [prímo] *s. m. y f.* (familiar) cousin.

primogénito, -ta [primoχénito] *adj. y s. m. y f.* first-born.

primor [primór] *s. m.* **1.** (habilidad) skill; care. **2.** (belleza) beauty; loveliness.

princesa [prinθésa] *s. f.* princess.

principal [prinθipál] *adj.* **1.** main; principal. **2.** (jefe) chief. **3.** (más destacado) foremost.

príncipe [prínθipe] *s. m.* prince.

principio [prinθípjo] *s. m.* (comienzo) beginning; start.

prioridad [prjoriðáð] *s. f.* (preferencia) priority.

prisa [prísa] *s. f.* (rapidez) hurry.

prisión [prisjón] *s. f.* prison; jail.

prisma [prísma] *s. m.* **1.** *Fís.* prism. **2.** *Mat.* prism.

privar [priβár] *v. tr.* **1.** (despojar) to deprive. **2.** (prohibir) to forbid.

privilegio [priβiléχjo] *s. m.* (ventaja) privilege.

proa [próa] *s. f.*, *Náut.* prow.

probable [proβáβle] *adj.* (posible) probable; likely.

probador, -ra [proβaðór] *s. m.* (en tiendas) fitting room; changing room *Br. E.*

probar [proβár] *v. tr.* **1.** to prove. **2.** (experimentar) to experiment. **3.** (demostrar) to demonstrate.

problema [proβléma] *s. m.* problem.

procedencia [proθeðénθja] *s. f.* (origen) origin; source.

proceder[1] [proθeðér] *v. intr.* **1.** to proceed. **2.** (provenir) to come from.

proceder[2] [proθeðér] *s. m.*, *form.* (comportamiento) behavior; conduct *frml.*

procesar [proθesár] *v. tr.* **1.** to process. **2.** *Der.* (enjuiciar) to prosecute.

proceso [proθéso] *s. m.* **1.** process. **2.** (transcurso) course. **3.** *Der.* trial; suit.

proclamar [proklamár] *v. tr.* to proclaim.

procrear [prokreár] *v. intr.* (engendrar) to procreate; to breed.

procurar [prokurár] *v. tr.* **1.** (intentar) to try. **2.** (proporcionar) to get.

prodigar [proðiɣár] *v. tr.* to lavish.

prodigio [proðíxjo] *s. m.* **1.** prodigy. **2.** (maravilla) wonder; marvel. **3.** (portento) portent.

producir [proðuθír] *v. tr.* (generar) to produce.

producto [proðúkto] *s. m.* **1.** product. **2.** *Agr.* (fruto) produce.

profanar [profanár] *v. tr.* **1.** to desecrate; to profane. **2.** (deshonrar) to dishonor.

profecía [profeθía] *s. f.* (presagio) prophecy.

profesar [profesár] *v. tr.* **1.** (ejercer) to practice. ‖ *v. intr.* **2.** *Rel.* to take religious vows.

profesión [profesjón] *s. f.* (trabajo) profession.

profesor, -ra [profesór] *s. m. y f.* **1.** (de escuela) teacher. **2.** (de universidad) professor *Am. E.;* lecturer *Br. E.*

profeta [proféta] *s. m.* prophet.

profundo, -da [profúndo] *adj.* (hondo) deep.

profusión [profusjón] *s. f.* profusion.

programa [proɣráma] *s. m.* **1.** program. **2.** (plan) scheme.

programar [proɣramár] *v. tr.* **1.** to program. **2.** (planificar) to plan; to schedule.

progresar [proɣresár] *v. intr.* (evolucionar) to progress.

prohibir [projβir] *v. tr.* to prohibit; to ban; to forbid.

prójimo [próximo] *s. m.* (semejante) fellow man.

prole [próle] *s. f.* offspring.

proletario, -ria [proletárjo] *adj. y s. m. y f.* proletarian.

prólogo [próloɣo] *s. m.* prolog.

prolongar [prolonɣár] *v. tr.* **1.** (alargar) to extend. **2.** (hacer durar) to prolong. ‖ **prolongarse** *v. prnl.* **3.** (alargarse) to extend.

promedio [proméðjo] *s. m.* (media) average.

prometer [prometér] *v. tr.* **1.** to promise. ‖ *v. intr.* **2.** (dar tu palabra) to show promise.

promover [promoβér] *v. tr.* **1.** to promote. **2.** (ascender) to raise.

pronosticar [pronostikár] *v. tr.* **1.** (predecir) to predict; to foretell. **2.** *Meteor.* to forecast.

prontitud [prontitúð] *s. f.* (diligencia) promptness.

pronto, -ta [prónto] *adj.* **1.** quick; prompt. **2.** (preparado) ready. ‖ *adv. t.* **3.** (temprano) early. **4.** (en poco tiempo) soon; quickly.

pronunciar [pronunθjár] *v. tr.* **1.** to pronounce. **2.** (articular) to enunciate.

propagar [propaγár] *v. tr.* (divulgar) to spread; to propagate.

propicio, -cia [propíθjo] *adj.* (favorable) propitious; favorable.

propiedad [propjeðáð] *s. f.* **1.** (posesión) ownership. **2.** (cosa poseída) property.

propina [propína] *s. f.* tip.

propio, -pia [própjo] *adj.* **1.** (posesión) own. **2.** (peculiar) peculiar.

proponer [proponér] *v. tr.* **1.** to propose; suggest. **2.** (ofrecer) to offer.

proporcionar [proporθjonár] *v. tr.* **1.** to proportion. **2.** (dar) to afford; to supply.

propósito [propósito] *s. m.* **1.** (objetivo) aim. **2.** (intención) intention.

propuesta [propwésta] *s. f.* (sugerencia) proposal; proposition.

propulsar [propulsár] *v. tr.* (vehículo) to propel; to power.

prorrogar [prořoγár] *v. tr.* **1.** (alargar) to extend. **2.** (aplazar) to postpone.

prosa [prósa] *s. f., Lit.* prose.

proseguir [proseγír] *v. tr.* (continuar) to continue.

prosperar [prosperár] *v. tr.* (mejorar) to prosper; to thrive.

prosperidad [prosperiðáð] *s. f.* (bonanza) prosperity.

prostitución [prostituθjón] *s. f.* prostitution.

protagonista [protaγonísta] *s. m. y f.* **1.** protagonist. **2.** *Cinem., Teatr.* y *Lit.* main character.

proteger [proteχér] *v. tr.* (defender) to protect.

prótesis [prótesis] *s. f. inv., Med.* (ortopedia) prosthesis.

protesta [protésta] *s. f.* protest; outcry.

protestante [protestánte] *adj.* y *s. m.* y *f., Rel.* Protestant.

protestar [protestár] *v. tr.* e *intr.* (quejarse) to protest.

protocolo [protokólo] *s. m.* protocol.

prototipo [prototípo] *s. m.* **1.** (norma) prototype. **2.** (modelo) model.

protuberancia [protuβeránθja] *s. f.* (bulto) protuberance.

provecho [proβétʃo] *s. m.* **1.** benefit. **2.** *Econ.* (ganancia) profit.

proveer [proβeér] *v. tr.* **1.** (surtir) to provide; to supply. ǁ **proveerse** *v. prnl.* **2.** (aprovisionarse) to get provisions.

provenir [proβenír] *v. intr.* **1.** (proceder) to come. **2.** (originarse) to spring; to originate.

proverbio [proβérβjo] *s. m.* (refrán) proverb.

provincia [proβíɲθja] *s. f.* province.

provisión [proβisjón] *s. f.* **1.** (suministro) provision. || **provisiones** *s. f. pl.* **2.** (suministros) provisions; supplies.

provisional [proβisjonál] *adj.* provisional; temporary.

provocar [proβokár] *v. tr.* (incitar) to provoke; to instigate.

próximo, -ma [próysimo] *adj.* **1.** (siguiente) next; following. **2.** (cercano) near; close.

proyectar [projektár] *v. tr.* **1.** to project. **2.** (planear) to plan. screen. **4.** (diseñar) to design. **5.** (luz) to cast. || **proyectarse** *v. prnl.* **6.** to project oneself.

proyectil [projektíl] *s. m.* (bala) projectile; missile *Am. E.*

proyecto [projékto] *s. m.* **1.** plan. **2.** (idea) project; idea.

prudencia [pruδénθja] *s. f.* **1.** prudence. **2.** (discreción) discretion.

prueba [prwéβa] *s. f.* **1.** proof. **2.** (examen) test. **3.** (de ropa) fitting.

psicología [sikoloχía] *s. f.* psychology.

púa [púa] *s. f.* **1.** *Zool.* (de un erizo) spine; quill. **2.** (de peine) tooth. **3.** (de alambre) barb.

pubertad [puβertáð] *s. f.* (adolescencia) puberty.

publicar [puβlikár] *v. tr.* **1.** to publish. **2.** (divulgar) to divulge.

publicidad [puβliθiðáð] *s. f.* **1.** publicity. **2.** *Econ.* advertizing.

público, -ca [púβliko] *adj.* **1.** (notorio) public. || *s. m.* **2.** (audiencia) public; audience.

pudor [puðór] *s. m.* (recato) modesty; shyness.

pudrir [puðrír] *v. tr.* **1.** to rot; to decay. || **pudrirse** *v. prnl.* **2.** to rot; to decay.

pueblo [pwéβlo] *s. m.* **1.** (población) village; small town. **2.** (gente) people; folk.

puente [pwénte] *s. m.* bridge.

puerco, -ca [pwérko] *adj.* **1.** dirty; piggish. || *s. m.* **2.** *Zool., Amér.* (cerdo) pig; hog.

puerro [pwéro] *s. m., Bot.* leek.

puerta [pwérta] *s. f.* **1.** door. **2.** (de jardín) gate.

puerto [pwérto] *s. m.* **1.** *Náut.* port; harbor. **2.** *Geogr.* (de montaña) mountain pass.

pues [pwés] *conj.* **1.** *form.* (causa) for; since. **2.** (consecuencia) then. **3.** (duda) well.

puesto, -ta [pwésto] *adj.* **1.** (colocado) placed. || *s. m.* **2.** (lugar) place.

pujar¹ [puχár] *v. tr.* (pugnar) to struggle.

pujar² [puχár] *v. intr.* (con dinero) to bid; to outbid.

pulcro, -cra [púlkro] *adj.* neat.

pulga [púlɣa] *s. f., Zool.* flea.

pulgada [pulɣáða] *s. f.* inch.

pulgar [pulɣár] *s. m., Anat.* (dedo de la mano) thumb.

pulir [pulír] *v. tr.* **1.** *Tecnol.* to polish. **2.** (embellecer) to beautify.

pulmón [pulmón] *s. m., Anat.* (órgano) lung.

pulpa [púlpa] *s. f.* pulp.

pulpo [púlpo] *s. m., Zool.* (molusco) octopus.

pulsar [pulsár] *v. tr.* **1.** (botón) to press. **2.** (timbre) to ring.

pulsera [pulséra] *s. f.* bracelet.

pulso [púlso] *s. m.* **1.** *Anat.* pulse. **2.** (firmeza en la mano) steady hand.

pulverizar [pulβeriθár] *v. tr.* **1.** (un sólido) to pulverize; to powder. **2.** (líquido) to spray.

puma [púma] *s. m., Zool.* puma.

punta [púnta] *s. f.* **1.** tip. **2.** (afilada) point. **3.** (extremo) end. **4.** (clavo) nail.

puntapié [puntapjé] *s. m.* kick.

puntería [puntería] *s. f.* aim.

punto [púnto] *s. m.* **1.** point. **2.** *Ling.* (señal) dot. **3.** (costura) stitch. **4.** (lugar) spot; place.

puntual [puntwál] *adj.* punctual.

puntualizar [puntwaliθár] *v. tr.* (precisar) to specify.

puntuar [puntuár] *v. tr.* **1.** (examen) to grade *Am. E.*; to mark *Br. E.* **2.** *Ling.* to punctuate.

punzar [punθár] *v. tr.* **1.** (pinchar) to prick; to pierce. **2.** *Med.* to puncture.

puñado [puɲáðo] *s. m.* handful.

puñal [puɲál] *s. m.* dagger.

puño [púɲo] *s. m.* **1.** *Anat.* fist. **2.** (de camisa) cuff. **3.** (de bastón) handle.

pupila [pupíla] *s. f., Anat.* pupil.

pupitre [pupítre] *s. m.* desk.

puré [puré] *s. m., Gastr.* purée.

pureza [puréθa] *s. f.* purity.

puro, -ra [púro] *adj.* **1.** pure. **2.** (casto) chaste. ‖ *s. m.* **3.** (cigarro) cigar.

púrpura [púrpura] *s. f.* purple.

pus [pús] *s. m.* pus.

putrefacción [putrefakθjón] *s. f.* putrefaction.

puzle [púθle] *s. m.* puzzle.

q

q [kú] *s. f.* (letter) q.

que [ké] *pron. rel.* **1.** that; which (object); who (person). ‖ *conj. compl.* **2.** that. ‖ *conj. comp.* **3.** than.

qué [ké] *adj. int.* **1.** what; which. ‖ *adj. excl.* **2.** what a... ‖ *pron. int.* **3.** what. ‖ *pron. excl.* **4.** how.

quedar [keðár] *v. intr.* **1.** (permanecer) to remain; to stay. **2.** (sobrar) to be left. ‖ **quedarse** *v. prnl.* **3.** (en un sitio) to remain. **4.** (estarse parado) to stand.

quejarse [keχárse] *v. prnl.* **1.** to complain. **2.** (de dolor) to groan.

quejido [keχíðo] *s. m.* groan.

quemadura [kemaðúra] *s. f.* **1.** *Med.* (por fuego, ácido) burn. **2.** (por líquido caliente) scald.

quemar [kemár] *v. tr.* **1.** (consumir) to burn. **2.** (con líquido caliente) to scald. ‖ **quemarse** *v. prnl.* **3.** (persona) to burn.

querer[1] [kerér] *s. m.* love.

querer[2] [kerér] *v. tr.* **1.** (amar) to love. **2.** (desear) to want; to wish. **3.** (gustar) to like. **4.** (cosas) to desire.

queso [késo] *s. m.* cheese.

quien [kjén] *pron. rel.* **1.** who; that; whom. ‖ *pron. indef.* **2.** whoever.

quién [kjén] *pron. int.* (también pron. excl.) **1.** who. **2.** (+ prep.) whom. ‖ **de ~** whose.

quienquiera [kjenkjéra] *pron. indef.* (+ frase relativa) whoever.

quieto, -ta [kjéto] *adj.* still.

quietud [kjetúð] *s. f.* **1.** (sin movimiento) stillness. **2.** *fig.* (calma) calm; peace.

quince [kínθe] *adj. num. card. inv.* (también pron. num. y s. m.) **1.** fifteen. ‖ *adj. num. ord. inv.* (también pron. num.) **2.** fifteenth; fifteen.

quinceañero, -ra [kinθeañéro] *adj. y s. m. y f.* fifteen-year-old.

quiniela [kinjéla] *s. f.* **1.** (juego) sports lottery *Am. E.*; pools *Br. E.* **2.** (boleto) sports lottery ticket *Am. E.*; pools coupon *Br. E.*

quinientos, -tas [kinjéntos] *adj. num. card.* five hundred.

quinto, -ta [kínto] *adj. num. ord.* **1.** fifth; five. ‖ *adj. num. ord.* **2.** fifth.

quiosco [kjósko] *s. m.* kiosk; newsstand.

quirófano [kirófano] *s. m.* operating room *Am. E.*; operating theatre *Br. E.*

quisquilla [kiskíʎa] *s. f., Zool.* shrimp.

quiste [kíste] *s. m., Med.* cyst.

quitaesmalte [kitaesmáḻte] *s. m.* nail polish remover.

quitamanchas [kitamántʃas] *s. m. inv.* (sacamanchas) stain remover.

quitar [kitár] *v. tr.* **1.** to remove. **2.** (apartar) to take away.

quizá o quizás [kiθá] *adv. dud.* maybe; perhaps.

r [ére] *s. f.* (letra) r.

rábano [rábano] *s. m., Bot.* (planta) radish.

rabia [rábja] *s. f.* **1.** *Med.* rabies *sing.* **2.** *fig.* (ira) rage; anger.

rabiar [rabjár] *v. intr.* **1.** *Med.* to have rabies. **2.** (enfadarse) to rage; to get angry. ‖ **~ por** (desear) to be dying for.

rabo [rábo] *s. m.* **1.** *Zool.* (cola) tail. **2.** *Bot.* stalk.

racha [rátʃa] *s. f.* **1.** (de viento) gust of wind; squall. **2.** *fig. y fam.* (temporada) spell.

racimo [raθímo] *s. m.* bunch.

raciocinio [raθjoθínjo] *s. m.* **1.** reason. **2.** (razonamiento) reasoning.

ración [raθjón] *s. f.* portion.

racionar [raθjonár] *v. tr.* (restringir) to ration.

radiador [raðjaðór] *s. m.* radiator.

radiar [raðjár] *v. tr.* **1.** (por radio) to broadcast; to radio. **2.** *Med.* to X-ray.

radicar [raðikár] *v. intr.* **1.** to take root. **2.** (estar situado) to be situated.

radio¹ [ráðjo] *s. m.* **1.** *Mat.* radius. **2.** (de una rueda) spoke. **3.** *Anat.* radius.

radio² [ráðjo] *s. f.* (aparato) radio.

radio³ [ráðjo] *s. m., Quím.* radium.

raer [raér] *v. tr.* to scrape (off).

ráfaga [ráfaɣa] *s. f.* **1.** (de viento) gust. **2.** (de luz) flash.

raíl [raíl] *s. m.* (de tren) rail.

raíz [raíθ] *s. f.* **1.** *Bot.* root. **2.** (origen) origin.

raja [ráxa] *s. f.* **1.** (grieta) crack; split. **2.** (trozo de fruta) slice.

rajar [raxár] *v. tr.* **1.** to split; to cleave. **2.** (agrietar) to crack. ‖ *v. intr.* **3.** *fig. y fam.* (hablar mucho) to babble on. ‖ **rajarse** *v. prnl.* **4.** to split; to cleave.

rallar [raʎár] *v. tr., Gastr.* to grate.

rama [ráma] *s. f.* branch.

ramal [ramál] *s. m.* **1.** (cuerda) strand. **2.** *Geogr.* branch.

ramo [rámo] *s. m.* **1.** (de árbol, ciencia) branch. **2.** (de flores) bouquet.

rampa [rámpa] *s. f.* ramp.

rana [rána] *s. f., Zool.* frog.

rancho [rántʃo] *s. m.* **1.** *Mil.* (comida) mess; food. **2.** (granja) ranch *Am E.*

rango [ráŋgo] *s. m.* **1.** (categoría) status. **2.** *Mil.* rank.

ranura [ranúra] *s. f.* **1.** groove. **2.** (de una máquina) slot.

rapar [rapár] *v. tr.* to shave.

rape [rápe] *s. m., Zool.* (pescado) goosefish *Am. E.*; monkfish.

rápido, -da [rápiðo] *adj.* **1.** fast; quick. ‖ *adv.* **2.** quickly.

rapiña [rapíɲa] *s. f.* (pillaje) robbery; pillage.

raposo, -sa [r̄apóso] s. m. y f., fam., Zool. (zorro) fox.

raptar [r̄aptár] v. tr. (secuestrar) to kidnap; to abduct.

rapto [r̄ápto] s. m. (secuestro) kidnapping; abduction.

raqueta [r̄akéta] s. f., Dep. racket.

raro, -ra [r̄áro] adj. **1.** rare. **2.** (extraño) weird; odd.

ras [r̄ás] s. m. level.

rascacielos [r̄askaθjélos] s. m. inv. (edificios muy altos) skyscraper.

rascar [r̄askár] v. tr. **1.** to scratch. **2.** (raspar) to scrape.

rasgar [r̄asɣár] v. tr. to tear; to rip.

rasgo [r̄ásɣo] s. m. characteristic.

rasguño [r̄asɣúɲo] s. m. scratch.

raspa [r̄áspa] s. f. **1.** (trigo) beard. **2.** (pescado) backbone.

raspar [r̄aspár] v. tr. **1.** to scrape. **2.** (arañar) to scratch.

rastrear [r̄astreár] v. tr. **1.** (seguir el rastro) to trail; to track. **2.** (averiguar algo) to trace; to find out.

rastro [r̄ástro] s. m. **1.** (herramienta) rake. **2.** (huella) trace; sign.

rastrojo [r̄astróχo] s. m. stubble.

rata [r̄áta] s. f., Zool. rat.

ratificar [r̄atifikár] v. tr. to ratify.

ratón [r̄atón] s. m. **1.** Zool. mouse. **2.** Inform. mouse.

ratona [r̄atóna] s. f., Zool. female mouse.

raya[1] [r̄ája] s. f. **1.** (línea) line. **2.** (de color) stripe. **3.** (del pelo) part Am. E.; parting Br. E.

raya[2] [r̄ája] s. f., Zool. (pez) skate; ray; rayfish.

rayar [r̄ajár] v. tr. **1.** (un papel) to line. **2.** (en tela) to stripe. **3.** (estropear) to scratch.

rayo [r̄ájo] s. m. **1.** (del sol) ray; beam. **2.** Meteor. lightning.

raza [r̄áθa] s. f. **1.** race. **2.** (de animal) breed.

razón [r̄aθón] s. f. **1.** reason. **2.** (motivo) motive; cause.

razonar [r̄aθonár] v. intr. (argumentar) to reason.

re [r̄é] s. m., Mús. **1.** (nota) D. **2.** (solfeo) ray.

reaccionar [r̄eakθjonár] v. intr. (ante un problema) to react.

real[1] [r̄eál] adj. (verdadero) real.

real[2] [r̄eál] adj. (del rey) royal.

realce [r̄eálθe] s. m. **1.** (relieve) relief. **2.** fig. (esplendor) splendor.

realidad [r̄ealiðáð] s. f. **1.** reality. **2.** (verdad) truth.

realizar [r̄ealiθár] v. tr. **1.** (llevar a cabo) to carry out; to execute. **2.** (cumplir) to fulfill; to realize.

realzar [r̄ealθár] v. tr. **1.** to raise. **2.** fig. (embellecer) to enhance; to heighten.

reanimar [r̄eanimár] v. tr. (avivar) to revive.

reanudar [r̄eanuðár] *v. tr.* (retomar) to resume.

rebanada [r̄eβanáða] *s. f.* slice.

rebañar [r̄eβañár] *v. tr.* **1.** (limpiar) to wipe clean. **2.** *fam.* (comida) to mop up; to finish off.

rebaño [r̄eβáño] *s. m.* **1.** herd. **2.** *Zool.* (de ovejas) flock.

rebasar [r̄eβasár] *v. tr.* (exceder) to exceed; to go beyond.

rebatir [r̄eβatír] *v. tr.* to refute.

rebelarse [r̄eβelárse] *v. prnl.* (insubordinarse) to rebel; to revolt; to rise up.

rebelde [r̄eβélde] *adj.* **1.** rebellious. **2.** (niño) unruly. || *s. m. y f.* **3.** rebel.

reblandecer [r̄eβlandeθér] *v. tr.* **1.** to soften. || **reblandecerse** *v. prnl.* **2.** (ablandarse) to soften; to become soft.

reborde [r̄eβórðe] *s. m.* flange.

rebosar [r̄eβosár] *v. intr.* **1.** (líquido) to overflow. **2.** (abundar) to abound.

rebotar [r̄eβotár] *v. intr.* (botar) to bounce.

rebozar [r̄eβoθár] *v. tr.*, *Gastr.* (empanar) to cover with batter.

rebuscar [r̄eβuskár] *v. tr.* to search.

rebuznar [r̄eβuθnár] *v. intr.* (el burro) to bray.

recado [r̄ekáðo] *s. m.* **1.** message. **2.** (encargo) errand.

recaer [r̄ekaér] *v. intr.*, *Med.* (empeorar) to relapse.

recalcar [r̄ekalkár] *v. tr.* (acentuar) to stress; to emphasize.

recámara [r̄ekámara] *s. f.*, *Amér.* bedroom.

recambio [r̄ekámbjo] *s. m.* (repuesto) spare part.

recapacitar [r̄ekapaθitár] *v. tr.* (reflexionar) to reconsider.

recapitular [r̄ekapitulár] *v. tr.* (revisar) to recapitulate.

recargar [r̄ekarɣár] *v. tr.* **1.** (volver a cargar) to reload. **2.** (sobrecargar) to overload.

recaudar [r̄ekawðár] *v. tr.* (recolectar) to collect.

recelar [r̄eθelár] *v. tr.* to suspect.

receta [r̄eθéta] *s. f.* **1.** *Gastr.* recipe. **2.** *Med.* prescription.

recetar [r̄eθetár] *v. tr.*, *Med.* (prescribir) to prescribe.

rechazar [r̄etʃaθár] *v. tr.* **1.** (repeler) to repel. **2.** (rehusar) to refuse.

rechazo [r̄etʃáθo] *s. m.* rejection.

rechinar [r̄etʃinár] *v. intr.* **1.** to creak; to squeak. **2.** (dientes) to grind; to gnash.

recibidor [r̄eθiβiðór] *s. m.* (vestíbulo) entrance hall.

recibir [r̄eθiβír] *v. tr.* to receive.

recibo [r̄eθíβo] *s. m.* receipt.

reciente [r̄eθjénte] *adj.* **1.** recent. **2.** (fresco) fresh.

recipiente [r̄eθipjénte] *s. m.* container.

recíproco, -ca [r̄eθíproko] *adj.* (mutuo) reciprocal.

recitar [r̄eθitár] *v. tr.* to recite.

reclamar [r̄eklamár] *v. tr.* **1.** to claim; to demand. ‖ *v. intr.* **2.** (quejarse) to complaint.

reclamo [r̄eklámo] *s. m.* (señuelo) lure; decoy.

reclinar [r̄eklinár] *v. tr.* to recline.

recluir [r̄eklwír] *v. tr.* **1.** (en la cárcel) to imprison. **2.** (en un psiquiátrico) to confine.

recluta [r̄eklúta] *s. m. y f., Mil.* (soldado) recruit.

reclutar [r̄eklutár] *v. tr.* (enrolar) to recruit.

recobrar [r̄ekoβrár] *v. tr.* **1.** (recuperar) to recover. **2.** (rescatar) to get back. ‖ **recobrarse** *v. prnl.* **3.** (recuperarse) to recover.

recoger [r̄ekoχér] *v. tr.* **1.** (levantar) to pick up. **2.** (reunir) to collect.

recolectar [r̄ekolektár] *v. tr.* **1.** (reunir) to collect. **2.** *Agr.* (cosecha) to harvest.

recomendar [r̄ekomendár] *v. tr.* **1.** to recommend. **2.** (aconsejar) to advise.

recompensa [r̄ekompénsa] *s. f.* (premio) reward; recompense.

recomponer [r̄ekomponér] *v. tr.* (arreglar) to repair; to mend.

reconciliar [r̄ekonθiljár] *v. tr.* **1.** to reconcile. ‖ **reconciliarse** *v. prnl.* **2.** (contentarse) to be reconciled; to make up.

recóndito, -ta [r̄ekóndito] *adj.* (secreto) hidden; innermost.

reconfortar [r̄ekomfortár] *v. tr.* (aliviar) to comfort.

reconocer [r̄ekonoθér] *v. tr.* **1.** to recognize; to identify. **2.** (admitir) to admit.

reconquistar [r̄ekoŋkistár] *v. tr.* (recuperar) to reconquer; to recapture; to regain.

reconstruir [r̄ekonstrwír] *v. tr.* (recomponer) to reconstruct; to rebuild.

recopilar [r̄ekopilár] *v. tr.* (reunir) to compile.

récord [r̄ékor] *s. m. inv.* record.

recordar [r̄ekorðár] *v. tr.* **1.** (rememorar) to remember. **2.** (a otro) to remind.

recorrer [r̄ekor̄ér] *v. tr.* (atravesar) to traverse.

recortar [r̄ekortár] *v. tr.* (cortar) to cut out.

recrear [r̄ekreár] *v. tr.* (divertir) to entertain; to amuse.

recriminar [r̄ekriminár] *v. tr.* (echar en cara) to recriminate.

rectángulo [r̄ektáŋgulo] *s. m., Mat.* rectangle.

rectificar [r̄ektifikár] *v. tr.* (enmendar) to rectify.

recto, -ta [ṛékto] *adj.* **1.** (derecho) straight. **2.** *fig.* (honesto) upright; honest.

recuadro [ṛekwáðro] *s. m.* box.

recuento [ṛekwénto] *s. m.* (cómputo) recount.

recuerdo [ṛekwérðo] *s. m.* (memoria) memory; remembrance.

recuperar [ṛekuperár] *v. tr.* (recobrar) to recover; to regain.

recurrir [ṛekuṛír] *v. intr., Der.* (apelar) to appeal.

recurso [ṛekúrso] *s. m.* resort.

red [ṛéð] *s. f.* **1.** net. **2.** (de comunicación) network; system.

redactar [ṛeðaktár] *v. tr.* **1.** (escribir) to write. **2.** (un acuerdo) to draw up.

redimir [ṛeðimír] *v. tr.* to redeem.

redondear [ṛeðondeár] *v. tr.* **1.** to round. **2.** (una cantidad) to round off.

redondel [ṛeðondél] *s. m.* ring.

redondo, -da [ṛeðóndo] *adj.* **1.** (circular) round. **2.** *fig.* (perfecto) perfect.

reducir [ṛeðuθír] *v. tr.* to reduce.

reembolsar [ṛeembolsár] *v. tr.* **1.** to reimburse. **2.** (una deuda) to pay back.

reemplazar [ṛeemplaθár] *v. tr.* (sustituir) to replace.

reestreno [ṛeestréno] *s. f.* revival.

referencia [ṛeferénθja] *s. f.* (mención) reference.

referéndum [ṛeferéndun] *s. m., Polít.* referendum.

referir [ṛeferír] *v. tr.* **1.** (contar) to recount. **2.** (relacionar) to refer; to relate. ‖ **referirse** *v. prnl.* (a algo) **3.** (aludir) to refer to.

reflejar [ṛefleχár] *v. tr.* to reflect.

reflexionar [ṛefleysjonár] *v. intr.* (recapacitar) to reflect.

reformar [ṛeformár] *v. tr.* **1.** reform. **2.** *Albañ.* to renovate.

reforzar [ṛeforθár] *v. tr.* (fortalecer) to reinforce; to strengthen.

refrán [ṛefrán] *s. m.* (dicho) proverb; saying.

refrescar [ṛefreskár] *v. tr.* to refresh; to cool.

refresco [ṛefrésko] *s. m.* (bebida) soft drink.

refrigerar [ṛefriχerár] *v. tr.* (enfriar) to refrigerate; to cool.

refuerzo [ṛefwérθo] *s. m.* reinforcement.

refugiar [ṛefuχjár] *v. tr.* **1.** to shelter. ‖ **refugiarse** *v. prnl.* **2.** (esconderse) to take refuge; to shelter.

refugio [ṛefúχjo] *s. m.* **1.** refuge. **2.** (protección) shelter.

refutar [ṛefutár] *v. tr.* to refute.

regadera [ṛeɣaðéra] *s. f.* **1.** watering can. **2.** *Amér.* (ducha) showering.

regalar [ṛeɣalár] *v. tr.* to give.

regalo [ṛeɣálo] *s. m.* gift.

regañar [r̄eɣaɲár] v. tr. **1.** fam. to scold. ‖ v. intr. **2.** to quarrel.

regar [r̄eɣár] v. tr. to water.

regazo [r̄eɣáθo] s. m., Anat. lap.

régimen [r̄éximen] s. m. **1.** Polít. regime; system. **2.** (dieta) diet.

región [r̄exjón] s. f. region.

regir [r̄exír] v. tr. (gobernar) to govern; to rule.

registrar [r̄existrár] v. tr. **1.** (examinar) to examine. **2.** (buscar) to search; to inspect.

regla [r̄éɣla] s. f. **1.** (para medir) ruler. **2.** (norma) rule.

regocijarse [r̄eɣoθíxárse] v. prnl. (alegrarse) to rejoice; to be delighted.

regocijo [r̄eɣoθíxo] s. m. **1.** (alegría) joy. **2.** (júbilo) rejoicing.

regresar [r̄eɣresár] v. intr. (volver) to return.

reguero [r̄eɣéro] s. m. trickle.

regular[1] [r̄eɣulár] adj. regular.

regular[2] [r̄eɣulár] v. tr. **1.** (medir) to regulate. **2.** (ajustar) to adjust.

rehacer [r̄eaθér] v. tr. **1.** (volver a hacer) to redo. **2.** (reformar) to make over.

rehén [r̄eén] s. m. y f. hostage.

rehuir [r̄euír] v. tr. **1.** (rechazar) to shun. **2.** (eludir) to shirk.

rehusar [r̄eusár] v. tr. to refuse.

reinar [r̄ejnár] v. intr. to reign.

reincidir [r̄ejnθiðir] v. intr. (recaer) to relapse; to fall back.

reino [r̄éjno] s. m. kingdom.

reintegrar [r̄ejntɣrár] v. tr. (reponer) to reinstate; to restore.

reír [r̄eír] v. intr. **1.** to laugh. ‖ **reírse** v. prnl. **2.** to laugh.

reiterar [r̄ejterár] v. tr. (repetir) to reiterate.

reivindicar [r̄ejβiɲdikár] v. tr. (pedir) to claim; to demand.

reja[1] [r̄éxa] s. f., Agr. plowshare Am. E.

reja[2] [r̄éxa] s. f. (en ventana) grille.

relación [r̄elaθjón] s. f. **1.** relation; relationship. **2.** (conexión) connection.

relacionar [r̄elaθjonár] v. tr. **1.** to relate; to connect. ‖ **relacionarse** v. prnl. **2.** (con algo) to be related. **3.** (con alguien) to get acquainted.

relajar [r̄elaxár] v. tr. **1.** to relax. ‖ **relajarse** v. prnl. **2.** to relax.

relámpago [r̄elámpaɣo] s. m., Meteor. flash (of lighting).

relatar [r̄elatár] v. tr. **1.** (narrar) to relate; to narrate. **2.** (hacer relación) to report.

relativo, -va [r̄elatíβo] adj. (referente) relative.

relato [r̄eláto] s. m. (cuento) story; tale.

relevar [r̄eleβár] v. tr. to relieve.

relieve [r̄eljéβe] s. m. **1.** (arte) relief. **2.** fig. (importancia) prominence.

religión [reliχjón] *s. f.* religion.

relinchar [relintʃár] *v. intr.* (caballos) to neigh; to whinny.

reliquia [relíkja] *s. f.* relic.

rellano [reʎáno] *s. m.* landing.

rellenar [reʎenár] *v. tr.* **1.** (volver a llenar) to refill; to top up. **2.** *Gastr.* to stuff.

reloj [relóχ] *s. m.* **1.** (de pulsera) watch. **2.** (de pared) clock.

relucir [reluθír] *v. intr.* (brillar) to shine; to shimmer; to glitter.

relumbrar [relumbrár] *v. intr.* (resplandecer) to shine brightly; to gleam.

remachar [rematʃár] *v. tr.* **1.** to rivet. **2.** (clavos) to clinch.

remar [remár] *v. intr., Dep.* (bote) to row.

remediar [remeðjár] *v. tr.* to remedy.

remendar [remendár] *v. tr.* (zurcir) to mend.

remitir [remitír] *v. tr.* **1.** to remit; to send. **2.** (referir) to refer.

remo [rémo] *s. m.* (instrumento) oar; paddle.

remojar [remoχár] *v. tr.* to soak.

remolacha [remolátʃa] *s. f., Bot.* beet *Am. E.*; beetroot *Br. E.*

remolcar [remolkár] *v. tr.* (un vehículo) to tow.

remolino [remolíno] *s. m.* **1.** eddy. **2.** (de agua) whirlpool. **3.** (de polvo) whirl.

remoto, -ta [remóto] *adj.* remote.

remover [remoβér] *v. tr.* to stir.

remunerar [remunerár] *v. tr.* (pagar) to pay; to remunerate *frml.*; to reward

renacuajo [renakwáχo] *s. m., Zool.* (de rana) tadpole.

rencor [renkór] *s. m.* **1.** rancor. **2.** (resentimiento) resentment.

rendija [rendíχa] *s. f.* **1.** (grieta) crack; crevice. **2.** (hueco) gap.

rendir [rendír] *v. tr.* **1.** (cansar) to exhaust. **2.** (vencer) to conquer. **3.** (producir) to yield.

Renfe [rémfe] *sigla* (Red Nacional de Ferrocarriles Españoles) Spanish National Railroad.

renovar [renoβár] *v. tr.* **1.** to renew. **2.** *Arq.* to renovate. ‖ **renovarse** *v. prnl.* **3.** to be renewed.

renta [rénta] *s. f.* **1.** (beneficio) income. **2.** (alquiler) rent.

renunciar [renunθjár] *v. tr.* **1.** to renounce. ‖ *v. intr.* **2.** to resign.

reñir [reɲír] *v. tr.* **1.** (regañar) to scold. ‖ *v. intr.* **2.** (discutir) to quarrel.

reo [réo] *s. m. y f.* **1.** (culpable) culprit. **2.** *Der.* (inculpado) accused; defendant.

reorganizar [reorγaniθár] *v. tr.* (reajustar) to reorganize.

reparar [reparár] *v. tr.* **1.** to repair; to mend. **2.** (compensar) to compensate.

reparo [r̄epáro] *s. m.* **1.** (arreglo) repair. **2.** (objeción) objection.

repartir [r̄epartír] *v. tr.* **1.** to deliver. **2.** (distribuir) to distribute.

repasar [r̄epasár] *v. tr.* (revisar) to review *Am. E.;* to revise *Br. E.;* to go over.

repaso [r̄epáso] *s. m.* (revisión) review *Am. E.;* revision *Br. E.*

repeler [r̄epelér] *v. tr.* to repel.

repente, de [r̄epénte] *loc. adv. t.* suddenly; all at once.

repercutir [r̄eperkutír] *v. intr.* **1.** (resonar) to resound; to echo. **2.** (rebotar) to rebound.

repertorio [r̄epertórjo] *s. m.* (catálogo) repertoire.

repetir [r̄epetír] *v. tr. e intr.* (reiterar) to repeat.

repicar [r̄epikár] *v. tr.* (las campanas) to peal; to ring out.

repisa [r̄epísa] *s. f.* ledge; shelf.

replicar [r̄eplikár] *v. intr.* **1.** (contestar) to retort; to reply. **2.** (poner objeciones) to answer back.

repoblar [r̄epoβlár] *v. tr.* **1.** to repopulate. **2.** (río) to restock. **3.** (de árboles) reforest *Am. E.*

repollo [r̄epóʎo] *s. m., Bot.* (verdura) cabbage.

reponer [r̄eponér] *v. tr.* (restituir) to replace; to restore.

reportaje [r̄eportáχe] *s. m.* **1.** (en periódicos, revistas) article. **2.** (en televisión) report.

reposar [r̄eposár] *v. intr.* (descansar) to rest; to repose.

reprender [r̄eprendér] *v. tr.* (regañar) to scold; to tell off *coll.*

represalia [r̄epresálja] *s. f.* (venganza) reprisal.

representar [r̄epresentár] *v. tr.* **1.** to represent. **2.** *Teatr.* (una obra) to perform..

reprimir [r̄eprimír] *v. tr.* (contener) to repress.

reprobar [r̄eproβár] *v. tr.* **1.** (cosa) to condemn. **2.** (persona) to reprove.

reprochar [r̄eprotʃár] *v. tr.* (recriminar) to reproach.

reproducir [r̄eproðuθír] *v. tr.* to reproduce.

reptil [r̄eptíl] *adj.* **1.** *Zool.* reptile. ‖ *s. m.* **2.** *Zool.* reptile.

república [r̄epúβlika] *s. f., Polít.* republic.

repudiar [r̄epuðjár] *v. tr.* (repeler) to repudiate.

repuesto [r̄epwésto] *s. m.* (recambio) spare part.

repugnar [r̄epugnár] *v. tr.* **1.** to repel. **2.** (asquear) nauseate. ‖ *v. intr.* **3.** to be repugnant.

repulsa [r̄epúlsa] *s. f.* (rechazo) rebuff; rejection.

repulsión [r̄epulsjón] *s. f.* (aversión) repulsion.

reputación [r̄eputaθjón] *s. f.* (nombre) reputation..

requerir [r̄ekerír] *v. tr.* **1.** (necesitar) to require. **2.** (solicitar) to request.

requesón [r̄ekesón] *s. m., Gastr.* curd cheese; cottage cheese.

requisar [r̄ekisár] *v. tr.* (confiscar) to requisition.

requisito [r̄ekisíto] *s. m.* (condición) requirement; requisite.

res [r̄és] *s. f.* **1.** (animal) beast. **2.** (vaca) head of cattle.

resaca [r̄esáka] *s. f.* **1.** *Náut.* undercurrent. **2.** (por exceso de alcohol) hangover.

resaltar [r̄esaltár] *v. intr.* (acentuarse) to stand out; to jut (out).

resarcir [r̄esarθír] *v. tr.* (compensar) to compensate.

resbalar [r̄esβalár] *v. intr.* **1.** (deslizarse) to slide. **2.** (caerse) to slip.

rescatar [r̄eskatár] *v. tr.* **1.** (liberar) to rescue. **2.** (recuperar un objeto) to recover.

rescate [r̄eskáte] *s. m.* **1.** (liberación) rescue; salvage. **2.** (dinero) ransom.

rescindir [r̄esθindír] *v. tr.* (cancelar) to rescind; to cancel.

reseco, -ca [r̄eséko] *adj.* parched.

resentimiento [r̄esentimjénto] *s. m.* (resquemor) resentment.

reseña [r̄eséɲa] *s. f.* review.

reserva [r̄esérβa] *s. f.* **1.** (repuesto) reserve. **2.** (reservación) reservation.

reservar [r̄eserβár] *v. tr.* **1.** (guardar) to keep; to set by; to save. **2.** (billete, habitación) to reserve; to book.

resfriado [r̄esfriáðo] *s. m.* cold.

resfriar [r̄esfriár] *v. tr.* **1.** (enfriar) to cool. ‖ **resfriarse** *v. prnl.* **2.** to catch a cold.

resguardar [r̄esɣwarðár] *v. tr.* (defender) to protect; to shield.

residencia [r̄esiðénθja] *s. f.* **1.** (domicilio) residence. **2.** (de estudiantes) dormitory *Am. E.*; hall of residence *Br. E.*

residir [r̄esiðír] *v. intr.* (habitar, vivir) to live; to reside *frml.*

residuo [r̄esíðwo] *s. m.* residue.

resignarse [r̄esignárse] *v. prnl.* to resign oneself [Resígnate a perder el juego. *Resign yourself to losing the game.*]

resistir [r̄esistír] *v. tr.* **1.** to resist. **2.** (soportar) to bear. ‖ *v. intr.* **3.** to resist.

resolver [r̄esolβér] *v. tr.* **1.** to solve; to resolve. **2.** (decidir) to decide; to resolve.

resonar [r̄esonár] *v. intr.* **1.** (retumbar) to resound. **2.** (haber eco) to echo.

resoplar [r̄esoplár] *v. intr.* **1.** (por cansancio) to puff. **2.** (por enfado) to snort.

resorte [r̄esórte] *s. m.* (muelle) spring.

respaldar [r̄espaḷdár] *v. tr., fig.* (apoyar) to back; to support.

respetar [r̄espetár] *v. tr.* (acatar) to respect.

respirar [r̄espirár] *v. intr.* to breathe.

respiro [r̄espíro] *s. m.* breath.

resplandecer [r̄esplandeθér] *v. intr.* (brillar) to shine.

resplandor [r̄esplandór] *s. m.* **1.** brilliance. **2.** (de fuego) glow; blaze.

responder [r̄espondér] *v. tr.* (contestar) to answer.

respuesta [r̄espwésta] *s. f.* (contestación) answer; reply.

resta [r̄ésta] *s. f., Mat.* (sustracción) subtraction.

restablecer [r̄estaβleθér] *v. tr.* **1.** to reestablish. ‖ **restablecerse** *v. prnl.* **2.** (curarse) to recuperate; to recover.

restar [r̄estár] *v. tr.* **1.** (deducir) to deduct. **2.** *Mat.* to subtract.

restaurante [r̄estawránte] *s. m.* (mesón) restaurant.

restaurar [r̄estawrár] *v. tr.* to restore.

restituir [r̄estituír] *v. tr.* **1.** (devolver algo) to return. **2.** (restablecer) to restore.

restringir [r̄estriŋxír] *v. tr.* (acotar) to restrict.

resucitar [r̄esuθitár] *v. tr., Med.* (revivir) to resuscitate.

resultar [r̄esuḷtár] *v. intr.* **1.** to result. **2.** (llegar a ser) to turn out to be.

resumen [r̄esúmen] *s. m.* summary.

resumir [r̄esumír] *v. tr.* (compendiar) to sum up.

retablo [r̄etáβlo] *s. m.* (arte) altarpiece; reredos *sing.*

retaguardia [r̄etawwárðja] *s. f., Mil.* (trasera) rearguard.

retar [r̄etár] *v. tr.* **1.** to challenge. **2.** (desafiar) to defy; to dare.

retardar [r̄etarðár] *v. tr.* (demorar) to retard; to delay.

retazo [r̄etáθo] *s. m.* **1.** (retal) remnant. **2.** (pedazo) scrap.

retener [r̄etenér] *v. tr.* to retain; to keep.

retirar [r̄etirár] *v. tr.* **1.** (quitar) to take away. **2.** (jubilar) to retire. **3.** (retractar) to retract.

retoño [r̄etóɲo] *s. m.* **1.** *Bot.* shoot; sprout. **2.** *fig.* (niño) child.

retoque [r̄etóke] *s. m.* (modificación) retouching.

retorcer [r̄etorθér] *v. tr.* to twist.

retornable [r̄etornáβle] *adj.* (envase) returnable.

retornar [r̄etornár] *v. tr.* **1.** (devolver) to return. ‖ *v. intr.* **2.** (volver) to return; to go back.

retozar [r̄etoθár] *v. intr.* (corretear) to gambol; to frolic.

retractar [r̄etraktár] *v. tr.* **1.** to retract. ‖ **retractarse** *v. prnl.* **2.** (desdecirse) to retract.

retraer [r̄etraér] *v. tr.* (encoger) to retract.

retrasar [r̄etrasár] *v. tr.* to delay; to retard.

retratar [r̄etratár] *v. tr.* **1.** (en un cuadro) to paint a portrait of. **2.** (en foto) to photograph.

retroceder [r̄etroθeðér] *v. intr.* (dar marcha atrás) to go back.

retroceso [r̄etroβéso] *s. m.* (movimiento) backward movement; retirement.

retumbar [r̄etumbár] *v. intr.* **1.** (tronar) to rumble. **2.** (resonar) to resound.

reúma o reuma [r̄eúma] *s. m., Med.* rheumatism.

reunión [r̄ewnjón] *s. f.* **1.** meeting. **2.** (fiesta) party.

reunir [r̄ewnír] *v. tr.* **1.** (juntar) to join. **2.** (volver a unir) to re-unite. ‖ **reunirse** *v. prnl.* **3.** (juntarse) to gather.

revelar [r̄eβelár] *v. tr.* **1.** to reveal. **2.** (secreto) to disclose; to unveil *fig.* **3.** *Fot.* to develop.

reventa [r̄eβénta] *s. f.* **1.** resale. **2.** (de entradas) touting.

reventar [r̄eβentár] *v. tr. e intr.* (estallar) to burst; to explode.

reverencia [r̄eβeréŋθja] *s. f.* (inclinación) bow.

reversible [r̄eβersíβle] *adj.* reversible.

revés [r̄eβés] *s. m.* **1.** back; wrong side. **2.** *fig.* (contrariedad) reverse.

revisar [r̄eβisár] *v. tr.* **1.** to check; to revise. **2.** (hacer una revisión) to service.

revista [r̄eβísta] *s. f.* (publicación) magazine.

revivir [r̄eβiβír] *v. intr.* to revive.

revocar [r̄eβokár] *v. tr., Der.* (una ley) to revoke.

revolcar [r̄eβolkár] *v. tr.* (derribar) to knock down.

revolotear [r̄eβoloteár] *v. intr.* (mariposear) to flutter; to hover.

revoltoso, -sa [r̄eβoltóso] *adj.* **1.** (travieso) naughty. **2.** (rebelde) unruly.

revolucionar [r̄eβoluθjonár] *v. tr.* (alterar) to revolutionize.

revolver [r̄eβolβér] *v. tr.* **1.** (mezclar) to jumble; to mix. **2.** (desordenar) to disturb.

revólver [r̄eβólβer] *s. m.* revolver.

rey [r̄éj] *s. m.* (monarca) king.

rezar [r̄eθár] *v. tr., Rel.* to pray.

ría [r̄ía] *s. f., Geogr.* ria; estuary.

riada [r̄jáða] *s. f.* flood.

ribera [r̄iβéra] *s. f.* **1.** (de río) bank. **2.** (de mar) shore.

rico, -ca [r̄íko] *adj.* **1.** (con dinero) rich; well-off. **2.** (comida) delicious; nice.

ridiculizar [r̄iðikuliθár] v. tr. (mofarse) to ridicule; to mock.

ridículo [r̄iðíkulo] adj. (absurdo) ridiculous.

riego [r̄jéɣo] s. m. **1.** Agr. irrigation. **2.** (aspersión) watering.

rienda [r̄jénda] s. f. rein.

riesgo [r̄jésɣo] s. m. risk; danger.

rifar [r̄ifár] v. tr. to raffle.

rígido [r̄íxiðo] adj. **1.** rigid; stiff. **2.** fig. (severo) strict; inflexible.

rigor [r̄iɣór] s. m. rigor; strictness.

rima [r̄íma] s. f. rhyme.

rincón [r̄iŋkón] s. m. corner; nook.

riña [r̄íɲa] s. f. **1.** (pelea) brawl. **2.** (discusión) quarrel; dispute.

riñón [r̄iɲón] s. m., Anat. kidney.

río [r̄ío] s. m., Geogr. river.

riqueza [r̄ikéθa] s. f. (fortuna) wealth; riches pl.

risa [r̄ísa] s. f. laugh; laughter.

risco [r̄ísko] s. m., Geogr. (peñasco) crag; cliff.

risueño, -ña [r̄iswéɲo] adj. **1.** (alegre) cheerful. **2.** (sonriente) smiling.

ritmo [r̄ítmo] s. m. rhythm.

rival [r̄iβál] adj. **1.** rival. || s. m. y f. **2.** (adversario) rival.

rizar [r̄iθár] v. tr. (pelo) to curl.

robar [r̄oβár] v. tr. **1.** (atracar) to rob. **2.** (un objeto) to steal. **3.** (en casa) to burgle.

roble [r̄óβle] s. m. **1.** Bot. (madera) oak. **2.** Bot. (árbol) oak tree.

robusto, -ta [r̄oβústo] adj. (fuerte) robust; strong.

roca [r̄óka] s. f. rock.

roce [r̄óθe] s. m. **1.** (fricción) rubbing; friction. **2.** (rasguño) graze.

rocío [r̄oθío] s. m., Meteor. dew.

rodar [r̄oðár] v. intr. **1.** to roll. **2.** Auton. (coche) to run.

rodear [r̄oðeár] v. tr. **1.** to surround; to encircle. || v. intr. **2.** to go around.

rodeo [r̄oðéo] s. m. (desvío) detour Am. E.; diversión

rodilla [r̄oðíʎa] s. f., Anat. knee.

rodillo [r̄oðíʎo] s. m. roller.

roer [r̄oér] v. tr. to gnaw.

rogar [r̄oɣár] v. tr. **1.** (suplicar) to beg; to implore. || v. intr. **2.** Rel. (rezar) to pray.

rojo, -ja [r̄óxo] adj. **1.** red. || s. m. **2.** (color) red.

rollo [r̄óʎo] s. m. **1.** roll. **2.** (de papel) scroll.

romance [r̄ománθe] adj. **1.** Ling. Romance. || s. m. **2.** (aventura amorosa) romance.

rombo [r̄ómbo] s. m., Mat. rhombus.

romero [r̄oméro] s. m., Bot. (especia) rosemary.

romper [r̄ompér] v. tr. **1.** to break. **2.** (tela, papel) to tear. **3.** (en pedazos) to smash.

roncar [roŋkár] *v. intr.* to snore.

ronco, -a [róŋko] *adj.* hoarse.

ronquera [roŋkéra] *s. f.* (carraspera) hoarseness.

ronquido [roŋkíðo] *s. m.* snore; snoring.

roña [róɲa] *s. f.* (porquería) dirt; filth; grime.

ropa [rópa] *s. m.* (indumentaria) clothes *pl.;* clothing.

rosa [rósa] *s. f.* 1. *Bot.* (flor) rose. ‖ *s. m.* 2. (color) pink.

rosal [rosál] *s. m.* 1. (árbol) rosetree. 2. *Bot.* (arbusto) rosebush; rose.

rosario [rosárjo] *s. m., Rel.* (sarta de cuentas) rosary.

rosca [róska] *s. f.* 1. (espiral) coil; spiral. 2. *Gastr.* (bollo) ringshaped roll.

rosquilla [roskíʎa] *s. f., Gastr.* (dulce) kind of donut.

rostro [róstro] *s. m., Anat.* (cara) face.

rotación [rotaθjón] *s. f.* rotation.

roto, -ta [róto] *adj.* 1. broken. 2. (papel, tela) torn.

rotonda [rotónda] *s. f.* traffic circle *Am. E.;* roundabout *Br. E.*

rotulador [rotulaðór] *s. m.* felt-tip pen.

rótulo [rótulo] *s. m.* 1. (título) title. 2. (etiqueta) label.

roturar [roturár] *v. tr.* to plow up.

rozar [roθár] *v. tr.* 1. (tocar) to touch. 2. (frotar) to rub.

rubí [ruβí] *s. m., Miner.* ruby.

rubio, -bia [rúβjo] *adj.* (pelo) fair-haired.

ruborizar [ruβoriθár] *v. tr.* (avergonzar) to blush; to flush.

rudimento [ruðiménto] *s. m.* rudiment.

rudo, -da [rúðo] *adj.* 1. (tosco) rough; coarse. 2. (necio) dull.

rueda [rwéða] *s. f.* wheel.

ruego [rwéɣo] *s. m.* request.

rugido [ruxíðo] *s. m.* roar.

rugoso [ruɣóso] *adj.* rough.

ruido [rwíðo] *s. m.* 1. noise. 2. (sonido) sound.

ruin [rwin] *adj.* (vil) vile; base.

ruina [rwína] *s. f.* ruin.

ruiseñor [rwisenór] *s. m., Zool.* (pájaro) nightingale.

ruleta [ruléta] *s. f.* roulette.

rumbo [rúmbo] *s. m.* (dirección) direction; course.

rumiar [rumjár] *v. tr.* (masticar) to chew.

rumor [rumór] *s. m.* 1. (chisme) rumor. 2. (murmullo) murmur.

ruptura [ruptúra] *s. f.* rupture.

rural [rurál] *adj.* rural; country.

rústico, -ca [rústiko] *adj.* rustic.

ruta [rúta] *s. f.* route; way.

rutina [rutína] *s. f.* 1. routine. 2. (hábito) habit.

s [ése] *s. f.* (letra) s.

sábado [sáβaðo] *s. m.* Saturday.

sábana [sáβana] *s. f.* sheet.

saber¹ [saβér] *s. m.* knowledge.

saber² [saβér] *v. tr.* **1.** to know. **2.** (ser hábil) to be able to; to know how. **3.** (enterarse) to learn.

sable [sáβle] *s. m.* saber.

sabor [saβór] *s. m.* flavor; taste.

sabroso, -sa [saβróso] *adj.* (apetitoso) tasty.

saca [sáka] *s. f.* sack.

sacacorchos [sakakórtʃos] *s. m. inv.* (descorchador) corkscrew.

sacar [sakár] *v. tr.* **1.** to take out. **2.** (obtener) to get.

sacerdote [saθerðóte] *s. m.* (cura) priest.

saciar [saθjár] *v. tr.* to satiate.

saco [sáko] *s. m.* sack; bag.

sacrificar [sakrifikár] *v. tr.* **1.** (inmolar) to sacrifice. **2.** *fig.* (animal) to slaughter.

sacrilegio [sakriléχjo] *s. m.* (profanamiento) sacrilege.

sacristán [sakristán] *s. m., Rel.* verger; sexton.

sacudir [sakuðír] *v. tr.* **1.** to shake. **2.** (golpear) to beat.

saeta [saéta] *s. f.* **1.** (dardo) dart. **2.** (flecha) arrow.

sagaz [saɣáθ] *adj.* **1.** (astuto) astute; shrewd. **2.** (listo) clever.

sagrado, -da [saɣráðo] *adj., Rel.* (santo) holy; sacred.

sagrario [saɣrárjo] *s. m.* **1.** *Rel.* tabernacle. **2.** *Rel.* (capilla) side chappel.

sal [sál] *s. f.* salt.

sala [sála] *s. f.* **1.** room. **2.** (para conferencias) hall. **3.** (de estar) sitting room.

salado, -da [saláðo] *adj.* **1.** (con sal) salted. **2.** (con mucha sal) salty.

salar [salár] *v. tr.* to salt.

salario [salárjo] *s. m.* (sueldo) wage; salary.

salazón [salaθón] *s. m.* salting.

salchicha [saltʃitʃa] *s. f., Gastr.* sausage.

salchichón [saltʃitʃón] *s. m., Gastr.* (similar al salami) seasoned sausage .

saldar [salðár] *v. tr.* (finiquitar) to settle; to pay.

salero [saléro] *s. m.* salt shaker *Am. E.*; saltcellar *Br. E.*

salida [salíða] *s. f.* **1.** (partida) departure. **2.** (de un lugar) exit; way out.

salina [salína] *s. f.* **1.** (mina) salt mine. **2.** (marisma) salt marsh.

salir [salír] *v. intr.* **1.** (personas) to go out. **2.** (transportes) to leave. **3.** (aparecer) to appear.

saliva [salíβa] *s. f.* saliva; spittle.

salmo [sálmo] *s. m., Rel.* psalm.

salmón [salmón] *adj.* **1.** (color) salmon. ‖ *s. m.* **2.** *Zool. y Gastr.* (pez) salmon.

salobre [salóβre] *adj.* **1.** (agua) brackish. **2.** (gusto) briny.

salón [salón] *s. m.* (en una casa) setting room; parlor *Am. E.;* lounge *Br. E.*

salpicar [salpikár] *v. tr.* **1.** to splash. **2.** (esparcir) to spatter.

salsa [sálsa] *s. f.* **1.** *Gastr.* sauce. **2.** (para carne) gravy.

saltamontes [saltamóntes] *s. m. inv., Zool.* grasshopper.

saltar [saltár] *v. intr.* to jump.

salud [salúð] *s. f., Med.* health.

saludar [saluðár] *v. tr.* (decir hola) to greet; to say hello.

salvaje [salβáχe] *adj.* **1.** (animal, planta) wild. **2.** (tribu) savage; uncivilized. ‖ *s. m. y f.* **3.** (primitivo) savage.

salvar [salβár] *v. tr.* **1.** to save; to rescue. **2.** (dificultad) to overcome. ‖ **salvarse** *v. prnl.* **3.** (de un peligro) to escape.

salvavidas [salβaβíðas] *s. m. inv.* (flotador) lifebelt. ‖ **chaleco ~** life jacket.

salvo [sálβo] *prep.* except.

san [sán] *adj.* saint.

sanar [sanár] *v. tr.* **1.** to cure. **2.** (herida) to heal.

sancionar [sanθjonár] *v. tr.* (castigar) to sanction.

sandalia [sandálja] *s. f.* sandal.

sandía [sandía] *s. f., Bot.* (fruta) watermelon.

sándwich [sángwitʃ] *s. m., Gastr.* (emparedado) sandwich.

sangrar [sangrár] *v. tr., Med.* to bleed.

sangre [sángre] *s. f.* blood.

sanidad [saniðáð] *s. f.* **1.** sanitation. **2.** (calidad de sano) health.

santificar [santifikár] *v. tr., Rel.* (beatificar) to sanctify.

santo, -ta [sánto] *adj.* **1.** *Rel.* holy; sacred. ‖ *s. m. y f.* **2.** saint.

santuario [santuárjo] *s. m., Rel.* (templo) sanctuary; shrine.

sapo [sápo] *s. m., Zool.* toad.

saquear [sakeár] *v. tr.* (asaltar) to sack; to plunder.

sardina [sarðína] *s. f., Zool.* (pez) sardine.

sarta [sárta] *s. f.* string.

sartén [sartén] *s. f.* fry pan *Am. E.;* frying pan *Br. E.*

sastre [sástre] *s. m.* tailor.

satélite [satélite] *s. m.* satellite.

sátira [sátira] *s. f., Lit.* satire; skit.

satisfacción [satisfakθjón] *s. f.* (contento, orgullo) satisfaction.

satisfacer [satisfaθér] *v. tr. e intr.* to satisfy.

saturar [saturár] *v. tr.* to saturate.

sauce [sáwθe] *s. m., Bot.* willow.

sauna [sáwna] *s. f.* sauna.

savia [sáβja] *s. f., Bot.* sap.

saxofón [saɣsofón] *s. m., Mús.* (instrumento) saxophone.

sazón [saθón] *s. f.* **1.** (madurez) ripeness. **2.** (época) season.

sazonar [saθonár] *v. tr.* **1.** *Gastr.* (condimentar) to season; to flavor. **2.** (madurar) to ripen.

se [sé] *pron. pers. refl.* **1.** (él) himself. **2.** (ella) herself. **3.** (cosa, animal) itself. **4.** (usted) yourself. **5.** (impersonal) oneself. **6.** (ellos) themselves. **7.** (ustedes) yourselves. || *pron. pers. recípr.* **8.** each other. || *pron. pers. 3ª sing.* **9.** (impersonal) you.

sebo [séβo] *s. m.* grease; fat.

secador [sekaðór] *s. m.* (de pelo) hair-dryer.

secar [sekár] *v. tr.* **1.** to dry. || **secarse** *v. prnl.* **2.** to dry.

seccionar [sekθjonár] *v. tr.* **1.** (fraccionar) to section. **2.** (cortar) to cut; to sever.

seco, -ca [séko] *adj.* **1.** (árido) dry. **2.** (fruto) dried.

secretaría [sekretaría] *s. f.* **1.** (puesto) secretariat. **2.** (oficina) secretary's office.

secretario, -ria [sekretárjo] *s. m. y f.* secretary.

secreto, -ta [sekréto] *adj.* **1.** secret. || *s. m.* **2.** secret.

secta [sékta] *s. f.* sect.

sector [sektór] *s. m.* sector.

secuestrar [sekwestrár] *v. tr.* (raptar) to kidnap.

secundar [sekundár] *v. tr.* (apoyar) to second; to support.

sed [séð] *s. f.* thirst.

seda [séða] *s. f.* silk.

sede [séðe] *s. f.* **1.** (del gobierno) seat. **2.** *Rel.* see.

sedición [seðiθjón] *s. f.* sedition.

sediento, -ta [seðjénto] *adj.* thirsty.

seducir [seðuθír] *v. tr.* **1.** (conquistar) to seduce. **2.** (fascinar) to captivate.

segar [seɣár] *v. tr., Agr.* to reap.

seguido, -da [seɣíðo] *adj.* **1.** (continuo) continuous. **2.** (consecutivo) consecutive.

seguir [seɣír] *v. tr.* **1.** to follow. **2.** (perseguir) to pursue. **3.** (continuar) to continue. || *v. intr.* **4.** (proseguir) to go on.

según [seɣún] *prep.* **1.** according to; on; from; to.

segundo, -da [seɣúndo] *adj. num. ord.* **1.** second; two. || *s. m.* **2.** second.

seguridad [seɣuriðáð] *s. f.* (protección) security.

seguro, -ra [seɣúro] *adj.* **1.** (sin peligro) safe. **2.** (cierto) sure; certain. || *s. m.* **3.** *Econ.* insurance.

seis [séjs] *adj. num. card. inv.* (también *pron. num.* y *s. m.*)

1. six. || *adj. num. ord. inv.* (también pron. num.) **2.** sixth; six.

seiscientos, -tas [sejsθjéntos] *adj. num. card. inv.* (también pron. num., s. m. y adj. num. ord.) six hundred.

seleccionar [selekθjonár] *v. tr.* (elegir) to select; to choose.

sello [séλo] *s. m.* **1.** (de correos) stamp. **2.** (precinto) seal.

selva [sélβa] *s. f.* **1.** (bosque) woods *pl.* **2.** (jungla) jungle.

semáforo [semáforo] *s. m., Autom.* traffic lights.

semana [semána] *s. f.* week.

semblante [semblánte] *s. m.* (cara) face.

sembrar [sembrár] *v. tr.* **1.** to sow. **2.** (con semillas) to seed.

semejante [semeχánte] *adj.* **1.** similar. || *s. m.* **2.** (prójimo) fellow man.

semejanza [semeχánθa] *s. f.* **1.** similarity. **2.** (parecido) resemblance; likeness.

semen [sémen] *s. m., Biol.* (esperma) semen.

semestre [seméstre] *s. m.* (seis meses) semester.

semilla [semíλa] *s. f.* seed.

senado [senáðo] *s. m., Polít.* senate.

sencillo, -lla [senθíλo] *adj.* **1.** simple; plain. **2.** (natural) artless.

senda [sénda] *s. f.* path; track.

sendos, -das [séndos] *adj.* **1.** (cada uno) each. **2.** (ambos) both.

sensación [sensaθjón] *s. f.* **1.** sensation. **2.** (sentimiento) feeling; sense.

sensato, -ta [sensáto] *adj.* (cauto) sensible.

sensible [sensíβle] *adj.* **1.** sensitive. **2.** (perceptible) perceptible.

sentar [sentár] *v. tr.* to sit; to seat.

sentencia [senténθja] *s. f.* (decisión) judgment.

sentido, -da [sentíðo] *adj.* **1.** (sensible) sensitive. || *s. m.* **2.** sense. **3.** (significado) meaning.

sentimental [sentimentál] *adj.* sentimental.

sentimiento [sentimjénto] *s. m.* **1.** feeling. **2.** (dolor) sorrow.

sentir[1] [sentír] *s. m.* **1.** (sentimiento) feeling. **2.** (opinión) opinion; judgment.

sentir[2] [sentír] *v. tr.* **1.** to feel. **2.** (lamentar) to regret. **3.** (oír) to hear.

seña [séṇa] *s. f.* **1.** sign. || **señas** *s. f. pl.* **2.** address *sing.*

señal [seṇál] *s. f.* **1.** sign. **2.** (indicio) indication.

señalar [seṇalár] *v. tr.* **1.** to mark. **2.** (indicar) to point out.

señor, -ra [seṇór] *s. m.* **1.** (caballero) gentleman. **2.** (amo) master; owner. **3.** (cortesía) Mr. **4.** (respeto) sir. ‖ **señora** *s. f.* **5.** (dama) lady. **6.** (dueña) mistress. **7.** (cortesía) Mrs. **8.** (respeto) madam. **9.** (esposa) wife.

separar [separár] *v. tr.* **1.** to separate. **2.** (destituir) to dismiss.

septiembre [septjémbre] *s. m.* (mes del año) September.

séptimo, -ma [séptimo] *adj. num. ord.* (también pron. num.) **1.** seventh; seven. ‖ *adj. num. fracc.* **2.** seventh.

sepultar [sepultár] *v. tr.* to bury.

sequía [sekía] *s. f.* drought.

séquito [sékito] *s. m.* (de un rey) retinue; entourage.

ser¹ [sér] *s. m.* being.

ser² [sér] *v. intr.* (origen, nacionalidad, profesión, etc.) to be.

serenar [serenár] *v. tr.* to calm.

serenidad [sereniðáð] *s. f.* (calma) serenity; calm.

serie [sérje] *s. f.* **1.** series. **2.** (cadena) sequence.

serio, -ria [sérjo] *adj.* serious.

sermón [sermón] *s. m., Rel.* (predicación) sermon.

serpiente [serpjénte] *s. f., Zool.* (reptil) snake.

serrar [seſár] *v. tr.* to saw.

serrín [seſín] *s. m.* sawdust.

servidumbre [serβiðúmbre] *s. f.* **1.** (esclavitud) servitude. **2.** (sirvientes) servants *pl.*; staff *pl.*

servilleta [serβiʎéta] *s. f.* napkin; serviette.

servir [serβír] *v. tr.* **1.** to serve. ‖ *v. intr.* **2.** to serve. **3.** (ser útil) to be useful.

sesenta [sesénta] *adj. num. card. inv.* (también pron. num. y s. m.) **1.** sixty. ‖ *adj. num. ord. inv.* (también pron. num.) **2.** sixty; sixtieth

sesión [sesjón] *s. f.* **1.** session. **2.** (fotográfica) sitting.

seso [séso] *s. m., Anat.* (cerebro) brain.

seta [séta] *s. f., Bot.* mushroom.

setecientos, -tas [seteθjéntos] *adj. num. card. inv.* (también pron. num., s. m. y adj. num. ord.) seven hundred.

setenta [seténta] *adj. num. card. inv.* (también pron. y s. m.) **1.** seventy. ‖ *adj. num. ord. inv.* (también pron. num.) **2.** seventieth; seventy.

seto [séto] *s. m.* hedge.

seudónimo [sewðónimo] *s. m.* (alias) pseudonym.

severidad [seβeriðáð] *s. f.* **1.** severity. **2.** (rigurosidad) strictness.

severo, -ra [seβéro] *adj.* **1.** severe; stern. **2.** (riguroso) strict.

sevillanas [seβiʎánas] *s. f. pl., Mús.* (baile tradicional) sevillanas (four-part popular dance which originated in Seville.).

sexo [sékso] *s. m.* sex.

sexto, -ta [sésto] *adj. num. ord.* (también pron. num.) **1.** sixth; six. ‖ *adj. num. fracc.* (también s.m. y f.) **2.** sixth.

si¹ [sí] *conj.* **1.** (condicional) if. **2.** (disyuntivo) whether.

si² [sí] *s. m.* **1.** *Mús.* (nota) B. **2.** *Mús.* (solfeo) ti.

sí¹ [sí] *adv.* **1.** yes. ‖ *s. m.* **2.** yes.

sí² [sí] *pron. pers. refl. 3ª pers.* (detrás de prep) **1.** (él) himself. **2.** (ella) herself. **3.** (cosa, animal) itself. **4.** (ellos) themselves. **5.** (usted) yourself. **6.** (ustedes) yourselves. **7.** (impersonal) oneself.

sidra [síðra] *s. f.* (bebida) cider.

siega [sjéγa] *s. f.* **1.** *Agr.* (acción) reaping. **2.** *Agr.* (temporada) harvest.

siempre [sjémpre] *adv. t.* **1.** always; forever. **2.** (en todo caso) always.

sien [sjén] *s. f., Anat.* temple.

sierra [sjéřa] *s. f.* **1.** *Tecnol.* saw. **2.** *Geogr.* mountain range.

siesta [sjésta] *s. f.* siesta; nap.

siete [sjéte] *adj. num. card. inv.* (también pron. num. y s. m.) **1.** seven. ‖ *adj. num. ord. inv.* (también pron. num.) **2.** seven; seventh.

sigilo [siχílo] *s. m.* **1.** (cautela) stealth. **2.** (secreto) secrecy.

sigla [síγla] *s. f.* abbreviation.

siglo [síγlo] *s. m.* century.

signatura [signatúra] *s. f.* **1.** (marca) signature. **2.** (en bibliotecas) catalog number.

significado [signifikáðo] *s. m.* (valor, concepto) meaning.

significar [signifikár] *v. tr.* to mean.

signo [sígno] *s. m.* **1.** sign. **2.** *Ling.* mark.

siguiente [siγjénte] *adj.* (posterior) following; next.

sílaba [sílaβa] *s. f., Ling.* syllable.

silbar [silβár] *v. intr.* **1.** to whistle. **2.** (con un silbato) to blow.

silbato [silβáto] *s. m.* whistle.

silbido [silβíðo] *s. m.* **1.** whistle. **2.** (abucheo) hiss.

silencio [siléŋθjo] *s. m.* silence.

silla [síʎa] *s. f.* chair.

sillín [siʎín] *s. m.* (de bicicleta) saddle.

sillón [siʎón] *s. m.* (butacón) armchair; easy chair.

silueta [silwéta] *s. f.* **1.** (contorno) silhouette. **2.** (figura) figure.

silvestre [silβéstre] *adj.* wild.

sima [síma] *s. f., Geogr.* (abismo) chasm.

símbolo [símbolo] *s. m.* symbol.

similar [similár] *adj.* similar.

simio [símjo] *s. m., Zool.* ape.

simpatía [simpatía] *s. f.* liking.

simpático, -ca [simpátiko] *adj.*
(agradable) nice; pleasant.

simple [símple] *adj.* simple. |

simplificar [simplifikár] *v. tr.*
(facilitar) to simplify.

simulacro [simulákro] *s. m.* (simulación) sham; pretense.

simular [simulár] *v. tr.* **1.** to simulate. **2.** (fingir) to feign.

sin [sín] *prep.* without.

sinagoga [sinaγóγa] *s. f., Rel.*
synagogue.

sinceridad [sinθeriðáð] *s. f.*
(franqueza) sincerity; frankness.

sincero, -ra [sinθéro] *adj.* (franco) sincere.

síncope [sínkope] *s. m.* syncope.

sindicato [sindikáto] *s. m.*
1. (junta) labor union *Am. E.;*
trade union *Br. E.* **2.** *Econ.* syndicate.

síndrome [síndrome] *s. m., Med.*
(síntoma) syndrome.

sinfín [simfín] *s. m.* endless
number.

singular [singulár] *adj.* **1.** *Ling.*
singular. **2.** (único) unique.
3. (raro) odd.

siniestro, -tra [sinjéstro] *adj.*
(perverso) sinister.

sino[1] [síno] *s. m.* fate; destiny.

sino[2] [síno] *conj.* but.

sinónimo, -ma [sinónimo] *adj.*
1. *Ling.* synonymous. || *s. m.*
2. *Ling.* synonym.

sintaxis [sintáxsis] *s. f. inv.,*
Ling. (resumen) syntax.

síntesis [síntesis] *s. f. inv.*
synthesis.

síntoma [síntoma] *s. m., Med.*
(indicio) symptom.

sinvergüenza [simberγwénθa]
adj. **1.** *fam.* (descarado) brazen.
|| *s. m. y f.* **2.** *fam.* scoundrel.
3. (pícaro) rascal.

siquiera [sikjéra] *adv.* **1.** at
least. || *conj.* **2.** even if.

sirena [siréna] *s. f.* **1.** (alarma)
siren. **2.** *Mit.* mermaid.

sirviente [sirβjénte] *s. m. y f.*
servant.

sistema [sistéma] *s. m.* system.

sitiar [sitjár] *v. tr., Mil.* (cercar)
to surround; to besiege.

sitio [sítjo] *s. m.* **1.** (lugar) place;
spot. **2.** (espacio) room; space.

situar [situár] *v. tr.* **1.** to place.
2. (ubicar) to situate; to locate. || **situarse** *v. prnl.* **3.** to be
placed.

slip [eslíp] *s. m.* briefs *pl.*

sobaco [soβáko] *s. m., Anat.*
(axila) armpit.

sobar [soβár] *v. tr.* to finger.

soberanía [soβeranía] *s. f.* sovereignty.

soberbio, -bia [soβérβjo] *adj.*
1. (orgulloso) proud. **2.** (arrogante) arrogant. **3.** (magnífico) superb. || **soberbia** *s. f.*

4. (orgullo) pride. **5.** (arrogancia) arrogance; haughtiness.

sobornar [soβornár] *v. tr.* (cohechar) to bribe.

sobra [sóβra] *s. f.* **1.** (abundancia) excess; surplus. || **sobras** *s. f. pl.* **2.** (de comida) scraps.

sobrar [soβrár] *v. tr.* **1.** to exceed; to surpass. || *v. intr.* **2.** (quedar) to remain.

sobrasada [soβrasáða] *s. f., Gastr.* spicy pork sausage.

sobre¹ [sóβre] *prep.* **1.** (indicando posición) on; upon; above; over. **2.** (acerca de) on; about. || **~ todo** above all; specially.

sobre² [sóβre] *s. m.* **1.** (de una carta) envelope. **2.** (envase) pack *Am. E.;* sachet *Br. E.*

sobrecargar [soβrekarγár] *v. tr.* **1.** to overload. **2.** *fig.* (con trabajo, preocupaciones) to overburden.

sobrecoger [soβrekoχér] *v. tr.* **1.** (coger desprevenido) to surprise. || **sobrecogerse** *v. prnl.* **2.** (asustarse) to be scared.

sobrehumano, -na [soβrewmáno] *adj.* superhuman.

sobrellevar [soβreʎeβár] *v. tr., fig.* (soportar) to bear; to endure.

sobremesa [soβremésa] *s. f.* after-lunch conversation.

sobrenatural [soβrenaturál] *adj.* (poderes, energía) supernatural.

sobrepasar [soβrepasár] *v. tr.* (exceder) to exceed; to surpass.

sobresalir [soβresalír] *v. intr.* **1.** *Arq.* to project. **2.** *fig.* (destacar) to outstand.

sobresaltar [soβresaltár] *v. tr.* **1.** (asustar) to frighten; to startle. || **sobresaltarse** *v. prnl.* **2.** (asustarse) to be startled.

sobrevenir [soβreβenír] *v. intr.* **1.** (ocurrir) to happen. **2.** (resultar) to ensue.

sobrevivir [soβreβiβír] *v. intr.* to survive.

sobrino [soβríno] *s. m.* **1.** nephew. || **sobrina** *s. f.* **2.** niece.

sobrio [sóβrjo] *adj.* **1.** (estilo) sober. **2.** (persona) moderate.

sociable [soθjáβle] *adj.* sociable.

social [soθjál] *adj.* social.

sociedad [soθjeðáð] *s. f.* society.

socio, -cia [sóθjo] *s. m. y f.* **1.** member. **2.** *Econ.* partner. **3.** *fam.* (colega) mate.

socorrer [sokořér] *v. tr.* to help.

socorro [sokóřo] *s. m.* **1.** help. || **¡ ~ !** *interj.* **2.** ¡auxilio! help!

soez [soéθ] *adj.* rude; crude.

sofá [sofá] *s. m.* sofa; couch.

sofocar [sofokár] *v. tr.* **1.** (ahogar) to suffocate. **2.** (apagar) to smother.

sofrito [sofríto] *s. m., Gastr.* lightly fried onions and tomato.

soga [sóγa] *s. f.* rope.

soja [sóχa] *s. f., Bot.* soy *Am. E.*

sol [sól] *s. m.* **1.** (astro) sun. **2.** (luz del sol) sunshine.

solar[1] [solár] *s. m.* (terreno) lot *Am. E.*; plot *Br. E.*

solar[2] [solár] *adj.* solar.

soldado [soldáðo] *s. m.* soldier.

soldar [soldár] *v. tr.* **1.** (metales) to solder; to weld. ‖ **soldarse** *v. prnl.* **2.** *Med.* (huesos) to knit together.

soledad [soleðáð] *s. f.* **1.** (estado) solitude. **2.** (con pesar) loneliness.

solemne [solénne] *adj.* solemn.

soler [solér] *v. intr.* **1.** (en presente) to be accustomed to. **2.** (en pasado) to use to.

solicitar [soliθitár] *v. tr.* **1.** (requerir) to ask for; to request. **2.** (un puesto) to apply for.

solidaridad [soliðariðáð] *s. f.* (apoyo) solidarity.

solidario, -ria [soliðárjo] *adj.* joint.

sólido, -da [sóliðo] *adj.* **1.** solid. **2.** *fig.* (firme) firm. ‖ *s. m.* **3.** solid.

solitario, -ria [solitárjo] *adj.* **1.** (está solo) solitary. **2.** (se siente solo) lonely.

sollozar [soλoθár] *v. intr.* to sob.

solo, -la [sólo] *adj.* **1.** (único) single; sole. **2.** (sin compañía) alone.

solo [sólo] *adv.* only.

solomillo [solomíλo] *s. m., Gastr.* (filete) sirloin; filet.

soltar [soltár] *v. tr.* **1.** (desatar) to untie; to loosen. **2.** (dar libertad) to release; to let go of.

soltero, -ra [soltéro] *adj.* **1.** single; unmarried. ‖ *s. m.* **2.** bachelor. ‖ **soltera** *s. f.* **3.** spinster.

soltura [soltúra] *s. f.* looseness.

soluble [solúβle] *adj.* soluble.

solución [soluθjón] *s. f.* solution.

solucionar [soluθjonár] *v. tr.* **1.** (problema) to solve. **2.** (asunto) to resolve.

sombra [sómbra] *s. f.* **1.** (falta de luz) shade. **2.** (imagen) shadow.

sombrero [sombréro] *s. m.* hat.

sombrilla [sombríλa] *s. f.* **1.** (de mano) parasol. **2.** (de playa) sunshade.

someter [sometér] *v. tr.* **1.** (dominar) to subdue. **2.** (exponer) to subject.

somnolencia [sonnolénθja] *s. f.* (amodorramiento) sleepiness; drowsiness.

son [són] *s. m.* sound.

sonar [sonár] *v. intr.* **1.** to sound. **2.** (teléfono, timbre) to ring.

sonido [soníðo] *s. m.* sound.

sonreír [sonřeír] *v. intr.* to smile.

sonrojar [sonřoχár] *v. tr.* **1.** to make blush. ‖ **sonrojarse** *v. prnl.* **2.** (ponerse colorado) to blush; to flush.

soñar [soɲár] *v. tr.* **1.** to dream. ‖ *v. intr.* **2.** to dream.

sopa [sópa] *s. f., Gastr.* soup.

sopapo [sopápo] *s. m., fam.* (bofetada) slap.

soplar [soplár] *v. intr.* to blow.

sopor [sopór] *s. m.* sleepiness.

soportar [soportár] *v. tr.* (sostener) to bear; to support.

soporte [sopórte] *s. m.* support.

soprano [sopráno] *s. f., Mús.* soprano.

sorber [sorβér] *v. tr.* to sip.

sorbo [sórβo] *s. m.* sip.

sordera [sorðéra] *s. f., Med.* deafness.

sordo, -da [sórðo] *adj., Med.* deaf.

sorprender [sorprendér] *v. tr.* **1.** to surprise. ‖ **sorprenderse** *v. prnl.* **2.** (asombrarse) to be surprised.

sortear [sorteár] *v. tr.* **1.** to draw lots for. **2.** (rifar) to raffle (off). **3.** *fig.* (obstáculos) to avoid; to overcome.

sortija [sortíxa] *s. f.* (anillo) ring.

sosegar [sosevár] *v. tr.* to calm.

sospechar [sospetʃár] *v. tr.* (desconfiar) to suspect.

sostén [sostén] *s. m.* (apoyo) support.

sostener [sostenér] *v. tr.* **1.** to hold up; to support. **2.** (sujetar) to hold.

sota [sóta] *s. f.* (naipes) jack.

sotana [sotána] *s. f., Rel.* (del cura) cassock; soutane.

sótano [sótano] *s. m.* basement.

sport [espór] *adj. angl.* (ropa) casual; sports.

su [sú] *adj. pos. 3ª sing.* **1.** (de él) his. **2.** (de ella) her. **3.** (de ellos) their. **4.** (de cosa, animal) its. **5.** (de usted) your.

suave [swáβe] *adj.* **1.** soft. **2.** (liso) smooth.

subasta [suβásta] *s. f.* auction.

subdesarrollado, -da [suβðesaroʎáðo] *adj.* (atrasado) underdeveloped.

súbdito, -ta [súβðito] *adj.* **1.** subject. ‖ *s. m. y f.* **2.** subject.

subir [suβír] *v. tr.* **1.** (levantar) to raise; to lift up. **2.** (ascender) to ascend; to climb. **3.** (una cuesta) to go up. ‖ *v. intr.* **4.** (aumentar) to rise.

subjuntivo [suβxuntíβo] *s. m., Ling.* (modo verbal) subjunctive.

sublevar [suβleβár] *v. tr.* **1.** to stir up. ‖ **sublevarse** *v. prnl.* **2.** to revolt; to rise.

sublime [suβlíme] *adj.* sublime.

submarino, -na [submaríno] *adj., Náut.* submarine; underwater.

subordinar [suβorðinár] *v. tr.* (someter) to subordinate.

subrayar [suβraxár] *v. tr.* (recalcar) to underline.

subsidio [subsíðxo] *s. m.* benefit.

subsistir [subsistír] *v. intr.* **1.** to subsist. **2.** (vivir) to exist.

subsuelo [subswélo] *s. m., Geogr.* (terreno) subsoil.

subtítulo [subtítulo] *s. m.* subtitle.

suburbio [suβúrβjo] *s. m.* suburb.

subyugar [suβjuxár] *v. tr.* to subjugate.

suceder [suθeðér] *v. intr.* **1.** (ocurrir) to happen; to occur. **2.** (seguir) to follow; to succeed.

suceso [suθéso] *s. m.* event.

sociedad [suθjeðáð] *s. f.* **1.** (porquería) dirt. **2.** (estado) dirtiness.

sucio, -cia [súθjo] *adj.* (mugriento) dirty.

sucumbir [sukumbír] *v. intr.* (rendirse) to succumb.

sucursal [sukursál] *s. f.* branch.

sudar [suðár] *v. tr.* to sweat.

sudeste [suðéste] *adj. y s. m., Geogr.* (sureste) southeast.

sudor [suðór] *s. m.* sweat.

suegro [swéxro] *s. m.* **1.** father-in-law. || **suegra** *s. f.* **2.** mother-in-law.

suela [swéla] *s. f.* sole.

sueldo [swéldo] *s. m.* salary; pay.

suelo [swélo] *s. m.* **1.** (tierra) ground. **2.** (de una casa) floor.

sueño [swéɲo] *s. m.* **1.** (acto) sleep. **2.** (imágenes) dream.

suero [swéro] *s. m.* **1.** *Med.* serum. **2.** (de la leche) whey.

suerte [swérte] *s. f.* **1.** (fortuna) luck. **2.** (casualidad) chance.

suficiente [sufiθjénte] *adj.* (bastante) enough; sufficient.

sufijo [sufíxo] *s. m., Ling.* suffix.

sufragar [sufraxár] *v. tr.* (ayudar) to defray; to help.

sufrir [sufrír] *v. tr.* **1.** to suffer. **2.** (tolerar) to stand. || *v. intr.* **3.** to suffer.

sugerir [suxerír] *v. tr.* to suggest.

sujetador [suxetaðór] *s. m.* (ropa interior femenina) bra; brassiere.

sujetar [suxetár] *v. tr.* **1.** (fijar) to fasten. **2.** (dominar) to hold down; to subdue.

sultán [sultán] *s. m.* sultan.

suma [súma] *s. f.* **1.** (cantidad) sum. **2.** (total) sum.

sumar [sumár] *v. tr., Mat.* (añadir) to add; to add up.

sumergir [sumerxír] *v. tr.* **1.** to submerge. || **sumergirse** *v. prnl.* **2.** (zambullirse) to submerge.

suministrar [suministrár] *v. tr.* (proveer) to provide; to supply.

sumir [sumír] *v. tr.* to sink.

sumo, -ma [súmo] *adj.* **1.** great. **2.** (mayor) utmost.

superar [superár] *v. tr.* **1.** (ser superior) to surpass; to exceed. **2.** (vencer) to overcome.

superficie [superfíθje] *s. f.* **1.** surface. **2.** *Mat.* area.

superfluo, -flua [supérflwo] *adj.* (innecesario) superfluous.

superlativo, -va [superlatíβo] *adj. y s. m., Ling.* superlative.

supermercado [supermerkáðo] *s. m.* supermarket.

superstición [supersti θjón] *s. f.* (extraña creencia) superstition.

suplantar [suplan̄tár] *v. tr.* (usurpar) to replace.

suplemento [suplemén̄to] *s. m.* (complemento) supplement.

suplicar [suplikár] *v. tr.* (rogar) to beg; to implore.

suplir [suplír] *v. tr.* **1.** (compensar) to make up for. **2.** (reemplazar) to stand in for.

suponer [suponér] *v. tr.* to suppose.

suprimir [suprimír] *v. tr.* (anular) to suppress.

supuesto, -ta [supwésto] *adj.* **1.** (falso) false. **2.** (hipotético) supposed. ‖ *s. m.* **3.** supposition; assumption. **4.** (hipótesis) hypothesis. ‖ **¡por ~ !** of course!; by all means.

sur [súr] *adj.* **1.** *Geogr.* southern. ‖ *s. m.* **2.** *Geogr.* south.

surco [súrko] *s. m., Agr.* furrow.

surgir [surχír] *v. intr.* **1.** (emerger) to arise; to emerge. **2.** (brotar) to sprout.

surtir [surtír] *v. tr.* (proveer) to supply; to provide.

suscitar [susθitár] *v. tr.* to cause.

suscribir [suskriβír] *v. tr.* **1.** to subscribe. **2.** (firmar) to sign.

suspender [suspen̄dér] *v. tr.* **1.** (suprimir) to suspend. **2.** (colgar) to hang. ‖ *v. intr.* **3.** (un examen) to fail.

suspirar [suspirár] *v. intr.* to sigh.

sustancia [sustán̄θja] *s. f.* substance.

sustantivo [sustan̄tíβo] *s. m., Ling.* noun; substantive *frml.*

sustentar [susten̄tár] *v. tr.* **1.** (sostener) to support. **2.** (alimentar) to sustain.

sustituir [sustituír] *v. tr.* **1.** (permanentemente) to replace. **2.** (transitoriamente) to substitute.

susto [sústo] *s. m.* fright; scare.

sustraer [sustraér] *v. tr.* **1.** (restar) to subtract. **2.** (robar) to steal.

susurro [susúro] *s. m.* whisper.

sutil [sutíl] *adj.* **1.** subtle. **2.** (inteligencia) keen; sharp.

suyo, -ya [súŷo] *adj. pos.* **1.** (de él) his; of his. **2.** (de ella) her; of hers. **3.** (de ellos) their; of theirs. **4.** (de usted) your; of yours. ‖ *pron. pos. 3ª sing.* **5.** (de él) his. **6.** (de ella) hers. **7.** (de ellos) theirs. **8.** (cosa, animal) its. **9.** (impersonal) one's. **10.** (de usted) yours.

t [té] *s. f.* (letra) t.

tabaco [taβáko] *s. m.* tobacco.

tabarra [taβářa] *s. f., fam.* (molestia) nuisance; pest.

taberna [taβérna] *s. f.* bar; saloon *Am. E.*

tabique [taβíke] *s. m.* (pared) partition wall.

tabla [táβla] *s. f.* board.

tablao [taβláo] *s. m.* tablao (bar or club where flamenco is performed.).

tableta [taβléta] *s. f.* (de chocolate) bar; slab.

tablón [taβlón] *s. m.* (de madera) plank; board.

tabú [taβú] *s. m.* taboo.

taburete [taβuréte] *s. m.* stool.

tacha [tátʃa] *s. f.* (defecto) defect; fault.

tachar [tatʃár] *v. tr.* to cross out.

taco [táko] *s. m.* **1.** (de madera) plug. **2.** (de comida) cue.

tacón [takón] *s. m.* heel.

táctica [táktika] *s. f.* tactics *pl.*

tacto [tákto] *s. m.* touch.

tahona [taóna] *s. f.* **1.** (molino) flourmill. **2.** (panadería) bakery.

tajada [taxáða] *s. f.* **1.** slice. **2.** (corte) cut.

tal [tál] *adj.* **1.** such; such a. ‖ *pron. indef.* **2.** such.

taladro [taláðro] *s. m.* (herramienta) drill.

talar [talár] *v. tr.* to fell.

talco [tálko] *s. m., Miner.* talc.

talento [talénto] *s. m.* **1.** talent. **2.** (aptitud) ability.

talla [táʎa] *s. f.* **1.** size. **2.** (estatura) height; stature.

tallar [taʎár] *v. tr.* **1.** (madera) to carve. **2.** (piedras preciosas) to cut.

talle [táʎe] *s. m.* **1.** *Anat.* (cintura) waist. **2.** (de mujer) figure; shape.

taller [taʎér] *s. m.* **1.** *Autom.* garage; repair shop *Am. E.* **2.** *Tecnol.* workshop.

tallo [táʎo] *s. m., Bot.* stem; stalk.

talón [talón] *s. m., Anat.* heel.

tamaño, -ña [tamáɲo] *s. m.* size.

tambalear [tambaleár] *v. intr.* **1.** (bambolear) to sway; to wobble. ‖ **tambalearse** *v. prnl.* **2.** (una persona) to stagger.

también [tambjén] *adv.* **1.** too; as well; also. **2.** so. **3.** (enfático) then.

tambor [tambór] *s. m., Mús.* (instrumento) drum.

tamiz [tamíθ] *s. m.* sieve.

tampoco [tampóko] *adv. neg.* **1.** neither; nor. **2.** (en frases negativas) either.

tan [tán] *adv.* (comparativo) so.

tanda [tánda] *s. f.* **1.** (turno) turn; shift. **2.** (grupo) gang.

tanque [táŋke] *s. m.* (depósito) tank.

tanto, -ta [tánto] *adj.* **1.** (incontables) so much *sing.* **2.** (contables) so many *pl.* ‖ *pron.* **3.** (incontables) so much *sing.* **4.** (contables) so many *sing.* ‖ *adv.* **5.** as. **6.** (con adj. o adv.) so. ‖ *s. m.* **7.** (punto) point.

tañer [tapér] *v. tr.* **1.** to toll. ‖ *v. intr.* **2.** (campana) to peal.

tapa [tápa] *s. f.* **1.** lid. **2.** (de una botella) top.

tapadera [tapaðéra] *s. f.* lid.

tapar [tapár] *v. tr.* **1.** to cover. **2.** (encubrir) to conceal. ‖ **taparse** *v. prnl.* **3.** (cubrirse) to cover oneself.

tapia [tápja] *s. f.* (muro) wall.

tapiz [tapiθ] *s. m.* tapestry.

tapón [tapón] *s. m.* **1.** stopper. **2.** (de corcho) cork. **3.** (de una botella) cap.

taponar [taponár] *v. tr.* to plug.

taquilla [takíʎa] *s. f.* **1.** ticket office; box office. **2.** (armario) locker.

tara [tára] *s. f.* (defecto) defect.

tarántula [tarántula] *s. f., Zool.* (araña grande) tarantula.

tararear [tarareár] *v. tr.* to hum.

tardar [tarðár] *v. intr.* **1.** (demorar) to delay. **2.** (tomarse tiempo) to take time.

tarde [tárðe] *adv.* **1.** late. ‖ *s. f.* **2.** (antes de oscurecer) afternoon. **3.** (de noche) evening.

tarea [taréa] *s. f.* task; job.

tarifa [tarífa] *s. f.* **1.** (precio) rate; tariff. **2.** (en transporte) fare.

tarima [taríma] *s. f.* dais.

tarjeta [tarχéta] *s. f.* card.

tarro [táɾo] *s. m.* jar.

tarta [tárta] *s. f., Gastr.* cake; tart.

tartamudear [tartamuðeár] *v. intr.* (balbucear) to stutter.

tartera [tartéra] *s. f.* (fiambrera) lunch pail *Am. E.;* lunch box.

tarugo [taɾúɣo] *s. m.* (de madera, pan) piece.

tasar [tasár] *v. tr.* **1.** (poner precio) to fix a price for. **2.** (valorar) to value.

tatuar [tatuár] *v. tr.* to tattoo.

tauromaquia [táwromakja] *s. f.* bullfighting; tauromachy.

taxi [táβsi] *s. m.* taxi; cab.

taza [táθa] *s. f.* **1.** cup. **2.** (de té) mug.

te [té] *pron. pers. 2ª sing.* **1.** (objeto) you. ‖ *pron. pers. refl.* **2.** yourself.

té [té] *s. m.* **1.** (infusión) tea. **2.** (reunión) tea party. .

teatro [teátro] *s. m.* theater.

tebeo [teβéo] *s. m.* comic.

techo [tétʃo] *s. m.* **1.** (interior) ceiling. **2.** (tejado) roof.

tecla [tékla] *s. f.* key.

técnico, -ca [tékniko] *adj.* **1.** technical. ‖ *s. m. y f.* **2.** (experto) technician. ‖ **técnica** *s. f.* **3.** (ciencia) technics.

tedio [tédjo] *s. m.* boredom.

teja [téχa] *s. f.* tile.

tejer [teχér] *v. tr.* **1.** to weave. **2.** (hacer punto) to knit.

tejido [teχíðo] *s. m.* (tela) fabric.

tela [téla] *s. f.* fabric; cloth.

telaraña [telaráɲa] *s. f.* spiderweb *Am. E.*

tele [téle] *s. f., fam.* TV.

telediario [teleðjárjo] *s. m.* news.

telefilme [telefilme] *s. m.* (película) TV movie.

teléfono [teléfono] *s. m.* telephone; phone. ‖ ~ **portatil** mobile telephone.

telegrama [teleɣráma] *s. m.* telegram.

telenovela [telenoβéla] *s. f.* soap opera.

telepatía [telepatía] *s. f.* (percepción) telepathy.

telescopio [teleskópjo] *s. m., Astron.* telescope.

telesilla [telesíʎa] *s. m.* chair lift.

teletexto [teletésto] *s. m.* teletext.

teletipo [teletípo] *s. m.* (aparato) tele-typewriter *Am. E.;* teleprinter *Br. E.*

televisar [teleβisár] *v. tr.* to televise.

televisión [teleβisjón] *s. f.* television.

televisor [teleβisór] *s. m.* television set.

telón [telón] *s. m., Teatr.* curtain.

tema [téma] *s. m.* (asunto) subject; topic. ‖ ~ **de discusión** issue.

temblar [temblár] *v. intr.* **1.** (de frío) to shiver. **2.** *fig.* (miedo) to tremble. **3.** (agitarse) to shake.

temer [temér] *v. tr. e intr.* (tener miedo) to fear; to be afraid of.

temor [temór] *s. m.* fear.

temperamento [temperaménto] *s. m.* (naturaleza) temperament.

temperatura [temperatúra] *s. f.* temperature.

tempestad [tempestáð] *s. f., Meteor.* (tormenta) storm.

templar [templár] *v. tr.* **1.** to temper. **2.** (enfriar) to chill.

templo [témplo] *s. m.* temple.

temporada [temporáða] *s. f.* **1.** (estación) season. **2.** (período) period.

temprano, -na [tempráno] *adj.* **1.** (anticipado) early. ‖ *adv.* **2.** (pronto) early.

tenaz [tenáθ] *adj.* tenacious.

tenaza [tenáθa] *s. f.* **1.** *Tecnol.* pincers; pliers. **2.** *Zool.* pincers. ●Chiefly in pl.

tender [tendér] *v. tr.* **1.** (extender) to spread. **2.** (la ropa) to hang out.

tendón [tendón] *s. m., Anat.* (ligamento) tendon.

tenebroso, -sa [teneβróso] *adj.* **1.** dark; gloomy. **2.** (siniestro) sinester.

tenedor, -dora [teneðór] *s. m.* (cubierto) fork.

tener [tenér] *v. tr.* **1.** to have; to have got. **2.** (edad, medidas, sensaciones) to be. **3.** (sujetar) to hold. **4.** (poseer) to possess.

tenis [ténis] *s. m., Dep.* tennis.

tenor [tenór] *s. m., Mús.* tenor.

tensión [tensjón] *s. f.* **1.** tension. **2.** (estrés) stress.

tentáculo [tentákulo] *s. m., Zool.* (de calamar, pulpo) tentacle.

tentar [tentár] *v. tr.* **1.** (inducir) to tempt. **2.** (tocar) to touch.

tentativa [tentatíβa] *s. f.* attempt.

tentempié [tentempjé] *s. m.* (piscolabis) snack.

tenue [ténwe] *adj.* **1.** (débil) faint. **2.** (delgado) slender; thin.

teñir [tepír] *v. tr.* **1.** (cambiar el color) to dye. **2.** (manchar) to stain.

teología [teoloχía] *s. f., Rel.* theology.

teoría [teoría] *s. f.* theory.

terapia [terápja] *s. f.* therapy.

tercer [terθér] *adj. num. ord.* third. • Apocopated form of "tercero", used before a m. n.

tercero, -ra [terθéro] *adj. num. ord.* (también pron. num.) **1.** third. || *adj. y s. m. y f.* **2.** mediator. || *s. m.* **3.** third party.

terciar [terθjár] *v. intr.* (interceder) to intercede.

terciopelo [terθjopélo] *s. m.* velvet.

terco, -ca [térko] *adj.* (testarudo) stubborn; obstinate; headstrong.

tergiversar [terχiβersár] *v. tr.* **1.** (hechos) to distort. **2.** (palabras) to twist.

terminar [terminár] *v. tr.* **1.** to finish. || *v. intr.* **2.** (acabar) to end.

término [término] *s. m.* **1.** (fin) end; finish. **2.** (límite) limit.

termo [térmo] *s. m.* (recipiente) thermos; flask.

termómetro [termómetro] *s. m.* (para medir la temperatura) thermometer.

ternera [ternéra] *s. f., Gastr.* (carne) veal.

ternero, -ra [ternéro] *s. m. y f., Zool.* (becerro) calf.

terraplén [teRaplén] *s. m.* (desnivel) embankment; bank.

terremoto [teRemóto] *s. m.* (seísmo) earthquake.

terrible [teRíβle] *adj.* terrible.

territorio [teRitórjo] *s. m.* (lugar) territory.

terrón [teRón] *s. m.* lump.

terror [teRór] *s. m.* terror.

terso, -sa [térso] *adj.* smooth.

tertulia [tertúlja] *s. f.* **1.** (reunión) gathering. **2.** (grupo) circle.

tesis [tésis] *s. f. inv.* thesis.

tesón [tesón] *s. m.* tenacity.

tesoro [tesóro] *s. m.* treasure.

test [tést] *s. m.* test.

testamento [testaménto] *s. m.*, *Der.* will; testament *frml.*

testículo [testíkulo] *s. m.*, *Anat.* testicle.

testificar [testifikár] *v. tr.* to testify.

testigo [testíɣo] *s. m. y f.* witness.

testimoniar [testimonjár] *v. tr.* (declarar) to testify.

testimonio [testimónjo] *s. m.* testimony.

teta [téta] *s. f.* **1.** *Anat.*, *vulg.* (de mujer) tit; boob. **2.** *Zool.* (de animal) teat. **3.** *Zool.* (de vaca) udder.

tetera [tetéra] *s. f.* **1.** teapot. **2.** (para hervir) kettle.

tetilla [tetíʎa] *s. f.* **1.** *Anat.* nipple. **2.** *Zool.* (y de biberón) teat.

textil [testíl] *adj. y s. m.* textile.

texto [tésto] *s. m.* text.

tez [téθ] *s. f.* complexion; skin.

ti [tí] *pron. pers. prep. 2ª sing.* you; yourself.

tibia [tíβja] *s. f.*, *Anat.* (hueso) shinbone; tibia.

tibio, -bia [tíβjo] *adj.* (templado) lukewarm; tepid.

tiburón [tiβurón] *s. m.* shark.

tic [tík] *s. m.*, *Med.* tic.

tiempo [tjémpo] *s. m.* **1.** time. **2.** (época) epoch. **3.** *Meteor.* weather.

tienda [tjénda] *s. f.* (establecimiento) store *Am. E.*; shop *Br. E.*

tierno, -na [tjérno] *adj.* tender.

tierra [tjéřa] *s. f.* **1.** (planeta) earth. **2.** (superficie) land. **3.** (suelo) ground.

tieso, -sa [tjéso] *adj.* **1.** (rígido) rigid; stiff. **2.** (tenso) tense.

tiesto [tjésto] *s. m.* flowerpot.

tigre [tíɣre] *s. m.*, *Zool.* tiger.

tigresa [tiɣrésa] *s. f.*, *Zool.* tigress.

tijera [tiҳéra] *s. f.* scissors *pl.*

tila [tíla] *s. f.* **1.** *Bot.* (flor) lime blossom. **2.** (infusión) lime blossom tea.

tildar [tildár] *v. tr.* to brand.

tilde [tílde] *s. m.* **1.** (acento) accent. **2.** *Ling.* (virgulilla) tilde.

tilo [tílo] *s. m.*, *Bot.* (árbol) lime tree; linden *Am. E.*; lime.

timar [timár] *v. tr.* to swindle; to cheat.

timbrar [timbrár] *v. tr.* to stamp.

timbrazo [timbráθo] *s. m.* ring.

timbre [tímbre] *s. m.* **1.** bell; doorbell. **2.** (de un sonido) timbre. **3.** (sello) stamp.

tímido, -da [tímiðo] *adj.* shy.

timón [timón] *s. m.*, *Náut.* rudder.

tímpano [tímpano] *s. m.*, *Anat.* eardrum.

tinaja [tináҳa] *s. f.* (vasija) large earthen jar.

tiniebla [tinjéβla] *s. f.* **1.** (oscuridad) darkness. **2.** *fig.* (desconocimiento) ignorance. •Chiefly in pl.

tino [tíno] *s. m.* (acierto) aim.

tinta [tínta] *s. f.* ink.

tinte [tínte] *s. m.* (colorante) dye.

tintero [tintéro] *s. m.* inkpot.

tintorería [tintorería] *s. f.* dry-cleaner's.

tío [tío] *s. m.* **1.** (familiar) uncle. **2.** *col.* (individuo) guy. ‖ **tía** *s. f.* **3.** (familiar) aunt.

tipo [típo] *s. m.* **1.** type; kind. **2.** (de mujer) figure. ‖ *s. m. y f.* **3.** (individuo) guy; fellow.

tique o ticket [tíke] *s. m.* **1.** (billete) ticket. **2.** (recibo) receipt.

tira [tíra] *s. f.* **1.** (banda) strip. **2.** (lazo) ribbon.

tirano, -na [tiráno] *adj.* **1.** tyrannical. ‖ *s. m. y f.* **2.** tyrant.

tirante [tiránte] *adj.* **1.** tight; taut. **2.** *fig.* (situación) tense. ‖ **tirantes** *s. m. pl.* **3.** suspenders *Am. E.*; braces *Br. E.*

tirar [tirár] *v. tr.* **1.** to throw. **2.** (a la basura) to throw away. **3.** (derrochar) to squander. **4.** (derribar) to knock down. ‖ *v. intr.* **5.** to pull. **6.** (chimenea) to draw. ‖ **tirarse** *v. prnl.* **7.** (lanzarse) to hurl oneself.

tirita [tiríta] *s. f.* bandaid *Am. E.*; sticking plaster *Br. E.*

tiritona [tiritóna] *s. f., fam.* shiver.

tiro [tíro] *s. m.* **1.** (lanzamiento) throw. **2.** (disparo) shot.

tirotear [tiroteár] *v. tr.* to snipe at.

títere [títere] *s. m.* puppet.

titubear [tituβeár] *v. intr.* (vacilar) to hesitate; to vacillate.

titular¹ [titulár] *s. m. y f.* **1.** (de un pasaporte) holder. ‖ *s. m.* **2.** (de un periódico) headline.

titular² [titulár] *v. tr.* (poner título) to title; to entitle.

título [título] *s. m.* **1.** title. **2.** (de un periódico) headline.

tiza [tíθa] *s. f.* chalk.

toalla [toáλa] *s. f.* towel.

tobillera [toβiλéra] *s. f., Med.* (venda) ankle support.

tobillo [toβíλo] *s. m., Anat.* ankle.

tobogán [toβoγán] *s. m.* slide.

tocadiscos [tokaδískos] *s. m. inv.* record player.

tocar [tokár] *v. tr.* **1.** to touch. **2.** (timbre) to ring. **3.** *Mús.* to play.

tocino [toθíno] *s. m.* **1.** pork fat. **2.** (para freir) bacon.

todavía [toδaβía] *adv.* still; yet.

todo, -da [tóδo] *adj. indef.* **1.** all; all of; whole; every. ‖ *s. m.* **2.** whole. ‖ *pron. indef.* **3.** everything; all.

toldo [tólδo] *s. m.* **1.** awning. **2.** (para la playa) sunshade.

tolerar [tolerár] *v. tr.* **1.** to tolerate. **2.** (soportar) to stand for.

tomar [tomár] *v. tr.* to take.

tomate [tomáte] *s. m.*, *Bot.* (fruto) tomato.

tómbola [tómbola] *s. f.* tombola.

tomillo [tomíʎo] *s. m.*, *Bot.* thyme.

tomo [tómo] *s. m.* volume.

tonel [tonél] *s. m.* barrel.

tonelada [toneláða] *s. f.* ton.

tono [tóno] *s. m.* tone.

tontería [tontería] *s. f.* **1.** foolishness. ‖ **tonterías** *s. f. pl.* **2.** rubbish *sing.*

tonto, -ta [tónto] *adj.* **1.** silly; dumb. ‖ *s. m. y f.* **2.** fool; idiot.

topo [tópo] *s. m.*, *Zool.* mole.

tórax [tóraʏs] *s. m.*, *Anat.* thorax.

torbellino [torβeʎíno] *s. m.* (remolino de viento) whirlwind.

torcer [torθér] *v. tr.* **1.** to twist. **2.** (esquina) to turn. **3.** *Med.* to sprain. ‖ *v. intr.* **4.** (girar) to turn.

torear [toreár] *v. tr. e intr.*, *Taur.* to fight.

tormenta [torménta] *s. f.*, *Meteor.* (tempestad) storm.

tornillo [torníʎo] *s. m.* screw.

torno [tórno] *s. m.* (de carpintero) lathe.

toro [tóro] *s. m.*, *Zool.* bull.

torpe [tórpe] *adj.* clumsy.

torpedo [torpéðo] *s. m.* torpedo.

torre [tőre] *s. f.* tower.

torrente [tőrénte] *s. m.*torrent.

torreón [tőreón] *s. m.*, *Mil.* fortified tower.

tórrido, -da [tőriðo] *adj.* torrid.

torrija [tőriχa] *s. f.*, *Gastr.* (dulce) French toast.

torta [tórta] *s. f.* **1.** *Gastr.* sponge cake. **2.** *fam.* (bofetada) slap.

tortilla [tortíʎa] *s. f.* **1.** *Gastr.* omelet. **2.** *Méx.* tortilla.

tórtola [tórtola] *s. f.*, *Zool.* (pájaro) turtledove.

tortuga [tortúγa] *s. f.*, *Zool.* turtle *Am. E.*; tortoise *Br. E.*

torturar [torturár] *v. tr.* to torture.

tos [tós] *s. f.* cough.

tosco [tósko] *adj.* **1.** (basto) rough. **2.** (bruto) rude.

toser [tosér] *v. intr.* to cough.

tostada [tostáða] *s. f.* toast.

tostar [tostár] *v.* **1.** (pan) to toast. **2.** (café) to roast.

total [totál] *adj.* **1.** total; whole. ‖ *s. m.* **2.** (todo) whole. **3.** (suma) sum.

traba [tráβa] *s. f.* (enlace) tie; bond.

trabajar [traβaχár] *v. tr.* **1.** to work. ‖ *v. intr.* **2.** to work.

trabajo [traβáχo] *s. m.* **1.** work. **2.** (tarea) job. **3.** (empleo) employment.

trabalenguas [traβaléŋgwas] *s. m. inv.* tongue twister.

trabar [traβár] *v. tr.* to join; to unite.

tradición [traðiθjón] *s. f.* tradition.

traducir [traðuθír] *v. tr.* to translate.

traductor, -tora [traðuktór] *s. m. y f.* translator.

traer [traér] *v. tr.* **1.** to bring. **2.** (llevar) to carry. **3.** (causar) to cause.

traficar [trafikár] *v. intr.* **1.** to deal; to trade. **2.** (algo ilegal) to traffic.

tragaluz [trayalúθ] *s. m., Arq.* (claravoya) skylight.

tragar [travár] *v. tr.* **1.** (ingerir) to swallow. **2.** (humo) to inhale.

tragedia [traγéðja] *s. f.* tragedy.

trágico, -ca [tráχiko] *adj.* tragic.

trago [trávo] *s. m.* (sorbo) gulp; swallow.

traicionar [trajθjonár] *v. tr.* (engañar) to betray.

traje [tráχe] *s. m.* **1.** (de mujer) dress. **2.** (de hombre) suit.

trama [tráma] *s. f.* **1.** (malla) weft. **2.** (intriga) intrigue.

tramar [tramár] *v. tr.* to plot.

trámite [trámite] *s. m.* **1.** (etapa) step; stage. **2.** *Der.* transaction.

tramo [trámo] *s. m.* **1.** (de carretera) stretch; section. **2.** (de una escalera) flight.

trampa [trámpa] *s. f.* **1.** (para animales) trap. **2.** (engaño) cheat.

trampolín [trampolín] *s. m., Dep.* (natación) springboard.

tranquilizar [traŋkiliθár] *v. tr.* to tranquilize; to calm.

transacción [transakθjon] *s. f., Econ.* transaction.

transbordar [transβorðár] *v. tr.* (transferir) to transfer.

transbordo [transβórðo] *s. m.* (traslado) transfer.

transcribir [transkriβír] *v. tr.* to transcribe.

transcurrir [transkuřír] *v. intr.* (pasar el tiempo) to pass; to go by; to lapse.

transcurso [transkúrso] *s. m.* (curso) passing; course.

transeúnte [transeúnte] *s. m. y f.* (peatón) passerby.

transferir [transferír] *v. tr.* to transfer.

transformar [transformár] *v. tr.* **1.** to transform. **2.** (convertir) to convert.

transitar [transitár] *v. intr.* to travel.

transitorio, -ria [transitórjo] *adj.* transitory; transient.

transmitir [transmitír] *v. tr.* **1.** to transmit. **2.** (programa) to broadcast. **3.** *Med.* (enfermedad) to pass on.

transparente [transparénte] *adj.* (claro) transparent; diaphanous.

transpirar [transpirár] *v. intr.* **1.** (sudar) to perspire. **2.** *Bot.* to transpire.

transportar [transportár] *v. tr.*
1. to transport. **2.** (llevar) to
carry.

transversal [transβersál] *adj.*
transverse; cross.

tranvía [trambía] *s. m.* (vehículo) streetcar *Am. E.*; tram *Br. E.*

trapecio [trapéθjo] *s. m.* **1.** (espectáculo) trapeze. **2.** *Mat.* tra-
pezoid *Am. E.*

trapo [trápo] *s. m.* **1.** (bayeta)
cloth. **2.** (tela) rag. **3.** (para el
polvo) dust cloth *Am. E.*; duster
Br. E.

tras [trás] *prep.* **1.** after; behind.
2. (después de) after.

trasero, -ra [traséro] *adj.* back.

trasladar [traslaðár] *v. tr.* **1.** to
move. **2.** (a una persona) to
transfer. ‖ **trasladarse** *v. prnl.*
3. to move.

trasluz, al [traslúθ] *loc. adv.*
against the light.

trasnochar [trasnotʃár] *v. intr.*
(velar) to keep late hours.

traspapelar [traspapelár] *v. tr.*
to mislay.

traspasar [traspasár] *v. tr.*
1. (atravesar) to go through.
2. (perforar) to pierce.

trastada [trastáða] *s. f., fam.* dirty trick.

trastero [trastéro] *s. m.* (desván) lumber room *Am. E.*; junk
room

trastienda [trastjénda] *s. f.* back-
shop; back room (of a shop).

trasto [trásto] *s. m.* piece of junk.

trastornar [trastornár] *v. tr.*
1. (alterar) to upset. **2.** *fig.* (perturbar) to disturb.

tratado [tratáðo] *s. m.* **1.** (acuerdo) treaty. **2.** (libro) treatise.

tratar [tratár] *v. tr.* **1.** to treat.
2. (manejar) to handle. ‖ *v. intr.*
3. (tener relación con) to deal.

través [traβés] *s. m.* (contratiempo) reverse.

travesía [traβesía] *s. f.* **1.** (viaje)
crossing. **2.** (calle) side street.

travieso, -sa [traβjéso] *adj.* (revoltoso) naughty; mischievous.

trayecto [trajékto] *s. m.* **1.**
(viaje) journey. **2.** (recorrido)
haul.

trayectoria [trajektórja] *s. f.* (dirección) path.

trazar [traθár] *v. tr.* **1.** (dibujar)
to draw. **2.** *Arq.* (esbozar) to
plan; to design.

trébol [tréβol] *s. m., Bot.* (planta)
clover; trefoil.

trece [tréθe] *adj. num. card. inv.*
(también pron. num. y s. m.)
1. thirteen. ‖ *adj. num. ord. inv.*
(también pron. num.) **2.** thirteenth; thirteen.

trecho [trétʃo] *s. m.* stretch.

tregua [tréγwa] *s. f.* **1.** *Mil.* truce.
2. *fig.* respite.

treinta [tréjŋta] *adj. num. card. inv.* (también pron. num. y s. m.) **1.** thirty. || *adj. num. ord. inv.* (también pron. num.) **2.** thirtieth; thirty.

tren [trén] *s. m.* train.

trenza [trénθa] *s. f.* (en el pelo) braid *Am. E.*; plait *Br. E.*

trepar [trepár] *v. tr.* **1.** to climb. || *v. intr.* **2.** (con dificultad) to clamber; scramble.

tres [trés] *adj. num. card. inv.* (también pron. num. y s. m.) **1.** three. || *adj. num. ord. inv.* (también pron. num.) **2.** third; three.

trescientos, -tas [tresθjéntos] *adj. y s. m.* three hundred. •Also pron.

triángulo [triáŋgulo] *s. m., Mat.* triangle.

tribu [tríβu] *s. f.* tribe.

tribulación [triβulaθjón] *s. f.* (angustia) tribulation.

tribuna [triβúna] *s. f.* (plataforma) platform.

tribunal [triβunál] *s. m., Der.* (juzgado) court.

tributo [triβúto] *s. m.* tax.

triciclo [triθíklo] *s. m.* tricycle.

trienio [triénjo] *s. m.* triennium.

trigo [tríγo] *s. m., Bot.* wheat.

trillar [triʎár] *v. tr., Agr.* to thresh.

trimestre [triméstre] *s. m.* **1.** three months. **2.** term.

trinar [trinár] *v. intr., Mús.* (pájaro) to trill; to warble.

trinchar [trintʃár] *v. tr.* to carve.

trineo [trinéo] *s. m.* sled *Am. E.*; sledge *Br. E.*

trino [tríno] *s. m.* trill; warble.

trío [trío] *s. m.* trio.

tripa [trípa] *s. f., Anat.* gut.

triple [tríple] *adj.* **1.** triple. || *s. m.* **2.** (tríplice) triple.

triplicar [triplikár] *v. tr.* **1.** (ventas) to treble. **2.** (cifra) to triple.

triptongo [triptóŋgo] *s. m., Ling.* (fonética) triphthong.

tripulación [tripulaθjón] *s. f.* crew.

trisílabo, -ba [trisílaβo] *adj.* **1.** *Ling.* trisyllabic. || *s. m.* **2.** *Ling.* trisyllable.

triste [tríste] *adj.* sad.

triturar [triturár] *v. tr.* to grind.

triunfar [trjuɱfár] *v. intr.* to triumph.

trivial [triβjál] *adj.* trivial; banal.

trocear [troθeár] *v. tr.* (desmenuzar) to cut sth into pieces.

trofeo [troféo] *s. m.* trophy.

trombón [trombón] *s. m., Mús.* (instrumento) trombone.

trompa [trómpa] *s. f.* **1.** *Mús.* (instrumento) horn. **2.** *Zool.* (de elefante) trunk.

trompeta [trompéta] *s. f., Mús.* (instrumento) trumpet. || *s. m. y f.* **2.** *Mil.* (persona) trumpeter.

tronar [tronár] *v. intr., Meteor.* to thunder.

tronchar [trontʃár] *v. tr.* to snap.

tronco [trónko] *s. m.* **1.** (de persona, árbol) trunk. **2.** *Bot.* (de una planta) stem.

trono [tróno] *s. m.* throne. |

tropa [trópa] *s. f.* troop.

tropel [tropél] *s. m.* crowd.

tropezar [tropeθár] *v. intr.* (chocar) to trip; to stumble.

trópico [trópiko] *s. m.* tropic.

trote [tróte] *s. m.* trot.

trozo [tróθo] *s. m.* piece; bit.

trucha [trútʃa] *s. f., Zool.* trout.

trueno [trwéno] *s. m., Meteor.* thunder.

tu [tú] *adj. pos. 2ª pers. sing.* (antes del s.) your.

tú [tú] *pron. pers. nomin. 2ª sing.* you.

tubería [tuβería] *s. f. sing.* (tubos) pipes *pl.*; piping.

tubo [túβo] *s. m.* tube; pipe.

tuerca [twérka] *s. f., Mec.* nut.

tuerto, -ta [twérto] *adj.* **1.** one-eyed. || *s. m. y f.* **2.** one-eyed person.

tufo [túfo] *s. m.* **1.** (emanación) fume. **2.** *pey.* (mal olor) stink.

tulipán [tulipán] *s. m., Bot.* tulip.

tumba [túmba] *s. f.* grave; tomb.

tumbona [tumbóna] *s. f.* (para la playa) sun lounger; deck chair.

tumor [tumór] *s. m., Med.* tumor.

tumulto [tumúlto] *s. m.* **1.** (jaleo) tumult. **2.** *Polít.* (motín) riot.

túnel [túnel] *s. m.* tunnel.

túnica [túnika] *s. f.* tunic.

tupido, -da [tupíðo] *adj.* (espeso) thick; dense.

turbante [turβánte] *s. m.* turban.

turbar [turβár] *v. tr.* **1.** (molestar) to disturb. **2.** (desconcertar) to perplex.

turbio, -bia [túrβjo] *adj.* **1.** turbid. **2.** (agua) muddy.

turbulento, -ta [turβuléɲto] *adj.* (revuelto) turbulent.

turismo [turísmo] *s. m.* tourism.

turista [turísta] *s. m. y f.* (visitante) tourist. || **clase ~** tourist class.

turrón [turón] *s. m.* a type of nougat made of almonds and honey (eaten at Christmas).

tutear [tuteár] *v. tr.* to address sb using the "tú" form.

tutela [tutéla] *s. f., Der.* guardianship; tutelage.

tutor, -ra [tutór] *s. m. y f.* **1.** *Der.* guardian. **2.** *Educ.* tutor.

tuyo, -ya [tújo] *adj. pos. 2ª pers. sing.* **1.** your; of yours. || *pron. pos.* **2.** yours.

u

u¹ [ú] *s. f.* (letra) u.

u² [ú] *conj. advers.* (used instead of o before words beginning by o) or. •Used before words beginning with "o" or "ho".

ubicar [uβikár] *v. tr.* **1.** to place; to locate. || **ubicarse** *v. prnl.* **2.** to be situated.

ubre [úβre] *s. f.*, Zool. udder.

úlcera [úlθera] *s. f.*, Med. ulcer. || ~ **de estómago** Med. stomach ulcer.

ultimar [ultimár] *v. tr.* **1.** to finish. **2.** (concluir) to finalize.

ultimátum [ultimátun] *s. m.* (resolución) ultimatum.

último, -ma [último] *adj.* **1.** last. **2.** (más reciente) latest.

ultrajar [ultraxár] *v. tr.* **1.** to outrage. **2.** (insultar) to insult.

ultramar, de [ultramár] *s. m.* overseas.

umbral [umbrál] *s. m.* threshold.

un, una [ún] *art. indef.* a; an.

unción [unθjón] *s. f.*, Rel. unction.

undécimo, -ma [undéθimo] *adj. num. ord.* (también pron. num.) **1.** eleventh; eleven. || *adj. num. fracc.* (también s. m.) **2.** eleventh.

ungir [unxír] *v. tr.*, Rel. to anoint.

ungüento [ungwénto] *s. m.* (pomada) ointment.

único, -ca [úniko] *adj.* **1.** (solo) only; sole. **2.** (exclusivo) unique.

unicornio [unikórnjo] *s. m.*, Mit. (caballo con un cuerno) unicorn.

unidad [uniðáð] *s. f.* **1.** Econ. unit. **2.** (unión) unity.

unifamiliar [unifamiljár] *adj.* (casa) of one family.

unificar [unifikár] *v. tr.* to unify.

uniformar [uniformár] *v. tr.* **1.** (regularizar) to standardize; to unify. **2.** (alumnos, militares) to uniform.

uniforme [unifórme] *adj.* **1.** (igual) uniform. || *s. m.* **2.** uniform.

unilateral [unilaterál] *adj.* (parcial) unilateral.

unión [unjón] *s. f.* **1.** (alianza) union. **2.** (unidad) unity.

unir [unír] *v. tr.* **1.** to join; to unite. || **unirse** *v. prnl.* **2.** (juntarse) to join; to unite.

unísono, -na [unísono] *adj.* **1.** unisonous. || *s. m.* **2.** unison.

universal [uniβersál] *adj.* (general) universal.

universidad [uniβersiðáð] *s. f.* university.

universitario, -ria [uniβersitárjo] *adj.* **1.** university. || *s. m. y f.* **2.** (estudiante) university student. **3.** (licenciado) university graduate.

universo [uniβérso] *s. m.* (cosmos) universe.

uno, -na [úno] *adj. num. card. inv.* (también pron. num. y s. m.) **1.** one. ‖ *adj. num. ord. inv.* (también pron. num.) **2.** first; one. ‖ *pron. indef.* **3.** *col.* one. **4.** you. ‖ *adj. indef. pl.* (también pron. indef.) **5.** some. •La forma apocopada "un" se utiliza ante un s. m. o un s. f. que empieza por "a" o "ha" acentuada.

untar [untár] *v. tr.* **1.** (de grasa) to grease. **2.** *fig. y fam.* (sobornar) to suborn.

unto [únto] *s. m.* **1.** (grasa) grease; fat. **2.** (ungüento) ointment.

uña [úña] *s. f.* **1.** *Anat.* nail. **2.** *Zool.* (garra) claw.

urbanización [urβaniθaθjón] *s. f.* **1.** (proceso) urbanization. **2.** (núcleo residencial) housing estate.

urbano, -na [urβáno] *adj.* (ciudadano) urban.

urbe [úrβe] *s. f.* large city; metropolis.

urdir [urðír] *v. tr.* **1.** (tramar) to plot. **2.** (hilos) to warp.

urgencia [urχénθja] *s. f.* **1.** urgency. **2.** (emergencia) emergency.

urgente [urχénte] *adj.* urgent.

urgir [urχír] *v. intr.* to be urgent.

urna [úrna] *s. f.* **1.** (cofre) urn. **2.** (para votar) ballot box.

urogallo [uroγáλo] *s. m.,* *Zool.* (ave) capercaillie.

urraca [uráka] *s. m.,* *Zool.* (pájaro) magpie.

usado, -da [usáðo] *adj.* **1.** used. **2.** (gastado) old.

usar [usár] *v. tr.* **1.** to use. **2.** (ropa) to wear.

uso [úso] *s. m.* **1.** use. **2.** (costumbre) usage; custom.

usted [ustéð] *pron. pers. nomin. 3ª sing.* **1.** *form.* you. ‖ *pron. pers. prep.* **2.** (+ prep) you. ‖ ~ **mismo** yourself. **ustedes mismos** yourselves.

usual [uswál] *adj.* usual; normal; habitual.

usurpar [usurpár] *v. tr.* to usurp.

utensilio [utensíljo] *s. m.* **1.** utensil. **2.** (herramienta) tool.

útero [útero] *s. m.,* *Anat.* womb.

útil [útil] *adj.* useful.

utilidad [utiliðáð] *s. f.* utility; usefulness.

utilizar [utiliθár] *v. tr.* (usar) to use; to utilize *frml.*

utopía [utopía] *s. f.* Utopia.

uva [úβa] *s. f.* grape.

v [úβe] *s. f.* (letra) v.

vaca [báka] *s. f.* **1.** *Zool.* (animal) cow. **2.** *Gastr.* (carne) beef.

vacaciones [bakaθjónes] *s. f. pl.* holidays.

vaciar [baθiár] *v. tr.* **1.** (desocupar) to empty. **2.** (verter) to pour.

vacilar [baθilár] *v. intr.* **1.** to hesitate. **2.** (balancearse) to wobble.

vacío, -a [baθío] *adj.* **1.** empty. **2.** (hueco) hollow.

vagar [baγár] *v. intr.* to wander.

vagina [baχína] *s. f., Anat.* vagina.

vago, -ga [báγo] *adj.* **1.** lazy; idle. **2.** (indefinido) vague. ‖ *s. m. y f.* **3.** (gandul) idler.

vagón [baγón] *s. m.* **1.** (de pasajeros) car *Am. E.*; coach *Br. E.* **2.** (de mercancías) freight car *Am. E.*; wagon *Br. E.* *Bot.*

vaho [báo] *s. m.* vapor; moisture.

vaina [bájna] *s. f.* **1.** (funda) sheath. **2.** (de guisantes,) pod.

vainilla [bajníλa] *s. f.* vanilla.

vajilla [baχíλa] *s. f. sing.* dishes *pl.*

vale [bále] *s. m.* voucher.

valentía [balentía] *s. f.* courage.

valer [balér] *v. tr.* **1.** (tener un valor) to be worth. **2.** (costar) to cost.

validez [baliðéθ] *s. f.* validity.

válido, -da [báliðo] *adj.* valid.

valiente [baljénte] *adj.* (valeroso) brave; valiant; gallant.

valija [balíχa] *s. f.* **1.** case. **2.** *Amér.* suitcase.

valla [báλa] *s. f.* (cerca) fence.

valle [báλe] *s. m., Geogr.* valley.

valor [balór] *s. m.* **1.** (valía) value; worth. **2.** (precio) price. **3.** (coraje) valor.

válvula [bálβula] *s. f.* valve.

vampiro [bampíro] *s. m.* vampire.

vandalismo [bandalísmo] *s. m.* (salvajada) vandalism.

vanguardia [baŋgwárðja] *s. f.* vanguard.

vanidad [baniðáð] *s. f.* vanity.

vano, -na [báno] *adj.* vain.

vapor [bapór] *s. m.* vapor; steam.

vaquero [bakéro] *s. m.* **1.** cowboy. ‖ **vaqueros** *s. m. pl.* **2.** jeans.

vara [bára] *s. f.* stick.

variedad [barjeðáð] *s. f.* variety.

varilla [baríλa] *s. f.* rod.

vario, -ria [bárjo] *adj.* various.

varón [barón] *s. m.* man; male.

varonil [baroníl] *adj.* manlyl.

vaso [báso] *s. m.* glass.

vasto, -ta [básto] *adj.* vast.

váter [báter] *s. m.* **1.** *fam.* (cuarto de baño) bathroom. **2.** (retrete) toilet.

vecindario [beθindárjo] *s. m.* **1.** neighborhood. **2.** (vecinos) inhabitants *pl.*

vecino, -na [beθíno] *s. m. y f.* **1.** neighbor. **2.** (habitante) inhabitant.

vegetación [beχetaθjón] *s. f., Bot.* (flora) vegetation.

vegetariano, -na [beχetarjáno] *adj. y s. m. y f.* vegetarian.

vehículo [beíkulo] *s. m.* vehicle.

veinte [béjnte] *adj. num. card. inv.* (también pron. num. y s. m.) **1.** twenty. ‖ *adj. num. ord. inv.* (también pron. num.) **2.** twentieth; twenty.

veintena [bejnténa] *s. f.* **1.** (veinte) twenty. **2.** (cerca de los veinte) about twenty.

veintiún [bejntiún] *adj. num. card.* twenty-one. •Apocopated form of "veintiuno", used before a m. n.

veintiuno, -na [bejntiúno] *adj. num. card.* twenty-one. •Before a m. n., it is used the apocopated form "veintiún"

vejez [beχéθ] *s. f.* old age.

vejiga [beχíɣa] *s. f.* **1.** *Anat.* bladder. **2.** (ampolla) blister.

vela¹ [béla] *s. f.* **1.** (de cera) candle. **2.** (desvelo) wakefulness.

vela² [béla] *s. f., Náut.* sail.

velero [beléro] *s. m., Náut.* (barco) sailboat *Am. E.*

veleta [beléta] *s. f.* weather vane.

vello [béʎo] *s. m.* **1.** (pelo) hair. **2.** *Bot.* (pelusa) bloom.

velo [bélo] *s. m.* veil.

velocidad [beloθiðáð] *s. f.* (celeridad) speed.

veloz [belóθ] *adj.* fast; swift.

vena [béna] *s. f.* vein.

venado [benáðo] *s. m.* **1.** *Zool.* deer *inv.*; stag. **2.** *Gastr.* venison.

vencer [benθér] *v. tr.* **1.** (derrotar) to defeat. **2.** (superar) to surpass.

venda [bénda] *s. f.* bandage.

vendar [bendár] *v. tr.* to bandage.

vendaval [bendaβál] *s. m., Meteor.* gale; strong wind.

vender [bendér] *v. tr.* **1.** to sell. ‖ **venderse** *v. prnl.* **2.** to be on sale. **3.** (dejarse sobornar) to sell out.

vendimia [bendímja] *s. f.* **1.** (cosecha) grape harvest. **2.** (tiempo en que se hace) vintage; year.

vendimiar [bendimjár] *v. tr.* (uvas) to pick; to harvest.

veneno [benéno] *s. m.* (sustancia) poison.

venenoso, -sa [benenóso] *adj.* poisonous.

venganza [bengánθa] *s. f.* revenge.

vengar [bengár] *v. tr.* **1.** to avenge. ‖ **vengarse** *v. prnl.* **2.** to take revenge.

venir [beník] *v. intr.* **1.** to come. **2.** (llegar) to arrive.

ventaja [bentáχa] *s. f.* advantage.

ventana [bentána] *s. f.* window.

ventilar [bentilár] *v. tr.* (airear) to ventilate; to air.

ventisca [bentíska] *s. f.* **1.** *Meteor.* snowstorm. **2.** *Meteor.* (con mucho viento) blizzard.

ventosa [bentósa] *s. f.* **1.** suction cup. **2.** *Zool.* sucker.

ver [bér] *v. tr.* **1.** to see. **2.** (mirar) to watch; to view.

veracidad [beraθiðáð] *s. f.* truthfulness.; veracity *frml.*

veraneo [beranéo] *s. m.* summer holiday.

verano [beráno] *s. m.* summer.

veraz [beráθ] *adj.* (sincero) truthful; veracious.

verbal [berβál] *adj.* verbal.

verbena [berβéna] *s. f.* street party.

verbo [bérβo] *s. m., Ling.* verb.

verdad [berðáð] *s. f.* truth.

verde [bérðe] *adj.* **1.** green. **2.** (fruta) unripe. ‖ *s. m.* **3.** (color) green.

verdor [berðór] *s. m.* greenness.

verdugo [berðúɣo] *s. m.* **1.** executioner. **2.** (en la horca) hangman.

verdura [berðúra] *s. f.* vegetable.

vereda [beréða] *s. f.* path.

vergüenza [berɣwénθa] *s. f.* **1.** shame. **2.** (bochorno) embarrassment. **3.** (timidez) shyness.

verificar [berifikár] *v. tr.* **1.** to verify. **2.** (comprobar) to check.

verja [bérxa] *s. f.* **1.** iron gate. **2.** (cerca) railing.

verruga [berúɣa] *s. f., Med.* wart.

versión [bersjón] *s. f.* **1.** version. **2.** (traducción) translation.

verso [bérso] *s. m.* verse.

vértebra [bérteβra] *s. f., Anat.* vertebra.

verter [bertér] *v. tr.* **1.** to pour. **2.** (derramar) to spill. ‖ *v. intr.* **3.** (desembocar) to flow; to run into.

vertical [bertikál] *adj.* **1.** vertical. **2.** (posición) upright.

vértigo [bértiɣo] *s. m.* vertigo.

vestíbulo [bestíβulo] *s. m.* hall.

vestido [bestíðo] *s. m.* **1.** (de mujer) dress. **2.** (ropa) clothing; clothes *pl.*

vestigio [bestíxjo] *s. m.* **1.** trace; vestige. **2.** (señal) sign.

vestir [bestír] *v. tr.* **1.** (llevar puesto) to wear. **2.** (a alguien) to dress.

veterano, -na [beteráno] *adj. y s. m. y f.* veteran.

veterinario, -ria [beterinárjo] *adj.* **1.** veterinary. ‖ *s. m. y f.* **2.** veterinarian *Am. E.*; vet; veterinary surgeon. ‖ **veterinaria** *s. f.* **3.** veterinary science.

vez [béθ] *s. f.* time. ‖ **a la ~** at the same time. **a veces** sometimes.

vía [bía] *s. f.* **1.** (calle) road. **2.** (camino) way. **3.** (raíl) rail.

viajar [bjaxár] *v. intr.* to travel.

viaje [bjáxe] *s. m.* **1.** trip. **2.** (largo) voyage. ‖ **agencia de viajes** tourist agency.

víbora [bíβora] *s. f., Zool.* viper.

vibrar [biβrár] *v. tr.* **1.** to vibrate. **2.** (la voz) to quaver. ‖ *v. intr.* **3.** (oscilar) to vibrate.

viciar [biθjár] *v. tr.* **1.** (corromper) to pervert. **2.** *Der.* to vitiate.

vicio [bíθjo] *s. m.* vice.

víctima [bíktima] *s. f.* **1.** victim. **2.** (en un accidente) casualty.

victoria [biktórja] *s. f.* victory.

vid [bíð] *s. f., Bot.* vine.

vida [bíða] *s. f.* life.

vídeo [bíðeo] *s. m.* video.

vidrio [bídrjo] *s. m.* glass.

viejo, -ja [bjéχo] *adj.* **1.** old. || *s. m.* **2.** old man. || **vieja** *s. f.* **3.** old woman.

viento [bjénto] *s. m.* wind.

vientre [bjéntre] *s. m., Anat.* (barriga) belly.

viernes [bjérnes] *s. m.* Friday.

viga [bíɣa] *s. f.* **1.** beam. **2.** (de madera) joist. **3.** (de hierro) girder.

vigésimo, -ma [biχésimo] *adj. num. ord.* (también pron. num. y *s. m.*) twenty; twentieth.

vigilar [biχilár] *v. intr.* to watch.

vigor [biɣór] *s. m.* **1.** vigor. **2.** (fuerza) strength.

vil [bíl] *adj.* vile; base.

villa [bíʎa] *s. f.* (casa de campo) villa.

villancico [biʎanθíko] *s. m., Mús.* carol; Christmas carol.

vinagre [bináɣre] *s. m.* vinegar.

vinagrera [bináɣrera] *s. f.* **1.** vinegar bottle. || **vinagreras** *s. f. pl.* **2.** cruet *sing.*

vínculo [bíŋkulo] *s. m.* link.

vino [bíno] *s. m.* wine.

viña [bíɲa] *s. f.* vineyard.

viñeta [biɲéta] *s. f.* **1.** vignette. **2.** (dibujo) cartoon.

violación [bjolaθjón] *s. f.* **1.** violation. **2.** (sexual) rape.

violar [bjolár] *v. tr.* **1.** to violate. **2.** (sexualmente) to rape.

violencia [bjolénθja] *s. f.* (brusquedad) violence.

violeta [bjoléta] *s. f.* **1.** *Bot.* (flor) violet. || *s. m.* **2.** (color) violet.

violín [bjolín] *s. m., Mús.* violin.

virgen [bírχen] *s. m. y f.* virgin.

viril [bíril] *adj.* virile; manly.

virtud [birtúð] *s. f.* virtue.

virus [bírus] *s. m. inv., Med.* virus.

visado [bisáðo] *s. m.* visa.

víscera [bísθera] *s. f., Anat.* (entrañas) viscus (pl. viscera).

visera [biséra] *s. f.* **1.** (de una gorra) peak. **2.** (de plástico) eyeshade. **3.** (de un casco) visor.

visible [bisíβle] *adj.* visible.

visión [bisjón] *s. f.* **1.** vision. **2.** (vista) sight.

visita [bisíta] *s. f.* **1.** visit. **2.** (persona) visitor.

visitar [bisitár] *v. tr.* to visit.

vislumbrar [bislumbrár] *v. tr.* (entrever) to glimpse.

visón [bisón] *s. m., Zool.* mink.

víspera [bíspera] *s. f.* day before.

vista [bísta] *s. f.* **1.** view. **2.** (visión) sight; vision.

vistazo [bistáθo] *s. m.* glance.

visual [biswál] *adj.* visual.

vital [bitál] *adj.* vital.

vitamina [bitamína] *s. f.* vitamin.

vitrina [bitrína] *s. f.* **1.** (para exposición) showcase. **2.** (armario) (glass) cabinet.

viudo, -da [bjúðo] *adj.* **1.** widowed. || *s. m.* **2.** widower. || **viuda** *s. f.* **3.** widow.

vivaz [biβáθ] *adj.* lively.
vivero [biβéro] *s. m.* (criadero) nursery garden.
viveza [biβéθa] *s. f.* vivacity.
vivienda [biβjénda] *s. f.* **1.** (alojamiento) housing. **2.** (casa) house; home.
vivir[1] [biβír] *s. m.* life; living.
vivir[2] [biβír] *v. intr.* **1.** to live. **2.** (residir) to reside. **3.** (existir) to be; to exist.
vivo, -va [bíβo] *adj.* living; alive.
vocabulario [bokaβulárjo] *s. m.* (léxico) vocabulary.
vociferar [boθiferár] *v. intr.* **1.** (chillar) to shout; to yell. ‖ *v. tr.* **2.** (vocear) to shout.
volar [bolár] *v. intr.* to fly.
volcán [bolkán] *s. m., Geol.* volcano.
volcar [bolkár] *v. tr.* **1.** to upset; to overturn. ‖ *v. intr.* **2.** (coche) to overturn.
voluble [bolúβle] *adj.* fickle.
voluntario, -ria [boluntárjo] *adj.* **1.** voluntary. ‖ *s. m. y f.* **2.** volunteer; voluntary worker.

volver [bolβér] *v. tr.* **1.** to turn. **2.** to return. ‖ *v. intr.* **3.** (regresar) to return; to get back.
vomitar [bomitár] *v. intr.* to vomit; to be sick *Br. E.*
voraz [boraθ] *adj.* voracious.
vos [bós] *pron. pers. 2ª sing.* **1.** *arc.* thou *arch.* **2.** *Amér.* you.
vosotros, -tras [bosótros] *pron. pers. nomin. 2ª pl.* **1.** you. ‖ *pron. pers.* **2.** (+ prep.) you. ‖ ~ **mismos** yourselves.
votante [botante] *s. m. y f.* voter.
votar [botár] *v. intr.* to vote.
voto [bóto] *s. m.* vote.
voz [bóθ] *s. f.* **1.** (sonido) voice. **2.** *Ling.* (palabra) word.
vuelo [bwélo] *s. m.* flight.
vuelta [bwélʲta] *s. f.* **1.** turn. **2.** (giro) whirl. **3.** (regreso) return.
vuestro [bwéstro] *adj. pos. 2ª pl.* **1.** your; of yours. ‖ *pron. pos. 2ª pl.* **2.** yours.
vulgar [bulvár] *adj.* **1.** (ordinario) vulgar; coarse. **2.** (común) common.

w [úβeðóβle] *s. f.* (letra) w.

walkie-talkie [gwalkitálki] *s. m.* walkie-talkie [Le regalaron un walkie-talkie. *They gave him a walkie-talkie.*]

walkman [gwá]man] *s. m.* Walkman (marca registrada).

wáter [báter] *s. m.* *wáter.

waterpolo [gwaterpólo] *s. m., Dep.* water polo.

waterpolista [gwaterpolísta] *s. m. y f., Dep.* water polo player.

WC [uβeθé] *s. m.* *WC*.

web [gwéb] *s. f.* (www) web.

weekend [gwikén] *s. m., angl.* weekend [Fuimos a pasar el weekend a Cuenca. *We went to Cuenca on the weekend.*]

western [gwéster] *s. m., angl.* (género de cine) Western.

whiskería [gwiskeería] *s. m.* bar (selling whiskies).

whisky [gwíski] *s. m.* whiskey [Solía beber un vaso de whisky con soda todas las noches. *He used to drink a glass of whiskey and soda every night.*] ‖ **~ con hielo** whisky on the rocks. **~ de malta** malt whisky

windsurf [gwínsurf] *s. m., Dep.* wind-surfing.

wolframio [bolfrámio] *s. m.* wolfram.

x [ékis] *s. f.* (letra) x.

xenofobia [senofóβja] *s. f.* xenophobia [Hubo una campaña contra la xenofobia. *There was a campaign against xenofobia.*]

xenófobo, -ba [senófoβo] *adj.* **1.** xenophobic. ‖ *s. m. y f.* **2.** xenofobe.

xenón [senón] *s. m., Quím.* (gas noble) xenon [El símbolo químico del xenón es "xe" o "x". *The chemical symbol for xenon is "xe" or "x".*]

xerocopia [serokópja] *s. f.* (fotocopia) photocopy.

xerocopiar [serokopjár] *v. tr.* to photocopy.

xerófilo, -la [serófilo] *adj., Zool. y Bot.* xerophilous.

xerografía [seroɤrafía] *s. f.* (fotocopia) xerography.

xilofonista [silofonísta] *s. m. y f., Mús.* xylofonista.

xilófono [silófono] *s. m., Mús.* xylophone [Rompió su xilófono en el concierto. *He brokes his xylophone in the concert.*]

xilografía [siloɤrafía] *s. f.* **1.** (arte) xilography. **2.** *Impr.* xylograph.

xilógrafo [silóɤrafo] *s. m.* xilographer.

y

y¹ [i] *conj. copul.* and.

y² [iɣrjéɣa] *s. f.* (letra) y.

ya [ʝá] *adv.* already [Ya lo he hecho. *I've already done it.*] ‖ **~ no** no longer [Ya no existe. *It no longer exists.*] **~ que** inasmuch as [No le conoces ya que no lo has reconocido. *You don't know him inasmuch as you haven't recognized him.*]

yacer [ʝaθér] *v. intr., form.* (echarse) to lie.

yacimiento [ʝaθimjénto] *s. m., Geol.* (explotación) bed; deposit.

yarda [ʝárða] *s. f.* (medida) yard.

yate [ʝáte] *s. m., Náut.* yacht. ‖ **ir en ~** *Náut.* to yacht.

yedra [ʝéðra] *s. f., Bot.* ivy.

yegua [ʝéɣwa] *s. f., Zool.* mare.

yelmo [ʝélmo] *s. m.* helmet.

yema [ʝéma] *s. f.* **1.** *Bot.* leaf bud. **2.** (de huevo) yolk. **3.** (del dedo) fingertip.

yerba [ʝérβa] *s. f., Bot.* grass.

yermo, -ma [ʝérmo] *adj.* **1.** (despoblado) deserted. **2.** (estéril) barren. ‖ *s. m.* **3.** *Geogr.* wasteland.

yerno [ʝérno] *s. m.* son-in-law.

yerro [ʝéro] *s. m., arc.* (equivocación) error; mistake.

yesca [ʝéska] *s. f.* tinder.

yeso [ʝéso] *s. m.* **1.** *Albañ.* plaster. **2.** *Miner.* gypsum.

yo [ʝó] *pron. pers. nomin. 1ª sing.* I [No te preocupes, yo lo hago. *Don' worry, I will do it.*] ‖ **~ mismo** (enfático) myself [Lo preparé yo mismo. *I'll prepare it myself.*]

yodo [ʝóðo] *s. m., Quím.* iodine.

yoga [ʝóɣa] *s. m.* yoga.

yogur [ʝoɣúr] *s. m., Gastr.* (postre) yoghurt.

yóquey [ʝókej] *s. m. y f., Equit.* (jinete) yockey.

yoyó [ʝojó] *s. m.* yo-yo.

yuca [ʝúka] *s. f., Gastr.* cassava.

yudo [ʝúðo] *s. m., Dep.* judo.

yudoca [ʝuðóka] *s. m. y f., Dep.* judoka.

yugo [ʝúɣo] *s. m.* yoke.

yugular¹ [ʝuʋulár] *adj.* **1.** *Anat.* jugular. ‖ *s. f.* **2.** *Anat.* (vena) jugular (vein).

yugular² [ʝuʋulár] *v. tr.* **1.** (degollar) to slit the throat. **2.** *fig.* to nip something in the bud.

yunque [ʝúŋke] *s. m.* anvil.

yunta [ʝúnta] *s. f.* (de animales) yoke; team (of oxen).

yupi [ʝúpi] *s. m. y f.* yuppie.

yuxtaponer [ʝustaponér] *v. tr.* (poner al lado) to juxtapose.

Z

z [θéṯa] *s. f.* (letra) z.

zafarse [θafárse] *v. prnl.* (escaparse) to get away.

zaga [θáγa] *s. f.* rear.

zaguán [θaγwán] *s. m.* hallway.

zambomba [θambómba] *s. f., Mús.* drumlike instrument.

zambullir [θambuʎír] *v. tr.* **1.** (persona) to duck. **2.** (cosa) to dive; to plunge. ‖ **zambullirse** *v. prnl.* **3.** (en el agua) to dive; to plunge.

zampar [θampár] *v. tr.* (tragar) to gobble.

zanahoria [θanaórja] *s. f., Bot.* carrot.

zanca [θáŋka] *s. f.* leg.

zancadilla [θaŋkaðíʎa] *s. f.* trip.

zángano [θáŋgano] *s. m.* **1.** (macho de la abeja) drone. ‖ *s. m. y f.* **2.** *fig. y fam.* (gandul) lazybones.

zanja [θáŋxa] *s. f.* ditch; trench.

zanjar [θaŋxár] *v. tr.* **1.** (hacer una zanja) to ditch. **2.** *fig.* (un asunto) to settle.

zapatear [θapateár] *v. tr.* (en baile) to tap one's feet.

zapatería [θapatería] *s. f.* shoe store *Am. E.*; shoe shop *Br. E.*

zapatero, -ra [θapatéro] *s. m. y f.* shoemaker; cobbler.

zapatilla [θapatíʎa] *s. f.* slipper.

zapato [θapáto] *s. m.* shoe.

zapping [θápin] *s. m., col.* (TV) zapping.

zarpa [θárpa] *s. f.* paw; claw.

zarpar [θarpár] *v. intr., Náut.* (levar anclas) to weigh anchor.

zarza [θárθa] *s. f., Bot.* bramble; blackberry bush.

zarzamora [θarθamóra] *s. f., Bot.* (fruto) bramble; blackberry.

zarzaparrilla [θarθaparíʎa] *s. f.* (refresco) sarsaparilla.

zigzag [θiγθág] *s. m.* zigzag.

zona [θóna] *s. f.* zone; area.

zodíaco [θoðíako] *s. m.* zodiac.

zoo [θóo] *s. m.* (zoológico) zoo.

zoología [θooloxía] *s. f.* zoology.

zorro [θóro] *s. m.* **1.** *Zool.* fox. ‖ **zorra** *s. f.* **2.** *Zool.* fox.

zozobra [θoθóβra] *s. f., Náut.* capsizing. **2.** *fig.* anxiety.

zozobrar [θoθoβrár] *v. intr., Náut.* (naufragar) to capsize.

zueco [θwéko] *s. m.* clog.

zumbar [θumbár] *v. intr.* **1.** to buzz; to hum. ‖ *v. tr.* **2.** (pegar) to thrash.

zumo [θúmo] *s. m.* juice.

zurcir [θurθír] *v. tr.* to darn.

zurdo, -da [θúrðo] *adj.* **1.** (persona) left-handed. **2.** (mano) left.

zurra [θúra] *s. f., fig. y fam.* (paliza) beating; hiding.

zurrar [θurár] *v. tr., fig. y fam.* (azotar) to thrash.

PUNTO

Diccionario
english–spanish

Dictionary
español–inglés

everest

INTRODUCTION

The edition of the new Everest bilingual dictionaries is the result of an ambitious project called INTERLEX, partly financed by the European Union. This project allows us to create bilingual databases in collaboration with other institutions such us Alfonso X El Sabio University, and companies which have created specific computer programs for its development. Initiated some years ago, INTERLEX is composed of a team of lexicographers, proofreaders and editors of several nationalities, who ensure the reliability and quality of the text.

The 30 000 terms gathered in the *Dictionary Punto Everest español-inglés / english-spanish* were selected mainly based on the most general and frequently used words. The most common meanings, expressions and phrases have been chosen as well as some Latin American words, localisms, neologisms and technical terms, as well as some terms related to gastronomy and basic communicative situations. As additional information, we offer the grammatical category, phonetic transcription (International Phonetic Alphabet) of all entries, explanatory notes, matters, usage examples with translations in both directions, etc. We also include pronunciation tables, number tables and abbreviations used in the dictionary, always in both languages.

In spite of its reduced size, this should not be considered as a small dictionary with telegraphic information (term-translation) but rather as useful dictionary, indispensable for trips and ideal for concise and quick queries, useful for any Spanish or English speaker no matter the degree of knowledge of the other language.

EDITORIAL EVEREST

ENGLISH PHONETIC TRANSCRIPTION

The phonetic transcription is based on the International Phonetic Alphabet (IPA) although it is adapted to make the interpretation of the transcription to all readers easy, offering enough information about the correct pronunciation of the words, using the standard rules as reference.

Information about pronunciation is shown in brackets ([...]) after the entries. The place for the accent inside the word is shown with a written accent (') before the nucleus. The correspondences between the phonetic symbols used in this dictionary and the graphic symbols are gathered in the following table:

SYMBOL	GRAPHIC	EXAMPLE
Vowels		
[ɑ]	a, al, ar	father ['fɑ ðɹɹ], start [stɑ ɹt]
[ ]	a, ai	cat [k t], plait [pl t]
[ʕ]	o, u	love [lʕv], cup [kʕp]
[ ]	ir, or, ur	bird [b ɹd], word [w ɹd]
[e]	e, ei	ten [ten], friend [frend]
[i]	ee, ea	see [si], sea [si]
[ɪ]	i	city ['sɪti]
[ɔ]	al, aw, or	all [ɔ l], law [lɔ], horse [hɔ rs]
[ ]	o	dog [d g],
[u]	oo, oe, u	food [fu d], shoe [ʃu], rude [ru d]
[ʊ]	oo, u	foot [fʊt], full [fʊl]
[ɾ]	o, a	color ['kʕɪɾɾ], about [[ɾ'baʊt]
Diphthongs		
[aɪ]	i, y	fly ['flaɪ], time [taɪm]
[aʊ]	ou, ow	house [haʊs], how [haʊ]
[eɪ]	a, ai, ay, ei	day [deɪ]
[ɔɪ]	oi, oy	boil [bɔɪl], boy [bɔɪ]
[oʊ]	o, oa	note[noʊt], goat [goʊt]

SYMBOL	GRAPHIC	EXAMPLE
Consonants		
[p]	p, pp	pen [pen], happen ['h pɾn]
[t]	t, tt	tea [ti], button ['bʌʔtn]
[k]	c , k	cat [k t], lock [l k]
[b]	b, bb	bill [bɪl], lobby ['l bi]
[d]	d, dd	desk [desk], ladder [['l dɾr]
[g]	g, gg	dog [d g], goal [goʊl], goggle ['g gɾl]
[dʒ]	g, gg, dg, j	age [eɪdʒ], judge ['dʒʌdʒ]
[tʃ]	ch	rich [rɪtʃ]
[f]	f, ff, ph	father [['fa ðɾr], photography ['fɾt grɾfi]
[v]	v	vain [veɪn]
[θ]	th	think [θɪŋk]
[ð]	th	this [ðɪs], there [ðer]
[s]	s, c	sell [sel], ice [aɪs]
[z]	s, z	rose [roʊz], zoo [zu]
[ʃ]	sh, ch, s, ti	shoe [ʃu], machine [mɾʃi n], sure [ʃʊr], station ['steɪʃrn]
[ʒ]	s, si	measure ['mɾʒɾr], vision ['vɪʒrn]
[h]	h	hair [her]
[m]	m, mm	man [m n], hammer ['h mɾr]
[n]	n, nn	name [neɪm], dinner ['dɪnɾr]
[ŋ]	ng, nk	finger ['fɪŋgɾr], pink [pɪŋk]
[l]	l, ll	lass [l s], valley ['v li]
[r]	r, rr	read [ri d], sorry [['s ri]
[j]	y, u	yellow ['jeloʊ], use [ju z]
[w]	w, ua, wh	water ['wɔ tɾr], when [wen]

ABBREVIATION USED IN ENGLISH

abbrev.	abbreviation	*der.*	derogative
adj.	adjetive	*dial.*	dialectal
adv.	adverb	*disj.*	disjunctive
adv. phr.	adverbial phrase	*dist .*	distributive
advers.	adversative		
Aeron.	Aeronautical	*Ecol.*	Ecology
affirm.	affirmative	*Econ.*	Economics
Agr.	Agricultural	*Electron.*	Electronics
Am.	America	*empb.*	emphatic
amb.	ambiguous	*excl.*	exclamative
Anat.	Anatomy	*ext.*	by extensión
Arcbit.	Architecture		
art.	article	*f.*	femenine
Astrol.	Astrology	*fam.*	familiar
Astron.	Astronomy	*fig.*	figurative
aux.	auxiliar	*Film*	Film
		form	formula
Biol.	Biology	*frml.*	formal
Bot.	Botany		
		Gastr.	Gastronomy
C. Am.	Central America	*Geogr.*	Geography
Car	Car	*Geol.*	Geology
card.	cardinal		
caus.	causative	*Hist.*	History
Cbem.	Chemistry	*Horse*	Horsemanship
coll.	colloquial		
Comp.	Computing		
compar.	comparative	*idm.*	idiom
conces.	concessive	*impers.*	impersonal
cond.	conditional	*indef.*	indefinite
conj.	conjunction	*indefin.*	indefinite
consec.	consecutive	*int.*	interrogative
contr.	contraction	*interj.*	interjection
copul.	copulative	*intr.*	intransitive
		inv.	invariable
def.	definite		
dem.	demonstrative	*Law*	Law

learn. exp.	learned expression	*pl.*	plural
Ling.	Linguistics	*p.n.*	proper noun
Lit.	Literature	*Polit.*	Politics
loc.	locution	*poss.*	possessive
		prep.	preposition
m.	masculine	*Print.*	Printing
Math.	Mathematics	*prnl.*	pronominal
Mec.	Mechanical Engineering	*pron.*	pronoun
Med.	Medicine		
Meteor.	Meteorology	*quant.*	quatifier
Mil.	Military		
Miner.	Mineralogy	*rare*	rare
mod.	modal	*Rel.*	Religion
Mus.	Music	*rel.*	relative
Myth	Mythology		
		S. Am.	South America
n.	noun	*Sculp.*	Sculpture
N. Am.	North America	*sing.*	singular
Nav.	Navigation	*slang*	slang
neg.	negative	*Sp.*	Spain
num.	numeral	*Sports*	Sports
of doubt	of doubt	*t.*	of time
offens.	offensive	*Taur.*	Tauromachy
of place	of place	*Tech*	Technology
ord.	ordinal	*Theat.*	Theatre
		tr.	transitive
p.	participle		
Paint.	Painting	*v.*	verb
pers.	person	*Vet.*	Veterinary
Pharm	Pharmacy	*vulg.*	vulgar
phras.	phrase		
Phot.	Photography	*Zool.*	Zoology
Phys.	Physics		

NUMERALS

0	zero	cero	
1	one	uno	first	primer, primero
2	two	dos	second	segundo
3	three	tres	third	tercer, tercero
4	four	cuatro	fourth	cuarto
5	five	cinco	fifth	quinto
6	six	seis	sixth	sexto
7	seven	siete	seventh	séptimo
8	eight	ocho	eighth	octavo
9	nine	nueve	ninth	noveno
10	ten	diez	tenth	décimo
11	eleven	once	eleventh	undécimo
12	twelve	doce	twelfth	duodécimo
13	thirteen	trece	thirteenth	decimotercero
14	fourteen	catorce	fourteenth	decimocuarto
15	fifteen	quince	fifteenth	decimoquinto
16	sixteen	dieciséis	sixteenth	decimosexto
17	seventeen	diecisiete	seventeenth	decimoséptimo
18	eighteen	dieciocho	eighteenth	decimoctavo
19	nineteen	diecinueve	nineteenth	decimonoveno
20	twenty	veinte	twentieth	vigésimo
21	twenty-one	veintiuno	twenty-first	vigésimo primero
22	twenty-two	veintidós	twenty-second	vigésimo segundo
23	twenty-three	veintitrés	twenty-third	vigésimo tercero
24	twenty-four	veinticuatro	twenty-fourth	vigésimo cuarto
25	twenty-five	veinticinco	twenty-fifth	vigésimo quinto
26	twenty-six	veintiséis	twenty-sixth	vigésimo sexto
27	twenty-seven	veintisiete	twenty-seventh	vigésimo séptimo
28	twenty-eight	veintiocho	twenty-eighth	vigésimo octavo
29	twenty-nine	veintinueve	twenty-ninth	vigésimo noveno
30	thirty	treinta	thirtieth	trigésimo
40	forty	cuarenta	fortieth	cuadragésimo
50	fifty	cincuenta	fiftieth	quincuagésimo
60	sixty	sesenta	sixtieth	sexagésimo
70	seventy	setenta	seventieth	septuagésimo
80	eighty	ochenta	eightieth	octogésimo
90	ninety	noventa	ninetieth	nonagésimo
100	a hundred	cien	hundredth	centésimo
200	two hundred	doscientos	two hundredth	ducentésimo
300	three hundred	trescientos	three hundredth	tricentésimo
400	four hundred	cuatrocientos	four hundredth	cuadringentésimo
500	five hundred	quinientos	five hundredth	quingentésimo
600	six hundred	seiscientos	six hundredth	sexcentésimo
700	seven hundred	setecientos	seven hundredth	septingentésimo
800	eight hundred	ochocientos	eight hundredth	octingentésimo
900	nine hundred	novecientos	nine hundredth	noningentésimo
1000	a thousand	mil	thousandth	milésimo
10 000	ten thousand	diez mil	ten thousandth	diezmilésimo

A [eɪ] *n.*, *Mus.* la *m.*

a[1] [eɪ] *n.* (letter) a *f.*

a[2] [ə|ə] *art. indefin.* **1.** un. **2.** (per) por, a. •Before vowel "an"

abandon [ə'bændən] *v. tr.* **1.** abandonar. o. **2.** (give up) renunciar (a algo). **3.** (job) dejar (un trabajo).

abbess ['æbes] *n.*, *Rel.* abadesa *f.*

abbey ['æbɪ] *n.*, *Rel.* abadía *f.*

abbot ['æbət] *n.*, *Rel.* abad *m.*

abbreviate [ə'briːviːˌeɪt] *v. tr.* (shorten) abreviar.

abdomen ['æbdəmən æb'dəʊmen] *n.*, *Anat.* abdomen *m.*

abhor [æb'hɔːr] *v. tr.*, *frml.* (detest) aborrecer; detestar.

abide [ə'baɪd] *v. tr.* (tolerate) tolerar; soportar.

ability [ə'bɪlətiː] *n.* **1.** (faculty) habilidad *f.*; capacidad *f.* **2.** (talent) talento *m.*

able ['eɪbəl] *adj.* capaz. ‖ **to be ~ to** poder; saber.

aboard [ə'bɔːrd] *adv.* **1.** (on ship, aircraft) a bordo. ‖ *prep.* **2.** a bordo de.

abolition [ˌæbə'lɪʃən] *n.* (cancellation) abolición *f.*

abominable [ə'bɒmənəbəl] *adj.* **1.** abominable. **2.** *fam.* (behavior, taste) pésimo.

abort [ə'bɔːrt] *v. tr. & intr.*, **1.** *Med.* abortar. **2.** *Comp.* cancelar.

abortion [ə'bɔːrʃən] *n.*, *Med.* aborto *m.* (provocado).

about [ə'baʊt] *prep.* **1.** sobre; acerca de. ‖ *adv.* **2.** (approximately) aproximadamente.

above [ə'bʌv] *prep.* **1.** (over) encima de; por encima de; sobre. ‖ *adv.* **2.** (on top) sobre; arriba. ‖ *adj. & n.* **3.** anterior; antedicho.

abreast [ə'brest] *adv.* (side by side) al lado.

abroad [ə'brɔːd] *adv.* (in other countries) al/en el extranjero; fuera; al exterior.

abrupt [ə'brʌpt] *adj.* (rough) brusco; duro.

absence ['æbsəns] *n.* **1.** ausencia *f.* **2.** (of this) falta *f.* (de algo).

absent ['æbsənt] *adj.* (not present) ausente.

absent-minded [ˌæbsənt'maɪndɪd] *adj.* distraído.

absolute ['æbsəluːt ˌæbsə'luːt] *adj.* absoluto.

absorb [əb'sɔːrb, əb'zɔːrb] *v. tr.* (liquid, power) absorber.

abstain [əb'steɪn] *v. intr.* (refrain) abstenerse.

abstract ['æbˌstrækt, æb'strækt] *adj.* abstracto; genérico.

absurd [əb'sɜːrd, əb'zɜːrd] *adj.* (ridiculous) absurdo; disparatado.

abundance [ə'bʌndəns] *n.* abundancia *f.*; gran cantidad.

abundant [ə'bʌndənt] *adj.* (plentiful) abundante.

abuse [ə'bjuːs] *n.* **1.** abuso *m.* **2.** (insulting speech) insultos *m. pl.* ‖ *v. tr.* **3.** (misuse) abusar

academy [əˈkædəmi:] *n.* (school, society) academia *m.*

accelerate [ɪkˈseləˌreɪt] *v. tr.* **1.** acelerar; apresurar. ‖ *v. intr.* **2.** *Car* acelerar.

accent [ˈæksent] *n.* acento *m.*

accept [ɪkˈsept] *v. tr.* **1.** aceptar. **2.** (recognize) admitir; reconocer.

access [ˈækses] *n.* acceso *m.*

accessory [ɪkˈsesəri:] *n.* accesorio *m.*; abaloriom.

accident [ˈæksədənt] *n.* **1.** accidente *m.*; siniestro *m.* **2.** (chance) casualidad *f.*

accidental [ˌæksəˈdentl] *adj.* (by chance) accidental; fortuito.

acclimatize, acclimatise (BrE) [əˈklaɪmətaɪz] *v. intr.* aclimatarse.

accommodate [əˈkɒməˌdeɪt] *v. tr.* **1.** (guests) alojar; hospedar. **2.** (adapt) acomodar.

accommodations [əˌkɒməˈdeɪʃən] *n., Am. E.* (lodging) alojamiento *m.*; hospedaje *m.*

accompany [əˈkʌmpəni:, əˈkʌmpni:] *v. tr.* (go with) acompañar.

according to [əˈkɔːrdɪŋ] *prep.* según; conforme a.

account [əˈkaʊnt] *n.* **1.** *Econ.* cuenta *f.* **2.** (report) informe *m.*

accumulate [əˈkjuːmjəˌleɪt] *v. tr.* **1.** acumular. ‖ *v. intr.* **2.** acumularse; amontonarse.

accuracy [ˈækjərəsi:] *n.* (correctness, precision) exactitud *f.*; precisión *f.*

accurate [ˈækjərɪt] *adj.* **1.** (instrument) preciso; exacto. **2.** (weapon) certero.

accusation [ˌækjəˈzeɪʃən] *n.* acusación *f.*; denuncia *f.*

accuse [əˈkjuːz] *v. tr.* acusar.

accustom [əˈkʌstəm] *v. tr.* habituar. ‖ **to ~ oneself** (to sth) acostumbrarse (a algo)

accustomed [əˈkʌstəmd] *adj.* acostumbrado; habituado.

ace [eɪs] *n.* **1.** (games) as *m.* **2.** *fig.* (champion) as *m.*

ache [eɪk] *n.* **1.** (pain) dolor *m.* ‖ *v. intr.* **2.** doler.

achieve [əˈtʃiːv] *v. tr.* **1.** (attain) lograr; conseguir. **2.** (finish) llevar a cabo.

achievement [əˈtʃiːvmənt] *n.* **1.** (success) logro *m.* **2.** (feat) hazaña *f.*; logro *m.*

acid [ˈæsɪd] *adj.* **1.** (taste) ácido. **2.** *fig.* (reply) agrio; mordaz.

acknowledge [ɪkˈnɒlɪdʒ] *v. tr.* **1.** (mistake, fault) admitir; reconocer. **2.** (favor) agradecer.

acne [ˈækni:] *n., Med.* acné *m.*

acorn [ˈeɪkɔːrn] *n., Bot.* bellota *f.*

acquaint [əˈkweɪnt] *v. tr.* (sb with sth) informar (a algn de algo).

acquire [əˈkwaɪr] *v. tr.* adquirir.

acquisition [ˌækwəˈzɪʃən] *n.* adquisición *f.*

acrobatics [ˌækrəˈbætɪks] *n. pl.* acrobacia *f. sing.*

across [əˈkrɒs] *adv.* **1.** (from one side to the other) de un lado a otro. **2.** al otro lado. ‖ *prep.* **3.** de un lado a otro de. **4.** al otro lado de. **5.** a través de.

act [ækt] *n.* **1.** (action) acto *m.*; acción *f.* **2.** *Theat.* acto *m.* ‖ *v. intr.* **3.** actuar; obrar.

acting ['æktɪŋ] *adj.* **1.** interino; en funciones. ‖ *n.* **2.** *Film & Theatr.* interpretación *f.*; actuación *f.*

action ['ækʃən] *n.* **1.** acción *f.* **2.** (deed) acto *m.* **3.** (measures) actuación *f.*; medida *f.*

active ['æktɪv] *adj.* (energetic) activo; enérgico.

activity [æk'tɪvəti:] *n.* actividad *f.*

actor ['æktər] *n.* actor *m.*

actress ['æktrɪs] *n.* actriz *f.*

actual ['æktʃəwəl] *adj.* **1.** real; verdadero. **2.** (very) mismo.

adapt [ə'dæpt] *v. tr.* **1.** adaptar. ‖ *v. intr.* (to sth) **2.** adaptarse (a algo); ajustarse.

adaptation [ædəp'teɪʃən] *n.* (adjustment) adaptación *f.*

add [æd] *v. tr.* **1.** añadir; agregar. **2.** *Math.* sumar [Add (on) 20. *Suma 20.*]

addict ['ædɪkt] *n.* adicto *m.*

addiction [ə'dɪkʃən] *n.* adicción *f.*

addition [ə'dɪʃən] *n.* **1.** adición *f.* **2.** *Math.* suma *f.*

additional [ə'dɪʃənəl] *adj.* adicional; accesorio.

address [æ'dres, ə'dres] *n.* dirección *f.*; señas *f. pl.*

adept [ə'dept] *adj.* **1.** experto (en algo); hábil. ‖ *n.* **2.** experto *m.*

adequate ['ædəkwət] *adj.* **1.** aceptable. **2.** (enough) suficiente.

adhesive [əd'hi:sɪv] *adj.* **1.** adhesivo. ‖ *n.* **2.** pegamento *m.* ‖ **~ tape** celo *m.*

adjourn [ə'dʒɜ:rn] *v. tr.* aplazar.

adjust [ə'dʒʌst] *v. tr.* **1.** (instrument) ajustar. ‖ *v. intr.* (to sth) **2.** adaptarse; ajustarse.

administer [əd'mɪnəstər] *v. tr.* **1.** (manage) administrar. **2.** *frml.* (medicine, punishment) administrar (algo a algn).

administration [ədmɪnəs'treɪʃən] *n.* **1.** (government) administración *f.*; gobierno *m.* **2.** (business) administración *f.*

administrative [əd'mɪnəs,treɪtɪv] *adj.* administrativo.

admirable ['ædmərəbl] *adj.* admirable; digno de admiración.

admire [æd'maɪr] *v. tr.* admirar.

admissible [əd'mɪsəbəl] *adj.* (acceptable) admisible; aceptable.

admission [əd'mɪʃən] *n.* **1.** admisión *f.*; entrada *f.*

admit [əd'mɪt] *v. tr.* **1.** dejar entrar; admitir. **2.** (confess) admitir; reconocer.

admittance [əd'mɪtəns] *n.* (entry) entrada *f.*

adolescent [,æd'lesənt] *adj.* **1.** adolescente. ‖ *n.* **2.** (teenager) adolescente *m. y f.*

adopt [ə'dɒpt] *v. tr., Law* adoptar.

adoption [ə'dɒpʃən] *n.* (children, country) adopción *f.*

adoptive [ə'dɒptɪv] *adj.* adoptivo.

adorable [ə'dɔːrəbəl] *adj.* (lovable) adorable.

adore [ə'dɔːr] *v. tr.* **1.** (love) adorar. **2.** *fam.* (like very much) encantar; gustar.

adorn [ə'dɔːrn] *v. tr.* adornar.

adult [ə'dʌlt, 'ædʌlt] *adj. & n.* adulto *m.*; mayor *m.*

adultery [ə'dʌltəriː, ə'dʌltriː] *n.* adulterio *m.*; infidelidad *f.*

advance [əd'væns] *n.* **1.** avance *m.*; progreso *m.* **2.** *Econ.* (payment) anticipo *m.* ‖ *v. tr.* **3.** avanzar. **4.** (money) anticipar.

advanced [əd'vænst] *adj.* avanzado; adelantado.

advantage [əd'væntɪdʒ] *n.* ventaja *f.*; provecho *m.*; beneficio *m.*

advantageous [,ædvən'teɪdʒəs, ,æd-væn'teɪdʒəs] *adj.* (profitable) favorable; ventajoso.

adventure [æd'ventʃɜːr] *n.* aventura *f.*; andanza *f.*

adverb ['ædvɜːrb] *n.*, *Ling.* adverbio *m.*

adversary ['ædvər,seriː] *n.* adversario *m.*; contrario *m.*

advertisement [əd'vɜːrtɪzmənt] *n.* anuncio *m.*

advertize, advertise (Br.E) ['ædvərtaɪz] *v. tr.* **1.** anunciar; promocionar. ‖ *v. intr.* **2.** poner un anuncio.

advice [əd'vaɪs] *n.* **1.** consejo *m.* (also in pl.). **2.** (notification) aviso *m.*; notificación *f.*

advise [əd'vaɪz] *v. tr.* **1.** (give advice) aconsejar; asesorar. **2.** (notify) informar.

aerial ['erɪəl] *n.* *Br. E.* (radio and TV) antena *f.*

aerobics ['eroʊbɪks] *n.*, *Sports* aeróbic *m.*

aeroplane ['erəpleɪn] *n.*, *Br. E.* avión *m.*; aeroplano *m.*

affair [ə'feːr] *n.* **1.** asunto *m.* **2.** (love) amorío *m.*; aventura *f.*

affect [ə'fækt] *v. tr.* **1.** afectar (a algo/algn). **2.** (move) conmover; impresionar; emocionar.

affection [ə'fækʃən] *n.* (love) cariño *m.*; afecto *m.*; amor *m.*

affirmation [,æfɜːr'meɪʃən] *n.* afirmación *f.*; asentimiento *m.*

afflict [ə'flɪkt] *v. tr.* afligir.

affliction [ə'flɪkʃən] *n.* **1.** (suffering) aflicción *f.* **2.** (cause) desgracia *f.*

affluence ['æfluəns] *n.* (prosperity) prosperidad *f.*; riqueza *f.*

affluent ['æfluənt] *adj.* (person) rico; próspero.

afford [ə'fɔːrd] *v. tr.* **1.** permitirse. **2.** *frml.* (give, supply) proporcionar; brindar.

afraid [ə'freɪd] *adj.* (frightened) asustado. ‖ **to be ~ of** tener miedo a/de; temer.

after ['æftər] *adv.* **1.** (later) después; más tarde. ‖ *prep.* **2.** (time) después de; tras. **3.** (behind) tras; detrás de. ‖ **~ all** después de todo.

afternoon ['æftərnu:n] *n.* tarde *m.* ‖ **good ~ !** ¡buenas tardes!

afterward, afterwards (Br.E.) ['æftərwərdz] *adv.* (after) después.

again [ə'gen] *adv.* de nuevo; otra vez. ‖ **~ and ~** una y otra vez.

against [ə'genst] *prep.* **1.** contra. **2.** (opposed to) en contra de. **3.** (position) contra.

age [eɪdʒ] *n.* **1.** (of a person) edad *f.* **2.** (epoch) era *f.*; época *f.* ‖ *v. tr.* **3.** envejecer. ‖ *v. intr.* **4.** envejecer.

agency ['eɪdʒənsi:] *n.* **1.** agencia *f.* **2.** (branch) sucursal *f.*

agenda [ə'dʒendə] *n.* (list of items to be attended to) orden del día; agenda *f.*

aggravate ['ægrə,veɪt] *v. tr.* (make worse) agravar; empeorar.

aggregate ['ægrəgɪt] *n., frml.* (whole) conjunto *m.*; total *m.*

agile ['ædʒəl] *adj.* ágil.

agility [ə'dʒɪləti:] *n.* agilidad *f.*

agitate ['ædʒə,teɪt] *v. tr.* **1.** (liquid, solution) agitar. **2.** (excite) inquietar; alborotar; perturbar.

ago [ə'goʊ] *adv.* hace.

agony ['ægəni:] *n.* **1.** (pain) dolor *m.* (agudo). **2.** (before death) agonía *f.*

agree [ə'gri:] *v. tr.* **1.** decidir. ‖ *v. intr.* **2.** (with sth/sb) estar de acuerdo (con algo/algn). **3.** (about/on sth) ponerse de acuerdo (en algo); quedar (en algo).

agreeable [ə'griəbəl] *adj.* **1.** agradable; placentero. **2.** (to sth) (willing) dispuesto a (algo).

agreed [ə'gri:d] *adj.* (prearranged) convenido; acordado.

agreement [ə'gri:mənt] *n.* **1.** acuerdo *m.* **2.** (contract) contrato *m.*; convenio *m.*

agriculture ['ægrɪkʌltʃər] *n.* agricultura *f.*

ahead [ə'hed] *adv.* **1.** delante. **2.** (before) antes.

aid [eɪd] *n.* **1.** ayuda *f.* ‖ *v. tr.* **2.** (help) ayudar.

aim [eɪm] *n.* **1.** (goal) objetivo *m.*; meta *f.* **2.** (marksmanship) puntería *f.* **3.** (good sense) tino *m.* ‖ *v. tr.* **4.** (a weapon) apuntar (con un arma).

aimless ['eɪmləs] *adj.* sin rumbo.

air [er] *n.* **1.** aire *m.* **2.** (look) aire *m.*; aspecto *m.*. **3.** (atmosphere) ambiente *m.* ‖ *v. tr.* **5.** (clothes, room) airear; ventilar. ‖ **~ conditioning** aire acondicionado.

airline ['er,laɪn] *n.* compañía aérea; aerolínea *f.*

airmail ['er,meɪl] *n.* correo aéreo.

airplane ['er,pleɪn] *n., Am. E.* (aircraft) avión *m.*

airport ['er,pɔ:rt] *n.* aeropuerto *m.*

alarm [ə'lɑ:rm] *n.* **1.** (device, warning) alarma *f.* **2.** (fear) temor. ‖ *v. tr.* **3.** alarmar; inquietar. ‖ **~ clock** despertador *m.*

album ['ælbəm] *n.* álbum *m.*

alcohol [ˈælkəhɔːl ˈælkəhɒl] *n.*
1. *Chem.* alcohol *m.* **2.** (drink)
alcohol *m.*

alcoholic [ˌælkəhɒlık ˌælkəhɔːlık]
adj. & *n.* alcohólico *m.*

ale [eıl] *n.* cerveza *f.*

alert [əˈlɜːrt] *adj.* **1.** alerta; vigilante. ‖ *n.* **2.** alerta *f.*; alarma *f.*

alfalfa [ælˈfælfə] *n.*, *Bot.* alfalfa *f.*

alga [ˈælgə] *n.*, *Bot.* alga *f.*

alias [ˈeılıəs] *adv.* **1.** alias. ‖ *n.*
2. alias *m.*; apodo *m.*

alien [ˈeılıən] *adj.* **1.** (foreign) extranjero. **2.** (in science fiction) extraterrestre. **3.** (strange) extraño.

alike [əˈlaık] *adj.* **1.** parecido;
igual. ‖ *adv.* **2.** igual.

alive [əˈlaıv] *adj.* vivo.

all [ɔːl] *adj. indef.* **1.** todo. ‖
pron. indef. **2.** (everything) todo. **3.** (everybody) todos .

allege [əˈledʒ] *v. tr.* alegar.

allegiance [əˈliːdʒəns] *n.* (loyalty) lealtad *f.*

allergy [ˈælərdʒiː] *n.* alergia *f.*

alleviate [əˈliːvıeıt] *v. tr.* aliviar.

alley [ˈæliː] *n.* (lane) callejuela *f.*;
callejón *m.*

alliance [əˈlaıəns] *n.* alianza *f.*

allied [əˈlaıd, æˈlaıd] *adj.* aliado.

allocate [ˈæləkeıt] *v. tr.* **1.** (give)
asignar; adjudicar. **2.** (distribute)
distribuir; repartir.

allow [əˈlaʊ] *v. tr.* **1.** (permit)
permitir. **2.** (grant) conceder.

allude [əˈluːd] *v. intr.* (refer to)
aludir; referirse (a algo).

allusion [əˈluːʒən] *n.* (reference)
alusión *f.*; referencia *f.*

ally [ˈælaı] *n.* aliado *m.*

almond [ˈɑːmənd] *n.*, *Bot.* (nut)
almendra *f.*

almost [ˈɔːlmoʊst] *adv.* **1.** casi;
por poco. **2.** (circa) cerca de.

alone [əˈloʊn] *adj.* **1.** solo. ‖ *adv.*
2. solo; solamente.

along [əˈlɒŋ] *prep.* **1.** (the length of) a lo largo de. ‖ *adv.* **2.**
(forward) adelante. ‖ ~ **with**
junto con.

alongside [əˈlɒŋsaıd] *prep.* junto
a; a lo largo de.

aloud [əˈlaʊd] *adv.* en voz alta.

alphabet [ˈælfəbet] *n.* alfabeto
m.; abecedario *m.*

alphabetical [ˌælfəˈbetıkəl] *adj.*
alfabético *m.*

alpine [ˈælpaın] *adj.* alpino.

already [ɔːlˈredıː] *adv.* ya.

also [ˈɔːlsoʊ] *adv.* **1.** también.
2. (moreover) además.

altar [ˈɔːltər] *n.*, *Rel.* altar *m.*

alter [ˈɔːltər] *v. tr.* alterar; cambiar.

alternate [ɒlˈtɜːrnıt] *adj.* **1.** alter-
no. ‖ *v. tr.* **2.** alternar.

although [ɔːlˈðoʊ] *conj.* aunque;
a pesar de que .

altitude [ˈæltətuːd] *n.* (elevation)
altitud *f.*; altura *f.*

altogether [ˌɔːltəˈgeðər] *adv.* **1.**
(completely) del todo. **2.** (in
sum) en total .

aluminum, aluminium (Br.E)
[əˈluːmənəm] *n.* aluminio *m.*

always ['ɔːlweɪz, ɔːlwiːz] *adv.* (forever) siempre.

amass [ə'mæs] *v. tr.* **1.** (fortune) amasar. **2.** (information) acumular; reunir.

amateur ['æmətʃər 'æmætʃɜːr] *n.* aficionado *m.*; amateur *m. y f.*

amaze [ə'meɪz] *v. tr.* (astonish) asombrar; dejar atónito; pasmar.

amazed [ə'meɪzd] *adj.* atónito.

amazing [ə'meɪzɪŋ] *adj., coll.* alucinante; asombroso.

ambassador [æm'bæsədər] *n.* (diplomacy) embajador *m.*

ambassadress [æm'bæsədrɪs] *n.* (diplomacy) embajadora *f.*

amber ['æmbər] *n.* ámbar *m.*

ambiguity [æmbɪ'gjuːɪti] *n.* ambigüedad *f.*; doble sentido.

ambition [æm'bɪʃən] *n.* ambición *f.*; aspiración *f.* || **to have ~** tener ambición; ambicionar.

ambitious [əm'bɪʃəs] *adj.* **1.** (person) ambicioso. **2.** (plan) grandioso.

ambulance ['æmbjələns] *n.* ambulancia *f.*

amen [eɪ'men, 'ɑːmen] *interj.* & *n., Rel.* amén *m.*

amend [ə'mend] *v. tr.* **1.** (mistake) corregir. **2.** *Law* enmendar.

American [ə'merəkən] *adj.* & *n.* estadounidense *m. y f.*; norteamericano *m.*

amicable ['æmɪkəbəl] *adj.* (friendly) amigable; amistoso; afable.

amid, amidst [ə'mɪdst] *prep.* en medio de; entre.

ammonia [ə'moʊnjə] *n., Chem.* amoníaco *m.*

amnesia [æm'niːsiə] *n., Med.* amnesia *f.*

amnesty ['æmnəstiː] *n., Polit.* amnistía *f.*

among or amongst [ə'mʌŋst] *prep.* entre.

amorous ['æmərəs] *adj.* cariñoso.

amount [ə'maʊnt] *n.* **1.** cantidad *f.* **2.** (sum of money) importe *m.*

amphibian [æm'fɪbiən] *n., Zool.* (frog, toad) anfibio *m.*

amphitheater, amphitheatre (Br.E.) ['æmfəθɪətər] *n.* anfiteatro *m.*

ample ['æmpəl] *adj.* **1.** (large) amplio. **2.** (abundant) abundante; suficiente.

amplify ['æmpləfaɪ] *v. tr.* **1.** aumentar. **2.** (sound) amplificar.

amputate ['æmpjəteɪt] *v. tr., Med.* (limb) amputar.

amulet ['æmjələt] *n.* amuleto *m.*

amuse [ə'mjuːz] *v. tr.* **1.** divertir. **2.** (distract) entretener; distraer.

an [æn, ən, n] *art. indef.* un. •A form of the article "a" used before an initial vowel sound.

analogy [ə'nælədʒiː] *n.* analogía *f.*

analysis [ə'næləsəs](pl.: -ses) *n.* análisis *m. inv.*

analyze, analyse (Br.E) ['ænəlaɪz] *v. tr.* (examine) analizar; examinar.

anarchy ['ænərki:] *n.*, *Polit.* anarquía *f.*

anatomy [ə'nætəmi:] *n.* anatomía *f.*

ancestry ['ænsestri:] *n.* (origin) ascendencia *f.*; linaje *m.*

anchor ['æŋkər] *n.* **1.** *Nav.* ancla *f.* ‖ *v. intr.* **2.** *Nav.* anclar.

anchovy ['æntʃəvi:] *n.* anchoa *f.*

ancient ['eɪnʃənt] *adj.* antiguo.

and [ənd, ən, nd, n, ŋ] *conj.* y; e (before "i" or "hi").

anecdote ['ænəkdəʊt] *n.* anécdota *f.*; suceso *m.*

anemia, anaemia (Br.E) [ə'ni:mɪə] *n.*, *Med.* anemia *f.*

anesthetic [ænəs'θetɪk] *n.*, *Med.* (substance) anestesia *f.*

angel ['eɪndʒəl] *n.*, *Rel.* ángel *m.*

anger ['æŋgər] *n.* **1.** (rage) ira *f.*; cólera *f.* ‖ *v. tr.* **2.** (make angry) enfadar; enojar.

angina [æn'dʒaɪnə] *n.*, *Med.* (pectoris) angina *f.* (de pecho).

angry ['æŋgri:] *adj.* (furious) enfadado; enojado.

anguish ['æŋgwɪʃ] *n.* (agony) angustia *f.*; agonía *f.*

animal ['ænəməl] *adj.* **1.** animal. ‖ *n.* **2.** animal *m.*

animate ['ænəmeɪt] *v. tr.* animar.

animation [ænə'meɪʃən] *n.* (liveliness) animación *f.*

aniseed ['ænəsi:d] *n.*, *Bot.* anís *m.*

ankle ['æŋkəl] *n.*, *Anat.* tobillo *m.*

annex, annexe Br.E ['æneks] *n.* **1.** (document) anexo *m.* ‖ *v. tr.* **2.** anexionar. **3.** (document) adjuntar.

annihilate [ə'naɪəleɪt] *v. tr.* (wipe out) aniquilar.

anniversary [ænɪ'vɜ:rsəri:] *n.* aniversario *m.*

annotation [ænə'teɪʃən] *n.* (note) anotación *f.*

announce [ə'naʊns] *v. tr.* (proclaim) anunciar; dar a conocer.

announcement [ə'naʊnsmənt] *n.* (statement) anuncio *m.*

announcer [ə'naʊnsər] *n.* (radio, TV) locutor *m.*; comentarista *m. y f.*

annoy [ə'nɔɪ] *v. tr.* (bother) fastidiar; cabrear *col.*

annoying [ə'nɔɪɪŋ] *adj.* (tiresome) fastidioso; pesado; molesto; cargante.

annual ['ænjuəl] *adj.* anual.

annul [ə'nʌl] *v. tr.* anular.

anomalous [ə'nɒmələs] *adj.*, *frml.* (abnormal) anómalo; anormal; raro.

anomaly [ə'nɒməli:] *n.* anomalía *f.*; irregularidad *f.*

anonymous [ə'nɒnəməs] *adj.* anónimo; desconocido.

anorak ['ænəræk] *n.*, *Br. E.* (waterproof) anorak *m.*

anorexia [ænə'reksɪə] *n.*, *Med.* anorexia (nerviosa) *f.*

another [ə'nʌðər] *adj.* **1.** otro. ‖ *pron.* **2.** otro.

answer ['ænsər] *n.* **1.** (reply) respuesta *f.*; contestación *f.* ‖ *v. tr.*

& *intr.* **2.** (question) responder; contestar.

ant [ænt] *n., Zool.* hormiga *f.*

antagonist [æn'tægənəst] *n.* (opponent) antagonista *m. y f.*; adversario *m.*

antecedent [æntə'si:dənt] *n.* antecedente *m.*; precursor *m.*

antenna [æn'tenə] *n.* **1.** *Zool.* (pl: -nae) antena *f.* **2.** (radio, TV) (pl: -nas) antena *f.*

anterior [æn'tırıər] *adj., frml.* (previous) precusor .

anthem ['ænθəm] *n., Mus.* (song) himno *m.*; canción *f.*

anthology [æn'θɒlədʒi:] *n.* antología *f.*; recopilación *f.*

antibiotic [æntibai'ɒtɪk] *adj. & n., Pharm.* antibiótico *m.*

anticipate [æn'tɪsə,peɪt] *v. tr.* **1.** (foresee) prever. **2.** (expect) esperar. **3.** (forestall) anticiparse a; adelantarse.

anticyclone [æntɪ'saɪkloʊn] *n., Meteor.* anticiclón *m.*

antidote ['æntədoʊt] *n., Med.* antídoto *m.*

antiquated ['æntəkweɪtɪd] *adj.* (old-fashioned) anticuado; antiguo; obsoleto.

antique [æn'ti:k] *adj.* **1.** antiguo. ‖ *n.* **2.** antigüedad *f.*

antithesis [æn'tɪθəsɪs](pl.: -ses) *n.* antítesis *f. inv.*; oposición*f.*

antler ['æntlər] *n.* cuerno *m.*

anus ['eɪnəs] *n., Anat.* ano *m.*

anvil ['ænvəl] *n.* yunque *m.*

anxiety [æŋ'zaɪəti:] *n.* **1.** (concern) inquietud *f.***2.** (worry) preocupación *f.*

anxious ['æŋk[əs] *adj.* **1.** (concerned) preocupado. **2.** (worried) inquieto.

any ['eni] *adj.* **1.** (in interrog. or condit. sentences with count. n.) alguno. **2.** (in interrog. or condit. sentences with uncount. n.) algo de. **3.** (in negat. sentences) ninguno. **4.** (whatever) cualquiera; cualquier (before n.). ‖ *pron.* **5.** (in interrog. or condit. sentences) alguno.**6.** (in negat. sentences) ninguno.

anybody ['enibɒdi:] *pron.* **1.** cualquiera. **2.** (in interrog. or condit. sentences) alguien. **3.** (in neg. sentences) nadie.

anyhow ['enihaʊ] *adv.* de todos modos.

anyone ['eniwʌn] *pron.* **1.** cualquiera. **2.** (in interrog. or condit. sentences) alguien. **3.** (in neg. sentences) nadie.

anything ['eniθɪŋ] *pron.* **1.** (in interrog. or condit. sentences) algo. **2.** (in neg. sentences) nada.

anyway ['eni,weɪ] *adv.* de todos modos.

anywhere ['eniwer] *adv.* **1.** (position) en cualquier parte. **2.** (direction) a cualquier parte.

apart [ə'pɑ:rt] *adj. & adv.* **1.** (separately) por separado; aparte. **2.**

(at a distance) alejado. ‖ ~ **from** excepto; aparte de.

apartment [ə'pɑːrtmənt] *n.*, *Am. E.* apartamento *m.*; piso *m.*

apathy ['æpəθi:] *n.* apatía *f.*

ape [eɪp] *n.* **1.** *Zool.* (monkey) mono *m.*; simio *m.* ‖ *v. tr.* **2.** (imitate) imitar.

apex ['eɪpeks] *n.* ápice *m.*; cima *f.*

apiece [ə'piːs] *adv.* (each) por cabeza; cada uno.

apologize, apologise (Br.E) [ə'pɒlədʒaɪz] *v. intr.* (say sorry) pedir perdón; disculparse.

apology [ə'pɒlədʒi:] *n.* disculpa *f.*

apostle [ə'pɒsəl] *n.*, *Rel.* apóstol *m.*

apostrophe [ə'pɒstrəfi:] *n.*, *Ling.* (diacritical mark) apóstrofo *m.*

appall, appal (Br.E) [ə'pɔːl] *v. tr.* (horrify) horrorizar; espantar; aterrar.

apparatus [æpə'rætəs](pl.: -tus or -tuses) *n.* **1.** (structure) aparato *m.* **2.** *Sports* aparatos *m. pl.*; equipo *m.*

apparent [ə'pærənt] *adj.* (evident) aparente.

appeal [ə'piːl] *n.* **1.** *Law* apelación *f.* **2.** (request) llamamiento *m.* ‖ *v. intr.* **3.** *Law* apelar.

appealing [ə'piːlɪŋ] *adj.* atractivo.

appear [ə'pɪr] *v. intr.* **1.** aparecer. **2.** (seem) parecer.

appearance [ə'pɪrəns] *n.* **1.** aparición *f.* **2.** (look) apariencia *f.*; aspecto *m.*

appease [ə'piːz] *v. tr.* **1.** aplacar; apaciguar. **2.** (curiosity) satisfacer.

appendicitis [əpendɪ'saɪtɪs] *n.*, *Med.* apendicitis *f.*

appendix [ə'pendɪks](pl.: -dixes or -dices) *n.* **1.** (in books) apéndice *m.* **2.** *Anat.* apéndice *m.*

appetite ['æpətaɪt] *n.* apetito *m.*

appetizer, appetiser (Br.E) ['æpətaɪzər] *n.* aperitivo *m.*

applaud [ə'plɔːd] *v. tr. & intr.* (clap) aplaudir.

applause [ə'plɔːz] *n.* aplauso *m.*

apple ['æpəl] *n.*, *Bot.* (fruit) manzana *f.*

appliance [ə'plaɪəns] *n.* (device) aparato *m.*

applicant ['æplɪkənt] *n.* (candidate) aspirante *m. y f.*; candidato *m.*

application [æplɪ'keɪʃən] *n.* **1.** (use) aplicación *f.* **2.** (request) solicitud *f.*

apply [ə'plaɪ] *v. tr.* **1.** (lotion, paint) aplicar. ‖ *v. intr.* **2.** (be applicable) aplicarse.

appoint [ə'pɔɪnt] *v. tr.* **1.** nombrar. **2.** (date) señalar; fijar.

appreciable [ə'priːʃəbəl] *adj.* (easily noticed) apreciable; sensible; perceptible.

appreciate [ə'priːʃeɪt] *v. tr.* **1.** (be grateful) agradecer. **2.** (value) apreciar.

appreciation [əˌpriːʃeɪʃən] *n.* (gratitude) agradecimiento *m.*; gratitud *f.*

apprehend [æprəˈhend] *v. tr.*
1. *frml.* (arrest) detener; apresar. **2.** (be aware) percibir.

approach [əˈprəutʃ] *n.* **1.** (aproximation) acercamiento *m.*
2. (access) acceso *m.*

appropriate [əˈprəupriːt] *adj.*
1. apropiado; adecuado. ‖ *v. tr.*
2. (take ilegally) apropiarse (de algo). **3.** (allocate) asignar.

approve [əˈpruːv] *v. tr.* aprobar.

approximate [əˈprɒksəmit] *adj.*
1. aproximado. ‖ *v. intr.* (to sth)
2. acercarse (a algo); aproximarse (a algo).

apricot [ˈæprəl] *n.*, *Bot.* (fruit) albaricoque *m.*

april [ˈæprɪˌkɒt] *n.* abril *m.*

apron [ˈeiprən] *n.* (pinafore) delantal *m.*; mandil *m.*

apt [æpt] *adj.* **1.** (suitable) oportuno; acertado. **2.** (student) inteligente.

aptitude [ˈæptətuːd] *n.* (for sth) (flair) aptitud *f.* (para algo).

aquarium [əˈkweriəm] (pl.: -riums or -ria) *n.* acuario *m.*

aquatic [əˈkwætɪk] *adj.* acuático.

arbitrate [ˈɑːrbətreit] *v. tr. & intr.* (adjudicate) arbitrar.

arc [ɑːrk] *n.*, *Math.* arco *m.*

arcade [ɑːrˈkeid] *n.* **1.** *Archit.* arcada *f.* **2.** (along street) soportales *m. pl.*

arch [ɑːrtʃ] *n.* **1.** *Archit.* arco *m.*
‖ *v. tr. & intr.* **2.** arquear.

archaic [ɑːrˈkeiik] *adj.* arcaico.

archeology, archaeology (Br.E)
[ˌɑːrkiˈɒlədʒiː] *n.* arqueología *f.*

archipelago [ˌɑːrkəˈpeləgəu] *n.*,
Geogr. (group of islands) archipiélago *m.*

architecture [ˈɑːrkətektʃər] *n.*
arquitectura *f.*

archive [ˈɑːrkaiv] *n.* archivo *m.*

archpriest [ɑːrtʃˈpriːst] *n.*, *Rel.*
(a senior priest) arcipreste *m.*

ardor, ardour (Br.E) [ˈɑːrdər]
n. (fervor) ardor *m.*; fervor *m.*;
entusiasmo *m.*

arduous [ˈɑːrdʒuəs] *adj.* arduo.

area [ˈeriə] *n.* **1.** zona *f.*; área *f.*
2. *Math.* área *f.*; superficie *f.*

arena [əˈriːnə] *n.* **1.** (stadium)
estadio *m.* **2.** (field) ámbito *m.*

argue [ˈɑːrgjuː] *v. intr.* **1.** discutir; pelearse. **2.** (reason) argumentar.

argument [ˈɑːrgjəmənt] *n.* **1.** (reason) argumento *m.* **2.** (quarrel) discusión *f.*; riña *f.*

arid [ˈærɪd, ˈerɪd] *adj.* árido.

arise [əˈraiz] (p.t. arose ; p.p. arisen) *v. intr.* (emerge) presentarse; surgir; aparecer.

aristocracy [ˌærəsˈtɒkrəsiː] *n.*
aristocracia *f.*; nobleza *f.*

ark [ɑːrk] *n.*, *dial.* arca *f.*

arm[1] [ɑːrm] *n.* **1.** *Anat.* brazo *m.*
2. (of a chair) brazo *m.*

arm[2] [ɑːrm] *n.* **1.** (weapon) arma
f. ‖ *v. tr.* **2.** armar (a algn de/con algo); dar armas.

armchair [ˈɑːrmˌtʃər] *n.* sillón *m.*

armpit ['ɑ:rmpɪt] *n.*, *Anat.* sobaco *m.*; axila *f.*

army ['ɑ:rmi:] *n.* ejército *m.*

aroma [ərovmə] *n.* aroma *f.*

around [ə'ravnd] *adv.* **1.** alrededor; a la redonda. ‖ *prep.* **2.** (surrounding) alrededor de. **3.** (undetermined place) por. **4.** (approximately) alrededor de; en torno a/de.

arrange [ə'reɪndʒ] *v. tr.* **1.** disponer; arreglar. **2.** (plan in advance) organizar.

arrangement [ə'reɪndʒmənt] *n.* **1.** disposición *f.*; arreglo *m.* **2.** (agreement) acuerdo *m.*

arrest [ə'rest] *v. tr.* (detain) arrestar; detener.

arrival [ərɪvəl] *n.* llegada *f.*

arrive [ərɪv] *v. intr.* llegar; venir.

arrow ['ærov] *n.* flecha *f.*

arsenal ['ɑ:rsənəl] *n.* arsenal *m.*

art [ɑ:rt] *n.* **1.** arte *amb.* ‖ **arts** *n. pl.* **2.** letras *f. pl.*

artery ['ɑ:rtəri:](pl.: -ries) *n.* **1.** *Anat.* arteria *f.* **2.** *Car.* (road) arteria *f.*; carretera *f.*

artful ['ɑ:rtfəl] *adj.* astuto.

artichoke ['ɑ:rtətʃovk] *n.*, *Bot.* (vegetable) alcachofa *f.*

article ['ɑ:rtɪkəl] *n.* **1.** (item) artículo *m.* **2.** (in newspaper) crónica *f.*; artículo *m.*; reportaje *m.*

articulate [ɑ:r'tɪkjəleɪt] *adj.* **1.** (person) elocuente. **2.** (distinct) claro. ‖ *v. tr. & intr.* **3.** articular.

artifact, artefact (Br.E) ['ɑ:rtəfækt] *n.* artefacto *m.*

artifice ['ɑ:rtəfɪs] *n.* artificio *m.*

artificial [ˌɑ:rtə'fɪʃəl] *adj.* artificial.

artist ['ɑ:rtɪst] *n.* artista *m. y f.*

artless ['ɑ:rtləs] *adj.* **1.** (natural) sencillo. **2.** (ingenious) ingenuo; simple.

as [æz, əz, z] *conj.* **1.** (when) cuando. **2.** (comparison) como. **3.** (since) como. ‖ *adv.* **4.** tanto. **5.** (for example) como. ‖ ~ ... ~ tan ... como. ~ **if** como si (+ subj.).

ascend [ə'send] *v. tr.* **1.** (steps, mountain) subir. ‖ *v. intr.* **2.** (rise) ascender.

ascent [ə'sent] *n.* **1.** (of prices) subida *f.* **2.** (rise) ascenso *m.* **3.** (slope) cuesta *f.*

ascribe [əs'kraɪb] *v. tr.* atribuir.

ash¹ [æʃ] *n.* **1.** ceniza *f.* ‖ **ashes** *n. pl.* **2.** cenizas *f.*

ash² [æʃ] *n.*, *Bot.* (tree) fresno *m.*

ashamed [ə'ʃeɪmd] *adj.* (embarrassed) avergonzado.

ashtray ['æʃˌtreɪ] *n.* cenicero *m.*

aside [ə'saɪd] *adv.* (apart) aparte; a un lado.

ask [æsk] *v. tr.* **1.** (question) preguntar. **2.** (request) pedir.

asleep [ə'sli:p] *adj.* **1.** (person) dormido. **2.** (limb) adormecido.

asparagus [əs'pærəgəs] *n.*, *inv.* *Bot.* (vegetable) espárrago *m.*

aspect ['æspekt] *n.* **1.** (feature) aspecto *m.* **2.** *frml.* (appearance) aspecto *m.*

asphalt ['æsˌfɒlt] *n.* **1.** asfalto *m.* ‖ *v. tr.* **2.** asfaltar.

asphyxia [æs'fɪksɪə] *n., Med.* asfixia *f.*; ahogcon.

asphyxiate [æs'fɪksiːˌeɪt] *v. tr.* (suffocate) asfixiar.

aspirant ['æspərənt, əs'paɪərənt] *n.* (candidate) aspirante *m. y f.*

aspire [əs'paɪr] *v. intr.* (to sth) aspirar (a algo); ambicionar.

aspirin ['æsprɪn, 'æspərɪn] *n., Pharm.* aspirina *f.*

ass[1] [æs] *n.* **1.** *Zool.* asno *m.*; burro *m.* **2.** *coll.* (fool) idiota *m. y f.*; burro *m.*

ass[2] [æs] *n., Am. E., vulg.* culo *m.*

assail [ə'seɪl] *v. tr., frml.* **1.** atacar. **2.** *fig.* asaltar.

assault [ə'sɔːlt] *n.* **1.** agresión *f.*; violencia *f.* ‖ *v. tr.* **2.** agredir. **3.** *Mil.* atacar; asaltar.

assemble [ə'sembəl] *v. tr.* (gather) reunir; juntar (gente).

assembly [ə'semblɪ] *n.* (meeting) reunión *m.*; asamblea *f.*

assert [ə'sɜːrt] *v. tr.* afirmar.

assess [ə'ses] *v. tr.* **1.** valorar. **2.** (property) tasar.

assign [ə'saɪn] *v. tr.* **1.** (allocate) asignar; adjudicar. **2.** (resources) destinar; dar.

assignment [ə'saɪnmənt] *n.* **1.** (allocation) asignación *f.* **2.** (task) tarea *f.*

assimilate [ə'sɪməˌleɪt] *v. tr.* **1.** (information, food) asimilar. **2.** (asemejar) asimilar.

assist [ə'sɪst] *v. tr.* asistir; ayudar.

assistance [ə'sɪstəns] *n.* (support) ayuda *f.*; asistencia *f.*; auxilio *m.*

assistant [ə'sɪstənt] *n.* auxiliar *m. y f.*; ayudante *m. y f.*

associate [ə'souʃɪt, ə'souʃɪet] *n.* **1.** socio *m.*; asociado *m.* ‖ *v. tr.* **2.** asociar; vincular.

association [əsousɪ'eɪʃən] *n.* (fellowship) asociación *f.*

assume [ə'suːm] *v. tr.* **1.** (suppose) suponer. **2.** (responsabilities) asumir.

assure [ə'ʃʊr] *v. tr.* (insure) asegurar; garantizar.

asterisk ['æsteˌrɪsk] *n., Ling.* asterisco *m.*

asthma ['æzmə] *n., Med.* asma *m.*

astonish [əs'tɒnɪʃ] *v. tr.* (amaze) asombrar; maravillar; pasmar.

astound [əs'taʊnd] *v. tr.* (astonish) dejar atónito; pasmar; asombrar.

astray [əs'treɪ] *adv.* extraviado.

astrology [əs'trɒlədʒɪ] *n.* astrología *f.*

astronomy [əs'trɒnəmɪ] *n.* astronomía *f.*

astute [əs'tjuːt] *adj.* astuto; sagaz.

asylum [ə'saɪləm] *n.* asilo *m.*

at [æt] *prep.* **1.** (position) en; a. **2.** (time) a. **3.** (night) por; de. **4.** *Comput.* (@) arroba.

atheist ['eɪθɪɪst] *n.* ateo *m.*

athlete ['æθliːt] *n., Sports* atleta *m. y f.*

athletics [æθletɪks] *n. pl., Sports* atletismo *m. sing.*

atlas ['ætləs] *n.* atlas *m. inv.*

atmosphere ['ætməs,fɪr] *n.* **1.** *Astron.* atmósfera *f.* **2.** *fig.* (ambience) ambiente *m.*

atom ['ætəm] *n.* átomo *m.*

atonic [ə'tɒnɪk] *adj., Ling.* átono.

atrocious [ə'troʊʃəs] *adj.* atroz.

atrocity [ə'trɒsəti] *n.* **1.** (barbarity) atrocidad *f.;* barbaridad *f.*

attach [ə'tætʃ] *v. tr.* **1.** (tie) atar. **2.** (letter, document) adjuntar.

attached [ə'tætʃt] *adj.* (enclosed) adjunto; anexo.

attachment [ə'tætʃmənt] *n.* **1.** (tool) accesorio *m.* **2.** (affection) cariño *m.*

attack [ə'tæk] *n.* **1.** asalto *m.;* ataque *m.* **2.** (terrorist) atentado *m.* ‖ *v. tr. & intr.* **3.** agredir.

attain [ə'teɪn] *v. tr.* **1.** (goal) lograr; conseguir. **2.** (arrive at) alcanzar; llegar a.

attempt [ə'tempt] *n.* **1.** intento *m.;* tentativa *f.* ‖ *v. tr.* **2.** (try) intentar; tratar de.

attend [ə'tend] *v. tr. & intr.* **1.** (be present) asistir. **2.** (take care of) atender; cuidar.

attendance [ə'tendəns] *n.* (presence) asistencia *f.*

attention [ə'tenʃən] *n.* (notice, care) atención *f.*

attentive [ə'tentɪv] *adj.* **1.** (concentrated) atento. **2.** (helpful) solícito; servicial.

attest [ə'test] *v. tr.* atestiguar.

attic ['ætɪk] *n., Am. E.* (loft) desván *m.;* buhardilla *f.*

attitude ['ætɪtuːd] *n.* actitud *f.*

attorney [ə'tɜːrni] *n., Am. E., Law* abogado *m.*

attract [ə'trækt] *v. tr.* atraer.

attraction [ə'trækʃən] *n.* **1.** atracción *f.* **2.** (feature) atractivo *m.;* seductor *m.*

attribute ['ætrəbjuːt] *n.* **1.** atributo *m.* ‖ *v. tr.* **2.** atribuir.

aubergine ['ɒbərdʒiːn] *n., Br. E., Bot.* (vegetable) berenjena *f.*

auburn ['ɔːbərn] *adj. & n.* (color) caoba *m.;* castaño rojizo.

auction ['ɔːkʃən] *n.* **1.** (public sale) subasta *f.* ‖ *v. tr.* **2.** subastar.

audience ['ɔːdjəns] *n.* **1.** (spectators) público *m.;* audiencia *f.* **2.** (meeting) audiencia *f.*

audition [ɔː'dɪʃən] *n.* audición *f.*

auditor ['ɔːdətər] *n. Am. E.* (occasional student) oyente *m. y f.*

auditorium [,ɔːdə'tɔːrɪəm] *n., Theat.* (room) auditorio *m.;* salón de actos.

augment ['ɔːgmənt] *v. tr.* (increase) incrementar; aumentar.

augury ['ɔːgjəri] *n.* (omen) presagio *m.;* augurio *m.*

August ['ɔːgəst] *n.* agosto *m.*

aunt [ænt, ɑːnt] *n.* tía *f.*

aureole ['ɔːrɪoʊl] *n.* aureola *f.*

aurora [ɔ'rɔːrə](pl.: -ras or -rae) *n.* (dawn) aurora *f.*

austere [ɔ'stɪr] *adj.* austero.

authentic [ɔ'θentɪk] *adj.* (genuine) auténtico.

author ['ɔːθər] *n.* autor *m.*

authority [ɔ'θɒrəti:] *n.* **1.** autoridad *f.* **2.** (permission) autorización *f.*

authorize, authorise (Br.E) ['ɔːθəraɪz] *v. tr.* autorizar.

autobiography [ɔːtəbaɪ'ɒɡrəfiː] *n.* autobiografía *f.*

autograph ['ɔːtəɡræf] *n.* autógrafo *m.*

automatic [ɔːtə'mætɪk] *adj.* automático; mecánico.

automobile ['ɔːtəmoʊbiːl] *n., Am. E.* (car) automóvil *m.*

autonomy [ɔ'tɒnəmi:] *n.* autonomía *f.;* independencia *f.*

autumn ['ɔːtəm] *n.* otoño *m.*

autumnal [ɔ'tʌmnəl] *adj.* otoñal.

auxiliary [ɔː'ɡzɪljeri:] *adj.* **1.** auxiliar. || *n.* **2.** (helper) auxiliar *m.*

available [ə'veɪləbəl] *adj.* disponible; libre.

avalanche ['ævəlæntʃ] *n., Meteor.* avalancha *f.;* alud *m.;* desprendimiento *m.*

avarice ['ævərɪs] *n., frml.* (greed) avaricia *f.;* codicia *f.*

avenge [ə'vendʒ] *v. tr.* vengar.

avenue ['ævənuː] *n.* avenida *f.*

average ['ævərɪdʒ, 'ævrɪdʒ] *adj.* **1.** medio. || *n.* **2.** (mean) media *f.;* promedio *m.*

aviation [eɪvi'eɪʃən] *n.* aviación *f.*

avocado [ævə'kɑːdoʊ] *n., Bot.* (tree, fruit) aguacate *m.*

avoid [ə'vɔɪd] *v. tr.* **1.** evitar. **2.** (question, responsibility) evadir; eludir.

await [ə'weɪt] *v. tr.* (wait for) aguardar; esperar.

awake [ə'weɪk] *adj.* **1.** despierto. || *v. tr.* **2.** (wake up) despertar. || *v. intr.* **3.** despertarse.

award [ə'wɔːrd] *n.* **1.** (prize) premio *m.* || *v. tr.* **2.** (grant) conceder; otorgar.

aware [ə'wer] *adj.* consciente.

awareness [ə'wernəs] *n.* conciencia *f.;* conocimiento *m.*

away [ə'weɪ] *adv.* **1.** (far) lejos. **2.** (absent) fuera; ausente. || **~ from** lejos de.

awful ['ɔːfəl] *adj.* atroz; horrible.

awkward ['ɔːkwərd] *adj.* **1.** (clumsy) torpe. **2.** (embarrassing) embarazoso.

awning [ɔːnɪŋ] *n.* toldo *m.*

awry [ə'raɪ] *adj.* torcido.

ax, axe (Br.E) [æks] *n.* **1.** hacha *f.* || *v. tr.* **2.** (employee) despedir. **3.** (costs) recortar (gastos).

b

B [bi:] *n.*, *Mus.* si *m.*

b [bi:] *n.* (letter) b *f.*

BA [bi:ei] *abbrev.* (Arts) licenciado *m.* (en letras).

baa [ba:] *n.* **1.** (of sheep, lambs) balido *m.* ∥ *v. intr.* **2.** balar.

babble ['bæbəl] *n.* **1.** (of a child) balbuceo *m.* **2.** (of stream) murmullo *m.* ∥ *v. intr.* **3.** (child) balbucear. **4.** (person) parlotear.

babe ['beib] *n.* **1.** (baby) bebé *m.* **2.** *Am. E.* (young girl) nena *f.*

baby ['beibi] *n.* bebé *m.*; nene *m.*

babysitter ['beibi̩sitər] *n.* canguro *m.* y *f.* *fam.*

bachelor ['bætʃələr bætʃlər] *n.* **1.** soltero *m.* **2.** (Arts) licenciado *m.* (en la universidad).

bacillus [bə'siləs](pl: -cilli) *n.*, *Biol.* bacilo *m.*; microorganismo *m.*

back [bæk] *n.* **1.** *Anat.* (human) espalda. **2.** *Anat.* (animal) lomo. **3.** (object) reverso *m.*; dorso *m.* ∥ *adj.* **4.** posterior; trasero. ∥ *v. tr.* **5.** respaldar; apoyar. ∥ *adv.* **6.** (backward) atrás; hacia atrás. **7.** (time) allá.

backbite ['bæk̩bait] *v. intr.* (criticize) murmurar; criticar.

backbone ['bæk̩boun] *n.* **1.** *Anat.* espinazo *m.* **2.** (fish) raspa *f.*

backpack ['bækpæk] *n.*, *Am. E.* (rucksack) mochila *f.*

backstreet ['bæk̩sti:t] *n.* (alley) callejuela *f.*

backward ['bækwərd] *adv.* (or "backwards") **1.** atrás; hacia atrás. **2.** al revés.

bacon ['beikən] *n.* beicon *m.*

bad ['bæd] *adj.* malo; mal.

badge [bædʒ] *n.* **1.** insignia *f.* **2.** (of police) placa *f.*

bad-mannered ['bæd̩mæmərd] *adj.* maleducado; grosero.

badness ['bædnəs] *n.* (of behavior) maldad *f.*; malicia *f.*

bad-tempered ['bæd̩tempərd] *adj.* (irritable) malhumorado.

bag [bæg] *n.* **1.** bolsa *f.* **2.** (handbag) bolso *m.* **3.** (sack) saco *m.*

baggage ['bægidʒ] *n.* *Am. E.* equipaje *m.*

bagpipes ['bæg̩paips] *n. pl.*, *Mus.* gaita *f. sing.*

baguette [bæ'get] *n.* (bread) barra *f.* (de pan).

bail [beil] *n.*, *Law* fianza *f.*

bain-marie ['bein̩mɔ:ri:] *n.*, *Gastr.* baño María.

bait [beit] *n.* **1.** cebo *m.*; gancho *m.* ∥ *v. tr.* **2.** cebar.

bake ['beik] *v. tr.* **1.** cocer; hervir. **2.** (in oven) hornear.

baker ['beikər] *n.* panadero *m.*

balaclava [bælə'klɑ:va] *n.* (woollen hat) pasamontañas *m. inv.*

balance ['bæləns] *n.* **1.** (scales) balanza *f.* **2.** *Econ.* balance. **3.** (equilibrium) equilibrio *m.*

balcony ['bælkəni:] *n.* balcón *m.*

bald [bɔ:ld] *adj.* (person) calvo; pelado.

bale [beɪl] *n.* **1.** (of cotton) bala *f.* **2.** (of goods) fardo *m.* ‖ *v. tr.* **3.** (hay, goods) embalar.

ball [bɔ:l] *n.* **1.** bola *f.*; pelota *f.* **2.** (football) balón *m.* **3.** (party) baile (de etiqueta) *m.*

ballast ['bæləst] *n., Nav.* lastre *m.*

ballet ['bæleɪ] *n. ballet m.*

balloon [bə'lu:n] *n.* globo *m.*

ballpoint or ballpoint pen ['bɔ:lpɔɪnt] *n.* bolígrafo *m.*

balsam ['bɔlsəm] *n.* bálsamo *m.*

baluster ['bælʌstər] *n.* balaustre *m.*

ban [bæn] *n.* **1.** prohibición *f.* ‖ *v. tr.* **2.** (forbid) prohibir.

banana [bə'nænə] *n. Bot.* (fruit) plátano *m.*; banana *f.*

band [bænd] *n.* **1.** (of musicians) banda. **2.** (gang) cuadrilla. **3.** (strip) banda.

bandage ['bændɪdʒ] *n.* **1.** venda *f.*; vendaje *m.* ‖ *v. tr.* **2.** vendar.

bandit ['bændɪt] *n.* bandido *m.*

bang [bæŋ] *n.* **1.** golpe *m.* **2.** (explosion) detonación *f.*

banish ['bænɪʃ] *v. tr.* desterrar.

banishment ['bænɪʃmənt] *n.* (exile) destierro *m.*; exilio *m.*

banister ['bænɪstər] *n.* baranda *f.*

bank[1] [bæŋk] *n. Econ.* banco *m.*

bank[2] ['bæŋk] *n.* (of river) orilla *f.*

banknote ['bæŋknoʊt] *n.* **1.** Am. E. pagaré *m.* **2.** Br. E. billete de banco.

banquet ['bæŋkwɪt] *n.* banquete *m.*

banter ['bæntər] *v. intr.* bromear.

baptism ['bæptɪzəm] *n., Rel.* bautizo *m.*

bar [bɑ:r] *n.* **1.** (of gold, metal) barra *f.* **2.** (of chocolate) tableta *f.* **3.** (of soap) pastilla *f.* **4.** (pub) bar *m.* **5.** (in a pub) mostrador.

barb [bɑ:rb] *n.* **1.** (of wire) púa *f.* **2.** (of arrow) lengüeta *f.*

barbecue ['bɑ:rbɪkju:] *n.* **1.** barbacoa *f.* **2.** (food) parrillada *f.*

bare [ber] *adj.* **1.** (naked) desnudo. **2.** (style) escueto.

barefoot ['berfut] *adj.* descalzo.

barely ['berli:] *adv.* apenas.

bareness ['bernɪs] *n.* **1.** desnudez *f.* **2.** *fig.* (of style) sencillez *f.*

bargain ['bɑ:rgɪn] *n.* **1.** trato *m.* **2.** (deal) negocio *m.*

bark[1] [bɑ:rk] *n.* **1.** (of dog) ladrido *m.* ‖ *v. intr.* **2.** (dog) ladrar.

bark[2] [bɑ:rk] *n., Bot.* (of tree) corteza *f.*

barley ['bɑ:rli:] *n., Bot.* cebada *f.*

barman ['bɑ:rmən] *n.* camarero *m.*

barn [bɑ:rn] *n.* **1.** granero *m.* **2.** (for cattle) establo *m.*

barn owl ['bɑ:rn,aʊl] *n., Zool.* (bird) lechuza *f.*

baron ['bærən] *n.* **1.** barón *m.* ‖ **baroness** *n.* **2.** baronesa *f.*

barracks ['bærəks] *n. pl., Mil.* cuartel *m. sing.*

barrel ['bærəl] n. **1.** (of beer) barril. **2.** (of wine) tonel m.; cuba f. **3.** (of a gun) cañón m.

barren ['bærən] adj. estéril.

barrier ['bæriər] n. **1.** barrera f. **2.** (obstacle) obstáculo m.

barring ['bɑːrɪŋ] prep. excepto.

barrister ['bærɪstər] n., Br. E. abogado m.

barrow ['bæroʊ] n. carretilla f.

base [beɪs] n. **1.** base f. **2.** (foot) pie. ‖ v. tr. **3.** basar; fundar.

baseball ['beɪsbɔːl] n., Sports béisbol m.

basement ['beɪsmənt] n. sótano m.

bashful ['bæʃfəl] adj. (timid) vergonzoso; tímido; cortado.

basic ['beɪsɪk] adj. básico.

basin ['beɪsən] n. **1.** palangana f. **2.** (sink) pilón m.

basis ['beɪsɪs](pl.: -ses) n. base f.; fundamento m.

basket ['bæskɪt] n. **1.** cesta f. **2.** (with handle) canasta f.

basketball ['bæskətbɔːl] n., Sports baloncesto m.

bass [beɪs] n., Mus. bajo m.

bastard ['bæstərd] adj. **1.** bastardo. ‖ n. **2.** (illegitinate child) bastardo m.; ilegítimo m.

bat¹ [bæt] n. (in baseball) bate m.

bat² [bæt] n., Zool. murciélago m.

batch [bætʃ] n. **1.** (of bread, cakes) hornada f.; tanda f. **2.** (of goods) lote m.

bath [bæθ] n. **1.** (wash) baño m. **2.** (bathtub) bañera f. ‖ v. tr. **3.** Br. E. bañar.

bathe ['beɪð] v. intr. **1.** bañarse. ‖ v. tr. **2.** (sea, river) bañar.

bathing suit ['beɪðɪŋsuːt] sust. phr., Am. E. bañador m.

bathrobe ['bæθˌroʊb] n. albornoz m.

bathroom ['bɑːθruːm] n. cuarto de baño.

bathtub ['bæθtʌb] n. bañera f.

batter ['bætər] v. tr. (beat) apalear.

battery ['bætəriː] n., Electron. batería f.; pila f.

battle ['bætəl] n. **1.** (combat) batalla f.; combate m. ‖ v. intr. **2.** Mil. batallar.

bawl [bɔːl] v. tr. **1.** gritar. ‖ v. intr. **2.** (shout) gritar; vociferar.

bay¹ [beɪ] n., Geogr. bahía f.

bay² [beɪ] n. **1.** (dog) aullido m. ‖ v. intr. **2.** (dog) aullar.

bazaar [bəˈzɑːr] n. bazar m.

be [biː](pres. am are is ; p.t. was were ; p.p. been) v. intr. **1.** (origin, nationality, occupation, qual-ity, etc) ser. **2.** (temporary state, location, etc) estar; andar. **3.** (age, feeling) tener. **4.** (age) cumplir. **5.** (occur) haber. **6.** (climate) hacer. **7.** (exist) haber.

beach [biːtʃ] n. playa f.

beacon ['biːkən] n., Nav. (lighthouse) faro m.

bead [biːd] n. cuenta f.

beak [bi:k] *n., Zool.* pico *m.*

beam [bi:m] *n.* **1.** (in building) viga *f.* **2.** (ray) rayo *m.*

bean [bi:n] *n., Bot.* alubia *f.*

bear[1] [ber] *v. tr.* **1.** cargar. **2.** (support, endure) aguantar.

bear[2] [ber] *n., Zool.* oso *m.*

beard ['bɪrd] *n.* barba *f.*

beast [bi:st] *n.* **1.** (animal) bestia; animal. **2.** *fig.* bruto *m.*

beat [bi:t] *v. tr.* **1.** (hit) golpear. **2.** (eggs) batir. || *v. intr.* **3.** (heart) latir. || *n.* **4.** (heart) latido *m.*

beating ['bi:tɪŋ] *n.* paliza *f.*

beautiful [bijutəfəl] *adj.* (pretty) hermoso; precioso; bonito.

beauty ['bju:ti:] *n.* (belle) hermosura *f.*; belleza *f.*

because [bɪkɔ:z] *conj.* porque.

become [bɪˈkəm] *v. intr.* llegar a ser.

bed [bed] *n.* **1.** cama *f.* **2.** *Geogr.* (of river) cauce *m.* .

bedroom ['bedˌru:m] *n.* dormitorio *m.*; habitación *f.*; recámara *f. Amér.*

bedside ['bedˌsaɪd] *n.* cabecera *f.*

bee [bi:] *n., Zool.* abeja *f.*

beech [bi:tʃ] *n., Bot.* haya *f.*

beef [bi:f] *n., Gastr.* (meat) carne vacuna.

beehive ['bi:ˌhaɪv] *n.* colmena *f.*

beeper ['bi:pər] *n., Am. E.* busca *m.*

beer [bɪr] *n.* cerveza *f.*

beet [bi:t] *n., Am. E., Bot.* (vegetable) remolacha *m.*

beetle ['bi:təl] *n., Zool.* (insect) escarabajo *m.*

before [bɪˈfɔ:r] *adv.* **1.** antes. || *prep.* **2.** delante de; ante. **3.** (preceding in time) antes de. || *conj.* **4.** antes de que + subj; antes de + inf. **5.** (rather than) antes que.

beforehand [bɪˈfɔ:rˌhænd] *adv.* de antemano; con antelación.

beg [bɔg] *v. tr.* **1.** (money, alms) pedir. **2.** (beseech) rogar.

beget [bɪˈgɛt] *v. tr.* (father) engendrar; procrear.

beggar ['bɛgər] *n.* mendigo *m.*; pobre *m. y f.*

begin [bɪˈgɪn] *v. tr. & intr.* (start) empezar; comenzar.

beginner [bɪˈgɪnər] *n.* (novice) novato *m.*; principiante *m. y f.*

begonia [bɪˈgoʊnjə] *n., Bot.* (plant) begonia *f.*

behalf [bəˈhæf] **in/on ~ of** *adv. phr.* **1.** (in the interest of) en/a favor de; a beneficio de. **2.** (as representative of) en nombre de.

behave [brheɪv] *v. intr.* comportarse; portarse.

behavior, behaviour (Br.E) [brheɪvjər] *n.* (manner of conducting) comportamiento *m.*

behind [brhaɪnd] *adv.* **1.** detrás; por detrás; atrás. **2.** con retraso; a la zaga. || *prep.* **3.** detrás de; tras. **4.** (+ pronoun) a sus/mis espaldas.

being ['biːɪŋ] *n*. **1.** (person) ser *m*. **2.** (existence) existencia *f*.

belch [beltʃ] *v. intr.* eructar.

belfry ['belfri:] *n*. campanario *m*.

belie [bɪˈlaɪ] *v. tr.* desmentir.

believing [bɪˈliːvɪŋ] *adj*. creyente.

belittle [bɪˈlɪtl] *v. tr.* despreciar.

bell [bel] *n*. **1.** campana *f*. **2.** (on toy, cat) cascabel *m*. **3.** (of door) timbre *m*.

bellboy ['belˌbɔɪ] *n*., *Am. E.* (bell hop) botones *m. inv.*

bellflower ['belˌflauər] *n*., *Bot.* (campanula) campanilla *f*.

bellow ['beloʊ] *n*. **1.** *Zool.* (of animal) bramido *m*. **2.** (of person) bramido *m*. ‖ *v. intr.* **3.** *Zool.* (roar) bramar.

belly ['beli:] *n*., *Anat.* vientre *m.*; barriga *f. fam.*; panza *f. Amér.*

belong [bɪˈlɒŋ] *v. intr.* (property) pertenecer.

beloved [bɪˈlʌvɪd] *adj*. amado.

below [bɪˈloʊ] *adv*. **1.** (position) abajo; debajo. **2.** a continuación. ‖ *prep.* **3.** (under) debajo de; bajo. **4.** (less than) inferior a.

belt [belt] *n*. (clothing) cinturón *m*.

bench [bentʃ] *n*. (seat) banco *m.*; escaño *m*.

bend [bend] *n*. **1.** (in road) curva *f.*; recodo *m*. ‖ *v. tr.* **2.** doblar.

beneath [bɪˈniːθ] *adv*. **1.** debajo. ‖ *prep.* **2.** debajo de; bajo.

beneficent [bɪˈnefɪsənt] *adj*. **1.** (act) benéfico. **2.** (person) bienhechor.

beneficial [benɪˈfɪʃəl] *adj*. (useful) beneficioso.

benefit ['benɪfɪt] *n*. **1.** beneficio *m.*; ventaja *f.*; provecho *m*. ‖ *v. tr.* **2.** beneficiar. ‖ *v. intr.* **3.** beneficiarse; sacar provecho.

benevolence [bəˈnevələns] *n*. benevolencia *f.*; bondad *f*.

benign [bɪˈnaɪn] *adj*. benigno.

bequeath [bɪˈkwiːθ] *v. tr.*, *Law* (inheritance) legar.

beret [bəˈreɪ] *n*. boina *f*.

berry ['beri:] *n*., *Bot.* baya *f*.

berth [bɜːθ] *n*. **1.** (in ship, train) litera *f*. ‖ *v. tr. & intr.* **2.** atracar.

beside [bɪˈsaɪd] *adv*. **1.** al lado. ‖ *prep.* **2.** al lado de; junto a.

besides [bɪˈsaɪdz] *adv*. **1.** además. ‖ *prep.* **2.** (following a positive) además de; amén de. **3.** (following a negative) aparte de.

besiege [bɪˈsiːdʒ] *v. tr.* **1.** *Mil.* asediar; sitiar. **2.** *fig.* (person) acosar; asediar.

best [best] *adj. sup.* **1.** mejor. ‖ *adv. sup.* **2.** mejor.

best man ['bestmæn] *n*. (wedding) padrino (de boda) *m*.

bestow [bɪˈstoʊ] *v. tr.* otorgar.

bet [bet] *n*. (wager) apuesta *f*. ‖ *v. tr.* **2.** apostar. ‖ *v. intr.* **3.** (gamble) apostar.

betray [bɪˈtreɪ] *v. tr.* traicionar.

better ['betər] *adj. compar.* **1.** mejor. ‖ *adv. comp.* (comp. of "well") **2.** mejor. ‖ *v. tr.* **3.** (improve) mejorar.

between [bɪ'twiːn] *prep.* **1.** entre. **2.** entre. ‖ *adv.* (also "in between") **3.** en medio.

beverage ['bevərɪdʒ] *n.* bebida *f.*

bevy ['beviː] *n.* bandada *f.*

beware [bɪ'wer] *v. intr.* (be careful) tener cuidado.

beyond [bɪ'jɒnd] *adv.* **1.** a lo lejos; más allá. ‖ *prep.* **2.** al otro lado de; más allá de. **3.** (outside the limits) fuera de.

bib [bɪb] *n.* **1.** babero *m.* **2.** (on dress) pechera *f.*

bibliography [bɪbli'ɒɡrəfiː] *n.* bibliografía *m.*

bicarbonate [baɪkɑ:rbɒnɪt] *n.*, *Chem.* bicarbonato *m.*

bicycle ['baɪsɪkəl] *n.* bicicleta *f.*

bid [bɪd] *n.* **1.** (at auction) oferta *f.* ‖ *v. intr.* **2.** pujar.

bidet ['bɪːdeɪ] *n.* bidé *m.*

big [bɪɡ] *adj.* grande.

bike [baɪk] *n.*, *fam.* bici *f. fam.*

bikini [bɪ'kɪniː] *n.* biquini *m.*

bill [bɪl] *n.* **1.** (account) cuenta *f.*; nota *f.* **2.** *Econ.* factura *f.*

billboard ['bɪl,bɔːrd] *n.*, *Am. E.*, *Film & Theatr.* cartelera *f.*

billfold ['bɪl,fould] *n.*, *Am. E.* (wallet) billetero *m.*; billetera *f.*

bin [bɪn] *n.* cubo de la basura.

bind ['baɪnd] *v. tr.* **1.** atar; trincar; liar; ligar. **2.** (book) encuadernar.

binder ['baɪndər] *n.* carpeta *f.*

binge [bɪndʒ] *n.* juerga *f.*

biography [baɪ'ɒɡrəfiː] *n.* biografía *f.*

biology [baɪ'ɒlədʒiː] *n.* biología *f.*

birch [bɜːrtʃ] *n. Bot.* abedul *m.*

bird [bɜːrd] *n.*, *Zool.* pájaro *m.*

birth [bɜːrθ] *n.* nacimiento *m.*

birthday ['bɜːrθ,deɪ] *n.* cumpleaños *m. inv.*

biscuit ['bɪskɪt] *n.*, *Br. E.* (sweet) galleta *f.*

bishop ['bɪʃəp] *n.* **1.** *Rel.* obispo *m.* **2.** (in chess) alfil *m.*

bit [bɪt] *n.* (fragment) trozo *m.*

bitch [bɪtʃ] *n.* **1.** *Zool.*(prostituta) perra *f.* **2.** *vulg. Scorn. f. fam.*

bite [baɪt] *n.* **1.** (wound) mordedura *f.* **2.** (act) mordisco *m.* **3.** (insect, reptile) picadura *f.* ‖ *v. tr.* **4.** (insect, reptile) morder; picar. ‖ *v. intr.* **5.** morder.

bitter ['bɪtər] *adj.* (taste) amargo.

bittersweet ['bɪtər,swiːt] *adj.* (flavor) agridulce.

black ['blæk] *adj.* **1.** (color) negro. **2.** (race) moreno. ‖ *n.* **3.** (color) negro *m.*

black pudding ['blæk 'pudɪŋ] *sust. phr.*, *Br. E.*, *Gastr.* morcilla *f.*

blackberry ['blæk,beriː] *n.*, *Bot.* (fruit) mora *f.*; zarzamora *f.*

blackbird ['blæk,bɜːrd] *n.*, *Zool.* (bird) mirlo *m.*

blackboard ['blæk,bɔːrd] *n.* (chalkboard) encerado *m.*; pizarra *f.*

blackmail ['blæk,meɪl] *n.* chantaje *m.*; extorsión *f.*

blacksmith's ['blæk,smɪθs] *n.* herrería *f.*

blade [bleɪd] *n.* (of razor, saw, ice skate) cuchilla *f.*

blank [blæŋk] *adj.* **1.** en blanco. ‖ *n.* **2.** blanco.

blanket ['blæŋkɪt] *n.* manta *f.*

blast [blæst] *n.* **1.** (of explosives) explosión *f.* **2.** (of wind) bocanada *f.*

blaze [bleɪz] *n.* **1.** (flames) llamarada *f.* **2.** (fierce fire) incendio *m.*

bleach [bli:tʃ] *n.* **1.** lejía *f.* ‖ *v. tr.* **2.** (linen) blanquear.

bleat [bli:t] *n.* **1.** (of sheep, goat) balido *m.* ‖ *v. intr.* **2.** *Zool.* (sheep, goat) balar.

bleed [bli:d] *v. tr., Med.* sangrar.

blemish ['blemɪʃ] *n.* **1.** mancha *f.* ‖ *v. tr.* **2.** (honor) manchar.

blend [blend] *v. tr.* (mix) mezclar.

bless [bles] *v. tr., Rel.* bendecir.

blight [blaɪt] *n., Agr.* plaga *f.*

blind ['blaɪnd] *adj.* **1.** ciego. ‖ *n.* **2.** (window) persiana *f.* ‖ *v. tr.* **3.** (sight) cegar.

blink [blɪŋk] *v. tr.* parpadear.

blister ['blɪstər] *n.* ampolla *f.*

block [blɒk] *n.* **1.** bloque *m.* **2.** (group of buildings) manzana *f.*; cuadra *f. Amér.*

blood [blʌd] *n.* (gore) sangre *f.*

bloody ['blʌdi:] *adj.* sangriento.

blossom ['blɒsəm] *n., Bot.* **1.** flor *f.* ‖ *v. intr.* **2.** florecer.

blot [blɒt] *n.* **1.** (of ink) borrón *m.* ‖ *v. tr.* **2.** (of ink) emborronar.

blotch [blɒtʃ] *n.* **1.** (on skin) mancha *f.* **2.** (of ink) borrón.

blouse ['blauz] *n.* blusa *f.*

blow [bloʊ] *n.* **1.** (knock) golpe *m.* ‖ *v. intr.* **2.** soplar. **3.** (with a whistle) pitar.

blue [blu:] *adj. & n.* azul *m.*

blur [blɜ:r] *v. tr.* **1.** empañar; hacer borroso. **2.** *fig.* (vision) enturbiar.

blush [blʌʃ] *n.* **1.** (from shame, guilt) rubor *m.* ‖ *v. tr.* **2.** ruborizar. ‖ *v. intr.* **3.** ponerse colorado; ruborizarse.

boa ['boʊə] *n., Zool.* boa *f.*

boar [bɔ:r] *n., Zool.* verraco *m.*

board [bɔ:rd] *n.* **1.** tabla *f.* **2.** (of chess) tablero *m.*

board and lodging ['bɔ:rd ænd'lɒdʒɪŋ] *sust. phr.* (pensión completa) comida y alojamiento.

boarder ['bɔ:rdər] *n.* **1.** (in hotel, etc) huésped *m. y f.* **2.** (pupil) interno *m.*

boast ['boʊst] *n.* **1.** fanfarronada *f.* ‖ *v. intr.* **2.** alardear; fardar.

boat [boʊt] *n.* **1.** (big) barco *m.* **2.** (small, open) barca *f.*; bote *m.*

bobbin ['bɒbɪn] *n.* carrete *m.*

bobby ['bɒbi:] *n., Br. E., fam.* (policeman) policía *m.*

bodice ['bɒdɪs] *n.* corpiño *m.*

body ['bɒdi:] *n.* **1.** *Anat.* cuerpo *m.* **2.** (corpse) cadáver *m.*

bodyguard ['bɒdɪ.ɡɑ:rd] *n.* guardaespaldas *m. y f. inv.*

bohemian [boʊ'hi:mjən] *adj. & n.* (unconventional) bohemio *m.*

boil [bɔɪl] v. tr. **1.** hervir. **2.** (food) cocer. || v. intr. **3.** Gastr. cocer.

boiler ['bɔɪlər] n. olla f.; caldera f. || **steam ~** caldera de vapor.

bold [bould] adj. (daring, shameless) osado; audaz.

boldness ['bouldnɪs] n. **1.** audacia f.; temeridad f. **2.** (impudence) atrevimiento m.

bolster ['boulstər] n. travesaño; cabezal.

bolt [boult] n. (lock) cerrojo m.;

bomb [bɒm] n., Mil. bomba f.

bond [bɒnd] n. (link) vínculo m.

bone [boun] n. **1.** Anat. hueso m. **2.** (of fishes) espina f. || v. tr. **3.** (fish) quitar las espinas a.

bonfire ['bɒnfaɪər] n. hoguera f.

bonnet ['bɒnɪt] n. **1.** (for baby) gorro m. **2.** Br. E., Car capó.

bonsai ['bɒnsaɪ] n., Bot. bonsái m.

bonus ['bounəs] n. (extra) prima f.; gratificación f.

book [buk] n. **1.** Lit. libro m. || v. tr. **2.** (room, ticket) reservar.

bookcase ['bukkeɪs] n. (piece of furniture) biblioteca f.; librería f.

bookkeeping ['buk,ki:pɪŋ] n., Econ. contabilidad f.

booklet ['buklɪt] n. folleto m.

bookshop ['bukʃɒp] n., Br. E. librería f.

bookstore ['bukstɔ:r] n., Am. E. librería f.

boot [bu:t] n. bota f.

booth [bu:θ] n. **1.** (phone) cabina. **2.** (at fair) barraca f.

bootleg ['bu:tleg] adj. pirata.

booty ['bu:ti:] n. botín m.

border ['bɔ:rdər] n. **1.** borde m.; margen amb. **2.** Geogr. frontera f.

bore [bɔ:r] n. **1.** (person) pelma m. y f.; pelmazo m. **2.** (thing) aburrimiento m. || v. tr. **3.** aburrir.

bored [bɔ:rd] adj. (person) aburrido. || **to get ~** aburrirse.

boredom [bɔ:rdəm] n. aburrimiento m.

boring [bɔ:rɪŋ] adj. aburrido.

born [bɔ:rn] adj. nacido.

borrow ['bɒrou] v. tr. (have on loan) prestar.

boss [bɒs] n. **1.** (person in charge) jefe m. **2.** (employer) patrón m.

bossy ['bɒsi:] adj. mandón fam.

botany ['bɒtəni:] n. botánica f.

botch [bɒtʃ] n. **1.** fam. (mess) chapuza f.; churro m. || v. tr. **2.** coll. chapucear.

both [bouθ] adj. (also as pron.) ambos pl.

bother ['bɒðər] n. **1.** molestia f. || v. tr. **2.** (annoy) molestar. || v. intr. **3.** (trouble) molestarse.

bottle ['bɒtl] n. **1.** (container) botella f. **2.** (of perfume, medicine) frasco m. || v. tr. **3.** embotellar.

bottle opener ['bɒtəl,oupənər] n. abrebotellas f. inv.

bottling ['bɒtəlɪŋ] n. envase m.

bottom ['bɒtəm] n. **1.** fondo m. **2.** Anat., coll. (buttocks) trasero m.; culo m. || adj. **3.** de abajo; inferior.

bough [baʊ] *n.* (of tree) rama.
bounce [baʊns] *n.* **1.** bote *m.* ‖ *v. intr.* **2.** botar; rebotar. ‖ *v. tr.* **3.** (a ball) botar.
bound [baʊnd] *n.* (jump) brinco *m.*
boundary ['baʊndəriː] *n.* (limit) frontera *f.*; límite *m.*
boundless ['baʊndlɪs] *adj.* (unlimited) infinito; ilimitado; sin límites.
bouquet [buːˈkeɪ] *n.* **1.** (of flowers) ramo *m.* **2.** (small) ramillete *m.* **3.** (of wine) aroma *f.*
bourgeoisie [ˌbʊrʒwɒˈziː] *n.*, *Polít.* burguesía *f.*
boutique [buːˈtiːk] *n.* boutique *f.*
bovine ['bəʊvaɪn 'bəʊvɪn] *adj.* & *n.*, *Zool.* bovino *m.*; vacuno *m.*
bow [bəʊ] *n.* **1.** (knot) lazo *m.* **2.** *Mus.* (weapon) arco *m.* **3.** (with head) reverencia *f.* ‖ *v. intr.* **4.** inclinarse.
bowel ['baʊel] *n.* **1.** *Anat.* intestino *m.* ‖ **bowels** *n. pl.* **2.** *Anat.* entrañas *f.*
bowl [bəʊl] *n.* cuenco *m.*; tazón *m.*
bowlegged ['bəʊleɡɪd 'bəʊleɡd] *adj.* zambo; patizambo.
bowling ['bəʊlɪŋ] *n.* bolos *m. pl.*
bow-window ['bəʊˈwɪndəʊ] *n.* (viewpoint) mirador *m.* balcón *m.*
box¹ [bɒks] *n.* **1.** caja *f.* **2.** (for jewels) estuche *m.* **3.** (for money) cofre *m.* **4.** *Theat.* palco *m.* ‖ *v. tr.* **5.** encajonar.

box² [bɒks] *v. tr. & intr.*, *Sports* boxear.
boy [bɔɪ] *n.* niño *m.*; chico *m.*
boycott ['bɔɪkɒt] *n.* boicot *m.*
boyfriend ['bɔɪfrend] *n.* novio *m.*
bra [brɑː] *n.* sujetador *m.*; sostén *m.*
bracelet ['breɪslɪt] *n.* brazalete *m.*; pulsera *f.*; brasier *m. Amér.*
brag [bræɡ] *v. tr. & intr.* alardear.
braid [breɪd] *n.* **1.** *Am. E.* trenza *f.* **2.** (ribbon) galón *m.* ‖ *v. tr.* **3.** *Am. E.* (plait) trenzar.
brain [breɪn] *n.* **1.** *Anat.* cerebro *m.*; sesom *f.* ‖ **brains** *n. pl.* **2.** *Gastr.* sesos *m. pl.*
braise ['breɪz] *v. tr.*, *Gastr.* estofar.
brake [breɪk] *n.* **1.** *Car* freno *m.* ‖ *v. tr.* **2.** *Car* frenar.
bramble ['bræmbəl] *n.*, *Bot.* zarza *f.*; zarzamora *f.*
bran [bræn] *n.*, *Bot.* salvado *m.*
branch [brɑːntʃ] *n.* **1.** rama *f.* **2.** (of tree, science) ramo *m.*
brand [brænd] *n.*, *Econ.* (for cattle) marca *f.*
brassiere ['brɒzɪːr] *n.* (bra) sujetador *m.*; brasier *m. Amér.*
brave [breɪv] *adj.* **1.** valiente; valeroso. ‖ *v. tr.* **2.** (challege) desafiar.
bravery ['breɪvəriː] *n.* (courage) valentía *f.*; valor *m.*
brawl [brɔːl] *n.* riña *f.*; pelea *f.*
brazier ['breɪʒɪər] *n.* brasero *m.*
breach [briːtʃ] *n.* **1.** (in wall) brecha *f.* **2.** (violation) infracción *f.* ‖ *v. tr.* **3.** (contract) incumplir.

bread [bred] *n.* **1.** pan *m.* ‖ *v. tr.* **2.** empanar. rebozar.

breadth [bredθ] *n.* (width) anchura *f.*

break [breɪk] *n.* **1.** (in transmission) interrupción *f.* **2.** (pause) descanso *m.*; pausa. ‖ *v. tr.* **3.** romper; quebrar *Amér.*

breakable ['breɪkəbəl] *adj.* (fragile) frágil.

breakdown ['breɪkˌdaʊn] *n.* **1.** avería. **2.** (in communications) fracaso *m.* **3.** *Med.* colapso *m.*

breakfast ['brekfəst] *n.* **1.** desayuno *m.* ‖ *v. intr.* **2.** desayunar.

breaking ['breɪkɪŋ] *n.* rotura *f.*

breast [brest] *n.* **1.** *Anat.* seno *m.*; pecho *m.* **2.** (of chicken) pechuga *f.*

breastfeed ['brestˌfiːd] *v. tr.* amamantar; dar el pecho.

breaststroke ['brestˌstroʊk] *n.* (swimming) braza *f.*

breath [breθ] *n.* aliento *m.*

breathe [briːð] *v. tr. & intr.* respirar.

breathing ['briːðɪŋ] *n.* respiración *f.*

breed [briːd] *n.* **1.** *Zool.* (of animal) raza *f.* ‖ *v. tr.* **2.** criar. ‖ *v. intr.* **3.** procrear.

breeze [briːz] *n.* brisa *f.*

brevity ['brevəti:] *n.* (brief time) brevedad *f.*; fugacidad *f.*

brewery ['bruəri:] *n.* cervecería *f.*

bribe [braɪb] *n.* **1.** soborno *m.*; cohecho *m.* ‖ *v. tr.* **2.** sobornar.

brick [brɪk] *n.* **1.** *Constr.* ladrillo *m.* **2.** (office) bloque *m.*

bricklayer ['brɪkˌleɪər] *n.* albañil *m.*

bride [braɪd] *n.* novia *f.*

bridegroom ['braɪdˌgruːm] *n.* novio *m.*

bridesmaid ['braɪdzˌmeɪd] *n.* (at a wedding) dama de honor.

bridge [brɪdʒ] *n.* puente *m.*

bridle ['braɪdəl] *n., Horse* brida *f.*; freno *m.*

brief [briːf] *adj.* breve; conciso.

briefcase ['briːfˌkeɪs] *n.* (portable case) portafolio *m.*; cartera *f.*

briefs ['briːfs] *n. pl.* slip *m. sing.*

brigand ['brɪgənd] *n.* (bandit) bandido *m.*; bandolero *m.*

bright [braɪt] *adj.* **1.** brillante. **2.** (color) vivo. **3.** (clever) listo.

brightness ['braɪtnɪs] *n.* **1.** (of day) claridad *f.* **2.** (of color) viveza *f.* **3.** (cleverness) inteligencia *f.*

brim [brɪm] *n.* **1.** (of a glass) borde *m.* **2.** (of hat) ala *f.*

bring [brɪŋ] *v. tr.* traer.

British ['brɪtɪʃ] *adj.* británico. ‖ **~ person** británico *m.*

Briton ['brɪtən] *n.* británico *m.*

broad [brɔːd] *adj.* (wide) ancho.

broadcast ['brɔːdˌkæst] *n.* **1.** emisión *f.*; difusión *f.* **2.** (radio) emitir. **3.** (TV) transmitir.

broadside ['brɔːdˌsaɪd] *n.* **1.** *Nav.* (side of ship) costado *m.* ‖ *adv.* **2.** de lado.

broke [brəʊk] *adj., fam.* arruinado; sin blanca.

broken ['brəʊkən] *adj.* **1.** roto; quebrado. **2.** (machine) estropeado. **3.** (bone) fracturado.

bronchus ['brɒŋkəs](pl.: bronchi) *n., Anat.* bronquio *m.*

bronze [brɒnz] *n.* **1.** bronce *m.* || *adj.* **2.** (skin) bronceado.

brooch [brəʊtʃ] *n.* broche *m.*

brood [bru:d] *n.* **1.** (of birds) cría *f.* || *v. intr.* **2.** (hen) empollar.

brook [brʊk] *n., Geogr.* (stream) arroyo *m.*; riachuelo *m.*

broom [bru:m] *n.* escoba *f.*

broth [brɒθ] *n.* caldo *m.*

brother ['brʌðər] *n.* **1.** hermano *m.* **2.** (colleague) colega *m. y f.*

brotherhood ['brʌðə,hʊd] *n.* **1.** hermandad *f.*; fraternidad *f.* **2.** *Rel.* cofradía *f.*; congregación *f.*

brother-in-law ['brʌðərɪnlɔː] *n.* cuñado *m.*; hermano político.

brow [braʊ] *n.* **1.** *Anat.* frente *f.* **2.** (eyebrow) ceja *f.*

brown [braʊn] *adj.* **1.** (color) marrón. **2.** (tanned) moreno. **3.** (hair) castaño. || *n.* **4.** (color) marrón *m.*

bruise [bru:z] *n.* **1.** (contusión) cardenal *m.*; hematoma *m.* || *v. tr.* **2.** magullar.

brush [brʌʃ] *n.* **1.** cepillo *m.* **2.** (large paintbrush) brocha *f.* || *v. tr.* **3.** cepillar.

brushwood ['brʌʃ,wʊd] *n.* matorral *m.*; arbusto *m.*

brusque [brʌsk] *adj.* brusco; áspero.

bubble ['bʌbəl] *n.* **1.** (of air) burbuja *f.* **2.** (of soap) pompa *f.*

bucket ['bʌkɪt] *n.* cubo *m.*; balde *m.*

buckle ['bʌkəl] *n.* **1.** (fastener) hebilla *f.* || *v. tr.* **2.** (fasten) abrochar.

budget ['bʌdʒɪt] *n., Econ.* presupuesto *m.*

buffalo ['bʌfələʊ](pl.:-es) *n., Br. E., Zool.* búfalo *m.*

buffet ['bʊfeɪ] *n.* bufé *m.*

buffoon [bəfu:n] *n.* (clown) bufón *m.*; payaso *m.*

bug [bʌg] *n.* **1.** *Zool.* chinche *f.* **2.** (any insect) bicho *m.*

bugle ['bju:gəl] *n., Mus.* clarín *m.*

build [bɪld] *n.* **1.** estructura *f.* || *v. tr.* **2.** edificar; construir.

building ['bɪldɪŋ] *n.* **1.** (construction) edificio *m.*; construcción *f.*

bulb [bʌlb] *n.* **1.** *Bot.* bulbo *m.* **2.** *Electron.* bombilla *f.*

bulk [bʌlk] *n.* **1.** bulto *m.* **2.** (mass) mole *f.*

bulky ['bʌlki:] *adj.* voluminoso.

bull¹ [bʊl] *n., Zool.* toro *m.*

bull's-eye ['bʊl,zaɪ] *n.* diana *f.*

bullet ['bʊlɪt] *n., Mil.* bala *f.*

bulletin ['bʊlətɪn] *n.* boletín *m.*

bumblebee ['bʌmblbiː] *n., Zool.* (insecto) abejorro *m.*

bump [bʌmp] *n.* **1.** golpe *m.* **2.** (on road) bache *m.* **3.** (on the head) chichón *m.*

bun [bʌn] *n.* **1.** (small roll) bollo *m.* **2.** (on the head) moño *m.*

bunch [bʌntʃ] *n.* **1.** (of flowers) ramo *m.* **2.** (of keys) manojo *m.* **3.** (of grapes) racimo *m.*

bundle ['bʌndəl] *n.* **1.** lío *m.;* fardo *m.* **2.** (of bills) fajo *m.*

bunion ['bʌnjən] *n., Med.* (bone) juanete *m.*

bunk [bʌŋk] *n.* (bed) litera *f.*

buoy [bɔɪ] *n. Nav.* boya *f.*

burden ['bɜːrdən] *n.* **1.** (load) carga *f.;* peso *m.* **2.** *fig.* lastre. ‖ *v. tr.* **3.** cargar.

bureau ['bjurou](pl.:-x) *n., Br. E.* **1.** (desk) escritorio *m.* **2.** (office) oficina *f.*

burglar ['bɜːrglər] *n.* (of houses) ladrón *m.*

burgle ['bɜːrgəl] *v. tr., fam.* (house) robar.

burial ['berɪəl] *n.* (of a dead body) entierro *m.;* enterramiento *m.*

burn [bɜːrn] *n.* **1.** *Med.* quemadura *f.* ‖ *v. tr.* **2.** quemar. ‖ *v. intr.* **3.** (food, building) quemarse; arder.

burp [bɜːrp] *n.* **1.** (belch) eructo *m.* ‖ *v. intr.* **2.** (belch) eructar.

burr [bɜːr] *n. Bot.* erizo *m.*

burrow ['bʌrou] *n.* madriguera *f.*

burst [bɜːrst] *n.* **1.** estallido *m.* ‖ *v. tr.* **2.** reventar. ‖ *v. intr.* **3.** (bomb) estallar.

bury ['beri] *v. tr.* **1.** enterrar; sepultar. **2.** (hide) esconder.

bus [bʌs] *n.* autobús *m.;* bus *m.*

business ['bɪznɪs] *n.* **1.** (commerce) negocio *m.* **2.** (matter) asunto.

bustle ['bʌsəl] *n.* (hurly-burly) ajetreo *m.;* bullicio *m.*

busy ['bɪzi] *adj.* ocupado.

but [bət] *conj.* **1.** pero; mas *form.* **2.** sino. ‖ *prep.* **3.** excepto; menos. ‖ *n.* **4.** pero *m.;* objeción *m.* ‖ **~ for** a no ser por.

butane ['bjuːteɪn] *n., Chem.* (gas) butano *m.*

butcher ['butʃər] *n.* **1.** carnicero *m.* ‖ *v. tr.* **2.** (slaughter for meat) matar.

butler ['bʌtlər] *n.* mayordomo *m.*

butter ['bʌtər] *n.* mantequilla *f.*

butterfly ['bʌtər,flaɪ] *n., Zool.* (insect) mariposa *f.*

button ['bʌtn] *n.* **1.** botón *m.* ‖ *v. tr.* **2.** abotonar; abrochar.

buttonhole ['bʌtn,houl] *n.* ojal *m.*

buy [baɪ] *v. tr.* comprar; adquirir.

buzz [bʌz] *n.* **1.** (of bee, wasp) zumbido *m.* **2.** *coll.* telefonazo *m.* ‖ *v. intr.* **3.** (bee) zumbar.

buzzer ['bʌzər] *n.* (bell) timbre *m.*

by [baɪ] *adv.* **1.** cerca. ‖ *prep.* **2.** (indicating agent) por; de. **3.** (through) por. **4.** (beside) cerca de; junto a; al lado de. **5.** (means of transport) en. **6.** (deadline) para. **7.** *Math.* (multiplied by) por.

bye ['baɪ] *interj., fam.* adiós.

bye-bye ['baɪ,baɪ] *interj.* adiós.

c [si:] *n.* (letter) c *f.*

cab [kæb] *n., Am. E.* taxi *m.*

cabbage ['kæbɪdʒ] *n., Bot.* col *f.*; (vegetable) repollo *m.*; berza *f.* ‖ **red ~** *Bot.* lombarda *f.*

cabin ['kæbɪn] *n.* **1.** cabaña *f.* **2.** (on ship) camarote *m.*

cabinet ['kæbənɪt] *n.* **1.** armario *m.* **2.** (glass) vitrina *f.*

cacao [kəˈkaʊ] *n., Bot.* cacao *m.*

cache [kæʃ] *n.* **1.** (arms) zulo *m.*; arsenal secreto. **2.** *Comp.* (memory) caché *m.*

cactus ['kæktəs](pl.: -ti or -tuses) *n. inv., Bot.* cactus *m.*

cadence ['keɪdəns] *n.* cadencia *f.*

café [kæˈfeɪ] *n.* café *m.*; cafetería *f.*

caffeine ['kæfi:n] *n.* cafeína *f.*

cage [keɪdʒ] *n.* **1.** jaula *f.* ‖ *v. tr.* **2.** (animals) enjaular.

cake [keɪk] *n.* **1.** (sweet) pastel *m.* **2.** *Gastr.* tarta *f.*

calculate ['kælkjə,leɪt] *v. tr.* calcular.

calendar ['kæləndər] *n.* calendario *m.*

calf [kæf](pl.: calves) *n. Zool.* ternero *m.*; becerro *m.*

caliber, calibre (Br.E) ['kælɪbər] *n.* **1.** (of gun) calibre *m.* **2.** *fig.* (of person) calibre *m.*

call [kɔ:l] *n.* **1.** llamada *f.* **2.** (appeal) llamamiento *m.* ‖ *v. tr.* **3.** llamar.

callus ['kæləs] *n., Med.* callo *m.*

calm [ka:m] *adj.* **1.** tranquilo. ‖ *n.* **2.** calma *f.*; serenidad *f.*; tranquilidad *f.* ‖ *v. tr. & intr.* **3.** calmar; tranquilizar.

calorie ['kæləri] *n.* caloría *f.*

camel ['kæməl] *n., Zool.* camello *m.*

camera ['kæmərə] *n., Phot.* cámara *f.* (fotográfica)

cameraman ['kæmərə,mən, 'kæmərə,mæn] *n.* (TV, cinema) cámara *m.*

camomile ['kæməmaɪl] *n., Bot.* (infusion) manzanilla *f.*

camouflage ['kæməflɑ:ʒ] *v. tr.* camuflar; encubrir.

camp [kæmp] *n.* campamento *m.*

can¹ [kæn](p.t. could) *v. aux.* **1.** (be able to) poder. **2.** (know how to) saber. **3.** (be permitted to) poder.

can² ['kæn] *n.* **1.** *Am. E.* (tin) lata *f.*; bote *m.* **2.** (container) bidón *m.* ‖ *v. tr.* **3.** (fish, fruit) enlatar.

canal [kəˈnæl] *n., Geogr.* canal *m.*

canary [kəˈneri:] *n., Zool.* (bird) canario *m.*

cancel ['kænsəl] *v. tr.* cancelar.

cancer ['kænsər] *n., Med.* cáncer *m.*

candidate ['kændɪdeɪt] *n.* candidato *m.*; aspirantem. *y f.*

candle ['kændəl] *n.* **1.** (of wax) vela *f.*; candela *f.* Amér. **2.** (in church) cirio *m.*

candy ['kændi:] *n., Am. E.* (sweet) caramelo *m.*

cane [keɪn] *n.* **1.** *Bot.* caña *f.* **2.** (stick) bastón *m.*

canker [ˈkæŋkər] *n. Med.* (of the mouth) llaga *f.*; úlcera *f.*

canning [ˈkænɪŋ] *n.* envase *m.*

canny [ˈkæni:] *adj.* astuto.

canoe [kəˈnu:] *n.* canoa *f.*

canonize, canonise (Br.E) [ˈkænənaɪz] *v. tr., Rel.* canonizar.

canteen [kænˈti:n] *n.* **1.** cantina *f.* **2.** (water bottle) cantimplora *f.*

canvas [ˈkænvəs] *n.* **1.** (cloth) lona *f.* **2.** (for painting) lienzo *m.*

canvass [ˈkænvəs] *n., Am. E., Polit.* (votes) escrutinio *m.*

cap [kæp] *n.* **1.** gorra *f.* **2.** (of pen) caperuza *f.* **3.** (of bottle) tapón *m.*

capable [ˈkeɪpəbəl] *adj.* capaz.

capacity [kəˈpæsiti:] *n.* **1.** capacidad *f.* **2.** (seating) aforo *m.*

cape [keɪp] *n.* **1.** (clothes) capa *f.* **2.** *Geogr.* cabo *m.*

caper [ˈkeɪpər] *n., Bot.* alcaparra *f.*

capital [ˈkæpətəl] *n.* **1.** (city) capital *f.* **2.** *Econ.* capital *m.*

caprice [kəˈpri:s] *n.* capricho *m.*

capsule [ˈkæpsəl] *n.* cápsula *f.*

captain [ˈkæptən] *n.* capitán *m.*

capture [ˈkæptʃər] *v. tr.* (possess) capturar; apresar.

car [kɑ:r] *n.* coche *m.*; automóvil *m.*; carro *m. Amér.*

caramel [ˈkærəməl] *n.* caramelo *m.*

caravan [ˈkærəˌvæn] *n.* **1.** (group) caravana *f.* **2.** *Br. E.* (vehicle) caravana *f.*; roulotte *f.*

caravel [ˈkærəvel] *n., Nav.* (ship) carabela *f.*

carbine [ˈkɑ:rbaɪn] *n., Mil.* (weapon) carabina *f.*

carbon [ˈkɑ:rbən] *n., Chem.* carbono *m.* || **~ copy** calco *m.*

carbonated [ˈkɑ:rbəˌneɪtəd] *adj.* (drink) gaseoso.

card [kɑ:rd] *n.* **1.** tarjeta *f.* **2.** (playing card) carta *f.*

cardboard [ˈkɑ:rdbɔ:rd] *n.* **1.** cartón *m.* **2.** (thin) cartulina *f.*

cardigan [ˈkɑ:rdɪgən] *n.* (knitted jacket) chaqueta de lana; rebeca *f.*

cardinal [ˈkɑ:rdɪnəl] *adj.* **1.** (number, point) cardinal. || *n.* **2.** *Rel.* cardenal *m.*

care [ˈker] *n.* cuidado *m.*

career [kəˈrɪr] *n.* carrera *f.*

careful [ˈkefəl] *adj.* (prudent) cuidadoso; esmerado; metódico.

careless [ˈkerlɪs] *adj.* descuidado.

caress [kəˈres] *n.* **1.** caricia *f.*; mimo *m.* || *v. tr.* **2.** acariciar.

cargo [ˈkɑ:rgoʊ] *n.* carga *f.*

caricature [ˈkærəkətʃər] *n.* (drawing) caricatura *f.*

caries [ˈkerii:z] *n. inv., Med.* (tooth) caries *f.*

carnation [kɑ:rˈneɪʃən] *n., Bot.* (plant) clavel *m.*

carnival [ˈkɑ:rnəvəl] *n.* carnaval *m.*

carnivorous [kɑ:rˈnɪvərəs] *adj., Zool.* carnívoro.

carol [ˈkærəl] *n., Mus.* (Christmas) villancico *m.* (navideño)

carp [kɑːrp] *n.*, *Zool.* carpa *f.*

carpenter ['kɑːrpəntər] *n.* carpintero *m.*

carpet ['kɑːrpɪt] *n.* **1.** alfombra *f.* ‖ *v. tr.* **2.** alfombrar.

carrot ['kærət] *n.*, *Bot.* zanahoria *f.*

carry ['kæri] *v. tr.* **1.** (people, money) llevar. **2.** (transport) transportar.

cart [kɑːrt] *n.* **1.** carro *m.*; carreta *f.* ‖ *v. tr.* **2.** acarrear.

cartoon [kɑːr'tuːn] *n.* **1.** viñeta *f.* **2.** (caricature) caricatura *f.*

cartridge ['kɑːrtrɪdʒ] *n.* (container) cartucho *m.*

carve ['kɑːrv] *v. tr.* **1.** (meat) trinchar. **2.** (wood) tallar; esculpir.

carving ['kɑːrvɪŋ] *n.* (carved object) talla *f.*; escultura *f.*

cascade [kæs'keɪd] *n.* cascada *f.*

case[1] [keɪs] *n.* **1.** caso *m.* **2.** *Med.* caso *m.* **3.** *Law* caso *m.*

case[2] [keɪs] *n.* **1.** (suitcase) maleta *f.* **2.** (for jewels) estuche *m.*

cash [kæʃ] *n.* **1.** dinero en efectivo. ‖ *v. tr.* **2.** (a check) cobrar.

casino [kə'siːnoʊ] *n.* casino *m.*

cask [kæsk] *n.* barril *m.*

cassava [kæ'sɑːvə] *n.*, *Bot.* (plant) mandioca *f.*

casserole ['kæsəroʊl] *n.* cazuela *f.*

cassette [kæ'set] *n.* **1.** (tape) casete *amb.* **2.** (recorder) casete *m.*

cassock ['kæsək] *n.*, *Rel.* sotana *f.*

caste [kæst] *n.* casta *f.*

castigate ['kæstɪgeɪt] *v. tr.*, *frml.* (chastise) castigar.

Castilian [kæs'tɪliən] *adj.* **1.** castellano. ‖ *n.* **2.** (person) castellano *m.* ‖ *n.* **3.** (language) castellano *m.*

castle ['kæsəl] *n.* castillo *m.*

castrate [kæs'treɪt] *v. tr.* castrar.

casual ['kæʒuəl] *adj.* **1.** casual; ocasional. **2.** (worker) eventual. **3.** (clothes) sport.

casualty ['kæʒəwəlti:] *n.* **1.** (in accident) víctima *f.* **2.** *Mil.* baja *f.*

cat [kæt] *n.* gato *m.*

catalog, catalogue (Br.E) ['kætəlɔg] *n.* **1.** catálogo *m.* ‖ *v. tr.* **2.** catalogar.

cataract ['kætərækt] *n.* catarata *f.*

catarrh [kə'tɑːr] *n.*, *Med.* catarro *m.*

catastrophe [kə'tæstrəfiː] *n.* (disaster) catástrofe *f.*

catch [kætʃ] (p.t. and p.p. caught) *n.* **1.** (of fish) pesca *f.* **2.** (of lock) pestillo *m.* ‖ *v. tr.* **3.** coger; atrapar. **4.** (bus, train) coger.

category ['kætəgɔriː] *n.* categoría *f.*; clase *f.*

caterpillar ['kætəpɪlər] *n.*, *Zool.* (insect) oruga *f.*

cathedral [kə'θiːdrəl] *n.* catedral *f.*

Catholicism [kə'θɒlɪsɪzəm] *n.*, *Rel.* catolicismo *m.*

cauliflower ['kɒlɪflaʊər] *n.*, *Bot.* (vegetable) coliflor *f.*

cause [kɔːz] *n.* **1.** (reason) causa *f.*; móvil *m.* **2.** (ideal) causa *f.* ‖ *v. tr.* **3.** causar.

caution [ˈkɔːʃən] *n.* **1.** cautela *f.*
∥ *v. tr.* **2.** advertir; amonestar.

cave [keɪv] *n.* cueva *f.;* caverna *f.*

caviar or caviare [ˈkævɪɑːr] *n.*
caviar *m.*

cavity [ˈkævətiː](pl.: -ties) *n.*
1. (hole) cavidad *f.;* hueco *m.*
2. (tooth) caries *f. inv.*

caw [kɔː] *n.* (of raven) graznido *m.*

cease [siːs] *v. intr.* cesar; parar.

ceiling [ˈsiːlɪŋ] *n.* techo *m.*

celebrate [ˈseləˌbreɪt] *v. tr.* celebrar; festejar.

celery [ˈseləriː] *n., Bot.* apio *m.*

celibate [ˈseləbət] *adj. & n.*
(chaste) célibe *m. y f.;* casto *m.*

cell [sel] *n.* **1.** (in prison) celda *f.*
2. *Biol.* célula *f.*

cellar [ˈselər] *n.* (underground
room) sótano *m.*

cello [ˈtʃelouʌ] *n., Mus.* (instrument) violonchelo *m.*

cement [sɪˈment] *n.* cemento *m.*

cemetery [ˈseməˌteriː] *n.* (graveyard) cementerio *m.;* camposanto *m.*

censorship [ˈsensərˌʃɪp] *n.* censura *f.*

censure [ˈsenʃər] *n.* **1.** censura *f.*
∥ *v. tr.* **2.** censurar; criticar.

census [ˈsensəs] *n.* censo *m.*

cent [sent] *n.* céntimo *m.*

center, centre (Br.E) [ˈsentər]
n. **1.** centro *m.* ∥ *v. tr.* **2.** centrar.

centiliter, centilitre (Br.E)
[ˈsentiˌliːtər] *n.* centilitro *m.*

**centimeter, centimetre
(Br.E)** [ˈsentiˌmiːtər] *n.* centímetro *m.*

centralize, centralise (Br.E)
[ˈsentrəlaɪz] *v. tr.* centralizar.

century [ˈsentʃəriː] *n.* siglo *m.*

ceramics [səˈræmɪks] *n. sing.* cerámica *f.*

cereal [ˈsɪrɪəl] *adj. & n.* **1.** *Bot.*
cereal *m.* ∥ *n.* **2.** (for breakfast)
cereales *m. pl.*

ceremony [ˈserəˌmouniː] *n.* (formal act) ceremonia *f.;* acto *m.*

certain [ˈsɜːrtn] *adj.* **1.** seguro.
2. (correct, particular) cierto.

certainty [ˈsɜːrtntiː] *n.* (belief)
certeza *f.;* certidumbre *f.*

certify [ˈsɜːrtəfaɪ] *v. tr.* certificar.

ch [ˈsiːeɪtʃ] *n.* (letter of the Spanish alphabet) ch *f.*

chafe [ˈtʃeɪf] *v. tr.* rozar.

chain [tʃeɪn] *n.* **1.** cadena *f.*
∥ *v. tr.* **2.** encadenar.

chair [tʃer] *n.* **1.** silla *f.* **2.** (at
university) cátedra *f.* ∥ *v. tr.* **3.**
(meeting) presidir.

chalice [ˈtʃælɪs] *n., Rel.* cáliz *m.*

chalk [tʃɔːk] *n.* tiza *f.*

challenge [ˈtʃæləndʒ] *n.* **1.** desafío *m.;* reto *m.* ∥ *v. tr.* **2.** retar.

chamber [ˈtʃeɪmbər] *n.* cámara *f.*

chameleon [kəˈmiːlɪən] *n., Zool.*
camaleón *m.*

champagne [ʃæˈmpeɪn] *n.*
champán *m.*

champion [ˈtʃæmpɪən] *n., Sports*
campeón *m.*

championship ['tʃæmpɪənʃɪp] *n., Sports* campeonato *m.*

chance [tʃæns] *n.* **1.** (opportunity) ocasión *f.;* oportunidad *f.* **2.** (coincidence) casualidad *f.* **3.** (luck) suerte *f.*

change [tʃeɪndʒ] *n.* **1.** cambio *m.* **2.** (money) dinero suelto. **3.** (alteration) alteración. ‖ *v. tr.* **4.** cambiar.

channel ['tʃænl] *n.* **1.** canal *m.* ‖ *v. tr.* **2.** canalizar; encauzar.

chaos ['keɪɒs] *n.* caos *m.*

chap [tʃæp] *n.* **1.** *Br. E.* tipo *m.* **2.** (in skin) grieta *f.* ‖ *v. intr.* **3.** agrietarse; rajarse.

chapel ['tʃæpəl] *n., Rel.* capilla *f.*

chaplain ['tʃæplɪn] *n., Rel.* capellán *m.*

chapter ['tʃæptər] *n.* capítulo *m.*

character ['kærɪktər] *n.* **1.** carácter *m.;* índole *f.* **2.** *Cinem. y Lit.* personaje (en películas, libros) *m.*

characterize, characterise (Br.E) ['kærɪktəraɪz] *v. tr.* caracterizar.

charge [tʃɑːrdʒ] *n.* **1.** carga *f.* **2.** *Law* acusación *f.* **3.** (responsibility) cargo *m.* ‖ *v. tr.* **4.** *Law* acusar. **5.** (customer) cobrar.

charisma [kə'rɪzmə] *n.* carisma *m.*

charity ['tʃærəti:] *n.* caridad *f.*

charm [tʃɑːrm] *n.* **1.** encanto *m.;* atractivo *m.* ‖ *v. tr.* **2.** encantar.

charter ['tʃɑːrtər] *n.* **1.** (of city) fuero *m.* ‖ *v. tr.* **2.** (boat, plane) fletar.

chase [tʃeɪs] *v. tr.* cazar.

chassis ['tʃæsi] *n.* bastidor *m.*

chaste [tʃeɪst] *adj.* casto; puro.

chastity ['tʃæstəti:] *n.* castidad *f.*

chat [tʃæt] *n.* **1.** charla *f.;* plática *f. Amér.* ‖ *v. intr.* **2.** charlar.

chauffeur ['ʃoʊfər, 'ʃoʊfɜːr] *n.* (of a private car) chófer *m.*

cheap [tʃiːp] *adj.* **1.** (inexpensive) barato. ‖ *adv.* **2.** barato.

cheat [tʃiːt] *n.* **1.** trampa *f.;* timo *m.* ‖ *v. tr.* **2.** engañar. ‖ *v. intr.* **3.** ser infiel.

check, cheque (Br.E) [tʃek] *n.* **1.** control *m.* **2.** (of facts) comprobación *f.* **3.** *Econ.* talón *m.;* cheque *m.* ‖ *v. tr.* **4.** controlar. **5.** (facts) comprobar.

checkroom ['tʃekruːm] *n., Am. E.* (cloakroom) consigna *f.;* guardarropa *f. inv.*

cheek [tʃiːk] *n., Anat.* carrillo *m.;* mejilla *f.*

cheekbone ['tʃiːkˌboʊn] *n., Anat.* pómulo *m.*

cheeky ['tʃiːki] *adj., Br. E., coll.* (imprudent) descarado; fresco.

cheerful ['tʃɪrfəl] *adj.* (happy) alegre; animado.

cheese [tʃiːz] *n.* queso *m.*

chemist ['kemɪst] *n.* **1.** (person) químico *m.* ‖ **chemist's** *n.* **2.** *Br. E.* (shop) farmacia *f.*

chemistry ['kemɪstri:] *n.* química *f.*

cherry ['tʃeri:] *n., Bot.* cereza *f.*

chess [tʃes] *n.* (game) ajedrez *m.*

chest [tʃest] *n.* **1.** *Anat.* (thorax) pecho *m.* **2.** (box) arca; cofre *m.*

chestnut ['tʃesnʌt 'tʃesnət] *n.* **1.** *Bot.* (tree, wood) castaño *m.* **2.** *Bot.* (nut) castaña *f.* **3.** (color) castaño *m.*

chew [tʃu:] *v. tr.* mascar; masticar.

chicken ['tʃɪkən] *n.* **1.** pollo *m.* **2.** *slang* gallina *m. y f.*; cobarde *m.*

chickpea ['tʃɪkpi:] *n., Bot.* garbanzo *m.*

chief [tʃi:f] *n.* jefe *m.*; líder *m. y f.*

child ['tʃaɪld] *n.* **1.** niño *m.* **2.** (son) hijo *m.* ‖ **children** *n. pl.* **3.** niños *m.* **4.** (sons and daughters) hijos *m.*

childbirth ['tʃaɪld.bɜ:rθ] *n., Med.* parto *m.*

childhood ['tʃaɪld.hʊd] *n.* niñez *f.*; infancia *f.*

chili or chilli ['tʃɪli:] *n. Bot.* guindilla *f.*; chile *m. Amér.*

chill [tʃɪl] *n.* **1.** *Med.* escalofrío *m.* ‖ *v. tr.* **2.** (wine) enfriar.

chimera [kaɪˈmerə] *n.* quimera *f.*

chimeric [kaɪˈmerɪk] *adj.* (fanciful) quimérico.

chimney ['tʃɪmni:] *n.* chimenea *f.*

chimpanzee [.tʃɪmpæn'zi:] *n., Zool.* chimpancé *m.*

chin [tʃɪn] *n., Anat.* barbilla *f.*

china ['tʃaɪnə] *n.* **1.** (ceramic ware) loza *f.* **2.** (fine) porcelana *f.*

chink [tʃɪŋk] *n.* (crack) grieta *f.*

chip [tʃɪp] *n.* **1.** (of wood) astilla *f.* ‖ **chips** *n. pl.* **2.** *Am. E.* (in

bag) patatas fritas. **3.** *Br. E.* (in fry pan) patatas fritas.

chirp ['tʃɜ:rp] *v. intr.* **1.** (birds) piar. **2.** (insect) chirriar.

chisel ['tʃɪzəl] *n.* (art) cincelar.

chlorine ['klɔ:.rɪn] *n.* cloro *m.*

chock [tʃɒk] *v. tr.* calzar.

chocolate ['tʃɔ:klɪt, 'tʃɒklɪt] *n.* **1.** chocolate *m.* **2.** (candy) bombón *m.*

choice [tʃɔɪs] *adj.* **1.** selecto; escogido. ‖ *n.* **2.** (decision) elección *f.*; selección *f.*

choir ['kwaɪər] *n., Mus.* coro *m.*

choke [tʃoʊk] *v. tr.* **1.** ahogar. ‖ *v. intr.* **2.** atragantarse.

choose [tʃu:z] *v. tr.* **1.** elegir; escoger. **2.** (player, candidate) seleccionar.

chop [tʃɒp] *n.* **1.** chuleta *f.* ‖ *v. tr.* **2.** tajar; cortar. **3.** (meat) picar.

choral ['kɔ:rəl] *adj., Mus.* coral.

chorus ['kɔ:rəs] *n., Mus.* coro *m.*

christen ['krɪsən] *v. tr., Rel.* (baptize) bautizar.

christening ['krɪsənɪŋ] *n., Rel.* **1.** (celebration) bautizo *m.* **2.** (sacrament) bautismo *m.*

Christmas ['krɪsməs] *n.* Navidad *f.*

chromium ['kroʊmɪəm] *n., Chem.* cromo *m.*

chronic ['krɒnɪk] *adj.* crónico.

chronicle ['krɒnɪkəl] *n.* crónica *f.*

chronometer [krəˈnɒmɪtər] *n., Tech.* cronómetro *m.*

church ['tʃɜ:rtʃ] *n.* iglesia *f.*

churchyard ['tʃɜːrtʃjɑːrd] *n.* (cementery) cementerio *m.*; camposanto *m.*

cicada [sɪ'kɑːdæ] *n., Zool.* chicharra *f.*; cigarra *f.*

cicatrize, cicatrise (Br.E) ['sɪkətraɪs] *v. intr., Med.* (to form a scar) cicatrizarse.

cider ['saɪdər] *n.* sidra *f.*

cigar [sɪ'gɑːr] *n.* puro *m.*; cigarro *m.*

cigarette [sɪgə'ret] *n.* cigarrillo *m.*; pitillo *m.*

cinema ['sɪnəmə] *n.* cine *m.*

cinnamon ['sɪnəməm] *n.* canela *f.*

cipher ['saɪfər] *n.* **1.** (number) cifra *f.* **2.** (code) código *m.*

circle ['sɜːrkəl] *n.* **1.** (shape) círculo *m.* **2.** (of people) corro *m.* ‖ *v. tr.* **3.** (encircle) cercar; rodear.

circular ['sɜːrkjələr] *adj.* **1.** circular. ‖ *n.* **2.** (order) circular *f.*

circulate ['sɜːrkjuleɪt] *v. tr. & intr.* circular.

circumstance ['sɜːrkəm,stæns] *n.* circunstancia *f.*

circus ['sɜːrkəs] *n.* circo *m.*

cistern ['sɪstərn] *n.* **1.** (water tank) cisterna *f.* **2.** (lavatory) cisterna *f.*

citizen ['sɪtɪzən] *adj. & n.* ciudadano *m.*

city ['sɪtiː] *n.* ciudad *f.*

civil ['sɪvəl] *adj.* civil.

civilian [sɪ'vɪljən] *adj.* **1.** civil. ‖ *n.* **2.** *Mil.* civil *m.*; paisano *m.*

civilization [,sɪvɪlaɪ'zeɪʃən] *n.* civilización *f.*; cultura *f.*; pueblo *m.*

clairvoyance [kler'vɔɪəns] *n.* (extrasensory perception) clarividencia *f.*

clam [klæm] *n., Zool.* almeja *f.*

clamber ['klæmbər] *v. intr.* (climb) trepar; escalar.

clamor, clamour (Br.E) ['klæmər] *v. intr.* clamar.

clan [klæn] *n.* clan *m.*

clandestine [klæn'destɪn] *adj.* (secret and concealed) clandestino; oculto.

clap [klæp] *n.* **1.** (applause) aplauso *m.* **2.** (of hands) palmada *f.* ‖ *v. tr.* **3.** aplaudir.

clarify ['klærəfaɪ] *v. tr.* aclarar.

clash [klæʃ] *n.* **1.** (fight) choque *m.* ‖ *v. intr.* **2.** chocar.

clasp [klæsp] *n.* broche *m.*

class [klæs] *n.* **1.** clase *f.* ‖ *v. tr.* **2.** clasificar; catalogar.

classify ['klæsəfaɪ] *v. tr.* clasificar.

classroom ['klæsruːm] *n.* (for students) aula *f.*; clase *f.*

clause [klɔːz] *n.* cláusula *f.*

clavicle ['klævɪkəl] *n., Anat.* (collarbone) clavícula *f.*

claw [klɔː] *n.* **1.** *Zool.* (of animal) garra *f.*; zarpa *f.* **2.** *Zool.* (of cat) uña *f.* ‖ *v. tr.* **3.** (scratch) arañar.

clay [kleɪ] *n.* arcilla *f.*

clean [kliːn] *adj.* **1.** (unsoiled) limpio. ‖ *v. tr.* **2.** (remove dirt) limpiar.

clear [klɪr] *adj.* **1.** claro. **2.** (sky) despejado. ‖ *v. tr.* **3.** (weather) despejar.

clef [klef] *n., Mus.* clave *f.*

cleft [kleft] *n.* grieta *f.*

clemency ['klemənsi:] *n.* (mercy) clemencia *f.;* perdón *m.*

clench [klentʃ] *v. tr.* apretar.

clergy ['klɜːrdʒiː] *n., Rel.* clero *m.*

clever ['klevər] *adj.* **1.** inteligente; listo. **2.** (skilful) hábil.

click [klɪk] *n.* chasquido *m.*

client ['klaɪənt] *n.* cliente *m. y f.*

cliff [klɪf] *n., Geogr.* (by sea) acantilado *m.*

climate ['klaɪmɪt] *n.* clima *m.*

climb [klaɪm] *n.* **1.** (ascent) ascenso *m.;* subida *f.* ‖ *v. tr.* **2.** (go up) trepar; subir.

climbing ['klaɪmɪŋ] *n., Sports* alpinismo *m.*

clinch [klɪntʃ] *v. tr.* remachar.

clinic ['klɪnɪk] *n.* clínica *f.*

clip [klɪp] *n.* **1.** (for fastening things) clip *m.* ‖ *v. tr.* **2.** cortar.

cloak [kloʊk] *n.* **1.** capa *f.* ‖ *v. tr.* **2.** (cover) encubrir.

cloakroom ['kloʊk,ruːm] *n.* (for coats) guardarropa *m.*

clock [klɒk] *n.* (on wall) reloj *m.*

clog [klɒg] *n.* **1.** zueco *m.* ‖ *v. tr.* **2.** atascar.

cloister ['klɔɪstər] *n.* claustro *m.*

close¹ [kloʊs] *adj.* **1.** (near) cercano; próximo. **2.** *fig.* (link) estrecho. **3.** (friend) entrañable; íntimo. ‖ *adv.* **4.** cerca.

close² [kloʊzd] *n.* **1.** fin *m.* ‖ *v. tr.* **2.** cerrar. **3.** (terminate) clausurar.

closet ['klɒsət] *n., Am. E.* armario *m.*

closure ['kloʊʒər] *n.* clausura *f.;* cierre *m.*

clot [klɒt] *n.* **1.** (of blood) grumo *m.;* coágulo *m.* ‖ *v. intr.* **2.** coagularse.

cloth [klɒθ] *n.* **1.** (fabric) paño *m.;* tela *f.* **2.** (rag) trapo *m.*

clothes [kloʊðz] *n. pl.* ropa *f. sing.*

cloud [klaʊd] *n., Meteor.* nube *f.*

clove [kloʊv] *n.* **1.** *Bot.* clavo *m.* **2.** (of garlic) diente *m.* (de ajo).

clover ['kloʊvər] *n., Bot.* trébol *m.*

clown [klaʊn] *n.* payaso *m.*

club [klʌb] *n.* club *m.*

cluck [klʌk] *v. intr.* cacarear.

clue [kluː] *n.* pista *f.;* indicio *m.*

coach [koʊtʃ] *n.* **1.** (bus) autocar. **2.** (of horses) coche *m.* **3.** *Am. E., Sports* entrenador *m.*

coagulate [koʊˈægjəleɪt] *v. tr.* **1.** (blood) coagular. **2.** (milk) cuajar.

coal [koʊl] *n., Miner.* carbón *m.*

coast [koʊst] *n., Geogr.* (shoreline, region) costa *f.;* litoral *m.*

coastal ['koʊstəl] *adj.* litoral.

coat [koʊt] *n.* **1.** abrigo *m.;* chaquetón *m.* **2.** *Zool.* pelaje *m.* **3.** (of paint) capa *f.*

coax ['koʊks] *v. tr.* engatusar.

cob [kɒb] *n.* (corn) mazorca *f.*

cobbler ['kɒblər] *n.* zapatero *m.*

cobra ['kɔubrə] *n., Zool.* cobra *f.*

cobweb ['kɔb,web] *n.* telaraña *f.*

cock [kɔk] *n. Br. E., Zool.* gallo *m.*

cockle ['kɔkəl] *n., Zool.* (mollusk) berberecho *m.*

cockroach ['kɔk,rɔutʃ] *n., Zool.* (insect) cucaracha *f.*

cocktail ['kɔk,teɪl] *n.* cóctel *m.*

cocoa ['kɔukɔu] *n.* **1.** cacao *m.* **2.** (drink) chocolate *m.*

coconut ['kɔukə,nʌt] *n., Bot.* (fruit) coco *m.*

cod [kɔd] *n., Zool.* bacalao.

code [kɔud] *n.* código *m.*

codfish ['kɔdfɪʃ] *n., Am. E., Zool.* (fish) bacalao *m.*

coexistence [kɔur'gzistəns] *n.* convivencia *f.*; coexistencia *f.*

coffee ['kɔfi:] *n.* café *m.*

coffeepot ['kɔfi,pɔt] *n.* cafetera *f.*

coffer ['kɔfər, 'kɔ:fər] *n.* cofre *m.*

coffin ['kɔfin] *n.* ataúd *m.*

coherence or coherency [kɔu'hɪərəns] *n.* coherencia *f.*

coin [kɔin] *n.* (piece) moneda *f.*

coincide [kɔuin'saɪd] *v. intr.* coincidir.

cold [kɔuld] *adj.* **1.** frío. **2.** *Gastr.* (served) fiambre. ‖ *n.* **3.** frío *m.* **4.** *Med.* resfriado *m.*

colic ['kɔlik] *n., Med.* cólico *m.*

collaborate [kə'læbɔreɪt] *v. intr.* (cooperate) colaborar; cooperar.

collapse [kə'læps] *n.* **1.** *Med.* colapso *m.* ‖ *v. intr.* **2.** hundirse. **3.** (one building) desplomarse; derrumbarse.

colleague ['kɔli:g] *n.* colega *m. y f.*; compañero *m.*

collect [kə'lekt] *n.* **1.** colecta *f.* ‖ *v. tr.* **2.** (as a hobby) coleccionar. **3.** (donations) recolectar.

collection [kə'lekʃən] *n.* (compilation) colección *f.*

college ['kɔlidʒ] *n.* (university) facultad *f.*

collide [kə'laɪd] *v. intr.* chocar.

collision [kə'lɪʒən] *n.* (crash) choque *m.*

colloquy ['kɔləkwi:](pl.: uies) *n.* coloquio *m.*; conference *f.*

cologne [kə'lɔun] *n.* (a type of perfume) agua de colonia.

colonist ['kɔlənist] *n.* colono *m.*

colonize, colonise (Br.E) ['kɔlənaɪz] *v. tr.* colonizar.

colony ['kɔlənɪ] *n.* colonia *f.*

color, colour (Br.E) ['kʌlər] *n.* color *m.*

colossal [kə'lɔsəl] *adj.* colosal.

colt [kɔult] *n., Zool.* potro *m.*

column ['kɔləm] *n.* columna *f.*

comb [kɔum] *n.* **1.** (hair tool) peine *m.* **2.** (of cock) cresta *f.* ‖ *v. tr.* **3.** peinar.

combat ['kɔmbæt] *v. tr.* combatir; luchar contra.

combine ['kɔmbaɪn] *v. tr.* **1.** combinar. **2.** (efforts) aunar.

combustion [kəm'bʌstʃən] *n.* combustión *f.*; ignición *f.*

come [kʌm](p.t. came ; p.p. come) *v. intr.* **1.** venir. **2.** (happen) pasar.

comedy ['kɒmədi:] *n.* comedia *f.*

comet ['kɒˌmət] *n., Astron.* cometa *m.*

comfortable ['kʌmfərtəbəl] *adj.* confortable; cómodo.

comic ['kɒmɪk] *n.* cómic *m.*; tebeo *m.*

coming ['kʌmɪŋ] *n.* venida *f.*; llegada *f.*

command [kəˈmɑːnd] *n.* **1.** mandato *m.*; orden *m.* ‖ *v. tr.* **2.** (order) ordenar.

commentary ['kɒməntəri:] *n.* (analysis) comentario *m.*

commerce ['kɒmɜːrs] *n.* comercio *m.*

commercial [kəˈmɜːrʃəl] *adj.* **1.** mercantil; comercial. ‖ *n.* **2.** (TV) anuncio *m.*

commissioner [kəˈmɪʃənər] *n.* comisario *m.*

commit [kəˈmɪt] *v. tr.* cometer.

committee [kəˈmɪti:] *n.* comité *m.*

commodity [kəˈmɒdəti:] *n., Econ.* (product) mercancía *f.*; producto *m.*

common ['kɒmən] *adj.* común; corriente.

communicate [kəˈmjuːnɪkeɪt] *v. tr.* comunicar. ‖ *v. intr.* **2.** comunicarse.

communion [kəˈmjuːnjən] *n.* comunión *f.*

community [kəˈmjuːnəti:] *n.* **1.** comunidad *f.* **2.** (people) colectividad *f.*

commute [kəˈmjuːt] *v. tr., Law* conmutar.

compact [kəmˈpækt] *adj.* (dense) compacto; macizo.

companion [kəmˈpænjən] *n.* (mate) compañero *m.*

company ['kʌmpəni:] *n.* **1.** compañía *f.* **2.** (business enterprise) empresa *f.*

compare [kəmˈper] *v. tr.* (examine differences) comparar.

compartment [kəmˈpɑːrtmənt] *n.* (in a train) departamento *m.*

compass ['kʌmpəs] *n.* **1.** brújula *f.* ‖ **compasses** *n. pl.* **2.** *Math.* compás *m.*

compassion [kəmˈpæʃən] *n.* (pity) compasión *f.*

compel [kəmˈpəl] *v. tr.* **1.** obligar. **2.** (expect) imponer.

compendium [kəmˈpendɪəm] *n.* compendio *m.*; resumen *m.*

compensate ['kɒmpənseɪt] *v. tr.* compensar; indemnizar.

compete [kəmˈpiːt] *v. intr.* competir; pugnar.

competition [ˌkɒmpəˈtɪʃən] *n.* (contest) concurso *m.*; competición *f.*

compile [kəmˈpaɪl] *v. tr.* recopilar.

complain [kəmˈpleɪn] *v. intr.* quejarse; lamentarse.

complaint [kəmˈpeɪnt] *n.* **1.** queja *f.* **2.** *Law* querella *f.* **3.** *Med.* dolencia *f.*

complement ['kɒmpləmənt] *n.* complemento.

complete [kəm'pli:t] *adj.* **1.** (full) completo; pleno. ‖ *v. tr.* **2.** completar.

complex ['kɒmpleks] *adj.* & *n.* complejo *m.*

complexion [kəm'plekʃən] *n.* (in term of color) tez *f.;* cutis *m.*

complicate ['kɒmpləkeɪt] *v. tr.* complicar; dificultar.

complicated ['kɒmpləkeɪtɪd] *adj.* complejo.

comply [kəm'plaɪ] *v. intr.* **1.** (with sth) cumplir. **2.** (obey) obedecer.

compose [kəm'pəʊz] *v. tr.* (create, form) componer.

composition [ˌkɒmpə'zɪʃən] *n.* **1.** composición *f.* **2.** (essay) redacción *f.*

compound ['kɒm,paʊnd] *v. tr.* componer.

comprehend [ˌkɒmprɪ'hənd] *v. tr.* (understand) comprender.

compress [kəm'pres] *n.* **1.** *Med.* compresa *f.* ‖ *v. tr.* **2.** comprimir.

comprise [kəm'praɪz] *v. tr.* (include) incluir; constar de.

compromise ['kɒmprə,maɪz] *n.* **1.** compromiso *m.;* acuerdo *m.* ‖ *v. tr.* **2.** comprometer.

compulsory [kəm'pʌlsəri:] *adj.* (obligatory) forzoso; obligatorio.

compute [kəm'pju:t] *v. tr.* & *intr.* (calculate) calcular.

computer [kəm'pju:tər] *n.,* ordenador *m.;* computadora *m.* *Amér.*

computing [kəm'pju:tɪŋ] *n.* informática *f.;* computación *f.*

comrade ['kɒmræd] *n.* (companion) camarada *m.* y *f.*

conceal [kən'sɪəl] *v. tr.* **1.** ocultar. **2.** (facts) encubrir.

concede [kən'si:d] *v. tr.* conceder.

conceit [kən'si:t] *n.* (pride) vanidad *f.*

conceive [kən'si:v] *v. tr.* & *intr.* (imagine) concebir.

concentrate ['kɒnsəntreɪt] *v. tr.* **1.** concentrar. ‖ *v. intr.* **2.** concentrarse.

concept ['kɒnsept] *n.* (idea) concepto *m.;* idea *f.*

concern [kən'sɜ:rn] *n.* **1.** (business) asunto *m.* **2.** (anxiety) inquietud *f.* **3.** (interest) interés *m.* ‖ *v. tr.* **4.** concernir.

concert ['kɒnsərt] *n.* concierto *m.*

conch ['kɒntʃ] *n.,* *Zool.* caracola *f.*

concierge [ˌkɒn'sierʒ] *n.* (superintendent) conserje *m.*

conciseness [kən'saɪsnɪs] *n.* concisión *f.;* brevedad *f.*

conclude [kən'klu:d] *v. tr.* (complete) concluir; terminar.

conclusion [kən'klu:ʒən] *n.* (end) conclusión *f.;* término *m.*

concord [kɒn'kɔ:rd] *n.* (harmony) concordia *f.;* armonía *f.*

concrete [kən'kri:t] *adj.* **1.** concreto. ‖ *n.* **2.** hormigón *m.* **3.** (in loose usage) cemento *m.*

concur [kən'kɜ:r] *v. intr.* (coincide) concurrir.

condemn [kən'dem] *v. tr.* (sentence, censure) condenar.

condiment ['kɒndəmənt] *n.*, *Gastr.* condimento *m.*; aliño *m.*

condition [kən'dɪʃən] *v. tr.* (influence) condicionar.

condolences [kən'doʊlənsɪz] *n. pl.* pésame *m. sing.*

condom ['kɒndəm] *n.* condón *m.*; preservativo *m.*

conduct ['kɒndʌkt] *n. frml.* conducta *f.*; comportamiento *m.*

conduit ['kɒndʊɪt] *n.* conducto *m.*

cone [koʊn] *n.* cono *m.* ‖ **ice-cream ~** cucurucho *m.* (helado).

confectionery [kən'fekʃənəri:] *n.* confitería *f.*

confederation [kənˌfedə'reɪʃən] *n.* (alliance) confederación *f.*

confer [kən'fɜːr] *v. tr.* otorgar; conferir; conceder.

confess [kən'fes] *v. tr.* confesar.

confide [kən'faɪd] *v. tr.* **1.** (trust) confiar. ‖ *v. intr.* **2.** confiarse.

confidence ['kɒnfɪdəns] *n.* **1.** (sure feeling) confianza *f.* **2.** (secret) confidencia *f.*

confident ['kɒnfɪdənt] *adj.* (sure) seguro.

confine [kən'faɪn] *v. tr.* **1.** (restrict) limitar. **2.** (shut up) encerrar.

confirm [kən'fɜːrm] *v. tr.* (ratify) confirmar; ratificar.

confiscate ['kɒnfɪskeɪt] *v. tr.* confiscar; incautarse.

conflict ['kɒnflɪkt] *n.* conflicto *m.*

conform [kən'fɔːrm] *v. tr.* conformar.

confound [kən'faʊnd] *v. tr.* confundir; desconcertar.

confront [kən'frʌnt] *v. tr.* (deal with) hacer frente a.

confuse [kən'fjuːz] *v. tr.* **1.** (perplex) desconcertar. **2.** (mix up) confundir.

congratulate [kən'grætjəˌleɪt] *v. tr.* felicitar; dar la enhorabuena a.

congratulations [kənˌgrætʃə'leɪʃəns] *n. pl.* enhorabuena *f. sing.*

congregate ['kɒŋgrɪgeɪt] *v. intr.* (gather) congregarse.

Congress ['kɒŋgres] *n.* Congreso *m.*

conjecture [kən'dʒektʃər] *n.* conjetura *f.*; suposición *f.*

conjugate ['kɒndʒəgeɪt] *v. tr.*, *Ling.* conjugar.

conjunction [kən'dʒʌŋkʃən] *n.* (union) conjunción *f.*

conjurer ['kɒndʒərər] *n.* (sorcerer) ilusionista *m. y f.*; prestidigitador *m.*

connect [kə'nekt] *v. tr.* **1.** *Electron.* conectar. **2.** (join) unir.

conscience ['kɒnʃəns] *n.* conciencia *f.*

conscious ['kɒnʃəs] *adj.* consciente.

consecrate ['kɒnsəˌkreɪt] *v. tr.*, *Rel.* (declare holy) consagrar.

consent [kən'sent] *v. intr.* consentir; permitir.

consequence ['kɒnsəkwəns] *n.* consecuencia *f.*; resultado *m.*

conserve [kən'sɜ:v] *n.* **1.** conserva *f.* ‖ *v. tr.* **2.** (preserve) conservar; preservar.

consider [kən'sɪdər] *v. tr.* considerar.

considerable [kən'sɪdərəbəl] *adj.* considerable; notable.

considering [kən'sɪdərɪŋ] *prep.* en atención a; teniendo en cuenta.

consignment [kən'saɪnmənt] *n.* **1.** envío *m.* **2.** (sending) alijo *m.*

consist [kən'sɪst] *v. intr.* consistir.

consistency or consistence [kən'sɪstənsi:] *n.* **1.** (thickness) consistencia *f.* **2.** (of action) consecuencia *f.*

consistent [kən'sɪstənt] *adj.* **1.** consistente. **2.** (approving) consecuencia *f.*

consolation [ˌkɒnsə'leɪʃən] *n.* (comfort) consuelo *m.*; aliento *m.*

console [kɒn'soʊl] *n.* **1.** *Tech.* consola *f.* ‖ *v. tr.* **2.** consolar.

consolidate [kən'sɒlədeɪt] *v. tr.* **1.** (reinforce) consolidar. ‖ *v. intr.* **2.** consolidarse.

consort ['kɒnsɔ:rt] *n.* **1.** consorte *m. y f.* **2.** (frml. (spouse) cónyuge *m. y f.*

conspire [kəns'paɪr] *v. intr.* (plot) conspirar.

constancy ['kɒnstənsi:] *n.* (perseverance) constancia *f.*; perseverancia *f.*

constellation [ˌkɒnstə'leɪʃən] *n.*, *Astron.* constelación *f.*

constitute ['kɒnstɪtju] *v. tr.* constituir; formar.

constrain [kəns'treɪn] *v. tr.* (compel) forzar; obligar.

construct [kəns'trʌkt] *v. tr.* (build) construir.

consul ['kɒnsəl] *n.*, *Polit.* cónsul *m. y f.*

consult [kən'sʌlt] *v. tr.* consultar.

consume [kən'su:m] *v. tr.* (use, eat) consumir.

consummate ['kɒnsəmeɪt] *v. tr.* consumar.

consumption [kən'sʌmpʃən] *n.* (drinking, eating) consumo *m.*

contagion [kən'teɪdʒən] *n.*, *Med.* contagio *m.*; infección *f.*

container [kən'teɪnər] *n.* (receptade) envase *m.*; recipiente *m.*

contaminate [kən'tæmə,neɪt] *v. tr.* (pollute) contaminar.

contemplate ['kɒntəmpleɪt] *v. tr.* (look at) contemplar.

contemporary [kən'tempərəri:] *adj. & n.* contemporáneo *m.*

contemptible [kən'temptəbəl] *adj.* despreciable; deleznable.

content ['kɒntent] *n. v. tr.* contentar; complacer.

contest ['kɒntest] *n.* **1.** contienda *f.* **2.** (competition) concurso *m.*

continent ['kɒntənənt] *adj.* **1.** continente. ‖ *n.* **2.** *Geogr.* continente *m.*

continuation [ˌkəntɪnju'eɪʃən] *n.* continuación *f.*; prolongación *f.*

continue [kən'tɪnju:] *v. tr.* (carry on) continuar; seguir.

contour ['kɒntʊr] *n.* contorno *m.*

contraband ['kɒntrəˌbænd] *n.* (smuggled goods) contrabando *m.*

contraceptive [ˌkɒntrə'septɪv] *adj.* **1.** anticonceptivo. ‖ *n.* **2.** anticonceptivo *m.*

contract ['kɒntrækt] *n.* **1.** contrato *m.* ‖ *v. tr.* **2.** (illness, marriage) contraer.

contradict [ˌkɒntrə'dɪkt] *v. tr.* **1.** (deny) desmentir. **2.** (be contrary to) contradecir.

contrary ['kɒntrərɪ] *adj.* **1.** contrario; opuesto. ‖ **on the ~** al contrario; por lo contrario.

contrast ['kɒntrɑːst] *v. intr.* contrastar; comparar.

contravene [ˌkɒntrə'viːn] *v. tr.,* *Law* contravenir a; infringir.

contribute [kən'trɪbjuːt] *v. tr. &* *intr.* contribuir; aportar.

contrition [kən'trɪʃən] *n.* arrepentimiento *m.*

contrive [kən'traɪv] *v. tr.* idear.

contusion [kən'tjuːʒən] *n.* (bruise) contusión *f.*

conundrum [kəˈnʌndrəm] *n.* (riddle) adivinanza *f.*; acertijo *m.*

convalesce [ˌkɒnvə'les] *v. intr.* (recover from illness) convalecer.

convenience [kən'viːnjəns] *n.* (comfort) comodidad *f.*; conveniencia *f.*

convenient [kən'viːnjənt] *adj.* conveniente; oportuno.

convent ['kɒnvənt] *n., Rel.* convento *m.*

convention [kən'venʃən] *n.* **1.** (talk) convención *f.* **2.** (meeting) congreso *m.*

converse ['kɒnvɜːrs] *v. intr.* conversar; charlar; hablar.

convert [kən'vɜːrt] *v. tr.* **1.** convertir. **2.** (alter) transformar. ‖ *v. intr.* **3.** (change into) convertirse.

convex [kɒn'veks] *adj.* convexo.

convey [kən'veɪ] *v. tr.* **1.** (carry) conducir. **2.** (indicate) expresar.

conviction [kən'vɪkʃən] *n.* **1.** condena *f.* **2.** (belief) convicción *f.*

convince [kən'vɪns] *v. tr.* (persuade) convencer; persuadir.

convoy ['kɒnvɔɪ] *n.* convoy *m.*

convulsion [kən'vʌlʃən] *n.* (spasm) convulsión *f.*

cook [kʊk] *n. v. tr.* (prepare food) cocinar; guisar.

cooker ['kʊkər] *n.* (gas, electric) cocina *f.*

cookie ['kʊkiː] *n., Am. E.* (sweet) galleta *f.*

cool [kuːl] *adj.* **1.** fresco. **2.** *coll.* chachi; guay. ‖ *v. tr.* **3.** enfriar.

coolness ['kuːlnɪs] *n.* **1.** frescura *f.* **2.** (calmness) serenidad *f.* **3.** (reserve) *fig.* frialdad *f.*

cooperate [koʊ'ɒpəreɪt] *v. intr.* cooperar; colaborar; contribuir.

coordinate ['kouˈɒdɪneɪt] v. tr. coordinar.

cop [kɒp] n., fam. (police officer) poli m. y f. fam.

cope [koup] v. intr. arreglárselas.

copper ['kɒpər] n. cobre m.

copy ['kɒpi:] n. **1.** copia f. **2.** (book) ejemplar m. || v. tr. **3.** copiar; imitar.

coquettish [koˈketɪʃ] adj., lit. (cute) coqueto; mono.

coral ['kɒrəl] n. coral m.

cord [kɔrd] n. cuerda f.

cordon ['kɒrdən] n. cordón m. || **to ~ off** (police) acordonar.

corduroy ['kɒrdərɔɪ] n. pana f.

core [kɔ:r] n. **1.** (center) núcleo m. **2.** (of fruit) corazón m.

cork [kɔ:rk] n. corcho m. || **~ oak** (tree) alcornoque m.

corkscrew ['kɔ:rkˌskru:] n. sacacorchos m. inv.; descorchador m.

corn [kɔ:rn] n. **1.** (cereal crop) grano m. **2.** Am. E. (maize) maíz m.

corncob [kɔ:rnkɒb] n. mazorca (de maíz); elote m. Amér.

corner ['kɔ:rnər] n. **1.** ángulo. **2.** (outside) esquina f. **3.** (inside) rincón m. || v. tr. **4.** arrinconar.

cornet ['kɔ:rnɪt] n., Mus. corneta f.

cornice ['kɔ:rnɪs] n., Archit. (border) cornisa f.

corporation [kɔ:rpəreɪʃən] n., Econ. corporación f.

corporeal [kɔ:rpɔ:rɪəl] adj. (physical) corpóreo.

corpse [kɔ:rps] n. cadáver m.; muerto m.

corpulence ['kɔ:rpjʊləns] n. corpulencia f. inv.

corpulent ['kɔ:rpjʊlənt] adj. (bulky) corpulento; robusto.

corpuscle ['kɔ:rpəsəl] n., Biol. glóbulo m.

corral [kəˈræl] n., Am. E. corral m.

correct [kəˈrekt] v. tr. corregir.

correspond [kɒrəsˈpɒnd] v. intr. corresponder.

corridor ['kɒrədər, 'kɒrədɔ:r] n. (in a building) pasillo m.; corredor m.

corroborate [kəˈrɒbəreɪt] v. tr. (confirm) corroborar.

corrode [kəˈroud] v. tr. **1.** (metal) corroer. || v. intr. **2.** corroerse.

corrupt [kəˈrʌpt] v. tr. (deprave) corromper.

corset ['kɔ:rsɪt] n. (for woman) faja f.

cortex ['kɔ:rteks] n. corteza f.

cosmetic [kɒzˈmetɪk] adj. & n. (make-up) cosmético m.; maquillaje m.

cosmopolitan [ˌkɒzməˈpɒlətən] adj. & n. cosmopolita m. y f.

cosmos ['kɒzmoʊs, 'kɒzməs] n., Astron. cosmos m. inv.

cost [kɒst](p.t. and p.p. cost) n. **1.** coste m. **2.** precio m. || v. intr. **3.** valer; costar.

cotton ['kɒtn] n. **1.** algodón m. **2.** Am. E. algodón m. (hidrófilo).

cotton swab [ˈkɒtn̩ˌswæb] *sust. phr., Am. E.* bastoncillo *m* (para los oídos).

couch [kaʊtʃ] *n.* (sofa) sofá *m.*

cough [kɒf] *n.* **1.** *Med.* tos *f.* ‖ *v. intr.* **2.** toser.

council [ˈkaʊnsəl] *n.* **1.** concilio *m.* **2.** (board) consejo *m.;* junta *f.*

count [kaʊnt] *n.* **1.** cuenta *f.* ‖ *v. tr.* **2.** contar.

counter [ˈkaʊntər] *n.* (in casino) ficha *f.*

counterfeit [ˈkaʊntərˌfɪt] *v. tr., frml.* (falsify) falsificar.

counterpart [ˈkaʊntərˌpɑːrt] *n.* (document) copia *f.;* duplicado *m.*

countless [ˈkaʊntlɪs] *adj.* (innumerable) incontable; innumerable; incalculable.

country [ˈkʌntriː] *n.* **1.** país *m.* **2.** (native land) patria *f.* **3.** (state) nación *f.*

countryman [ˈkʌntrɪmən] *n.* **1.** campesino *m.* **2.** (compatriot) compatriota *m. y f.*

countryside [ˈkʌntrɪˌsaɪd] *n.* campo *m.*

couple [ˈkʌpəl] *n.* **1.** par *m.* **2.** pareja *f.* ‖ *v. tr.* **3.** juntar.

courage [ˈkʌrɪdʒ, ˈkerɪdʒ] *n.* coraje *m.;* valor *m.*

courageous [kəˈreɪdʒəs, kʌˈreɪdʒəs] *adj.* bravo; valiente.

course [kɔːrs] *n.* **1.** curso *m.* **2.** (direction) trayectoria.

court [kɔːrt] *n.* **1.** corte *f.* **2.** *Law* tribunal *m.* **3.** *Sports* cancha *f.*

courteous [ˈkɜːrtiːəs] *adj.* **1.** cortés; comedido. **2.** (person) cumplido.

courtesy [ˈkɜːrtəsi] *n.* **1.** cortesía *f.;* gentileza *f.;* galantería *f.* **2.** (polite behavior) urbanidad *f.*

cousin [ˈkʌzən] *n.* primo *m.;* prima *f.*

cove [koʊv] *n., Geogr.* ensenada *f.;* cala *f.*

covenant [ˈkʌvənənt] *n.* (binding agreement) pacto *m.;* cláusula *f.*

cover [ˈkʌvər] *n.* **1.** cubierta *f.* **2.** (of book, lid) tapa *f.* **3.** (of magazine) portada *f.* ‖ *v. tr.* **4.** cubrir. **5.** (with a lid) tapar.

covering [ˈkʌvərɪŋ, ˈkʌvrɪŋ] *n.* (cover) cubierta *f.;* envoltura *f.*

cow [kaʊ] *n.* **1.** *Zool.* vaca *f.* ‖ *v. tr.* **2.** acobardar; intimidar.

coward [ˈkaʊərd] *n.* cobarde *m. y f.;* gallina *m. y f. fam.*

cowardice [ˈkaʊərdɪs] *n.* miedo *m.;* cobardía *f.*

cowboy [ˈkaʊbɔɪ] *n.* vaquero *m.*

cower [ˈkaʊər] *v. intr.* (crouch) agacharse (por miedo o frío).

crab [kræb] *n., Zool.* cangrejo *m.*

crack [kræk] *n.* **1.** grieta *f.* **2.** (of a whip) chasquido *m.* ‖ *v. tr.* **3.** agrietar; resquebrajar.

cracker [ˈkrækər] *n.* (salted) galleta *f.*

cradle [ˈkreɪdəl] *n.* **1.** (for baby) cuna *f.* ‖ *v. tr.* **2.** acunar.

craft [kræft] *n.* **1.** (skill) arte. **2.** (boat) embarcación *f.*

craftiness ['kræftɪnɪs] *n.* (cunning) astucia *f.*; picardía *f.*

cram ['kræm] *v. tr.* **1.** atiborrar. || *v. intr.* **2.** (study) empollar.

cramp [kræmp] *n., Med.* (contraction) calambre *m.*

crane [kreɪn] *n.* **1.** (for lifting) grúa *f.* **2.** *Zool.* (bird) grulla *f.*

cranium ['kreɪnɪəm](pl.: -ia or -iums) *n., Anat.* cráneo *m.*

crap ['kræp] *n.* **1.** *vulg.* (dirt) mierda *f.* **2.** *fig.* mierda *f.*; birria *f.*

crass [kræs] *adj.* tosco.

crate ['kreɪt] *n.* (container) jaula *f.*

crave [kreɪv] *v. tr.* ansiar.

craving ['kreɪvɪŋ] *n.* **1.** ansia *f.* **2.** (in pregnancy) antojo *m.*

crawl [krɔ:l] *v. intr.* **1.** arrastrarse. **2.** (child) andar a gatas; gatear.

crayfish ['kreɪfɪʃ] *n. inv., Zool.* (of river) cangrejo *m.* (de río).

crazy ['kreɪzi:] *adj.* **1.** loco. **2.** (idea) disparatado.

creak [kri:k] *v. tr.* **1.** (wood) crujir. **2.** (hinge) chirriar; rechinar.

cream [kri:m] *n.* **1.** (of milk) nata *f.* **2.** (lotion) crema *f.*; potingue *m. pey.*

create [kri:eɪt] *v. tr.* crear.

creation [kri:'eɪʃən] *n.* creación *f.*

creature ['kri:tʃər] *n., Zool.* (animal) criatura *f.*

crèche [kreɪʃ] *n.* **1.** *Br. E.* guardería (infantil) *f.* **2.** *Am. E.* (for children) orfanato *m.*

credit ['kredɪt] *n.* crédito *m.* || ~ **card** tarjeta de crédito.

creek [kri:k] *n., Am. E.* (stream) arroyo *m.*.

creep [kri:p](p.t. and p.p. crept) *v. intr.* (crawl) arrastrarse.

creeper ['kri:pər] *n., Bot.* (plant) enredadera *f.*

crest [krest] *n.* (of hill, cock, wave) cresta *f.*

crevice ['krevɪs] *n.* grieta *f.*

crew [kru:] *n., Nav.* tripulación *f.*

crib [krɪb] *n.* **1.** (crèche) pesebre *m.* **2.** (for baby) cuna *f.*

crick [krɪk] *n., fam.* (in the neck) calambre *m.*; tortícolis *m. y f.*

cricket ['krɪkɪt] *n.* **1.** *Zool.* grillo *m.* **2.** *Sports* críquet *m.*

crime [kraɪm] *n.* crimen *m.*

criminal ['krɪmənəl] *adj.* **1.** criminal; malhechor. || *n.* **2.** criminal *m. y f.*

crisis ['kraɪsɪs](pl.: ses) *n.* crisis *f. inv.*

crisp [krɪsp] *adj.* **1.** (fresh) fresco; tierno. **2.** (toast) crujiente.

crispy ['krɪspi:] *adj.* crujiente.

criss-cross ['krɪskrɒs] *adj.* entrelazado; entrecruzado.

criterion [kraɪ'tɪrɪən](pl.: ia) *n.* criterio *m.*

criticize, criticise (Br.E) ['krɪtə,saɪz] *v. tr.* (evaluate) criticar; hacer una crítica.

croak [krouk] *n.* **1.** (of raven) graznido *m.* **2.** (of frog) canto *m.*

crockery ['krɒkəri:] *n.* loza *f.*

crocodile ['krɒkə,daɪl] *n., Zool.* cocodrilo *m.*

crop [krɒp] *n.* (harvest) cosecha *f.*

cross [krɒs] *n.* **1.** cruz *m.* **2.** *Biol.* (roads) cruce *m.*

crossbar ['krɒsbɑ:r] *n.*, *Sports* larguero *m.*; travesaño *m.*

crossbow ['krɒsbou] *n.* ballesta *f.*

crossing ['krɒsɪŋ] *n.* **1.** cruce *m.* **2.** (trip) travesía *f.*

crossroads ['krɒs,roudz] *n.* (roads) intersección *f.*; cruce *m.*

crossword ['krɒswɜ:rd] *n.* crucigrama *m.*

crouch [krautʃ](down) *v. intr.* agacharse; agazaparse.

crow [krou] *n.*, *Zool.* cuervo *m.*

crowd [kraud] *n.* (large group) gentío *m.*; multitud *f.*

crown [kraun] *n.* **1.** (of king) corona *f.* **2.** *Anat.* coronilla *f.* ǁ *v. tr.* **3.** coronar.

crucifix ['kru:səfɪks] *n.*, *Rel.* crucifijo *m.*

crucify ['krʌsəfaɪ] *v. tr.* crucificar.

crudeness or crudity ['kru:dnɪs, 'kru:də:ti] *n.* crudeza *f.*

cruel ['kruəl] *adj.* (unkind) cruel; desalmado.

cruet ['kruɪt] *n.* vinagreras *f. pl.*

crumb [krʌm] *n.* (of bread) miga *f.*; migaja *f.*

crumble ['krʌmbəl] *v. tr.* **1.** (bread) desmenuzar. ǁ *v. intr.* **2.** *fig.* (hope) desvanecerse.

crush [krʌʃ] *v. tr.* **1.** aplastar. **2.** (squash) estrujar.

crust [krʌst] *n.* (of bread) corteza *f.*

cry [kraɪ] *n.* **1.** grito *m.* ǁ *v. intr.* **2.** (weep) llorar.

cryptic, cryptical ['krɪptɪk] *adj.* (secret) enigmático; misterioso.

crystal ['krɪstəl] *n.* cristal *m.*

cub [kʌb] *n.* cachorro *m.*

cube [kju:b] *n.*, *Math.* cubo *m.*

cuckoo ['kuku:] *n.* (bird) cuco *m.*

cucumber ['kju:kʌmbər] *n.*, *Bot.* (vegetable) pepino *m.*

cuddle ['kʌdəl] *n.* **1.** abrazo *m.* ǁ *v. tr.* **2.** (hold) abrazar.

cudgel ['kʌdʒəl] *n.* **1.** garrote *m.*; porra *f.* ǁ *v. tr.* **2.** aporrear.

cuff [kʌf] *n.* **1.** (of shirt) puño *m.* **2.** (blow) bofetada *f.*

cuirass [kwɪ'ræs] *n.* coraza *f.*

cuisine [kwɪ'zi:n] *n.* cocina *f.*

culmination [kʌlmə'neɪʃən] *n.* culminación *f.*; apogeo *m.*

culpable ['kʌlpəbəl] *adj.*, *Law*, *frml.* (blameworthy) culpable.

cult [kʌlt] *n.* culto *m.*

cultivate ['kʌltəveɪt] *v. tr.* (friendship, field) cultivar.

cultivation [,kʌltɪ'veɪʃən] *n.*, *Agr.* cultivo *m.* (de la tierra).

culture ['kʌltʃər] *n.* **1.** cultura *f.* ǁ *v. tr.* **2.** (cultivate) cultivar.

cunning ['kʌnɪŋ] *adj.* **1.** (crafty) astuto. ǁ *n.* **2.** (slyness) astucia *f.*

cup [kʌp] *n.* **1.** taza *f.* **2.** *Sports* (event) copa *f.*

cupboard ['kʌbərd] *n.* armario *m.*

curb [kɜ:rb] *n.* **1.** freno *m.* **2.** *Am. E.* bordillo *m.* (de la acera).

curd [kɜːrd] *n.*, *Gastr.* cuajada *f.*

curdle [ˈkɜːrdəl] *v. intr.* **1.** (milk) cuajar. **2.** (milk) cuajarse.

cure [kjʊr] *n.* **1.** *Med.* cura *f.*; curación *f.* || *v. tr.* **2.** (illness; meat, fish) curar.

curiosity [kjʊriˈɒsəti:] *n.* curiosidad *f.*; interés *m.*

curl [kɜːrl] *n.* **1.** rizo *m.* || *v. tr.* **2.** (hair) rizar. || *v. intr.* **3.** (hair) rizarse.

currency [ˈkʌrənsi:] *n.* (type of money) divisa *f.*; moneda *f.*

current [ˈkʌrənt] *adj.* **1.** actual; corriente. || *n.* **2.** (de aire, etc.) corriente *f.*

curriculum [kəˈrɪkjələm] *n.* currículo *m.*

curse [kɜːrs] *n.* **1.** maldición *f.*; juramento *m.* || *v. tr.* **2.** maldecir. || *v. intr.* **3.** (swear) blasfemar.

cursed [ˈkɜːrst] *adj.* maldito.

curtail [ˈkɜːrteɪl] *v. tr.* acortar.

curtain [ˈkɜːrtn] *n.* **1.** cortina *f.* **2.** *Theat.* telón *m.* || *v. tr.* **3.** (house) poner cortinas.

curve [kɜːrv] *n.* **1.** curva *f.* || *v. intr.* **2.** (bend) encorvarse.

cushion [ˈkʊʃən] *n.* **1.** cojín *m.* || *v. tr.* **2.** (blow) amortiguar.

custard [ˈkʌstərd] *n. sing.*, *Gastr.* (dessert) natillas *f. pl.*

custody [ˈkʌstədi:] *n.* custodia *f.*

custom [ˈkʌstəm] *n.* (tradition) hábito *m.*; costumbre *f.*

customer [ˈkʌstəmər] *n.* cliente *m.*

customs [ˈkʌstəms] *n. pl.* aduana *f. sing.*

cut [kʌt](p.t. and p.p. cut) *n.* **1.** corte *m.* || *v. tr.* **2.** cortar.

cute [kjuːt] *adj.* mono; coqueto.

cutlery [ˈkʌtləri:] *n.* cubertería *f.* || **piece of ~** cubierto *m.*

cutlet [ˈkʌtlɪt] *n.* chuleta *f.*

cut-price [ˈkʌtpraɪz] *adj.*, *Am. E.* de ocasión.

cuttlefisth [ˈkʌtləfɪʃ] *n.*, *Zool.* (squid) sepia *f.*

cycle [ˈsaɪkəl] *n.* ciclo *m.*

cycling [ˈsaɪkəlɪŋ] *n.*, *Sports* ciclismo *m.*

cyclone [ˈsaɪkloʊn] *n.*, *Meteor.* (storm) ciclón *m.*

cynic [ˈsɪnɪk] *n.* cínico *m.*

cynical [ˈsɪnɪkəl] *adj.* cínico.

cypress [ˈsaɪprɪs] *n.*, *Bot.* ciprés *m.*

cyst [sɪst] *n.* quiste *m.*

czar [zɑːr] *n.* zar *m.*

d

D [di:] *n., Mus.* re *m.*

d [di:] *n.* (letter) d *f.*

dad [dæd] *n., fam.* papá *m.*

daddy ['dædi:] *n., fam.* papá *m.*

dagger ['dægər] *n.* daga *f.*; puñal *m.*

daily ['deɪli] *adj.* **1.** diario; cotidiano. ‖ *adv.* **2.** a diario.

dairy ['deri:] *n.* **1.** lechería *f.* **2.** (on farm) vaquería *f.*

dais ['deɪəs] *n.* tarima *f.*

daisy ['deɪzi:] *n., Bot.* margarita *f.*

dam [dæm] *n.* **1.** presa *f.* **2.** (barrier) dique *m.* ‖ *v. tr.* **3.** represar; estancar.

damage ['dæmɪʤ] *n.* **1.** daño *m.* **2.** perjuicio *m.* **3.** (in machine) avería *f.* ‖ *v. tr.* **4.** (things) dañar; estropear.

damn [dæm] *v. tr.* **1.** condenar. **2.** (curse) maldecir.

damp [dæmp] *adj.* **1.** húmedo. ‖ *n.* **2.** humedad *f.*

dampen ['dæmpən] *v. tr.* (moisten) humedecer.

dance [dæns] *n.* **1.** danza *f.*; baile *m.* ‖ *v. tr.* **2.** bailar; danzar.

dancing ['dænsɪŋ] *n.* baile *m.*

dandruff ['dændrʌf] *n.* caspa *f.*

danger ['deɪnʤər] *n.* peligro *m.*; riesgo *m.*

dare [der] *v. tr.* **1.** (challenge) retar. ‖ *v. intr.* **2.** atreverse; osar; arriesgarse.

dark [dɑːrk] *adj.* **1.** oscuro. **2.** (hair, complexion, etc.) moreno. ‖ *n.* **3.** oscuridad *f.*

darken ['dɑːrkən] *v. tr.* oscurecer. ‖ *v. intr.* **2.** (sky) oscurecerse.

darkness ['dɑːrknɪs] *n.* (in a place) oscuridad *f.*

darling ['dɑːrlɪŋ] *adj. & n.* **1.** querido *m.* ‖ *n.* **2.** (honey) muñeca *f. fam.*

darn [dɑːrn] *v. tr.* (mend) zurcir.

dart [dɑːrt] *n.* (weapon) dardo *m.*

dartboard ['dɑːrtbɔːrd] *n.* diana *f.*

dash [dæʃ] *n.* **1.** gota *f.* ‖ *v. tr.* **2.** (break) quebrar. **3.** (hopes) frustrar; truncar.

date¹ ['deɪt] *n.* **1.** fecha *f.* **2.** (with a friend) cita *f.* ‖ *v. tr.* **3.** fechar.

date² ['deɪt] *n., Bot.* (fruit) dátil *m.*

datum ['dætəm] *n. sing.* dato *m.*

daub [dɔːb] *v. tr.* embadurnar.

daughter ['dɔːtər] *n.* hija *f.*

daughter-in-law ['dɔːtərɪn,lɔː] *n.* nuera *f.*; hija política.

dawdle ['dɔːdəl] *v. intr.* (lag behind) entretenerse; demorarse.

dawn [dɔːn] *v. tr.* **1.** amanecer *m.*; alba *f.* ‖ *v. intr.* **2.** amanecer. -

day [deɪ] *n.* día *m.*

daybreak ['deɪbreɪk] *n.* amanecer *m.*; alba *f.*

daydream ['deɪdriːm] *n.* **1.** ensueño *m.* **2.** (hope) fantasía *f.*

daytime ['deɪtaɪm] *n.* día *m.*

daze ['deɪz] *v. intr.* aturdir.

dazzle ['dæzəl] *v. tr.* **1.** (light) deslumbrar. ‖ *n.* **2.** resplandor *m.*

dead [ded] *adj.* muerto.

deadly ['dedli:] *adj.* **1.** mortal. **2.** (weapon) mortífero. **3.** (dull) muy aburrido.

deaf [def] *adj.*, *Med.* sordo.

deafen ['dɜ:fən] *v. tr.* ensordecer.

deal [di:l](p.t. and p.p. dealt) *n.* **1.** (business) negocio *m.* **2.** *Polit.* trato *m.* ‖ *v. intr.* **3.** *Econ.* (trade) negociar.

dear [dɪər] *adj.* **1.** (loved) querido. **2.** (expensive) caro.

death [deθ] *n.* muerte *f.*

debase [dɪ'beɪs] *v. tr.* (demean) degradar; rebajar.

debate [dɪ'beɪt] *n.* **1.** debate *m.* ‖ *v. tr.* **2.** debatir; discutir.

debility [də'bɪləti:] *n.* debilidad *f.*

debt [det] *n.* *Econ.* deuda *f.*

debut [deɪ'bju:] *n.* **1.** debut *m.* **2.** (of a person) estreno *m.*

decade ['dekeɪd] *n.* década *f.*

decay [dɪ'keɪ] *n.* **1.** decadencia *f.* ‖ *v. tr.* **2.** pudrir. ‖ *v. intr.* **3.** pudrirse.

deceit [dɪ'si:t] *n.* engaño *m.*

deceive [dɪ'si:v] *v. tr.* engañar.

December [dɪ'sembər] *n.* diciembre *m.*

decency ['di:sənsi:] *n.* (decorum) decencia *f.*; decoro *m.*

deception [dɪ'sepʃən] *n.* engaño *m.*

decide [dɪ'saɪd] *v. tr.* **1.** decidir. **2.** (matter, question) resolve.

decision [dɪ'sɪʒən] *n.* decisión *f.*

decisive [dɪ'saɪsɪv] *adj.* (conclusive) decisivo; concluyente.

deck [dek] *n.* **1.** *Nav.* (of ship) cubierta *f.* **2.** (of bus) piso *m.*

declare [dɪ'kler] *v. tr.* **1.** declarar. **2.** (decision) manifestar.

decline [dɪ'klaɪn] *n.* **1.** decadencia *f.* **2.** (diminution) mengua *f.* ‖ *v. intr.* **3.** decaer.

decode [di:'koʊd] *v. tr.* **1.** (signal) descodificar. **2.** (message) descifrar.

decompose [di:kəm'poʊz] *v. tr.* **1.** (rot) descomponer. ‖ *v. intr.* **2.** descomponerse; pudrirse.

decorate ['dekəreɪt] *v. tr.* **1.** adornar; decorar. **2.** (honor) condecorar.

decorum [dɪ'kɔ:rəm] *n.* decoro *m.*

decrease ['dɪkri:s] *n.* **1.** disminución *f.* ‖ *v. tr.* **2.** disminuir. ‖ *v. intr.* **3.** (reduce) mermar.

dedicate ['dedɪkeɪt] *v. tr.* dedicar.

dedication [,dedə'keɪʃən] *n.* **1.** dedicación *f.* **2.** (in book) dedicatoria *f.*

deduce [dɪ'du:s] *v. tr.* deducir.

deduct [dɪ'dʌkt] *v. tr.* restar.

deed [di:d] *n.* **1.** hecho *m.* **2.** (feat) hazaña *f.*

deep [di:p] *adj.* profundo.

deepen ['di:pən] *v. tr.* (to make deep) profundizar; ahondar.

deer [dɪr] *n. inv.*, *Zool.* ciervo *m.*; venado *m.*

defeat [dɪ'fi:t] *v. tr.* derrotar.

defect [dɪ'fekt] *n.* (imperfection) defecto *m.*; imperfección *f.*

defend [dɪfend] *v. tr.* defender.

defense, defence (Br.E) [dɪfens] *n.* defensa *f.*

defer [dɪfɜr] *v. tr.* aplazar.

defiance [dɪfaɪəns] *n.* desafío *m.*

deficit [defəsɪt] *n., Econ.* déficit *m.*

defile [dɪfaɪl] *n.* desfiladero *f.*

define [dɪfaɪn] *v. tr.* definir.

deflate [dɪfleɪt] *v. tr.* (balloon, tire) desinflar; deshinchar.

deflect [dɪflekt] *v. tr.* desviar.

defraud [dɪfrɔːd] *v. tr.* (swindle) defraudar; estafar.

defray [dɪfreɪ] *v. tr.* sufragar.

defrost [dɪfrɔst] *v. tr.* **1.** (food) deshelar. **2.** (fridge) descongelar.

defuse [dɪfjuːz] *v. tr.* desarmar.

defy [dɪfaɪ] *v. tr.* **1.** (challenge) desafiar; retar. **2.** (order, law) contravenir.

degenerate [dɪdʒenəreɪt] *v. intr.* degenerar.

degree [dɪɡriː] *n.* **1.** (level) grado *m.* **2.** (university) licenciatura *f.*

dehydrate [dɪhaɪdreɪt] *v. tr.* deshidratar.

deign [deɪn] *v. intr.* dignarse.

deity [diːɪti] *n.* divinidad *f.*

delay [dɪleɪ] *n.* demora *f.;* retraso *m.* ‖ *v. tr.* **2.** aplazar.

delegate [deləɡɪt] *n.* **1.** delegado *m.;* representante *m.y f.* ‖ *v. tr.* **2.** delegar.

delete [dɪliːt] *v. tr.* borrar.

deliberate [dɪlɪbərɪt dɪlɪbrɪt] *v. intr.* deliberar.

delicacy [deləkəsi:] *n.* **1.** delicadeza *f.* **2.** (tasty dish) manjar *m.*

delight [dɪlaɪt] *n.* **1.** (joy) deleite *m.;* placer *m.* ‖ *v. tr.* **2.** deleitar.

delimit [dɪlɪmɪt] *v. tr.* delimitar.

delirious [dɪlɪriəs] *adj.* delirante.

deliver [dəlɪvər] *v. tr.* **1.** (distribute) repartir. **2.** (hand over) entregar.

delivery [dəlɪvəri: dəlɪvri:] *n.* (of goods) entrega *f.;* reparto *m.*

deluge [deljuːdʒ] *n.* **1.** (rain) diluvio *m.* **2.** (flood) inundación *f.*

delusion [dɪluːʒən] *n.* ilusión *f.;* (falsa) falsedad; engaño *m.*

demand [dəmænd] *v. tr.* **1.** exigir. **2.** (rights) reclamar.

demean [dəmiːn] *v. tr.* degradar.

demolish [dɪmɒlɪʃ] *v. tr.* (pull down) demoler; tirar.

demon [diːmən] *n.* demonio *m.*

demonstrate [demənstreɪt] *v. tr.* (prove) demostrar; probar.

demoralize [dɪmɒrəlaɪz] *v. tr.* (dishearten) desmoralizar.

demur [dɪmɜːr] *v. tr.* objetar.

den [den] *n.* (of animals) madriguera *f.*

denomination [dənɒməneɪʃən] *n.* **1.** *Rel.* confesión *f.* **2.** *Econ.* (value) valor *m.;* denominación *f.*

denote [dɪnoʊt] *v. tr.* indicar.

dense [dens] *adj.* denso; tupido.

density [densəti:] *n.* densidad *f.*

dent [dent] *v. tr.* (metal) abollar.

dental [dentəl] *adj.* dental.

dentist ['dentɪst] n. dentista m. y f.

deny [dɪ'naɪ] v. tr. **1.** negar. **2.** (charge) rechazar. **3.** (report, rumor) desmentir.

deodorant [di:'oudərənt] adj. & n. desodorante m.

depart [dɪ'pɑːrt] v. intr. partir; irse.

department [dɪ'pɑːrtmənt] n. **1.** departamento m.; sección f. **2.** Am. E., Polit. ministerio m.

departure [di:'pɑːrtʃər] n. **1.** partida f.; ida f. **2.** (of vehicles) salida f.

depend [dɪ'pend] v. intr. depender; pender.

dependent, dependant Br.E. [dɪ'pendənt] adj. (reliant) dependiente.

deplorable [dɪ'plɔːrəbəl] adj. (regrettable) lamentable.

deplore [dɪ'plɔːr] v. tr. (regret) deplorar; lamentar; dolerse.

deport [dɪ'pɔːrt] v. tr. deportar.

depose [dɪ'pouz] v. tr. deponer.

deposit [dɪ'pɒzɪt] v. tr. **1.** depositar. **2.** (money) ingresar.

depot ['di:pou 'depou] n. **1.** almacén m. **2.** Am. E. (train, bus) estación f.

depreciate ['dɪprəʃeɪt] v. tr. **1.** depreciar. ‖ v. intr. **2.** depreciarse; devaluarse.

depress [dɪvpres] v. tr. deprimir; abatir.

depressed [dɪ'prest] adj. (dejected) deprimido.

deprive [dɪ'praɪv] v. tr. privar.

depth [depθ] n. profundidad f.

derail [dɪ'reɪl] v. intr. descarrilar.

deride [dɪ'raɪd] v. tr. (mock) ridiculizar; burlarse; reírse de.

derision [də'rɪʒən] n. burla f.

derive [dɪ'raɪv] v. tr. **1.** derivar. ‖ v. intr. **2.** derivarse; proceder.

descend [dɪ'send] v. tr. & intr. descender; bajar.

descent [dɪ'sent] n. **1.** descenso m. **2.** (origin) descendencia f.

describe [dɪs'kraɪv] v. tr. describir; definir.

description [dɪs'krɪpʃən] n. (of person, event) descripción f.

desert ['dezərt] n. **1.** desierto m. ‖ v. tr. **2.** abandonar.

deserve [dɪ'zɜːrv] v. tr. merecer; ameritar Amér.

deserving [dɪ'zɜːrvɪŋ] adj. digno; merecedor; acreedor.

design [dɪ'zaɪn] v. tr. diseñar.

designate ['designeɪt] v. tr. (appoint) designar.

designer [dɪ'zaɪnər] n. modisto m.

desire [dɪ'zaɪr] n. **1.** deseo m. ‖ v. tr. **2.** desear; querer.

desk [desk] n. **1.** escritorio m. **2.** (for pupil) pupitre m.

desolation [desə'leɪʃən] n. (devastation) desolación f.

despair [dɪs'per] n. **1.** desesperación f. ‖ v. intr. **2.** desesperar.

desperation [despə'reɪʃən] n. desesperación f.; angustia f.

despise [dəs'paɪz] v. tr. despreciar; menospreciar.

despite [dɪs'paɪt] *prep.* a pesar de; no obstante.

despotic [des'pɒtɪk] *adj.* despótico.

dessert [dɪ'zɜːt] *n., Gastr.* postre *m.*

destination [ˌdestə'neɪʃən] *n.* destino *m.*

destine ['destɪn] *v. tr., lit.* destinar.

destiny ['destəni:] *n.* destino *m.*

destroy [dɪs'trɔɪ] *v. tr.* destruir.

destruction [dɪs'trʌkʃən] *n.* destrucción *f.*; devastación *f.*

detach [dɪ'tætʃ] *v. tr., Tech.* (separate) desprender; separar.

detain [dɪ'teɪn] *v. tr.* **1.** (stop) detener. **2.** (delay) retener.

detect [dɪ'tekt] *v. tr.* **1.** (discover) descubrir. **2.** (notice, radar) detectar; localizar.

detective [dɪ'tektɪv] *n.* detective *m. y f.*; investigador (privado) *m.*

deter [dɪ'tɜːr] *v. tr.* disuadir.

detergent [dɪ'tɜːrdʒənt] *adj. & n.* (soap) detergente *m.*

deteriorate [dɪ'tɪəreɪt] *v. intr.* (get worse) deteriorarse.

determine [dɪ'tɜːmɪn] *v. tr.* (decide) determinar; decidir.

detest [dɪ'test] *v. tr.* detestar.

detestable [dɪ'testəbəl] *adj.* (hateful) detestable; odioso.

develop [dɪ'veləp] *v. tr.* **1.** desarrollar. **2.** *Phot.* revelar. ‖ *v. intr.* **3.** desarrollarse.

device [dɪ'vaɪs] *n.* dispositivo *m.*

devil ['devəl] *n.* demonio *m.*

devise [dɪ'vaɪz] *v. tr.* idear.

devolution [ˌdiː'vəluːʃən] *n.* devolución *f.*

devote [dɪ'vout] *v. tr.* dedicar.

devotion [dɪ'vouʃən] *n.* **1.** *Rel.* devoción *f.* **2.** (loyalty) lealtad *f.*

devour [dɪ'vaur] *v. tr.* devorar.

dew [duː] *n., Meteor.* rocío *m.*

dewlap ['duːlæp] *n., Zool.* (of animal) papada *f.*

diadem ['daɪədem] *n.* diadema *f.*

diaeresis [daɪ'erɪsɪs] *n., Ling.* (sing) diéresis *f. inv.*

diagnose ['daɪəgnouz] *v. tr.* (prescribe) diagnosticar; prescribir.

diagram ['daɪəˌgræm] *n.* gráfico *m.*

dial ['daɪəl] *n.* **1.** (of clock, barometer) esfera *f.* **2.** (of radio, time-switch) cuadrante *m.* **3.** (of telephone) disco *m.* ‖ *v. tr.* **4.** (a telephone number) marcar.

dialect ['daɪəlekt] *n.* dialecto *m.*

dialogue ['daɪəˌlɒg] *n.* diálogo *m.*

diaper ['daɪpər 'daɪəpər] *n., Am. E.* (nappy) pañal *m.*

diarrhea, diarrhoea (Br.E) ['daɪəˌriːə] *n., Med.* diarrea *f.*; descomposición *f.*

diary ['daɪəri:] *n.* **1.** diario *m.* **2.** *Br. E.* (for appointments) agenda *f.*

dictate ['dɪkteɪt] *v. tr.* dictar.

dictation [dɪk'teɪʃən] *n.* dictado *m.*

diction ['dɪkʃən] *n.* (clarify of speech) dicción *f.*

dictionary ['dɪkʃəneri:] *n.* diccionario *m.*

die¹ [daɪ] *v. intr.* morir; morirse.

die² ['daɪ] *n.* (game) dado *m.*

diesel ['di:səl] *n.* gasóleo *m.*

diet ['daɪət] *n.* **1.** dieta *f.* **2.** (selected food) régimen *m.* ‖ **to be on a ~** estar a dieta.

differ ['dɪfɜ:r] *v. intr.* **1.** diferenciarse. **2.** (disagree) discrepar.

difference ['dɪfərəns 'dɪfrəns] *n.* diferencia *f.*; desigualdad *f.*

different ['dɪfrənt 'dɪfərənt] *adj.* (not the same) diferente; distinto.

difficult ['dɪfɪ,kʌlt] *adj.* difícil.

difficulty ['dɪfɪ,kʌlti:] *n.* dificultad *f.*; obstáculo *m.*

diffuse [dɪ'fju:s] *v. tr.* difundir.

dig ['dɪg] *v. tr.* **1.** cavar. ‖ *n.* **2.** excavación *f.*

digest [daɪ'dʒest] *v. tr.* **1.** (food) digerir. **2.** (information) asimilar.

digestion [daɪ'dʒestʃən] *n.* digestión *f.*

digit ['dɪdʒɪt] *n.* **1.** (number) dígito *m.* **2.** *Anat.* dedo *m.*

digital ['dɪdʒɪtəl] *adj.* digital.

dignity ['dɪgnəti:] *n.* dignidad *f.*

dilate [daɪ'leɪt] *v. tr.* **1.** *Med.* dilatar. ‖ *v. intr.* **2.** *Med.* dilatarse.

dilemma [də'lemə] *n.* (difficult situation) dilema *m.*; disyuntiva *f.*

dilute [daɪ'lju:t] *v. tr.* **1.** diluir; disolver. ‖ *v. intr.* **2.** diluirse.

dimension [dɪ'menʃən] *n.* dimensión *f.*; magnitud *f.*

diminish [dɪ'mɪnɪʃ] *v. tr.* **1.** disminuir. **2.** (importance) rebajar.

diminution [dɪmɪ'nu:ʃən] *n.*, *firml.* disminución *f.*; mengua *f.*

din [dɪn] *n.* ruido *m.*; barullo *m.*

dinner ['dɪnər] *n.* (in the evening) cena *f.*

dinosaur ['daɪnə,sɔ:r] *n.* dinosaurio *m.*

diopter, dioptre (Br.E) [daɪ'ɒptər] *n.*, *Med.* dioptría *f.*

dip [dɪp] *v. tr.* (into liquid) mojar.

diploma [dɪ'ploumə] *n.* diploma *m.*

diplomatic [,dɪplə'mætɪk] *adj.* (polite) diplomático; cortés.

direct [daɪ'rekt] *v. tr.* (regulate) dirigir.

direction [də'rekʃən] *n.* dirección *f.*

director [də'rektər] *n.* (of company, department) director *m.*

directory [də'rektəri:] *n.* (publication) guía *f.*; directorio *m.*

dirt [dɜ:rt] *n.* porquería *f.*

dirty ['dɜ:rti:] *adj.* **1.** sucio. ‖ *v. tr.* **2.** ensuciar.

disabled [dɪs'eɪbəld] *adj.*, *Med.* minusválido; discapacitado.

disadvantage [,dɪsəd'væntɪdʒ] *n.* (hindrance) desventaja *f.*

disagree [dɪsə'gri:] *v. intr.* (differ in opinion) disentir; discrepar.

disagreeable [dɪsə'grɪəbəl] *adj.* (unpleasant) desagradable.

disappear [dɪsə'pɪər] *v. intr.* desaparecer.

disappearance [ˌdɪsəˈpɪrəns] *n.* desaparición *f.*; desvanecimiento *m.*

disappoint [ˌdɪsəˈpɔɪnt] *v. tr.* **1.** decepcionar; desilusionar. **2.** (hope) defraudar.

disappointment [ˌdɪsəˈpɔɪntmənt] *n.* decepción *f.*; chasco *m.*

disapprove [ˌdɪsəˈpruːv] *v. tr.*, *Am. E.* rechazar.

disarm [dɪˈsɑːrm] *v. tr.* desarmar.

disaster [dɪˈzæstər] *n.* desastre *m.*

disband [dɪsˈbænd] *v. tr.* (dissolve) disolver.

discern [dɪˈsɜːrn] *v. tr.* discernir.

discharge [dɪsˈtʃɑːrdʒ] *n.* **1.** (of duty) desempeño *m.* **2.** (of debt) descargo *m.* ‖ *v. tr.* **3.** (task) cumplir. **4.** *Electron.* descargar.

disciple [dɪˈsaɪpəl] *n.* discípulo *m.*

discipline [ˈdɪsəplɪn] *n.* **1.** disciplina *f.* ‖ *v. tr.* **2.** disciplinar.

disclose [dɪsˈkloʊz] *v. tr.* (secret) revelar.

discomfort [dɪsˈkʌmfərt] *n.* **1.** incomodidad *f.* **2.** (physical) malestar *m.*

disconcert [dɪskənˈsɜːrt] *v. tr.* (disturb) desconcertar; turbar.

disconnect [ˌdɪskəˈnekt] *v. tr.* **1.** desconectar. **2.** desenchufar.

discontinuous [ˌdɪskənˈtɪnjuəs] *adj.* discontinuo; intermitente.

discord [ˈdɪskɔːrd] *n.* discordia *f.*

discount [ˈdɪskaʊnt] *n.* **1.** descuento *m.*; rebaja *f.* ‖ *v. tr.* **2.** descontar.

discourage [dɪsˈkʌrɪdʒ] *v. tr.* (depress) desalentar; desanimar.

discover [dɪsˈkʌvər] *v. tr.* **1.** (find) descubrir. **2.** (find out) hallar; encontrar.

discovery [dɪsˈkʌvəriː] *n.* (finding) descubrimiento *m.*

discredit [dɪsˈkredɪt] *v. tr.* desacreditar; desautorizar.

discreet [dɪsˈkriːt] *adj.* discreto.

discretion [dɪsˈkreʃən] *n.* (tact) discreción *f.*; prudencia *f.*

discriminate [dɪsˈkrɪməneɪt] *v. intr.* distinguir.

discuss [dɪsˈkʌs] *v. tr.* discutir.

discussion [dɪsˈkʌʃən] *n.* (exchanging opinions) discusión *f.*

disdain [dɪsˈdeɪn] *n.* **1.** desdén *m.* ‖ *v. tr.* **2.** despreciar; desdeñar.

disease [dɪˈziːz] *n.* enfermedad *f.*

disembark [dɪsəmˈbɑːrk] *v. tr. & intr.* (land) desembarcar.

disengage [dɪˈsengɔɪdʒ] *v. tr.* (extricate) desasir; soltar.

disentangle [ˌdɪsenˈtæŋgəl] *v. tr.* (unravel) desenredar.

disgrace [dɪsˈgreɪs] *n.* **1.** deshonra *f.* ‖ *v. tr.* **2.** deshonrar.

disguise [dɪsˈgaɪz] *n.* **1.** disfraz *m.* ‖ *v. tr.* **2.** disfrazar.

disgust [dɪsˈgʌst] *n.* asco *m.*

dish [dɪʃ] *n.* plato *m.*

dishearten [dɪsˈhɑːrtn] *v. tr.* (discourage) desalentar; desanimar.

dishonor, dishonour (Br.E) [dɪsˈɒnər] *n.* **1.** deshonra *f.* ‖ *v. tr.* **2.** deshonrar.

dishwasher ['dɪʃ,wɒʃər] *n.* lavavajillas *m. inv.*; lavaplatos *m. inv.*

disillusion [ˌdɪsɪ'luːʒən] *v. tr.* **1.** desilusionar. ‖ *n.* **2.** desilusión *f.*

disinfect [dɪsɪn'fekt] *v. tr.* desinfectar; esterilizar.

disintegrate [dɪs'ɪntəgreɪt] *v. intr.* (break up) desintegrarse.

disk, disc (Br.E) [dɪsk] *n.* disco *m.*

dislike [dɪs'laɪk] *n.* antipatía *f.*

dislocate ['dɪsloʊˌkeɪt] *v. tr.* **1.** dislocar. ‖ *v. intr.* **2.** dislocarse.

dislodge [dɪs'lɒdʒ] *v. tr.* (remove) desalojar; echar.

disloyal [dɪs'lɔɪəl] *adj.* infiel.

disloyalty [ˌdɪs'lɔɪəltiː] *n.* (unfaithfulness) deslealtad *f.*

dismantle [dɪs'mæntəl] *v. tr.* (take apart) desarmar.

dismiss [dɪs'mɪs] *v. tr.* **1.** (worker) despedir. **2.** (executive) destituir.

disobedient [dɪsə'biːdɪənt] *adj.* (naughty) desobediente.

disobey [dɪsə'beɪ] *v. tr.* desobedecer; contravenir.

disorder [dɪs'ɔːrdər] *n.* **1.** desorden *m.* **2.** *Med.* trastorno *m.*

dispatch or despatch [dɪs'pætʃ] *n.* **1.** comunicado *m.* **2.** *Mil.* parte *m.* ‖ *v. tr.* **3.** enviar.

dispense [dɪs'pens] *v. tr.* **1.** dispensar. **2.** *Law, fig.* (justice) administrar.

disperse [dɪs'pɜːrs] *v. tr.* dispersar; esparcir.

displace [dɪs'pleɪs] *v. tr.* desplazar; quitar.

display [dɪs'pleɪ] *n.* **1.** exhibición *f.*; alarde *m.* ‖ *v. tr.* **2.** mostrar. **3.** (show) exhibir; lucir.

displease [dɪs'pliːz] *v. tr.* desagradar; contraria.

disposable [ˌdɪs'poʊzəbəl] *adj.* (non returnable) desechable.

dispose [dɪs'poʊz] *v. tr.* (arrange) disponer.

dispute [dɪs'pjuːt] *n.* **1.** disputa *f.* ‖ *v. tr.* **2.** disputar. **3.** (matter) discutir.

disqualify [dɪs'kwɒlɪfaɪ] *v. tr.* **1.** incapacitar. **2.** *Sports.* (player) descalificar.

disregard [dɪsrɪ'gɑːrd] *v. tr.* (ignore) desatender; descuidar.

disrupt [dɪs'rʌpt] *v. tr.* **1.** interrumpir. **2.** (plans) desorganizar.

dissect [dɪ'sekt] *v. tr.* diseccionar.

disseminate [dɪ'semənaɪt] *v. tr.* **1.** diseminar. **2.** (spread) esparcir; desparramar.

dissent [dɪ'sent] *v. intr.* disentir.

dissipate ['dɪsɪpeɪt] *v. tr.* disipar.

dissociate [dɪ'soʊʃɪeɪt] *v. tr.* (separate) disociar; disgregar.

dissolve [dɪ'zɒlv] *v. tr.* disolver.

dissuade [dɪ'sweɪd] *v. tr.* (discourage) disuadir.

distance ['dɪstəns] *n.* distancia *f.*

distant ['dɪstənt] *adj.* lejano.

distinguish [dɪsˈtɪŋwɪʃ] *v. tr.* distinguir; diferenciar.

distort [dɪsˈtɔːrt] *v. tr.* (reality, the truth) deformar.

distract [dɪsˈtrækt] *v. tr.* distraer.

distraction [dɪsˈtrækʃən] *n.* distracción *f.*

distress [dɪsˈtres] *n.* **1.** angustia *f.* ‖ *v. tr.* **2.** angustiar; afligir.

distribute [dɪsˈtrɪbjʊt] *v. tr.* **1.** distribuir. **2.** (share out) repartir.

distribution [ˌdɪstrɪˈbjuːʃən] *n.* distribución *f.*; reparto *m.*

district [ˈdɪstrɪk] *n.* **1.** (of country) región *f.* **2.** (of town) barrio *m.*

distrust [dɪsˈtrʌst] *v. tr.* desconfiar; no confiar.

disturb [dɪsˈtɜːrb] *v. tr.* (bother) molestar; incordiar.

disturbance [dɪsˈtɜːrbəns] *n.* **1.** alboroto *m.*; disturbio *m.* **2.** (of routine) alteración *f.* **3.** (worry) preocupación *f.*

disuse [dɪsˈjuːs] *n.* desuso *m.*

ditch [dɪtʃ] *n.* **1.** zanja *f.* **2.** (of roadside) cuneta *f.*

divan [dɪˈvæn] *n.* (sofa) diván *m.*

dive [daɪv] *n.* **1.** inmersión *f.* ‖ *v. intr.* **2.** zambullirse.

diverge [dɪˈvɜːrdʒ] *v. intr.* divergir; separarse.

divert [dɪˈvɜːrt] *v. tr.* desviar.

divide [dɪˈvaɪd] *v. tr.* **1.** (split up) dividir. ‖ *v. intr.* **2.** dividirse.

divinity [dɪˈvɪnəti] *n.* divinidad *f.*

divorce [dɪˈvɔːrs] *n.* **1.** divorcio *m.* ‖ *v. tr.* **2.** divorciar.

divulge [dɪˈvʌldʒ] *v. tr.* (spread) divulgar; difundir; pregonar.

do¹ [duː] *v. tr.* **1.** hacer. ‖ *v. intr.* **2.** (act) obrar.

do² [duː] *n.*, *Mus.* do *m.*

dock [dɒk] *n.* **1.** *Nav.* muelle *m.* ‖ *v. intr.* **2.** *Nav.* fondear; atracar; anclar.

doctor [ˈdɒktər] *n.* médico *m.*; doctor *m.* ‖ **family ~** médico de cabecera.

doctrine [ˈdɒktrɪn] *n.* doctrina *f.*

document [ˈdɒkjəmənt] *n.* **1.** documento *m.* ‖ *v. tr.* **2.** documentar; acreditar.

dog [dɒg] *n.* perro *m.*; can *m.* lit.

dogma [ˈdɒgmə] *n.* dogma *m.*

doll [dɒl] *n.* muñeca *f.*

dollar [ˈdɒlər] *n.*, *Econ.* (American unit of currency) dólar *m.*

dolphin [ˈdɒlfɪn] *n.*, *Zool.* delfín *m.*

dome [doʊm] *n.*, *Archit.* (roof) cúpula *f.*

domesticate [dəˈmestɪkeɪt] *v. tr.*, *Zool.* domesticar; domar.

dominance [ˈdɒmənəns] *n.* dominación *f.*; dominio *m.*

dominate [ˈdɒmɪneɪt] *v. tr.* dominar.

donate [doʊˈneɪt] *v. tr.* donar.

donkey [ˈdɒŋkiː] *n.* burro *m.*

doom [duːm] *n.* **1.** destino *m.* ‖ *v. tr.* **2.** (condemn) condenar.

door [dɔːr] *n.* **1.** puerta *f.* **2.** *fig.* entrada *f.*

doorbell [ˈdɔːrbel] *n.* timbre *m.*

doorframe ['dɔː,freɪm] *n.* marco *m.*

doorkeeper ['dɔːr,kiːpər] *n.* (porter) portero *m.*

doormat ['dɔːr,mæt] *n.* felpudo *m.*

doorway ['dɔːrweɪ] *n.* entrada *f.*

dope [doʊp] *n.* **1.** *Sports* droga *f.* ‖ *v. tr.* **2.** (an animal) drogar. ‖ *v. intr.* **3.** (person) drogarse.

dormitory [dɔːrmɪ,tɔːrɪ] *n.* **1.** *Br. E.* dormitorio *m.* **2.** *Am. E.* (hall) residencia *f.*

dote [doʊt] *v. intr.* (on sb) adorar.

double ['dʌbəl] *adj.* **1.** doble. ‖ *n.* **2.** doble *m.* ‖ *adv.* **3.** doble.

doubt [daʊt] *n.* **1.** (uncertainty) duda *f.*; incertidumbre *f.* ‖ *v. tr.* **2.** dudar.

dough [doʊ] *n.* **1.** *Gastr.* (for bread) masa *f.* **2.** *Gastr.* (for cakes) pasta *f.*

doughy ['doʊɪ] *adj.* (substance) pastoso; espeso.

dove [dʌv] *n.*, *Zool.* paloma *f.*

down[1] [daʊn] *adj.* **1.** decaído. ‖ *adv.* **2.** (position) abajo. **3.** (dir-ection) hacia abajo. **4.** (crossword) vertical. ‖ *v. tr.* **5.** coll. abatir. ‖ *prep.* **6.** abajo.

down[2] [daʊn] *n.* **1.** (fluff) pelusa *f.* **2.** (face) vello *m.*; pelo *m.*

downfall ['daʊnfɔːl] *n.* ruina *f.*

downhill ['daʊn,hɪl] *adv.* cuesta abajo.

download ['daʊn,loʊd] *v. tr.*, *Comput.* bajar; descargar.

downtown ['daʊn,taʊn] *adj.* **1.** *Am. E.* (flat) céntrico. ‖ *n.* **2.** *Am. E.* centro *m.*

dowry ['daʊərɪ] *n.* dote *f.*

dozen ['dʌzən] *n.* docena *f.*

drab [dræb] *adj.* (humdrum) monótono.

drain [dreɪn] *n.* **1.** desagüe *m.* **2.** (in street) sumidero *m.* ‖ *v. tr.* **3.** (land) desaguar.

drama ['drɑːmə] *n.* drama *m.*

drape [dreɪp] *n.*, *Am. E.* cortina *f.*

draught ['dræft] *n. f.* **1.** *Br. E.* corriente *f.* (de aire). **2.** *Br. E.*, *Nav.* calado *m.*

draw [drɔː] *n.* **1.** *Br. E.*, *Sports* empate *m.* **2.** (lottery) sorteo *m.* ‖ *v. tr.* **3.** (picture) dibujar.

drawback ['drɔː,bæk] *n.* (disadvantage) desventaja *f.*; inconveniente *m.*

drawing ['drɔːɪŋ] *n.* dibujo *m.*

dread [dred] *n.* horror *m.*; pavor *m.*

dreadful ['dredfəl] *adj.* (horrible) pésimo; espantoso.

dream [driːm] *n.* **1.** sueño *m.* ‖ *v. tr. & intr.* **2.** soñar.

dregs [dregz] *n. pl.* (sediment) poso *m. sing.*; sedimento *m. sing.*

drench [drentʃ] *v. tr.* (soak) mojar; empap-r.

dress [dres] *n.* **1.** vestido *f.* **2.** (for women) traje *m.* ‖ *v. tr.* **3.** vestir. **4.** aliñar; aderezar.

dressing [dresɪŋ] *n.* **1.** (bandage) vendaje *m.* **2.** *Gastr.* aliño *m.*

dribble ['drɪbəl] *n.* **1.** baba *f.* ‖ *v. intr.* **2.** (baby) babear.

drift [drɪft] *n. f.* **1.** (of sand) montón *m.* ‖ *v. tr.* **2.** (snow, sand) amontonar. ‖ *v. intr.* **3.** (snow, sand) amontonarse.

drill [drɪl] *n.* **1.** taladro *m.* ‖ *v. tr.* **2.** taladrar. **3.** *Miner.* perforar.

drink [drɪŋk] *n.* **1.** bebida *f.* **2.** (alcoholic) copa *f.* ‖ *v. tr. & intr.* **3.** beber.

drip [drɪp] *v. tr.* **1.** gotear. ‖ *v. intr.* **3.** (liquid) escurrir; escurrirse.

drive [draɪv] *n.* **1.** paseo en coche. **2.** (energy) energía *f.* ‖ *v. tr.* **3.** *Car* conducir.

drivel ['drɪvəl] *n.* barbaridad *f.;* brutalidad *f.*

driver ['draɪvər] *n., Car* (of bus, car) conductor *m.*

drizzle ['drɪzəl] *n. inv.* **1.** *Meteor.* llovizna *f.* ‖ *v. intr.* **2.** *Meteor.* gotear; lloviznar.

dromedary ['drɒmədəri] *n., Zool.* dromedario *m.*

drool ['dru:l] *n.* **1.** *Am. E.* (dribble) baba *f.* ‖ *v. intr.* **2.** babear.

drop [drɒp] *n.* **1.** (of water) gota *f.* **2.** (fall) caída *f.* **3.** (lessening) baja *f.* ‖ *v. tr.* **4.** dejar caer. **5.** (price, voice) bajar.

droppings ['drɒpɪŋz] *n. pl.* (of animals) excrementos *m.*

dross [drɒs] *n.* (rubbish) basura *f.*

drought [draʊt] *n.* sequía *f.*

drown [draʊn] *v. tr.* **1.** ahogar. ‖ *v. intr.* **2.** ahogarse.

drowsiness ['draʊzɪnɪs] *n.* (drowsiness) modorra *f.;* somnolencia *f.*

drowsy ['draʊzi] *adj.* (sleepy) soñoliento.

drug [drʌg] *n.* **1.** droga *f.* ‖ *v. tr.* **2.** drogar. ‖ **~ addict** drogadicto *m.*

drugstore ['drʌgstɔ:r] *n.* **1.** droguería *f.* **2.** *Am. E.* (shop) farmacia *f.*

drum [drʌm] *n.* **1.** *Mus.* tambor *m.* **2.** (container) bidón *m.*

drunk [drʌŋk] *adj.* **1.** borracho; ebrio. ‖ *n.* **2.** borracho *m.*

drunken ['drʌŋkən] *adj.* (drunk) borracho; embriagado.

drunkenness ['drʌŋkənnɪs] *n., frml.* embriaguez *f.;* borrachera *f.*

dry [draɪ] *adj.* **1.** seco. ‖ *v. tr.* **2.** secar. **3.** (tears) enjugar.

dry-cleaner's ['draɪ,kli:nərs] *n.* tintorería *f.*

dryness ['draɪnɪs] *n.* **1.** sequedad *f.* **2.** (dullness) aridez *f.*

dubious ['du:biəs] *adj.* dudoso.

duck[1] [dʌk] *n.* **1.** *Zool.* (male) pato *m.* **2.** *Zool.* (female) pata *f.*

duck[2] [dʌk] *v. tr.* **1.** (head) agachar. **2.** (submerge) zambullir.

duel ['dʊəl] *n.* **1.** duelo *m.* ‖ *v. intr.* **2.** *Br. E.* batirse en duelo.

duet [dʊ'et] *n., Mus.* dúo *m.*

duffel coat or duffle coat ['dʌfəl,koʊt] *sust phr.* trenca *f.*

dull [dʌl] *adj.* **1.** insípido; soso. **2.** (boring) aburrido.

dumb [dʌm] *adj.* mudo; callado.

dump [dʌmp] *n.* (place) basurero *m.*; vertedero *m.*

dune [du:n] *n., Geogr.* duna *f.*

dung [dʌŋ] *n.* (excrement) boñiga *f.*; estiércol *m.*

duplex ['du:ˌpleks] *n., Am. E.* (appartment) dúplex *m. inv.*

duplicate ['du:plɪkeɪt] *n.* **1.** duplicado *m.* ‖ *v. tr.* **2.** duplicar.

duplicator ['du:plɪkeɪtə] *adj. & n.* multicopista *f.*; fotocopiadora *f.*

duration [dʊˈreɪʃən] *n.* duración *f.*

during ['dʊrɪŋ] *prep.* durante.

dusk [dʌsk] *n.* anochecer *m.*

dust [dʌst] *n.* polvo *m.*

dustbin ['dʌstˌbɪn] *n., Br. E.* basura *f.*

duster ['dʌstər] *n.* **1.** *Br. E.* trapo *m.* **2.** (for blackboard) borrador *m.*

dustman ['dʌstmən] *n.* basurero *m.*

dustpan ['dʌstˌpæn] *n.* recogedor *m.*

duty ['du:ti] *n.* **1.** (obligation) obligación *f.*; deber *m.* **2.** *Econ.* (tax) impuesto *m.*

duvet ['du:veɪ] *n., Br. E.* (conforter) edredón *m.*

dwarf [dwɔ:rf] *adj.* **1.** enano. ‖ *n.* **2.** enano *m.* ‖ *v. tr.* **3.** empequeñecer.

dye [daɪ] *v. tr.* teñir; tintar.

dyke ['daɪk] *n., Br. E., Nav.* dike) dique *m.*

dynasty ['daɪməsti:] *n.* dinastía *f.*

E [i] *n.*, *Mus.* mi *m.*

e [i] *n.* (letter) e *f.*

each [i:tʃ] *pron.* **1.** cada uno; sendos. ‖ *adj. inv.* **2.** (individually) cada. ‖ ~ **other** el uno al otro; os; se.

eagle ['i:gəl] *n.*, *Zool.* águila *f.*

ear [ɪr] *n.* **1.** *Anat.* oreja *f.* **2.** (sense) oído *m.*

eardrum ['ɪrˌdrʌm] *n.*, *Anat.* tímpano *m.*

early ['ɜ:rli] *adj.* **1.** temprano. ‖ *adv.* **2.** (before the expected time) temprano; pronto.

earn ['ɜ:rn] *v. tr.* **1.** (money) ganar. ‖ *v. intr.* **2.** (respect) ganarse.

earring ['ɪrɪŋ] *n.* pendiente *m.*; arete *m. Amér.*

earth [ɜ:rθ] *n.* **1.** (planet) tierra *f.* **2.** (world) mundo *m.*

earthquake ['ɜ:rθˌkweɪk] *n.*, *Geol.* terremoto *m.*; seísmo *m.*

earthworm ['ɜ:rθˌwɜ:rm] *n.* lombriz *f.* (de tierra); gusano *m.*

ease ['i:z] *n.* **1.** facilidad *f.* **2.** (comfort) comodidad *f.*

east [i:st] *n.* este *m.*

Easter ['i:stər] *n.* Pascua *f.*

easy ['i:zi] *adj.* fácil; sencillo.

easy chair ['i:ziˌtʃer] *n.* butaca *f.*

eat [i:t] *v. tr.* comer.

ebony ['ebəni] *n.*, *Bot.* ébano *m.*

ecclesiastic [ɪˌkli:zi:'æstɪk] *adj.*, *Rel.* eclesiástico.

echo ['ekoʊ](pl.: -es) *n.* **1.** eco *m.* ‖ *v. intr.* **2.** resonar; hacer eco.

eclipse [ɪˈklɪps] *n.* **1.** eclipse (de sol, de luna) *m.* ‖ *v. tr.* **2.** eclipsar.

economize, economise (Br.E) [ɪˈkɒnəmaɪ] *v. tr.* economizar; ahorrar.

economy [ɪˈkɒnəmi:] *n.* economía *f.*

edge [edʒ] *n.* **1.** (cutting part) filo *m.* **2.** (of object) borde *m.* **3.** (of river) orilla *f.*

edict ['i:dɪkt] *n.* edicto *m.*; bando *m.*

edify ['edɪfaɪ] *v. tr.* edificar.

edit ['edɪt] *v. tr.* **1.** (correct, cut) editar. **2.** (film, tape) montar.

edition [əˈdɪʃən] *n.* **1.** edición *f.* **2.** (number printed) tirada *f.*

editor ['edɪtər] *n.* **1.** editor *m.* **2.** (of text) redactor *m.* **3.** (of newspaper) director *m.*

educate ['edʒəkeɪt] *v. tr.* **1.** (teach) educar. **2.** (instruct) instruir.

education [ˌedʒəˈkeɪʃən] *n.* **1.** educación *f.* **2.** (teaching) magisterio *m.*; enseñanza *f.*

eel [i:l] *n.*, *Zool.* anguila *f.*

effect [ɪˈfekt] *n.* **1.** efecto *m.* ‖ *v. tr.* **2.** efectuar.

effective [ɪˈfektɪv] *adj.* **1.** eficaz; competente. **2.** (real) efectivo.

efficacy ['efɪkæsi:] *n.* eficacia *f.*

efficiency [əˈfɪʃənsi:] *n.* eficacia *f.*

effigy ['efɪdʒi:] *n.* efigie *f.*

effort ['efərt] *n.* esfuerzo *m.*

egg [eg] *n.* huevo *m.*

eggplant ['egˌplænt] *n.*, *Am. E.*, *Bot.* (aubergine) berenjena *f.*

egoism [ˈiːˌgouɪzəm] *n.* egoísmo *m.*

eight [eɪt] *col. num. det.* (also pron. and n.) **1.** ocho. ‖ *card. num. adj.* **2.** octavo; ocho. ‖ **~ hundred** (also pron. and n.) ochocientos.

eighteen [eɪˈtiːn] *col. num. det.* (also pron. and n.) **1.** dieciocho. ‖ *card. num. adj.* **2.** dieciocho.

eighteenth [eɪˈtiːnθ] *card. num. adj.* (also n.) dieciocho.

eighth [eɪtθ] *card. num. adj.* (also n.) **1.** octavo; ocho. ‖ *frac. numer. n.* (also adj. and pron.) **2.** octavo.

eightieth [ˈeɪtiəθ] *card. num. adj.* (also n.) ochenta.

eighty [ˈeɪti] *col. num. det.* (also pron. and n.) **1.** ochenta. ‖ *card. num. adj.* **2.** ochenta.

either [ˈaɪðər, ˈiːðər] *adj.* **1.** ambos *pl.* ‖ *adv.* **2.** (with a negative) tampoco.

eject [ɪˈdʒəkt] *v. tr.* expulsar.

elaborate [ɪˈlæbəˌreɪt] *v. tr.* (work out) elaborar.

elapse [ɪˈlæps] *v. intr.* transcurrir.

elastic [ɪˈlæstɪk] *adj. & n.* elástico *m.*

elbow [ˈelbou] *n., Anat.* codo *m.*

elder [ˈeldər] *adj.* **1.** (brothers, sons) mayor. ‖ *n.* **2.** *Bot.* (tree) saúco *m.*

elderly [ˈeldərli] *adj.* anciano.

eldest [ˈeldɪst] *adj.* mayor.

elect [ɪˈlekt] *v. tr., Polit.* elegir.

electric [ɪˈlektrɪk] *adj.* eléctrico.

electricity [ɪˌlekˈtrɪsəti] *n.* electricidad *f.*

electrify [ɪˈlektrəˌfaɪ] *v. tr.* **1.** *fig.* electrizar. **2.** (train) electrificar.

elegance [ˈeləgəns] *n.* (smartness, gracefulness) elegancia *f.*

elegant [ˈeləgənt] *adj.* elegante.

element [ˈeləmənt] *n.* elemento *m.*

elementary [eləˈmentriː] *adj.* (fundamental) elemental.

elephant [ˈeləfənt] *n., Zool.* elefante *m.*

elevator [ˈeləveɪtər] *n., Am. E.* ascensor *m.*; elevator *m. Amér.*

eleven [ɪˈlevən] *col. num. det.* (also pron. and n.) **1.** once. ‖ *card. num. adj.* **2.** once; undécimo.

elevenses [ɪˈlevənzɪz] *n., Br. E., coll.* (at eleven o'clock) (snack) almuerzo *m.*

eleventh [ɪˈlevənθ] *card. num. adj.* (also n.) **1.** once; undécimo. ‖ *numer. n.* (also adj. and pron.) **2.** onceavo *m.*; undécimo.

eliminate [ɪˈlɪmənaɪt] *v. tr.* (take away) eliminar.

elk [elk] *n., Zool.* alce *m.*

elm [elm] *n., Bot.* olmo *m.*

else [els] *adj.* otro; más.

elsewhere [ˈelsˌwer] *adv.* en otra parte; a otra parte.

elude [ɪˈluːd] *v. tr.* **1.** (avoid) eludir. **2.** (blow) esquivar evitar.

elver [ˈelvər] *n., Zool.* angula *f.*

e-mail ['iː.meɪl] *n.*, *Comput.* correo electrónico.

emancipate [ɪ'mænsəpeɪt] *v. tr.* emancipar; independizar.

embankment [em'bæŋkmənt] *n.* **1.** (slope) terraplén *m.* **2.** (train) malecón *m.*

embargo [em'bɑː.rgou] *v. tr.* embargar; retener.

embark [em'bɑː.rk] *v. tr.* **1.** *Nav.* embarcar. || *v. intr.* **2.** *Nav.* (on plane) embarcarse.

embarrass [em'bærəs ɪm'bærəs] *v. tr.* avergonzar.

embarrassed [embærəst ɪm'bærəst] *adj.* avergonzado.

embassy ['embəsiː] (diplomacy) *n.* embajada *f.*

embellish [em'belɪʃ] *v. tr.* **1.** embellecer. **2.** *fig.* (story) adornar.

embitter [em'bɪtər] *v. tr.* amargar.

emblem ['embləm] *n.* (badge) emblema *m.*; símbolo *m.*

embody [em'bɒdi] *v. tr.* **1.** (personify) encarnar. **2.** (include) incorporar.

embrace [em'breɪs ɪm'breɪs] *n.* **1.** abrazo *m.* || *v. tr.* **2.** abrazar.

embroider [em'brɔɪdər] *v. tr.* (clothes) bordar.

embryo ['embriou] *n.* embrión *m.*

emerge [ɪ'mɜː.rdʒ] *v. intr.* (appear) emerger; surgir.

emergence [ɪ'mɜː.rdʒəns] *n.* (coming out) salida *f.*

emergency [ɪ'mɜː.rdʒənsɪ] *n.* emergencia *f.*; urgencia *f.*

emigrate ['emɪgreɪt] *v. intr.* emigrar; expatriarse.

emissary ['eməˌseriː] *n.* emisario *m.*

emit [ɪ'mɪt] *v. tr.* **1.** (light, signal) emitir. **2.** (smell, gas) despedir.

emotion [ɪ'mouʃən] *n.* emoción *f.*

emotional [ɪ'mouʃənəl] *adj.* **1.** (sentimental) afectivo. **2.** (mov-ing) emotivo; conmovedor

emotive [ɪ'moutɪv] *adj.* emotivo.

emphasis ['emfəsɪs](pl.:-ses) *n.* énfasis *m. inv.*; intensidad *f.*

emphasize, emphasise (Br.E) ['emfəsaɪz] *v. tr.* enfatizar; recalcar.

employ [em'plɔɪ ɪm'plɔɪ] *v. tr.* (take on) emplear; contratar.

employee [emplɔˈiː] *n.* (worker) empleado *m.*; trabajador *m.*

employer [ɪm'plɔɪər em'plɔɪər] *n.* patrón *m.*; jefe *m.*; empresario *m.*

employment [ɪm'plɔɪmənt em'plɔɪmənt] *n.* **1.** empleo *m.* **2.** (work) trabajo *m.*

empty ['emptiː] *adj.* **1.** vacío. || *v. tr.* **2.** vaciar. || *v. intr.* **3.** vaciarse.

emulate ['emjuleɪt] *v. tr.* emular.

enable [en'eɪbəl] *v. tr.* habilitar.

enamel [ɪ'næməl] *n.* (for metal, pots) esmalte *m.*

enchant [en'tʃænt] *v. tr.* (charm) encantar; cautivar.

encircle [en'sɜː.rklə] *v. tr.* (surround) cercar; rodear.

enclose [en'klouz] *v. tr.* (a document) adjuntar; incluir.

encounter [en'kaʊntər] *n.* **1.** encuentro *m.* ‖ *v. tr.* **2.** encontrar.

encourage [en'kʌrɪdʒ] *v. tr.* (give support) animar; alentar.

encyclopaedia [en,saɪklə'pi:diə] *n.* enciclopedia *f.*

end [end] *n.* **1.** fin *m.* **2.** (of thing) final *m.* **3.** (of table) extremo *m.* **4.** (of pointed object) punta *f.* **5.** (conclusion) conclusión *f.* ‖ *v. tr.* **6.** terminar; acabar.

ending ['endɪŋ] *n.* **1.** fin *m.* **2.** *Lit. & Film.* desenlace *m.*

endive ['endaɪv] *n.* **1.** *Am. E., Bot.* (vegetable) endibia *f.* **2.** *Br. E., Bot.* (vegetable) escarola *f.*

endure [en'dʊr] *v. tr.* **1.** aguantar; soportar. ‖ *v. intr.* **2.** perdurar.

enemy ['enəmi] *adj.* **1.** enemigo. ‖ *n.* **2.** enemigo *m.*

energy ['enərdʒi:] *n.* energía *f.*

engage [en'geɪdʒ, ɪn'geɪdʒ] *v. tr.* **1.** (attention) atraer; captar. **2.** (hire) contratar.

engaged [en'geɪdʒd, ɪn'geɪdʒd] *adj.* **1.** (a couple) prometido. **2.** (telephone) ocupado.

engagement [en'geɪdʒmənt, ɪn'geɪdʒmənt] *n.* **1.** (appointment) compromiso *m.* **2.** (to marry) noviazgo *m.*

engender [en'dʒendər] *v. tr., frml.* engendrar.

engine ['endʒɪn] *n., Car* máquina *f.*; motor *m.*

English ['ɪŋglɪʃ] *adj.* **1.** inglés. ‖ *n.* **2.** (language) inglés *m.*

Englishman ['ɪŋglɪʃmən] *n.* inglés *m.*

Englishwoman ['ɪŋglɪʃ,wʊmən] *n.* (person) inglesa *f.*

engross [en'groʊs] *v. tr.* absorber.

enhance [en'hæns] *v. tr., fig.* (beauty, taste) realzar; remarcar.

enigma [rɪnɪgmə] *n.* enigma *m.*

enjoy [en'dʒɔɪ] *v. tr.* **1.** disfrutar. **2.** (sexual meaning) gozar.

enlarge [en'lɑ:rdʒ] *v. tr.* **1.** agrandar. **2.** (broaden) extender.

enlighten [en'laɪtən] *v. tr.* **1.** iluminar. **2.** (instruct) ilustrar *form.*

enmity ['enmɪti:](pl.: ties) *n., frml.* enemistad *f.*

enormous [rɪnɔ:rməs] *adj.* (immense) enorme; desmesurado.

enough [rɪnʌf] *adj.* **1.** bastante; suficiente. ‖ *adv.* **2.** bastante. ‖ *pron.* **3.** bastante.

enrage [en'reɪdʒ] *v. tr.* (anger) enfurecer; encolerizar; irritar.

enrich [en'rɪtʃ] *v. tr.* enriquecer.

enroll, enrol (Br.E) [en'roʊl] *v. intr.* **1.** inscribirse. **2.** (course) matricularse.

ensign ['ensən] *n.* estandarte *m.*

enslave [en'sleɪv] *v. tr.* esclavizar.

ensure [ən'ʃʊr] *v. tr.* asegurar.

entail [en'teɪl] *v. tr.* ocasionar.

enter [en'tər] *v. tr.* **1.** (register) ingresar. **2.** (go into) acceder. ‖ *v. intr.* **3.** (go in) entrar.

enterprise ['entər,praɪz] *n.* (business) empresa *f.*

entertain [entər'tən] v. tr. **1.** (amuse) divertir. **2.** (idea) concebir. ‖ v. intr. **3.** recibir (invitados).

entertaining [,entər'teɪnɪŋ] adj. ameno; divertido; entretenido.

enthusiasm [en'θu:zɪ,æzəm] n. entusiasmo m.; contento m.

entice [en'taɪs] v. tr. inducir.

entitle [en'taɪtl] v. tr. titular.

entrance ['entrəns] n. entrada f.

entry ['entri:] n. entrada f.

enumeration [ɪ,nu:mə'reɪʃən] n. enumeración f.; listado m.

envelop [en'veləp] v. tr. envolver.

envelope ['envə,loup] n. sobre m.

environment [en'vaɪrənmənt] n., Ecol. medio ambiente.

envy ['envi:] n. **1.** envidia f. ‖ v. tr. **2.** envidiar; tener envidia de.

epidemic [,epə'demɪk] n., Med. epidemia f.

epilog, epilogue (Br.E) ['epə,lɔg 'epə,lɔ:g] n. epílogo m.

epistle [ɪ'pɪsəl] n., Lit. epístola f.

epoch ['epək] n. época f.; era f.

equal ['i:kwəl] adj. **1.** igual. ‖ n. **2.** igual m. y f. ‖ **equals** n. pl. **3.** iguales m. y f.

equality [i:'kwɒləti] n. igualdad f.

equalize, equalise (Br.E) ['i:kwə,laɪz] v. tr. igualar.

equator [ɪ'kweɪtər] n., Geogr. ecuador m.

equip [ɪ'kwɪp] v. tr. equipar.

equipment [ɪ'kwɪpmənt] n. **1.** (materials) equipo m. **2.** (act) equipamiento m.

equivalent [ɪ'kwɪvələnt] adj. **1.** equivalente (a). ‖ n. **2.** equivalente m. ‖ **to be ~** equivaler (a).

era ['erə] n. era f.; época f.

eradicate [ɪ'rædɪkaɪt] v. tr. **1.** erradicar. **2.** fig. extirpar.

erase [ɪ'reɪz] v. tr. borrar.

eraser [ɪ'reɪzər] n. **1.** goma f. **2.** (for blackboard) borrador m.

erect [ɪ'rekt] adj. **1.** erguido. ‖ v. tr. **2.** erigir; levantar.

error ['erər] n. error m.

eruption [ɪ'rʌpʃən] n. erupción f.

escape [ɪs'keɪp] n. **1.** fuga f.; huida f. **2.** (of gas) escape m. **3.** (from hunting) evasión f. ‖ v. intr. **4.** fugarse.

escort ['eskɔːrt] v. tr. **1.** acompañar. **2.** Mil. escoltar.

esophagus, oesophagus (Br.E) [ɪ'sɒfəgəs] n., Anat. esófago m.

essay ['eseɪ] n., Lit. ensayo m.

essence ['esəns] n. esencia f.

essential [ɪ'senʃəl] adj. **1.** imprescindible. **2.** (basic) esencial.

establish [ɪs'tæblɪʃ] v. tr. fijar.

estate [əs'teɪt] n. **1.** finca f.; hacienda f. **2.** (property) bienes.

esteem [əs'ti:m] n. **1.** aprecio m.; estima f. ‖ v. tr. **2.** estimar.

estimate ['estɪmeɪt] n. **1.** cálculo m.; estimación f. ‖ v. tr. **2.** calcular; estimar.

estuary ['estʃʊeri:] n., Geogr. ría f.

eternity [i:'tɜ:nəti] n. eternidad f.

ether ['i:θər] n., Chem. éter m.

ethics ['eθɪks] *n. pl.* ética *f. sing.;* moral *f. sing.;* moralidad *f. sing.*

etiquette [,etə'kɪt] *n.* (protocol) etiqueta *f.;* protocolo *m.*

eucalyptus [ju:kə'lɪptəs] *n., Bot.* (tree) eucalipto *m.*

euro ['jʊrʊ] *n.* (European unit of currency) euro *m.*

European [jʊrʊ'pɪən] *adj.* & *n.* europeo *m.*

evacuate [ɪ'vækju:eɪt] *v. tr.* **1.** evacuar. **2.** (building) desalojar.

evade [ɪ'veɪd] *v. tr.* evadir; eludir.

evaluate [ɪ'vælju:eɪt] *v. tr.* (judge) evaluar.

evaporate [ɪ'væpəreɪt] *v. tr.* evaporar.

eve [i:v] *n.* víspera *f.*

even ['i:vən] *adj.* **1.** (flat) liso; llano. **2.** (calm) apacible. **3.** (fair) justo. **4.** *Math.* (number) par. ‖ *adv.* **5.** hasta; incluso. **6.** (with comparative) aún. ‖ *v. tr.* **7.** (surface) igualar; allanar.

evening ['i:vnɪŋ] *n.* **1.** (early) tarde *f.* **2.** (late) noche *f.*

event [ɪ'vent] *n.* suceso *m.*

ever ['evər] *adv.* **1.** alguna vez. **2.** (+ negative) nunca.

everlasting [,evər'læstɪŋ] *adj.* (eternal) eterno; perpetuo.

every ['evri] *adj.* **1.** (each) cada. **2.** (before a number) cada.

everybody ['evri,bɒdi:] *pron.* todos; todo el mundo.

everyday ['evri,deɪ] *adj.* (daily) diario; cotidiano.

everyone ['evri,wʌn] *pron.* **1.** cada cual; cada uno. **2.** (everybody) todo el mundo.

everything ['evri,θɪŋ] *pron.* todo.

everywhere ['evri,wer] *adv.* por todas partes; en todas partes.

evidence ['evədəns] *n.* **1.** evidencia *f.* **2.** *Law* pruebas *f. pl.*

evil ['i:vəl] *adj.* **1.** (wicked) malo. ‖ *n.* **2.** (evilness) mal *m.;* maldad *f.*

evoke [ɪ'voʊk] *v. tr.* evocar.

ewe [ju:] *n., Zool.* oveja *f.*

exact [ɪg'zækt] *adj.* **1.** (precise) exacto; preciso. ‖ *v. tr.* **2.** exigir.

exactness [ɪg'zæktnɪs] *n.* (precision) exactitud *f.;* precisión *f.*

exaggerate [ɪg'zædʒəreɪt] *v. tr.* (increase) exagerar; inflar.

exam [ɪg'zæm] *n., fam.* examen *m.*

examination [ɪg'zæmə'neɪʃən] *n.* **1.** examen *m.* **2.** *Med.* reconocimiento *m.*

examine [ɪg'sæmɪn] *v. tr.* **1.** examinar. **2.** (customs) registrar.

example [ɪg'zæmpəl] *n.* ejemplo *m.* ‖ **for ~** por ejemplo.

exasperate [ɪg'zæspə,reɪt] *v. tr.* (irritate) exasperar; irritar.

excavate ['ekskəveɪt] *v. tr.* (dig) excavar.

excavation [,ekskə'veɪʃən] *n.* excavación *f.*

exceed [ɪk'si:d] *v. tr.* **1.** exceder; pasar. **2.** (speed limit) sobrepasar. **3.** (limits) rebasar.

excel [ek'sl] *v. tr.* exceder.

excellent ['eksələnt] *adj.* (very good) excelente.

except [ik'sept] *v. tr.* **1.** exceptuar. ‖ *prep.* **2.** (+ for) excepto; salvo. ‖ *conj.* **3.** (+ that) excepto que.

exception [ik'sepʃən] *n.* excepción *f.*

exceptional [ik'sepʃənəl] *adj.* (extraordinary) excepcional.

excess ['ekses, ik'ses] *n.* exceso *m.*

excessive [ik'sesiv] *adj.* excesivo.

exchange [ikst'ʃeindʒ] *n.* **1.** intercambio *m.*; cambio *m.* ‖ *v. tr.* **2.** cambiar; modificar.

excite [ig'sait] *v. tr.* **1.** (stimulate) excitar. **2.** (move) ilusionar. **3.** (enthuse) entusiasmar.

excitement [ik'saitmənt] *n.* **1.** emoción *f.* **2.** (feeling) excitación *f.*; entusiasmo *m.*

exclaim [eks'kleim] *v. tr. & intr.* (cry out) exclamar; gritar.

exclamation [ˌeksklə'meiʃən] *n.* exclamación *f.*

exclude [ek'sklu:d] *v. tr.* **1.** excluir. **2.** (except) exceptuar.

exclusive [iks'klu:siv] *adj.* **1.** exclusivo; peculiar. ‖ *n.* **2.** (in press) exclusiva *f.*

excrement ['ekskrəmənt] *n., frml.* excremento *m.*; deposición *f.*

excursion [iks'kз:rʃən] *n.* (trip) excursión *f.*

excuse [iks'kju:z] *n.* **1.** excusa *f.*; disculpa *f.* **2.** (pretext) pretexto *m.*

execute ['eksə,kju:t] *v. tr.* **1.** (carry out) ejecutar; llevar a cabo. **2.** (person) ajusticiar.

exempt [ig'zempt] *adj.* **1.** exento. ‖ *v. tr.* **2.** eximir; indultar.

exercise ['eksər,saiz] *n.* **1.** ejercicio *m.* ‖ *v. tr.* **2.** ejercer.

exert [ig'sз:rt] *v. tr.* ejercer.

exhale [eks'heil] *v. tr.* **1.** exhalar. ‖ *v. intr.* **2.** (breathe out) espirar.

exhaust [ig'zɔ:st] *v. tr.* **1.** extenuar. **2.** (consume) agotar.

exhaustion [ig'zɔ:stʃən] *n.* (fatigue) agotamiento *m.*; cansancio *m.*

exhibit [ig'zibit] *v. tr.* exhibir.

exhibition [ˌeksə'biʃən] *n.* (art) exposición *f.*

exile ['egzail 'eksail] *n.* **1.** (state) destierro *m.* **2.** (person) exiliado *m.* ‖ *v. tr.* **3.** exiliar; desterrar.

exist [ig'zist] *v. intr.* existir.

exit ['egzit, 'eksit] *n.* salida *f.*

exodus ['eksədəs] *n.* éxodo *m.*

exorbitant [ig'zɔ:rbitənt] *adj.* (excessive) exorbitante.

expand [ig'spænd] *v. tr.* **1.** (increase) ampliar. **2.** (gas) dilatar.

expect [iks'pekt] *v. tr.* esperar.

expectation [ˌekspek'teiʃən] *n.* expectativa *f.*; espera *f.*

expedition [ˌekspə'diʃən] *n.* expedición *f.*

expel [iks'pel] *v. tr.* **1.** echar. **2.** (student) expulsar.

expensive [iks'pensiv] *adj.* (dear) caro.

experience [ɪksˈpɪrɪəns] *n.* **1.** experiencia *f.*; vivencia *f.* ‖ *v. tr.* **2.** (sensation) experimentar.

experiment [ɪksˈperəmənt] *v. tr.* experimentar; probar.

expert [ˈekspɜːrt] *adj.* **1.** experto; perito. ‖ *n.* **2.** experto *m.*

expire [ɪksˈpaɪr] *v. intr.* caducar.

explain [ɪksˈpleɪn] *v. tr.* **1.** explicar. **2.** (clarify) aclarar. **3.** (idea) exponer. ‖ *v. intr.* **4.** explicarse.

explanation [ˌekspləˈneɪʃən] *n.* explicación *f.*; aclaración *f.*

explode [ɪksˈploʊd] *v. tr. & intr.* hacer explosión; explotar.

exploit [ˈeksplɔɪt] *n.* **1.** hazaña *f.*; proeza *f.* ‖ *v. tr.* **2.** explotar.

explore [ɪksˈplɔːr] *v. tr.* explorar.

explosion [ɪksˈploʊʒən] *n.* explosión *f.*; detonación *f.*

export [ɪksˈpɔːrt] *v. tr.* exportar.

expose [ɪkˈspoʊz] *v. tr.* **1.** (exhibit) exponer. **2.** (unmask) desenmascarar.

exposition [ˌekspəˈzɪʃən] *n.* (exhibition) exposición *f.*

expound [ɪksˈpaʊnd] *v. tr.* (explain) exponer; explicar.

express [ɪksˈpres] *adj.* **1.** expreso. ‖ *n.* **2.** (train) expreso *m.* ‖ *adv.* **3.** expreso. ‖ *v. tr.* **4.** (say) expresar.

expressway [ɪksˈpresˌweɪ] *n., Am. E.* (motorway) autopista *f.*

exquisite [ˈekskwɪzɪt ˈɪkskwɪzɪt] *adj.* (delicious) exquisito; delicioso.

extend [ɪkˈstend] *v. tr.* **1.** extender; prolongar. ‖ *v. intr.* **2.** (stretch) extenderse.

extent [ɪksˈtent] *n.* **1.** extensión *f.*; amplitud *f.* **2.** (scope) alcance *m.*

exterior [eksˈtɪrɪər] *adj.* **1.** exterior; externo. ‖ *n.* **2.** exterior *m.*

exterminate [ɪkˈstɜːrmɪn] *v. tr.* (rats, insects) exterminar.

external [ɪksˈtɜːrnəl] *adj.* (outward) externo; exterior.

extinguish [ɪkˈstɪŋgwɪʃ] *v. tr.* (put out) extinguir; apagar.

extinguisher [ɪkˈstɪŋgwɪʃər] *n.* (fire) extintor *m.*

extra [ˈekstrə] *adj.* **1.** extra. ‖ *adv.* **2.** de más. ‖ *n.* **3.** extra *m. y f.*

extract [ɪksˈtrækt] *n.* extracto *m.*; fragmento *m.*

extraordinary [ɪksˈtrɔːrdneriː] *adj.* extraordinario; excepcional; especial.

extravagance [ɪksˈtrævəgəns] *n.* (lavishness) derroche *m.*

extreme [ɪksˈtriːm] *adj.* **1.** extremo. ‖ *n.* **2.** extremo *m.*

extremity [ɪksˈtremətɪ] *n., Anat.* (hand, feet) extremidad *f.*

exuberance [ɪgˈzuːbərəns] *n.* (vigor) exuberancia *f.*; exceso *m.*

exude [ɪgˈzuːd] *v. tr. & intr.* sudar; exudar; rezumar.

eye [aɪ] *n., Anat.* ojo *m.*

eyebrow [ˈaɪbraʊ] *n., Anat.* ceja *f.*

eyelash [ˈaɪlæʃ] *n., Anat.* pestaña *f.*

eyesight [ˈaɪsaɪt] *n.* vista *f.*

f

F ['ef] *n., Mus.* fa *m.*

f ['ef] *n.* (letter) f *f.*

fa or fah [fæ] *n., Mus.* fa *m.*

fable ['feɪbəl] *n., Lit.* fábula *f.*

fabric ['fæbrɪk] *n.* tela *f.*; tejido *m.*

façade [fə'sɑːd] *n.* **1.** *Archit.* fachada *f.* **2.** *fam.* (appearance) fachada *f.*; apariencia *f.*

face [feɪs] *n.* **1.** *Anat.* cara *f.*; rostro *m.* **2.** (expression) mueca *f.*; gesto *m.* ‖ *v. tr.* **3.** (person) encararse con. ‖ *v. intr.* **4.** (confront) enfrentarse.

facile ['fæsəl] *adj.* fácil.

facing ['feɪsɪŋ] *adv.* **1.** enfrente. ‖ *prep.* **2.** frente a.

fact [fækt] *n.* hecho *m.*

factor ['fæktər] *n.* factor *m.*

factory ['fæktəri] *n.* fábrica *f.*

faculty ['fækəlti] *n.* facultad *f.*

fade [feɪd] *v. tr.* **1.** (color) desteñir. ‖ *v. intr.* **2.** (feeling, memories) desvanecerse.

fail [feɪl] *n.* **1.** suspenso *m.* ‖ *v. tr.* **2.** (exam) suspender; catear *col.*

failing ['feɪlɪŋ] *n.* falta *f.*

failure ['feɪljər] *n.* **1.** fracaso *m.* **2.** (mechanical) avería *f.*

faint [feɪnt] *n., Med.* **1.** desmayo *m.* ‖ *v. intr.* **2.** desmayarse.

fair [fer] *adj.* **1.** justo. **2.** (considerable) bueno. **3.** (skin) blanco *n.* ‖ **4.** feria *f.*

fairy ['feri:] *n.* hada *f.*

faith [feɪθ] *n.* **1.** *Rel.* fe *f.* **2.** (trust) confianza *f.*

faithful ['feɪθfəl] *adj.* fiel; leal.

faithfulness ['feɪθfəlnɪs] *n.* (loyalty) fidelidad *f.*; lealtad *f.*

fake [feɪk] *adj.* **1.** falso. ‖ *n.* **2.** falsificación *f.* ‖ *v. tr.* **3.** falsificar. **4.** (feign) fingir.

falcon ['fælkən, 'fɔːlkən] *n., Zool.* (bird) halcón *m.*

fall [fɔːl] *n.* **1.** caída *m.* **2.** *Am. E.* (season) otoño *m.* ‖ *v. intr.* **3.** caer; caerse. **4.** (price) bajar.

false [fɔːls] *adj.* **1.** (untrue) falso. **2.** (tooth, hair) postizo.

falsehood ['fɔːlshʊd] *n., frml.* (lie) falsedad *f.*; mentira *f.*

falsify ['fɔːlsəfaɪ] *v. tr.* **1.** (documents) falsificar. **2.** (truth) falsear.

fame [feɪm] *n.* fama *f.*

family ['fæməli] *n.* familia *f.*

famous ['feɪməs] *adj.* famoso.

fan [fæn] *n.* **1.** abanico *m.* **2.** *Electron.* ventilador *m.* **3.** (admirer) fan *m. y f.*; hincha *m. y f.*; aficionado *m.*

fancy ['fænsi:] *n.* **1.** imaginación *f.*; fantasía *f.* ‖ *v. tr.* **2.** imaginarse.

fang [fæŋ] *n., Zool.* colmillo *m.*

fantasy ['fæntəsi:] *n.* fantasía *f.*

far [fɑːr](comp: farther or further; superl: farthest or furthest) *adj.* **1.** lejano. ‖ *adv.* **2.** lejos. **3.** muy; mucho (+ comparative adj./ adv.). ‖ **as ~ as** hasta.

farce [fɑːrs] *n., Theat.* farsa *f.*

fare [fer] *n.* **1.** (on trains, buses) pasaje *m.*; billete *m.* **2.** (cost) tarifa *f.*; coste *m.*

farewell ['fer,wel] *n.* adiós *m.*; despedida *f.*

farm [fɑ:rm] *n.* **1.** granja *f.* ‖ *v. tr.* **2.** *Agr.* (land) cultivar.

farmhouse ['fɑ:rm,haus] *n.* cortijo *m.*; rancho *m. Amér.*

farther ['fɑ:rðər] *adj.* **1.** nuevo. ‖ *adv.* **2.** (at a greater distance) más allá; más lejos. **3.** (furthermore) además.

fascinating ['fæsə,neɪtɪŋ] *adj.* fascinante; atrayente.

fashion ['fæʃən] *n.* moda *f.*

fast¹ [fæst] *adj.* **1.** rápido; veloz. **2.** (tight) firme. ‖ *adv.* **3.** rápidamente; deprisa.

fast² [fɑ:st] *n.* **1.** ayuno *m.*; vigilia *f.* ‖ *v. intr.* **2.** ayunar.

fasten ['fæsən] *v. tr.* **1.** (fix) fijar. **2.** (belt) abrochar. **3.** (laces) atar.

fat [fæt] *adj.* **1.** gordo. ‖ *n.* **2.** grasa *f.*; gordo *m.* **3.** (animal) manteca *f.*

fatal ['feɪtəl] *adj.* **1.** (injury) mortal. **2.** (disastrous) nefasto; funesto. **3.** (important) fatal.

fate [feɪt] *n.* destino *m.*

fateful ['feɪtfəl] *adj.* (disastrous) funesto; desafortunado.

father ['fɑ:ðər] *n.* **1.** padre *m.* ‖ *v. tr.* **2.** engendrar.

father-in-law ['fɑ:ðərɪn,lɔ:] *n.* suegro *m.*; padre político.

fatherless ['fɑ:ðər,lɪs] *adj.* huérfano (de padre).

fatten ['fætən] *v. tr. & intr.* engordar.

faucet ['fɔ:sɪt] *n., Am. E.* grifo *f.*

fault [fɔ:lt] *n.* **1.** culpa *f.* **2.** defecto *m.*; falta *f.*

faultless ['fɔ:ltlɪs] *adj.* irreprochable; intachable.

fauna ['fɔ:nə] *n., Zool.* fauna *f.*

favor, favour (Br.E) ['feɪvər] *n.* **1.** favor *m.* ‖ *v. tr.* **2.** favorecer.

fawn ['fɔ:n] *v. intr., fig.* adular.

fax [fæks] *n.* fax *m.*; telefax *m.*

fear [fɪr] *n.* **1.** temor *m.*; miedo *m.* ‖ *v. tr.* **2.** temer; tener miedo.

fearful ['fɪrfəl] *adj.* (person) temeroso; miedoso; asustadizo.

feast [fi:st] *n.* **1.** banquete *m.* **2.** *Rel.* fiesta *f.* ‖ *v. tr.* **3.** festejar.

feat [fi:t] *n.* hazaña *f.*; proeza *f.*

feather ['feðər] *n., Zool.* pluma *f.*

feature ['fi:tʃər] *n.* **1.** rasgo *m.*; característica *f.* ‖ **features** *n. pl.* **2.** *Anat.* rasgos *m.*; facciones *f.*

February ['februəri:] *n.* febrero *m.*

fed up [fed] *adj. phr.* frito; harto.

feeble ['fi:bəl] *adj.* débil; endeble.

feed [fi:d] *n.* **1.** alimento *m.* **2.** (fodder) pienso *m.* ‖ *v. tr.* **3.** alimentar. **4.** (a baby) dar de comer. ‖ *v. intr.* **5.** (baby) mamar.

feeding ['fi:dɪŋ] *n.* alimentación *f.*

feel [fi:l] *n.* **1.** tacto *m.* ‖ *v. tr.* **2.** (touch) tocar; palpar. ‖ *v. intr.* **3.** (emotion, perceive) sentir.

feeler ['fi:lər] *n., Zool.* (of an animal) antena *f.*

feeling ['fi:lɪŋ] *n.* **1.** (emotion) sentimiento *m.* **2.** (physical) sensación *f.*

feet [fi:t] *n. pl.* pies *m.*

feign [feɪn] *v. tr.* fingir; aparentar.

felicity [fəlɪsəti:] *n.* felicidad *f.*

fell [fel] *v. tr.* (tree) talar.

fellow [feloʊ] *n.* **1.** (guy) tipo. **2.** (companion) compañero *m.*

felt [felt] *n.* fieltro *m.*

female [fi:meɪl] *adj.* **1.** femenino. **2.** *Zool.* hembra. || *n.* **3.** (woman) mujer *f.* **4.** *Zool.* hembra *f.*

feminine [femənɪn] *adj.* femenino.

fence [fens] *n.* **1.** (barrier) valla *f.*; cerca *f.* || *v. tr.* **2.** cercar; vallar.

fender [fendər] *n.*, *Am. E.*, *Car* guardabarros *m. inv.*

fennel [fenəl] *n.*, *Bot.* hinojo *m.*

fern [fɜ:rn] *n.*, *Bot.* helecho *m.*

ferocious [fəroʊʃəs] *adj.* feroz.

ferret [ferɪt] *n.*, *Zool.* hurón *m.*

fertility [fərtɪləti:] *n.* **1.** (of woman) fertilidad *f.* **2.** (of mind) fecundidad *f.*

fertilize, fertilise (Br.E) [fɜ:rtəlaɪz] *v. tr.* **1.** *Biol.* fecundar. **2.** *Agr.* abonar.

fertilizer [fɜ:rtəlaɪzər] *n.*, *Agr* abono *m.*; fertilizante *m.*

fervor, fervour (Br.E) [fɜ:rvər] *n.* (ardor) fervor *m.*

festival [festəvəl] *n.* **1.** *Mus.* festival *m.* **2.** *Rel.* fiesta *f.*; festividad *f.*

festivity [festɪvti:] *n.* festividad *f.*

fête or fête [feɪt] *v. tr.* agasajar.

fetter [fetər] *v. tr.* encadenar.

feud [fju:d] *n.* enemistad *f.*

fever [fi:vər] *n.*, *Med.* fiebre *f.*

few [fju:] *adj.* (also pron.) **1.** (countable nouns) poco. || **fewer** *poss. pron.* **2.** menos.

fiancé [fɪɑːnseɪ] *n.* **1.** prometido *m.*; novio *m.* || **fiancée** *n.* **2.** prometida *f.*; novia *f.*

fiber, fibre (Br.E) [faɪbər] *n.* fibra *f.*

fickle [fɪkəl] *adj.* voluble.

fiction [fɪkʃən] *n.* **1.** ficción *f.* **2.** *Lit.* novela *f.*; ficción *f.*

fictitious [fɪktɪʃəs] *adj.* (imaginary) ficticio; imaginario; irreal.

fiddle [fɪdəl] *n.*, *Mus.*, *fam.* (instrument) violín *m.*

fidelity [fɪdeləti:] *n.* (loyalty) fidelidad *f.*; lealtad *f.*

field [fi:ld] *n.* **1.** campo *m.* **2.** *fig.* (sphere) ámbito *m.*

fiend [fi:nd] *n.* (person) fiera *f.*

fierce [fɪrs] *adj.* (animal) feroz.

fifteen [fɪfti:n] *col. num. det.* (also pron. and n.) **1.** (cardinal) decimoquinto. || *card. num. adj.* **2.** quince. || **fifteen-year-old** *adj.* **3.** quinceañero.

fifteenth [fɪfti:nθ] *card. num. adj.* (also n.) quince.

fifth [fɪfθ] *card. num. adj.* (also n.) **1.** quinto; cinco. || *frac. numer. n.* (also adj. and pron.) **2.** quinto.

fiftieth [fɪftɪəθ] *card. num. adj.* (Also n.) cincuenta.

fifty [fɪfti:] *col. num. det.* (Also pron. and n.) **1.** cincuenta. || *card. num. adj.* **2.** cincuenta.

fig [fig] n., Bot. (fruit) higo m.

fight [fait] n. **1.** pelea f. **2.** (struggle) lucha f. **3.** Sports combate m. ‖ v. intr. **4.** luchar; pelear.

figure ['figjər] n. **1.** figura f.; forma f. **2.** Math. cifra f.; número m. ‖ v. intr. **4.** (appear) figurar.

file [fail] n. **1.** (tool) lima f. **2.** (dossier) archivo m. **3.** (row) fila f. **4.** (folder) carpeta f. ‖ v. tr. **5.** limar. **6.** (documents) archivar.

filet, fillet (Br.E) ['frlei 'frlei] n. **1.** (of meat, fish) filete m. **2.** (of veal) solomillo m. (de ternera).

filing cabinet ['failɪŋkæbnɪt] n. archivador m.; clasificador m.

fill [fil] v. tr. **1.** llenar. **2.** Med. (teeth) empastar.

filling ['filɪŋ] n. **1.** (of a tooth) empaste m. **2.** Gastr. relleno m.

film [film] n. **1.** Br. E. película f. **2.** carrete m. (de fotos). ‖ v. tr. **3.** (scene, event) filmar; rodar.

filter ['filtər] n. **1.** filtro m.; tamiz m. ‖ v. tr. **2.** filtrar; colar.

filth [filθ] n. mugre f.; porquería f.

fin [fin] n. aleta f.

final ['fainəl] adj. **1.** final. ‖ n. **2.** Br. E., Sports final f.

finalize ['fainəlaiz] v. tr. ultimar.

find [faind] n. **1.** hallazgo m.; descubrimiento m. ‖ v. tr. **2.** encontrar; hallar. **3.** (come upon) descubrir; hallar.

fine [fain] adj. **1.** fino. **2.** Meteor. (weather) bueno. ‖ n. **3.** multa f. ‖ v. tr. **4.** multar.

finger ['fiŋgər] n. **1.** Anat. (of hand) dedo m. ‖ v. tr. **2.** tocar.

finish ['finif] v. tr. **1.** (end) fin m. **2.** (polish) acabado m. **3.** Sports (of race) meta f. ‖ v. tr. **4.** acabar; concluir. ‖ v. intr. **5.** acabar.

fir [fɜːr] n., Bot. abeto m.

fire [fair] n. **1.** fuego m. **2.** (accidental) incendio m. ‖ v. tr. **3.** (a gun) disparar. ‖ v. intr. **4.** (shoot) disparar; tirar.

firecracker ['fair,krækər] n. petardo m.

fireman ['fair,mən] n. bombero m.

fireplace ['fair,pleis] n. **1.** chimenea f. **2.** (hearth) hogar m.

firewood ['fair,wud] n. leña f.

firm [fɜːrm] adj. **1.** firme. ‖ n. **2.** Br. E. firma f.; empresa f.

firmament ['fɜːrməmənt] n., Astrol. firmamento m., lit.

first [fɜːrst] card. num. adj. (also n.) **1.** primero; primer (before a masc. n.); uno. ‖ adv. **2.** primero. ‖ **firstly** adv. **3.** primero.

first-born ['fɜːrst,bɔːrn] adj. & n., frml. primogénito m.

fiscal ['fiskəl] adj. fiscal.

fish [fif] n. **1.** Zool. pez m. **2.** (food) pescado m. ‖ v. tr. & intr. **3.** pescar.

fishbone ['fif,boun] n. espina f.

fisherman ['fifərmən] n. pescador m.

fishhook ['fif,huk] n. anzuelo m.

fishing ['fifiŋ] n. pesca f.

fishmonger ['fɪʃˌmʌŋgər 'fɪʃˌmɒŋgər] *n*. **1.** *Br. E.* pescadero *m*. ‖ **fishmonger's** *n*. **2.** *Br. E.* pescadería *f*.

fissure ['fɪʃər] *n*. **1.** (crack) grieta. **2.** *Anat.* fisura *f*.

fist [fɪst] *n., Anat.* puño *m*.

fit [fɪt] *adj.* **1.** (proper) apropiado; adecuado. ‖ *v. tr.* **2.** acoplar; encajar. **3.** (color, clothes) sentar.

five [faɪv] *col. num. det.* (Also pron. and n.) **1.** cinco. ‖ *card. num. adj.* **2.** cinco; quinto.

fix [fɪks] *n.* **1.** (difficulty) apuro *m.*; aprieto *m.* ‖ *v. tr.* **2.** (fasten) fijar. **3.** (mend) arreglar.

fizzy ['fɪzɪ] *adj., Br. E.* gaseoso.

flag [flæg] *n.* **1.** bandera *f.*; insignia *f.* ‖ *v. intr.* **2.** decaer.

flair [fler] *n.* aptitud *f.*

flake [fleɪk] *n.* **1.** (of snow, cereals) copo *m.* **2.** (of skin, soap) escama *f.*

flame [fleɪm] *n.* **1.** (of fire) llama *f.* ‖ *v. intr.* **2.** (blaze) flamear.

flamenco [fləˈmeŋkoʊ] *n., Mus.* flamenco *m.*

flammable ['flæməbəl] *adj.* (combustible) inflamable.

flank [flæŋk] *n.* **1.** flanco *m.* **2.** (of person) costado *m.*

flannel ['flænəl] *n.* franela *f.*

flap [flæp] *n.* **1.** solapa *f.* ‖ *v. tr.* **2.** (wings) batir. ‖ *v. intr.* **3.** agitarse.

flare [fler] *n.* **1.** llamarada *f.* ‖ *v. intr.* **2.** (fire) llamear.

flash [flæʃ] *n.* **1.** (of lighting) relámpago *m.* **2.** *Phot.* flash *m.* ‖ *v. intr.* **3.** (light) relampaguear.

flask [flæsk] *n.* frasco *m.*

flat [flæt] *adj.* **1.** (surface) plano. ‖ *n.* **2.** *Br. E.* piso *m.*

flavor, flavour (Br.E) ['fleɪvər] *n.* **1.** sabor *m.* ‖ *v. tr.* **2.** *Gastr.* sazonar; condimentar.

flaw [flɔ:] *n.* desperfecto *m.*

flax [flæks] *n., Bot.* lino *m.*

flea [fli:] *n., Zool.* pulga *f.*

flee [fli:] *v. intr.* huir.

fleece [fli:s] *n.* **1.** vellón *m.* ‖ *v. tr.* **2.** *Zool.* esquilar. **3.** *fam* (cheat) desplumar.

fleet [fli:t] *n.* **1.** *Nav.* flota *f.* **2.** *Mil.* (navy) armada *f.*

flesh [fleʃ] *n.* carne *f.*

flexible ['fleksəbəl] *adj.* flexible.

flicker ['flɪkər] *v. intr.* parpadear.

flight [flaɪt] *n.* **1.** vuelo *m.* **2.** (escape) fuga *f.*; huida *f.*

fling [flɪŋ] *v. tr.* arrojar.

flip-flop ['flɪpˌflɒp] *n., Br. E.* chancla *f.*; (footwear) chinela *f.*

flirt [flɜ:rt] *n.* **1.** flirteo *m.*; coqueteo *m.* ‖ *v. intr.* **2.** flirtear.

float [floʊt] *n.* **1.** flotador *m.* ‖ *v. tr.* **2.** (currency) poner en circulación. ‖ *v. intr.* **3.** (on water) flotar; nadar.

flock [flɒk] *n.* **1.** (of birds) bandada *f.* **2.** (of sheep) rebaño *m.*

flood [flʌd] *n.* **1.** inundación *f.* **2.** *fig.* (people, tears, words) torrente *m.* ‖ *v. tr.* **3.** inundar.

floodgate ['flʌd,geɪt] *n., Tech.* (sluice) compuerta *f.*; esclusa *f.*

floor [flɔːr] *n.* (storey) piso *m.*

flora ['flɔːrə] *n., Bot.* flora *f.*

flour ['flaʊər] *n.* harina *f.*

flourish ['flʌrɪʃ] *v. intr.* florecer.

flourmill ['flæʊrmɪl] *n.* tahona *f.*

flout [flaʊt] *v. tr. & intr.* mofarse.

flow [fləʊ] *n.* **1.** flujo *m.* **2.** (of river) caudal *m.* ‖ *v. intr.* **3.** fluir.

flower ['flaʊər] *n.* **1.** *Bot.* flor *f.* ‖ *v. intr.* **2.** *Bot.* florecer.

flowerpot ['flaʊər,pɒt] *n.* maceta *f.*; tiesto *m.*; macetero *m.*

flu [fluː] *n., Med.* gripe *f.*

fluent ['fluːənt] *adj.* fluido.

fluff [flʌf] *n.* pelusa *f.*

fluid ['fluːɪd] *adj.* **1.** fluido. ‖ *n.* **2.** (liquid) fluido *m.*; líquido *m.*

flunk [flʌŋk] *v. tr., Am. E., coll.* (students) catear *col.*; suspender.

flush [flʌʃ] *n.* **1.** rubor *m.* ‖ *v. intr.* **2.** (blush) sonrojarse.

flute [fluːt] *n.* **1.** *Mus.* flauta *f.*

flutter ['flʌtər] *n.* **1.** revuelo *m.* ‖ *v. intr.* **2.** (birds) revolotear.

fly[1] [flaɪ] *n.* **1.** bragueta *f.* ‖ *v. intr.* **2.** (birds, planes) volar.

fly[2] [flaɪ] *n., Zool.* mosca *f.*

foam [fəʊm] *n.* **1.** espuma *f.* ‖ *v. intr.* **2.** (bubble) hacer espuma.

focus ['fəʊkəs] *n.* **1.** *Phys. & Math* foco *m.* **2.** *fig.* enfoque *m.* ‖ *v. tr.* **3.** enfocar.

fodder ['fɒdər] *n.* pienso *m.*

foe [fəʊ] *n.* enemigo *m.*

fog [fɒg] *n., Meteor.* niebla *f.*

fold [fəʊld] *n.* **1.** pliegue *m.* **2.** (for sheep) redil *m.* ‖ *v. tr.* **3.** doblar. ‖ *v. intr.* **4.** doblarse.

folder ['fəʊldər] *n.* carpeta *f.*

folk [fəʊk] *adj.* **1.** (song, dance) popular. ‖ *n.* **2.** pueblo *m.*

follow ['fɒləʊ] *v. tr.* seguir.

following ['fɒləʊɪŋ] *adj.* (next) siguiente; próximo.

folly ['fɒliː] *n.* locura *f.*; desatino *m.*

fond [fɒnd] *adj.* cariñoso.

fondle ['fɒndəl] *v. tr.* acariciar.

food [fuːd] *n.* comida *f.*

fool [fuːl] *n.* **1.** tonto *m.*; bobo *m.* ‖ *v. tr.* **2.** engañar.

foot [fʊt](pl.: feet) *n.* **1.** *Anat.* (of person) pie *m.* **2.** *Zool.* pata *f.*

football ['fʊtbɔːl] *n.* **1.** balón *m.* **2.** *Br. E., Sports* (soccer) fútbol *m.*

footprint ['fʊt,prɪnt] *n.* (of person, animal) huella *f.*

footstep ['fʊt,step] *n.* pisada *f.*; paso *m.*

for [fɔːr] *prep.* **1.** para. **2.** (purpose) por. **3.** (questions of purpose) a *fam.* **4.** (dishes) de. **5.** (in favour of) en/a favor de; pro. **6.** durante. ‖ *conj.* **7.** porque.

forage ['fɒrɪdʒ] *n., Agr.* forraje *m.*

forbid [fərbɪd] *v. tr.* (not allow) prohibir; privar.

force [fɔːrs] *n.* **1.** fuerza *f.* ‖ *v. tr.* **2.** obligar; forzar.

ford [fɔːrd] *n.* **1.** *Geogr.* (of a river) vado *m.* ‖ *v. tr.* **2.** *Geogr.* (cross a river) vadear.

forearm ['fɔːrˌɑːrm] *n., Anat.* antebrazo *m.*

forecast ['fɔːrkæst] *n.* **1.** (weather) pronóstico *m.* **2.** (prediction) previsión *f.* || *v. tr.* **3.** *Meteor.* pronosticar.

forefather ['fɔːrˌfɑːðər] *n.* (ancestor) antepasado *m.*

forefinger ['fɔːrˌfɪŋɡər] *n., Anat.* índice *m.*

forehead ['fɔːrˌhed] *n., Anat.* (brow) frente *f.*

foreign ['fɒrɪn] *adj.* **1.** extranjero. **2.** (policy, trade) exterior.

foreigner ['fɒrənər] *n.* extranjero *m.*

foreman ['fɔːrmən] *n.* capataz *m.*

foresee [fɔːrˈsiː] *v. tr.* prever.

foresight ['fɔːrsaɪt] *n.* previsión *f.*

forest ['fɒrɪst, 'fɔːrɪst] *adj.* **1.** forestal. || *n.* **2.** bosque *m.* || *v. tr.* **3.** *Am. E.* (plant with trees) poblar (de árboles).

forestall [fɔːrˈstɔːl] *v. tr.* (danger) prevenir.

foretaste [fɔːrˈteɪst] *n.* anticipo *m.*

foretell [fɔːrˈtel] *v. tr.* pronosticar.; presagiar; predecir.

forever or for ever [fərˈevər] *adv.* **1.** para siempre. **2.** siempre. || ~ **and ever** por siempre jamás.

forfeit ['fɔːrfɪt] *n.* (penalty) multa *f.*

forge [fɔːrdʒ] *n.* **1.** fragua *f.* **2.** *Tech.* (smithy) herrería *f.* || *v. tr.* **3.** falsificar. **4.** (metal) forjar.

forget [fərˈɡet] *v. tr.* **1.** olvidar. || *v. intr.* **2.** olvidarse de.

forgetfulness [fərˈɡetfəlnɪs] *n.* (absentmindedness) olvido *m.*

forgive [fərˈɡɪv] *v. tr.* perdonar.

fork [fɔːrk] *n.* tenedor *m.*

form [fɔːrm] *n.* **1.** (shape) forma *f.*; figura *f.* **2.** (document) formulario *m.* || *v. tr.* **3.** (mold) formar.

formidable ['fɔːrˌmɪdəbəl 'fɔːrˌmədəbəl] *adj.* formidable.

forsake [fərˈseɪk] *v. tr.* abandonar.

forswear [fɔːrˈswer] *v. tr., lit.* (give up, abandon) renunciar.

fortieth ['fɔːrtiəθ] *card. num. adj.* (Also n.) cuarenta.

fortify ['fɔːrtəfaɪ] *v. tr. fig.* (strengthen) fortalecer.

fortnight ['fɔːrtnaɪt] *n.* quince días; quincena *f.*

fortress ['fɔːrtrɪs] *n.* fortaleza *f.*

fortuitous [fɔːrˈtuːətəs] *adj.* (casual) fortuito; casual.

fortunate ['fɔːrtʃənɪt] *adj.* (luchy) afortunado; feliz.

fortune ['fɔːrtʃən] *n.* **1.** suerte *f.* **2.** (money) fortuna *f.*; millonada *f. col.*

forty ['fɔːrtiː] *col. num. det.* (Also pron. and n.) **1.** cuarenta. || *card. num. adj.* **2.** cuarenta.

forward ['fɔːrwərd] *adj.* **1.** (not shy) atrevido. **2.** (front) delantero. || *n.* **3.** *Sports* (player) delantero *m.* || *adv.* (or "forwards") **4.** hacia adelante; adelante.

fossil ['fɒsəl] *adj.* & *n.* fósil *m.*

foster ['fɒstər] *v. tr.* **1.** criar. **2.** (relations) fomentar.

foul [faʊl] *adj.* asqueroso; sucio.

found[1] ['faʊnd] *v. tr.* **1.** (establish, construct) fundar. **2.** (base) fundamentar.

found[2] ['faʊnd] *v., Tech.* (metal, glass) fundir; derretir.

foundation [faʊn'deɪʃən] *n.* **1.** fundación *f.* **2.** (basis) fundamento *m.*

founder ['faʊndər] *v. intr., Nav.* irse a pique; zozobrar.

foundry ['faʊndri:] *n.* (factory) fundición *f.*

fountain ['faʊntn] *n.* fuente *f.*

four [fɔ:r] *col. num. det.* (Also pron. and *n.*) **1.** cuatro. ‖ *card. num. adj.* **2.** cuatro; cuarto.

fourteen [ˌfɔ:r'ti:n] *col. num. det.* (Also pron. and *n.*) **1.** catorce. ‖ *card. num. adj.* **2.** catorce.

fourteenth [ˌfɔ:r'ti:nθ] *card. num. adj.* (Also pron.) catorce.

fourth [fɔ:rθ] *card. num. adj.* (Also *n.*) cuarto; cuatro.

fox [fɒks] *n., Zool.* zorro *m.*

fracture ['fræktʃər] *n.* **1.** *Med.* fractura *f.*; rotura *f.* ‖ *v. tr.* **2.** (rupture) fracturar.

fragile ['frædʒəl] *adj.* frágil.

fragrance ['freɪɡrəns] *n.* (aroma) fragancia *f.*; aroma *m.*

frail [freɪl] *adj.* frágil.

frame [freɪm] *n.* **1.** armazón *m.* **2.** (of door, picture) marco *m.*

3. (of glasses) montura *f.* **4.** *Tech.* & *Archit.* cuadro *m.* ‖ *v. tr.* **5.** (images) encuadrar.

framework ['freɪmˌwɜ:rk] *n.* **1.** armazón *amb.* **2.** esqueleto (de una edificación) *m.* **3.** *fig.* (setting) marco *m.*

frank [fræŋk] *adj.* franco.

fraternity [frə'tɜ:məti:] *n.* (club) fraternidad *f.*; hermandad *f.*

fraud [frɔ:d] *n.* fraude *m.*

fray [freɪ] *n.* reyerta *f.*

freak [fri:k] *n.* (unnatural event) fenómeno *m.*

freckle ['frekəl] *n.* peca *f.*

free [fri:] *adj.* **1.** libre. **2.** (not fixed) suelto. **3.** *Econ.* gratis. ‖ *v. tr.* **4.** (a prisoner) liberar.

freedom ['fri:dəm] *n.* libertad *f.*

freeze [fri:z] *v.* **1.** *Meteor.* helada *f.* ‖ *v. tr.* **2.** helar. **3.** (food, salaries, images) congelar.

freezer ['fri:zər] *n.* congelador *m.*

freight [freɪt] *n.* carga *f.*

frenzy ['frenzi:] *n.* frenesí *m.*

frequent ['fri:kwənt] *adj.* **1.** frecuente. ‖ *v. tr.* **2.** frecuentar.

fresh [freʃ] *adj.* **1.** (new) nuevo. **2.** (recent) fresco.

freshness ['freʃnɪs] *n.* frescura *f.*

fret [fret] *v. intr.* impacientarse.

friar ['fraɪər] *n., Rel.* fraile *m.*

Friday ['fraɪdɪ] *n.* viernes *m.*

friend [frend] *n.* amigo *m.*

fright [fraɪt] *n.* susto *m.*

frighten ['fraɪtn] *v. tr.* **1.** asustar. ‖ *v. intr.* **2.** asustarse.

frivolous ['frɪvələs] *adj.* frívolo.

frog [frog] *n., Zool.* rana *f.*

frolic ['frolɪk] *v. intr.* juguetear.

from [from, frəm, frʌm] *prep.* **1.** (starting point) desde; de. **2.** (time) a partir de; desde. **3.** (on the basis of) desde; según. **4.** de parte de. **5.** (result of) de.

front [frʌnt] *n.* **1.** (front part) delantera *f.* & *Archit.* fachada *f.* **3.** *Polit.* & *Mil.* frente *m.*

frontal ['frʌntəl] *adj.* frontal.

frontier ['frʌntɪr] *n.* frontera *f.*

frost [frost] *n.* **1.** *Meteor.* (freezing) helada *f.* **2.** *Meteor.* (frozen dew) escarcha *f.;* rocío *m.*

froth [froθ] *n.* espuma *f.*

frown [fraʊn] *n.* **1.** ceño *m.;* entrecejo *m.* ǁ *v. intr.* **2.** fruncir el ceño o entrecejo

frugal ['fru:gəl] *adj.* frugal.

fruit [fru:t] *adj.* **1.** frutero *m.* ǁ *n. inv.* **2.** fruta *f.* **3.** *Bot.* fruto *m.*

frustrate ['frʌstreɪt] *v. tr.* frustrar.

fry[1] [fraɪ] *n.* **1.** frito *m.* ǁ *v. tr.* **2.** (cook) freír.

fry[2] [fraɪ] *n., Zool.* alevín *m.*

fuck ['fʌk] *v. tr., vulg.* joder.

fuel [fjʊəl] *n.* combustible *m.*

fugitive ['fju:dʒətɪv] *adj.* **1.** (runaway) fugitivo; prófugo. ǁ *n.* **2.** fugitivo *m.;* prófugo *m.*

fulfill, fulfil (Br.E) [fulfil] *v. tr.* **1.** realizar. **2.** (role, function) desempeñar. **3.** (promise) cumplir.

full [ful] *adj.* **1.** (filled) lleno. **2.** (complete) completo.

fun [fʌn] *n.* diversión *f.*

function ['fʌŋkʃən] *n.* **1.** *Theat.* función *f.* (teatral) ǁ *v. intr.* **2.** (operate) funcionar.

funeral ['fju:nərəl] *n.* **1.** (burial) entierro *m.* **2.** (ceremony) funeral *m.;* exequias *f. pl.*

fungus ['fʌŋgəs](pl.: gi) *n., Bot.* hongo *m.*

funicular [fju:'nɪkjələr] *n.* (train) funicular *m.;* teleférico *m.*

funny ['fʌni] *adj.* divertido.

furnish ['fɜ:nɪʃ] *v. tr.* amueblar.

furniture ['fɜ:nɪtʃər] *n.* mobiliario *m.;* muebles *m. pl.*

furor ['fjʊrɔ:r] *n.* furor *m.*

furrow ['fʌrəʊ 'fɜrəʊ] *n.* **1.** *Agr.* surco *m.* ǁ *v. tr.* **2.** *Agr.* surcar.

further ['fɜ:rðər] *adj. compar.* **1.** nuevo. ǁ *adv.* **2.** (furthermore) además. **3.** (to a greater degree) más. **4.** más lejos; más allá; allá. ǁ *v. tr.* **5.** promocionar; fomentar. ǁ **6.** más adelante.

furtive ['fɜ:rtɪv] *adj.* furtivo.

fury ['fjʊri] *n.* furia *f.*

fusion ['fju:ʒən] *n.* fusión *f.*

fuss [fʌs] *n.* alboroto *m.*

futile ['fju:taɪl, 'fju:tɪl] *adj.* vano.

future ['fju:tʃər] *adj.* **1.** futuro; venidero. ǁ *n.* **2.** futuro *m.;* mañana *m.* **3.** (prospects) porvenir *m.*

fuze [fju:z] *n.* **1.** (explosive) mecha *f.* ǁ *v. tr.* **2.** (metal) fundir. **3.** *fig.* fusionar. ǁ *v. intr.* **4.** (metals) fundirse. **5.** *fig.* fusionarse.

g

g [dʒi:] *n.* (letter) g *f.*

gabardine [ˈgæbərˌdi:n] *n.* gabardina *f.*

gag [gæg] *n.* **1.** mordaza *f.* **2.** chiste *m.* ‖ *v. tr.* **3.** amordazar.

gaiety [ˈgeɪəti:] *n.* alegría *f.*

gain [geɪn] *v. tr.* ganar.

gala [ˈgælə] *n.* (show) gala *f.*

galaxy [ˈgæləksi:] *n., Astron.* galaxia *f.*

gale [geɪl] *n., Meteor.* vendaval *m.*

gallop [ˈgæləp] *n.* **1.** *Horse.* galope *m.* ‖ *v. intr.* **2.** *Horse.* galopar.

gamble [ˈgæmbəl] *n.* **1.** apuesta *f.* ‖ *v. intr.* **2.** (lay wager) jugar.

game [geɪm] *n.* **1.** juego *m.* **2.** (of cards) partida *f.* **3.** *Sports* partido *m.*

gap [gæp] *n.* **1.** hueco *m.* **2.** (in trees) claro *m.* **3.** (distance) intervalo *m.*

garage [gəˈrɑ:dʒ, gəˈrɑ:ʒ] *n.* **1.** (for parking) garaje *m.* **2.** *Car* (repair shop) taller *m.*

garbage [ˈgɑ:rbɪdʒ] *n., Am. E.* basura *f.*

garden [ˈgɑ:rdn] *n.* **1.** (for ornamental plants) jardín *m.* **2.** (for vegetables) huerta *f.*; huerto *m.*

gardenia [gɑ:rˈdi:njə] *n., Bot.* gardenia *f.*

gardening [ˈgɑ:rdnɪŋ] *n.* **1.** jardinería *f.* **2.** (vegetable growing) horticultura *f.*

garlic [ˈgɑ:rlɪk] *n.* ajo *m.*

garnish [ˈgɑ:rnɪʃ] *n.* **1.** adorno *m.* **2.** *Gastr.* aderezo *m.*; guarnición *f.* ‖ *v. tr.* **3.** adornar. **4.** *Gastr.* (food) aderezar.

gas [gæs] *n.* **1.** gas *m.* **2.** *Med.* anestesia *f.*

gas oil [ˈgæsoɪl] *n.* gasóleo *m.*

gasoline [ˈgæsəli:n ˌgæsəˈli:n] *n., Am. E., Car* gasolina *f.*

gastronomy [gæsˈtrɒnəmi:] *n.* gastronomía *f.*

gate [geɪt] *n.* puerta *f.*

gather [ˈgæðər] *v. tr.* **1.** coger. **2.** (pick up) recoger. **3.** (cloth) fruncir. ‖ *v. intr.* **4.** (crowd) reunirse; juntarse.

gay [geɪ] *adj.* **1.** alegre. ‖ *adj.* & *n.* **2.** gay *m.*; homosexual *m.*

gaze [geɪz] *v. tr.* mirar (fijamente).

geese [gi:s] *n. pl.* *goose.

gel [dʒel] *n.* gel *m.*

gelatin or gelatine [ˈdʒelətn] *n., Gastr.* (ingredient) gelatina *f.*

general [ˈdʒenərəl] *adj.* general.

generation [ˌdʒenəˈreɪʃən] *n.* generación *f.*

genial [ˈdʒi:njəl] *adj.* genial.

genital [ˈdʒenɪtəl] *adj.* **1.** genital. ‖ **genitals** *n. pl.* **2.** *Anat.* (sex) genitales *m.*

genius [ˈdʒi:njəs] *n.* genio *m.*

genre [ˈʒɑ:nrə] *n., Lit.* género *m.*

gentleman [ˈdʒentlmən] *n.* (man) caballero *m.*; señor *m.*

genuine [ˈdʒenjuːɪn] *adj.* (authentic) genuino; auténtico.

geography [dʒi:ˈɒgrəfi:] *n.* geografía *f.*

geology [dʒiːˈɒlədʒiː] n. geología f.

geometry [dʒɪˈɒmətriː] n. geometría f.

geranium [dʒəˈreɪnɪəm] n., Bot. (plant) geranio m.

germ [dʒɜːm] n. 1. Biol. germen m. 2. Med. microbio m.

gesture ['dʒestʃər] n. 1. gesto m. || v. intr. 2. gesticular.

get [get] v. tr. obtener; conseguir.

getaway ['getəweɪ] n. (quick departure) huida f.; escape m.

ghost [gəʊst] n. fantasma m.

giant ['dʒaɪənt] adj. 1. gigante; gigantesco. || n. 2. gigante m. y f.

gift [gɪft] n. 1. regalo m.; obsequio m. 2. (ability) don m.

gill [gɪl] n., Zool. (of fish) branquia f.; agalla f.

gin [dʒɪn] n. (drink) ginebra f.

giraffe [dʒəˈræf] n., Zool. jirafa f.

gird [gɜːd] v. tr. 1. ceñir; ajustar. 2. (encircle) rodear.

girl [gɜːl] n. 1. (small) niña f.; cría f. fam. 2. (young) chica f.; joven f.

girlfriend ['gɜːrlfrənd] n. novia f.

give [gɪv] v. tr. 1. dar. 2. (as a gift) regalar. 3. (help) prestar.

glacial ['gleɪʃəl] adj. glacial.

glacier ['gleɪʃər] n., Geol. glaciar m.

glad [glæd] adj. (happy) alegre; contento; feliz.

glance [glæns] n. vistazo m.

gland [glænd] n., Anat. glándula f.

glass [glæs] n. 1. vidrio m. 2. (for drinking) vaso m. || **glasses** n. pl. 3. (spectacles) gafas f.; lentes m. y f. Amér.

glaze [gleɪz] n. 1. (varnish) barniz m. || v. tr. 2. barnizar.

gleam [gliːm] n. brillo m.

glide [glaɪd] v. intr. 1. (slide) deslizarse; resbalarse. 2. (plane, bird) planear.

glimpse ['glɪmps] v. tr. 1. vislumbrar; entrever. 2. (perceive) comprender.

glisten ['glɪsən] v. intr. brillar.

glitter ['glɪtər] n. 1. (sparkle) brillo m. || v. intr. 2. brillar; relucir.

globe [gləʊb] n. globo m.

gloom [gluːm] n. oscuridad f.

gloss [glɒs] n. (shine) brillo m.

glossy ['glɒsiː] adj. brillante.

glove [glʌv] n. guante m.

glow [gləʊ] n. 1. resplandor m. || v. intr. 2. (jewel) brillar.

glue [gluː] n. 1. cola f.; pegamento m. || v. tr. 2. encolar; pegar.

go [gəʊ] v. intr. 1. ir. 2. (depart) marcharse. 3. (work) marchar.

goal [gəʊl] n. 1. Sports (aim) meta f. 2. Sports (fútbol) gol m.

goat [gəʊt] n., Zool. cabra f.

gobble ['gɒbəl] v. tr. (food) engullir; zampar.

god [gɒd] n. 1. dios m. || **goddess** n. 2. diosa f. || **God** p. n. 3. Dios.

godchild ['gɒdtʃaɪld] n. ahijado m.

goddaughter ['gɒd,dɔ:tər] *n.* ahijada *f.*

godfather ['gɒd,fɑ:ðər] *n., Rel.* (christening) padrino *m.*

godmother ['gɒd,mʌðər] *n., Rel.* (christening) madrina *f.*

godson ['gɒd,sʌn] *n.* ahijado *m.*

gold [gəʊld] *n.* oro *m.*

goldfinch ['gəʊld,fɪntʃ] *n., Zool.* (bird) jilguero *m.*

good [gʊd](comp: better, superl: best) *adj.* **1.** (general) bueno; buen (before a masc. n.). **2.** (kind) amable. || *n.* **3.** (benefit) bien *m.* **4.** (value) bien *m.*

goodbye [,gʊd'baɪ] *interj.* **1.** adiós. || *n.* **2.** adiós *m.*

good-looking [gʊd'lʊkɪŋ] *adj.* (man) apuesto; guapo.

good-natured ['gʊd,neɪtʃərd] *adj.* (kind) bondadoso; bueno.

goods ['gʊds] *n.* (commodity) géneros *m. pl.;* mercancías *f. pl.*

goose [gu:s](pl.: geese) *n., Zool.* ganso *m.;* oca *f.*

goosefish ['gu:z,fɪʃ] *n., Zool.* (monkfish) rape *m.*

gorge ['gɔ:rdʒ] *n.* **1.** *Geogr.* desfiladero *m.* || *v. intr.* **2.** (with food) hartarse.

gorgeous ['gɔ:rdʒəs] *adj.* maravilloso; magnífico.

gorilla [gərɪlə] *n., Zool.* gorila *f.*

gossip ['gɒsɪp] *n.* **1.** (rumor) cotilleo *m.* **2.** (person) cotilla *f.*

govern ['gʌvərn] *v. tr.* **1.** gobernar; regir. || *v. intr.* **2.** gobernar.

government ['gʌvərnmənt] *adj.* **1.** gubernamental. || *n.* **2.** *Polit.* gobierno *m.*

governmental ['gʌvərn,mentəl] *adj.* gubernamental.

gown [gaʊn] *n.* (of judge) toga *f.*

grab [græb] *v. tr.* agarrar; asir.

grace [greɪs] *n.* **1.** gracia *f.;* desenvoltura *f.* || *v. tr.* **2.** (adorn) adornar. **3.** (honor) honrar.

grade [greɪd] *n.* **1.** *Am. E.* (degree) grado *m.* **2.** *Am. E.* calificación *f.;* nota *f.*

graduate ['grædju:ɪt] *n.* **1.** licenciado *m.* || *v. intr.* **2.** (from university) licenciarse.

graduation [,grædju:'eɪʃən] *n.* (at university) graduación *f.*

grain [greɪn] *n.* grano *m.*

gram, gramme (Br.E) [græm] *n.* (measure) gramo *m.*

grammar ['græmər] *n.* gramática *f.*

grandchildren ['græn,tʃɪldrən] *n. pl.* nietos *m.*

granddaughter ['græn,dɔ:tər] *n.* nieta *f.*

grandfather ['grænd,fɑ:ðər] *n.* **1.** abuelo *m.* || **grandad** *n.* **2.** *fam.* abuelo *m.*

grandmother ['græn,mʌðər] *n.* **1.** abuela *f.* || **grandma** *n.* **2.** *fam.* abuela *f.*

grandparents ['græn,pɜ:rənts] *n. pl.* abuelos *m.*

grandson ['grænsən] *n.* nieto *m.*

granny ['græni:] *n.* abuela *f.*

grant [grænt] *n.* **1.** concesión *f.* **2.** beca *f.* ‖ *v. tr.* **3.** conceder.

grape [greɪp] *n., Bot.* uva *f.*

grapefruit ['greɪp,fru:t] *n., Bot.* (fruit) pomelo *m.*

grape-juice ['greɪp,dʒu:s] *n.* (drink) mosto *m.*

grapevine ['greɪp,vaɪn] *n., Bot.* (plant) parra *f.*

graph [græf] *n., Math.* gráfico *m.*

graphic ['græfɪk] *adj.* gráfico.

grasp [græsp] *n.* **1.** alcance *m.* ‖ *v. tr.* **2.** asir. **3.** (understand) captar.

grass [græs] *n.* hierba *f.*; yerba *f.*

grasshopper ['græs,hɒpər] *n., Zool.* (insect) saltamontes *m. inv.*

grate [greɪt] *n.* **1.** (of chimney) parrilla *f.* ‖ *v. tr.* **2.** *Gastr.* rallar.

gratitude ['grætə,tu:d] *n.* (gratefulness) gratitud *f.*

gratuitous [grə'tu:ətəs] *adj.* (unnecessary) gratuito.

grave [greɪv] *adj.* **1.** (situation) grave. ‖ *n.* **2.** (tomb) tumba *f.*

gravel ['grævəl] *n.* grava *f.*

graveyard ['greɪv,jɑ:rd] *n.* cementerio *m.*

gravity ['grævəti:] *n.* gravedad *f.*

gravy ['greɪvi:] *n., Gastr.* (for roastbeef) salsa (para la carne) *f.*

gray, grey (Br.E) [greɪ] *adj.* **1.** (color) gris. **2.** (hair) canoso. **3.** *Meteor.* nublado. ‖ *n.* **4.** (color) gris *m. y f.*

grease [gri:s] *n.* **1.** grasa *f.* ‖ *v. tr.* **2.** (lubricate) engrasar.

greasy ['gri:si:] *adj.* **1.** (oily) grasiento. **2.** (food, hair) graso.

great [greɪt] *adj.* **1.** grande. **2.** gran (it is used before sing. noun). **3.** (excellent) fenomenal.

great-grandchild [,greɪt'grænd ,tʃaɪld] *n.* **1.** (boy) bisnieto *m.* **2.** (girl) bisnieta *f.*

great-granddaughter ['greɪt, grændɔ:tər] *n.* bisnieta *f.*

great-grandfather [,greɪt'grænd, ɑ:ðər] *n.* bisabuelo *m.*

great-grandmother [,greɪt'græn, mʌðər] *n.* bisabuela *f.*

great-grandparents [greɪt'græn, pɜ:rənts] *n. pl.* bisabuelos *m. pl.*

great-grandson [,greɪt'grænd,sʌn] *n.* bisnieto *m.*

green [gri:n] *adj.* **1.** verde. ‖ *n.* **2.** (color) verde *m.* **3.** (grass) césped *m.*

greengage ['gri:n,geɪdʒ] *n., Bot.* (fruit) ciruela claudia.

greenhouse ['gri:n,haʊs] *n.* (hothouse) invernadero *m.*

greet [gri:t] *v. tr.* saludar.

greeting ['gri:tɪŋ] *n.* (spoken) saludo *m.*

grid [grɪd] *n.* (pattern) cuadrícula *f.*

grief [gri:f] *n.* pena *f.*; dolor *m.*

grieve [gri:v] *v. tr.* apenar.

grimace ['grɪməs, grɪ'meɪs] *n.* **1.** (gesture) mueca *f.*; gesto *m.* ‖ *v. intr.* **2.** hacer muecas.

grime [graɪm] *n.* mugre *f.*

grind [graɪnd] *v. tr.* (mill) moler.

groan [groʊn] *n.* **1.** (pain) gemido *m.*; quejido *m.* ‖ *v. intr.* **2.** (with pain) gemir; llorar.

grocer ['groʊsər] *n.* tendero *m.*

grocery store ['groʊsəri:, 'groʊsri:stoːr] *n. Am. E.* tienda de ultramarinos.

groin [grɔɪn] *n., Anat.* ingle *f.*

groom [gru:m] *n.* (bridegroom) novio *m.*

groove [gru:v] *n.* **1.** ranura *f.*; estría *f.* **2.** (of a record) surco.

gross [groʊs] *adj.* **1.** grueso. **2.** (coarse) grosero.

ground [graʊnd] *n.* **1.** tierra *f.*; suelo *m.* **2.** *Geogr.* (land) terreno *m.*

groundless ['graʊndlɪs] *adj.* infundado.

groundnut ['graʊnd,nʌt] *n., Br. E.* (planta) cacahuete *m.*

group [gru:p] *n.* **1.** grupo *m.*; agrupación *f.* ‖ *v. tr.* **2.** agrupar; juntar. ‖ *v. intr.* **3.** agruparse.

grouper ['gru:pər] *n., Zool.* (fish) mero *m.*

grow [groʊ] *v. tr.* **1.** cultivar. ‖ *v. intr.* **2.** crecer. **3.** (develop skills) cultivarse.

growl [graʊl] *v. intr.* **1.** gruñir. **2.** (person) refunfuñar.

grown-up ['groʊnʌp] *n.* adulto *m.*

grumble ['grʌmbəl] *n.* **1.** (complaint) queja *f.* ‖ *v. intr.* **2.** refunfuñar.

grunt [grʌnt] *n.* **1.** (of pig) gruñido *m.* ‖ *v. intr.* **2.** gruñir.

guarantee [ˌgærənti:] *n.* **1.** garantía *f.* ‖ *v. tr.* **2.** garantizar.

guard [gɑːrd] *n.* **1.** guardia *m.* y *f.* ‖ *v. tr.* **2.** defender; proteger.

guess [ges] *v. tr. & intr.* adivinar.

guest [gest] *n.* **1.** (at home) invitado *m.* **2.** (in a hotel) huésped *m.* y *f.*

guest house ['gest,haʊs] *sust. phr.* pensión *f.*

guide [gaɪd] *n.* **1.** guía *m.* y *f.* ‖ *v. tr.* **2.** guiar; orientar.

guild [gɪld] *n.* gremio *m.*

guile [gaɪl] *n.* astucia *f.*

guileless ['gaɪllɪs] *adj.* cándido.

guilt [gɪlt] *n.* **1.** (blame) culpa *f.*; falta *f.* **2.** *Law* culpabilidad *f.*

guitar [gɪ'tɑːr] *n., Mus.* guitarra *f.*

gulf [gʌlf] *n., Geogr.* golfo *m.*

gull [gʌl] *n., Zool.* gaviota *f.*

gully ['gʌli] *n., Geogr.* barranco *m.*

gulp [gʌlp] *n.* **1.** trago *m.* ‖ *v. tr.* **2.** *fig.* tragar (saliva).

gun [gʌn] *n.* **1.** (pistol) pistola *f.* **2.** (shotgun) fusil *m.* **3.** (cannon) cañón *m.*

guy [gaɪ] *n., Am. E., pej.* tipo *m.*; tío *m.*

gym [dʒɪm] *n.* gimnasio *m.*

gymnastics [dʒɪm'næstɪks] *n. pl., Sports* gimnasia *f. sing.*

gypsy [ˌdʒɑr'psi] *adj.* gitano.

gyrate [ˌdʒɑr'reɪt] *v. intr.* girar.

h

h [eɪtʃ] *n.* (letter) h *f.*

haberdashery ['hæbər,dæʃəri:] *n.*, *Br. E.* (notions store) mercería *f.*

habit ['hæbɪt] *n.* **1.** (routine) hábito *m.*; rutina *f.* **2.** *Rel.* hábito *m.*

habitat ['hæbətæt] *n.* hábitat *m.*

habitual [hə'bɪtʃʊəl] *adj.* común.

hack [hæk] *n.* (cut) corte *m.*

haft [hæft] *n.* **1.** (of knife) mango *m.* **2.** (of sword) puño *m.*

hail [heɪl] *n.* **1.** *Meteor.* (ice) granizo *m.*; pedrisco *m.* || *v. impers.* **2.** *Meteor.* granizar.

hailstone ['heɪl,stoʊn] *n.*, *Meteor.* pedrisco *f.*; granizo *m.*

hair [her] *n.* **1.** (one) pelo *m.*; cabello *m.* **2.** (in legs) vello *m.* **3.** (mass) cabellera *f.*; cabello.

hairbrush ['hɜːr,brʌʃ] *n.* cepillo *m.* (de pelo).

hairdryer ['hɜːr,draɪər] *n.* secador *m.* (de pelo).

hairless ['herlɪs] *adj.* (bald) calvo; sin pelo.

hairpin ['her,pɪn] *n.* **1.** (for hair) horquilla *f.* **2.** *Br. E.* pinza *f.*

hairspray ['her,spreɪ] *n.* (for hair) laca *f.*

hake [heɪk] *n.*, *Zool.* merluza *f.* || young ~ *Zool.* pescadilla *f.*

half [hæf] (pl.: halves) *adj.* **1.** medio. || *adv.* **2.** medio. **3.** (partly) medio. **4.** (+ participle) a medio

(+ inf.). || *n.* **5.** mitad *f.* **6.** *Math.* medio *m.*

hall [hɔːl] *n.* **1.** vestíbulo *m.*; hall *m.* **2.** (of lectures) sala *f.*

hallucinate [həluːsəneɪt] *v. intr.* alucinar; tener alucinaciones.

halo ['heɪloʊ] *n.* **1.** *Astron.* halo *m.* **2.** *Rel.* aureola *f.*; corona *f.*

halt [hɔːlt] *n.* **1.** parada *f.* *Tecn.* **2.** (stop) parar; detener. || *v. tr.*

ham [hæm] *n.* jamón *m.*

hamburger ['hæm,bɜːrgər] *n.*, *Gastr.* hamburguesa *f.*

hamlet ['hæmlɪt] *n.* (small village) caserío *m.*; aldea *f.*

hammer ['hæmər] *n.* **1.** (tool) martillo *m.* || *v. tr.* **2.** martillear.

hammock ['hæmək] *n.* hamaca *f.*

hamper ['hæmpər] *v. tr.* (hinder) obstaculizar.

hamster ['hæmstər] *n.*, *Zool.* (rodent) hámster *m.*

hand [hænd] *n.* **1.** *Anat.* mano *m.* **2.** (of clock) aguja *f.*; manecilla *f.*

handbag ['hænd,bæg] *n.* bolso *m.*

handball ['hænd,bɔːl] *n.*, *Sports* balonmano *m.*

handcuff ['hænd,kʌf] *v. tr.* (manacle) esposar.

handful ['hænd,fʊl] *n.* **1.** manojo *m.* **2.** (of rice, pasta) puñado *m.*

handkerchief ['hæŋkərtʃɪf] *n.* (kerchief) pañuelo *m.*

handle ['hændəl] *n.* **1.** (of door) pomo *m.* **2.** (of cup) asa *m.* **3.** (of knife) mango *m.*

handrail ['hænd,reɪl] *n.* barandilla *f.*; pasamanos *m. pl.*

handsaw ['hænd,sɔ:] *n.* serrucho *m.*

handsome ['hænsəm] *adj.* (man) guapo; apuesto; agraciado.

handwriting ['hænd,raitiŋ] *n.* letra *f.*; caligrafía *f.*

hang [hæŋ] *v. tr.* **1.** colgar. **2.** (criminal) ahorcar; colgar.

hanger ['hæŋər] *n.* percha *f.*

hangman ['hæŋmən] *n., Law* verdugo *m.*

hangover ['hæŋ,ouvər] *n.* (for drinking) resaca *f.*

hank [hæŋk] *n.* madeja *f.*

happen ['hæpən] *v. intr.* (occur) suceder; ocurrir; acontecer.

happening ['hæpəniŋ] *n.* (occurrence) suceso *m.*

happiness ['hæpinis] *n.* (felicity) felicidad *f.*

happy ['hæpi:] *adj.* **1.** feliz; contento. **2.** (fortunate) afortunado.

harass [hə'ræs, 'hærəs] *v. tr.* (persistently annoy) acosar; atosigar.

harbor, harbour (Br.E) ['hɑːrbər] *n., Nav.* puerto *m.*

hard [hɑːrd] *adj.* **1.** duro; recio. **2.** (task) arduo. **3.** (knock) fuerte.

harden ['hɑːrdən] *v. tr.* (make hard) endurecer.

hardly ['hɑːrdli:] *adv.* apenas; casi (en frases negativas).

hardness ['hɑːrdnis] *n.* dureza *f.*

hardworking ['hɑːrd,wɜːrkiŋ] *adj.* (industrious) laborioso; hacendoso; trabajador.

hare [her] *n., Zool.* liebre *f.*

haricot bean ['hæːrikoutˌbiːn] *n.* (legume) alubia *f.*

harm [hɑːrm] *n.* **1.** daño *m.*; perjuicio *m.* ‖ *v. tr.* **2.** (person) dañar; hacer daño. **3.** (health) perjudicar.

harmful ['hɑːrmful] *adj.* (damaging) dañino; nocivo; perjudicial.

harmonize ['hɑːrmənaiz] *v. tr.* **1.** *Mus.* armonizar. ‖ *v. intr.* **2.** (tendency, style) armonizar.

harmony ['hɑːrməni:] *n.* **1.** armonía *f.* **2.** concordia *f.*

harp [hɑːrp] *n., Mus.* arpa *f.*

harry ['hæːri:] *v. tr.* acosar.

harsh [hɑːrʃ] *adj.* **1.** duro; rígido. **2.** (voice) áspero. **3.** *Meteor.* crudo.

hart [hɑːrt] *n., Zool.* ciervo *m.*

harvest ['hɑːrvist] *n.* **1.** *Agr.* cosecha *f.*; siega *f.* ‖ *v. tr.* **2.** *Agr.* cosechar; recoger. **3.** *Agr.* (grapes) vendimiar.

haste [heist] *n.* prisa *f.*

hasten ['heisən] *v. tr.* acelerar.

hasty ['heisti:] *adj.* **1.** apresurado. **2.** (rash) precipitado.

hat [hæt] *n.* sombrero *m.*

hatch[1] [hætʃ] *n. Nav.* escotilla *f.*

hatch[2] [hætʃ] *v.* **1.** (of chicken) nidada *f.* ‖ *v. tr.* **2.** (eggs) empollar; incubar. **3.** *fig.* (plan) tramar.

hatchway ['hætʃ,wei] *n., Nav.* (opening) escotilla *f.*

hate [heit] *n.* **1.** odio *m.* ‖ *v. tr.* **2.** (detest) odiar; detestar.

hatred ['heɪtrɪd] *n.* odio *m.*

haughtiness ['hɔ:tɪnɪs] *n.* (arrogance) orgullo *m.;* arrogancia *f.*

haughty ['hɔ:ti:] *adj.* (lofty) altivo; altanero.

haul [hɔ:l] *n.* **1.** tirón. **2.** (journey) trayecto *m.* **3.** (loot) botín. ‖ *v. tr.* **4.** tirar. **5.** (drag) arrastrar.

haunt [hɔ:nt, hɒnt] *n.* **1.** (for people) guarida *f.;* escondrijo *m.* ‖ *v. tr.* **2.** *fig.* (an idea) perseguir. **3.** (frequent) frecuentar.

have ['hæv] *v. tr.* **1.** (possess, hold) tener. **2.** (breakfast, drink) tomar. ‖ *v. aux.* **3.** (compound) haber.

haversack ['hævərˌsæk] *n.* (knapsack) macuto *m.;* mochila *f.*

hawk [hɔ:k] *n., Zool.* halcón *m.*

hawthorn ['hɔ:θɔ:rn] *n., Bot.* espino *m.*

hay [heɪ] *n., Bot.* heno *m.*

hayfork ['heɪˌfɔ:rk] *n., Agr.* horca *f.*

haystack ['heɪˌstæk] *n.* (openair) pajar *m.*

hazard ['hæzərd] *v. tr. frml.* (risk) arriesgar; aventurar.

hazardous ['hæzərdəs] *adj.* (risky) arriesgado.

haze [heɪz] *n., Meteor.* neblina *f.*

hazel ['heɪzəl] *n., Bot.* avellano *m.*

hazelnut ['heɪzəlˌnʌt] *n., Bot.* (nut) avellana *f.*

hazy ['heɪzi:] *adj.* **1.** *Meteor.* nebuloso. **2.** *fig.* confuso; vago.

he [hi:] *pron. 3rd. person m. sing.* él.

head [hed] *n.* **1.** *Anat.* cabeza *f.* **2.** (boss) cabeza *m.* ‖ *v. tr.* **3.** (list) encabezar.

headache ['hedeɪk] *n.* dolor de cabeza.

headboard ['hedˌbɔ:rd] *n.* cabecera *f.*

headlight ['hedˌlaɪt] *n., Car* faro *m.*

headline ['hedlaɪn] *n.* **1.** encabezamiento *m.* **2.** (of newspaper) título *m.;* titular *m.* ‖ *v. tr.* **3.** poner en titulares.

headphones ['hedˌfoʊnz] *n. pl.* auriculares *pl.;* cascos *m.*

headstrong ['hedˌstrɒŋ] *adj.* testarudo; cabezón; cabezota.

heal ['hɪəl] *v. tr.* **1.** *Med.* (illness) curar. ‖ *v. intr.* **2.** *Med.* (wound) cicatrizar.

health [helθ] *n., Med.* salud *f.;* sanidad *f.*

heap [hi:p] *n.* (of things) montón *m.;* pila *f.;* cúmulo *m.*

hear ['hɪər] *v. tr.* **1.** oír. **2.** (get to know) enterarse.

heart [hɑ:rt] *n.* **1.** *Anat.* corazón *m.* **2.** *Bot.* (lettuce, cabbage) cogollo *m.*

heartache ['hɑ:rteɪk] *n.* congoja *f.*

hearten ['hɑ:rtən] *v. tr.* animar; alentar.

hearth [hɑ:rθ] *n.* (in home) hogar *m.;* chimenea *f.*

hearty ['hɑ:rti:] *adj.* campechano.

heat [hi:t] *n.* **1.** calor *m.* **2.** (animal) celo *m.* ‖ *v. tr.* **3.** calentar.

heating ['hiːtɪŋ] *n.* calefacción *f.*

heaven ['hevən] *n.* **1.** cielo *m.* **2.** *Rel.* paraíso *m.*

heaviness ['hevɪnɪs] *n.* **1.** (weight) peso *m.* **2.** (quality) pesadez *f.*

heavy ['hevi:] *adj.* **1.** (weight) pesado *m.* **2.** (meal, rain) fuerte.

hectare ['hektɑːr] *n.* hectárea *f.*

hectogram ['hektou,græm] *n.* (unit of weight) hectogramo *m.*

hedge [hedʒ] *n.* seto *m.*

hedgehog ['hedʒ,hɒg] *n.*, *Zool.* erizo *m.*

heel [hiːl] *n.* **1.** *Anat.* talón *m.* **2.** (of shoe) tacón *m.*

height [haɪt] *n.* **1.** *Geogr.* altura *f.* **2.** (of person) estatura *f.* **3.** (of mountain) cumbre *f.*

heighten ['haɪtən] *v. tr.* **1.** (intensify) realzar. **2.** (increase) elevar.

heinous ['heɪnəs] *adj.* atroz.

helicopter ['heli,kɒptər] *n.*, *Aeron.* helicóptero *m.*

hell [hel] *n.* infierno *m.*

hello! [he'lou] *interj.* ¡hola!

helmet ['helmɪt] *n.* casco *m.*

help [help] *n.* **1.** (aid) ayuda *f.* ‖ *v. tr.* **2.** ayudar.

hemisphere ['hemɪs,fɪr] *n.*, *Geogr.* hemisferio *m.*

hemorrhage, haemorrhage (Br.E) ['hemrɪdʒ] *n.*, *Med.* hemorragia *f.*

hemp [hemp] *n.*, *Bot.* cáñamo *m.*

hen [hen] *n.*, *Zool.* gallina *f.*

heptagon ['hep'tægən] *n.*, *Math.* heptágono *m.*

her [hɜːr] *poss. adj. 3rd. person f. sing.* **1.** su; suyo (detrás del s.). ‖ *pron. pers. accus.* **2.** la. ‖ *pron. pers. dat.* **3.** le. ‖ *pron. pers. prep.* **4.** ella.

herald ['herəld] *v. tr.* anunciar.

herb [hɜːrb] *n.*, *Gastr.* hierba *f.*

herd [hɜːrd] *n.* **1.** *Zool.* (of cattle) manada *f.* **2.** *Zool.* (of goats) rebaño *m.* **3.** (of pigs) piara *f.* ‖ *v. tr.* **4.** *Zool.* (cattle) arrear.

here [hɪr] *adv.* aquí; acá.

heresy ['herəsi:] *n.*, *Rel.* herejía *f.*

heritage ['herətɪdʒ] *n.* herencia *f.*

hermitage ['hɜːrmɪtɪdʒ] *n.* (chapel) ermita *f.*

hernia ['hɜːrnjə] *n.*, *Med.* hernia *f.*

hero ['hɪrou] *n.* héroe *m.*

heroin ['herouɪn] *n.* (drug) heroína *f.*

heroine ['herouɪn] *n.* (in novel) heroína *f.*

heroism ['hɪrouɪzəm] *n.* heroísmo *m.*

heron ['herən] *n.*, *Zool.* garza *f.*

herring ['herɪŋ] *n.*, *Zool.* (fish) arenque *m.*

hers [hɜːrz] *poss. pron. 3rd. person f. sing.* suyo.

herself [hɜːr'self] *pron. pers. refl. 3rd. person f. sing.* **1.** se; sí (detrás de prep.). ‖ *pron. pers. emphat.* **2.** ella misma.

hesitate ['hezɪteɪt] *v. intr.* (doubt) vacilar; dudar.

heterogeneous [,hetərə'dʒiːnjəs] *adj.* heterogéneo.

hexagon ['heksəgɒn] *n.*, *Math.* hexágono *m.*

heyday ['heɪdeɪ] *n.* apogeo *m.*

hi! [haɪ] *interj.*, *coll.* ¡hola!

hiatus [haɪ'eɪtəs] *n.*, *Ling.* hiato *m.*

hibernate ['haɪbɜːmeɪt] *v. intr.*, *Zool.* (bears) hibernar.

hiccuogh ['hɪkʌp] *n.* hipo *m.*

hiccup ['hɪkʌp] *n.* hipo *m.*

hidden ['hɪdən] *adj.* (concealed) oculto; escondido.

hide [haɪd] *n.* **1.** (skin) piel *f.* ‖ *v. tr.* **2.** esconder; ocultar. **3.** (truth) encubrir. ‖ *v. intr.* **4.** esconderse; ocultarse.

hide-and-seek ['haɪdənˌsiːk] *n.* (game) escondite *m.*

hideous ['hɪdɪəs] *adj.* (very unpleasant) horroroso; horrible.

hiding ['haɪdɪŋ] *n.*, *fam.* (beating) paliza; zurra *f.*

hierarchy ['haɪərɑːrkiː] *n.* jerarquía *f.*

hieroglyph [ˌhaɪroʊ'glɪf] *n.* jeroglífico *m.*

high [haɪ] *adj.* **1.** alto. **2.** (elevated) elevado. **3.** (sonido) agudo. **4.** (culminating) álgido. ‖ *adv.* **5.** alto.

highland ['haɪlænd] *adj.*, *Geogr.* montañoso.

highway ['haɪˌweɪ] *n.*, *Am. E.* carretera *f.*

hijack ['haɪdʒæk] *n.* **1.** (of plain) secuestro *m.* ‖ *v. tr.* **2.** (plain) secuestrar.

hike ['haɪk] *n.* caminata *f.*

hill [hɪl] *n.* **1.** *Geogr.* colina *f.*; loma *f.*; cerro *m.* **2.** (slope) cuesta *f.*

hillock ['hɪlɒk] *n.* **1.** *Geogr.* (small hill) loma *f.*; collado *m.* **2.** *Geogr.* (mound) montículo *m.*

hillside ['hɪlˌsaɪd] *n.*, *Geogr.* ladera *f.*

him [hɪm] *pron. pers. accus. 3rd. person m. sing.* **1.** lo; le *Esp.* ‖ *pron. pers. dat. 3rd. sing.* **2.** le. ‖ *pron. pers. prep. 3rd. sing.* **3.** él.

himself [hɪm'self] *pron. pers. refl. 3rd. person m. sing.* **1.** se; sí (detrás de prep.). ‖ *pron. pers. emphat.* **2.** él mismo.

hinder ['hɪndər] *v. tr.* (obstruct) estorbar; obstruir; obstaculizar.

hindrance ['hɪndrəns] *n.* (impediment) obstáculo *m.*

hinge [hɪndʒ] *n.* bisagra *f.*; gozne *m.*

hinny ['hɪniː] *n.*, *Zool.* mula *f.*

hip [hɪp] *n.*, *Anat.* cadera *f.*

hipflask ['hɪpˌflɑːsk] *n.* (for drinks) petaca *f.* (para bebidas).

hippo ['hɪpoʊ] *n.*, *Zool.*, *coll.* (also *fml.* hippopotamus) hipopótamo *m.*

hire ['haɪər] *n.* **1.** alquiler *m.*; arriendo *m.* ‖ *v. tr.* **2.** (rent) alquilar; arrendar.

his [hɪz] *poss. adj. 3rd. person m. sing.* **1.** su; suyo. ‖ *pron. poss.* **2.** suyo.

hiss [hɪs] *n.* **1.** silbido *m.* ‖ *v. tr.* **2.** (boo) sisear; silbar.

history ['hɪstəriː] *n.* historia *f.*

hit [hɪt] *n.* **1.** golpe. **2.** *coll.* (success) éxito *m.* ‖ *v. tr.* (p.t. and p.p. hit) **3.** golpear; pegar. **4.** (reach) alcanzar.

hitch [hɪtʃ] *v.* atar.

hitchhiking [ˈhɪtʃˌhaɪkɪŋ] *n.* autostop.

hive [haɪv] *n.* **1.** *Zool.* (home of bee) colmena *f.* **2.** *Zool.* (bee colony) enjambre *m.*

hoard [hɔːrd] *v. tr.* **1.** (objects) acumular; acaparar. **2.** (money) atesorar; amasar.

hoarse [hɔːrs] *adj.* ronco; afónico.

hoarseness [ˈhɔːrsnɪs] *n.* ronquera *f.*; carraspera*f.*

hobble [ˈhɒbəl] *n.* ‖ *v. intr.* cojear.

hobby [ˈhɒbiː] *n.* (pastime) *hobby m.*

hobgoblin [ˈhɒbgɒblɪn] *n.* duende *m.*

hoe [hoʊ] *n.*, *Agr.* azada *f.*; azadón *m.*

hog [hɒg] *n.*, *Am. E.*, *Zool.* puerco *m.*; cerdo *m.*; marrano *m.*

hoist [hɔɪst] *n.* **1.** (crane) grúa *f.* **2.** (freight lift) montacargas *m. inv.* ‖ *v. tr.* **3.** (lift) levantar.

hold [hoʊld] *n.* **1.** *Nav.* bodega *f.* ‖ *v. tr.* **2.** tener. **3.** (with the hand) agarrar; coger. **4.** (in hand) aguantar; sujetar. **5.** (opin-ion) sostener. **6.** (posi-tion) ocupar; ostentar.

hole [hoʊl] *n.* **1.** (small) agujero *m.* **2.** (large) hoyo *m.*; socavón *m.* **3.** (in road) bache *m.*

holiday [ˈhɒlədeɪ] *n.* **1.** día de fiesta; día festivo. ‖ **holidays** *n. pl.* **2.** vacaciones *f.*

hollow [ˈhɒloʊ] *adj.* **1.** hueco; vacío. **2.** (eyes) hundido. ‖ *n.* **3.** (cavity) hueco *m.*

holocaust [ˈhɒləkɔːst] *n.* holocausto *m.*; hecatombe *f.*

holy [ˈhoʊliː] *adj.* **1.** *Rel.* sagrado; santo. **2.** (water, bread) bendito.

homage [ˈhɒmɪdʒ, ˈɒmɪdʒ] *n.* homenaje *m.*

home [hoʊm] *n.* **1.** hogar *m.*; casa *f.* **2.** (for sick and poor persons) asilo *m.* ‖ *adj.* **3.** *Gastr.* casero. ‖ *adv.* **4.** (stay, be) en casa. **5.** (go, arrive) a casa.

homeland [ˈhoʊmˌlænd] *n.* patria *f.*

homeless [ˈhoʊmlɪs] *adj.* (without home) sin hogar; sin techo.

homemade [ˈhoʊmˌmeɪd] *adj.* casero.

homesickness [ˈhoʊmˌsɪknɪs] *n.* morriña *f. fam.*; añoranza *f.*

homicide [ˈhɒməˌsaɪd] *n.* **1.** (crime) homicidio *m.* **2.** (criminal) homicida *m. y f.*

homogeneous [ˌhoʊməˈdʒiːniːəs] *adj.* homogéneo.

homosexual [ˌhoʊməˈsekʃəl] *adj. & n.* homosexual *m. y f.*; gay *m.*

honest [ˈɒnɪst] *adj.* (trustworthy) honrado; honesto.

honesty [ˈɒnɪstiː] *n.* (probity) honradez *f.*; honestidad *f.*

honey ['hʌni:] *n*. **1.** (sweet substance) miel *f*. **2.** *fam.* (loving word) cariño *m*.

honeymoon ['hʌni,mu:n] *n*. (for newlyweds) luna de miel.

honey-suckle ['hʌni,sʌkəl] *n*., *Bot.* (bush) madreselva *f*.

honor, honour (Br.E) ['ɑnər] *n*. **1.** honor *m*.; honra *f*. ‖ *v. tr.* **2.** (respect) honrar.

honorable, honourable (Br.E) ['ɑnərəbəl] *adj*. (person) honrado; honesto.

hood [hʊd] *n*. **1.** capucha *f*. **2.** *Car* (folding roof) capota *f*.

hoof [hu:f] *n*. **1.** *Zool.* (of cow) pezuña *f*. **2.** (of horse) casco *m*.

hook [hʊk] *n*. **1.** gancho *m*. **2.** (fishhook) anzuelo *m*. ‖ *v. tr.* **3.** (grasp) enganchar.

hooligan ['hu:lɪgən] *n*., *slang* (vandal) gamberro *m*.; vándalo *m*.

hop¹ [hɑp] *n*. **1.** (jump) brinco *m*.; salto *m*. ‖ *v. intr.* **2.** (animal) brincar; saltar.

hop² [hɑp] *n*., *Bot.* lúpulo *m*.

hope [hoʊp] *n*. **1.** esperanza *f*. **2.** (false) ilusión *f*. ‖ *v. tr. & intr.* **3.** esperar; desear.

hopeful ['hoʊpfəl] *adj*. **1.** (person) esperanzado. **2.** (promising) esperanzador.

horde [hɔ:rd] *n*. **1.** (of people) horda *f*.; multitud *f*. **2.** (of insects) enjambre *m*.

horizon [hə'raɪzən] *n*., *Geogr.* horizonte *m*.

horizontal [hɔrɪ'zɑntəl] *adj*. & *n*. horizontal *m*. y *f*.

horn [hɔ:rn] *n*. **1.** *Zool.* (of bull) cuerno *m*.; asta *m*. **2.** *Car* claxon *m*.; bocina *f*.

horoscope ['hɔ:rəs,koʊp] *n*., *Astrol.* horóscopo *m*.

horrible ['hɔrəbəl 'hɔ:rəbəl] *adj*. horrible; horroroso.

horrify ['hɔrɪ,faɪ] *v. tr.* horrorizar.

horror ['hɔrər, 'hɔ:rər] *n*. horror *m*.; pavor *m*.

hors d'oeuvre [ɔ:rdɜ:rv] *n. m.*, *Gastr.* entremés *m*.; entrante *m*.

horse [hɔ:rs] *n*. **1.** *Zool.* caballo *m*. **2.** *Sports* potro *m*.

horsehair ['hɔ:rs,her] *n*., *Horse* crin *f*. (de caballo).

horseman ['hɔ:rsmən] *n*. jinete *m*.

horseshoe ['hɔ:rs,ʃu:] *n*. (for horse) herradura *f*.

horsewhip ['hɔ:rs,wɪp] *n*. **1.** látigo *m*. ‖ *v. tr.* **2.** fustigar; azotar.

horsewoman ['hɔ:rs,wʊmən] *n*. amazona *f*.; jinete *f*.

horticulture ['hɔ:rtə,kʌltʃər] *n*. (gardening) horticultura *f*.

hose [hoʊz] *n*. (pipe) manguera *f*.; manga *f*.

hospice ['hɑspɪs] *n*. (for the dying people) hospicio *m*.

hospitable [hɑs'pɪtəbəl] *adj*. hospitalario; acogedor.

hospital ['hɑspɪtəl] *n*. hospital *m*.

hospitality [,hɑspɪ'tæləti:] *n*. (kindness) hospitalidad *f*.; amabilidad *f*.

host ['houst] *n.* **1.** (at home) anfitrión *m.* **2.** *Biol. y Zool.* huésped *m. y f.*

hostage ['hɒstɪdʒ] *n.* rehén *m. y f.*

hostel ['hɒstəl] *n.* hostal *m.*

hostelry ['hɒstəlri:] *n.* **1.** (inn) posada *f.;* fonda *f.;* mesón *m.* **2.** (hotel) hostería *f.*

hostess ['houstɪs] *n.* **1.** (at home) anfitriona *f.* **2.** *Aeron.* (at exhibitions) azafata *f.*

hot [hɒt] *adj.* **1.** caliente. **2.** *Meteor.* caluroso. **3.** *Gastr.* (food) picante.

hotel [hou'tel] *n.* hotel *m.*

hound [haund] *n.* **1.** *Zool.* (dog) lebrel *m.;* perro de caza. ‖ *v. tr.* **2.** (prey) acosar.

hour ['auər] *n.* hora *f.* |

house [haus] *n.* **1.** casa *f.;* vivienda *f.* **2.** (with a garden) chalé *m.;* vivien-da unifamiliar. ‖ *v. tr.* **3.** alojar; albergar.

household ['haushould] *n.* casa *f.*

housekeeper ['haus,ki:pər] *n.* ama de llaves; gobernanta *f.*

housemaid ['haus,meɪd] *n.* (servant) doncella *f.;* chacha *f.;* criada *f.;* mucama *f. Amér.*

housewife ['haus,waif] *n.* ama de casa.

housing ['hauzɪŋ] *n.* alojamiento *m.;* vivienda *f.*

hover ['hɒvər] *v. intr.* revolotear.

how [hau] *n.* **1.** cómo *m..* ‖ *adv. int.* **2.** cómo. ‖ *adv. excl.* **3.** qué. ‖ **~ long...?** ¿cuánto tiempo...?; ¿cuánto?; ¿desde cuándo?

¿ **~ many?** ¿cuánto? ¿ **~ much** cuánto? ¿**~ often?** ¿con qué frecuencia?; ¿cuántas veces?

however [hau'evər] *adv.* **1.** sin embargo; no obstante. ‖ *adv.* **2.** (+ adjective) por ... que.

howl [haul] *n.* **1.** (cry) chillido *m.;* aullido *m.;* berrido *m.* ‖ *v. intr.* **2.** aullar; berrear.

hubbub ['hʌbʌb] *n.* (racket) alboroto *m.;* bulla *f.*

hue [hju:] *n.* **1.** tinte *m.* **2.** *fig.* color *m.* **3.** (shade) matiz *m.*

hug [hʌg] *n.* **1.** abrazo *m.* ‖ *v. tr.* **2.** abrazar.

huge ['hju:dʒ] *adj.* (enormous) enorme; inmenso.

hull [hʌl] *n.* **1.** *Nav.* (of a ship) casco *m.* **2.** *Bot.* (shell) cáscara *f.* **3.** *Bot.* (of legume) vaina *f.* ‖ *v. tr.* **4.** (peas) pelar.

hum [hʌm] *n.* **1.** *Zool.* (of bees) zumbido *m.* ‖ *v. tr.* **2.** (song) tararear. ‖ *v. intr.* **3.** *Zool.* (bees, engine) zumbar.

human ['hju:mən] *adj.* humano.

humane [hju:'meɪn] *adj.* humano.

humanitarian [hju:mænə'teriən] *adj.* humanitario; caritativo.

humanity [hju:'mænəti:] *n.* **1.** (virtue) humanidad *f.* **2.** (mankind) género humano.

humble ['hʌmbəl] *v. intr.* humillar. ‖ **~ oneself** humillarse.

humbleness ['hʌmbəlnɪs] *n.* (modesty) humildad *f.;* modestia *f.*

humid ['hju:mɪd] *adj., Meteor.* (climate) húmedo.

humidity [hju:'mɪdɪti] *n.* humedad *f.*

humiliate ['hju'mɪlɪəɪt] *v. tr.* (humble) humillar.

humility [hju:'mɪləti] *n.* humildad *f.*; modestia *f.*

humor, humour (Br.E) ['hju:mər] *n.* **1.** (mood) humor *m.* ‖ *v. tr.* **2.** consentir.

hump [hʌmp] *n.* (on back) chepa *f.*

hundred ['hʌndrɪd] *n.* **1.** *Math.* centena *f.* ‖ **hundreds** *n. pl.* **2.** cientos. ‖ **a/one ~** cien.

hundredth ['hʌndrɪdθ] *card. num. adj.* (also n.) **1.** centésimo; cien. ‖ *frac. numer. n.* (also adj. and pron.) **2.** centésimo; céntimo.

hunger ['hʌŋgər] *n.* hambre *f.*

hungry ['hʌŋgri:] *adj.* (starving) hambriento.

hunt [hʌnt] *n.* **1.** caza *f.*; cacería *f.* **2.** (search) búsqueda *f.* ‖ *v. tr. & intr.* **3.** cazar. **4.** (search) buscar.

hunting ['hʌntɪŋ] *n.* (hunt) caza *f.*; cacería *f.*

hurl ['hɜ:rl] *v. tr. & intr.* **1.** (throw) arrojar. **2.** (insults) vomitar.

hurricane ['hʌrəkəɪn] *n., Meteor.* huracán *m.*; ciclón *m.*

hurry ['hʌri:] *n.* **1.** prisa *f.*; precipitación *f.* ‖ *v. intr.* **2.** darse prisa; apresurarse; correr.

hurt [hɜ:rt] *n.* **1.** (mental) daño *m.* **2.** (physical) herida *f.* ‖ *adj.* **3.** (mentally) dolorido; resentido. **4.** (physically) herido. ‖ *v. tr.* (p.t. and p.p. hurt) **5.** hacer daño. **6.** (person) dañar; lastimar.

husband ['hʌzbənd] *n.* marido *m.*; esposo *m.*

hush [hʌʃ] *n.* **1.** silencio *m.* ‖ *v. tr.* **2.** hacer callar; acallar; silenciar.

hustle ['hʌsəl] *v. intr.* apresurarse.

hut [hʌt] *n.* choza *f.*; cabaña *f.*

hyacinth ['haɪəsɪnθ] *n., Bot.* (flower) jacinto *m.*

hybrid ['haɪbrɪd] *adj. & n.* híbrido *m.*

hydrogen ['haɪdrədʒən] *n., Chem.* hidrógeno *m.* ‖ **~ peroxide** agua oxigenada.

hydroplane ['haɪdrəpleɪn] *n., Am. E., Aeron.* hidroavión *m.*

hyena [haɪ'i:nə] *n., Zool.* hiena *f.*

hygiene ['haɪdʒi:n] *n.* higiene *f.*

hymn [hɪm] *n.* himno *m.*

hyphen ['haɪfən] *n., Ling.* guion *m.*

hypnotize, hypnotise (Br.E) ['hɪpnətaɪz] *v. tr.* hipnotizar.

hypocrisy [hɪ'pɒkrəsi:] *n.* hipocresía *f.*; falsedad *f.*

hypotenuse [haɪ'pɒtnju:z] *n., Math.* hipotenusa *f.*

hypothesis [haɪ'pɒθəsɪs] (pl.: -ses) *n.* (conjecture) hipótesis *f. inv.*; conjetura *f.*

hysteria [hɪs'terɪə] *n.* histerismo *m.*; nerviosismo *m.*

i

I [aɪ] *pron. pers. nomin. 1st. sing.* yo.

i [aɪ] *n.* (letter) i *f.*

ice [aɪs] *n.* hielo *m.*

ice cream ['aɪsˌkri:m] *n.* helado *m.*

iceberg ['aɪsbɜ:rg] *n.* iceberg *m.*

icebox ['aɪsˌbɒks] *n.* **1.** *Br. E.* congelador *m.* **2.** *Am. E.* nevera *f.*; frigorífico *m.*

idea [aɪ'dɪə] *n.* idea *f.*; concepto *m.*

ideal [aɪ'dɪl, aɪ'dɪəl] *adj.* **1.** ideal. ‖ *n.* **2.** (example) ejemplo *m.*

identity [aɪ'dentəti:] *n.* identidad *f.*

idle ['aɪdəl] *adj.* (lazy) vago.

idleness ['aɪdəlnɪs] *n.* (laziness) pereza *f.*

idler ['aɪdələr] *n.* holgazán *m.*

if [ɪf] *n.* **1.** incertidumbre *f.*; duda *f.* ‖ *conj.* **2.** si; cuando; como.

igloo ['ɪglu:] *n.* iglú *m.*

ignorance ['ɪgnərəns] *n.* ignorancia *f.*; desconocimiento *m.*

ignorant ['ɪgnərənt] *adj.* ignorante.

ignore [ɪgˈnɔ:r] *v. tr.* **1.** desoír; hacer caso omiso. **2.** (snub) ignorar.

ill [ɪl] *adj.* enfermo; malo.

illiterate [ɪˈlɪtərɪt] *adj. & n.* analfabeto *m.*; iletrado *m.*

illness ['ɪlnɪs] *n.*, *Med.* enfermedad *f.*; mal *m.*; dolencia *f.*

illogical [ɪˈlɒdʒɪkəl] *adj.* ilógico.

ill-treat ['ɪltrɜ:t] *v. tr.* maltratar.

illuminate [ɪˈlu:mɪˌneɪt] *v. tr.* (light) iluminar; alumbrar.

illusion [ɪˈlu:ʒən] *n.* ilusión *f.*

illustrate ['ɪləstreɪt] *v. tr.* ilustrar.

image ['ɪmɪdʒ] *n.* imagen *f.*

imagination [ɪˌmædʒəˈneɪʃən] *n.* imaginación *f.*; fantasía *f.*

imaginative [ɪˈmædʒənətɪv] *adj.* imaginativo; ensoñador; de gran inventiva.

imagine [ɪˈmædʒɪn] *v. tr.* **1.** imaginar. ‖ *v. intr.* **2.** imaginarsee.

imbalance [ˌɪmˈbæləns] *n.* (inequality) desfase *m.*

imitate ['ɪmɪteɪt] *v. tr.* imitar.

immaculate [ɪˈmækjʊleɪt] *adj.* impecable; inmaculado.

immediate [ɪˈmi:dʒət] *adj.* inmediato; próximo.

immense [ɪˈmens] *adj.* inmenso.

immigrate ['ɪməˌgreɪt] *v. intr.* inmigrar.

immodesty [ɪˈmɒdɪsti:] *n.* **1.** (conceit) inmodestia *f.* **2.** (indecency) indecencia *f.*

immortality [ˌɪmɔ:rˈtæli:ti:] *n.* inmortalidad *f.*; fama *f.*

immortalize, immortalise (Br.E) [ɪˈmɔ:rtəlaɪz] *v. tr.* inmortalizar; perpetuar.

impact ['ɪmpækt] *n.* impacto *m.*

impair [ɪmˈper] *v. tr.* (memory, sight, hearing) dañar.

impassable [ɪmˈpæsəbəl] *adj.* impracticable; intransitable.

impassive [ɪmˈpæsɪv] *adj.* impasible; imperturbable; impávido.

impatience [ɪmˈpeɪʃəns] n. (lack of patience) impaciencia f.

impeccable [ɪmˈpekəbəl] adj. (unimpeachable) impecable.

impede [ɪmˈpiːd] v. tr. **1.** impedir. **2.** (hinder) estorbar.

impediment [ɪmˈpedəmənt] n. **1.** impedimento m.; dificultad f. **2.** (obstacle) estorbo m.

impel [ɪmˈpel] v. tr. impulsar.

impenetrable [ɪmˈpenətrəbl] adj. impenetrable; hermético; inaccesible.

imperceptible [ˌɪmpərˈseptəbəl] adj. imperceptible; inapreciable.

imperfection [ˌɪmpərˈfekʃən] n. imperfección f.; defecto m.

imperishable [ɪmˈperɪʃəbəl] adj. imperecedero; perdurable.

impersonal [ɪmˈpɜːrsənəl] adj. (objective) impersonal.

impertinence or impertinency [ɪmˈpɜːrtənəns] n. (rudeness) impertinencia f.

implacable [ˌɪmˈplækəbəl] adj. (unappeasable) implacable.

implant [ɪmˈplænt] v. tr. **1.** Med. implantar. **2.** fig. (idea) inculcar.

implicate [ˈɪmpləkeɪt] v. tr. (involve) implicar; involucrar.

implicit [ɪmˈplɪsɪt] adj. implícito.

implore [ɪmˈplɔːr] v. tr. (beg) implorar; suplicar; rogar.

imply [ɪmˈplaɪ] v. tr. **1.** implicar. **2.** (hint) dar a entender.

impoliteness [ˌɪmpəˈlaɪtnɪs] n. descortesía f.; descaro.

import [ˈɪmpɔːrt ɪmˈpɔːrt] n. **1.** Econ. importación f. ‖ v. tr. **2.** (goods) importar.

important [ɪmˈpɔːrtənt] adj. (fundamental) importante; vital.

importation [ˌɪmpɔːrˈteɪʃən] n. (import) importación f.

impose [ɪmˈpoʊz] v. tr. imponer.

impossible [ɪmˈpɒsəbəl] adj. imposible.

imposter, impostor (Br.E) [ˌɪmˈpɒstər] n. impostor m.

impracticable [ɪmˈpræktɪkəbəl] adj. (unfeasible) impracticable.

impregnate [ˈɪmpregneɪt] v. tr. (soak) impregnar.

impress [ɪmˈpres] v. tr. **1.** (make impression) impresionar. **2.** (mark) imprimir. **3.** (pattern) estampar; fijar.

imprint [ˈɪmprɪnt] n. **1.** marca f. ‖ v. tr. **2.** (stamp) estampar; imprimir. **3.** (on mind) grabar.

imprison [ɪmˈprɪzən] v. tr. (jail) encarcelar; recluir.

improper [ɪmˈprɒpər] adj. **1.** impropio. **2.** (method) inadecuado.

improve [ɪmˈpruːv] v. tr. **1.** (make better) mejorar. **2.** (knowledge) perfeccionar. ‖ v. intr. **3.** (become better) mejorar.

improvise [ˈɪmprəvaɪz] v. tr. & intr. improvisar.

impugn [ɪmˈpʌn] v. tr., Law, frml. (contest) impugnar; rebatir.

impute [ɪmˈpjuːt] v. tr. (attribute) imputar; atribuir; achacar.

in [ɪn] *prep.* **1.** en. **2.** (inside) dentro de; en. **3.** (after) dentro de. **4.** (during) en. **5.** (months, years) en. **6.** (morning, afternoon) por. **7.** (seasons) en.

inaccessible [ˌɪnækˈsesəbəl] *adj.* (unapproachable) inaccesible; inalcanzable.

inaccuracy [ɪnˈækjərəsi:] *n.* (imprecision) inexactitud *f.*

inaccurate [ɪnˈækjərɪt] *adj.* **1.** inexacto. **2.** (statement) erróneo.

inadequacy [ɪnˈædɪkwəsi:] *n.* **1.** insuficiencia *f.* **2.** (inability) incompetencia *f.*; ineptitud.

inadmissible [ˌɪnədˈmɪsəbəl] *adj.* inaceptable; inadmisible.

inappropriate [ˌɪnəˈprəʊpriət] *adj.* **1.** inoportuno. **2.** (behavior) impropio; inadecuado.

inaugurate [ɪnˈɔːɡjəˌreɪt] *v. tr.* (place) inaugurar; abrir.

inborn [ˈɪnbɔːrn] *adj.* innato.

incalculable [ˌɪnˈkælkjələbəl] *adj.* incalculable.

incandescent [ˌɪnkənˈdesənt] *adj.* (red hot) incandescente.

incense¹ [ˈɪnsens] *n.* incienso *m.*

incense² [[ɪnˈsens] *v. tr.* irritar.

incest [ˈɪnsest] *n.* incesto *m.*

inch [ɪntʃ] *n.* pulgada *f.*

incident [ˈɪnsədənt] *n.* incidente *m.*; episodio *m.*

incidentals [ɪnsɪˈdentəls] *n. pl.* imprevistos *m.*; gastos *m.*

incite [ɪnˈsaɪt] *v. tr.* incitar.

incline [ɪnˈklaɪn] *n.* **1.** *frml.* (slope) pendiente. ‖ *v. tr.* **2.** (body, head) inclinar. ‖ *v. intr.* **3.** (slope) inclinarse.

include [ɪnˈkluːd] *v. tr.* **1.** incluir. **2.** (in series) comprender.

incognito [ˌɪnkɒɡniːtoʊ] *n.* incógnito *m.*

incoherent [ˌɪnkoʊˈhɪrənt] *adj.* **1.** (unconnected) incoherente. **2.** (unintelligible) ininteligible.

income [ˈɪnkʌm] *n.* ingresos *m. pl.*; renta *f.*

incomparable [ɪnkɒmˈpərəbəl] *adj.* incomparable; inigualable.

incompatibility [ɪnˌkɒmpætəˈbɪləti:] *n.* incompatibilidad *f.*

incompatible [ˌɪnkəmˈpætəbəl] *adj.* incompatible; opuesto.

incomplete [ˌɪnkəmˈpliːt] *adj.* (unfinished) incompleto.

incomprehensible [ˌɪnkɒmprəˈhensəbəl] *adj.* incomprensible.

inconceivable [ˌɪnkənˈsiːvəbəl] *adj.* (unthinkable) inconcebible; inimaginable.

inconsiderable [ˌɪnkənˈsɪdərəbəl] *adj.* (insignificant) insignificante.

inconvenience [ˌɪnkənˈviːnjəns] *n.* **1.** (annoyance) incomodidad *f.*; inconveniencia *f.*; molestia *f.* ‖ *v. tr.* **2.** (annoy) molestar.

incorporate [ɪnˈkɔːrpəreɪt] *v. tr.* (integrate) incorporar.

incorrectness [ˌɪnkəˈrektnɪs] *n.* (mistake) incorrección *f.*; error.

increase ['ɪnkriːs] *n.* **1.** (in number) incremento *m.* || *v. tr.* **2.** aumentar. || *v. intr.* **3.** aumentar.

incredible [ɪnˈkredəbəl] *adj.* (extraordinable) increíble; inimaginable.

increment ['ɪnkrəmənt] *n.* (in salary) incremento *m.;* aumento *m.;* subida *f.*

incumbent [ɪnˈkʌmbənt] *n.* (holder) titular *m. y f.*

incurable [ɪnˈkjʊrəbəl] *adj.* **1.** (disease) incurable. **2.** *fig.* (loss) irremediable.

indecency [ɪnˈdiːsənsi] *n.* indecencia *f.;* deshonestidad *f.*

indemnify [ɪnˈdemnɪˌfaɪ] *v. tr.* (compensate) indemnizar.

independence [ˌɪndəˈpendəns] *n.* independencia *f.*

indescribable [ˌɪndɪsˈkraɪbəbəl] *adj.* indescriptible; inenarrable.

indestructible [ˌɪndəsˈtrʌktəbəl] *adj.* indestructible; inalterable.

index ['ɪndeks] (pl.: indexes or índices) *n.* índice *m.*

indicate ['ɪndɪkeɪt] *v. tr.* (point out) indicar; designar; señalar.

indigence ['ɪndɪdʒəns] *n., lit.* indigencia *f.;* pobreza *f.*

indigenous [ɪnˈdɪdʒənəs] *adj.* (native) nativo; indígena; autóctono.

indiscretion [ˌɪndəsˈkreʃən] *n.* indiscreción *f.;* imprudencia *f.*

indiscriminate [ˌɪndəsˈkrɪmənɪt] *adj.* indistinto; indiferente.

indispensable [ˌɪndəsˈpensəbəl] *adj.* indispensable.

indisputable [ˌɪndəsˈpjuːtəbəl] *adj.* indiscutible; irrefutable.

individual [ˌɪndəˈvɪdʒʊəl] *adj.* **1.** individual. || *n.* **2.** individuo *m.*

indomitable [ɪnˈdɒmɪtəbəl] *adj., frml.* indómito *lit.;* indomable.

indoors [ɪnˈdɔːrz] *adv.* **1.** (inside) dentro (de casa). **2.** (at home) en casa.

indubitable [ɪnˈdjuːbɪtəbəl] *adj., frml.* (undoubted) indudable.

induce [ɪnˈdjuːs] *v. tr.* inducir.

indulge [ɪnˈdʌldʒə] *v. tr.* consentir; mimar.

indulgence [ɪnˈdʌldʒəns] *n.* indulgencia *f.;* benevolencia *f.*

industry ['ɪndəstriː] *n.* industria *f.*

inefficacious [ˌɪnefrˈkəɪʃəs] *adj.* (inept) ineficaz; inepto; inútil.

inept [ɪnˈept] *adj.* inepto; negado.

inequality [ˌɪniːˈkwɒlətiː] *n.* (disparity) desigualdad *f.*

inert [ɪnˈɜːrt] *adj.* inerte.

inertia [ɪnˈɜːrʃə] *n.* inercia *f.*

inescapable [ˌɪnəsˈkeɪpəbəl] *adj.* ineludible; forzoso; inevitable.

inestimable [ɪnˈestɪməbəl] *adj.* **1.** inestimable; inapreciable. **2.** (value) incalculable.

inevitable [ɪnˈevətəbəl] *adj.* (necessary) inevitable; necesario.

inexhaustible [ˌɪnɪgˈzɔːstəbəl] *adj.* (endless) inagotable.

inexperienced [ˌɪnɪksˈpɪərɪənst] *adj.* inexperto; novato; novel.

inexplicable [ɪnəksˈplɪkəbəl] *adj.* inexplicable.

infamy [ˈɪnfəmi:] *n.* infamia *f.*

infancy [ˈɪnfənsi:] *n.* infancia *f.;* niñez *f.*

infant [ˈɪnfənt] *n.* **1.** (child) criatura *m. y f.* **2.** *Br. E.* párvulo *m.*

infect [ɪnˈfekt] *v. tr.* **1.** infectar. **2.** (water, food) contaminar. **3.** (an illness) contagiar.

infection [ɪnˈfekʃən] *n., Med.* infección *f.;* contagio *m.*

infer [ɪnˈfɜ:r] *v. tr.* inferir.

inferior [ɪnˈfɪrɪər] *adj.* **1.** inferior. || *n.* **2.** *pej.* inferior *m. y f.*

infidel [ˈɪnfədəl] *adj.* **1.** *Rel.* infiel. || *n.* **2.** *Rel.* infiel *m. y f.*

infiltrate [ˈɪnfəltreɪt] *v. tr.* **1.** infiltrar. || *v. intr.* **2.** infiltrarse.

infinite [ˈɪnfənɪt] *adj.* **1.** (limitless) infinito. || *n.* **2.** infinito *m.*

infinity [ɪnˈfɪnəti:] *n.* **1.** (quantity) infinidad *f.* **2.** *Math.* infinito *m.*

infirm [ɪnˈfɜ:rm] *adj.* **1.** (ill) enfermizo. **2.** (weak) enclenque.

infirmary [ɪnˈfɜ:rməri:] *n.* (room in a school, prison) enfermería *f.*

inflame [ɪnˈfleɪm] *v. tr.* **1.** encender; enardecer. **2.** *Med.* inflamar.

inflammable [ɪnˈflæməbəl] *adj., Br. E.* (material) inflamable.

inflate [ɪnˈfleɪt] *v. tr.* **1.** inflar; hinchar. **2.** *v. intr.* inflarse.

inflexible [ɪnˈfleksəbəl] *adj.* inflexible; rígido; intransigente.

inflict [ɪnˈflɪkt] *v. tr.* infligir.

influence [ˈɪnfluəns] *n.* **1.** influencia *f.;* influjo *m.* || *v. tr.* **2.** influir; influenciar.

inform [ɪnˈfɔ:rm] *v. tr.* **1.** informar; notificar. **2.** (police) avisar.

information [ˌɪnfərˈmeɪʃən] *n.* información *f.*

infringe [ɪnˈfrɪndʒ] *v. tr., frml.* (law) infringir; quebrantar.

infuriate [ɪnˈfjʊreɪt] *v. tr.* (anger) enfurecer; encolerizar.

infuse [ɪnˈfjus] *v. tr., fig.* (courage) infundir (coraje).

infusion [ɪnˈfju:ʒən] *n.* infusión *f.*

ingenious [ɪnˈdʒi:njəs] *adj.* (skilful) ingenioso; astuto; sagaz.

ingenuity [ˌɪndʒɪˈnʊəti:] *n.* (inventive talent) ingenio *m.*

ingenuousness [ɪnˈdʒenjʊəsnɪs] *n.* ingenuidad *f.;* candidez *f.*

ingot [ˈɪŋgət] *n.* lingote *m.*

ingratitude [ɪnˈgrætɪtjuːd] *n.* ingratitud *f.*

ingredient [ɪnˈgri:dɪənt] *n.* **1.** *Gastr.* ingrediente *m.* **2.** *fig.* elemento *m.*

inhabit [ɪnˈhæbɪt] *v. tr., frml.* (live) habitar; ocupar; poblar.

inherit [ɪnˈherɪt] *v. tr. & intr.* (money, properties) heredar.

inheritance [ɪnˈherətəns] *n., Law* herencia *f.;* patrimonio *m.*

inhumane [ˌɪnhjuˈmeɪn] *adj.* (cruel) inhumano; despiadado; cruel.

initiate [rɪnɪʃɪeɪt] *adj. & n.* **1.** iniciado *m.* || *v. tr.* **2.** iniciar.

initiative [ɪ'nɪʃətɪv] *n.* iniciativa *f.*

inject [ɪn'dʒekt] *v. tr.* inyectar.

injury ['ɪndʒəri:] *n.* **1.** herida *f.;* lesión *f.* **2.** *fig.* (harm) daño *m.*

injustice [ɪn'dʒʌstɪs] *n.* injusticia *f.*

ink [ɪŋk] *n.* **1.** tinta *f.;* tinte *m.*
‖ **inkpot** *n.* **2.** tintero *m.*

inkblot ['ɪŋkblɒt] *n.* borrón *m.*

inland ['ɪnlənd] *adj., Geogr.* interior; del interior.

inlay ['ɪnleɪ] *v. tr.* **1.** (metal, wood) embutir. **2.** (jewels) incrustar; encajar.

inn [ɪn] *n.* **1.** posada *f.;* fonda *f.* **2.** (in country) venta *f.* **3.** (pub) tabernaf.

innate ['ɪneɪt] *adj.* innato.

innermost ['ɪnərmoʊst] *adj., fig.* (thoughts) recóndito.

innocent ['ɪnəsənt] *n.* (person) inocente *m. y f.*

innumerable [ɪ'nu:mərəbəl] *adj.* innumerable; incalculable.

inoffensive [ɪnə'fensɪv] *adj.* (harmless) inofensivo.

inopportune [ɪnɒp'tju:n] *adj.* inoportuno; inconveniente.

inorganic [ɪnɔ:r'gænɪk] *adj.* inorgánico.

inquiry [ɪn'kwaɪri:] *n.* **1.** (question) pregunta *f.* **2.** (investigation) encuesta *f.*

insane [ɪn'seɪn] *adj.* loco.

insanity [ɪn'sænəti:] *n., Med.* (dementia) locura *f.;* demencia *f.*

insect ['ɪnsekt] *n.* insecto *m.*

insecticide [ɪn'sektəsaɪd] *adj. & n.* insecticida *m.*

insecurity [ɪnsə'kjʊrəti:] *n.* (of person, situation) inseguridad *f.*

inseparable [ɪn'sepərəbəl] *adj.* inseparable.

insert [ɪn'sɜ:rt] *v. tr.* **1.** introducir. **2.** (text) insertar;.incluir.

inside [ɪn'saɪd] *adj.* **1.** interior. ‖ *n.* **2.** interior *m.* ‖ *adv.* **3.** (be, stay) adentro; dentro.

insignificant [ɪnsɪg'nɪfɪkənt] *adj.* (trivial) insignificante.

insinuate [ɪn'sɪnjʊeɪt] *v. tr.* (suggest) insinuar; sugerir.

insipid [ɪn'sɪpɪd] *adj.* (bland) insípido; soso; desabrido.

insist [ɪn'sɪst] *v. intr.* insisti.

insolation [ɪnsoʊ'leɪʃən] *n., Med.* insolación *f.*

insole ['ɪnsoʊl] *n.* (for shoes) plantilla *f.*

insolent ['ɪnsələnt] *adj.* (cheek) insolente; descarado.

insolvent [ɪn'sɒlvənt] *adj., Econ.* insolvente; arruinado.

insomnia [ɪn'sɒmnɪə] *n.* insomnio *m.;* desvelo *m.;* vigilia *f.*

insomuch [ɪnsoʊ'mʌtʃ] *adv.* de tal modo; puesto que.

inspect [ɪns'pekt] *v. tr.* **1.** inspeccionar. **2.** (luggage) registrar.

inspire [ɪns'paɪə] *v. tr.* inspirar.

instability [ɪnstə'bɪləti:] *n.* inestabilidad *f.;* inseguridad *f.*

instal, install (Br.E) [ɪn'stɔ:l] *v. tr.* instalar; colocar.

instance ['ɪnstəns] n. 1. (example) ejemplo m. ‖ v. tr. 2. (an example) mencionar.

instant ['ɪnstənt] adj. 1. (immediate) inmediato. ‖ n. 2. instante m.

instead [ɪn'sted] adv. en cambio. ‖ ~ of en lugar de; en vez de.

instep ['ɪnstep] n. (foot, shoe) empeine m.

instigate ['ɪnstəgeɪt] v. tr. (provoke) instigar; provocar.

instinct ['ɪnstɪŋkt] n. instinto m.; olfato m. fig.; inclinación f.

institute ['ɪnstətuːt] v. tr. (committee, rule) instituir; crear.

instruct [ɪn'strʌk] v. tr. 1. (order) instruir. 2. (teach) enseñar.

instrument ['ɪnstrəmənt] n. instrumento m.

insufficiency [ˌɪnsə'fɪʃənsi] n. insuficiencia f.; falta f.

insular ['ɪnsələr] adj., Geogr. 1. (climate) insular. 2. (people) isleño (de una isla).

insulate ['ɪnsəleɪt] v. tr. aislar.

insult ['ɪnsʌlt] n. 1. insulto m.; improperio m. 2. (action) afrenta f. ‖ v. tr. 3. insultar.

insuperable [ɪn'suːpərəbəl] adj. insuperable; invencible.

insurance [ɪn'ʃʊrəns] n., Econ. seguro m.

insure [ɪn'ʃʊr] v. tr. asegurar.

insurmountable [ɪnsər'maun təbəl] adj. 1. insuperable; insalvable. 2. (obstacle) infranqueable.

insurrection [ˌɪnsə'rekʃən] n. (uprising) insurrección f.

intact [ɪn'tækt] adj. intacto.

integral ['ɪntəgrəl] adj. 1. integrante. 2. (essential) integral, esencial. 3. (whole) entero

intellect ['ɪntəlekt] n. (faculty) intelecto m.; inteligencia f.

intelligence [ɪn'telədʒəns] n. inteligencia f.; mente f.

intensity [ɪn'tensəti] n. 1. intensidad f. 2. (of emotion) fuerza f.

intent [ɪn'tent] adj. 1. atento. ‖ n. 2. intención f.; propósito m.

intention [ɪn'tenʃən] n. (purpose) intención f.; propósito m.; intento m.

intercede [ɪntər'siːd] v. intr. interceder; terciar.

intercept [ɪntər'sept] v. tr. (stop) interceptar; atajar.

interchange ['ɪntər.tʃeɪndʒ] v. tr. intercambiar.

intercity [ɪntɜ:'rsɪti] adj. (train) interurbano.

intercom ['ɪntər.kɒm] n. 1. interfono m. 2. (building) telefonillo m. 3. (at building entrance) portero automático.

interest ['ɪntrɪst, 'ɪntrəst] n. 1. interés m. 2. (benefit) beneficio m. ‖ v. tr. 3. (attract) interesar.

interfere [ɪntər'fɪr] v. tr. 1. (telecommunication) interferir. 2. (get involved) entremeterse.

interference [ˌɪntər'fɪrəns] n. 1. (in telecommunication) interferencia *f.*; cruce *m.* **2.** (meddling) intromisión *f.*

interior [ɪn'tɪrɪər] *adj.* **1.** interior; interno. ‖ *n.* **2.** interior *m.*

interjection [ˌɪntər'dʒekʃən] *n.*, *Ling.* interjección *f.*

interlocutor [ˌɪntər'lɒkjətər] *n.* (speaker) interlocutor *m.*

interlude ['ɪntərˌluːd] *n.* **1.** *Theat.* entremés *m.* **2.** (break) interva-lo *m.*

intermediary [ˌɪntər'miːdɪeriː] *adj.* **1.** intermediario. ‖ *n.* **2.** intermediario *m.*

interminable [ɪn'tɜːrmənəbəl] *adj.* interminable; inacabable.

intermingle [ˌɪntər'mɪŋgəl] *v. tr.* **1.** entremezclar. ‖ *v. intr.* **2.** entremezclarse; mezclarse.

intermission [ˌɪntər'mɪʃən] *n.*, *Am. E.*, *Theat.* entreacto *m.*

intern ['ɪntɜːrn] *n.* **1.** *Am. E.*, *Med.* interno *m.* ‖ *v. tr.* **2.** internar.

international [ˌɪntər'næʃənəl] *adj.* internacional.

interrogate [ɪn'terəgeɪt] *v. tr.* (ask questions) interrogar.

interrogation [ɪnˌterə'geɪʃən] *n.* **1.** (questioning) interrogatorio *m.* **2.** *Comput.* interrogación *f.*

interrupt [ˌɪntər'ʌpt] *v. tr. & intr.* interrumpir; cortar.

intersection [ˌɪntər'sekʃən] *n.* intersección *f.*; cruce.

interval [[ɪntərvəl] *n.* **1.** interva-lo *m.* **2.** *Br. E.*, *Film & Theatr.* intermedio *m.*; entreacto *m.*

intervene [ˌɪntər'viːn] *v. intr.* **1.** intervenir; mediar. **2.** (interrupt) interponerse.

interview ['ɪntərˌvjuː] *n.* **1.** entrevista *f.* ‖ *v. tr.* **2.** entrevistar.

intestine [ɪn'testɪn] *n.*, *Anat.* intestino *m.*

intimate ['ɪntəmɪt] *adj.* íntimo; entrañable. ‖ *n.* **2.** (friend) amigo íntimo.

intimidate [ɪn'tɪmədeɪt] *v. tr.* (scare) intimidar; atemorizar.

into ['ɪntuː] *prep.* en; dentro de.

intolerable [ɪn'tɒlərəbəl] *adj.* intolerable; insoportable.

intolerant [ɪn'tɒlərənt] *adj.* intolerante; intransigente.

intone [ɪn'toʊn] *v. tr.* entonar.

intoxicate [ɪn'tɒksəkeɪt] *v. tr.* **1.** *Med.* intoxicar. **2.** (success) embriagar *lit.*

intricate ['ɪntrɪkɪt] *adj.* complicado; enrevesado.

intrigue [ɪn'triːg] *n.* **1.** intriga *f.*; trama *f.* ‖ *v. tr. & intr.* **2.** intrigar.

introduce [ˌɪntrə'djuːs] *v. tr.* **1.** (bring in) introducir; ensartar. **2.** (people) presentar.

introductory [ˌɪntrə'dʌktəriː] *adj.* preliminar; introductorio.

intrusive [ɪn'truːsɪv] *adj.* intruso; entrometido; metomentodo.

intuition [ɪntuˈɪʃən] *n.* intuición *f.*

inundate ['ɪnəndeɪt] *v. tr.* inundar.

invade [ɪn'veɪd] *v. tr.* invadir.

invalid[1] ['ɪnvælɪd] *adj. & n.* inválido *m.*

invalid² [ɪnˈvælɪd] *adj.* inválido; nulo.

invalidate [ɪnˈvælədeɪt] *v. tr.* (nullify) invalidar.

invaluable [ɪnˈvæljʊəbəl] *adj.* (inestimable) inestimable.

invent [ɪnˈvent] *v. tr.* inventar.

invention [ɪnˈvenʃən] *n.* **1.** (device) invento *m.* **2.** (lie) mentira *f.*

inventive [ɪnˈventɪv] *adj.* (resourceful) ingenioso; inventivo.

inventor [ˌɪnˈventər] *n.* inventor *m.*

inventory [ˈɪnventɔːriː] *n.* inventario *m.*; lista *f.*

invert [ɪnˈvɜːrt] *v. tr.* invertir.

invertebrate [ɪnˈvɜːrtəbreɪt] *adj. & n., Zool.* invertebrado *m.*

invest [ɪnˈvest] *v. tr.* (energy, money) invertir.

investigate [ɪnˈvestəgeɪt] *v. tr.* investigar; indagar; explorar.

invigorate [ɪnˈvɪgəreɪt] *v. tr.* vigorizar; fortalecer.

invisible [ɪnˈvɪzəbəl] *adj.* invisible.

invite [ɪnˈvaɪt] *v. tr.* invitar.

involuntary [ɪnˈvɒlənˌteriː] *adj.* involuntario; espontáneo.

involve [ɪnˈvɒlv] *v. tr.* implicar.

inwards [ˈɪnwərdz] *adv.* hacia adentro.

iota [aɪˈoʊtə] *n.* ápice *m.*

ire [aɪr] *n., lit.* ira *f.*; cólera *f.*

iris [ˈaɪrɪs] *n.* **1.** *Anat.* iris *m. inv.* **2.** *Bot.* (plant) lirio *m.*

Irishman [ˈaɪrɪʃmən] *n.* irlandés *m.*

Irishwoman [ˈaɪrɪʃˌwʊmən] *n.* irlandesa *f.*

iron [ˈaɪərn] *n.* **1.** (metal) hie-rro *m.* **2.** (for clothes) plancha *f.* ‖ *v. tr.* **3.** (clothes) planchar.

ironmonger [ˈaɪərnˌmʌŋgər] *n.* **1.** *Br. E.* ferretero *m.* ‖ **ironmonger's** *n.* **2.** *Br. E.* ferretería *f.*

ironworks [ˈaɪərnˌwɜːrk] *n.* (forge) herrería *f.*

irony [ˈaɪrəniː] *n.* ironía *f.*

irrational [ɪˈræʃənəl] *adj.* irracional; absurdo.

irregular [ɪˈregjələr] *adj.* irregular.

irresistible [ɪrəˈsɪstəbəl] *adj.* (overpowering) irresistible; incontenible.

irresponsible [ɪrəsˈpɒnsəbəl] *adj.* (reckless) irresponsable; irreflexivo.

irreverence [ɪˈrevərəns] *n.* irreverencia *f.*; impertinencia *f.*

irrigation [ɪrəˈgeɪʃən] *n., Agr.* riego *m.*

irritate [ˈɪrɪteɪt] *v. tr.* **1.** (person) enfurecer; encrespar; crispar. **2.** *Med.* irritar.

island [ˈaɪlənd] *n., Geogr.* isla *f.*

isle [aɪl] *n., Geogr., lit.* isla *f.*

islet [ˈaɪlət] *n.* islote *m.*

isolate [ˈaɪsəleɪt] *v. tr.* aislar.

issue [ˈɪʃjuː] *n.* **1.** (matter) tema de discusión. **2.** (of stamps) emisión *m.* ‖ *v. tr.* **3.** (book) publicar. **4.** (stamp) emitir. **5.** (passport) expedir.

it [ɪt](pl.: they) *pron. pers. nomin. 3rd. person sing.* **1.** él *m.;* ella *f.;* ello *n.* ‖ *pron. pers.* **2.** (direct object) lo *m.;* la *f.* **3.** (indirect object) le. ‖ *pron. pers. prep.* **4.** él *m.;* ella *f.;* ello *n.*

itch [ɪtʃ] *n.* **1.** picor *m.* **2.** (desire) deseo *m.* ‖ *v. tr.* **3.** picar.

item ['aɪtəm] *n.* artículo *m.*

iterate ['aɪtəreit] *v. tr.* repetir; reiterar.

itinerary [aɪ'tɪnəˌrəri:] *n.* (route) itinerario *m.*

its [ɪts] *adj. poss.* **1.** su. ‖ *pron. poss.* **2.** suyo.]

itself [ɪt'self] *pron. pers. refl.* se; sí (detrás de prep.).

ivory ['aɪvəri:] *n.* marfil *m.;* hormiguear.

j [dʒeɪ] *n.* (letter) j *f.*

jackass ['dʒæk,æs] *n., fam.* (donkey) asno *m.*

jacket ['dʒækɪt] *n.* **1.** (short coat) chaqueta *f.* **2.** (short coat) cazadora *f.*

jackknife ['dʒæk,naɪf] *n.* navaja *f.*

jail [dʒeɪl] *n.* **1.** (prison) cárcel *f.*; prisión *f.*; calabozo *m.* ‖ *v. tr.* **2.** (imprison) encarcelar; enjaular *fam.*

jam¹ [dʒæm] *n.* (of fruits) mermelada *f.*

jam² [dʒæm] *n.* **1.** (traffic) atasco *m.* **2.** *fam.* (fix) aprieto *m.*; atolladero *m.*

janitor ['dʒænətər] *n., Am.E.* (porter) portero *m.*; conserje *m.*

January ['dʒænuərɪ] *n.* enero *m.*

jar [dʒɑːr] *n.* **1.** tarro *m.*; bote *m.* **2.** (jug) jarra *f.*

jasmine ['dʒæzmɪn] *n., Bot.* (plant) jazmín *m.*

jauntiness ['dʒɔːntɪnɪs] *n.* (poise) garbo *m.*; desenvoltura *f.*

javelin ['dʒævlɪn] *n., Sports* jabalina *f.*

jaw [dʒɔː] *n.* **1.** *Anat.* mandíbula *f.*; quija-da *f.* **2.** *Tech.* mordaza *f.*

jawbone ['dʒɔː,boʊn] *n., Anat.* mandíbula *f.*

jazz [dʒæz] *n., Mus.* jazz *m.*

jealous ['dʒeləs] *adj.* celoso.

jealousy ['dʒeləsɪ] *n.* **1.** celos *m. pl.* **2.** (envy) envidia *f.*

jeans [dʒiːns] *n. pl.* vaqueros *m.*

jeer [dʒɪr] *n.* **1.** *fam.* mofa *f.* ‖ *v. intr.* **2.** (boo) abuchear. **3.** (mock) burlarse.

jelly ['dʒelɪ] *n.* **1.** (as dessert) gelatina *f.* **2.** (clear jam) jalea *f.*

jellyfish ['dʒelɪ,fɪʃ] *n., Zool.* medusa *f.*

jeopardize, jeopardise (Br.E) ['dʒɜːpɑ:rdaɪz] *v. tr.* arriesgar.

jersey ['dʒɜːrzi] *n.* jersey *m.*

jet [dʒet] *n.* **1.** (stream) chorro *m.* **2.** (spout) surtidor *m.* ‖ *v. intr.* **3.** (spurt) brotar en chorro. ‖ **~ engine** *Aeron.* reactor *m.*

jewel ['dʒuːəl] *n.* **1.** joya *f.*; alhaja *f.* **2.** *fig.* (person) perla *f.*

jeweler, jeweller (Br.E) ['dʒuːələr] *n.* joyero *m.*

jigsaw ['dʒɪgsɔ:] *n.* (game) puzzle *m.*; rompecabezas *m. inv.*

jilt [dʒɪlt] *v. tr., fam.* (somebody) plantar; dar calabazas.

jinx [dʒɪŋks] *n.* gafe *m.*

job [dʒɒb] *n.* **1.** trabajo *m.*; faena *f.* **2.** (post) colocación *f.*; empleo *m.*; ocupación *f.*

jocular ['dʒɒkjələr] *adj.* jocoso.

jogging suit ['dʒɒgɪŋ,su:t] *sust. phr.* chándal *m.*

join [dʒɔɪn] *v. tr.* **1.** juntar; unir. **2.** (organization, firm) ingresar. **3.** (meet) reunir. ‖ *v. intr.* **4.** unirse.

joiner ['dʒɔɪnər] *n., Br. E.* carpintero *m.* (de obra)

joint [dʒɔɪnt] *n.* **1.** juntura *f.* **2.** *Tech.* articulación *f.* **3.** *coll.* (place) antro *m.*

joist [dʒɔɪst] *n., Archit.* (of wood) viga *f.;* madera *f.*

joke [dʒouk] *n.* **1.** (verbal) chiste *m.* **2.** (practical joke) broma *f.;* gracia *f.* ‖ *v. intr.* **3.** bromear; vacilar.

jostle [ˈdʒɒsəl] *v. tr.* empujar.

jot [dʒɒt] *n.* ápice *m.;* jota *f.*

jota [ˈdʒɒtə] *n., Mus.* (Spanish dance and music) jota *f.*

joule [dʒoul] *n., Phys.* julio *m.*

journalist [ˈdʒɜːrnɪlɪst] *n.* (reporter) periodista *m. y f.*

journey [ˈdʒɜːrniː] *n.* **1.** (trip) viaje *m.* **2.** (distance) trayecto *m.;* desplazamiento *m.* ‖ *v. intr.* **3.** *lit.* (travel) viajar.

jovial [ˈdʒouvɪəl] *adj.* jovial.

joy [dʒɔɪ] *n.* (delight) alegría *f.;* regocijo *m.;* felicidad *f.*

joyful [ˈdʒɔɪfəl] *adj.* (happy) alegre; go-zoso.

jubilee [ˈdʒuːbɪliː] *n.* jubileo *m.*

judge [dʒʌdʒ] *n.* **1.** *Law* juez *m.;* magistrado *m.* ‖ *v. tr.* **2.** juzgar; enjuiciar.

judicial [dʒuːˈdɪʃəl] *adj.* judicial.

judo [ˈdʒuːˌdou] *n., Sports* judo *m.;* yudo *m.*

jug [dʒʌɡ] *n. Br.E.* (pitcher) jarra *f.;* pote *m.;* jarra *f.*

juggling [ˈdʒʌɡlɪŋ] *n.* malabarismo *m.;* juegos malabares.

jugular [ˈdʒuːɡjələr] *adj.* **1.** *Anat.* yugular. ‖ *n.* **2.** *Anat.* yugular *f.*

juice [dʒuːs] *n.* (of fruits) zumo *m.;* jugo *m. Amér.*

July [ˈdʒuːlaɪ] *n.* julio *m.*

jumble [ˈdʒʌmbəl] *n.* **1.** revoltijo *m.;* amasijo *m.;* cajón de sastre. ‖ *v. tr.* **2.** hacer un revoltijo; mezclar

jump [dʒʌmp] *n.* **1.** salto *m.* ‖ *v. tr.* **2.** saltar; brincar. ‖ *v. intr.* **3.** saltar; botar.

jumper [ˈdʒʌmpər] *n., Br. E.* (sweater) jersey *m.*

June [dʒuːn] *n.* junio *m.*

jungle [ˈdʒʌŋɡəl] *n.* **1.** *Geogr.* selva *f.;* jungla *f.* **2.** *fig.* (confusion) maraña *f.*

junk [dʒʌŋk] *n.* **1.** chatarra *f.;* cachivaches *m. pl.* **2.** *Nav.* junco *m.* ‖ **~ food** comida basura.

juridical [dʒuˈrɪdɪkəl] *adj.* jurídico.

jurisdiction [dʒurəsˌdɪkʃən] *n.* jurisdicción *f.;* fuero *m.*

juror [ˈdʒurər] *n., Law* (individual) jurado *m.;* miembro de un jurado

jury [ˈdʒuriː] *n.* (group) jurado *m.*

just [dʒʌst] *adj.* **1.** (fair) justo. ‖ *adv.* **2.** justo; justamente. ‖ **~ as** tal como.

justice [ˈdʒʌstɪs] *n.* justicia *f.*

justify [ˈdʒʌstəfaɪ] *v. tr.* justificar.

jut [dʒʌt] *v. intr.* (stand out) resaltar; destacar.

k [keɪ] *n.* (letter) k *f.*

kangaroo [ˌkæŋgəˈruː] *n., Zool.* (Australian animal) canguro *m.*

keen [kiːn] *adj.* **1.** (eager) entusiasta; aficionado. **2.** (sharp) afilado; puntiagudo.

keep [kiːp] *v. tr.* **1.** (set by) guardar. **2.** (a promise) cumplir. ‖ *v. intr.* **3.** (remain) mantenerse.

kennel [ˈkenəl] *n.* perrera *f.*

kernel [ˈkɜːnəl] *n.* **1.** *Bot.* (of fruit, nut) pepita *f.;* almendra *f.* **2.** *Bot.* (of corn) grano *m.*

ketchup [ˈketʃəp] *n.* ketchup *m.*

kettle [ˈketəl] *n.* tetera *f.*

key [kiː] *n.* **1.** llave *f.* **2.** (of a mystery) clave *f.* **3.** *Mus.* (of computer) tecla *f.*

kick [kɪk] *n.* **1.** (from person) patada *f.;* puntapié *m.* **2.** (from animal) coz *f.* ‖ *v. intr.* **3.** (person) dar patadas a.

kid[1] [kɪd] *n.* **1.** *Zool.* (goat) cabrito *m.;* chivo *m.* **2.** *fam.* (child) niño *m.;* chiquillo *m.*

kid[2] [kɪd] *v. intr.* (joke) bromear.

kidnap [ˈkɪdnæp] *v. tr.* raptar.

kidney [ˈkɪdniː] *n., Anat.* riñón *m.*

kill [kɪl] *v. tr.* matar.

kilo [ˈkiːloʊ] *n.* kilo *m.*

kilometer, kilometre (Br.E) [krˈlɒmɪtər, ˈkɪləmiːtər] *n.* kilómetro *m.*

kind[1] [kaɪnd] *n.* clase *f.;* especie *f.*

kind[2] [kaɪnd] *adj.* amable; afable.

kindergarten [ˈkɪndərˌgɑːrtn] *n.* jardín de infancia.

kindness [ˈkaɪndnɪs] *n.* (goodness) bondad *f.;* amabilidad *f.*

king [kɪŋ] *n.* rey *m.*

kingdom [ˈkɪŋdəm] *n.* reino *m.*

kiosk [ˈkiːɒsk] *n.* quiosco *m.*

kiss [kɪs] *n.* **1.** beso *m.* **2.** (touch lightly) roce *m.* ‖ *v. tr.* **3.** besar.

kitchenware [ˈkɪtʃənˌwer] *n.* batería de cocina.

kite [kaɪt] *n.* (toy) cometa *f.*

kiwi [ˈkiːwiː] *n., Zool.* kiwi *m.*

knapsack [ˈnæpˌsæk] *n.* (backpack) mochila *f.;* morral *m.*

knee [niː] *n., Anat.* rodilla *f.*

kneel [niːl] *v. intr.* (rest on one's kneels) arrodillarse.

knickers [ˈnɪkərz] *n. pl.* braga *f.*

knife [naɪf] *n.* **1.** cuchillo *m.* **2.** (large) cuchilla *f.*

knight [naɪt] *n., Hist.* caballero *m.*

knit [nɪt] *v. intr.* **1.** hacer punto; tejer. **2.** (one's brows) fruncir.

knob [nɒb] *n.* **1.** (on door) pomo *m.;* perilla *f. Amér.* **2.** (on drawers) tirador *m.* **3.** (lump) bulto *m.* **4.** (small) trozo *m.*

knock [nɒk] *n.* **1.** golpe *m.* ‖ *v. tr.* **2.** golpear. ‖ *v. intr.* **3.** (on door) llamar.

knot [nɒt] *n.* **1.** nudo *m.* **2.** (ribbon) lazo *m.* ‖ *v. tr.* **3.** anudar.

know [noʊ] *v. tr. & intr.* saber.

knowledge [ˈnɒlɪdʒ] *n.* (understanding) conocimiento *m.*

koala or koala bear [koʊˈɑːlə] *n., Zool.* koala *m.*

1

l [el] n. l f.

la or lah [lɑː] n., Mus. la m.

lab [læb] n., coll. laboratorio m.

label ['leɪbl] n. etiqueta f.; rótulo m.; letrero m.

labor, labour (Br.E) ['leɪbər] n. **1.** mano de obra. **2.** (task) tarea f. **3.** Med. parto m. || v. intr. **4.** (work) trabajar.

laboratory ['læbrə‚tɒri] n. laboratorio m.

laborer, labourer (Br.E) ['leɪbərər] n. (in physical work) peón m.; obrero m.

labyrinth ['læbə‚rɪnθ] n. (maze) laberinto m.

lac [læk] n. (resin) laca f.

lace [leɪs] n. **1.** encaje m. **2.** (for shoes) cordón m. || v. intr. **3.** (shoes) atarse.

lack [læk] n. **1.** carencia f.; falta f.; deficiencia f. || v. tr. **2.** carecer; necesitar. || v. intr. **3.** faltar.

lacking ['lækɪŋ] adj. falto; carente. || **to be ~** faltar.

laconic [læˈkɒnɪk] adj. lacónico.

lacquer ['lækər] n. **1.** (varnish) laca f.; charol m. || v. tr. **2.** lacar; poner laca.

lad [læd] n., Br. E. (boy) muchacho m.; chico m.; chaval m.

ladder ['lædər] n. escalera f.

lade [leɪd] v. tr. cargar.

ladle ['leɪdl] n. cucharón m.

lady ['leɪdi] n. (refined woman) dama f. form.; señora f.

ladybird ['leɪdə‚bɜːrd] n., Br. E. (insect) mariquita f.

ladybug ['leɪdə‚bʌg] n., Am. E. (insect) mariquita f.

lagoon [ləˈguːn] n., Geogr. (salted water) laguna f.; albufera f.

lair [ler] n. (for animals, criminals) guarida f.; madriguera f.

lake [leɪk] n., Geogr. lago m.

lamb [læm] n. **1.** Zool. cordero m. **2.** Gastr. (meat) carne.

lament [ləˈment] n. **1.** (sorrow) lamento m. || v. tr. **2.** lamentar.

lamentable [ləˈmentəbl] adj. (deplorable) lamentable; penoso.

lamp [læmp] n. **1.** lámpara f. **2.** (light) farol m.

lance [læns] n. (weapon) lanza f.

land [lænd] n. **1.** Geogr. tierra f. **2.** Geogr. (ground) terreno m. **3.** (country) país m. || v. tr. **4.** desembarcar. || v. intr. **5.** (plane) aterrizar.

landing ['lændɪŋ] n. **1.** (of plane) aterrizaje m. **2.** (stairs) descansillo m.; rellano m.

landlady ['lænd‚leɪdi] n. (of rented dwelling) dueña f.

landlord ['lænd‚lɔːrd] n. **1.** (of rented dwelling) dueño m.; casero m. **2.** Br. E. (of pub, hostel) patrón m.

landscape ['lænd‚skeɪp] n. (scene) paisaje m.

lane [leɪn] *n.* **1.** sendero *m.*; camino *m.* **2.** (in town) callejón *m.* **3.** (in road) carril *m.* **4.** *Sports* calle *f.*

language ['læŋgwɪdʒ] *n.* **1.** lenguaje *m.* *Ling.* (particular tongue) lengua *f.*; idioma *m.* **3.** (speech) habla *f.*

languish ['læŋgwɪʃ] *v. intr.* languidecer; debilitarse.

lank [læŋk] *adj.* (hair) lacio.

lantern ['læntərn] *n.* **1.** (light) farol *m.* **2.** *Archit.* linterna *f.*

lap¹ [læp] *n., Anat.* regazo *m.*

lap² [læp] *n.* **1.** *Sports* etapa *f.* ‖ *v. tr.* **2.** (splash against) lamer.

lapel [ləˈpel] *n.* (jacket) solapa *f.*

lapse [læps] *n.* **1.** lapso *m.* **2.** (error) error *m.* ‖ *v. intr.* **3.** transcurrir. **4.** *Law* (contract) caducar; prescribir.

lard [lɑːrd] *n.* (using in cooking) manteca *f.* (de cerdo).

larder ['lɑːrdər] *n.* despensa *f.*

large [lɑːrdʒ] *adj.* **1.** grande. **2.** (sum) considerable. **3.** (wide) amplio; espacioso.

largeness ['lɑːrdʒnɪs] *n.* grandeza *f.*

lark [lɑːrk] *n., Zool.* alondra *f.*

larva ['lɑːrvə] *n., Zool.* larva *f.*

lash [læʃ] *n.* **1.** *Anat.* (eyelash) pestaña *f.* **2.** (with a whip) azote *m.*; latigazo *m.* ‖ *v. tr.* **3.** azotar.

lass [læs] *n., Br. E.* muchacha *f.*

last¹ [læst] *adj.* **1.** último; final. ‖ *v. intr.* **2.** durar; perdurar.

last² [læst] *n.* (of shoe) horma *f.*

latch [lætʃ] *n.* picaporte *m.*; pestillo *m.*; pasador *m.*

late [leɪt] *adj.* **1.** tardío. ‖ *adv.* **2.** tarde.

latent ['leɪtənt] *adj.* latente.

later ['leɪtər] *adv.* más tarde; luego; después. ‖ **~ on** más tarde; más adelante; después; luego. **no ~ than** a más tardar. **see you ~** ¡hasta luego!

lateral ['lætərəl] *adj.* lateral.

latest ['leɪtɪst] *adj.* (superl. of "late") último. ‖ **at the ~** a más tardar.

lather ['læðər] *n.* **1.** (of soap) espuma *f.* ‖ *v. tr.* **2.** (with soap) enjabonar.

latitude ['lætətuːd] *n., Geogr.* latitud *f.*

latrine [ləˈtriːn] *n.* letrina *f.*

laud [lɔːd] *v. tr.* alabar; elogiar.

laugh [læf] *n.* **1.** risa *f.* **2.** cachondeo *m. col.* ‖ *v. intr.* **3.** reír.

laughter ['læftər] *n.* risa *f.*

launch [lɔːntʃ] *v. tr.* **1.** (a ship) botar. **2.** (product) lanzar.

launder ['lɔːndər] *v. tr.* **1.** lavar y planchar. **2.** *fig. Econ.* (money) blanquear; lavar (dinero).

laundromat ['lɔːndrəˌmæt] *n., Am. E.* (automatic) lavandería *f.*

laundry ['lɔːndri:] *n.* **1.** lavandería *f.* **2.** *fam.* (dirty clothes) ropa sucia; colada *f.* **3.** (washed clothes) ropa limpia.

laurel ['lɔrəl] *n., Bot.* laurel *m.*

lava ['lɑːvə] *n.* lava *f.*

lavatory ['lævətɔːriː] *n.*, Br. E. (washroom) lavabo *m.*

lavender ['lævəndər] *n.*, Bot. (bush) espliego *m.*; lavanda *f.*

lavish ['lævɪʃ] *v. tr.* (attention) prodigar; derrochar.

law [lɔː] *n.* **1.** *Law* ley *f.* **2.** (subject) derecho *m.* **3.** (profession) abogacía *f.*

lawful ['lɔːfəl] *adj.* legal; lícito.

lawn [lɔːn] *n.* césped *m.*

lawsuit ['lɔːsuːt] *n.* pleito *m.*

lawyer ['lɔːjər] *n.* abogado *m.*

lay¹ [leɪ] *adj.* **1.** Rel. laico; seglar. **2.** (non-expert) profano.

lay² [leɪ] *v. tr.* **1.** (place) poner; colocar. **2.** (cable) tender. **3.** (eggs, carpet) poner.

laying ['leɪɪŋ] *n.* **1.** (eggs) puesta *f.* **2.** (of cable) tendido *m.*

layman ['leɪmən] *n.* **1.** Rel. laico *m.*; seglar *m.* **2.** (inexpert) profano *m.*; ignorante *m.*

layoff ['leɪˌɒf] *n.* despido *m.*

laywoman ['leɪˌwʊmən] *n.* **1.** Rel. seglar *f.*; laica *f.* **2.** (inexpert) profana *f.*

laziness ['leɪzɪnɪs] *n.* (idleness) pereza *f.*; flojedad *f.*; desidia *f.*

lazy ['leɪziː] *adj.* perezoso; vago.

lead¹ [led] *n.* **1.** (metal) plomo *m.* **2.** (in pencil) mina *f.*

lead² [liːd] *n.* **1.** (position) delantera *f.* **2.** (cards) mano *m.* ‖ *v. tr.* **3.** llevar; conducir. **4.** (go first) liderar.

leader ['liːdər] *n.* líder *m. y f.*

leadership ['liːdərʃɪp] *n.* dirección *f.*; jefatura *f.*; mando *m.*

leaf [liːf] *n.* **1.** Bot. hoja *f.* **2.** (of book) hoja *f.*; página *f.*

leaflet ['liːflət] *n.* **1.** (brochure) folleto *m.* **2.** (one sheet) octavilla *f.*; prospecto *m.*

league [liːg] *n.* **1.** liga *f.* **2.** (measure) legua *f.* .

leak [liːk] *n.* **1.** (in roof) gotera *f.* **2.** (of water, gas) fuga *f.*; escape *m.* ‖ *v. tr.* **3.** (information) filtrar. ‖ *v. intr.* **4.** (a pipe) tener escapes. **5.** (liquid, gas) irse.

lean [liːn] *adj.* **1.** (meat) seco; magro. **2.** (person) chupado; flaco. **3.** (short of) escaso. ‖ *n.* **4.** (pork meat) magro *m.*

leap [liːp] *n.* **1.** salto *m.*; brinco *m.* ‖ *v. tr.* **2.** saltar; brincar.

learn [lɜːrn] *v. tr.* **1.** aprender. **2.** (get to know) saber; enterarse.

learned ['lɜːmɪd] *adj.* culto.

learning ['lɜːrnɪŋ] *n.* (knowledge) saber *m.*; ciencia *f.*

lease [liːs] *v. tr.* **1.** (grant use of) arrendar. **2.** (hold under lease) arrendar; alquilar.

leash ['liːʃ] *n.*, Am.E. correa *f.* (de perro).

least [liːst](superl. of "little") *adj.* **1.** menos. ‖ *adv.* **2.** (preceded by "the") menos.

leather ['leðər] *n.* **1.** cuero *m.*; piel *f.* ‖ *adj.* **2.** de cuero; de piel.

leave¹ [li:v] *v. tr.* **1.** dejar. **2.** (abandon) abandonar.

leave² [li:v] *n.* **1.** licencia *f.*; permiso *m.* ‖ *n.* **2.** (from job) baja *f.*

lectern ['lektərn] *n.* atril *m.*

lecture ['lektʃər] *n.* **1.** (talk) conferencia *f.*; charla *f.* ‖ *v. intr.* **2.** dar una conferencia.

lecturer ['lektʃərər] *n.* **1.** *Br. E.* (university teacher) profesor (universitario) *m.*

ledge [ledʒ] *n.* repisa *f.*; alféizar *m.*

leek [li:k] *n., Bot.* puerro *m.*

left [left] *adj.* **1.** izquierdo. **2.** (hand) zurdo.

leg [leg] *n.* **1.** *Anat.* pierna *f.* **2.** *Zool.* (piece of furniture) pata *f.* **3.** *Gastr.* zanca *f.* **4.** (of trousers) pernera *f.*

legacy ['legəsi] *n., Law* legado *m.*; herencia *f.*; patrimonio *m.*

legal ['li:gəl] *adj.* **1.** legal. **2.** *Law* jurídico.

legalize, legalise (Br.E) ['li:gə,laɪz] *v. tr.* legalizar; despenalizar.

legend ['ledʒənd] *n.* leyenda *f.*

legendary ['ledʒən'deri:] *adj.* (mythical) legendario; mítico.

legion ['li:dʒən] *n.* legión *f.*

legislate ['ledʒəs'leɪt] *v. intr.* legislar; promulgar.

legislation [ledʒɪs'leɪʃən] *n.* legislación *f.*

legitimate [lə'dʒɪtəmɪt] *adj.* **1.** legítimo. ‖ *v. tr.* **2.** legitimar.

legitimize [lə'dʒɪtəmeɪt] *v. tr.* legitimar.

legume ['le,gju:m] *n., Bot.* legumbre *f.*

leisure ['leʒər] *n.* ocio *m.*; tiempo libre.

lemon ['lemən] *n., Bot.* limón *m.*

lemonade [,lemə'neɪd] *n.* **1.** (with fresh lemons) limonada *f.* **2.** *Br. E.* (fizzy drink) gaseosa *f.*

lend [lend] *v. tr.* (loan) prestar; dejar (prestado).

length [leŋθ] *n.* **1.** extensión *f.*; longitud *f.* **2.** (duration) duración *f.*

lengthen ['leŋθən] *v. tr.* **1.** alargar; prolongar. ‖ *v. intr.* **2.** (meeting) prolongarse.

lens [lenz] *n.* **1.** (of eye) cristalino *m.* & (of glasses) lente *m. y f.*

lentil ['lentil] *n., Bot.* lenteja *f.*

leopard ['lepərd] *n.* **1.** *Zool.* leopardo *m.* ‖ **leopardess** *n.* **2.** *Zool.* leopardo hembra.

lesion ['li:ʒən] *n., Med.* lesión *f.*

less [les](comp. of "little") *adj.* (also as pron.) **1.** menos. ‖ *adv.* **2.** menos.

lessen ['lesən] *v. tr.* disminuir.

lesson ['lesən] *n.* (class) lección *f.*; clase *f.*

let [let](p.t. and p.p. let) *v. tr.* **1.** (allow) permitir; dejar. **2.** (rent) alquilar; rentar *Amér.*

lethal ['li:θəl] *adj.* letal; mortal.

lethargy ['leθərdʒi:] *n.* letargo *m.*

letter ['letər] *n.* **1.** (of alphabet) letra *f.* **2.** (message) carta *f.* ‖ **capital ~** letra mayúscula.

letterhead ['letər,hed] *n.* (heading) membrete *m.*

lettuce ['letəs] *n., Bot.* lechuga *f.*

level ['levəl] *adj.* **1.** plano; llano. ‖ *n.* **2.** nivel *m.*; ras *m.* ‖ *v. tr.* **3.** igualar; nivelar.

lever ['li:vər] *n.* palanca *f.*

levity ['levəti] *n.* ligereza *f.*

lexicon ['leksɪ,kɒn] *n.* (dictionary) léxico *m.*

liaison [li:'eɪzɒn] *n.* **1.** (coordination) enlace *m.*; contacto *m.* **2.** (love affair) lío *m.*

liar ['laɪər] *n.* mentiroso *m.*

libel ['laɪbəl] *n.* **1.** difamación *f.*; calumnia *f.* ‖ *v. tr.* **2.** difamar.

liberal ['lɪbərəl] *adj.* **1.** liberal. **2.** (generous) generoso; espléndido.

liberality [,lɪbə'ræləti] *n.* (generosity) liberalidad *f.*

liberty ['lɪbərti] *n.* libertad *f.*

library ['laɪbrəri] *n.* biblioteca *f.*

lice ['laɪs] *n. pl., Zool.* piojos *m.*

license, licence (Br.E) ['laɪsəns] *n.* **1.** licencia *f.*; permiso *m.* ‖ *v. tr.* **2.** autorizar.

licentious [laɪ'senʃəs] *adj.* (disoluto) licencioso; disoluto.

lichen ['laɪkən] *n., Bot.* liquen *m.*

lick [lɪk] *n.* **1.** lametón *m.* ‖ *v. tr.* **2.** (an-ice-cream) lamer.

licorice, liquorice (Br.E) ['lɪkərɪs, 'lɪkərɪʃ] *n.* regaliz *m.*

lid [lɪd] *n.* **1.** tapa *f.*; tapadera *f.* **2.** *Anat.* (of eye) párpado *m.*

lie¹ [laɪ] (pt. and pp. lied) *n.* **1.** mentira *f.*; bola *f.*; trola *f. fam.* ‖ *v. intr.* **2.** mentir.

lie² [laɪ] (p.t. lay; p.p. lain) *v. intr.* **1.** echarse; tumbarse. **2.** (bury) yacer. **3.** (be situated) estar.

life [laɪf] (pl.: lives) *n.* vida *f.*

lifebelt ['laɪf,belt] *n.* salvavidas *m. inv.*

lift [lɪft] *n.* **1.** alzamiento *m.* **2.** *Br.E.* ascensor. ‖ *v. tr.* **3.** alzar.

light¹ [laɪt] *n.* **1.** luz *f.* **2.** (lamp) lámpara *f.* **3.** (flame) lumbre *f.* ‖ *adj.* **4.** claro. **5.** *v. tr.* encender. **6.** (illuminate) iluminar; alumbrar. ‖ *v. intr.* **7.** encenderse.

light² [laɪt] *adj.* **1.** (weight) ligero; leve. **2.** (cloth) fresco.

lighten ['laɪtən] *v. tr.* **1.** (weight) aligerar. **2.** *fig.* (mitigate) aliviar. ‖ *v. intr.* **3.** aligerarse.

lighter ['laɪtər] *n.* encendedor *m.*; mechero *m.*

lighthouse ['laɪt,haʊs] *n., Nav.* (tower) faro *m.*

lighting ['laɪtɪŋ] *n.* **1.** (illumination) iluminación *f.* **2.** (on streets) alumbrado *m.*

lightness ['laɪtnɪs] *n.* (of weight) ligereza *f.*

lightning ['laɪtnɪŋ] *n., Meteor.* rayo *m.*

like¹ [laɪk] *adj.* **1.** (equal) igual. **2.** (similar) parecido; semejante.

‖ *adv.* **3.** como. ‖ *conj.* **4.** (as if) como.

like² [laɪk] *v. tr.* **1.** (want) querer; gustar de. **2.** (take pleasure in) gustar; agradar.

likewise ['laɪkˌwaɪz] *adv.* **1.** (also) asimismo. **2.** (the same) igualmente.

liking ['laɪkɪŋ] *n.* **1.** (for things) gusto *m.;* afición *f.* **2.** (for people) agrado *m.;* simpatía *f.*

lilac ['laɪlæk, 'laɪlək] *n., Bot.* lila *f.*

lily ['lɪli:] *n., Bot.* lirio *m.*

limb [lɪm] *n.* **1.** *Anat.* miembro *m.* **2.** *Bot.* (of tree) rama *f.*

limber ['lɪmbər] *adj.* ágil.

lime¹ [laɪm] *n., Chem.* cal *f.*

lime² [laɪm] *n., Br.E., Bot.* (linden) tilo *m.*

lime³ [laɪm] *n., Bot.* lima *f.*

limelight ['laɪmˌlaɪt] *n.* foco *m.*

limit ['lɪmɪt] *n.* **1.** límite *m.* ‖ *v. tr.* **2.** limitar; restringir.

limp¹ [lɪmp] *n.* **1.** (lameness) cojera *f.* ‖ *v. intr.* **2.** (hobble) cojear.

limp² [lɪmp] *adj.* flojo; fofo.

limpet ['lɪmpət] *n., Zool.* lapa *f.*

limpid ['lɪmpɪd] *adj., lit.* límpido *lit.;* claro.

linden ['lɪndən] *n., Am. E., Bot.* tilo *m.*

line¹ [laɪn] *n.* **1.** línea *f.;* fila *f.* **2.** (draw-ed) raya *f.;* trazo *m.* **3.** (wrinkle) arruga *f.* **4.** (of text) renglón *m.* **5.** *Am. E.* (queue) cola *f.* ‖ *v. tr.* **6.** (rule) rayar.

line² [laɪn] *v. tr.* (clothes) forrar. ‖ **to ~ up** alinear; ponerse en fila. **to stand in ~** hacer cola.

lineage ['lɪnɪdʒ] *n.* (descent) linaje *m.;* estirpe *f.*

linen ['lɪnən] *n.* **1.** (textile) lino *m.;* lienzo *m.* **2.** (for bed) ropa blanca.

liner ['laɪnər] *n.* (lining) forro *m.*

ling [lɪŋ] *n., Bot.* brezo *m.*

linger ['lɪŋgər] *v. intr.* (take too long) entretenerse; tardar.

lingerie [ˌlænʒəˌri:] *n.* (for women) lencería *f.*

linguistics [lɪŋˈgwɪstɪks] *n. sing.* (study of language) lingüística *f.*

liniment ['lɪnəmənt] *n., Med.* (to relieve pain) linimento *m.*

lining ['laɪnɪŋ] *n.* **1.** (of clothes) forro *m.* **2.** *Tech.* revestimiento (interior) *m.*

link [lɪŋk] *n.* **1.** (of chain) eslabón *m.* **2.** (connection) enlace *m.;* vínculo *m.;* nexo *m.* ‖ *v. tr.* **3.** enlazar; conectar. **4.** (jewels) engarzar. **5.** *fig.* vincular.

lion ['laɪən] *n., Zool.* león *m.*

lip [lɪp] *n., Anat.* labio *m.*

lipstick ['lɪpstɪk] *n.* pintalabios *m. inv.*

liqueur [lɪˈkʊr] *n.* (sweet) licor *m.*

liquid ['lɪkwɪd] *adj.* **1.** líquido. ‖ *n.* **2.** líquido *m.*

liquidate ['lɪkwədeɪt] *v. tr., Econ.* (debts) liquidar; saldar.

liquidize ['lɪkwəˌdaɪz] *v. tr., Gastr.* licuar.

liquor ['lɪkər] *n., Am.E.* bebidas alcoholicas; licor *m.*

list [lɪst] *n.* **1.** (of numbres, names) lista *f.;* enumeración *f.;* listín *m.* ‖ *v. tr.* **2.** enumerar.

listen ['lɪsən] *v. intr.* escuchar.

litany ['lɪtəni:] *n., Rel.* letanía *f.*

liter, litre (Br.E) ['li:tər] *n.* (measure) litro *m.*

literal ['lɪtərəl] *adj.* literal.

literary ['lɪtə,reri:] *adj.* literario.

literature ['lɪtərətʃər] *n.* literatura *f.*

litigation [,lɪtə'geɪʃən] *n., Law* (lawsuit) litigio *m.;* pleito *m.*

litter ['lɪtər] *n.* **1.** (rubbish) basura *f.* **2.** *Zool.* camada *f.* **3.** *Med.* (stretcher) camilla *f.*

little ['lɪtəl] *adj.* (comp: littler, superl: littlest) **1.** pequeño. ‖ *indef. adj.* (comp: less, superl: least) **2.** (with uncount. n.) poco. ‖ **a ~** un poco; algo.

littoral ['lɪtərəl] *adj.* **1.** *Geogr.* litoral. ‖ *n.* **2.** *Geogr.* litoral *m.*

liturgy ['lɪtərdʒi:] *n., Rel.* liturgia *f.*

live¹ [lɪv] *v. tr.* **1.** (an adventure) vivir. ‖ *v. intr.* **2.** vivir; existir. **3.** (reside) residir; habitar.

live² [laɪv] *adj.* **1.** (alive) vivo. **2.** (radio, TV) en directo.

liver ['lɪvər] *n., Anat.* hígado *m.*

livestock ['laɪv,stɒk] *n.* (cattle) ganado *m.*

livid ['lɪvɪd] *adj.* lívido; pálido.

living ['lɪvɪŋ] *adj.* **1.** vivo. ‖ *n.* **2.** vida *f.*

lizard ['lɪzərd] *n., Zool.* lagarto *m.* ‖ **wall ~** *Zool.* lagartija *f.*

llama ['lɑ:mə] *n., Zool.* llama *f.*

load [loud] *n.* **1.** carga *f.;* peso *m.* **2.** (of a lorry) cargamento *m.* ‖ *v. tr.* **3.** cargar.

loader ['loudər] cargador.

loading ['loudɪŋ] *n.* carga *f.*

loaf¹ [louf](pl.: loaves) *n.* pan *m.*

loaf² [louf] *v. intr.* holgazanear.

loafer ['loufər] *n.* gandul *m.*

loan [loun] *n.* **1.** préstamo *m.* ‖ *v. tr. & intr.* **2.** prestar.

loathe ['louð] *v. tr.* aborrecer.

lobe [loub] *n., Anat.* (earlobe) lóbulo *m.;* perilla *f.* (de la oreja).

lobster ['lɒbstər] *n., Zool.* (crustacean) langosta *f.;* bogavante *m.*

local ['loukəl] *adj.* local.

locality [lou'kælətɪ:] *n.* (town) localidad *f.;* ciudad *f.*

localize, localise (Br.E) ['loukə,laɪz] *v. tr., frml.* localizar.

locate ['loukeɪt] *v. tr.* **1.** *frml.* localizar. **2.** (situate) ubicar; situar.

lock¹ [lɒk] *n.* **1.** (on door) cerradura *f.* **2.** (on canal) esclusa *f.* ‖ *v. tr. & intr.* **3.** cerrar con llave.

lock² ['lɒk] *n., lit.* (of hair) mechón *m.*

locker ['lɒkər] *n.* (small closet) taquilla *f.*

locomotive [,loukə'moutɪv] *n.* (railway engine) locomotora *f.*

locust ['loukəst] *n.* **1.** *Zool.* (insect) langosta *f.* **2.** *Bot.* (tree) acacia blanca.

locution [loʊˈkjuːʃən] *n.*, *Ling.* locución (phrase) *f.*

lode [loʊd] *n.*, *Miner.* filón *m.*

lodge [lɒdʒ] *n.* **1.** *Br.E.* casa de guarda. **2.** (of porter) portería *f.*; garita *f.* **3.** (of beaver) madriguera *f.* ‖ *v. tr.* **4.** (accommodate) alojar; hospedar. ‖ *v. intr.* **5.** (live) alojarse; hospedarse.

lodger [ˈlɒdʒər] *n.* (in hotel, etc.) huésped *m. y f.*; inquilino *m.*

lodging [ˈlɒdʒɪŋ] *n.* alojamiento *m.*; hospedaje *m.*

loft [lɒft] *n.* **1.** desván *m.*; buhardilla *f.* **2.** *Agr.* (hayloft) pajar *m.* **3.** *Am.E.* (appartment) ático *m.*

log [lɒg] *n.* **1.** tronco *m.*; leño *m.* **2.** *Nav.* barquilla *f.*

logic [ˈlɒdʒɪk] *n.* lógica *f.*

loin [lɔɪn] *n.* **1.** *Gastr.* (pork) lomo *m.* **2.** (pork meat) magro *m.*

lollipop [ˈlɒlɪ,pɒp] *n.* **1.** (flat) piruleta *f.* **2.** (elongated and point-ed) pirulí *m.*

loneliness [ˈloʊnlinɪs] *n.* soledad *f.*; aislamiento *m.*

lonely [ˈloʊnli] *adj.* **1.** (person) solo; solitario. **2.** (place) aislado.

long[1] [lɒŋ] *adj.* (size, distance) largo.

long[2] [lɒŋ] *v. intr.* (for, after, to) **1.** añorar. **2.** (yearn) anhelar.

longing [ˈlɒŋɪŋ] *n.* **1.** (desire) anhelo *m.*; deseo *m.*; ansia *f.* **2.** (nostalgia) añoranza *f.*

longitude [ˈlɒndʒə,tuːd] *n.*, *Geogr.* longitud *f.*

look [lʊk] *n.* **1.** (glance) mirada *f.*; vistazo *m.* **2.** (appearance) aspecto *m.*; facha *f. fam.*; pinta *f.* **3.** (expression) cara *f.* ‖ *v. intr.* **4.** mirar. **5.** (seem) parecer.

lookout [ˈlʊkaʊt] *n.* **1.** vigía *m. y f.* **2.** (place) atalaya *f.*

loose [luːs] *adj.* **1.** flojo; holgado. **2.** (not secure) suelto. ‖ *v. tr.* **3.** (wrath, violence) desatar.

loosen [ˈluːsən] *v. tr.* **1.** aflojar; soltar. **2.** (untie) desatar. ‖ *v. intr.* **3.** aflojarse. **4.** (become untied) desatarse.

looseness [ˈluːsənɪs] *n.* **1.** soltura *f.* **2.** (clothing) holgura *f.*

loot [luːt] *n.* botín *m.*

lop [lɒp] *v. tr.* podar.

loquacious [ləˈkweɪʃəs] *adj.*, *frml.* (talkative) hablador.

lord [lɔːrd] *n.* (nobleman) lord *m.*

lordship [ˈlɔːrdʃɪp] *n.* señoría *f.*

lorry [ˈlɒriː] *n.*, *Br.E.* camión *m.*

lose [luːz] *v. tr.* perder.

loss [lɒs] *n.* **1.** pérdida *f.*; extravío *m.* **2.** (of hair) caída *f.*

lost [lɒst] *adj.* perdido.

lot [lɒt] *n.* **1.** (in an auction) lote *m.* **2.** *Am.E.* (plot) solar *m.*; parcela *f.* ‖ **a ~** mucho.

lotion [ˈloʊʃən] *n.* loción *f.*

lottery [ˈlɒtəriː] *n.* lotería *f.*

lotus [ˈloʊtəs] *n.*, *Bot.* loto *m.*

loud [laʊd] *adj.* **1.** (voice) alto. **2.** (noise) fuerte. **3.** (noisy) ruidoso. **4.** (color, clothes) vistoso; llamativo; estridente.

loudspeaker ['laʊd,spi:kər] *n.* altavoz *m.*; megáfono *m.*

lounge [laʊndʒ] *n. Br.E.* salón *m.*

louse [laʊs](pl.: lice) *n., Zool.* piojo *m.*

love [lʌv] *n.* **1.** amor *m.*; cariño *m.* **2.** (in tennis) cero. ‖ *v. tr.* **3.** amar; querer.

lovely ['lʌvli:] *adj.* **1.** hermoso. **2.** (charming) encantador.

lover ['lʌvər] *n.* **1.** amante *m.*; enamorado *m.* **2.** (fan) aficionado *m.*; amigo *m.*

low[1] [loʊ] *adj.* **1.** bajo. **2.** (figure) pequeño. **3.** (price) ajustado. ‖ *adv.* **4.** bajo. **5.** (speak) bajo.

low-calorie ['loʊ,kæləri:] *adj.* (food) light; bajo en calorías.

lower ['loʊər] *adj.* (comp. of "low") **1.** inferior. ‖ *v. tr.* **2.** (reduce) bajar; rebajar. **3.** (blind, flag, music) bajar.

lowest ['loʊɪst] *adj.* (super. of "low") ínfimo *form.*; mínimo.

loyal ['lɔɪəl] *adj.* leal; fiel.

loyalty ['lɔɪəlti:] *n.* lealtad *f.*

lubricate ['lu:brə,keɪt] *v. tr.* **1.** lubricar. **2.** (engine) engrasar.

lucid ['lu:sɪd] *adj.* lúcido.

luck [lʌk] *n.* suerte *f.*; fortuna *f.*

lucky ['lʌki:] *adj.* (person) afortunado; feliz.

ludo ['lu:doʊ] *n., Br.E.* (game) parchís *m.*

luggage ['lʌgɪdʒ] *n., Br.E.* equipaje *m.*

lull ['lʌl] *n.* **1.** calma *f.* ‖ *v. tr.* **2.** calmar; sosegar.

lullaby ['lʌləbaɪ] *n.* nana *f.*

lumber ['lʌmbər] *n.* **1.** *Br. E.* trastos viejos. **2.** *Am. E.* (timber) madera *f.*

lump [lʌmp] *n.* **1.** (of sugar) terrón *m.* **2.** *Med.* bulto *m.*; hinchazón *m.* **3.** (on the head) chichón *m.* **4.** (in sauce) grumo *m.*

lunar ['lu:nər] *adj.* lunar.

lunch [lʌntʃ] *n.* **1.** comida *f.*; almuerzo *m.* ‖ *v. intr.* **2.** almorzar.

lung [lʌŋ] *n., Anat.* pulmón *m.*

lure [lʊr] *n.* **1.** anzuelo *m.*; cebo *m.* **2.** (for birds) reclamo *m.*

lurk [lɜːrk] *v. intr.* **1.** acechar. **2.** (hidden) esconderse.

lust [lʌst] *n.* **1.** (sexual desire) lujuria *f.* **2.** (greed) codicia *f.* ‖ *v. intr.* **3.** codiciar; desear.

luster, lustre (Br.E) ['lʌstər] *n.* (gloss) lustre *m.*; brillo *m.*

lute [lu:t] *n., Mus.* laúd *m.*

lluxury ['lʌkʃəri:] *n.* lujo *m.*

lycra ['laɪkrə] *n.* licra *f.*; lycra *f.*

lynx ['lɪŋks] *n., Zool.* lince *m.*

lyre ['laɪr] *n., Mus.* lira *f.*

lyrical ['lɪrɪkəl] *adj.* lírico.

m [em] *n.* (letter) m *f.*

macabre [məˈkɑːbrə, məˈkɑːbər] *adj.* (sinister) macabro; siniestro.

macaque [məˈkæk] *n., Zool.* (monkey) macaco *m.*; mono *m.*

macaroni [ˌmækəˈrouni:] *n., Gastr.* (pasta) macarrón *m.*

machine [məˈʃiːn] *n.* máquina *f.*

machinery [məˈʃiːnəri:] *n.* **1.** (machine) maquinaria *f.*; artilugio *f.* **2.** (working) mecanismo *m.*

macho [ˈmætʃou] *adj.* (virile) macho; viril; varonil.

mackerel [ˈmækərəl] *n., Zool.* (fish) caballa *f.*

mad [mæd] *adj.* loco.

madam [ˈmædəm] *n.* (crazy) señora *f.*

madden [ˈmædən] *v. tr.* (drive crazy) enloquecer; volver loco.

madhouse [ˈmædhaus] *n., coll.* manicomio *m.*; casa de locos.

madness [ˈmædnɪs] *n., Med.* locura *f.*; delirio *m.*; demencia *f.*

magazine [ˌmægəˈziːn] *n.* revista *f.*

magic [ˈmædʒɪk] *adj.* **1.** (powers, numbers) mágico. ‖ *n.* **2.** magia *f.*

magician [məˈdʒɪʃən] *n.* **1.** (wizard) mago *m.* **2.** (conjurer) prestidigitador *m.*

magisterial [mædʒəˈstɪriəl] *adj., frml.* (attitude, tone) magistral.

magistrate [ˈmædʒəstreit] *n. Law* (justice of peace) magistrado *m.*; juez *m.*

magnate [ˈmægneit, ˈmægnɪt] *n.* magnate *m. y f.*; potentado *m.*

magnet [ˈmægnɪt] *n.* imán *m.*

magnetism [ˈmægnəˌtɪzəm] *n.* magnetismo *m.*; fuerza *f.*

magnetize, magnetise (Br.E) [ˈmægnətaɪz] *v. tr.* magnetizar; imantar.

magnificent [mægˈnɪfəsənt] *adj.* (impresive) magnífico; grandioso.

magnitude [ˈmægnəˌtuːd] *n.* magnitud *f.*; grandeza *f.*

magpie [ˈmægˌpaɪ] *n.* **1.** *Zool.* (bird) urraca *f.* **2.** *Am. E., fig.* (chatterbox) cotorra *f.*

mahogany [məˈhɒɡəni:] *n.* **1.** *Bot.* caoba *f.* **2.** (wood) caoba. **3.** (color) caoba *m.*

maid [meid] *n.* **1.** asistenta; criada; sirvienta. **2.** *lit.* (young girl) doncella *f.*

maiden [ˈmeidən] *n.* (young girl) doncella *f.*; muchacha *f.*

mail¹ [meil] *n.* **1.** *Am. E.* correo *m.*; correspondencia *f.* ‖ *v. tr.* **2.** (sent) enviar por correo.

mail² [meil] *n.* (of armor) malla *f.*

mailbox [ˈmeilˌbɒks] *n., Am. E.* buzón *m.* ‖ **voice ~** buzón de voz (en el teléfono movil).

mailman [ˈmeilmən] *n., Am. E.* (postman) cartero *m.*

main [mein] *adj.* **1.** (idea, door) principal; esencial. **2.** (street) mayor.

maintain [meɪnˈteɪn] v. tr. **1.** mantener. **2.** (in good condition) conservar; guardar. ‖ v. intr. **3.** mantenerse.

maize [meɪz] n., Br. E., Bot. maíz m.

make [meɪk] n. **1.** (brand) marca. ‖ v. tr. **2.** (produce) hacer. **3.** (manufacture) confeccionar. **4.** (friends, money) hacer.

makeup ['meɪkʌp] n. **1.** maquillaje m.; cosmético m. **2.** (composition) composición f. ‖ ~ **remover** desmaquillador m.

male [meɪl] adj. **1.** (person) varonil. **2.** Zool. (animal) macho. **3.** Biol.masculino. ‖ n. **4.** (man) varón m. **5.** Zool. (animal) macho m.

malediction [ˌmælɪˈdɪkʃən] n. (curse) maldición f.

malevolent [məˈlevələnt] adj. perverso; malvado.

malfunction [ˌmælˈfʌŋkʃən] n. fallo m.; mal funcionamiento.

malice ['mælɪs] n. malicia f.

malign [məˈlaɪn] adj. **1.** (influence) maligno. ‖ v. tr. **2.** calumniar.

malignant [məˈlɪgnənt] adj. **1.** (person) malvado. **2.** (influence) perverso. maligno;

mall [mɔːl] n. **1.** Am. E. (for shopping) centro comercial. **2.** (avenue) bulevar m.

mallet ['mælɪt] n. (tool) mazo m.

mallow ['mæloʊ] n., Bot. malva f.

malnutrition [ˌmælnuːˈtrɪʃən] n., Med. (undernourishment) desnutrición f.

malt [mɔːlt] n. (cereal) malta m.

mammal ['mæməl] n., Zool. mamífero m.

mammalian [mæˈmeɪlɪən] adj. mamífero.

man [mæn](pl.: men) n. varón m.; hombre m.

manage ['mænɪdʒ] v. tr. **1.** dirigir; gestionar. **2.** (property) administrar. **3.** (money) manejar. ‖ v. intr. **4.** componérselas.

management ['mænədʒmənt] n. **1.** (of an enterprise) dirección; administración; gerencia f. **2.** (people in charge) gobierno m.

manager ['mænədʒər] n. **1.** gerente m.; manager m. y f. angl. **2.** Sports director m.

mandarin ['mændərɪn] n., Bot. (fruit) mandarina f.

maneuver, manoeuvre (Br.E) [məˈnuːvər] n. **1.** maniobra f. ‖ v. tr. **2.** maniobrar.

mange [meɪndʒ] n., Vet. sarna f.; roña f. (del ganado).

manger ['meɪndʒər] n. (trough) pesebre m.; comedero m.

mango ['mæŋgoʊ] n., Bot. (fruit) mango m.

manipulate [məˈnɪpjəˌleɪt] v. tr. (handle) manipular; manejar.

mankind [mænˈkaɪnd] n. humanidad f.; género humano.

manly ['mænli:] *adj.* varonil.

mannequin ['mænɪkɪn] *n.* (in shop window, model) maniquí *m. y f.*; modelo *m.*

manner ['mænər] *n.* **1.** (way of behaving) trato *m.* **2.** (way) manera *f.*; modo *m.* ∥ **manners** *n. pl.* **3.** maneras *f. pl.*

mansion ['mænʃən] *n.* (house) mansión *f.*; palacio *m.*

manslaughter ['mænˌslɔ:tər] *n.*, *Law* (involuntary) homicidio *m.*; asesinato *m.* (involuntario).

mantilla [ˌmæn'tɪlə] *n.* (for woman) mantilla *f.*; chal *m.*

mantle ['mæntəl] *n.* manto *m.*

manual ['mænjʊəl] *adj.* **1.** manual. ∥ *n.* **2.** (handbook) manual *m.*

manufacture [ˌmænjʊ'fæktʃər] *n.* **1.** fabricación *f.*; manufactura *f.* **2.** (of clothes) confección *f.* **3.** (production) fábrica *f.* ∥ *v. tr.* **4.** fabricar; manufacturar.

manure [mə'njʊr] *n.* **1.** estiércol *m.* ∥ *v. tr.* **2.** (field) estercolar; abonar.

manuscript ['mænjəsˌkrɪpt] *adj.* **1.** *frml.* manuscrito. ∥ *n.* **2.** (hand- written) manuscrito *m.*

many ['meni:] *adj.* **1.** (count. n.) (sometimes preceded by "a great" or "a good") mucho. ∥ *pron.* **2.** mucho.

map [mæp] *n.* **1.** (of a country, city) mapa *m.* **2.** (of tube) plano *m.*

marble ['mɑːrbəl] *n.* **1.** mármol *m.* **2.** (game) canica *f.*

March [mɑːrtʃ] *n.* marzo *m.*

march [mɑːrtʃ] *n.* **1.** marcha *f.* ∥ *v. intr.* **2.** *Mil.* marchar.

mare [mer] *n.*, *Zool.* yegua *f.*

margarine [mɑːrdʒərɪn] *n.*, *Gastr.* margarina *f.*

margarita [mɑːrgəriːtə] *n.* (cocktail) margarita *m.*

margin ['mɑːrdʒɪn] *n.* **1.** (of paper) margen *amb.* **2.** *fig.* límite *m.*

marginalize, marginalise (Br.E) ['mɑːrdʒənəlaɪz] *v. tr.* marginar; excluir.

marguerite ['mɑːrgəˌriːt] *n.*, *Bot.* (big daisy) margarita *f.*

marine [mərɪn] *adj.* marino.

mark [mɑːrk] *n.* **1.** marca *f.* **2.** (stain) mancha. **3.** (imprint) huella *f.* **4.** (sign) señal *f.* **5.** *Ling.* signo *m.* **6.** *Br. E.* nota *f.*; puntuación *f.*; calificación *f.* ∥ *v. tr.* **7.** marcar; señalar. **8.** *Br. E.* (an exam) puntuar; calificar.

market ['mɑːrkɪt] *n.* **1.** mercado *m.* **2.** (stock market) bolsa *f.* (de valores). **3.** (square) plaza *f.* (del mercado). ∥ *v. tr.* **4.** vender.

marketplace ['mɑːrkɪtpleɪs] *n.* (exchange) lonja *f.*; mercado *m.*

marmalade ['mɑːrməˌleɪd] *n.* mermelada de naranja (cítricos).

marriage ['mærɪdʒ] *n.* **1.** (institution) matrimonio *m.* **2.** (wedding) boda *f.*; enlace *m.*

marrow ['mærəʊ] *n.* **1.** *Anat.* médula *f.* **2.** (nature) esencia *f.*

marry ['mæri:] *v. tr.* **1.** (couple) casarse. **2.** (perform the ceremony) casar. ‖ *v. intr.* **3.** contraer matrimonio.

marsh [mɑːrʃ] *n.* **1.** *Geogr.* pantano *m.* **2.** *Geogr.* (on coast) marisma *f.*

mart [mɑːrt] *n.* mercado *m.*

martial ['mɑːrʃəl] *adj.* marcial.

martin ['mɑːrtɪn] *n., Zool.* (bird) vencejo *m.*; avión *m.*

martyr ['mɑːrtər] *n.* mártir *m. y f.*

martyrdom ['mɑːrtərdəm] *n.* (death) martirio *m.*; tortura *f.*

marvel ['mɑːrvəl] *n.* **1.** maravilla *f.*; prodigio *m.* ‖ *v. intr.* **2.** maravillarse; admirarse.

marvelous, marvellous (Br.E) ['mɑːrvələs] *adj.* maravilloso; estupendo.

marzipan ['mɑːrzɪpæn] *n., Gastr.* (sweet) mazapán *m.*

mascot ['mæskɒt] *n.* (amulet) mascota *f.*

masculine ['mæskjəlɪn] *adj.* **1.** masculino. ‖ *n.* **2.** *Ling.* masculino *m.*

mash [mæʃ] *n.* **1.** *Br.E., coll.* puré de patatas. ‖ *v. tr.* **2.** triturar.

mask [mæsk] *n.* **1.** máscara *f.* **2.** *Med.* (cosmetics) mascarilla *f.* **3.** (disguise) careta; antifaz. ‖ *v. tr.* **4.** enmascarar.

mason ['meɪsən] *n.* (bricklayer) albañil *m.*

mass[1] [mæs] *n., Rel.* misa *f.*

mass[2] [mæs] *n.* **1.** masa *f.* **2.** (bulk) mole *f.* ‖ *v. intr.* **3.** concentrarse; agruparse.

massage ['mæsɑːʒ] *n.* **1.** masaje *m.*; fricción *f.* ‖ *v. tr.* **2.** dar masaje; friccionar.

mast [mæst] *n.* **1.** *Nav.* mástil *m.*; palo *m.* **2.** (radio, TV) árbol de transmisión.

master ['mɑːstər] *n.* **1.** amo *m.* **2.** (of a house) señor *m.* **3.** (of animal, servant) dueño *m.* **4.** (teacher) maestro *m.*; profesor *m.* ‖ *v. tr.* **5.** dominar.

masterly ['mæstərli:] *adj.* (performance, book) magistral.

masterpiece ['mæstərpiːs] *n.* (film, painting, book) obra maestra.

masthead ['mæsthed] *n.* (of a journal) cabecera *f.*

masticate ['mæstɪkeɪt] *v. tr. & intr., frml.* (chew) masticar.

mastodon ['mæstədɒn] *n.* (giant) mastodonte *m.*; gigante *m.*

mat[1] [mæt] *n.* **1.** (rushmat) estera *f.* **2.** (doormat) felpudo *m.* **3.** *Sports* colchoneta *f.* **4.** (for glass) posavasos *m. inv.*

mat[2] [mæt] *adj.* (color) mate.

match[1] [mætʃ] *n.* (for fire) cerilla *f.*; fósforo *m.*

match[2] [mætʃ] *n.* **1.** *Sports* partido *m.* ‖ *v. tr.* **2.** (equal) igualar. **3.** (colors) pegar; casar. **4.** (socks, gloves) emparejar.

mate[1] [meɪt] n. **1.** fam. compañero m. ‖ v. tr. **2.** Zool. aparear.

mate[2] [meɪt] n. (chess) mate m.

material [məˈtɪriəl] adj. **1.** material. ‖ n. **2.** Econ. material m.; género m. **3.** Tech. materia f.

materialize, materialise (Br.E) [məˈtɪriəˌlaɪz] v. tr. materializar.

maternal [məˈtɜːrnəl] adj. **1.** (motherly) maternal. **2.** (on mother's side) materno.

maternity [məˈtɜːrnɪti:] n. maternidad f.

math, maths (BrE) [mæθ] n., coll. matemática f.

mathematics [mæθəˈmætɪks] n. matemática f. (often in pl.).

matrimony [ˈmætrəˌmoʊni:] n. (marriage) matrimonio m.

matt [mæt] adj. (color) mate.

matter [ˈmætər] n. **1.** (substance) materia f.; substancia f. **2.** (question) cuestión f.; asunto. .

mattress [ˈmætrɪs] n. colchón m.

mature [məˈtʃʊr] adj. **1.** (developed, sensible) maduro. **2.** (wine) añejo. ‖ v. tr. & intr. **3.** (people) madurar.

maturity [məˈtʃʊrəti: məˈtʃʊrəti:] n. (physical, mentality) madurez f.

mausoleum [ˌmɔːsəˈliəm] n., Archit. (pantheon) panteón m.

mauve [moʊv] adj. **1.** (color) malva inv. ‖ n. **2.** (color) malva m.

maxim [ˈmæksɪm] n. (saying) máxima f.; sentencia f.

maximum [ˈmæksəˌməm] adj. **1.** máximo. ‖ n. **2.** máximo m.

May [meɪ] n. mayo m.

may [meɪ](p.t. might) v. aux. (possibility, probability, permission) poder; ser posible.

maybe [ˈmeɪbi:] adv. quizá.

mayonnaise [ˈmeɪəˌneɪz] n., Gastr. (sauce) mahonesa f.

mayor [ˈmeɪər] n. alcalde m.

maze [meɪz] n. laberinto m.

me [mi:] pron. pers. accus. 1st. sing. **1.** me. **2.** (+ prep.) mí.

meadow [ˈmedoʊ] n., Geogr. pradera f.; prado m.

meal[1] [mi:l] n. (oats or corn flour) harina f.

meal[2] [mi:l] n. (food) comida f.

mean[1] [mi:n] v. tr. querer decir.

mean[2] [mi:n] adj. **1.** mezquino; tacaño. **2.** (despicable) vil.

mean[3] [mi:n] adj. **1.** (average) medio. ‖ n. **2.** (average) media f.

meaning [ˈmi:nɪŋ] n. **1.** significado m.; significación f.; sentido m. **2.** (in dictionary) acepción f.

means [mi:nz] n. pl. **1.** (method) medio m. sing. **2.** (resources) medios m. (de vida). **3.** (of people) posibles f.; recursos m.

meantime [ˈmi:nˌtaɪm] adv. mientras tanto; entretanto.

meanwhile [ˈmi:nˌwaɪl] adv. mientras tanto; entretanto.

measure ['meʒər] *n.* **1.** medida *f.*
2. *Mus.* compás *m.*

measurement ['meʒərmənt] *n.*
(dimension) medida *f.*

measuring ['meʒərɪŋ] *n.* medida *f.*

meat [mi:t] *n.* carne *f.*

meatball ['mi:tˌbɔ:l] *n.*, *Gastr.*
albóndiga *f.*

mechanics [məˈkænɪks] *n. sing.*
(science) mecánica *f.*

mechanism ['mekəˌnɪzəm] *n.*
mecanismo *m.*; maquinaria *f.*

medal ['medəl] *n.* medalla *f.*

mediator [mi:dˈreɪtər] *n.* (intermediary) mediador *m.*

medication [ˌmedrˈkeɪʃən] *n.*,
Med. medicación *f.*; tratamiento *m.*

medicine ['medəsən] *n.* **1.** (substance, science) medicina *f.*
2. (substance) medicamento *m.*

mediocre [mi:dˌɪoukər] *adj.* (ordinary) mediocre; mediano.

meditate ['medɪteɪt] *v. tr. & intr.*
(ponder) meditar; reflexionar.

medium ['mi:dɪəm] *adj.* **1.** mediano. ‖ *n.* **2.** (means) medio *m.*

meet [mi:t] *v. tr.* **1.** (by chance)
encontrar. **2.** (know people) conocer. **3.** (hold formal meeting)
entrevistarse con.

meeting ['mi:tɪŋ] *n.* **1.** encuentro *m.* **2.** (of group) reunión
f.; junta *f.*

megaphone ['megəˌfoun] *n.*
(loud-hailer) megáfono *m.*

melancholic [melənˈkɒlɪk] *adj.*
melancólico; triste; afligido.

melancholy ['melənˌkɒli:] *n.*
melancolía *f.*; tristeza *f.*

melodrama ['meləˌdrɑːmə] *n.*,
Film melodrama *m.*

melody ['melədi:] *n.* melodía *f.*

melon ['melən] *n.*, *Bot.* melón *m.*

melt [melt] *v. tr.* **1.** derretir. **2.**
(metals) fundir. ‖ *v. intr.* **3.** de-
rretirse. **4.** (metals) fundirse.

member ['membər] *n.* miembro *m.*

membership ['membərˌʃɪp] *n.*
conjunto de socios.

membrane ['membreɪn] *n.*
membrana *f.*

memorable ['memərəbəl] *adj.*
(unforgettable) memorable.

memory ['meməri] *n.* **1.** memoria *f.* **2.** (remembrance) recuerdo.

menace ['menəs] *n.* **1.** (threat)
amenaza *f.* ‖ *v. tr.* **2.** amenazar.

mend [mend] *n.* **1.** remiendo
m.; apaño *m.* ‖ *v. tr.* **2.** (clothes)
remendar; repasar.

mendicant ['mendɪkənt] *n.*
(beggar) mendigo *m.*; pobre
m. y f.

menhir [menhɪr] *n.* menhir *m.*

menstruation [ˌmenstrʊˈeɪʃən]
n., *Med.* menstruación *f.*; regla *f.*

mental ['mentəl] *adj.* mental.

mentality [menˈtæləti:] *n.* mentalidad *f.*; creencia *f.*

mention ['menʃən] *n.* **1.** mención *f.* ‖ *v. tr.* **2.** mencionar.

menu ['menju:] *n.* **1.** *Gastr.* menú *m.*; carta *f.* **2.** *Comput.* menú *m.*

mercantile ['mɜːkəntaɪl] *adj.* (commercial) mercantil.

merchandise ['mɜːtʃəndaɪz] *n.* mercancías *f. pl.*; género *m.*

mercy ['mɜːsɪ] *n.* (compassion) piedad *f.*; misericordia *f.*

mere [mɪr] *adj.* simple; mero.

merge ['mɜːrdʒ] *v. tr.* **1.** unir. **2.** *Econ.* (firms) fusionar.

meringue [məˈræŋ] *n., Gastr.* (sweet) merengue *m.*

merit ['merɪt] *n.* **1.** mérito *m.*; merecimiento *m.* || *v. tr.* **2.** (deserve) merecer.

mermaid [ˌmɜːrmeɪd] *n., Myth.* sirena *f.*

merriment ['merɪmənt] *n.* (jovial) júbilo *m.*; alborozo *m.*

mesh [meʃ] *n.* (of net) malla *f.*

mesmerize, mesmerise (Br.E) ['mezməˌraɪz] *v. tr.* hipnotizar; magnetizar; sugestionar.

mess [mes] *n.* **1.** (disorder) desorden *m.*; tinglado *m.* **2.** (mix) revoltijo *m.*; lío *m.*

message ['mesɪdʒ] *n.* **1.** mensaje *m.*; recado *m.* **2.** (communication) embajada *f.*

mestizo [mesˈtiːzoʊ] *n.* mestizo *m.*

metabolism [məˈtæbəˌlɪzəm] *n., Med.* metabolismo *m.*

metal ['metəl] *n.* metal *m.*

metallurgy ['metlɜːrdʒiː] *n.* metalurgia *f.*

metaphor ['metəˌfɔːr] *n., Lit.* metáfora *f.*

meteorology [ˌmiːtɪəˈrɒlədʒiː] *n.* meteorología *f.*

meter, metre (Br.E) ['miːtər] *n.* **1.** contador *m.* **2.** *Br. E.* (meas-ure) metro *m.*

method ['meθəd] *n.* **1.** método *m.* **2.** (procedure) procedimiento *m.*

meticulous [meˈtɪkjələs] *adj.* minucioso; meticuloso.

metropolis [məˈtrɒpəlɪs] *n.* (large city) urbe *f.*; metrópoli *m.*

mew [mju:] *n.* **1.** (of cat) maullido *m.* || *v. intr.* **2.** (cat) maullar.

mewl [mju:l] *v. intr.* **1.** (baby) gimotear; lloriquear. **2.** (tomcat) maullar.

mi or me [mi:] *n., Mus.* mi *m.*

miaow [miːˈaʊ] *n.* **1.** (of cat) maullido *m.* || *v. intr.* **2.** (cat) maullar.

microbe ['maɪkroʊb] *n., Biol.* microbio *m.*; microorganismo *m.*

microphone ['maɪkrəˌfoʊn] *n.* (mic) micrófono *m.*

microscope ['maɪkrəˌskoʊp] *n.* microscopio *m.*

microscopic [ˌmaɪkrəˈskɒpɪk] *adj.* (tiny) diminuto.

microwave ['maɪkrəˌweɪv] *n.* (oven) microondas *m.*

mid- [mɪd] *adj. pref.* medio.

midday ['mɪdˌdeɪ] *n.* (noon) mediodía *m.*

middle ['mɪdəl] *n.* **1.** (centre) centro *m.*; medio *m.* **2.** (half-way point) mitad *f.*

middleman ['mɪdəl.mæn] *n., Econ.* intermediario *m.*

midnight ['mɪd.naɪt] *n.* medianoche *f.*

mien [mi:n] *n.* (disposition) semblante *m. lit.*; humor *m.*

migrate ['maɪ.greɪt] *v. intr.* emigrar; expatriarse.

mild [maɪld] *adj.* apacible.

mildew ['mɪl.dju:] *n., Bot.* (on bread, fruit) moho *m.*

mildness ['maɪldnɪs] *n.* (of character) templanza *f.*

mile [maɪl] *n.* (measure) milla *f.*

militia [məˈlɪʃə] *n.* milicia *f.*

milk [mɪlk] *adj.* **1.** lechero. ‖ *n.* **2.** leche *f.* ‖ *v. tr.* **3.** ordeñar.

mill [mɪl] *n.* **1.** molino *m.* **2.** (coffee) molinillo *m.* ‖ *v. tr.* **3.** (grind) moler.

millennium [mɪˈleniəm] *n.* (thousand years) milenio *m.*

milligram or milligramme ['mɪlɪgræm] *n.* miligramo *m.*

milliliter, millilitre (Br.E) ['mɪləˌliːtər] *n.* mililitro *m.*

millimeter, millimetre (Br.E) ['mɪləˌmiːtər] *n.* milímetro *m.*

million ['mɪljən] *n.* **1.** *Math.* millón *m.* **2.** (often pl.) millón *m.*

mime [maɪm] *n.* **1.** *Theat.* mímica *f.* **2.** *Theat.* (person) mimo *m. y f.* ‖ *v. tr.* **3.** imitar; emular.

mimesis [ˈmaɪmsɪs] *n., Biol.* (mimicry) mimetismo *m.*

mince [mɪns] *adj.* **1.** (meat) picado. ‖ *n.* **2.** *Gastr.* carne picada. ‖ *v. tr.* **3.** (meat) picar.

mind [maɪnd] *n.* **1.** mente *f.*; entendimiento *m.* ‖ *v. tr.* **2.** hacer caso. ‖ *v. intr.* **3.** (be careful) tener cuidado.

mine[1] [maɪn] *poss. pron. 1st. sing.* mío. ‖ **of ~** mío.

mine[2] [maɪn] *n.* **1.** *Miner.* mina *f.* ‖ *v. tr.* **2.** *Mil.* minar.

mineral ['mɪnərəl] *adj.* **1.** mineral. ‖ *n.* **2.** mineral *m.*

minimum ['mɪnɪməm] *adj.* **1.** mínimo. ‖ *n.* **2.** mínimo *m.*

miniskirt ['mɪnɪˌskɜːrt] *n.* (clothing) minifalda *f.*

minister ['mɪnɪstər] *n.* **1.** *Polit.* ministro *m.* **2.** *Rel.* pastor *m.*

ministry ['mɪnɪstri:] *n.* **1.** *Br. E., Polit.* ministerio *m.* **2.** *Rel.* sacerdocio *m.*

mink [mɪŋk] *n., Zool.* visón *m.*

minor ['maɪnər] *adj.* **1.** menor; más pequeño. ‖ *n.* **2.** (child) menor de edad.

minority [maɪˈnɒrəti:] *n.* minoría *f.*

mint [mɪnt] *n.* **1.** *Bot.* menta *f.* **2.** *Bot.* (peppermint) hierbabuena *f.*

minus ['maɪnəs] *n.* **1.** *Math.* negativo *m.* ‖ *prep.* **2.** menos.

minuscule ['mɪnəˌskʌl] *adj.* minúsculo.

minute ['mɪnɪt] *adj.* **1.** (tiny) diminuto. ‖ *n.* **2.** (of time) minuto *m.*

miracle ['mɪrɪkəl] *n.* milagro *m.*

mire ['maɪr] *n.* fango *m.*

mirror ['mɪrər] *n.* espejo *m.*

misadvise [,mɪsəd'vaɪz] *v. tr.* aconsejar mal; malaconsejar.

misappropriate [mɪsə'proupɪət] *v. tr.* (funds) malversar (fondos).

misbehave [,mɪsbɪ'heɪv] *v. intr.* portarse mal; comportarse mal.

miscalculate [,mɪs'kælkjəleɪt] *v. tr.* & *intr.* calcular mal.

miscarriage [mɪs'kæzɪdʒ] *n.*, *Med.* (spontaneous) aborto *m.*

miscarry [,mɪs'kæri:] *v. intr.* **1.** *Med.* abortar (espontáneamente). **2.** (goods, letter) extraviarse.

mischievous ['mɪstʃɪvəs] *adj.* **1.** travieso. **2.** (arch) malicioso.

misdeed ['mɪsdi:d] *n.* fechoría *f.*; delito *m.*; infracción *f.*

miserable ['mɪzərəbəl] *adj.* **1.** triste. **2.** (nasty) desgraciado.

miserly ['maɪzərli:] *adj.* **1.** (mean) tacaño. **2.** (vile) mezquino.

misery ['mɪzəri:] *n.* **1.** (poverty) miseria *f.* **2.** (misfortune) desdicha *f.*; desgracia *f.*

misfortune [mɪs'fɔ:rtʃən] *n.* infortunio *m.*; desgracia *f.*

miss¹ [mɪs] *n.* **1.** (beauty contest) miss *f.* ‖ **Miss** *n.* **2.** señorita *f.*

miss² [mɪs] *n.* **1.** (lack of success) fracaso *m.* ‖ *v. tr.* **2.** (fail)

errar. **3.** (bus, train, opportunity) perder. **4.** (feel the loss of) echar de menos; extrañar.

mission ['mɪʃən] *n.* misión *f.*

misspend ['mɪspənd] *v. tr.* **1.** (money) malgastar; derrochar. **2.** (youth) disipar.

mist [mɪst] *n.* **1.** *Meteor.* (fog) niebla *f.* **2.** *Meteor.* (thinner) bruma *f.*; neblina *f.*

mistake [mɪs'teɪk] *n.* **1.** error *m.*; fallo *m.*; equivocación *f.* **2.** (oversight) descuido *m.* ‖ *v. tr.* **3.** (confuse) confundir.

mistaken [mɪs'teɪkən] *adj.* equivocado; incorrecto.

mister ['mɪstər] *n.* míster *m.*

mistletoe ['mɪsəl,tou] *n. Bot.* muérdago *m.*

mistress ['mɪstrɪs] *n.* **1.** (of house) ama *f.*; señora *f.* **2.** (lover) querida.

misunderstand [,mɪsʌndər'stænd] *v. tr.* & *intr.* entender mal; comprender mal.

misunderstanding [,mɪsʌndər'stændɪŋ] *n.* **1.** malentendido *m.* **2.** (mistake) equivocación *f.*; equívoco *m.*

misuse ['mɪsju:s] *n.* **1.** mal uso. **2.** (of power) abuso *m.* (de poder). ‖ *v. tr.* **3.** usar mal.

mitigate ['mɪtəgeɪt] *v. tr.* mitigar; aliviar.

mitten ['mɪtən] *n.* manopla *f.*

mix [mɪks] *n.* **1.** mezcla *f.* ‖ *v. tr.* **2.** mezclar. **3.** (paste) amasar.

mixture ['mɪkstʃər] *n.* (blend) mezcla *f.*; mejunje *m.* pey.

moan [moʊn] *n.* **1.** gemido *m.*; lamento *m.*; quejido *m.* **2.** (complaint) queja *f.* ‖ *v. intr.* **3.** *Br. E.* (with pain, grief) lamentarse.

mob [mɒb] *n.* **1.** muchedumbre *f.*; gentío *m.* **2.** (populace) populacho *m.*; chusma *f.*

mobile ['moʊbiːl, moʊbil] *adj.* **1.** móvil. ‖ *n.* **2.** (phone) movil *m.*

mobilize, mobilise (Br.E) ['moʊbəlaɪz] *v. tr.* movilizar.

moccasin ['mɒkəsɪn] *n.* (shoe) mocasín *m.*

mock [mɒk] *adj.* **1.** fingido; simulado. ‖ *v. tr.* **2.** escarnecer; ridiculizar. ‖ *v. intr.* **3.** burlarse.

mockery ['mɒkəri:](pl.: ries) *n.* burla *f.*; mofa *f.*; escarnio *m.*

mode [moʊd] *n.* **1.** (way) modo *m.* **2.** (fashion) moda *f.*

model ['mɒdəl] *n.* **1.** (example) modelo *m.* **2.** (sample) muestra *f.* **3.** (person) modelo *m. y f.* ‖ *v. tr.* **4.** modelar.

moderate¹ ['mɒdəreɪt] *adj.* **1.** moderado. **2.** (price) módico.

moderate² ['mɒdəreɪt] *v. tr.* **1.** moderar. ‖ *v. intr.* **2.** moderarse.

modernize, modernise (Br.E) ['mɒdərˌnaɪz] *v. tr.* **1.** modernizar; actualizar. ‖ *v. intr.* **2.** modernizarse.

modesty ['mɒdəsti:] *n.* **1.** modestia *f.*. **2.** (purity) pudor *m.*

moisten ['mɔɪsən] *v. tr.* humedecer; mojar (ligeramente).

moisturize ['mɔɪstʃəˌraɪz] *v. tr.* **1.** (skin) hidratar. **2.** (environment) humedecer.

mold, mould (Br.E) [moʊld] *n., Bot.* (on bread) moho *m.*

mold [moʊld] *n.* **1.** molde *m.* **2.** (shoes) horma *f.*; forma *f.* ‖ *v. tr.* **3.** moldear.

mole¹ [moʊl] *n.* (on skin) lunar *m.*

mole² [moʊl] *n., Zool.* topo *m.*

mollify ['mɒləfaɪ] *v. tr.* (pacify) apaciguar; mitigar; aplacar; calmar.

mollusk, molusc (Br.E) ['mɒləsk] *n., Zool.* molusco *m.*

mom [mɒm] *n., Am.E.* mamá *f.*

moment ['moʊmənt] *n.* momento *m.*; ocasión *f.*; instante *m.*

monarchy ['mɒnərki:] *n.* monarquía *f.*

monastery ['mɒnəsteri:] *n., Rel.* monasterio *m.*

Monday ['mʌndeɪ 'mʌndi:] *n.* (day of the week) lunes *m. inv.*

money ['mʌni:] *n.* **1.** dinero *m.*; plata *f. Amér.* **2.** (currency) moneda *f.* **3.** *fig.* metal *m.*

moneybox ['mʌnɪbɒks] *n.* hucha *f.*

monitor ['mɒnətər] *n.* **1.** (person) monitor *m.* **2.** (screen) monitor *m.*; pantalla *f.*

monk [mʌŋk] *n., Rel.* monje *m.*; religioso *m.*; fraile *m.*

monkey ['mʌŋki] *n.* **1.** *Zool.* (male) mono *m.* **2.** (female) mona *f.* **3.** (naughty person) bicho *m.*

monkfish ['mɒŋkfɪʃ] *n.*, *Zool.* rape *m.*

monolog, monologue (Br.E) ['mɒnəlɒg] *n.* monólogo *m.*

monopolize, monopolise (Br.E) [mə'nɒpəlaɪz] *v. tr.* **1.** monopolizar; centralizar. **2.** (attention) acaparar.

monopoly [mə'nɒpəli] *n.* monopolio *m.*; acaparamiento *m.*; exclusiva *f.*

monotony [mə'nɒtni] *n.*, *fig.* (routine) monotonía *f.*; rutina *f.*

monster ['mɒnstər] *n.* monstruo *m.*

monstrous ['mɒnstrəs] *adj.* **1.** (huge) enorme. **2.** (horrendous) monstruoso.

month [mʌnθ] *n.* mes *m.*

monument ['mɒnjumənt] *n.* monumento *m.*; estatua *f.*

moo [mu:] *n.* **1.** (of cow) mugido *m.* ‖ *v. intr.* **2.** (cow) mugir.

mood¹ [mu:d] *n.*, *Ling.* modo *m.*

mood² [mu:d] *n.* humor *m.*

moon [mu:n] *n.*, *Astrol.* luna *f.*

moor [mʊr] *n.* **1.** *Geogr.* páramo *m.* ‖ *v. tr.* **2.** *Nav.* amarrar.

moose ['mu:s] *n. inv.*, *Zool.* (American species) alce *m.*

mop [mɒp] *n.* **1.** (tangle of hair) pelambrera *f.* **2.** (for floor) fregona *f.* ‖ *v. tr.* **3.** (floor) fregar.

moral ['mɒrəl] *adj.* **1.** moral. ‖ *n.* **2.** (of a fable) moraleja *f.* ‖ **morals** *n. pl.* **3.** (morality) moral *f. sing.*

morbid ['mɔ:rbɪd] *adj.* **1.** morboso. **2.** (curiosity) malsano.

more [mɔ:r](comp. of "much" & "many") *adj.* compar. (also as pron.) **1.** más. ‖ *adv.* **2.** más. ‖ **~ or less** más o menos.

moreover [mɔ:'roʊvər] *adv.* (besides) además; por otra parte.

morgue [mɔ:rg] *n.*, *Am. E.* tanatorio *m.*; depósito de cadáveres.

morning ['mɔ:rnɪŋ] *n.* mañana *f.*

mortadella [mɔ:rtə'delə] *n.*, *Gastr.* mortadela *f.*

mortal ['mɔ:təl] *adj.* **1.** mortal; fatal. ‖ *n.* **2.** mortal *m. y f.*

mortar ['mɔ:rtər] *n.* **1.** *Archit.* mortero *m.*; argamasa *f.* **2.** (basin) almirez *m.*

mortgage ['mɔ:rgɪdʒ] *n.* **1.** *Econ.* hipoteca *f.* ‖ *v. tr.* **2.** hipotecar.

mortify ['mɔ:rtəfaɪ] *v. tr.* **1.** mortificar. ‖ *v. intr.* **2.** mortificarse.

mortuary ['mɔ:r.tjʊeri] *adj.* **1.** mortuorio; fúnebre. ‖ *n.* **2.** tanatorio *m.*; depósito de cadáveres.

Moslem ['mɒsləm] *adj. & n.*, *Rel.* musulmán *m.*

mosque [mɒsk] *n.*, *Rel.* (building for praying) mezquita *f.*

mosquito [məskɪtoʊ](pl.: toes or tos) *n.*, *Zool.* mosquito *m.*

moss [mɒs] *n.*, *Bot.* musgo *m.*

most [moʊst](superl. of "much" and "many") *adj.* (also as pron.) **1.** la mayoría de; la mayor parte de. **2.** más. ‖ *adv.* **3.** más.

mote [moʊt] *n.* (speck) mota *f.*

moth [mɒθ] *n., Zool.* polilla *f.*

mother [ˈmʌðər] *n.* **1.** madre *f.* ‖ *adj.* **2.** (language) materno. ‖ *v. tr.* **3.** mimar.

motherhood [ˈmʌðər.hʊd] *n.* (maternity) maternidad *f.*

mother-in-law [ˈmʌðərɪnˌlɔː] *n.* suegra *f.*

motherless [ˈmʌðər.lɪs] *adj.* huérfano (de madre).

motivate [ˈmoʊtəveɪt] *v. tr.* motivar; causar.

motive [ˈmoʊtɪv] *n.* **1.** (reason) motivo *m.*; razón *f.* **2.** móvil *m.*

motocross [ˈmoʊtəˌkrɒs] *n., Sports* motocross *m.*

motor [ˈmoʊtər] *n.* motor *m.*

motorcycle [ˈmoʊtərˌsaɪkəl] *n., Car* moto *f.*; motocicleta *f.*

motoring [ˈmoʊtərɪŋ] *n., Car* automovilismo *m.*

motorway [ˈmoʊtəˌweɪ] *n., Br. E.* (highway) autopista *f.*

mound [maʊnd] *n.* **1.** *Geogr.* montículo *m.* **2.** *fig.* montón *m.*

mount [maʊnt] *n.* **1.** *Geogr.* monte *m.* **2.** (horse for riding) montura *f.*; caballería *f.* **3.** (of jewels) montaje *m.* ‖ *v. tr.* **4.** *Horse* montar (a caballo) .

mountain [ˈmaʊntn] *adj., Geogr.* **1.** montañoso. ‖ *n.* **2.** montaña.

mountaineer [ˌmaʊntəˈnɪr] *n.* montañero *m.*; alpinista *m. y f.*

mountainous [ˈmaʊntənəs] *adj.* (rocky) montañoso; rocoso.

mourn [mɔːrn] *v. tr.* llorar.

mourning [ˈmɔːrnɪŋ] *n.* luto *m.*; duelo *m.*

mouse [maʊs](pl : mice) *n.* **1.** *Zool.* ratón *m.* **2.** *Comput.* ratón *m.* ‖ **female ~** *Zool.* ratona *f.*

mousse [muːs] *n.* **1.** *Gastr.* mousse *f.* **2.** (for hair) espuma *f.*

mouth [maʊθ] *n.* **1.** *Anat.* boca *f.* **2.** *fig.* (of tunnel, etc) boca *f.* **3.** (of a river) desembocadura *f.*

mouthful [ˈmaʊθ.fʊl] *n.* **1.** (of food) bocado *m.* **2.** (of air) bocanada *f.* **3.** (of liquid) sorbo *m.*

movable [ˈmuːvəbəl] *adj.* movible; móvil.

move [muːv] *n.* **1.** (movement) movimiento. **2.** (removal) mudanza *f.*; traslado *m.* **3.** (in games) jugada *f.* ‖ *v. tr.* **4.** mover. **5.** (change position) trasladar. **6.** (emotionally) conmover. ‖ *v. intr.* **7.** desplazarse; moverse.

movement [ˈmuːvmənt] *n.* movimiento *m.*; gesto *m.*; maniobra *f.*

movie [ˈmuːviː] *n. Am.E.* (film) película *f.*; filme *m.*

mow [moʊ] *v. tr.* cortar la hierba.

M.P. [ˈempiː] *abbrev.* (Member of Parliament), *Br.E.* parlamentario *m.*

Mr ['mɪstər] *abbrev.* señor *m.*; don *m.*

Mrs ['mɪsɪz] *abbrev.* señora *f.*; doña *f.*

much [mʌtʃ] *adj.* **1.** (uncount. n.) (esp. in negat. and interrogat. sentences) mucho. ‖ *pron.* **2.** mucho. ‖ *adv. quant.* **3.** mucho.

mucus ['mjuːkəs] *n.* mucosidad *f.*; moco *m.*; secreción *f.*

mud [mʌd] *n.* **1.** barro *m.*; lodo *m.*; fango *m.* ‖ *v. tr.* **2.** embarrar.

muddle ['mʌdəl] *n.* **1.** (mix-up) enredo *m.*; embrollo *m.* ‖ *v. tr.* **2.** (jumble) embarullar *fam.*

muddy ['mʌdi] *adj.* **1.** fangoso; pantanoso. **2.** (water) turbio. ‖ *v. tr.* **3.** enfangar; enlodar. **4.** (water) enturbiar.

mudguard ['mʌdgɑːrd] *n.*, *Br. E.*, *Car* guardabarros *m. inv.*

muffin ['mʌfɪn] *n.*, *Gastr.* magdalena *f.* ‖ **square ~** *Gastr.* mantecada *f.*

muffle ['mʌfəl] *v. tr.* (deaden) amortiguar; ensordecer.

mulberry ['mʌl,beri] *n.* **1.** (fruit) mora *f.* **2.** (color) morado *m.*

mule¹ [mjuːl] *n.*, *Zool.* mula *f.*

mule² [mjuːl] *n.* (slipper) pantufla *f.*; zapatilla (para estar en casa) *f.*

multicolored, multicoloured (Br.E) ['mʌltɪ,kʌlərd] *adj.* multicolor.

multiform [,mʌltɪ'fɔːrm] *adj.* multiforme; diverso.

multiple ['mʌltəpəl] *adj.* **1.** múltiple. ‖ *n.* **2.** *Math.* múltiplo *m.*

multiplication [,mʌltəplə'keɪʃən] *n.*, *Math.* multiplicación *f.*

multiply ['mʌltə,plaɪ] *v. tr.* **1.** *Math.* multiplicar. ‖ *v. intr.* **2.** (procreate) multiplicarse.

multitude ['mʌltətuːd] *n.* (crowd) multitud *f.*; muchedumbre *f.*

mum [mʌm] *n.*, *Br. E.* mamá *f.*

mumble ['mʌmbəl] *v. tr.* hablar entre dientes; mascullar.

mummy¹ ['mʌmi] *n.* momia *f.*

mummy² ['mʌmi] *n.* mamá *f.*

mumps ['mʌmps] *n. pl.*, *Med.* (illness) paperas *f.*

municipality [mjuˌnɪsə'pæləti:] *n.* municipio *m.* consistorio *m.*

murder ['mɜːrdər] *n.* **1.** (killing) asesinato *m.*; homicidio *m.* ‖ *v. tr.* **2.** (kill) asesinar; matar.

murderer ['mɜːrdərər] *n.* (killer) asesino *m.*; homicida *m.*

murky ['mɜːrkiː] *adj.* lóbrego.

murmur ['mɜːrmər] *n.* **1.** murmullo *m.*; rumor *m.* ‖ *v. tr. & intr.* **2.** (whisper) murmurar.

muscatel [mʌskə'tel] *adj. & n.* (grape) moscatel *m.*

museum [mjuː'zɪəm] *n.* museo *m.*

mushroom ['mʌʃ,ruːm] *n.* **1.** *Bot.* hongo *m.*; seta *f.* **2.** *Gastr.* champiñón *m.*

music ['mjuːzɪk] *n.* música *f.*

muslin ['mʌzlɪn] *n.* muselina *f.*

mussel ['mʌsəl] *n.*, *Zool.* mejillón *m.*

must [mʌst] *v. aux.* **1.** (obligation, necessity) deber; tener que. **2.** (probability) deber. **3.** (defectivo) haber de/que. ‖ *v. tr.* **4.** (present and future sentences) deber.

mustache, moustache (Br.E) ['mʌstæʃ məs'tæʃ] *n.* bigote *m.*

mustard ['mʌstərd] *n., Gastr. & Bot.* mostaza *f.*

mute [mju:t] *adj.* **1.** *Ling.* mudo. ‖ *n.* **2.** (dumb person) mudo *m.*

mutter ['mʌtər] *v. tr.* **1.** mascullar; murmurar. ‖ *n.* **2.** murmullo *m.*

mutton ['mʌtən] *n., Gastr.* carne de cordero.

mutual ['mju:tʃʊəl] *adj.* mutuo.

muzzle ['mʌzəl] *n.* **1.** (snout) hocico *m.*; morro*m.* **2.** (for dog's mouth) bozal *m.* ‖ *v. tr.* **3.** (dog) amordazar.

my [maɪ] *poss. adj. 1st. sing.* mi; mío (detrás del s.)

myopia [ˌmar'oʊpɪə] *n., Med.* (short-sightedness) miopía *f.*

myself [mar'self] *pron. pers. refl. 1st. person sing.* **1.** me; mí (detrás de prep.). ‖ *pron. pers. emphat. 1st. person sing.* **2.** yo mismo.

mysterious [mɪs'tɪrɪəs] *adj.* misterioso.

mystery ['mɪstəri:] *n.* misterio *m.*; incógnita *f.*; secreto *m.*

mystic ['mɪstɪk] *adj.* **1.** místico. ‖ *n.* **2.** místico *m.*

mystical ['mɪstəkəl] *adj.* místico.

myth [mɪθ] *n.* mito *m.*

mythological [mɪˈθɒlədʒɪkəl] *adj.* mitológico.

mythology [mɪˈθɒlədʒi:] *n.* mitología *f.*

n [en] *n.* (letter) n *f.*

nacre ['neɪkər] *n.* nácar *m.*

nag [næg] *v. tr.* (annoy) importunar; fastidiar; molestar.

nail [neɪl] *n.* **1.** Anat. uña *f.* **2.** Tech. clavo *m.*; punta *f.*

naive or naïve [naɪ'i:v] *adj.* (person) cándido; ingenuo.

namby-pamby ['næmbɪ,pæmbɪ] *adj. & n.* ñoño *m.*; sosom.

name [neɪm] *n.* **1.** nombre *m.* **2.** (reputation) fama *f.*; reputación *f.* ‖ *v. tr.* **3.** (call) llamar; denominar. **4.** (appoint) nombrar. **5.** (indicate) designar.

nanny ['næni] *n.* niñera *f.*

nap [næp] *n.* **1.** siesta *f.* ‖ *v. intr.* **2.** (in afternoon) dormir la siesta.

nape [neɪp] *n.*, Anat. (back of the neck) nuca *f.*; cogote *m.*

napkin ['næpkɪn] *n.* (table napkin) servilleta *f.*

nappy ['næpi] *n.*, Br. E. pañal *m.*

narcissus [nɑː'rsɪsəs] *n.*, Bot. (plant) narciso *m.*

narcotic [nɑː'rkɒtɪk] *adj. & n.*, Pharm. narcótico *m.*

narrate ['næreɪt] *v. tr.* narrar.

narration [næ'reɪʃən] *n.*, Lit. narración *f.*; relato *m.*; cuento *m.*

narrator [nə'reɪtər] *n.* narrador *m.*

narrow ['næroʊ] *adj.* **1.** estrecho; angosto. ‖ *v. tr. e intr.* **2.** (road) estrechar.

nasty ['næsti:] *adj.* **1.** desagradable. **2.** (dirty) asqueroso.

natal ['neɪtəl] *adj.* natal.

nation ['neɪʃən] *n.* nación *f.*

nationalist ['næʃənəlɪst] *adj. & n.* nacionalista *m. y f.*

nationality [,næʃə'næləti:] *n.* (citizenship) nacionalidad *f.*

native ['neɪtɪv] *adj.* **1.** autóctono; originario; nativo. **2.** (country) natal. ‖ *n.* **3.** (inhabitant) natural *m. y f.*

natural ['nætʃərəl] *adj.* **1.** natural. **2.** (normal) normal.

naturalize ['nætʃərə,laɪz] *v. tr.* (person) naturalizar.

naturalness ['nætʃərəlnɪs] *n.* naturalidad *f.*; llaneza *f.*

nature ['neɪtʃər] *n.* **1.** naturaleza *f.* **2.** (kind) índole *f.*

naughty ['nɔ:ti:] *adj.* (child) travieso; revoltoso.

nausea ['nɔ:sɪə 'nɔ:zɪə 'nɔ:ʃə 'nɔ:ʒə] *n.*, Med. náusea *f.*

nauseate ['nɔ:ʃɪeɪt] *v. tr., coll.* **1.** asquear; repugnar. **2.** (disgust) dar asco a.

navel ['neɪvəl] *n.*, Anat. ombligo *m.*

navigate ['nævəgeɪt] *v. tr. & intr.*, Nav. navegar; conducir.

navy ['neɪvi:] *adj.* **1.** (blue) marino. ‖ *n.* **2.** Mil. armada *f.*; marina *f.*

near [nɪr] *adj.* **1.** próximo; cercano. **2.** (relative) allegado. ‖ *adv.* (Often followed by "to") **3.** cerca. ‖ *prep.* **4.** cerca de. .

nearby ['nɪrbaɪ] *adj.* cercano.

nearly ['nɪrli:] *adv.* **1.** casi; por poco. **2.** (circa) cerca de.

nearness ['nɪrnɪs] *n.* (place) cercanía *f.*; proximidad *f.*

neat [ni:t] *adj.* **1.** (tidy) arreglado. **2.** (person) pulcro; aseado. **3.** (nice) chulo.

neatness ['ni:tnɪs] *n.* (tidyness) pulcritud *f.*; limpieza *f.*; esmero *f.*

necessary ['nesəsəri] *adj.* necesario; preciso; forzoso.

necessity [nə'sesɪti:] *n.* necesidad *f.*

neck [nek] *n.* **1.** *Anat.* cuello *m.* **2.** (of animal) pescuezo *m. fam.*

necklace ['neklɪs] *n.* (ornament) collar *m.*; gargantilla *f.*

neckline ['nek,laɪn] *n.* (of dress) escote *m.*

necktie ['nektaɪ] *n.* corbata *f.*

nectar ['nektər] *n.* néctar *m.*

nectarine ['nektə,ri:n] *n., Bot.* (fruit) nectarina *f.*

need [ni:d] *n.* **1.** necesidad *f.*; falta *f.* ‖ *v. tr.* **2.** necesitar; precisar.

needle ['ni:dl] *n.* aguja *f.*

needless ['ni:dlɪs] *adj.* innecesario; inútil; superfluo.

needy ['ni:di:] *adj.* (poor) necesitado; pobre; indigente.

negation [nə'geɪʃən] *n.* (refusal) negación *f.*; negativa *f.*

neglect [nɪ'glekt] *n.* **1.** descuido *m.* ‖ *v. tr.* **2.** descuidar.

negotiate [nɪ'goʊ,ʃeɪt] *v. tr. & intr.* **1.** negociar; tratar. ‖ *v. tr.* **2.** (loan) gestionar.

neigh [neɪ] *n.* **1.** (horse) relincho *m.* ‖ *v. intr.* **2.** (horse) relinchar.

neighbor, neighbour (Br.E) ['neɪbər] *n.* **1.** vecino *m.* ‖ *v. tr.* **2.** estar junto a; estar cerca de.

neighborhood, neighbourhood (Br.E) ['neɪbər,hʊd] *n.* **1.** (vicinity) vecindad *f.*; vecindario *m.*; inmediaciones *m. pl.* **2.** (district) barrio *m.*

neither ['niðər, 'naɪðər] *pron. indef.* (also as adj.) **1.** (of two) ninguno. ‖ *conj. copul.* **2.** tampoco.

nephew ['nefju:] *n.* sobrino *m.*

nerve [nɜ:rv] *n.* **1.** *Anat.* nervio *m.* **2.** *fam.* (cheek) atrevimiento *m.*

nervous ['nɜ:rvəs] *adj.* nervioso.

nervy ['nɜ:rvi:] *adj.* **1.** *Br. E.* nervioso. **2.** *Am. E., fam.* (bold) chulo; fresco.

nest [nest] *n.* **1.** (for birds) nido *m.* **2.** (hideout) guarida *f.* ‖ *v. intr.* **3.** (birds) anidar.

nettle ['netəl] *n.* **1.** *Bot.* ortiga *f.* ‖ *v. tr.* **2.** *fam.* irritar; fastidiar.

network ['net,wɜ:rk] *n.* red *f.*

neuter ['nu:tər] *adj.* **1.** *Ling. & Biol.* neutro. ‖ *v. intr.* **2.** castrar.

neutral ['nu:trəl] *adj.* **1.** (impartial) neutral. **2.** (color) neutro.

never ['nevər] *adv.* nunca; jamás *intens.* ‖ **~ again** nunca más.

never-ending ['nevər,endɪŋ] *adj.* interminable; inacabable.

nevertheless [,nevərðəles] *adv.* sin embargo; no obstante.

new [nu:] *adj.* nuevo.

newcomer ['nu:,kʌmər] *n.* (recently arrived) recién llegado.

newness ['nu:nɪs] *n.* novedad *f.*

news [nu:z] *n.* **1.** noticias *f. pl.*; novedades *f. pl.* **2.** (on TV) noticiario *m.*; telediario *m. Esp.*

newsagent ['nu:,zeɪdʒənt] *n., Br. E.* vendedor de periódicos.

newspaper ['nu:z,peɪpər] *n.* periódico *m.*; diario *m.*

newsstand ['nu:z,stænd] *n.* (kiosk) quiosco *m.*

next [nekst] *adj.* **1.** próximo; siguiente. **2.** (contiguous) contiguo. ‖ *adv.* **3.** luego; después.

nibble ['nɪbəl] *n.* **1.** (bite) mordisco *m.* ‖ *v. tr.* **2.** (person) mordisquear. ‖ *v. intr.* **3.** (eat) picotear.

nice [naɪs] *adj.* **1.** simpático; amable; majo. **2.** (pleasant) agradable; bueno. **3.** (beautiful) bonito; mono. **4.** (delicious) rico.

niche [nɪtʃ] *n.* nicho *m.*

nick [nɪk] *n.* **1.** (cut) muesca *f.*; mella *f.* ‖ *v. tr.* **2.** (steal) afanar.

nickname ['nɪk,neɪm] *n.* **1.** apodo *m.*; mote *m.* ‖ *v. tr.* **2.** poner motes.

niece [ni:s] *n.* sobrina *f.*

niggard ['nɪgərd] *adj.* (stingy) mezquino; miserable.

night [naɪt] *n.* **1.** noche *f.* ‖ *adj.* **2.** nocturno.

nightawk ['naɪt,hɔ:k] *adj.* **1.** *Am. E.* noctámbulo. ‖ *n.* **2.** *Am.E.* noctámbulo *m.*

nightdress ['naɪt,dres] *n.* camisón *m.* ‖ **short ~** picardías *m. inv.*

nightfall ['naɪt,fɔ:l] *n.* (dusk) anochecer.

nightgown ['naɪt,gaʊn] *n.* camisón *m.*

nightie ['naɪti:] *n., coll.* camisón *m.*

nightingale ['naɪt,ɪŋgeɪl] *n., Zool.* (bird) ruiseñor *m.*

nightmare ['naɪt,mer] *n.* pesadilla *f.*

nimble ['nɪmbəl] *adj.* ágil; ligero.

nimbleness ['nɪmblənɪs] *n.* (of person) agilidad *f.*; ligereza *f.*

nine [naɪn] *col. num. det.* (also pron. and n.) **1.** nueve. ‖ *card. num. adj.* **2.** nueve; noveno.

nineteen [naɪn'ti:n] *col. num. det.* (also pron. and n.) **1.** diecinueve. ‖ *card. num. adj.* **2.** diecinueve.

nineteenth [,naɪn'ti:nθ] *card. num. adj.* (also n.) diecinueve.

ninetieth ['naɪntɪəθ] *card. num. adj.* (also n.) noventa.

ninety ['naɪnti:] *col. num. det.* (also pron. and n.) **1.** noventa. ‖ *card. num. adj.* **2.** noventa.

ninth ['naɪnθ] *card. num. adj.* (also n.) **1.** noveno; nueve. ‖ *frac. numer. n.* (also adj. and pron.) **2.** noveno.

nip [nɪp] *n.* **1.** (pinch) pellizco *m.* **2.** (bite) mordisco *m.* ‖ *v. tr.* **3.** (pinch) pellizcar.

nipple ['nɪpəl] *n.* **1.** *Anat.* (female) pezón *m.* **2.** *Anat.* (male) tetilla *f.*

nitrogen ['naɪtrədʒən] *n., Chem.* (gas) nitrógeno *m.*

no [nou](pl.: noes or nos) *adj.* **1.** ningún; ninguno. || *n.* **2.** (answer) no.) **3.** (often in pl.) (vote) no. || *adv. neg.* **4.** (+ *comp.*) no. || *interj.* **5.** no.

no one ['nou,wʌn] *pron. pers.* nadie.

nobility [nou'bɪləti] *n.* nobleza *f.*

noble ['noubəl] *adj.* noble.

nobody ['noubədi:, 'noubʌdi:, 'noubədi:] *pron.* nadie.

nocturne ['nɒktɜ:rn] *n., Mus.* (romantic style) nocturno *m.*

nod [nɒd] *n.* **1.** inclinación de cabeza. **2.** (nap) cabezada *f.* || *v. intr.* **3.** dormitar; cabecear. **4.** (one's head) asentir.

noise [nɔɪz] *n.* **1.** ruido *m.* **2.** (racket) estrépito *m.*

noisy ['nɔɪzi:] *adj.* ruidoso.

none [nʌn] *pron.* **1.** (with countable nouns) ninguno. **2.** (with uncountable nouns) nada.

nonetheless [,nʌnðə'les] *adv.* no obstante; sin embargo.

nonexistent [,nɒnɪg'zɪstənt] *adj.* inexistente; imaginario.

nonsense ['nɒnsəns] *n.* (rubbish) tonterías *f. pl.*

nonstop [nɒn'stɒp] *adj.* **1.** (journey, flight) directo. || *adv.* **2.** sin parar; sin paradas.

noodle ['nu:dəl] *n., Gastr.* fideo *m.*

nook [nʊk] *n.* rincón *m.*

noon [nu:n] *n.* (midday) mediodía *m.*

nor [nɔ:r nə] *conj. copul.* tampoco.

norm [nɔ:rm] *n.* norma *f.;* pauta *f.*

normal ['nɔ:rməl] *adj.* normal.

north [nɔ:rθ] *n.* **1.** *Geogr.* norte *m.* || *adj.* **2.** *Geogr.* (in the north) al norte.

northeast [,nɔ:rθi'i:st] *n., Geogr.* nordeste *m.;* noreste *m.*

northern ['nɔ:rðən] *adj. Geogr.* norte; nórdico; septentrional.

northwest [nɔ:rθ'west] *n., Geogr.* noroeste *m.*

nose [nouz] *n.* **1.** *Anat.* nariz *f.;* napia *f. col.* **2.** *Zool.* hocico *m.;* morro *m.* || *v. intr.* **3.** entremeterse; olisquear.

nostril ['nɒstrəl] *n., Anat.* ventana *f.* (nasal); orificio nasal.

not [nɒt] *adv. neg.* no.

notary ['noutəri:] *n.* notario *m.;* escribano *m.;* certificador *m.*

notch [nɒtʃ] *n.* muesca *f.;* mella *f.*

note [nout] *n.* **1.** (annotation) nota *f.;* apunte *m.;* anotación *f.* **2.** *Econ.* billete *m.* **3.** *Mus.* nota *f.* || *v. tr.* **4.** anotar; apuntar.

notebook ['nout,bʊk] *n.* **1.** (for shorthand) libreta *f.;* bloc *m.* **2.** (exercise note) cuaderno *m.*

noted ['noutɪd] *adj.* célebre.

notepad ['nout,pæd] *n.* **1.** bloc *m.* (de notas). **2.** cuaderno

nothing [ˈnʌθɪŋ] *pron. indef.* nada. ‖ ~ **but** nada más que.

nothingness [ˈnʌθɪŋnɪs] *n.* nada *f.*

notice [ˈnoʊtɪs] *n.* **1.** aviso *m.* ‖ *v. tr.* **2.** notar; observar; advertir. ‖ *v. intr.* **3.** fijarse; reparar.

notification [ˌnoʊtəfəˈkeɪʃən] *n.* notificación *f.;* convocatoria *f.*

notify [ˈnoʊtəfaɪ] *v. tr.* (tell) avisar; notificar; comunicar.

notion [ˈnoʊʃən] *n.* noción *f.*

noun [naʊn] *n., Ling.* nombre *m.;* sustantivo *m.*

nourish [ˈnʌrɪʃ] *v. tr.* **1.** nutrir; alimentar. **2.** *fig.* (hopes) abrigar.

nourishment [ˈnʌrɪʃmənt] *n.* **1.** (nutrition) alimentación *f.;* nutrición *f.* **2.** (food) alimento *m.*

novel [ˈnɒvəl] *n., Lit.* novela *f.*

novelist [ˈnɒvəlɪst] *n., Lit.* novelista *m. y f.*

November [noʊˈvembə] *n.* noviembre *m.*

novelty [ˈnɒvəlti] *n.* novedad *f.*

novice [ˈnɒvɪs] *n.* **1.** novato *m.;* principiante *m. y f.* **2.** *Rel.* novicio *m.*

now [naʊ] *adv.* **1.** ahora. **2.** (nowadays) ahora.

nowadays [ˈnaʊədeɪz] *adv.* hoy en día; en la actualidad.

nowhere [ˈnoʊwer] *adv.* en ninguna parte; a ninguna parte.

noxious [ˈnɒkʃəs] *adj.* nocivo.

nozzle [ˈnɒzəl] *n.* (of pastry bag, blowtorch) boquilla *f.*

nucleus [ˈnuːklɪəs] *n.* núcleo *m.*

nude [nuːd] *adj.* **1.** (naked) desnudo. ‖ *n.* **2.** (art) desnudo *m.*

nuisance [ˈnuːsəns] *n.* **1.** molestia *f.;* estorbo *m.* **2.** (person) pegote *m.;* moscardón *m. fam.*

nullify [ˈnʌləfaɪ] *v. tr.* anular.

numb [nʌm] *adj.* **1.** entumecido. ‖ *v. tr.* **2.** entumecer. **3.** (with a substance) adormecer.

number [ˈnʌmbər] *n.* **1.** *Math.* número *m.;* cifra *f.* ‖ *v. tr.* **2.** numerar. ‖ **numbers** *n. pl.* **3.** numeración *f. sing.*

numeral [ˈnuːmərəl, ˈnuːmrəl] *n., Math.* número *m.*

nuptial [ˈnʌpʃəl] *adj.* **1.** nupcial. ‖ **nuptials** *n. pl.* **2.** (wedding) boda *f. sing.*

nurse [nɜːrs] *n.* **1.** enfermero *m.;* enfermera *f.* **2.** (nanny) niñera *f.* ‖ *v. tr.* **3.** *Med.* cuidar.

nursemaid [ˈnɜːrsrɪˌmeɪd] *n., Am. E.* (child's nurse) niñera *f.*

nursery [ˈnɜːrsəriː, ˈnɜːrsriː] *n.* **1.** (at home) cuarto de los niños. **2.** (breeding ground) criadero *m.* **3.** (crèche) guardería *f.*

nut [nʌt] *n.* **1.** fruto seco. **2.** *Mec.* tuerca *f.* ‖ **pistachio ~** *Bot.* pistacho *m.* **tiger ~** *Bot.* chufa *f.*

nutriment [ˈnuːtrəmənt] *n.* alimento *m.*

nutrition [nʌˈtrɪʃən] *n.* nutrición *f.*

nylon [ˈnaɪlɒn] *n.* (fabric) nailon *m.*

o [oʊ] *n.* (letter) o *f.*

oak [oʊk] *n.*, *Bot.* (wood) roble *m.* ‖ **holm ~** (tree) encina *f.* **~ tree** *Bot.* roble *m.*

oar [ɔːr] *n.* (of boat) remo *m.*

oasis [oʊˈeɪsɪs] *n.* oasis *m. inv.*

oat [oʊt] *n.* **1.** *Bot.* (plant) avena *f.* ‖ **oats** *n. pl.* **2.** (seeds) avena *f.*

oath [oʊθ] *n.*, *Law* juramento *m.*

obedience [əbiːdɪənsv, oʊbiːdɪəns] *n.* obediencia *f.*; sumisión *f.*

obedient [əbiːdɪənt, oʊbiːdɪənt] *adj.* obediente; dócil.

obese [oʊbiːs] *adj.* (fat) obeso.

obey [ʊbeɪ] *v. tr. & intr.* (comply) obedecer; acatar.

object[1] [ˈɒbdʒɪkt, ˈɒbdʒekt] *n.* **1.** (thing) objeto *m.* **2.** (aim) propósito *m.* **3.** *Ling.* complemento.

object[2] [ˈɒbdʒekt] *v. tr.* **1.** objetar. ‖ *v. intr.* **2.** (disapprove) oponerse.

objection [əbˈdʒekʃən] *n.* **1.** objeción *f.*; reparo *m.* **2.** (drawback) inconveniente *m.*; pero.

objective [əbˈdʒektɪv] *adj.* **1.** objetivo. ‖ *n.* **2.** (aim) objetivo *m.*; fin *m.*; meta *f.*

obligate [ˈɒblɪgeɪt] *v. tr.* obligar.

obligation [ˌɒbləˈgeɪʃən] *n.* **1.** obligación *f.* **2.** (commitment) compromiso *m.*

oblige [əˈblaɪdʒ] *v. tr.* (compel) obligar; forzar.

obliterate [əˈblɪtəreɪt] *v. tr.* (destroy) borrar; obliterar; suprimir.

oblivion [əˈblɪvɪən] *n.* **1.** olvido *m.* **2.** *Med.* (unconsciousness) inconsciencia *f.*

oboe [ˈoʊboʊ] *n.*, *Mus.* (instrument) oboe *m.*

oboist [ˈoʊboʊəst] *n.*, *Mus.* (person) oboe *m.* y *f.*

obscene [əbˈsiːn] *adj.* (indecent) indecente; obsceno; atrevido.

obscure [əbˈskjʊr] *adj.* **1.** oscuro; obscuro. **2.** (vague) confuso; vago *m.* ‖ *v. tr.* **3.** oscurecer.

observatory [əbˈzɜːrvətɔːriː] *n.*, *Astron.* observatorio *m.*

observe [əbˈzɜːrv] *v. tr.* observar.

observer [əbˈzɜːrvər] *n.* observador *m.*; mirón *m.*

obsession [əbˈseʃən] *n.* (mania) manía *f.*; obsesión *f.*; fijación *f.*

obstacle [ˈɒbstəkəl] *n.* obstáculo *m.*; impedimento *m.*

obstinacy [ˈɒbstənəsiː] *n.* obstinación *f.*; terquedad *f.*

obstinate [ˈɒbstənɪt] *adj.* (stubborn) obstinado; terco; tozudo.

obstruct [əbˈstrʌkt] *v. tr.* **1.** (block) obstruir. **2.** (hinder) estorbar. **3.** (make difficult) dificultar.

obtain [əbˈteɪn] *v. tr.* (gain) obtener; conseguir; lograr.

obtuse [əbˈtuːs] *adj.* obtuso; lento.

obverse [ˈɒbvɜːrs] *n.*, *frml.* (of a coin) anverso *m.*

obvious [ˈɒbvɪəs] *adj.* (clear) obvio; evidente; notorio; patente.

occasion [əˈkeɪʒən] *n.* **1.** (moment) ocasión *f.* **2.** (opportunity) oportunidad *f.* **3.** (cause) motivo *m.* ‖ *v. tr.* **4.** causar.

occident ['ɒksədənt] *n., Geogr.* occidente *m.*

occidental [,ɒksə'dentəl] *adj., lit., Geogr.* occidental.

occupation [,ɒkju:'peɪʃən] *n.* **1.** ocupación *f.* **2.** (profession) oficio *m.*; trabajo *m.*

occupied ['ɒkju:paɪd] *adj.* (seat) ocupado; reservado.

occupy ['ɒkju:paɪ] *v. tr.* **1.** ocupar. **2.** (use) emplear.

occur [ə'kɜːr] *v. intr.* (happen) ocurrir; suceder.

occurrence [əˈkɜrəns] *n.* **1.** acontecimiento *m.* **2.** (incidence) incidencia *f.*

ocean ['ouʃən] *n.* océano *m.*

ocher, ochre (Br.E) ['oukər] *n., Miner.* (color) ocre *m.*

October [ɒk'toubə] *n.* octubre *m.*

octopus ['ɒktəpəs] *n., Zool.* (mollusk) pulpo *m.*

oculist ['ɒkjʊlɪst] *n., Med.* (ophthalmologist) oculista *m. y f.*

odd [ɒd] *adj.* **1.** raro. **2.** *Math.* (number) impar. **3.** (approximately) y pico.

odor, odour (Br.E) ['oudər] *n.* (smell) olor *m.*

of [ʌv, əv, ə] *prep.* **1.** (relationship, material, content) de. **2.** (superlative) de. **3.** (reason) de. **4.** de.

off [ɒf] *adv.* **1.** a distancia. ‖ *adj.* **2.** (gas cooker) apagado. **3.** (cancelled) suspendido.

offend [ə'fend] *v. tr.* ofender.

offense, offence (Br.E) [ə'fens] *n.* **1.** *Law* delito *m.* **2.** (insult) ofensa *f.*; injuria *f.*

offer ['ɒfər] *n.* **1.** oferta *f.* **2.** (proposal) propuesta *f.*; ofrecimien-to *m.* ‖ *v. tr.* **3.** ofrecer. **4.** (pro-pose) proponer.

office ['ɒfɪs] *n.* **1.** despacho *m.* **2.** (building) oficina *f.* **3.** (pos-ition) cargo *m.* **4.** (task) oficio *m.* **5.** (of lawyer, doctor) gabinete *m.*

officer ['ɒfəsər] *n., Mil.* oficial *m.*

official [əˈfɪʃəl] *adj.* **1.** oficial. ‖ *n.* **2.** (government official) funcionario *m.*; administrativo *m.*

offset ['ɒfset] *v. tr.* contrarrestar.

offspring ['ɒfsprɪŋ] *n.* **1.** vástago *m.*; descendiente *m. y f.* **2.** (descendants) descendencia *f.*

often ['ɒfən] *adv.* a menudo.

ogre ['ougər] *n.* ogro *m.*

oil [ɔɪl] *n.* **1.** aceite *m.* **2.** (petroleum) petróleo *m.* **3.** (gas oil) gasóleo *m.* **4.** (art) óleo *m.*

oilcloth ['ɔɪlklɒθ] *n.* (material) hule *m.*

oilskin ['ɔɪlskɪn] *n.* **1.** (waterproof clothes) hule *m.* ‖ **oilskins** *n. pl.* **2.** (raincoat) impermeable *m.*

ointment ['ɔɪntmənt] *n., Pharm.* ungüento *m.*; pomada *f.*

o.k. [ou'keɪ] *interj.* de acuerdo.

old [ould] *adj.* **1.** viejo. **2.** (wine) añejo. **3.** (former) antiguo.

older ['ouldər] *adj.* (compar. of "old") (person) mayor.

oldest ['ouldəst] *adj.* (super. of "old") (person) mayor.

old-fashioned [,ould'fæʃənd] *adj.* **1.** (not modern) pasado de moda. **2.** (ideas) anticuado; retrógrado.

olive ['ɒlɪv] *n.*, *Bot.* aceituna *f.*; oliva *f.* ∥ **~ oil** aceite de oliva.

Olympic [ə'lɪmpɪk] *adj.*, *Sports* olímpico. ∥ **~ Games** *Sports* olimpiada *f.* (often in pl.).

omelet, omelette (Br.E) ['ɒmlɪt] *n.*, *Gastr.* tortilla *f.* ∥ **Spanish ~** *Gastr.* tortilla de patata.

omen ['oumən] *n.* agüero *m.*

omit [ə'mɪt] *v. tr.* omitir.

on [ɒn] *prep.* **1.** (in contact with) sobre; encima de; a. **3.** (by means of) a. **4.** (about) sobre. **5.** *Econ.* sobre. **6.** (according to) según. **7.** (week days) en. ∥ *adj.* **8.** (functioning) encendido.

once [wʌns] *adv.* **1.** una vez. **2.** antiguamente. ∥ *conj.* **3.** una vez que. ∥ **all at ~** de repente. **at ~** ahora mismo; al momento.

one [wʌn] *col. num. det.* (also pron. & n.) **1.** uno. ∥ *card. num. adj.* **2.** primero; uno. ∥ *pron.* **3.** uno.

one-armed [,wʌn'ɑːrmd] *adj.* manco.

one-eyed [,wʌn'aɪd] *adj.* tuerto.

oneself [wʌn'self] *pron. pers. emphat.* **1.** (impersonal) uno mismo. ∥ *pron. pers. refl.* **2.** se; sí (detrás de prep.)

onion ['ʌnjən] *n.*, *Bot.* cebolla *f.*

onlooker ['ɒn,lʊkər] *n.* (of an event) espectador *m.*; mirón *m.*

only ['ounli] *adj.* **1.** único. ∥ *adv.* **2.** solo; solamente. ∥ *conj.* **3.** pero.

onslaught ['ɒn,slɔːt] *n.* (attack) embestida *f.*; ataque *m.*

onward ['ɒnwərd] *adj.* **1.** hacia adelante. ∥ *adv.* (or "onwards") **2.** adelante.

ooze² [uːz] *n.* lodo *m.*; cieno *m.*

open ['oupən] *adj.* **1.** abierto. ∥ *v. tr.* **2.** abrir; destapar. **3.** (inaugurate) inaugurar.

opening ['oupənɪŋ] *n.* **1.** abertura *f.* **2.** (beginning) apertura *f.* **3.** (exhibition) inauguración *f.*

opera ['ɒprə, 'ɒpərə] *n.*, *Mus.* ópera *f.*

operate ['ɒpəreɪt] *v. tr.* **1.** (machine) manipular. ∥ *v. intr.* **2.** *Med.* operar.

operating room ['ɒpəreɪtɪŋruːm] *n.*, *Am. E.* quirófano *m.* ∥ **operating theatre** *Br. E.* quirófano *m.*

operation [,ɒpə'reɪʃən] *n.* **1.** (functioning) funcionamiento *m.* **2.** *Med.* intervención *f.* (quirúrgica). **3.** *Mil.* maniobra *f.*

operator ['ɒpə,reɪtər] *n.* (telecommunication) operador *m.*

opinion [ə'pɪnjən] *n.* opinión *f.*; sentir *m.*; parecer *m.* ∥ **in my ~** a mi juicio.

opponent [ə'pounənt] *n.* adversario *m.*; oponente *m.*

opportune [ˌɒpərˈtuːn] *adj.* oportuno; apropiado.

opportunity [ˌɒpərˈtuːnɪtiː] *n.* oportunidad *f.*; ocasión *f.*

oppose [əˈpouz] *v. tr.* **1.** oponer. ‖ *v. intr.* **2.** (disagree with) oponerse a.

opposing [əˈpouzɪŋ] *adj.* adversario; contrario.

opposite [ˈɒpəzɪt] *adj.* **1.** (contrary) contrario; opuesto. ‖ *n.* **2.** lo contrario. ‖ *adv.* **3.** enfrente.

opposition [ˌɒpəˈzɪʃən] *n.* **1.** oposición *f.* **2.** (contrast) contradicción *m.*

oppress [əˈpres] *v. tr.* **1.** oprimir. **2.** *fig.* (heat, anxiety) agobiar.

oppression [əˈpreʃən] *n.* **1.** opresión *f.* **2.** *fig.* (feeling) agobio *m.*; angustia *f.*

opt [ˈɒpt] *v. intr.* optar.

optician [ɒpˈtɪʃən] *n.* **1.** óptico *m.* ‖ **optician's** *n. f.* **2.** (shop) óptica *f.*

optimism [ˈɒptəˌmɪzəm] *n.* optimismo *m.*

option [ˈɒpʃən] *n.* opción *f.*

optional [ˈɒpʃənəl] *adj.* (subject) optativo; facultativo; opcional.

opulence [ˈɒpjələns] *n.* opulencia *f.*; abundancia *f.*

or [ˈɔːr ər] *conj.* **1.** o; u (before "o" or "ho"). **2.** (in negative) ni. **3.** (approximation) de...o...

oral [ˈɔːrəl] *adj.* **1.** oral. **2.** (hygiene) bucal.

orange [ˈɒrɪndʒ ˈɔːrɪndʒ] *n.* **1.** *Bot.* naranja *f.* ‖ *adj. & n.* **2.** (color) naranja *m.*

orangeade [ˌɒrɪnˈdʒeɪd ˌɔːrɪnˈdʒeɪd] *n.* (natural) naranjada *f.*; zumo *m.*

orang-utan [əˈrænɡəˌtæn] *n.*, *Zool.* (large monkey) orangután *m.*

oratory [ˈɒrətɔːriː] *n.* (public speaking) oratoria *f.*; elocuencia *f.*

orbit [ˈɔːrbɪt] *n.*, *Astron.* órbita *f.*

orchard [ˈɔːrtʃərd] *n.* (of fruit trees) huerta *f.*; huerto *m.*

orchestra [ˈɔːrkəstrə] *n.* **1.** *Mus.* orquesta *f.* **2.** *Am. E. Film & Theatr.* platea *f.*

orchid [ˈɔːrkɪd] *n.*, *Bot.* orquídea *f.*

ordainment [ɔːrˈdeɪnmənt] *n.*, *Rel.* ordenación (sacerdotal) *f.*

order [ˈɔːrdər] *n.* **1.** orden *f.*; mandato *m.* **2.** orden *f.*; pedido *m.* **3.** (layout) orden *m.* **4.** *Rel.* orden *f.* ‖ *v. tr.* **5.** ordenar; mandar. **6.** (organize) ordenar. **7.** encargar. **8.** (restaurant) pedir.

ordinal [ˈɔːrdɪnəl] *adj.* ordinal.

ordinary [ˈɔːrdnˌeriː] *adj.* (common) ordinario; común. ‖ **out of the ~** fuera de lo normal.

oregano [ɒˈreɡənou] *n.*, *Bot.* orégano *m.*

organ [ˈɔːrɡən] *n.*, *Mus. & Anat.* órgano *m.*

organism [ˈɔːrɡənɪzəm] *n.*, *Biol.* organismo (de un ser vivo) *m.*

organize, organise (Br.E) [ˈɔːrɡəˌnaɪz] *v. tr.* organizar.

orgy ['ɔːrdʒiː] *n.* orgía *f.*

orient ['ɔːrɪənt] *n.* **1.** oriente *m.* ‖ *v. tr.* **2.** orientar.

oriental [ɔːrɪ'entəl] *adj.* **1.** oriental. ‖ **Oriental** *n.* **2.** oriental *m. y f.*

orientate ['ɔːrɪənteɪt] *v. tr.* orientar.

orifice ['ɒrəfɪs, 'ɔːrəfɪs] *n.* orificio *m.*

origami [ɒrɪ'gɑːmiː] *n.* papiroflexia *f.*

origin ['ɒrədʒɪn] *n.* (source) origen *m.*; procedencia *f.*; patria *f.*

original [ə'rɪdʒənəl] *adj.* **1.** original. **2.** (first) originario. ‖ *n.* **3.** original *m.*

originate [ə'rɪdʒəneɪt] *v. tr.* **1.** originar. ‖ *v. intr.* **2.** provenir (de).

orphan ['ɔːrfən] *adj.* **1.** huérfano; falto; desamparado. ‖ *n.* **2.** huérfano *m.*

orphanage ['ɔːrfənɪdʒ] *n.* (institution) orfanato *m.*; hospicio *m.*

orthography [ɔːr'θɒɡrəfiː] *n.*, *frml.*, *Ling.* ortografía *f.*

orthopedic, orthopaedic (Br.E) [ˌɔːrθə'piːdɪk] *adj.* ortopédico.

oscillate ['ɒsəleɪt] *v. intr.* oscilar.

osier ['oʊʒər] *n.* (branch) mimbre *m.*

ostrich ['ɒstrɪtʃ] *n.*, *Zool.* (bird) avestruz *m.*

other ['ʌðər] *adj. indef.* **1.** otro. ‖ *pron. indef.* **2.** otro. **the ~ one** el otro.

otherwise ['ʌðərˌwaɪz] *adv.* de otro modo; si no. **2.** (apart from that) por lo demás.

otter ['ɒtər] *n.*, *Zool.* nutria *f.*

ought to [ɔːt tʊ] *n.* deber.

our ['aʊər] *poss. adj. 1st. pl* nuestro.

ours ['aʊərz] *poss. pron. 1st. pl* nuestro. ‖ **of ~** nuestro.

ourselves [ˌaʊər'selvz] *pron. pers. refl. 1st. pl* **1.** nos. ‖ *pron. pers. emphat. 1st. pl* **2.** nosotros mismos.

out [aʊt] *adv.* **1.** fuera; afuera. **2.** gastado. ‖ *adj.* **3.** apagado. **4.** estropeado. **5.** (unconscious) inconsciente. ‖ *¡ ~ !* *interj.* **6.** ¡fuera!

outbreak ['aʊtbreɪk] *n.* **1.** (of violence) estallido *m.* **2.** *Med.* (of infection) brote *m.* **3.** (spots) erupción *f.*

outburst ['aʊtbɜːrst] *n.* **1.** (of anger, joy) explosión *f.*; arrebato *m.* **2.** (of generosity) arranque *m.*

outcome ['aʊtkʌm] *n.* resultado *m.*; consecuencia *f.*; producto *m.*

outcry ['aʊtkraɪ] *n.* **1.** (protest) protesta *f.* **2.** (clamor) clamor *m.*

outdoor [ˌaʊt'dɔːr] *adj.* **1.** al aire libre; de exterior. **2.** (clothes) de calle.

outdoors [ˌaʊt'dɔːrz] *adv.* **1.** al aire libre; a la intemperie. ‖ *n.* **2.** aire libre.

outer ['aʊtər] *adj.* exterior.

outlaw ['aʊtlɔ:] *n.* **1.** bandido *m.* ‖ *v. tr.* **2.** (prohibit) prohibir. **3.** (habit) proscribir.

outlay ['aʊtleɪ] *n.* **1.** desembolso *m.; pago m.* ‖ *v. tr.* **2.** (pay) desembolsar; pagar.

outlet ['aʊtlet] *n.* **1.** salida *f.* **2.** (of water) desagüe *m.* **3.** *Econ.* mercado *m.*

outline ['aʊtlaɪn] *n.* **1.** bosquejo *m.;* boceto *m.* **2.** (contour) contorno *m.* **3.** (profile) perfil *m.* ‖ *v. tr.* **4.** resumir. **5.** (shape) perfilar. **6.** (an idea) esbozar.

outlive [aʊtlɪv] *v. tr.* sobrevivir a.

outlook ['aʊtlʊk] *n.* **1.** (point of view) punto de vista. **2.** (prospect) perspectiva *f.;* panorama *f.*

outrage ['aʊtreɪdʒ] *n.* **1.** (person) ultraje *m.* **2.** (cruel act) atrocidad *f.* ‖ *v. tr.* **3.** ultrajar.

outrageous [ˌaʊtreɪdʒəs] *adj.* **1.** atroz. **2.** *fig.* (scandalous) inaudito.

outside [aʊtsaɪd] *n.* **1.** exterior *m.* ‖ *adv.* **2.** fuera; afuera. ‖ *prep.* (sometimes with "of") **3.** (out of) fuera de. **4.** (apart from) aparte de. ‖ *adj.* **5.** remoto.

outsider [ˌaʊtsaɪdər] *n.* **1.** extranjero *m.;* forastero *m.* **2.** (intruder) intruso *m.*

outskirts ['aʊtskɜːrts] *n. pl.* (of city) alrededores *m.;* afueras *f.;* cercanías *f.*

outstand [aʊtstænd] *v. intr., fig.* sobresalir; destacar; resaltar.

outward ['aʊtwərd] *adj.* **1.** exterior; externo. **2.** (voyage) de ida.

oval ['oʊvəl] *adj.* **1.** oval; ovalado. ‖ *n.* **2.** óvalo *m.*

ovary ['oʊvəri] *n., Anat.* ovario *m.*

ovation [oʊveɪʃən] *n.* ovación *f.*

oven ['ʌvən] *n.* horno *m.* ‖ **microwave ~** microondas m.

over ['oʊvər] *adv.* **1.** (above) por encima. **2.** (there) allá. ‖ *prep.* **3.** (above) sobre; encima de; por encima de. **4.** (accross) al otro lado de. **5.** (during) durante; en. **6.** (through) por. **7.** (by the medium of) por.**8.** (more than) más de.

overall [ˌoʊvərɔːl] *adj.* **1.** global. ‖ *n.* **2.** (protective garment) bata *f.*

overbearing [ˌoʊvərberɪŋ] *adj.* (imperious) dominante; autoritario.

overboard ['oʊvərbɔːrd] *adj., Nav.* por la borda.

overburden [ˌoʊvərbɜːrdən] *v. tr., fig.* (job, worries) sobrecargar.

overcharge [ˌoʊvərtʃɑːrdʒ] *v. tr.* **1.** cobrar demasiado; clavar. **2.** (batteries) sobrecargar.

overcoat ['oʊvərkoʊt] *n.* (coat) abrigo *m.*

overcome [ˌoʊvəˈkʌm] *v. tr.* **1.** vencer. **2.** (difficulties) salvar.

overdo [ˌoʊvərduː] *v. tr.* **1.** exagerar. **2.** *Gastr.* cocer demasiado.

overdose [ˌouvərˈdous ˈouvərˌdous] *n.* (drugs) sobredosis *f. inv.*

overflow [ˈouvərˌflou] *n.* **1.** desbordamiento *m.* ‖ *v. tr.* **2.** desbordar. **3.** (liquid) rebosar. ‖ *v. intr.* **4.** desbordarse.

overhead [ˈouvərˌhed] *adv.* **1.** en lo alto. **2.** por encima (de la cabeza).

overhear [ˌouvərˈhɪr] *v. tr.* oír por casualidad; oír sin querer.

overheat [ˌouvərˈhiːt] *v. tr.* **1.** recalentar. ‖ *v. intr.* **2.** recalentarse.

overleaf [ˌouvərˈliːf] *adv.* al dorso.

overload [ˌouvərˈloud] *n.* **1.** sobrecarga *f.* ‖ *v. tr.* **2.** (device) sobrecargar; recargar.

overlook [ˌouvərˈluk] *v. tr.* **1.** pasar por alto. **2.** (ignore) no hacer caso de.

overpower [ˌouvərˈpauər] *v. tr.* **1.** dominar. **2.** (affect greatly) abrumar; agobiar.

override [ˌouvərˈraɪd] *v. tr.* anular.

overripe [ˌouvərˈraɪp] *adj.* (fruit) pasado; pachucho; pocho.

overrule [ˌouvərˈruːl] *v. tr.* anular.

overseas [ˌouvərˈsiːz] *adj.* de ultramar; ultramarino. ‖ **to go ~** ir al extranjero.

overstock [ˌouvərˈstɒk] *v. tr.* (pack) abarrotar; atestar.

overtake [ˌouvərˈteɪk] *v. tr.* adelantar; sobrepasar; exceder.

overthrow [ˌouvərˈθrou] *v. tr.* (a government) derribar; derrocar.

overtime [ˈouvərˌtaɪm] *n.* (of work) horas extras. ‖ **to do ~** (of work) hacer horas extras

overturn [ˌouvərˈtɜːrn] *v. tr.* **1.** (car) volcar. ‖ *v. intr.* **2.** (of car) volcar.

overwhelm [ˌouvərˈwelm] *v. tr.* **1.** arrollar. **2.** (overpower) agobiar. **3.** (flood) inundar.

ovum [ˈouvəm] (pl.: ova) *n., Biol.* óvulo *m.*; huevo *m.*; embrión *m.*

owe [ou] *v. tr.* deber.

owing [ˈouɪŋ] *adj.* adeudado. ‖ **~ to** debido a; a/por causa de.

owl [aul] *n., Zool.* (bird) búho *m.* ‖ **little ~** *Zool.* mochuelo *m.*

own [oun] *adj.* **1.** propio. ‖ *v. tr.* **2.** poseer; tener. ‖ **of my ~** de mi propiedad.

owner [ˈounər] *n.* dueño *m.*; propietario *m.*; amo *m.*

ownership [ˈounərˌʃɪp] *n.* propiedad *f.*

ox [ɒks] (pl.: oxen) *n., Zool.* buey *m.*

oxide [ˈɒksaɪd] *n., Chem.* óxido *m.*

oxidize, oxidise (Br.E) [ˈɒksəˌdaɪz] *v. tr.* **1.** *Chem.* (metal) oxidar. ‖ *v. intr.* **2.** *Chem.* oxidarse.

oxygen [ˈɒksɪˌdʒən] *n., Chem.* (gas) oxígeno *m.*

oyster [ˈɔɪstər] *n. Zool.* ostra *f.*

ozone [ˈouˌzoun] *n., Chem.* ozono *m.*

P

P [pi:] *n.* (letter) p *f.*

pacifier ['pæsə‚faɪər] *n.*, *Am.E.* (dummy) chupete *m.*

pacify ['pæsə‚faɪ] *v. tr.* **1.** (appease) apaciguar; calmar; sosegar. **2.** (restore peace) pacificar.

pack [pæk] *n.* **1.** (of clothes) fardo *m.* **2.** *Am.E.* (of cigarettes) paquete *m.;* cajetilla *f.* **3.** (of cards) baraja *f.* ‖ *v. tr.* **4.** empaquetar; embalar. **5.** (fill) atestar. ‖ *v. intr.* **6.** hacer la maleta.

package ['pækɪdʒ] *v. tr.* **1.** empaquetar; embalar. ‖ *n.* **2.** paquete *m.*

packet ['pækɪt] *n.* **1.** (small) paquete *m.* **2.** *Br.E.* (of cigarettes) cajetilla *f.*

pact [pækt] *n.* (between two people) pacto *m.*

padlock ['pæd‚lɒk] *n.* candado *m.*

paella [paˈelə] *n.*, *Gastr.* (Spanish dish) paella *f.*

page¹ [peɪdʒ] *n.* **1.** (servant) paje *m.* **2.** (pageboy) botones *m. inv.*

page² [peɪdʒ] *n.* **1.** página *f.* **2.** (of book) hoja *f.* ‖ **front ~** (of newspaper) portada *f.* **title ~** (of book) portada *f.*

pageboy ['peɪdʒ‚bɔɪ] *n.* **1.** paje *m.* **2.** (in a hotel) botones *m. inv.*

pail [peɪl] *n.* cubo *m.;* balde *m.*

pain [peɪn] *n.* **1.** dolor *m.* **2.** (sadness) pena *f.* **3.** (sorrow) sufri-

miento *m.* **4.** (children language) pupa *f.* ‖ *v. tr.* **5.** doler.

painful ['peɪnfəl] *adj.* **1.** doloroso. **2.** (mentally) penoso.

painkiller ['peɪn‚kɪlər] *n.* calmante *m.*

paint [peɪnt] *n.* **1.** pintura *f.* ‖ *v. tr.* **2.** pintar. ‖ *v. intr.* **3.** pintar.

paintbrush ['peɪnt‚brʌʃ] *n.* (art) brocha *f.;* pincel *m.*

painting ['peɪntɪŋ] *n.* **1.** pintura *f.* **2.** (picture) cuadro *m.*

pair [per] *n.* **1.** (of shoes, gloves, etc.) par *m.* **2.** (couple) pareja *f.* ‖ *v. tr.* **3.** (people) emparejar.

pajamas, pyjamas (Br.E) [pəˈdʒɑːməz] *n. pl.*, *Am.E.* (friend) pijama *m.*

pal [pæl] *n. fam.* compañero *m.;* compinche *m.;* colega *m. y f.*

palace ['pælɪs] *n.* palacio *m.*

palate ['pælɪt] *n.*, *Anat.* paladar *m.*

pale [peɪl] *adj.* (pallid) pálido.

palliate ['pælɪ‚eɪt] *v. tr.* mitigar.

palm¹ [pɑːm] *n.*, *Bot.* (tree) palmera *f.*

palm² [pɑːm] *n.*, *Anat.* palma *f.*

palpitate ['pælpə‚teɪt] *v. intr.* palpitar; latir.

paltry ['pɔːltri:] *adj.* mezquino.

pamper ['pæmpər] *v. tr.* (spoil) mimar; consentir; malcriar.

pamphlet ['pæm‚flɪt] *n.* **1.** (informative) folleto *m.* **2.** (political) panfleto *m.*

pan [pæn] *n.* **1.** (casserole) cacerola *f.* **2.** (of scales) platillo *m.* ‖ **fry ~** *Am.E.* sartén *f.*

pane [peɪn] *n.* cristal *m.;* vidrio *m.*

panel ['pænəl] *n.* **1.** panel *m.* **2.** (of control) tablero *m.* **3.** (in a skirt) tabla *f.*

panic ['pænɪk] *n.* pánico *m.*

pant [pænt] *n.* **1.** jadeo *m.*; resoplido *m.* ‖ *v. intr.* **2.** jadear.

pantheon ['pænθɪən] *n., Archit.* (temple) panteón *m.*

panties ['pænti:z] *n. pl.* braga *f.* ‖ **a pair of ~** unas bragas.

pantry ['pæntri:] *n.* despensa *f.*

pantyhose or pantihose ['pænti,həuz] *n. pl.* **1.** *Am.E.* medias *f.*; **panty** *m.* **2.** *Am.E.* (thick) leotardo *m.*

paper ['peɪpər] *n.* **1.** papel *m.* **2.** (newspaper) periódico *m.* ‖ *v. tr.* **3.** (wall) empapelar.

paperback ['peɪpər,bæk] *n.* (book) en rústica. ‖ **~ edition** edición rústica.

paperknife ['peɪpər,naɪf] *n.* (letter-opener) abrecartas *m. inv.*

papyrus [pə'paɪrəs] *n.* **1.** (paper) papiro *m.* **2.** *Bot.* papiro *m.*

parachute ['pærə,ʃu:t] *n.* paracaídas *m. inv.*

parade [pə'reɪd] *n.* **1.** (procession) desfile *m.*; cabalgata *f.*

paradise ['pærə,daɪs] *n.* paraíso *m.*

parador ['pærə,dɔ:r] *n.* (state-owned hotel) parador *m.*

paragraph ['pærə,græf] *n., Ling.* párrafo *m.*

parallel ['pærəlel] *adj.* **1.** paralelo. ‖ *n.* **2.** *Geogr.* paralelo *m.*

Paralympics [,pærə'lɪmpɪks] *n., Sports* paraolimpiada *f.*

paralyze, paralise (Br.E) ['pærə,laɪz] *v. tr.* paralizar.

parapente ['pærə,pent] *n., Sports* parapente *m.*

parapet ['pærə,pɪt] *n.* (breastwork) parapeto *m.*

parasite ['pærə,saɪt] *n.* parásito *m. y f.*

parasol ['pærə,sol 'pærə,sɔ:l] *n.* (hand) quitasol *m.*; sombrilla *f.*

parcel ['pɑ:rsəl] *n.* **1.** (big) paquete *m.* **2.** (of land) parcela *f.*

parcheesi [pɑ:r'tʃi:zi:] *n., Am.E.* (game) parchís *m.*

parchment ['pɑ:rtʃmənt] *n.* pergamino *m.* ‖ **~ paper** papel pergamino.

pardon ['pɑ:rdən] *n.* **1.** perdón *m.* **2.** *Law* indulto *m.* ‖ *v. tr.* **3.** (forgive) perdonar; disculpar. **4.** *Law* indultar. ‖ **pardon?** *phras.* **5.** ¿cómo dice?

parent ['perənt 'pærənt] *n.* **1.** (father or mother) padre *m.* ‖ **parents** *n.* **2.** (both) padres *m. pl.*

parenthesis [pə'renθəsɪs] *n., Ling.* paréntesis *m. inv.*

parish ['pærɪʃ] *n., Rel.* parroquia *f.* ‖ **~ church** *Rel.* parroquia *f.*

park [pɑ:rk] *n.* **1.** parque *m.* ‖ *v. tr.* **2.** *Car* aparcar; estacionar.

parking ['pɑ:rkɪŋ] *n., Car* (action) aparcamiento *m.*; estacionamiento *m.*

parley ['pɑːrleɪ] v. intr. (enemies) parlamentar; dialogar.

parliament ['pɑːrləmənt] n. sing., Polit. parlamento m.; cortes f. pl.

parlor, parlour (Br.E) ['pɑːrlər] n., Am. E. salón m. ‖ **beauty ~** salón de belleza. **funeral ~** funeraria f.

parody ['pærədi] n. **1.** parodia f. ‖ v. tr. **2.** parodiar f.

parquet [pɑːrˈkeɪ] n. parqué m.

parrot ['pærət] n., Zool. (bird) papaga-yo m.; loro m.; cotorra f.

parsley ['pɑːrsli] n., Bot. perejil m.

part [pɑːrt] n. **1.** parte f. **2.** Tech. pieza f. **3.** (of publications) fascículo m. **4.** Film & Theatr. papel m.

participate [pɑːrˈtɪsəpeɪt] v. intr. participar; tomar parte.

participation [pɑːrˌtɪsəˈpeɪʃən] n. participación f.; intervención f.

participle ['pɑːrtəˌsəpəl 'pɑːrtəˌsɪpəl] n., Ling. participio m.

particle ['pɑːrtɪkəl] n. partícula f.

particular [pətɪkjələr pərˈtɪkjələr] adj. **1.** particular; especial. ‖ n. **2.** (detail) pormenor m.; detalle m.

particularity [pərˌtɪkjəˈlærəti: pəˌtɪkjəˈlæ-rəti:] n. particularidad f.

partition [pɑːrˈtɪʃən] n. **1.** partición f. **2.** (wall) tabique m. ‖ v. tr. **3.** dividir.

partner ['pɑːrtnər] n. **1.** compañero m. **2.** (in game, dance) pareja f. **3.** (in couple) cónyuge m. y f.

partnership ['pɑːrtnərˌʃɪp] n., Econ. asociación f.; sociedad f.

partridge ['pɑːrtrɪdʒ] n., Zool. (bird) perdiz f. ‖ **young ~** Zool. (bird) perdigón m.

party ['pɑːrti] n. **1.** fiesta f.; reunión f. **2.** Polit. partido m.

pass [pæs] n. **1.** (permission) pase m. **2.** (in exam) aprobado m. **3.** Geogr. desfiladero. ‖ v. tr. **4.** pasar. **5.** (an exam) aprobar. ‖ v. intr. **6.** (go by) pasar.

passage ['pæsɪdʒ] n. **1.** pasaje m. **2.** (movement) paso m. **3.** (hallway) pasillo m.; pasadizo m.

passenger ['pæsəndʒər] n. **1.** pasajero m.; viajero m. ‖ **passengers** n. pl. **2.** Aeron. pasaje m.

passer-by [ˌpæsərˈbaɪ] n. transeúnte m. y f.; peatón m. y f.

passing ['pæsɪŋ] adj. **1.** pasajero. ‖ n. **2.** paso m. **3.** (course) transcurso m. **4.** (of a law, project) aprobación f.

passion ['pæʃən] n. **1.** pasión f. **2.** (frenzy) furor m.; vehemencia f.

passionate ['pæʃənɪt] adj. **1.** apasionado. **2.** (vehement) ardiente; vehemente.

passport ['pæspɔːrt] n. pasaporte m.

password ['pæsˌwɜːrd] n. contraseña f.; santo y seña; consigna f.

past [pæst] *adj.* **1.** pasado. **2.** *Ling.* pretérito. ‖ *prep.* **3.** más allá de; después de. ‖ *n.* **4.** pasado *m.*; ayer *m.*

pasta [pæstə] *n.*, *Gastr.* (for spaghetti) pasta *f.*

pastry [peɪstri] *n.* masa *f.*

pasture [pæstʃər] *n.* **1.** (field) pasto *m.* ‖ *v. tr.* **2.** apacentar. ‖ *v. intr.* **3.** (animals) pastar; pacer.

pasty¹ [peɪsti] *adj.* **1.** (substance) pastoso. ‖ *n.* **2.** *Gastr.* empanada *f.*; pastel de carne.

pasty² [peɪsti] *adj.* (complexion) pálido; demacrado.

pat [pæt] *n.* **1.** palmadita *f.* ‖ *v. tr.* **2.** dar una palmadita.

patch [pætʃ] *n.* **1.** parche *m.*; remiendo *m.* ‖ *v. tr.* **2.** remendar. **3.** (couple) reconciliarse.

pâté [pɑːteɪ 'pæteɪ] *n.*, *Gastr.* paté *m.*

patent [peɪtnt] *n.* charol *m.* ‖ ~ **leather** (shoes) charol *m.*

path [pæθ] *n.* **1.** senda *f.*; sendero *m.*; camino *m.* **2.** (of missile) trayectoria *f.*

pathetic [pəθetɪk] *adj.* patético.

patience [peɪʃəns] *n.* (tolerance) paciencia *f.*; aguante *m.*

patient [peɪʃənt] *adj.* **1.** (tolerant) paciente; sufrido; tolerante. ‖ *n.* **2.** *Med.* paciente *m. y f.*

patio [pætɪoʊ] *n.* patio *m.*

patrimony [pætrəmoʊni] *n.* **1.** (heritage) patrimonio *m.* **2.** (inheritance) herencia *f.*

patriot [peɪtrɪət] *n.* patriota *m. y f.*

patron [peɪtrən] *n.* **1.** (sponsor) patrón *m.* **2.** *Econ.* (customer) cliente *m. y f.* (habitual)

patronage [peɪtrənɪdʒ] *n.* (clientele) clientela *f.* (habitual)

pattern [pætərn] *n.* (model) patrón *m.*; modelo *m.*

pauper [pɔːpər] *n.* pobre *m. y f.*; indigente *m. y f.*; mendigo *m. y f.*

pause [pɔːz] *n.* pausa *f.*

pave [peɪv] *v. tr.* adoquinar; empedrar.

paved [peɪvd] *adj.* empedrado.

pavement [peɪvmənt] *n.* **1.** *Br. E.* piso *m.*; acera *f.* **2.** *Am. E.* (roadway) calzada *f.*; pavimento *m.*

pavilion [pəvɪljən] *n.*, *Archit.* (for exhibition) pabellón *m.*

paving stone [peɪvɪŋstoʊn] *n.* adoquín *m.*; baldosa *f.*

paw [pɔː] *n.*, *Zool.* pata *f.*; garra *f.*

pay [peɪ] *n.* **1.** sueldo *m.*; paga *f.*; remuneración *f.* ‖ *v. tr.* **2.** pagar. **3.** (expenses) saldar. **4.** (attention) prestar. ‖ *v. intr.* **5.** pagar.

payment [peɪmənt] *n.* **1.** pago *m.*; abono *m.*; paga *f.* **2.** (expense) desembolso *m.*

payslip [peɪslɪp] *n.* (receipt of payment) nómina (de sueldo) *f.*

pea [piː] *n.*, *Bot.* guisante *m.*

peace [piːs] *n.* paz *f.*; tranquilidad *f.*; quietud *f.*

peaceful [piːsfəl] *adj.* (non violent) pacífico; tranquilo.

peach [piːtʃ] *n., Bot.* (fruit) melocotón *m.* || **~ tree** *Bot.* melocotonero *m.*

peacock ['piːkɒk] *n., Zool.* (bird) pavo real.

peak [piːk] *n.* **1.** *Geogr.* (of a mountain) pico *m.;* cima *f.* **2.** *fig.* (highest point) cúspide *f.* **3.** (of a cap) visera *f.*

peanut ['piːnʌt] *n., Bot.* cacahuete *m.;* maní *m.*

pear [per] *n., Bot.* (fruit) pera *f.*

pearl [pɜːrl] *n.* perla *f.*

peasant ['pezənt] *n.* (farmer) campesino *m.;* labriego *m.*

pebble ['pebəl] *n.* guijarro *m.*

peck [pek] *n.* **1.** (of bird) picotazo *m.* || *v. tr.* **2.** (of bird) picar.

peculiar [prˈkjuːljər] *adj.* (exclusive) peculiar; propio.

peculiarity [pɪˌkjuːlɪˈærəti] *n.* particularidad *f.;* peculiaridad *f.*

pedal ['pedəl] *n.* pedal *m.*

pedestrian [pəˈdestrɪən] *adj.* **1.** pedestre. || *n.* **2.** peatón *m.*

pee [piː] *n.* **1.** *fam.* pis *m.;* pipí *m.* || *v. intr.* **2.** *vulg.* mear.

peel [piːl] *n.* **1.** (of fruit) piel *f.;* monda *f.* **2.** (of lemon, orange) corteza *f.* || *v. tr.* **3.** (fruit) mondar; pelar.

peep[1] [piːp] *n.* **1.** (glance) ojeada *f.* || *v. intr.* **2.** (look) espiar.

peep[2] [piːp] *n.* (of bird) pío *m.*

peephole ['piːphəʊl] *n.* mirilla *f.*

peer [pɪr] *n.* par *m.;* igual *m.*

peg [peg] *n., Tech.* clavija *f.*

pelican ['pelɪkən] *n., Zool.* (bird) pelícano *m.*

pen [pen] *n.* **1.** pluma *f.* **2.** (ballpoint) bolígrafo *m.*

penalize, penalise (Br.E) ['piːnəlaɪz] *v. tr.* (punish) penar.

penalty ['penəlti] *n.* **1.** (punishment) pena *f.* **2.** *Sports* castigo *m.;* condena *m.*

pence [pens] *n. pl., Econ.* (English unit of currency) peniques *m.*

pencil ['pensəl] *n.* lápiz *m.;* lapicero *m.* || **~ case** estuche *m.*

penetrate ['penətreit] *v. tr.* **1.** penetrar. || *v. intr.* **2.** (get inside) internarse; meterse.

penguin ['peŋgwɪn] *n., Zool.* (bird) pingüino *m.*

peninsula [prˈnɪnsjələ] *n., Geogr.* península *f.*

penis ['piːnɪs] *n., Anat.* pene *m.*

penitence ['penətəns] *n.* (remorse) arrepentimiento *m.*

penknife ['pennaɪf] *n.* (clasp knife) navaja *f.*

penniless ['penɪlɪs] *adj.* (broke) sin blanca; sin un céntimo.

penny ['penɪ] (pl.: -nies or pence) *n., Econ.* (English unit of cur-rency) penique *m.*

pennyroyal ['penɪˌrɔɪəl] *n., Bot.* (infusion) poleo *m.*

pension ['penʃən] *n.* (money) jubilación *f.;* pensión *f.;* retiro *m.*

pensioner ['penʃənər] *n.* (old age) pensionista *m. y f.;* jubilado *m.*

penthouse ['pent,haʊs] *n.* ático *m.*

people ['pi:pəl] *n. pl.* **1.** pueblo *m. sing.*; gente *f. sing.* ‖ *v. tr.* **2.** poblar.

pepper ['pepər] *n.* **1.** (spice) pimienta *f.* **2.** *Bot.* (plant, fruit) pimiento *m.* ‖ *v. tr.* **3.** *Gastr.* echarle pimienta a.

per [pɜ:r] *prep. por.*

perceive [pər'si:v] *v. tr.* (see, hear) percibir; conocer; ver.

percent or per cent [pər'sent] *adj. and adv.* **1.** por ciento; por cien. ‖ *n.* **2.** porcentaje *m.*

percentage [pər'sentidʒ] *n.* (proportion) porcentaje *m.*

peregrination [,perəgrɪ'neɪʃən] *n., lit.* peregrinación *f.*

perennial [pə'renjəl] *adj.* **1.** *Bot.* perenne. **2.** (everlasting) perenne.

perfect ['pɜ:rfɪkt] *adj.* **1.** perfecto. **2.** (ideal) ideal; idóneo. ‖ *v. tr.* **3.** (knowledge) perfeccionar.

perfection [pərfekʃən] *n.* perfección *f.*

perforate ['pɜ:rfə,reɪt] *v. tr.* (pierce) perforar; horadar.

perform [pərfɔ:rm] *v. tr.* **1.** ejecutar; cumplir; llevar a cabo. ‖ *v. intr.* **2.** (act) actuar. **3.** *Theat.* representar (una obra).

performance [pərfɔ:rməns] *n.* **1.** ejecución *f.*; cumplimiento *m.* **2.** *Mus.* (of an actor) interpretación *f.* **3.** *Theat.* función *f.*

perfume ['pɜ:r,fju:m] *n.* **1.** perfume *f.* ‖ *v. tr.* **2.** perfumar.

perhaps [pər'hæps] *adv.* quizá; quizás; tal vez.

period ['pɪrɪəd] *n.* **1.** período *m.* **2.** (in school) hora *f.* **3.** *Med.* regla *f.*; menstruación *f.*

periodical [,pɪrɪ'ɒdɪkəl] *adj.* **1.** periódico; regular. ‖ *n.* **2.** publicación periódica.

perm [pɜ:rm] *n.* (hair) permanente *f.*; moldeado *m.*

permeate ['pɜ:rmɪ,eɪt] *v. tr.* **1.** (substance) penetrar. **2.** (soak) calar; empapar.

permit [pər'mɪt] *n.* **1.** (license) permiso *m.* ‖ *v. tr.* **2.** permitir.

pernicious [pɜ:r'nɪʃəs] *adj.*, *Med.* pernicioso; perjudicial.

perpetrate ['pɜ:r,rpə,treɪt] *v. tr.* (crime) perpetrar; cometer.

perpetual [pər'petʃʊəl] *adj.* (eternal) perpetuo; perenne.

perpetuate [pə'petʃʊ,eɪt] *v. tr.* perpetuar; continuar; alargar.

perplex [pər'pleks] *v. tr.* dejar perplejo.

perplexity [pər'pleksəti:] *n.* (confusion) perplejidad *f.*

persecute ['pɜ:rsɪ,kju:t] *v. tr.* perseguir; acorralar.

persevere [,pɜ:rsə'vɪr] *v. intr.* perseverar; persistir; continuar.

person ['pɜ:rsən] *n.* persona *f.*

personal ['pɜ:rsənəl] *adj.* **1.** (private) personal; particular. **2.** (friend) íntimo.

personality [ˌpɜːrsəˈnælətiː] *n.* (nature) personalidad *f.*; carácter *m.*

personnel [ˌpɜːrsəˈnəl] *n.* (staff) personal *m.*

perspective [pərsˈpektɪv] *n.* perspectiva *f.*

persuade [pərˈsweɪd] *v. tr.* persuadir; convencer.

perturb [pərˈtɜːrb] *v. tr.* **1.** alborotar; inquietar. **2.** (mentally) perturbar.

pervert [pərˈvɜːrt] *n.* **1.** pervertido *m.* ‖ *v. tr.* **2.** pervertir.

pessimism [ˈpesəmɪzəm] *n.* pesimismo *m.*; desilusión *m.*

pest [pest] *n.* **1.** *Agr.* plaga *f.* **2.** *fig.* (person, thing) moscón *m.*; tabarra *f.*; peste *f.*

pet [pet] *adj.* **1.** favorito. ‖ *n.* **2.** mascota *f.*; animal doméstico. ‖ *v. tr.* **3.** (animal) mimar.

petal [ˈpetəl] *n.*, *Bot.* pétalo *m.*

petrify [ˈpetrɪfaɪ] *v. tr.* petrificar.

petrol [ˈpetrɒl] *n.*, *Car* gasolina *f.* ‖ **~ station** *Br.E.* gasolinera *f.*

pharmacy [ˈfɑːrməsiː] *n.* **1.** *frml.* (shop) farmacia *f.* **2.** (subject) farmacia *f.*

phase [feɪz] *n.* fase *f.*

pheasant [ˈfezənt] *n.*, *Zool.* (bird) faisán *m.*

phenomenon [fəˈnɒmənɒn fəˈnɒmənən] *n.* fenómeno *m.*

philanthropy [fiˈlænθrəpiː] *n.* (altruism) filantropía *f.*; altruismo *f.*

philately [fəˈlætəliː] *n.* filatelia *f.*

philosophy [fəˈlɒsəfiː] *n.* filosofía *f.*

phone [foʊn] *n.* **1.** (telephone) teléfono *m.* ‖ *v. tr.* & *intr.* **2.** telefonear. ‖ **mobile ~** celular *m. Amér.*

photocopier [ˈfoʊtoʊˌkɒpiər] *n.* fotocopiadora *f.*

photocopy [ˈfoʊtəˌkɒpi] *n.* **1.** fotocopia *f.* ‖ *v. tr.* **2.** fotocopiar.

photograph [ˈfoʊtəˌɡræf] *n.* **1.** (picture) fotografía *f.*; retrato *m.* ‖ *v. tr.* **2.** fotografiar; retratar.

photography [fəˈtɒɡrəfiː] *n.* (art) fotografía *f.*

phrase [freɪz] *n.*, *Ling.* (expression) frase *f.*; locución *f.*

physical [ˈfɪzɪkəl] *adj.* físico.

physics [ˈfɪzɪks] *n.* física *f.*

physiognomy [ˌfɪziˈɒnemiː] *n.*, *lit.* fisonomía *f.*; facciones *f. pl.*

physique [fɪˈziːk] *n.* (appearance) físico *m.*; apariencia *f.*

piano [ˈpjænoʊ] *n.*, *Mus.* piano *m.*

pick [pɪk] *v. tr.* **1.** (choose) escoger. **2.** (gather) coger; recoger. **3.** (teeth, ears) escarbar.

picnic [ˈpɪknɪk] *n.* **1.** picnic *m.*; jira *f.* **2.** (snack) merienda *f.*

picture [ˈpɪktʃər] *n.* **1.** (painting) cuadro *m.* **2.** (art) grabado *m.* **3.** (TV, mental imagen) imagen *f.*

pie [paɪ] *n.* **1.** (fruit) pastel *m.* **2.** (meat) empanada *f.*

piece [piːs] *n.* **1.** pedazo *m.* **2.** *Mus.* & *Lit.* pieza *f.* **3.** (of bread) cacho *m.* **4.** (in board games) ficha *f.*

pier [pɪr] *n.* **1.** *Nav.* muelle *m.*; embarcadero *m.* **2.** *Archit.* (of bridge) estribo *m.*

pierce [pɪrs] *v. tr.* **1.** (ear) agujerear. **2.** (with a drill) taladrar.

piety ['paɪəti] *n., Rel.* (devoutness) piedad *f.*; devoción *f.*

pig [pɪg] *n.* **1.** *Zool.* cerdo *m.*; gorrino *m.*; puerco *Amér.* **2.** *fig.* (person) marrano *m.*; guarro *m.*

pigeon ['pɪdʒən] *n.* **1.** *Zool.* (bird) paloma *f.* **2.** *Gastr.* pichón *m.*

pigeonhole ['pɪdʒən,houl] *n.* **1.** casilla *f.* ‖ *v. tr.* **2.** encasillar.

pigsty ['pɪgstaɪ] *n.* pocilga *f.*

pigtail ['pɪg,teɪl] *n.* **1.** (of bullfighter's) coleta *f.* **2.** (plait) trenza *f.*

pile [paɪl] *n.* **1.** (of books, things) pila *f.*; montón *m.*; montaña *f. fig.* **2.** *fam.* (money) fortuna *f.* ‖ *v. tr.* **3.** apilar; amontonar.

pilgrim ['pɪlgrəm] *n.* peregrino *m.*

pilgrimage ['pɪlgrəmədʒ] *n., Rel.* peregrinación *f.*; romería *f.*

pill [pɪl] *n., Pharm.* píldora *f.*; gragea *f.*; pastilla *f.*

pillow ['pɪlou] *n.* almohada *f.*

pillowcase ['pɪlou,keɪs] *n.* (pillowslip) funda de almohada.

pilot ['paɪlət] *adj.* **1.** piloto. ‖ *n.* **2.** *Aeron.* (plane, ship) piloto *m.*; aviador *m.* ‖ *v. tr.* **3.** pilotar.

pimple ['pɪmpəl] *n., Med.* grano *m.*

pin [pɪn] *n.* **1.** alfiler *m.* **2.** *Tech.* clavija *f.* **3.** *Am.E.* (brooch) alfiler *m.* ‖ *v. tr.* **4.** (with needle) prender.

pinafore ['pɪnəfɔːr] *n.* (apron) delantal *m.* ‖ ~ **dress** pichi *m.*

pincers ['pɪnsərs] *n. pl.* **1.** *Tech.* tenaza *f. sing.* **2.** *Zool.* tenaza *f.*

pinch [pɪnʃ] *n.* **1.** (nip) pellizco *m.* **2.** (bit) pizca *f.* ‖ *v. tr.* **3.** (nip) pellizcar.

pine¹ [paɪn] *n., Bot.* (wood) pino *m.* ‖ ~ **cone** *Bot.* piña *f.*

pineapple ['paɪnæpəl] *n., Bot.* (fruit) piña *f.*; ananás *m.*

pinewood ['paɪnwʊd] *n.* pinar *m.*

pink [pɪŋk] *n.* **1.** *Bot.* clavel *m.* **2.** (color) rosa *m.*

pint [paɪnt] *n.* (measure) pinta *f.*

pioneer [,paɪə'nɪr] *n.* **1.** pionero *m.* **2.** (forerunner) precursor *m.*

pip [pɪp] *n.* **1.** *Br.E.* (of fruit) pepita *f.* **2.** (of sunflower) pipa *f.*

pipe [paɪp] *n.* **1.** (for gas) tubo *m.*; conducto *m.* **2.** (for smoking) pipa *f.*

piping ['paɪpɪŋ] *n.* **1.** (for water, gas) cañería *f.* **2.** (sew) ribete *m.*

piquancy ['piːkənsiː] *n., Gastr.* (taste) picante *m.*

pirate ['paɪrɪt] *n.* pirata *m.*

pirogue ['paɪroug] *n.* piragua *f.*

pistachio [pɪs'tæʃɪou] *n., Bot.* (fruit) pistacho *m.*

pistol ['pɪstəl] *n.* pistola *f.*

pit[1] [pɪt] *n.* **1.** (hole) hoyo *m.*; foso *m.* **2.** (large) hoya *f.*; fosa *f.* **3.** *Anat.* (of stomach) boca *f.*

pit[2] [pɪt] *n., Am.E.* (of fruit) hueso *m.*

pitch[1] [pɪtʃ] *n. Sports* (in baseball) tiro *m.*; lanzamiento *m.* ‖ *v. tr.* **2.** (throw) lanzar. **3.** *Nav.* cabecear.

pitcher ['pɪtʃər] *n., Am.E.* (container) cántaro *m.*; jarro *m.*

pity [pɪti:] *n.* **1.** piedad *f.*; compasión *f.* **2.** (regret) misericordia *f.*; lástima *f.* ‖ *v. tr.* **3.** compadecer.

pizza ['pi:tsə] *n., Gastr.* pizza *f.*

pizzeria ['pi:tsə,rɪə] *n.* pizzería *f.*

placard ['plækɑːrd 'plækərd] *n.* cartel *m.*; letrero *m.*; pancarta *f.*

placate [pləˈkeɪt] *v. tr.* (appease) aplacar; apaciguar; calmar.

place [pleɪs] *n.* **1.** sitio *m.*; puesto *m.*; lugar *m.* **2.** (building) local *m.* ‖ *v. tr.* **3.** (put) colocar; poner.

placid ['plæsɪd] *adj.* plácido.

plagiarize, plagiarise (Br.E) ['pleɪdʒəˌraɪz] *v. tr.* plagiar; copiar.

plain [pleɪn] *adj.* **1.** claro. **2.** (simple) sencillo. **3.** (no colors) liso. **4.** (person) llano. **5.** *Geogr.* llano *m.*; llanura *f.*

plait [plæt] *n.* **1.** *Br.E.* (in hair) trenza *f.* ‖ *v. tr.* **2.** trenzar.

plan [plæn] *n.* **1.** plan *m.*; proyecto *m.* **2.** (scheme) esquema *m.* ‖ *v. tr.* **3.** planear; proyectar.

plane [pleɪn] *n., Aeron.* avión *m.*

planet ['plænɪt] *n., Astron.* planeta *m.*

planetarium [plænəˈterɪəm] *n., Astron.* planetario *m.*

plant[1] [plænt] *n.* **1.** *Bot.* planta *f.*; vegetal *m.* ‖ *v. tr.* **2.** *Bot.* plantar; colocar.

plant[2] [plænt] *n.* (factory) fábrica *f.*

plantation [plænˈteɪʃən] *n., Agr.* (for crops) plantación *f.*

plaster ['plæstər] *n.* **1.** yeso *m.* **2.** *Med.* escayola *f.* ‖ *v. tr.* **3.** enlucir; enyesar.

plastic ['plæstɪk] *adj.* **1.** plástico; maleable. ‖ *n.* **2.** plástico *m.* ‖ **~ art** plástica *f.*

plate [pleɪt] *n.* **1.** (dish) plato *m.* **2.** (of metal) plancha *f.*; chapa *f.* **3.** *Print.* lámina *f.* **4.** (sheet) placa *f.* ‖ *v. tr.* **5.** (with gold, silver) bañar.

plateau ['plætou] *n., Geogr.* meseta *f.*

platform ['plætˌfɔːrm] *n.* **1.** plataforma *f.* **2.** (tais) estrado *m.*; tarima *f.* **3.** (in train station) andén *m.* ‖ **portable ~** *Rel.* andas *f. pl.*

play [pleɪ] *n.* **1.** (game) juego *m.* **2.** (maneuver) jugada *f.* **3.** *Theat.* pieza *f.* ‖ *v. tr.* **4.** jugar. **5.** *Mus.* tocar. ‖ *v. intr.* **6.** (children) jugar.

player ['pleɪər] *n.* **1.** *Theat.* actor *m.* **2.** *Sports* jugador *m.*

playground ['pleɪgraund] *n.* (in school) patio de recreo.

playtime ['pleɪˌtaɪm] *n.* (school) hora de recreo *m.*

plea [pli:] *n.* súplica *f.*; ruego *m.*

pleasant ['plezənt] *adj.* **1.** agradable. **2.** (person) simpático.

please [pli:z] *form.* **1.** por favor. ‖ *v. tr.* **2.** agradar; gustar.

pleasure ['pleʒər] *n.* placer *m.*; gozo *m.*; deleite *m.*

pleat [pli:t] *n.* **1.** (on clothes) pliegue *m.* ‖ *v. tr.* **2.** plisar.

plentiful ['plentəfəl] *adj.* abundante; copioso.

plenty ['plenti] *n.* abundancia *f.*; exuberancia *f.* ‖ ~ **of money** dinero de sobra.

pliers ['plaɪərz] *n. pl.* (tool) alicates *m. pl.*; tenaza *f. sing.*

plot[1] [plɒt] *n.* **1.** complot *m.*; conspiración *f.* **2.** *Theat. & Lit.* argumento; trama *f.*; acción *f.* ‖ *v. tr.* **3.** tramar; maquinar.

plot[2] [plɒt] *n.*, *Br.E.*, *Agr.* (lot) solar *m.*; parcela *f.*; terreno *m.*

plow, plough (Br.E) [plaʊ] *n.* **1.** *Agr.* arado *m.* ‖ *v. tr. & intr.* **2.** *Agr.* arar.

plug [plʌg] *n.* **1.** tapón *m.* *Electron.* enchufe *m.*; clavija *f.* ‖ *v. tr.* **3.** taponar.

plum [plʌm] *n.*, *Bot.* ciruela *f.*

plumage ['plu:mɪdʒ] *n.* (of birds) plumaje *m.*; plumas *f. pl.*

plumber ['plʌmər] *n.* fontanero *m.*

plumbing ['plʌmɪŋ] *n.* **1.** (profession) fontanería *f.* **2.** (system) cañería *f.*

plump[1] [plʌmp] *adj.* (person) rechoncho; rollizo.

plump[2] [plʌmp] *v. tr.* (cushion) ahuecar (cojines, almohadas).

plunder ['plʌndər] *n.* **1.** pillaje *m.* **2.** (loot) botín *m.* ‖ *v. tr.* **3.** pillar; saquear.

plunge [plʌndʒ] ‖ *v. tr.* **1.** sumergir. ‖ *v. intr.* **2.** zambullirse.

plush [plʌʃ] *n.* felpa *f.*; peluche *m.*

pneumonia [nu:'moʊnjə] *n.*, *Med.* neumonía *f.*; pulmonía *f.*

poach [poʊtʃ] *v. tr.*, *Gastr.* (eggs) escalfar.

pocket ['pɒkɪt] *n.* **1.** bolsillo *m.* **2.** (of air) bolsa *f.* ‖ *v. tr.* **3.** (money) embolsar.

pockmark ['pɒk,mɑ:rk] *n.* **1.** (hole) hoyo *m.* **2.** *Med.* (mark) viruela *f.*

pod [pɒd] *n.*, *Bot.* (of peas, beans) vaina *f.*

poem ['poʊem] *n.*, *Lit.* poema *m.*

poet ['poʊɪt] *n.*, *Lit.* poeta *m.*

poetry ['poʊɪtri] *n.*, *Lit.* poesía *f.*

point [pɔɪnt] *n.* **1.** punto *m.* **2.** (sharp end) punta *f.* **3.** *Sports* tanto. ‖ *v. tr.* **4.** (a gun) apuntar.

pointer ['pɔɪntər] *n.* **1.** indicador *m.* **2.** (for pointing) puntero *m.* **3.** (piece of advice) consejo *m.*

poison ['pɔɪzən] *n.* **1.** veneno *m.*; tóxico *m.* ‖ *v. tr.* **2.** envenenar; intoxicar.

poke [poʊk] *v. tr.* **1.** (with finger, stick) hurgar. **2.** (fire) atizar.

polar ['poʊlər] *adj.* polar.

pole¹ [poul] *n.* **1.** palo *m.*; poste *m.* **2.** *Sports* pértiga *f.* **3.** (for lever) palanca *f.*

pole² [poul] *n.*, *Phys.* & *Geogr.* polo *m.*

polemic [pə'lemɪk] *n.*, *frml.* (controversy) polémica *f.*

police [pə'li:s] *adj.* **1.** policiaco. ‖ *n. pl.* **2.** (force) policía *f. sing.*

policy ['pɒləsi] *n.* **1.** *Polit.* política *f.* **2.** (insurance) póliza *f.*

polish ['pɒlɪʃ] *v. tr.* **1.** *Tech.* pulir; enlucir. **2.** (shoes) dar betún.

polite [pə'laɪt] *adj.* (courteous) cortés; educado; fino.

politeness [pə'laɪtnɪs] *n.* cortesía *f.*; urbanidad *f.*; educación *f.*

political [pə'lɪtɪkəl] *adj.* político.

politics ['pɒlətɪks] *n. sing.* política *f.*

poll [poul] *n.* **1.** (ballot) votación *f.* **2.** (survey) encuesta *f.*; sondeo *m.*

pollen ['pɒlən] *n.*, *Bot.* polen *m.*

pollute [pə'lu:t] *v. tr.* contaminar.

pollution [pə'lu:ʃən] *n.* polución *f.*; contaminación *f.*

polo ['poulou] *n.*, *Sports* polo *m.*

polo shirt ['poulou ʃɜ:rt] *sust. phr.* niqui *m.*; polo *m.*; camiseta *f.*

polyphony [pə'lɪfəni:] *n.*, *Mus.* polifonía *f.*

pomegranate ['pɒməgrænɪt] *n.*, *Bot.* (fruit) granada *f.* ‖ ~ **tree** *Bot.* granado *m.*

pomp [pɒmp] *n.* pompa *f.*

poncho ['pɒntʃou] *n.* poncho *m.* *Amér.*

pond [pɒnd] *n.* (pool) estanque *m.*

ponder ['pɒndər] *v. tr.* & *intr.* considerar con cuidado; meditar.

pony ['pouni:] *n.*, *Zool.* poni *m.*

ponytail ['pouniteɪl] *n.* coleta *f.*

pool [pu:l] *n.* **1.** (puddle) charco *m.* **2.** (pond) balsa *f.*; estanque *m.* **3.** (billards) billar americano.

pools [pu:lz] *n.*, *Br. E.* quiniela *f.*

poop [pu:p] *n.*, *Nav.* popa *f.*

poor [pur] *adj.* **1.** pobre. **2.** (quality) de mala calidad.

pop [pɒp] *n.* **1.** *Mus.* pop *m. inv.* **2.** *Am.E.* (dad) papá *m.*

popcorn ['pɒpkɔ:rn] *n.* palomitas de maíz.

poplar ['pɒplər] *n.*, *Bot.* álamo *m.*

poppy ['pɒpi:] *n.*, *Bot.* amapola *f.*

popular ['pɒpjələr] *adj.* popular.

population [ˌpɒpjə'leɪʃən] *n.* (inhabitants) población *f.*; ciudad *f.*

porcelain ['pɔ:rslɪn 'pɔ:rsəlɪn] *n.* porcelana *f.*

porch [pɔ:rtʃ] *n.* **1.** (of a house) porche *m.* **2.** (in street) soportal *m.*

pore [pɔ:r] *n.*, *Anat.* poro *m.*

pork [pɔ:rk] *n.* (meat) cerdo *m.*; carne de cerdo. ‖ ~ **chop** *Gastr.* chuleta de cerdo. ~ **fat** tocino *m.*

pornography [pɔ:r'nɒgrəfi:] *n.* (porn) pornografía *f.*

port [pɔ:rt] *n.*, *Nav.* puerto *m.*

portend [pɔr'tend] v. tr., frml. (predict) augurar; presagiar.

porter ['pɔːrtər] n. **1.** (superintendent) conserje m. **2.** (in hotel) portero m. **3.** Br.E. (in hall of students) bedel m.

portion ['pɔːrʃən] n. **1.** (part) porción f. **2.** (of food) ración f.

portrait ['pɔːrtrɪt] n. retrato m.

portray [pɔːr'treɪ] v. tr. **1.** retratar. **2.** (describe) describir.

pose [pouz] n. **1.** postura f. ‖ v. tr. **2.** (questions) formular. ‖ v. intr. **3.** (as model) posar.

posh [pɒʃ] adj. fam. pijo col.

position [pə'zɪʃən] n. **1.** posición f. **2.** (job) puesto m.; colocación f.

possess [pə'zes] v. tr. **1.** poseer; tener. **2.** (take over) adueñarse de.

possessed [pə'zest] adj. poseído; endemoniado.

possession [pə'zeʃən] n. posesión f.; propiedad f.

possible ['pɒsəbəl] adj. **1.** posible. **2.** (chance) eventual.

post[1] [poust] n. poste m.

post[2] [poust] n. **1.** (mail) correo m. ‖ v. tr. **2.** echar al correo.

post[3] [poust] n. (job) puesto m.; cargo m.; empleo m.

postal ['poustəl] adj. postal.

postbox ['poust,bɒks] n., Br.E. buzón m.

postcard ['poust,kɑːrd] n. tarjeta postal.

poster ['poustər] n. póster m.

postman ['poustmən] n. cartero m.

postmark ['poust,mɑːrk] n. (mark) matasellos m. inv.

postpone [,poust'poun] v. tr. aplazar; posponer; postergar.

posture ['pɒstʃər] n. **1.** (of body) postura f. **2.** (attitude) actitud f.

pot [pɒt] n. **1.** pote m. **2.** (for cooking) olla f.; puchero m. **3.** (for flowers) maceta f.; tiesto m. ‖ v. tr. **4.** (food) conservar en tarros.

potato [pə'teɪtou, pə'teɪtə] n. patata f.; papa f., Amér.

potion ['pouʃən] n. pócima f.; poción f.

potter ['pɒtər] n. alfarero m.

pottery ['pɒtəri] n. cerámica f.

pouch [pautʃ] n., Zool. (of a kangaroo) bolsa f.

poultry ['poultri] n. **1.** (live) aves de corral. **2.** (food) pollos m. pl.

pound[1] [paund] v. tr. **1.** golpetear; machacar. ‖ v. tr. **2.** fig. (noise) martillear.

pound[2] [paund] n. (measure, coin) libra f. ‖ **half a ~** (currency) media libra f.

pour [pɔːr] v. tr. **1.** verter; volcar. **2.** (spill) derramar. **3.** (liquid, salt, etc.) echar.

poverty ['pɒvərti] n. indigencia f.; pobreza f.; miseria f.

powder ['paudər] n. **1.** Gastr. & Chem. polvo m. ‖ v. tr. **2.** empolvar.

power ['pauər] n. **1.** poder m. **2.** (nation) potencia f. **3.** fig. (energy) energía f.

powerful ['pauərfəl] adj. **1.** (person) poderoso. **2.** (machine) potente.

practical ['præktikəl] adj. **1.** práctico. **2.** (useful) útil. **3.** (person) realista.

practice ['præktis] n. **1.** práctica f.; costumbre f. **2.** (exercise) ejercicio m.

practice, practise (Br.E) ['præktis] v. tr. **1.** practicar. **2.** (profession) ejercer.

praise [preiz] n. **1.** (approval) alabanza f.; elogio m.; exaltación f. ‖ v. tr. **2.** alabar; elogiar.

prank [præŋk] n. travesura f.

prawn [prɔ:n] n. **1.** Zool. (large) langostino m. **2.** Zool. (medium) gamba f.

pray [prei] v. tr. Rel. orar; rezar.

prayer [prer] n. Rel. oración f.; plegaria f.; rezo m.

precaution [prɪ'kɔ:ʃən] n. precaución f.; cuidado m.

precede [prɪ'si:d] v. tr. & intr. preceder (a); ir delante.

precious ['preʃəs] adj. precioso.

precipitation [prɪ,sɪpɪ'teɪʃən] n., Meteor. (rain) precipitación f.

precipitous [prɪ'sɪpətəs] adj. (hasty) precipitado; apresurado.

precise [prɪ'sais] adj. **1.** (exact) preciso. **2.** (meticulous) meticuloso.

predator ['predətər 'predə,tɔ:r] n., Zool. (animal) depredador m.

predecessor ['predə,sesər] n. predecesor m.; antecesor m.

predestinate [pri:'destə,neit] v. tr. (predestine) predestinar.

predicate ['predɪ,keit] n. **1.** Ling. predicado m. ‖ v. tr. **2.** afirmar.

predict [prɪ'dɪkt] v. tr. (portend) predecir; pronosticar; vaticinar.

predispose [,prɪdɪ'spouz] v. tr. predisponer; inclinar.

predominate [prɪ'dɒmə,neit] v. intr. (prevail) predominar.

preface ['prefis] n. **1.** Lit. prólogo m. ‖ v. tr. **2.** prologar.

prefer [prɪ'fər] v. tr. preferir.

preference ['prefərəns] n. **1.** preferencia f. **2.** (priority) prioridad f.

pregnancy ['pregnənsi:] n. embarazo m.

pregnant ['pregnənt] adj. **1.** (woman) embarazada; encinta. **2.** (animal) preñada.

prehistory [,pri:'histəri:] n. prehistoria f.

prejudice ['predʒədɪs] n. **1.** prejuicio m.; preocupación f. ‖ v. tr. **2.** perjudicar; dañar.

preliminary [prɪ'lɪmə,nəri:] adj. **1.** preliminar. ‖ n. **2.** preliminar m.

prelude ['prelju:d 'preɪlu:d] n. preludio m.; comienzo m.

premature [pri:məˈtʃur ,pri:mə'tʃur] adj. prematuro; temprano.

premeditate [pri:'medə,teit] *v. tr.* (crime) premeditar.

premiere ['prɪmɪr] *n.* **1.** Film & Theatr. (of a movie) estreno *m.* ‖ *v. tr.* **2.** Film & Theatr. estrenar.

premises ['premɪsɪz] *n. pl.* (building) local *m.*; nave *f.*

prepare [pri'per] *v. tr.* **1.** preparar. ‖ *v. intr.* **2.** prepararse.

preposition [,prepə'zɪʃən] *n.*, Ling. preposición *f.*

prescribe [pri'skraɪb] *v. tr.* **1.** Med. recetar. **2.** (set down) prescribir; concluir.

prescription [pri'skrɪpʃən] *n.* Med. receta *f.*

presence ['prezəns] *n.* presencia *f.*

present¹ ['prezənt] *adj.* **1.** presente. **2.** (current) actual. ‖ *n.* **3.** Ling. presente *m.* **4.** (current moment) presente *m.*

present² ['prezənt] *n.* **1.** Br.E. regalo *m.*; obsequio *m.* form.; dádiva *f.*, form. ‖ *v. tr.* **2.** regalar.

presentation [,prezən'teiʃən] *n.* (act of presenting) presentación *f.*

preservative [pri'zɜ:rvətɪv] *n.*, Gastr. conservante *m.*

preserve [pri'zɜ:rv] *n.* **1.** Gastr. conserva *f.* ‖ *v. tr.* **2.** (protect) preservar. **3.** (keep) conservar.

preside [pri'zaɪd] *v. intr.* presidir.

press [pres] *n.* **1.** apretón *m.* **2.** (newspaper) prensa *f.* **3.** (printing press) imprenta *f.* ‖ *v. tr.* **4.** apretar; presionar.

pressure ['preʃər] *n.* **1.** presión *f.* ‖ *v. tr.* **2.** Am.E., fig. (con-strain) presionar.

prestige [pres'ti:ʒ] *n.* prestigio *m.*

presume [pri'zu:m] *v. tr.* **1.** presumir; suponer. ‖ *v. intr.* **2.** (suppose) presumir.

pretend [pri'tend] *v. tr.* (feign) fingir; aparentar; simular.

pretense, pretence (Br.E) [pri'tens] *n.* **1.** simulacro *m.* **2.** (pretext) pretexto *m.* **3.** (claim) pretensión *f.*

pretext ['pri:tekst] *n.* pretexto *m.*

pretty ['prɪti] *adj.* **1.** bonito; precioso. **2.** (baby, woman) guapo. ‖ *adv.* **3.** fam. bastante.

prevail [pri'veɪl] *v. intr.* **1.** prevalecer. **2.** (predominate) predominar; destacar.

prevent [pri'vent] *v. tr.* **1.** impedir. **2.** (accident) evitar; esquivar. **3.** (illness) prevenir.

preview ['pri:vju:] *n.* **1.** anticipo *m.*; avance *m.* **2.** (cinema) preestreno *m.*

prey [prei] *n.* **1.** Zool. presa *f.* ‖ *v. intr.* **2.** cazar.

price [prais] *n.* **1.** precio *m.*; valor *m.* ‖ *v. tr.* **2.** poner precio.

prick [prɪk] *n.* **1.** pinchazo *m.*; punzada *f.* **2.** vulg. (penis) pijo *m.* ‖ *v. tr.* **3.** (puncture) pinchar.

prickle ['prɪkəl] *n.* **1.** Bot. (thorn) espina *f.* **2.** (spike) pincho *m.* ‖ *v. intr.* **3.** (beard, skin) picar.

pride [praɪd] *n.* **1.** orgullo *m.* **2.** (conceit) soberbia *f.* ‖ *v. tr.* **3.** enorgullecer.

priest [priːst] *n., Rel.* sacerdote *m.*

priesthood ['priːstˌhʊd] *n.* **1.** *Rel.* clero *m.* **2.** *Rel.* (office) sacerdocio *m.*

primary [praɪməri] *adj.* **1.** (main) fundamental. **2.** (basic) primario.

prince [prɪns] *n.* príncipe *m.*

princess [prɪnses] *n.* princesa *f.*

principal ['prɪnsəpəl] *adj.* **1.** principal; capital. ‖ *n.* **2.** director *m.*; principal *m.*

print [prɪnt] *n.* **1.** (of finger) estampa *f.*; huella. **2.** *Art* grabado *m.* **3.** (fabric) estampado *m.* ‖ *v. tr.* **4.** *Print.* (texts) imprimir.

printer ['prɪntər] *n., Comput.* impresora *f.*

prior[1] ['praɪər] *adj.* previo.

prior[2] [praɪər] *n., Rel.* prior *m.*

priority [praɪˈɒrəti] *n.* prioridad *f.*

prison [prɪzən] *n.* (jail) cárcel *f.*

privacy ['praɪvəsi] *n.* intimidad *f.*

private ['praɪvɪt] *adj.* **1.** privado; particular. **2.** (personal) íntimo. **3.** (confidential) confidencial.

privilege [prɪvɪlɪdʒ 'prɪvəlɪdʒ] *n.* **1.** (prerogative) privilegio *m.*; fuero *m.* **2.** (distiction) distinción *f.*

prize [praɪz] *n.* **1.** premio *m.* ‖ *v. tr.* **2.** tener en gran estima.

pro [proʊ] *prep.* en pro de.

probability [ˌprɒbəˈbɪləti:] *n.* probabilidad *f.*; posibilidad *f.*

probe [proʊb] *n.* **1.** sonda *f.* **2.** (investigation) exploración *f.*

problem ['prɒbləm] *n.* problema *m.*

procedure [prəˈsiːdʒər] *n.* (way) procedimiento *m.*; forma *f.*

proceed [prəˈsiːd] *v. intr.* (go) proceder; avanzar.

process ['proʊses 'prɒses] *n.* **1.** proceso *m.* ‖ *v. tr.* **2.** *Comp.* procesar. **3.** (food) tratar.

procession [prəˈseʃən] *n.* **1.** desfile *m.* **2.** *Rel.* procesión *f.*

proclaim [prəˈkleɪm] *v. tr.* proclamar; divulgar.

prodigal ['prɒdɪgəl] *adj. & n.* despilfarrador *m.*; derrochador *m.*

prodigious [prəˈdɪdʒəs] *adj.* (memory) prodigioso; portentoso; asombroso.

prodigy ['prɒdɪdʒiː] *n.* prodigio *m.*

produce ['proʊduːs] *n.* **1.** *Agr.* producto *m.* ‖ *v. tr.* **2.** producir. **3.** (manufacture) fabricar.

product ['prɒdʌkt] *n., Econ.* producto *m.*; producción *f.*; género *m.*

production [prəˈdʌʃən] *n.* producción *f.*; fabricación *f.*

profane [proʊˈfeɪn] *adj.* **1.** (secular) profano. ‖ *v. tr.* **2.** profanar.

profess [prəˈfes] *v. tr. & intr., Rel.* (faith) profesar (fé).

profession [prəˈfeʃən] *n.* profesión *f.*; ocupación *f.*

professor [prə'fesər] *n.* **1.** (holding a chair) catedrático *m.* **2.** (university teacher) profesor *m.*

profile ['prou,fail] *n.* **1.** *Anat.* (of face) perfil *m.* ‖ *v. tr.* **2.** perfilar.

profit ['prɒfit] *n.* **1.** *Econ.* provecho *m.;* beneficio *m.;* ganancia *f.*

profound [prə'faund] *adj.* (deep, intense) profundo; hondo.

profundity [prə'fʌndeti] *n., fig.* (of thought) profundidad *f.*

profusion [prə'fju:ʒən] *n.* profusión *f.;* exuberancia *f.*

prognosis [prɒg'nousis] *n., Med.* (diagnosis) pronóstico *m.*

program, programme (Br.E) ['prougrəm, 'prougræm] *n.* **1.** programa *m.;* plan *m.* ‖ *v. tr.* **2.** programar.

progress ['prɒgres] *n.* **1.** progreso *m.;* marcha *f.* **2.** (advance) avance *m.* ‖ *v. intr.* **3.** avanzar.

prohibit [prou'hibit] *v. tr.* (forbid) prohibir; negar; vedar.

prohibition [,prouə'bɪʃən] *n.* (ban) prohibición *f.;* veda *f.*

project ['prɒdʒekt] *n.* **1.** proyecto *m.* **2.** (plan) plan *m.*

prolog, prologue (Br.E) ['proulɒg] *n., Lit.* prólogo *m.*

prolong [prə'lɒg] *v. tr.* (extend) alargar; prolongar.

prominence ['prɒmənəns] *n.* **1.** prominencia *f.* **2.** *fig.* (importance) relieve *m.*

promise ['prɒmis] *n.* **1.** promesa *f.* ‖ *v. tr.* **2.** (pledge) prometer. ‖ *v. intr.* **3.** comprometerse.

promote [prə'mout] *v. tr.* **1.** (encourage) promover; fomentar. **2.** (in job) ascender; promocionar.

promotion [prə'mouʃən] *n.* **1.** (in job) ascenso *m.* **2.** (of products) promoción *f.*

prompt [prɒmpt] *adj.* **1.** (quick) pronto. ‖ *n.* **2.** (note) apunte *m.* ‖ *v. tr.* **3.** incitar; sugerir.

pronoun ['prou,naun] *n., Ling.* pronombre *m.*

pronounce [prə'nauns] *v. tr., Ling.* (sounds) pronunciar.

proof [pru:f] *n.* **1.** prueba *f.* **2.** (evidence) evidencia *f.*

propagate ['prɒpə,geit] *v. tr.* (spread) propagar; divulgar.

propel [prə'pel] *v. tr.* propulsar.

proper ['prɒpər] *adj.* **1.** apropiado; adecuado. **2.** (characteristic) propio. **3.** (behavior) decente.

property ['prɒpərti:] *n.* **1.** propiedad *f.* **2.** (estate) finca *f.*

prophet ['prɒfit] *n.* profeta *m.*

proportion [prə'pɔ:rʃən] *n.* **1.** proporción *f.* ‖ *v. tr.* **2.** proporcionar; dotar.

proposal [prə'pouzəl] *n.* (offer) oferta *f.;* propuesta *f.*

proposition [,prɒpə'zɪʃən] *n.* (proposal) proposición *f.*

propriety [prə'praiəti:] *n.* (decorum) decoro *m.;* decencia *f.*

proscribe [prou'skraɪb] v. tr., frml. proscribir; desterrar.

prose [prouz] n. Lit. prosa f.

prospect ['prɒskpekt] n. 1. perspectiva f.; expectativa f. ‖ v. tr. 2. explorar.

prosper ['prɒspər] v. tr. & intr. (thrive) prosperar; medrar.

prosperity [prɒs'periti] n. prosperidad f.; bonanza f.

prostitute ['prɒstə,tu:t] n. 1. prostituta f.; zorra f.; ramera f. ‖ v. intr. 2. prostituirse.

protagonist [prou'tægənɪst] n. Film & Lit protagonista m. y f.

protect [prə'tekt] v. tr. 1. proteger; defender. 2. (preserve) preservar; conservar.

protection [prə'tekʃən] n. protección f.

protein ['prouti:n] n. proteína f.

protest ['proutest] n. 1. protesta f. ‖ v. tr. & intr. 2. protestar.

proud [praud] adj. (satisfied) orgulloso; satisfecho.

prove [pru:v] v. tr. probar.

proverb ['prɒvɜ:rb] n. (saying) proverbio m.; refrán m.

provide [prə'vaɪd] v. tr. 1. (supply) proveer; suministrar. 2. (evidence) aportar.

provided [prə'vaɪdɪd] conj. a condición de que; siempre que.

province ['prɒvɪns] n. provincia f.

provision [prə'vɪʒən] n. 1. provisión f. 2. (supply) suministro

m. ‖ **provisions** n. pl. 3. víveres m.; provisiones f.

provisional [prə'vɪʒənəl] adj. interino; provisional; temporal.

provoke [prə'vouk] v. tr. provocar.; causar

prow [prau] n., Nav. proa f.

proximity [prɒk'sɪməti:] n. proximidad f.; cercanía f.

prudence ['pru:dns] n., frml. (discretion) discreción f.

prune[1] [pru:n] n. Bot. (fruit) ciruela pasa.

prune[2] [pru:n] v. tr., Agr. (plants) podar (un árbol).

pruning [pru:nɪŋ] n. poda f.

pry [praɪ] v. intr. 1. fisgar. 2. (into sb's affairs) curiosear.

psalm [sɑ:m] n., Rel. salmo m.

pseudonym ['su:dənɪm] n. seudónimo m.; pseudónimo f.

psychiatry [sə'kaɪətri:] n., Med. psiquiatría f.

puberty ['pju:bərti:] n. pubertad f.; adolescencia f.

public ['pʌblɪk] adj. 1. público. ‖ n. 2. público m.

publication [,pʌblə'keɪʃən] n., Print. publicación f.; edición f.

publicity [pʌb'lɪsəti:] n. publicidad f.; propaganda f.

publish ['pʌblɪʃ] v. tr. publicar.

publisher ['pʌblɪʃ] n. editor m.

publishing ['pʌblɪʃɪŋ] adj. (trade) editorial. ‖ ~ **company** editorial f.

puddle ['pʌdl] n. charco m.

puff [pʌf] n. **1.** (of air) soplo m. **2.** coll. (of cigarette) calada f.; bocanada f. ‖ v. intr. **2.** resoplar.

pull [pʊl] n. **1.** (tug) tirón m. ‖ v. tr. **2.** tirar; arrastrar.

pullover ['pʊloʊvər] n. jersey m.

pulsate [pʊl'seɪt] v. intr. pulsar.

pulse [pʌls] n., Anat. pulso m.

pulverize, pulverise (Br.E) ['pʌlvəraɪz] v. tr. pulverizar.

puma ['pjuːmə 'puːmə] n., Zool. (mountain lion) puma m.

pumice stone ['pʌmɪs] sust. phr. piedra pómez.

pump [pʌmp] n. **1.** (for air, gas) bomba f. ‖ v. tr. **2.** bombear.

pumpkin ['pʌmpkɪn] n. Bot. (fruit) calabaza f.

punch[1] [pʌntʃ] n. **1.** Tech. punzón m. ‖ v. tr. **2.** (make a hole) taladrar; agujerear.

punch[2] [pʌntʃ] n. (blow) puñetazo m.; mamporro m.

punch[3] [pʌntʃ] n. (drink) ponche m.

punctuality [pʌŋktʃuˈælətiː] n. puntualidad f.; precisión f.

punctuate ['pʌŋktʃʊˌeɪt] v. tr. Ling. (calificar) puntuar.

puncture ['pʌŋktʃər] n. **1.** (of tire) pinchazo m. ‖ v. tr. **2.** (tire) pinchar. **3.** Med. punzar.

punish ['pʌnɪʃ] v. tr. castigar.

punishment ['pʌnɪʃmənt] n. **1.** castigo m.; pena f.

pupil[1] ['pjuːpəl] n. (in school) alumno m.

pupil[2] ['pjuːpəl] n., Anat. (of eye) pupila f.

puppy ['pʌpiː] n., Zool. (dog) cachorro m.; cría f.

purchase ['pɜːrtʃəs] n. **1.** compra f.; adquisición f. ‖ v. tr. **2.** (buy) comprar.

purée [pjʊˈreɪ 'pjʊreɪ] n., Gastr. puré m.

purification [ˌpjɜːrəfəˈkeɪʃən] n. purificación f.; depuración f.

purify ['pjʊrəˌfaɪ] v. tr. (depurate) purificar; depurar.

purity ['pjʊrətiː] n. pureza f.

purple ['pɜːrpəl] adj. **1.** (color) morado. ‖ n. **2.** (color) púrpura f.

purpose ['pɜːrpəs] n. **1.** (intention) intención f.; objeto m.; fin m. ‖ v. tr. **2.** proponer.

purse [pɜːrs] n. **1.** Br. E. monedero m.; portamonedas m. inv. **2.** Am E. (handbag) bolso m.

pursue [pərˈsuː] v. tr. **1.** perseguir; seguir. **2.** (carry out) llevar a cabo.

pursuit [pərˈsuːt] n. persecución f.

pus [pʌs] n. pus m.

push [pʊʃ] n. **1.** empujón m. ‖ v. tr. **2.** empujar.

put [pʊt] (p.t. and p.p. put) v. tr. **1.** poner. **2.** (place) colocar; depositar.

pyjamas [pəˈdʒɑːməz] n. pl., Br. E. pijama m. sing.

pyramid ['pɪrəmɪd] n. pirámide f.

q

q [kju:] *n.* (letter) q *f.*

quagmire ['kwægmaɪr] *n.* (land) cenagal *m.*; lodazal *m.*

quail [kweɪl](pl.: quail or quails) *n., Zool.* (bird) codorniz *f.*

qualify ['kwɒlə̩faɪ] *v. tr.* **1.** capacitar. ‖ *v. intr.* **2.** clasificarse.

quality ['kwɒləti:] *n.* **1.** (degree of excellence) calidad *f.* **2.** (attribute) cualidad *f.*

quantity ['kwɒntəti:] *n.* cantidad *f.*

quarantine ['kwɒrən̩ti:n] *n., Med.* cuarentena *f.*

quarrel ['kwɒrəl] *n.* **1.** riña *f.*; pelea *f.* ‖ *v. intr.* **2.** reñir; pelear.

quart [kwɔ:rt] *n.* (measurement) cuarto de galón (0,94 litros)

quarter ['kwɔ:rtər] *numer. n.* **1.** cuarto. ‖ *n.* **2.** *Econ.* trimestre *m.* **3.** (district) barrio. ‖ *v. tr.* **4.** (cut into quarters) cuartear.

quaver ['kweɪvər] *n.* **1.** temblor *m.* ‖ *v. intr.* **2.** (voice) temblar.

queen [kwi:n] *n.* **1.** reina *f.* **2.** (in chess, cards) dama *f.*

queer [kwɪr] *n. offens.* (homosexual) marica *m.*; mariquita *m.*

quench [kwentʃ] *v. tr.* **1.** (put out) apagar. **2.** (thirst) matar.

quest [kwest] *n.* **1.** búsqueda *f.*; busca *f.* ‖ *v. intr.* **2.** buscar.

question ['kwestʃən] *n.* pregunta *f.*; cuestión *f.*

questionnaire [ˌkwestʃə'nər] *n., Gal.* cuestionario *m.*

queue [kju:] *n.* **1.** *Br. E.* (of people) cola *f.*; fila *f.* ‖ *v. intr.* **2.** *Br. E.* hacer cola.

quick [kwɪk] *adj.* **1.** rápido; pronto. **2.** (clever) listo.

quicken ['kwɪkən] *v. tr.* acelerar.

quickness ['kwɪknɪs] *n.* rapidez *f.*

quiet ['kwaɪət] *adj.* **1.** (peaceful) tranquilo; pancho *col.*; sosegado. **2.** (silent) callado; silencioso. ‖ *n.* **3.** (calm) sosiego *m.*

quieten ['kwaɪətn] *v. tr.* callar.

quietness ['kwaɪətnɪs] *n.* paz *f.*; tranquilidad *f.*; sosiego.

quill [kwɪl] *n., Zool.* (on hedgehog) púa *f.*

quilt [kwɪlt] *n.* (duvet) edredón *m.*

quince [kwɪns] *n., Bot.* (fruit) membrillo *m.* ‖ **~ jelly** *Gastr.* dulce de membrillo.

quip [kwɪp] *n.* ocurrencia *f.*

quit [kwɪt] *v. tr.* **1.** (free) dejar; abandonar. ‖ *v. intr.* **2.** (go) irse.

quite [kwaɪt] *adv.* **1.** (absolutely) completamente; del todo. **2.** (fairly) bastante; más bien.

quiver ['kwɪvər] *n.* **1.** (movement) estremecimiento *m.*; temblor *m.* ‖ *v. intr.* **2.** estremecerse.

quota ['kwoʊtə] *n.* (proportional share) cuota *f.*; cupo *m.*

quotation [kwoʊ'teɪʃən] *n.* **1.** (Stock Exchange) cotización *f.* **2.** *Lit.* (from a text) cita *f.*

quote [kwoʊt] *v. tr., Lit.* (from a text) citar.

r [ɑːr] *n.* (letter) r *f.*

rabbit [ˈræbɪt] *n., Zool.* conejo *m.*

rabble [ˈræbəl] *n. pej.* chusma *f.*; gentuza *f.*; muchedumbre *f*

race¹ [reɪs] *n.* (people) raza *f.*; casta *f.*; estirpe *f.*

race² [reɪs] *n.* **1.** *Sports* carrera *f.* ‖ *v. tr.* **2.** *Sports* competir en una carrera. ‖ *v. intr.* **3.** (run) correr.

racetrack [ˈreɪsˌtræk] *n., Am. E., Horse.* (stadium) hipódromo *m.*

rack [ræk] *n.* **1.** (shelf) estante *m.* **2.** (hanger) percha *f.*

racket¹ [ˈrækɪt] *n.* alboroto *m.*

racket² [ˈrækɪt] *n., Sports* raqueta *f.*

radiator [ˈreɪdieɪtər] *n.* radiador *m.*

radio [ˈreɪdiou] *n.* **1.** (receiver) radio *f.* ‖ *v. tr.* **2.** radiar.

radius [ˈreɪdiəs] *n.* **1.** *Math.* radio *m.* **2.** *Anat.* radio *m.*

raffle [ˈræfəl] *n.* **1.** rifa *f.*; sorteo *m.* ‖ *v. tr.* **2.** rifar; sortear.

rag [ræg] *n.* **1.** harapo *m.*; andrajo *m.* **2.** (for cleaning) trapo *m.*

rage [reɪdʒ] *n.* **1.** (anger) rabia *f.* **2.** furor *m.* ‖ *v. intr.* **3.** rabiar.

raid [reɪd] *v. tr.* asaltar.

rail [reɪl] *n.* **1.** barra *f.* **2.** (barrier) baranda *f.*; barandilla *f.* **3.** (train) carril *m.*; raíl *m.*

railroad [ˈreɪlˌroud] *n. Am. E.* (railway) ferrocarril *m.*

rain [reɪn] *n.* **1.** *Meteor.* lluvia *f.* ‖ *v. impers.* **2.** *Meteor.* llover.

rainbow [ˈreɪnˌbou] *n.* arco iris.

raincoat [ˈreɪnˌkout] *n.* impermeable *m.*; chubasquero *m.*

raise [reɪz] *n.* **1.** *Am. E.* (of salary) aumento *m.* ‖ *v. tr.* **2.** levantar; subir. **3.** (move upwards) alzar. **4.** (increase) elevar.

raisin [ˈreɪzən] *n., Bot.* pasa *f.*

rake [reɪk] *n.* **1.** (tool) rastro *m.*; rastrillo *m.* **2.** (libertine) calavera *m. fig.*

rally [ˈræli:] *n.* **1.** (meeting) concentración *f.* **2.** *Sports* rally *m.*

ram [ræm] *n. Zool.* carnero *m.*

ranch [ræntʃ] *n., Am. E.* rancho *m.*; hacienda *f.*; finca *f.*

random [ˈrændəm] *adj.* fortuito.

range [reɪndʒ] *n.* **1.** ámbito *m.* **2.** *Am. E.* (pasture) dehesa *f.* **3.** (of colors, prices...) escala *f.*; gama *f.*

ransom [ˈrænsəm] *n.* **1.** (amount) rescate *m.* ‖ *v. tr.* **2.** rescatar; liberar.

rape [reɪp] *n.* **1.** (sexual violation) violación *f.* ‖ *v. tr.* **2.** (sexually) violar; forzar.

rapine [ˈræpaɪn] *n., lit.* rapiña *f.*

rare [rer] *adj.* raro; poco común.

rarefy [ˈrerɪfaɪ] *v. tr.* **1.** enrarecer. ‖ *v. intr.* **2.** (air) enrarecerse.

rascal [ˈræskəl] *n.* (scoundrel) granuja *m.*; pillo *m.*; bribón *m.*

rash [ræʃ] *n., Med.* erupción *f.* (cutánea); sarpullido *m.*

raspberry [ˈræzˌbəri:] *n., Bot.* (fruit) frambuesa *f.*

rat [ræt] *n.* **1.** *Zool.* rata *f.* **2.** (person) ruin *m.* ‖ **~ poison** matarratas *m. inv.*

rate [reɪt] *n.* **1.** tasa *f.* **2.** (level) grado *m.* **3.** (price) tarifa *f.*

rather ['ræðər] *adv.* **1.** (somewhat) algo.**2.** (quite) bastante. **3.** (sentence connector) al contrario.

ratify ['rætəfaɪ] *v. tr., frml.* ratificar; confirmar; corroborar.

ration ['ræʃən] *n.* **1.** (allowance) ración *f.*; porción *f.* ‖ *v. tr.* **2.** racionar. ‖ **~ book** cartilla de racionamiento.

rational ['ræʃənəl] *adj.* racional.

rattle ['rætəl] *n.* **1.** traqueteo *m.* **2.** (for a baby) sonajero *m.*

ravage ['rævɪdʒ] *n.* **1.** estrago *m.* ‖ *v. tr.* **2.** (plunder) devastar.

rave [reɪv] *v. intr.* **1.** desvariar; delirar. **2.** (be angry) enfadarse

raving ['reɪvɪŋ] *adj.* **1.** desvariado; delirante. ‖ *n.* **2.** desvarío *m.*

raw [rɔ:] *adj.* **1.** (uncooked) crudo. **2.** (unprocessed) sin pulir. **3.** (inexperienced) novato.

rawness ['rɔ:nɪs] *n.* (of food, weather) crudeza *f.*; dureza *f.*

ray[1] [reɪ] *n.* (beam) rayo *m.*

ray[2] [reɪ] *n., Zool.* (fish) raya *f.*

ray or re [reɪ] *n., Mus.* re *m.*

rayfish ['reɪfɪʃ] *n., Zool.* raya *f.*

raze [reɪz] *v. tr.* arrasar.

reach [ri:tʃ] *n.* **1.** alcance *m.* ‖ *v. tr.* **2.** llegar; alcanzar.

react [ri:ækt] *v. intr.* reaccionar.

reaction [ri:ækʃən] *n.* reacción *f.*

read [ri:d] *v. tr.* **1.** leer. **2.** *frml.* (at university) estudiar. ‖ *n.* **3.** lectura *f.*

reader ['ri:dər] *n.* **1.** lector *m.* **2.** (book) cartilla *f.* (de lectura).

reading ['ri:dɪŋ] *n.* lectura *f.*

ready ['redi:] *adj.* listo.

real [rɪl] *adj.* **1.** verdadero; real. **2.** (genuine) auténtico; genuino.

realism ['rɪəlɪzəm] *n.* realismo *m.*

realist ['rɪəlɪst] *n.* realista *m. y f.*

realistic [rɪəlɪstɪk] *adj.* realista.

reality [ri:ælɪti] *n.* (real existence) realidad *f.*

realize, realise (Br.E) ['rɪəlaɪz] *v. tr.* **1.** realizar. **2.** (become aware of) darse cuenta de; caer en la cuenta.

really ['rɪli:] *adv.* en realidad.

reap [ri:p] *v. tr. & intr.* **1.** *Agr.* segar. **2.** *Agr.* (gain) cosechar.

rear[1] [rɪr] *adj.* **1.** trasero; posterior. ‖ *n.* **2.** retaguardia *f.*

rear[2] [rɪr] *v. tr.* **1.** (raise) criar. **2.** (lift up) levantar. **3.** (build) erigir.

rearguard ['rɪərˌgɑ:rd] *n., Mil.* retaguardia *f.*; trasera *f.*

reason ['ri:zən] *n.* **1.** (good sense) razón *f.*; entendimiento *m.* **2.** (cause) motivo *m.*; porqué *m.*; causa *f.* ‖ *v. intr.* **3.** razonar.

reasonable ['ri:zənəbəl] *adj.* **1.** razonable; racional. **2.** (price) asequible.

rebel ['rebəl] *n.* **1.** rebelde *m. y f.* || *v. intr.* **2.** rebelarse.

rebellion [rə'beljən] *n.* rebelión *f.;* motín *m.;* sublevación *m.*

rebuff [rɪ'bʌf] *n.* **1.** (slight) rechazo *m.;* desaire *m.;* repulsa *f.* || *v. tr.* **2.** (snub) rechazar; desairar.

rebuke [rɪ'bju:k] *n.* **1.** reprensión *f.;* reprimenda *f.* || *v. tr.* **2.** reprender; reñir.

recall [rɪ'kɔ:l] *n.* **1.** (revocation) revocación *f.* || *v. tr.* **2.** retirar. **3.** *frml.* (past) evocar; rememorar.

recede [rɪ'si:d] *v. intr.* retroceder; retirarse; dar marcha atrás.

receipt [rɪ'si:t] *n.* recibo *m.*

receive [rɪ'si:v] *v. tr.* **1.** recibir. **2.** (welcome) acoger.

recent ['ri:sənt] *adj.* reciente.

reception [rə'sepʃən] *n.* **1.** recepción *f.* **2.** (welcome) recibimiento *f.*

recess [rɪ'ses] *n.* **1.** (hole) hueco *m.* **2.** (remote) lugar apartado. **3.** (rest) descanso *m.* **4.** (secret) escondrijo *m.*

recharge [ri:'tʃɑ:rdʒ] *v. tr., Electron.* (battery) recargar.

recipe ['resəpi:] *n., Gastr.* receta *f.*

reciprocal [rə'sɪprəkəl] *adj.* (mutual) mutuo; recíproco.

recital [rə'saɪtl] *n.* **1.** *Mus.* recital *f.* **2.** *Lit.* (reading) recital *f.*

recite [rɪ'saɪt] *v. tr. & intr.* (a text, poem) recitar; declamar.

reckon ['rekən] *v. tr.* **1.** (calculate) calcular. **2.** (consider) calcular; reflexionar.

reckoning ['rekənɪŋ] *n.* cálculo *m.;* cómputo *m.*

recline [rɪ'klaɪn] *v. tr.* **1.** reclinar. || *v. intr.* **2.** reclinarse; recostarse.

recluse [rɪ'klu:s] *n., frml.* ermitaño *m.;* solitario *m.;* recluso *m.*

recognition [,rekəg'nɪʃən] *n.* (identification, acceptance) reconocimiento *m.*

recognize, recognise (Br.E) ['rekəgnaɪz] *v. tr.* reconocer.

recommend [,rekə'mend] *v. tr.* (advise) recomendar; aconsejar.

recompense ['rekəm,pens] *n.* **1.** recompensa *f.;* gratificación *f.;* premio *m.* || *v. tr.* **2.** (reward) recompensar; premiar.

reconcile [rekən,saɪl] *v. tr.* reconciliar.

reconquer [ri'kɒŋkər] *v. tr.* (country) reconquistar.

reconsider [,ri:kən'sɪdər] *v. tr.* recapacitar; reconsiderar.

reconstruct [ri:kən'strʌkt] *v. tr.* reconstruir; recomponer.

record ['rekɔrd] *n.* **1.** *Sports* récord *m.;* marca *f.;* plusmarca *f.* **2.** (document) acta *m.;* documento *m.* **3.** *Mus.* disco *m.* || *v. tr.* **4.** inscribir; registrar. **5.** (records) grabar.

recount [rɪ'kaʊnt] *n.* **1.** recuento *m.* || *v. tr.* **2.** (tell) relatar; referir.

recover [rɪ'kʌvər] *v. tr.* **1.** recuperar; rescatar. **2.** *Med.* (conciousness) recobrar. ‖ *v. intr.* **3.** recuperarse; recobrarse.

recreate [rɪ'kri:'eɪt] *v. tr.* recrear.

recriminate [rɪ'krɪmə,neɪt] *v. tr.* (reproach) recriminar; reprobar.

recruit [rɪ'kru:t] *n.* **1.** *Mil.* recluta *m. y f.* ‖ *v. tr.* **2.** *Mil.* (soldiers) reclutar; enrolar.

rectangle ['rektæŋgəl] *n., Math.* rectángulo *m.*

rectify ['rektə,faɪ] *v. tr.* (correct) rectificar; corregir; enmendar.

recuperate [rɪ'ku:pə,reɪt] *v. intr.* restablecerse; recuperarse.

recur [rɪ'kɜ:r] *v. intr.* (occur again) volver a ocurrir; repetirse.

recycle [rɪ'saɪkl] *v. tr.* reciclar.

red [red] *adj.* **1.** rojo; encarnado; colorado. ‖ *n.* **2.** (color) rojo *m.*

redcurrant [red'kʌrənt] *n., Bot.* (fruit) grosella *f.*

redden ['redn] *v. tr.* **1.** (make red) enrojecer; colorear. ‖ *v. intr.* **2.** (blush) ruborizarse.

redeem [rɪ'di:m] *v. tr.* **1.** (sinners) redimir. **2.** (jewels) desempeñar.

redouble [rɪ'dʌbl] *v. tr.* (intensify) redoblar; duplicar.

redress [rɪ'dres] *n.* **1.** reparación *f.* ‖ *v. tr.* **2.** reparar; enmendar.

reduce [rɪ'du:s] *v. tr.* **1.** reducir. **2.** (prices) rebajar. **3.** (speed) aminorar.

redundant [rɪ'dʌndənt] *adj.* (superfluous) redundante; reiterado.

reed [ri:d] *n.* caña *f.*; junco *m.*

reef [ri:f] *n.* **1.** *Geogr.* arrecife *m.*; escollo *m.* ‖ *v. tr.* **2.** arrizar.

reel [ri:l] *n.* **1.** carrete *m.*; bobina *f.* **2.** (fishing) carrete *m.*

refer [rɪ'fɜ:r] *v. tr.* (information) remitir. ‖ **to ~ to** referirse; aludir. ‖ (mention) hacer referencia a. ‖ (concern) concernir.

referee [,refə'ri:] *n.* **1.** *Sports* árbitro *m.* ‖ *v. tr. & intr.* **2.** *Sports* arbitrar; pitar.

reference [,refərəns] *n.* **1.** recomendación *f.*; referencia *f.* **2.** (allusion) alusión *f.* **3.** (consultation) consulta *f.*

referendum [,refə'rendəm] *n.*, *Polit.* referéndum *m.*; votación *f.*

refill ['ri:,fɪl] *v. tr.* rellenar.

refine [rɪ'faɪn] *v. tr.* refinar.

reflect [rɪ'flekt] *v. tr.* **1.** reflejar. ‖ *v. intr.* **2.** reflexionar; meditar.

reflection [rɪ'flekʃən] *n.* **1.** reflexión *f.* **2.** (in a mirror) reflejo *m.*

reflex ['ri:fleks] *n. sing.* reflejos *m. pl.*

reform [rə'fɔ:rm] *n.* **1.** reforma *f.* ‖ *v. tr.* **2.** reformar.

refrain [rɪ'freɪn] *n.*, *Mus. & Lit.* estribillo *m.*

refresh [rɪ'freʃ] *v. tr.* refrescar.

refrigerate [rɪ'frɪdʒə,reɪt] *v. tr.* refrigerar; refrescar.

refrigerator [rɪ'frɪdʒəreɪtər] *n.* (fridge) nevera *f.*; frigorífico *m.*

refuel [ri:'fjuəl] *v. tr. & intr.* repostar.

refuge ['refju:dʒ] n. refugio m.; guarida f.; asilo m.

refund [rɪ'fʌnd] v. tr. (payment) devolver; reembolsar.

refusal [rə'fju:zəl] n. negativa f.

refuse[1] ['refju:z] n. basura f.; desperdicios m. pl.; residuos m. pl.

refuse[2] [rɪ'fju:z] v. tr. **1.** (decline) rechazar; rehusar. **2.** (deny) denegar; negar.

regard [rə'gɑ:rd] n. **1.** consideración f. ǁ v. tr. **2.** considerar. ǁ **regards** n. pl. **3.** recuerdos m.

regarding [rə'gɑ:rdɪŋ] prep. respecto a.

regenerate [ri:'dʒenəreɪt] v. tr., Biol. regenerar; recomponer.

regiment ['redʒəmənt] n., Mil. regimiento m; destacamento m

region ['ri:dʒən] n. región f.

register ['redʒəstər] n. **1.** registro m.; matrícula f. ǁ v. tr. **2.** (at school) matricular. ǁ v. intr. **3.** inscribirse.

registration [ˌredʒəs'treɪʃən] n. **1.** (of trademark) registro m. **2.** (enrollment) matrícula f. **3.** (luggage) facturación f.

regret [rɪ'gret] n. **1.** (remorse) arrepentimiento m. **2.** (sadness) pena f. ǁ v. tr. **3.** arrepentirse.

regular ['regjələr] adj. regular.

regulate ['regjəleɪt] v. tr. regular.

regulation [ˌregjə'leɪʃən] n. **1.** reglamentación f.; regulación f. **2.** (rule) norma f.

rehabilitate [ri:hə'bɪləˌteɪt] v. tr. rehabilitar; restituir.

rehearse [rɪ'hɜ:rs] v. tr., Theat. ensayar.

reign [reɪn] n. **1.** reinado m.; reino m. ǁ v. intr. **2.** reinar.

reject [rɪ'dʒekt] v. tr. denegar.

rejoice [rɪ'dʒɔɪz] v. tr. **1.** alegrar. ǁ v. intr. **2.** alegrarse; regocijarse.

rejuvenate [rɪ'dʒʌvəneɪt]v. tr. rejuvenecer.

relapse [rɪ'læps] n. **1.** Med. recaída f.; retroceso m. **2.** frml. reincidencia f. ǁ v. intr. **3.** Med. recaer.

relate [rə'leɪt] v. tr. **1.** relatar. **2.** (refer) referir. **3.** (connect) relacionar.

relation [rɪ'leɪʃən] n. **1.** relación f.; conexión f. **2.** (family) pariente m. y f.

relationship [rɪ'leɪʃənˌʃɪp] n. **1.** relación f. **2.** (kinship) parentesco m.

relative ['relətɪv] n. pariente m. y f.; familiar m. .

relax [rə'læks] v. tr. **1.** relajar. **2.** (loosen) aflojar. ǁ v. intr. **3.** esparcirse; relajarse.

relay ['ri:leɪ] n. **1.** Sports relevo m. **2.** (radio, TV) retransmisión f.

release [rɪ'li:s] n. **1.** (from prison) liberación f. ǁ v. tr. **2.** (from prison) soltar. **3.** (feelings) descargar. **4.** Film estrenar.

reliable [rə'laɪəbəl] adj. **1.** (person) de confianza. **2.** (information) fidedigno.

relief [rə'li:f] *n.* **1.** (rest) alivio *m.*; descanso *m.* **2.** (aid) ayuda *f.*; auxilio *f.* **3.** *Geogr.* relieve *m.*

relieve [rɪ'li:v] *v. tr.* **1.** (pain) aliviar; aligerar. **2.** (pain) mitigar. **3.** (substitute) relevar.

religion [rə'lɪdʒən] *n.* religión *f.*

reload [rɪ'loʊd] *v. tr.* **1.** (program) recargar. ‖ *v. intr.* **2.** recargarse.

reluctant [rə'lʌktənt] *adj.* reacio.

rely [rɪ'laɪ] *v. intr.* (trust) contar.

remain [rɪ'meɪn] *v. intr.* **1.** quedarse; permanecer. **2.** (be left) quedar; sobrar.

remark [rə'ma:rk] *n.* **1.** comentario *m.*; observación *f.* ‖ *v. tr.* **2.** observar.

remarkable [rə'ma:rkəbl] *adj.* (notable) extraordinario.

remedy ['remədi:] *v. tr.* remediar; corregir.

remember [rɪ'membər] *v. tr.* **1.** (recall) recordar; acordarse. ‖ *v. intr.* **2.** hacer memoria de.

remind [rɪ'maɪnd] *v. tr.* (cause to remember) recordar.

remit [rɪ'mɪt] *v. tr.* **1.** (send) remitir. **2.** (pardon) perdonar.

remnant ['remnənt] *n.* **1.** remanente. **2.** (textile) retal *m.*; retazo *m.*

remorse [rə'mɔ:rs] *n.* remordimiento *m.*; cargo de conciencia.

remote [rə'moʊt] *adj.* remoto.

removal [rə'mu:vəl] *n.*, *Br. E.* (from a house) traslado *m.*

remove [rə'mu:v] *v. tr.* **1.** (take off) sacar; quitar. **2.** (eliminate, get rid of) eliminar. ‖ *v. intr.* **3.** *Br. E.*, *frml.* (move) mudarse.

remunerate [rɪ'mjʊnəreɪt] *v. tr.*, *frml.* remunerar; retribuir.

rend [rend] *v. tr.* desgarrar.

render ['rendər] *v. tr.* **1.** (give) prestar. **2.** *frml.* (homage) rendir.

renew [rɪ'nju:] *v. tr.* **1.** (reinvigorate) renovar; rehacer. **2.** (activity) reanudar.

renounce [rɪ'naʊns] *v. tr.*, *frml.* (give up) renunciar.

renovate ['renoʊveɪt] *v. tr.* **1.** (restore) rehabilitar; reformar. **2.** *Archit.* renovar.

renown [rə'naʊn] *n.* (fame) renombre *m.*; fama *f.*

rent [rent] *n.* **1.** alquiler *m.*; renta *f.* **2.** (of land) arriendo *m.* ‖ *v. tr.* **3.** (used paying) alquilar.

reorganize [rɪ'ɔ:rgənaɪz] *v. tr.* reorganizar; reordenar.

repair [rə'per] *n.* **1.** reparación *f.*; arreglo *m.* ‖ *v. tr.* **2.** reparar.

repass [rɪ'pæs] *v. tr.* repasar.

repay [rɪ'peɪ] *v. tr.* **1.** (money) reembolsar; devolver. **2.** (debt, favor) pagar; corresponder.

repayment [ri:'peɪmənt] *n.* reembolso *m.*; pago *m.*

repeal [rɪ'pi:l] *n.* **1.** revocación *f.*; derogación *f.* ‖ *v. tr.* **2.** revocar; derogar.

repeat [rə'pi:t] *n.* **1.** repetición *f.* ‖ *v. tr. & intr.* **2.** repetir.

repel [rɪ'pel] *v. tr.* **1.** repeler; rechazar. **2.** (disgust) repugnar.

repent [rə'pent] *v. tr. & intr.* arrepentirse (de); lamentar.

repertoire ['repər,twa:r] *n.* repertorio *m.*

replace [rɪ'pleɪs] *v. tr.* **1.** (put back) reponer. **2.** (substitute) reemplazar; sustituir.

replacement [rə'pleɪsmənt] *n.* reposición *f.;* sustitución *f.*

reply [rɪ'plaɪ] *n.* **1.** respuesta *f.;* contestación *f.* ‖ *v. intr.* **2.** (letter) contestar.

report [rə'pɔ:rt] *n.* **1.** informe *m.* **2.** (piece of news) noticia *f.* **3.** (on TV, radio) reportaje *m.* **4.** (in newspaper) crónica *f.* ‖ *v. tr. & intr.* **5.** informar. **6.** (relate) relatar. **7.** (tell) denunciar.

reporter [rə'pɔ:rtər] *n.* reportero *m.;* periodista *m. y f.*

repose [rə'pouz] *n.* **1.** reposo *m.;* descanso *m.* ‖ *v. intr.* **2.** *lit.* descansar; reposar.

represent [rɪ'prezənt] *v. tr.* representar.

repress [rɪ'pres] *v. tr.* reprimir.

reprimand ['reprə,mænd] *n.* **1.** reprimenda *f.;* regañina *f.* ‖ *v. tr.* **2.** reprender; amonestar.

reprisal [rə'praɪzəl] *n.* represalia *f.*

reproach [rə'prouʧ] *v. tr.* reprochar; recriminar.

reproduce [rɪ'predju:z] *v. tr.* **1.** reproducir. ‖ *v. intr.* **2.** reproducirse.

reptile ['reptaɪl] *n., Zool.* reptil *m.*

republic [rə'pʌblɪk] *n.* república *f.*

repudiate [rə'pju:dɪət] *v. tr., frml.* repudiar; repeler.

repugnance [rə'pʌgnəns] *n.* repugnancia *f.;* asco *m.*

reputation [,repjə'teɪʃən] *n.* reputación *f.;* nombre *m.;* fama *f.*

request [rə'kwest] *n.* **1.** petición *f.;* pedido *m.;* solicitud *f.* ‖ *v. tr.* **2.** (ask) pedir; solicitar.

require [rɪ'kwaɪər] *v. tr.* **1.** requerir; necesitar. **2.** (demand) pedir; exigir.

requirement [rɪ'kwaɪrmənt] *n.* **1.** necesidad *f.* **2.** (demand) requisito *m.*

requisite ['rekwəzɪt] *n.* requisito *m.*

requisition [,rekwə'zɪʃən] *v. tr.* requisar; incautar.

rescind [rɪ'sɪnd] *v. tr., Law, frml.* rescindir; anular.

rescue ['reskju:] *n.* **1.** rescate *m.;* salvación *f.* **2.** (salvage) salvamento *m.* ‖ *v. tr.* **3.** salvar; rescatar.

research [rə'sɜ:rʧ] *n.* **1.** (scientific) investigación *f.* ‖ *v. tr. & intr.* **2.** investigar; indagar.

resemblance [rə'zembləns] *n.* **1.** semejanza *f.;* parecido *m.* **2.** (point of likeness) similitud *f.*

resemble [rə'zembəl] *v. tr.* parecerse a.

resentment [rə'zentmənt] *n.* resentimiento *m.;* rencor *m.*

reserve [rəˈzɜːrv] *n.* **1.** reserva *f.* **2.** (land) coto *m.* ‖ *v. tr.* **3.** (book) reservar.

reservoir [ˈrezəˌvwɑːr] *n.* **1.** embalse *m.*; alberca *f.* **2.** (tank) depósito *m.*

reside [rɪˈsaɪd] *v. intr.* residir.

residence [ˈrezədəns] *n.*, *frml.* residencia *f.*; domicilio *m.*

residue [ˈrezədu:] *n.* residuo *m.*

resign [rɪˈsaɪn] *v. tr.* **1.** (give up) dimitir. ‖ *v. intr.* **2.** renunciar.

resignation [ˌrezəɡˈneɪʃən] *n.* renuncia *f.*; dimisión *f.*

resist [rəˈzɪst] *v. tr. & intr.* **1.** resistir; contrarrestar. ‖ *v. intr.* **2.** (oppose) oponerse; resistirse.

resolve [rɪˈzɒlv] *n.* **1.** resolución *f.* ‖ *v. tr.* **2.** solucionar; resolver.

resort [rəˈzɔːrt] *n.* **1.** (holiday place) centro turístico. **2.** (recourse) recurso *m.*

resource [rɪˈsɔːrs] *n.* recurso *m.*

respect [rəˈspekt] *n.* **1.** (aspect) respecto *m.* **2.** (esteem) estima *f.*; respeto *m.* ‖ *v. tr.* **3.** respetar.

respectful [rɪˈspektfʌl] *adj.* respetuoso; educado; cortés.

respecting [rɪˈspektɪŋ] *prep.* con respecto a; en cuanto a.

respiration [ˌrespəˈreɪʃən] *n.*, *Med.* respiración *f.*

responsibility [rɪsˌpɒnsəˈbɪləti:] *n.* responsabilidad *f.*; obligación *f.*

responsible [rɪsˈpɒnsəbəl] *adj.* responsable.

rest¹ [rest] *n.* **1.** descanso *m.*; reposo *m.* **2.** (of dead people) paz *f.* ‖ *v. tr.* **3.** (take a break) descansar. **4.** (lean) apoyar.

rest² [rest] *n.* **1.** (remainder) resto *m.* ‖ *v. intr.* **2.** quedar.

restaurant [ˈrestɑːnt ˈrestərənt] *n.* restaurante *m.*

restlessness [ˈrestləsnɪs] *n.* inquietud *f.*; intranquilidad *f.*

restoration [ˌrestəˈreɪʃən] *n.* **1.** restauración *f.* **2.** (giving back) restitución *f.*

restore [resˈtɔːr] *v. tr.* **1.** devolver; restituir. **2.** (reestablish) reestablecer.

restrain [resˈtreɪn] *v. tr.* contener.

restraint [rəsˈtreɪnt] *n.* **1.** traba *f.* **2.** (moderation) moderación *f.*

restrict [rɪsˈtrɪkt] *v. tr.* restringir.

restriction [rɪsˈtrɪkʃən] *n.* restricción *f.*; limitación *f.*

result [rəˈzʌlt] *n.* **1.** (outcome) resultado *m.* **2.** (consequence) consecuencia *f.*; conclusión *f.* ‖ *v. intr.* **3.** resultar.

resume [rɪˈsjuːm] *v. tr.* reanudar.

resuscitate [rɪˈsʌsɪtɪteɪt] *v. tr.*, *Med.* resucitar; revivir.

retain [rɪˈtəɪn] *v. tr.* retener.

retaliate [rəˈtælɪeɪt] *v. intr.* tomar represalias; vengarse.

retard [rɪˈtɑːd] *v. tr.* retardar; retrasar; posponer.

reticence [ˈretəsəns] *n.* reserva *f.*; reticencia *f.*; desconfianza *f.*

retina [ˈretənə] *n.*, *Anat.* retina *f.*

retire [rɪ'taɪər] v. tr. **1.** jubilar; retirar. ‖ v. intr. **2.** jubilarse.

retired [rɪ'taɪrd] adj. jubilado; retirado.

retirement [rɪ'taɪrmənt] n. retiro m.; jubilación f.

retort [rɪ'tɔːrt] n. **1.** réplica f. ‖ v. intr. **2.** replicar.

retrace [rɪ'treɪz] v. tr. (go back over) desandar.

retract [rɪ'trækt] v. tr. **1.** frml. retirar. **2.** (draw in) retraer. **3.** (a promise) retractar. ‖ v. intr. **4.** (withdraw statement) retractarse.

retreat [rɪ'triːt] n. **1.** Mil. retirada f. **2.** Rel. retiro m. ‖ v. intr. **3.** retirarse; retroceder. **4.** (shelter) refugiarse.

retrench [rɪ'trentʃ] v. tr. (expenses) reducir (gastos).

retrieve [rə'triːv] v. tr. (recover) recuperar; recobrar.

return [rə'tɜːrn] n. **1.** retorno m.; vuelta f.; regreso m. **2.** (giving back) devolución f. **3.** (ticket) de ida y vuelta. ‖ v. tr. **4.** devolver; restituir. ‖ v. intr. **5.** volver.

reunite [ruː'naɪt] v. tr. **1.** reunir. **2.** (reconcile) reconciliar.

reveal [rɪ'viːəl] v. tr. **1.** revelar; exteriorizar. **2.** (show) desvelar.

revel ['revəl] v. intr. disfrutar.

revenge [rɪ'vendʒ] n. venganza f.

revengeful [rə'vendʒfəl] adj. (vindictive) vengativo.

reverence ['revərəns] v. tr. reverenciar; adorar.

reverse [rə'vɜːrs] adj. **1.** inverso. ‖ n. **2.** (other side) revés m. **3.** fig. (setback) contratiempo m.; través m. **4.** (of a page) envés m. ‖ v. tr. **5.** (direction) invertir; dar marcha atrás.

review [rɪ'vjuː] n. **1.** Am. E. (for an exam) repaso m. **2.** (article) reseña f. ‖ v. tr. **3.** Am. E. (for an exam) repasar. **4.** (a book) reseñar.

revision [rə'vɪʒən] n. **1.** Br. E. (for an exam) revisión f.; repaso m. **2.** (of proofs) corrección f.

revive [rɪ'vaɪv] v. tr. **1.** reavivar. **2.** (conversation) reanimar. **3.** (a fashion) resucitar. **4.** Theat. reestrenar. **5.** (hopes) revivir.

revolt [rɪ'voʊlt] n. **1.** sublevación m.; revuelta f.; rebelión f. ‖ v. intr. **2.** rebelarse; sublevarse.

revolutionize [rɪvə'ljuː.ʃənaɪt] v. tr. revolucionar; alzar.

reward [rə'wɔːrd] n. **1.** premio m.; recompensa f.; gratificación f. ‖ v. tr. **2.** premiar.

rheumatism ['ruːmətɪsəm] n., Med. reúma m.; reumatismo m.

rhinoceros [raɪ'nɒsərəs] n., Zool. rinoceronte m.

rhyme [raɪm] n. **1.** rima f. ‖ v. intr. **2.** rimar.

rhythm ['rɪðəm] n. ritmo m.

ria ['rɪə] n., Geogr. ría f.

rib [rɪb] n. **1.** Anat. costilla f. **2.** Bot. nervio m. **3.** (of an umbrella) varilla f.

ribbon ['rɪbən] n. 1. cinta f.; tira f. 2. (of cloth) listón m.

rice [raɪs] n. arroz m.

rich [rɪtʃ] adj. 1. (wealthy) rico. 2. (soil) fértil.

richness ['rɪtʃnɪs] n. 1. riqueza f.; fortuna f. 2. (of land) fertilidad f.

rid ['rɪd] v. tr. librar. ‖ **to get ~ of** deshacerse de; librarse.

riddle ['rɪdəl] n. 1. (mistery) enigma m.; misterio m. 2. (puzzle) adivinanza f.

ride [raɪd] n. 1. (by bicycle, horse) paseo m. 2. (at a funfair) atracción f. ‖ v. tr. & intr. 3. (on animal) montar; cabalgar.

ridicule ['rɪdəkjuːl] n. 1. ridículo m. ‖ v. tr. 2. burlarse; ridiculizar.

riding ['raɪdɪŋ] n. equitación f.

rifle¹ ['raɪfəl] n. (gun) rifle m.

rifle² ['raɪfəl] v. tr. saquear.

rig [rɪg] n. 1. Nav. aparejo m. ‖ v. tr. 2. Nav. aparejar.

right [raɪt] adj. 1. derecho. 2. (just) justo. 3. (correct) exacto; correcto. 4. (right-handed) diestro. ‖ adv. 5. (immediately) in-mediatamente. 6. (correctly) bien. ‖ n. 7. derecho m. 8. (place) derecha f. ‖ v. tr. 9. corregir. ‖ interj. 10. (connector) bien.

righteousness ['raɪtʃəsnɪs] n. rectitud f.; honestidad f.

rigid ['rɪdʒɪd] adj. 1. rígido; tieso. 2. (strict) severo; estricto.

rigor, rigour (Br.E) ['rɪgər] n. rigor.

rigorous ['rɪgərəs] adj. riguroso.

rim [rɪm] n. 1. borde m. 2. Car. (of wheel) llanta f. 3. (of glasses) montura f.

ring¹ [rɪŋ] n. 1. (bell) toque m. 2. (doorbell) timbrazo m. 3. (call) llamada f. ‖ v. tr. 4. (bell) pulsar; tocar. ‖ v. intr. 5. (bell) sonar. 6. (call) llamar.

ring² [rɪŋ] n. 1. (hoop) aro m. 2. (for finger) anillo m.; sortija f. 3. (circle) círculo m.; cerco m. .

ringleader ['rɪŋliːdər] n. cabecilla m. y f.; líder m.

rinse [rɪns] v. tr. 1. enjuagar. 2. (remove soap) aclarar. ‖ n. 3. enjuague m.

riot ['raɪət] n. 1. (disturbance) disturbio m.; motín m.; tumulto m. ‖ v. intr. 2. alborotarse. 3. (prisoners) amotinarse.

rip [rɪp] n. 1. rasgón m.; desgarrón m. ‖ v. tr. 2. rasgar; desgarrar.

ripe [raɪp] adj. 1. (fruit) maduro. 2. (ready) preparado; listo.

ripen ['rɪpən] v. tr. & intr. (fruit) madurar.

ripeness ['raɪpnɪs] n. madurez f.; sazón f.

ripple ['rɪpəl] n. 1. (water) rizo m.; ondulación f. ‖ v. tr. 2. (water) ondular; ondear; rizar. ‖ v. intr. 3. rizarse.

rise [raɪz] n. 1. (of slope, temperature, price) subida f. 2. (of hill) elevación f. 3. (in status, job) ascenso *m.* **4.** (price) alza *m.*; aumento *m.* ‖ *v. intr.* **5.** (mountain) elevarse. **6.** (waters) crecer. **7.** (level) subir. **8.** (from bed, wind) levantarse. **9.** (river) nacer. **10.** (sun, moon) salir.

risk [rɪsk] *n.* **1.** riesgo *m.*; peligro *m.* ‖ *v. tr.* **2.** arriesgar; aventurar. **3.** (life) exponer. ‖ *v. intr.* **4.** (oneself) arriesgarse.

risky ['rɪski:] *adj.* arriesgado.

rite [raɪt] *n.*, *Rel.* rito *m.*

rival ['raɪvəl] *adj.* **1.** rival. ‖ *n.* **2.** rival *m. y f.*; competidor *m.*; contrincante *m. y f.* ‖ *v. tr.* **3.** competir; rivalizar.

river ['rɪvər] *n.*, *Geogr.* río *m.*

riverside ['rɪvər,saɪd] *n.*, *Geogr.* (of river) margen *amb.*; ribera *f.*

rivulet ['rɪvjələt] *n.* riachuelo *m.*; arroyo *m.*; arroyuelo *m.*

roach [routʃ] *n.*, *Zool.* cucaracha *f.*

road [roʊd] *n.* **1.** carretera *f.* **2.** (minor) camino *m.*

roadway ['roʊd,weɪ] *n.* calzada *f.*

roam [roʊm] *v. intr.* vagar; errar.

roar [rɔːr] *n.* **1.** (of animal) rugido *m.* **2.** (sea, wind) bramido *m.* **3.** (of traffic, engine) estruendo *m.* ‖ *v. intr.* **4.** (animal) rugir. **5.** (people, sea, wind) bramar.

roast [roust] *n.* **1.** *Gastr.* asado *m.* ‖ *v. tr.* **2.** *Gastr.* (meat) asar. **3.** (coffee) tostar. ‖ *v. intr.* **4.** (people) asarse; achicharrarse.

rob [rɒb] *v. tr.* robar; atracar.

robber ['rɒbər] *n.* ladrón *m.*

robbery ['rɒbəri:] *n.* robo *m.*

robe [roʊb] *n.* **1.** (of judge) toga *f.* **2.** (of woman) bata *f.* ‖ **bath ~** albornoz *m.*

robust [roʊˈbʌst] *adj.* (strong) robusto; recio; fornido.

rock [rɒk] *n.* **1.** roca *f.*; peña *f.* **2.** (stone) piedra *f.* ‖ *v. tr.* **3.** mecer; balancear. **4.** (baby) acunar.

rocket ['rɒkɪt] *n.* cohete *m.* ‖ *v. intr.* **2.** alcanzar gran altura rápidamente.

rocking chair ['rɒkɪŋ,tʃ3:r] *n.* mecedora *f.*; balancín *m.*

rod [rɒd] *n.* **1.** (metal) barra *f.* **2.** (stick) vara *f.* **3.** (fishing rod) caña *f.*

roebuck ['roʊ,bʌk] *n.*, *Zool.* corzo *m.*

rogue [roʊg] *n.* **1.** bribón *m.*; pillo *m.* **2.** *Lit.* pícaro *m.*

role [roʊl] *n.*, *Film & Theatr.* papel *m.*; rol *m.*

roll [roʊl] *n.* **1.** rollo *m.* **2.** (of bread) bollo *m.*; panecillo *m.* **3.** (list) matrícula *f.* ‖ *v. tr.* **4.** (a cigarette) liar. ‖ *v. intr.* **5.** rodar. **6.** (thunder) retumbar.

roller ['roʊlər] *n.* **1.** rodillo *m.* **2.** (hair) rulo *m.*

roller skate ['roʊlər,skeɪt] *n.* **1.** patines de ruedas. ‖ *v. intr.* **2.** patinar sobre ruedas.

rolling ['roʊlɪŋ] *adj.* (stone) rodante. ‖ **a rollingstone** un vagabundo.

romance [rou'mæns] n. (love affair) romance m.

roof [ru:f] n. 1. Archit. techo m. ‖ v. tr. 2. (a house) cubrir.

room [rum] n. 1. habitación f.; cuarto m.; sala f. 2. (space) espacio m.; plaza f.; sitio m. ‖ v. intr. 3. Am. E. alojarse.

roomy ['rumi:] adj. espacioso; desahogado; amplio.

roost [ru:st] n. 1. percha f.; palo m. ‖ v. intr. 2. posarse. 3. (rest) descansar.

rooster ['ru:stər] n., Am. E. gallo m.

root [ru:t] n. 1. Bot. (hair) raíz f. 2. Ling. & Mat. radical m. ‖ v. intr. 3. Bot. (plant) arraigar.

rope [roup] n. 1. (big) soga f. 2. (small) cuerda f. 3. Nav. cabo m. ‖ v. tr. 4. (tie) atar.

rose [rouz] n. 1. Bot. (color) rosa f. 2. Bot. (bush) rosal m. 3. (watering can, shower) alcachofa f.

rosebush ['rouz,buʃ] n., Bot. (plant) rosal m.

rosemary ['rouz,məri:] n., Bot. (plant) romero m.

rot [rɒt] n. 1. (decay) podredumbre f. ‖ v. tr. 2. pudrir; corromper. ‖ v. intr. 3. pudrirse; corromperse.

rotation [rou'teiʃən] n. rotación f.

rotten ['rɒtən] adj. (fruit) podrido; descompuesto.

rouge [ru:ʒ] n. 1. colorete m. ‖ v. intr. 2. darse de colorete.

rough [rʌf] adj. 1. áspero; rugoso. 2. (rude) tosco; brusco. 3. (voice, sound) bronco. 4. (life) rudo; duro.

roughness ['rʌfnis] n. 1. (of skin) aspereza f. 2. (of manners) rudeza f.; tosquedad f. 3. (of terrain) aspereza f.

roulette [ru:'let] n. ruleta f.

round [raund] adj. 1. redondo. ‖ n. 2. Gastr. (of beef) redondo m. Esp. 3. (circle) círculo m. 4. (drinks) ronda f. ‖ adv. 5. alrededor. ‖ prep. 6 alrededor de; en torno a/de. ‖ v. tr. 7. redondear.

route [ru:t] n. 1. itinerario m.; ruta f. ‖ v. tr. 2. encaminar.

routine [ru:'ti:n] adj. 1. rutinario; habitual. ‖ n. 2. rutina f.; hábito m.

row[1] [rou] n. fila f.; hilera f.

row[2] [rou] n. 1. (quarrel) riña f.; pelotera f.; camorra f. fam. ‖ v. intr. 2. (quarrel) pelearse.

row[3] [rou] v. tr. & intr. remar.

rowboat ['rou,bout] n., Am. E., Nav. bote de remos.

royal ['rɔiəl] adj. real.

rub [rʌb] n. 1. friega f.; fricción f. ‖ v. tr. 2. frotar. 3. (massage) friccionar. 4. (hard) restregar. 5. (scrub) fregar.

rubber ['rʌbər] n. 1. caucho m. 2. (eraser) goma f. (de borrar).

rubbish ['rʌbiʃ] n. 1. basura f. 2. (nonsense) disparate m.

ruby ['ru:bi:] n., Miner. rubí m.

ruck [rʌk] n. (in clothes) arruga f.

rucksack ['rʌksæk] n., Br. E. (backpack) mochila f.

rude [ru:d] adj. **1.** tosco; rústico. **2.** (bad- mannered) maleducado; grosero; descortés. **3.** (vulgar) soez; malsonante.

rue [ru:] n. **1.** Bot. (planta) ruda f. ‖ v. intr. **2.** arrepentirse.

ruffle [rʌfəl] v. tr. **1.** (sb's hair) despeinar. **2.** (clothes) arrugar. **3.** (feathers) erizar.

rug [rʌg] n. **1.** alfombra f. **2.** (on travels) manta f.

rugged ['rʌgɪd] adj. **1.** (rocks, mountains) escarpado. **2.** (construction) fuerte. **3.** (rough) rudo.

ruin [ruɪn] n. **1.** ruina f. ‖ v. tr. **2.** (bankrupt) arruinar. **3.** (destroy) arruinar; destruir. **4.** (spoil) estropear; echar a perder.

rule [ru:l] n. **1.** regla f.; precepto m.; ley m.; norma f. ‖ v. tr. **2.** gobernar; regir.

rum [rʌm] n. (drink) ron m.

rumble ['rʌmbəl] n. **1.** (of thunder) estruendo m. ‖ v. tr. **2.** Br. E., coll. (catch) calar. ‖ v. intr. **3.** (thunder) retumbar.

ruminate ['rʌmɪneɪt] v. tr., Zool. rumiar; masticar.

rumor, rumour (Br.E) ['ru:mər] n. **1.** rumor m.; chisme m. ‖ v. tr. **2.** rumorear.

rumple ['rʌmpəl] v. tr., fam. arrugar; encoger; fruncir.

rumpus ['rʌmpəs] n. gresca f. col.

run [rʌn] n. **1.** carrera f. ‖ v. tr. **2.** correr. ‖ v. intr. **3.** correr. **4.** (with wheels) rodar. **5.** (manage) administrar.

runaway ['rʌnəweɪ] n. (person) fugitivo m.

rung [rʌŋ] n. peldaño m.

runner ['rʌnər] n. **1.** corredor m. **2.** (messenger) mensajero m.

running ['rʌnɪŋ] adj. **1.** corredor. **2.** (water) corriente. **3.** (movie, show) en cartelera. ‖ n. **4.** (race) corrida f.

run-up ['rʌnʌp] n. carrerilla f.

runway ['rʌnweɪ] n., Am. E. (models) pasarela f.

rupture ['rʌptʃər] n. **1.** fig. (break) ruptura f. **2.** Med. (hernia) hernia f. ‖ v. tr. **3.** romper.

rural ['rʊrəl] adj. rural.

rush¹ [rʌʃ] n., Bot. (plant) junco m.

rush² [rʌʃ] n. **1.** prisa f.; precipitación f. ‖ v. intr. **2.** (go quickly) ir deprisa.

rust [rʌst] n. **1.** (on metal) óxido m. ‖ v. tr. **2.** oxidar. ‖ v. intr. **3.** oxidarse.

rustic ['rʌstɪk] adj. **1.** rústico. ‖ n. **2.** (hick) paleto m.; aldeano m.

rustle ['rʌsəl] n. **1.** (of paper, leaves) crujido m. ‖ v. intr. **2.** (leaves, paper) crujir.

rut [rʌt] n. **1.** surco m.; carril m.; rodada f. **2.** (animal) celo m. ‖ v. intr. **3.** Zool. estar en celo.

rye [raɪ] n., Bot. centeno m.

S

s [es] *n.* (letter) s *f.*

saccharin ['sækərɪn] *n.* sacarina *f.*; edulcorante *m.*

sachet ['sætʃeɪ] *n.*, *Br. E.* (sugar, gel) sobre *m.*; bolsita *f.*

sack [sæk] *n.* **1.** saco *m.*; costal *m.* **2.** *Am. E.* bolsa de papel. ∥ *v. tr.* **3.** (from job) despedir.

sacking ['sækɪŋ] *n.* **1.** (layoff) despido *m.* **2.** (plundering) saqueo *m.*; pillaje *m.*

sacrament ['sækrəmənt] *n.*, *Rel.* (ceremony) sacramento *m.*

sacred ['seɪkrɪd] *adj.* sagrado *m.*

sacrifice ['sækrəfaɪs] *n.* **1.** sacrificio *m.* ∥ *v. tr.* **2.** sacrificar.

sad [sæd] *adj.* (unhappy) triste.

sadden ['sædən] *v. tr.* apenar; entristecer; apesadumbrar.

saddle ['sædəl] *n.* **1.** *Horse.* montura *f.*; silla de montar. **2.** (of bicycle) sillín *m.*

sadness ['sædnɪs] *n.* tristeza *f.*

safari [sə'fɑːriː] *n.* safari *m.*

safe [seɪf] *adj.* **1.** seguro; salvo. ∥ *n.* **2.** (for money, jewels) caja fuerte/de caudales.

safety ['seɪftiː] *n.* seguridad *f.*

saffron ['sæfrən] *n.*, *Gastr.* & *Bot.* (seasoning) azafrán.

sag [sæg] *n.* **1.** combadura *f.* **2.** *Econ.* (of prices) baja *f.* ∥ *v. intr.* **3.** combarse. **4.** *Econ.* (prices) bajar.

sagacity [sə'gæsɪtiː] *n.* (shrewdness) sagacidad *f.*; astucia *f.*

sage [seɪdʒ] *adj.* **1.** (wise) sabio. ∥ *n.* **2.** (wise person) sabio *m.*

sail [seɪl] *n.* **1.** *Nav.* vela *f.* **2.** (of mill) aspa *m.* ∥ *v. intr.* **3.** (ship) navegar.

sailboat ['seɪlbəʊt] *n.*, *Am. E.*, *Nav.* (yacht) velero *m.*

sailing ['seɪlɪŋ] *n.* navegación *f.*

sailor ['seɪlər] *n.* marinero *m.*

saint [seɪnt] *n.* **1.** santo *m.* ∥ *adj.* **2.** san.

salad ['sæləd] *n.*, *Gastr.* ensalada *f.*

salary ['sæləriː] *n.* (wage) sueldo *m.*; paga *f.*; salario *m.*

sale [seɪl] *n.* **1.** *Econ.* venta *f.* **2.** (clearance) rebajas *f. pl.*; liquidación *f.* ∥ **sales** *n.* **3.** *Econ.* rebajas *f. pl.*

salesclerk ['seɪlsklɑːrk] *n.*, *Am. E.* dependiente *m. y f.*

saliva [sə'laɪvə] *n.* saliva *f.*

salmon ['sæmən] *adj.* **1.** (color) salmón. ∥ *n.* **2.** *Zool.* (fish) salmón.

saloon [sə'luːn] *n.*, *Am. E.* (pub) taberna *f.*

salt [sɔːlt] *n.* **1.** sal *f.* ∥ *v. tr.* **2.** salar. ∥ **bath ~** sales de baño.

salty ['sɔːltiː] *adj.* salado.

salvage ['sælvɪdʒ] *n.* **1.** (rescue) salvamento *m.*; rescate *m.* ∥ *v. tr.* **2.** (rescue) salvar; rescatar.

same [seɪm] *adj.* **1.** mismo; igual. ∥ *pron.* **2.** mismo.

sameness ['seɪmnɪs] *n.* **1.** igualdad *f.*; identidad *f.* **2.** (monotory) monotonía *f.*

sample ['sæmpəl] *n.* **1.** (specimen) muestra *f.*; ejemplo *m.* || *v. tr.* **2.** (dish, wine) degustar.

sanatorium [ˌsænə'tɔːrɪəm] *n.* (hospital) sanatorio *m.*; clínica *f.*

sanction ['sæŋkʃən] *n.* **1.** autorización *f.*; permiso *m.* **2.** (penalty) sanción *f.* || *v. tr.* **3.** *Law* sancionar.

sand [sænd] *n.* arena *f.*

sandal ['sændəl] *n.* sandalia *f.*

sandpaper ['sændˌpeɪpər] *n.* **1.** *Tech.* lija *f.* || *v. tr.* **2.** lijar.

sandwich ['sændwɪtʃ] *n.*, *Gastr.* sándwich *m.*; emparedado *m.*

sane [seɪn] *adj.* cuerdo.

sangria ['sæŋˈɡrɪə] *n.* (drink of red wine and fruit) sangría *f.*

sanitary ['sænɪtəri] *adj.* **1.** (concerning health) sanitario. **2.** (hygienic) higiénico. || **~ napkin** *Am. E.* compresa femenina.

sanitation [ˌsænɪ'teɪʃən] *n.* **1.** sanidad *f.* (pública). **2.** (system) saneamiento *m.*

sanity ['sænəti] *n.* cordura *f.*

sap¹ [sæp] *n.*, *Bot.* savia *f.*

sapphire ['sæfaɪər] *n.*, *Miner.* (jewel) zafiro *m.*

sarcophagus [sɑːˈkɒfəɡəs] *n.* (stone coffin) sarcófago *m.*

sardine [sɑːˈdiːn] *n.*, *Zool.* (fish) sardina *f.*

sarsaparilla [ˌsæspə'relə] *n.* (drink) zarzaparrilla *f.*

sassy ['sæsɪ] *adj.*, *Am. E.*, *coll.* (cheeky) caradura *fam.*; fresco.

satchel ['sætʃəl] *n.* cartera *f.*

satellite ['sætəˌlaɪt] *n.* satélite *m.* || **~ dish** (TV) parabólica *f.*

satiate ['seɪʃɪˌeɪt] *v. tr.* hartar.

satire ['sætaɪər] *n.* sátira *f.*

satisfy ['sætɪsˌfaɪ] *v. tr.* **1.** satisfacer. **2.** (comply with) llenar.

saturate ['sætʃʊˌreɪt] *v. tr.* saturar.

Saturday ['sætərˌdiː] *n.* sábado *m.*

sauce [sɔːs] *n.*, *Gastr.* salsa *f.* || **white ~** *Gastr.* besamel *f.*

saucepan ['sɔːsˌpæn] *n.* cacerola *f.*

saucer ['sɔːsər] *n.* platillo *m.*

sauna ['sɔːnə 'saʊnə] *n.* sauna *f.*

sausage ['sɒsɪdʒ] *n.* **1.** *Gastr.* salchicha *f.* **2.** *Gastr.* (spicy) embutido *m.* || **blood ~** *Am. E.*, *Gastr.* morcilla *f.*

savage ['sævɪdʒ] *adj.* **1.** (tribe) salvaje; primitivo. **2.** (violent) brutal. || *n.* **3.** salvaje *m. y f.*

savagery ['sævɪdʒərɪ] *n.* **1.** (cruel act) barbarie *f.*; salvajada *f.* **2.** (primitiveness) salvajismo *m.*

savanna or savannah [sə'vænə] *n.*, *Geogr.* sabana *f.*

save [seɪv] || *v. tr.* **1.** (rescue) salvar; rescatar. **2.** (money) ahorrar.

saving ['seɪvɪŋ] *n.* **1.** ahorro *m.*; economía *f.* || **savings** *n. pl.* **2.** ahorros *m.*

savor, savour (Br.E) ['seɪvər] *n.* **1.** sabor *m.* || *v. tr.* **2.** saborear.

saw [sɔː] (p.p. sawn) *n.* **1.** *Tech.* sierra *f.* || *v. tr. & intr.* **2.** serrar.

sawdust ['sɔːˌdʌst] *n.* serrín *m.*

say [seɪ] *v. tr.* decir.

saying ['seɪɪŋ] *n.* refrán *m.;* dicho *m.*

scab [skæb] *n., Med.* costra *f.*

scabrous ['skeɪbrəs] *adj.* (obscene) escabroso; obsceno.

scald [skɔːld] *v. tr.* (with hot water) escaldar.

scale¹ [skeɪl] *n.* **1.** *Zool.* escama *f.* ‖ *v. tr.* **2.** *Zool.* (a fish) escamar; quitar las escamas.

scale² [skeɪl] *n.* **1.** (graduated line) escala *f.* **2.** *Mus.* gama *f.* **3.** (for weighting) peso *m.*

scales [skeɪlz] *n. pl.* balanza *f. sing.*

scalpel ['skælpəl] *n., Med.* bisturí *m.*

scandal ['skændəl] *n.* escándalo *m.*

scandalize, scandalise (Br.E) ['skændəlaɪz] *v.* (shock) escandalizar.

scant [skænt] *adj.* escaso; corto.

scanty ['skænti] *adj.* escaso.

scar [skɑːr] *n.* **1.** cicatriz *f.* ‖ *v. tr.* **2.** marcar con cicatriz.

scarce [skers] *adj.* **1.** (scant) contado. **2.** (rare) raro. ‖ **to be ~** escasear.

scarcely ['skersli] *adv.* apenas.

scarcity ['skersəti] *n.* escasez *f.*

scare [sker] *n.* **1.** susto *m.;* espanto *m.* ‖ *v. tr.* **2.** asustar.

scarf [skɑːrf] *n.* **1.** (square) pañuelo *m.* **2.** (of wood) bufanda *f.* **3.** (of silk) fular *m.*

scarlet ['skɑːrlɪt] *adj.* **1.** escarlata. ‖ *n.* **2.** (color) escarlata *f.;* rojo *m.*

scatter ['skætər] *v. tr.* **1.** esparcir; desparramar. **2.** (disperse) dispersar. ‖ *v. intr.* **3.** dispersarse.

scene [siːn] *n.* **1.** escena *f.* **2.** (place) escenario *m.* **3.** (view) panorama *f.*

scent [sent] *n.* **1.** perfume *f.;* aroma *m.;* fragancia *f.* **2.** (trail) rastro *m.;* pista *f.* **3.** (sense) olfato *m.*

schedule ['skedʒuːl] *n.* **1.** *Am. E.* programa *m.;* agenda *f.;* horario *m.* ‖ *v. tr.* **2.** (plan) programar.

scheme [skiːm] *n.* **1.** esquema *m.* **2.** (plan) plan *m.;* programa *m.* **3.** (trick) ardid. ‖ *v. intr.* **4.** (plot) intrigar.

scholar ['skɒlər] *n.* **1.** (pupil) alumno *m.* **2.** (holder of scholarship) becario *m.* **3.** (learned person) erudito *m.;* estudioso *m.*

scholarship ['skɒlərʃɪp] *n.* **1.** erudición *f.* **2.** (grant) beca *f.* (por méritos).

school [skuːl] *n.* **1.** escuela *f.;* colegio *m.* **2.** (drama) academia *f.* ‖ *v. tr.* **3.** (teach) enseñar. **4.** (train) instruir.

science ['saɪəns] *n.* ciencia *f.*

scientist ['saɪəntɪst] *n.* científico *m.*

scintillate ['sɪntəlɪət] *v. intr.* (sparkle) centellear; brillar.

scion ['saɪən] *n., Bot.* (from plant) esqueje *m.*

scission ['sɪʒən] *n.* escisión *f.*

scissors [ˈsɪˌsɔːrz] n. pl. tijera f. sing.

scold [ˈskoʊld] v. tr. & intr. (tell off) regañar; reñir.

scone [skoʊn] n., Br. E., Gastr. (bun) bollo m.

scoop [skuːp] n. 1. (for flour) pala f. 2. (for ice-cream) cuchara f. ‖ v. tr. 3. (with money) forrarse.

scope [skoʊp] n. 1. (range) alcance m. 2. (of influence) esfera f.

scorch [ˈskɔːrtʃ] n. 1. quemadura f. ‖ v. tr. 2. (singe) chamuscar.

score [skɔːr] n. 1. Sports tanteo m. 2. (notch) muesca f. 3. (account) cuenta f. 4. (in test) puntuación f. 5. Mus. partitura f. ‖ v. tr. 6. Sports (goal) anotar.

scorn [skɔːrn] n. 1. desprecio m.; menosprecio m.; desdén m. ‖ v. tr. 2. despreciar; desdeñar.

scorpion [ˈskɔːrpɪən] n., Zool. escorpión m.; alacrán m.

scotch [skɒtʃ] v. tr. 1. (efforts) frustrar. 2. (rumours) acallar.

Scotch tape [ˈskɒtʃ ˈteɪp] n., Am. E. celo m.; cinta adhesiva.

scoundrel [ˈskaʊndrəl] n. sinvergüenza m. y f.; granuja m.

scourer [ˈskaʊrər] n. 1. (scouring pad) estropajo m.

scourge [ˈskɜːrdʒ] n. 1. azote m. ‖ v. tr. 2. (whip) azotar; flagelar.

scout [skaʊt] n. Mil. explorador m. ‖ **boy ~** explorador m.

scowl [skaʊl] n. 1. ceño. ‖ v. intr. 2. fruncir el ceño.

scrabble [ˈskræbəl] v. intr. (scratch) escarbar.

scrap [skræp] n. 1. trozo m. 2. (cutting) recorte m. 3. (waste material) chatarra f. ‖ v. tr. 4. desechar.

scratch [skrætʃ] n. 1. arañazo m.; rasguño m. ‖ v. tr. 2. arañar; raspar. 3. (surface) rayar. 4. (ground) escarbar.

scrawl [skrɔːl] n. 1. (mark) garabato m. ‖ v. tr. & intr. 2. garabatear.

scream [skriːm] n. 1. grito m.; alarido m. ‖ v. intr. 2. chillar.

screech [skriːtʃ] n. 1. chillido m.; alarido m. ‖ v. intr. 2. chillar.

screen [skriːn] n. 1. Film pantalla f. 2. (folding) biombo m.; mampara f. ‖ v. tr. 3. proteger. 4. (conceal) ocultar; tapar. 5. (film) proyectar.

screw [skruː] n. 1. tornillo m. ‖ v. tr. 2. atornillar.

screwball [ˈskruːbɒl] n., Am. E. (eccentric) estrafalario m.

screwdriver [ˈskruːdraɪvər] n., Tech. destornillador m.

scribble [ˈskrɪbəl] v. tr. & intr. garabatear.

script [skrɪpt] n. Film guion m.

scrub¹ [skrʌb] n. (bush) maleza f.

scrub² [skrʌb] v. tr. 1. (rub) fregar. 2. (clothes) lavar (ropa).

scruple [ˈskruːpəl] n. 1. escrúpulo m.; reparo m. ‖ v. intr. 2. tener escrúpulos.

scrutinize, scrutinise (Br.E) ['skru:tɪnaɪz] *v. tr.* **1.** (examine) escudriñar. **2.** (votes) escrutar.

sculptor ['skʌlptər] *n.* escultor *m.*

sculpture ['skʌlptʃər] *n.* **1.** escultura *f.* || *v. tr.* **2.** (art) esculpir.

scythe [saɪð] *n.* **1.** guadaña *f.* || *v. tr.* **2.** segar (con guadaña).

sea [si:] *n., Geogr.* mar *amb.*

sea bass ['si:bæs] *sust. phr., Zool.* (fish) lubina *f.*

sea bream ['si:bri:m] *n., Zool.* (fish) besugo *m.*

sea urchin ['si:ɜ:rtʃɪn] *sust. phr., Zool.* erizo de mar.

seafood ['si:fu:d] *n., Gastr.* (shellfish) marisco *m.*

seagull ['si:gəl] *n., Zool.* (bird) gaviota *f.*

seal[1] [si:l] *n., Zool.* foca *f.*

seal[2] [si:l] *n.* **1.** (official) sello *m.* || *v. tr.* **2.** sellar. **3.** (with wax) lacrar. **4.** (bottle) precintar.

seam [si:m] *n.* **1.** (joint) costura *f.* **2.** *Med.* (scar, suture) sutura *f.* **3.** *Geol.* grieta *f.*

seaman ['si:mən] *n.* marinero *m.*

search [sɜ:rtʃ] *n.* **1.** búsqueda *f.;* busca *f.;* rastreo *m.* || *v. tr. & intr.* **2.** rebuscar. **3.** (files) registrar.

seashore ['si:ʃɔ:r] *n., Geogr.* **1.** (littoral) costa *f.* **2.** (beach) playa *f.*

seasickness [ˌsi:'sɪknɪs] *n.* mareo *m.* (en un barco)

seaside [ˌsi:'saɪd] *n.* (for holidays) playa *f.;* costa *f.*

season[1] ['si:zən] *n.* **1.** (division of year) estación *f.* **2.** (for sport) temporada *f.*

season[2] [si:zən] *v. tr., Gastr.* sazonar; condimentar; aderezar.

seasoning ['si:zənɪŋ] *n., Gastr.* condimento *m.;* aliño *m.*

seat [si:t] *n.* **1.** asiento *m.* **2.** *Film & Theatr.* localidad *f.;* butaca *f.* || *v. tr.* **3.** sentar; acomodar en asientos. **4.** (fix) asentar.

seating ['si:tɪŋ] *n.* asientos *m. pl.* || ~ **capacity** aforo *m.*

seaweed ['si:wi:d] *n., Bot.* alga *f.*

secluded [sɪklu:dɪd] *adj.* (place) aislado; retirado; apartado.

second ['sekənd] *card. num. adj.* (also *n.*) **1.** segundo; dos. || *n.* **2.** segundo *m.* || *adv.* **3.** en segundo lugar. || *v. tr.* **4.** secundar; apoyar. || **second-hand** *adj. & adv.* **5.** de segunda mano.

secrecy ['si:krəsi:] *n.* secreto *m.* || **in ~** en secreto.

secret ['si:krɪt] *adj.* **1.** secreto. || *n.* **2.** secreto *m.*

secretariat [ˌsekrə'teriət] *n.* (office) secretaría *f.*

secretary ['sekrə,teri:] *n.* secretario *m.*

section ['sekʃən] *n.* **1.** sección *f.* **2.** (of community) sector *m.* **3.** (stretch) tramo *m.*

sector ['sektər] *n.* sector *m.*

secure [sɪkjʊr] *adj.* **1.** seguro. || *v. tr.* **2.** asegurar. **3.** (obtain) obtener; conseguir.

sedate [sə'deɪt] *v. tr., Med.* sedar.

sediment ['sedəmənt] *n.* **1.** sedimento *m.* **2.** (of wine, coffee) poso *m.*

seduce [sɪ'djuːz] *v. tr.* seducir.

see [siː] *v. tr.* ver.

seed [siːd] *n.* **1.** *Bot.* semilla *f.;* grano *m.* **2.** *Bot.* (of fruit) pepita *f.* ‖ *v. tr.* **3.** sembrar. **4.** (grapes) despepitar.

seem ['siːm] *v. intr.* parecer.

seesaw ['siːsɔː] *n.* **1.** balancín *m.* ‖ *v. intr.* **2.** columpiarse.

seethe ['siːz] *v. intr.* hervir; cocer.

segment ['segmənt] *n.* **1.** segmento *m.;* segmento *m* **2.** (orange, lemon) gajo *m.*

segregate ['segrəgeɪt] *v. tr.* segregar; desmembrar.

seize [siːz] *v. tr.* **1.** asir; prender; coger. **2.** *fig.* apoderarse.

seldom ['seldəm] *adv.* rara vez.

select [sə'lekt] *adj.* **1.** selecto; escogido. **2.** (of society) granado; florido. ‖ *v. tr.* **3.** (choose) elegir; optar; escoger.

selection [sə'lekʃən] *n.* **1.** selección *f.* **2.** (choosing) elección *f.*

self [self] (pl.: selves) *n.* **1.** sí mismo. ‖ *n.* **2.** personalidad *f.*

self-confidence [,self'kɒnfɪdənt] *n.* desenfado *m.;* desparpajo *m.*

self-esteem [,selfes'tiːm] *n.* (pride) amor propio.

selfish ['selfɪʃ] *adj.* egoísta.

selfishness ['selfɪʃnɪs] *n.* egoísmo *m.*

self-respect [,selfrəs'pekt] *n.* amor propio: orgullo *m.*

sell [sel] *v. tr.* vender.

sell-by date ['selbaɪdəɪt] *n., Br. E.* fecha de caducidad.

sellotape ['seləteɪp] *n., Br. E.* celo *m.;* cinta adhesiva.

semantics [sə'mæntɪks] *n., Ling.* semántica *f.*

semen ['siːmən] *n., Biol.* semen *m.;* esperma *amb.*

semester [sə'mestər] *n.* semestre *m.*

semidetached [,semɪdɪ'tæʃt] *adj. & n.* (house) adosado *m.*

senate ['senɪt] *n., Polit.* senado *m.*

send ['send] *v. tr.* **1.** enviar; mandar. **2.** (dispatch) despachar.

senile ['siːnaɪl] *adj.* senil.

senior ['siːnjər] *adj.* **1.** (in age) de mayor edad. **2.** (in rank) superior.

seniority [,siːnɪ'ɒrəti:] *n.* (in a job) antigüedad *f.*

sensation [sen'seɪʃən] *n.* (feeling) sensación *f.*

sense [sens] *n.* **1.** sentido *m.* **2.** sensación *f.* **3.** (head) mollera *f.*

sensibility [,sensə'bɪləti:] *n.* (feeling) sensibilidad *f.;* delicadeza *f.*

sensible ['sensəbəl] *adj.* sensato; juicioso; cuerdo; cauto.

sensitive ['sensətɪv] *adj.* **1.** sensible; sentido. **2.** (touchy) susceptible.

sentence ['sentəns] *n., Ling.* oración *f.;* frase *f.*

sentimental [sentə'mentəl] *adj.* sentimental; emotivo.

separate ['sepərit] *adj.* **1.** separado. **2.** (apart) apartado. ‖ *v. tr.* **3.** separar. **4.** (ideas) deslindar *form.* ‖ *v. intr.* **5.** (move apart) separarse.

separation [sepə'reiʃən] *n.* **1.** separación *f.*; rotura *f.* **2.** (of couple) ruptura *f.*

sepia ['si:piə] *n.*, *Zool.* sepia *f.*

September [sep'tembər] *n.* (month of year) septiembre *m.*

sequence ['si:kwəns] *n.* **1.** secuencia *f.* **2.** (series) serie *f.*

sequin ['si:kwin] *n.* lentejuela *f.*

serenade [serə'neid] *n.* **1.** *Mus.* serenata *f.*; ronda *f.* ‖ *v. intr.* **2.** *Mus.* rondar; dar una serenata.

serial ['siriəl] *adj.* **1.** consecutivo; sucesivo. **2.** *Comput.* en serie. ‖ *n.* **3.** (novel) publicado por entregas.

series ['siri:z] *n. inv.* serie *f. sing.*

serious ['siriəs] *adj.* serio.

serum ['sirəm] *n.*, *Med.* suero *m.*

servant ['sɜːrvent] *n.* sirviente *m.*

servants ['sɜːrvents] *n. pl.* servidumbre *f. sing.*; criados *m. pl.*

serve [sɜːrv] *v. tr.* **1.** servir. **2.** (provide with) abastecer. ‖ *v. intr.* **3.** servir.

service ['sɜːrvis] *n.* **1.** servicio *m.* **2.** (maintenance) mantenimien-to *m.*

serviette [sɜːrvi'et] *n.*, *Br. E.* servilleta *f.* ‖ ~ **ring** servilletero *m.*

servitude ['sɜːrvətu:d] *n.* servidumbre *f.*; criados *m. pl.*

session ['seʃən] *n.* sesión *f.*

set [set] *n.* **1.** juego *m.* **2.** (TV, cinema) plató *m.* **3.** (group) grupo *m.* ‖ *adj.* **4.** (wage, price) fijo; establecido. ‖ *v. tr.* **5.** poner; colocar. **6.** (a date, price, etc.) fijar. **7.** (locate) situar.

setback ['setbæk] *n.* revés *m.*

setting ['setiŋ] *n.* **1.** *Lit.* marco *m.* **2.** (of jewels) montura *f.* **3.** *Astron.* puesta *f.*

settle[1] ['setəl] *n.* (of wood) escaño *m.*; banco *m.*

settle[2] ['setəl] *v. tr.* **1.** colocar. **2.** (a date) acordar; fijar. **3.** (debts) saldar; solventar. **4.** (land) poblar; colonizar.

settlement ['setəlmənt] *n.* **1.** acuerdo *m.* **2.** (of debt) saldo *m.* **3.** (of account) liquidación *f.* **4.** (of people) establecimiento *m.*

seven ['sevən] *col. num. det.* (also pron. and n.) **1.** siete. ‖ *card. num. adj.* **2.** siete; séptimo. ‖ ~ **hundred** setecientos.

seventeen [sevən'ti:n] *col. num. det.* (also pron. and n.) **1.** diecisiete. ‖ *card. num. adj.* **2.** diecisiete.

seventeenth [sevən'ti:nθ] *card. num. adj.* (also n.) diecisiete.

seventh ['sevənθ] *card. num. adj.* **1.** siete; séptimo. ‖ *frac. numer. n.* (also adj. and pron.) **2.** séptimo.

seventieth ['sevəntɪəθ] *card. num. adj.* (also n.) setenta.

seventy ['sevəntɪ] *col. num. det.* (also pron. and n.) **1.** setenta. ‖ *card. num. adj.* **2.** setenta.

several ['sevrəl] *adj.* (some) varios *pl.*; diversos *pl.*

severe [sə'vɪr] *adj.* **1.** severo. **2.** (discipline) estricto. **3.** (style) austero; sobrio.

sevillanas [ˌsəvɪ:l'jænæs] *n.*, *Mus.* (four-part popular dance which originated in Seville) sevillanas.

sew ['sju:] *v. tr. & intr.* coser.

sewer ['sʊər] *n.* alcantarilla *f.*

sewing ['soʊɪŋ] *n.* costura *f.*

sex [seks] *n.* sexo *m.*

sexism ['seksɪzəm] *n.* sexismo *m.*

sexton ['sekstən] *n.*, *Rel.* sacristán *m.*

sexual ['sekʃuəl] *adj.* sexual.

shabby ['ʃæbɪ] *adj.* raído.

shade [ʃeɪd] *n.* **1.** (dark place) sombra *f.* **2.** (hue) matiz *m.* **3.** (of lamp) pantalla *f.*

shadow ['ʃædoʊ] *n.* **1.** (image) sombra *f.* ‖ *v. tr.* **2.** oscurecer.

shaggy ['ʃægɪ] *adj.* peludo.

shake [ʃeɪk] *n.* **1.** sacudida *f.* **2.** (violent) zarandeo *m.* ‖ *v. tr.* **3.** sacudir. **4.** (liquid) agitar. **5.** (building) hacer temblar. ‖ *v. intr.* **6.** temblar.

shallow ['ʃæloʊ] *adj.* **1.** (not deep) poco profundo. **2.** *fig.* frívolo; superficial.

sham [ʃæm] *n.* **1.** (pretense) farsa *f.*; comedia *f.* ‖ *v. tr.* **2.** fingir.

shame [ʃeɪm] *n.* **1.** (embarrassment) vergüenza *f.*; bochorno *m.* ‖ *v. tr.* **2.** avergonzar.

shameless ['ʃeɪmlɪs] *adj.* desvergonzado; descarado.

shampoo [ʃæm'pu:] *n.* **1.** champú *m.* ‖ *v. tr.* **2.** lavar el pelo (con champú).

shandy ['ʃændɪ] *n.*, *Br. E.* clara *f.* (cerveza con gaseosa).

shape [ʃeɪp] *n.* **1.** forma *f.*; talle *m.*; figura *f.* ‖ *v. tr.* **2.** dar forma. **3.** (clay) modelar. **4.** (character) conformar.

share [ʃer] *n.* **1.** parte *f.*; porción *f.*; cuota *f.* **2.** *Econ.* acción. **3.** *Br. E.*, *Econ.* interés *m.*; participación *f.* ‖ *v. tr.* **4.** dividir.

shark [ʃɑːrk] *n.*, *Zool.* tiburón *m.*

sharp [ʃɑːrp] *adj.* **1.** afilado. **2.** (knife) puntiagudo. **3.** (pain) agudo; penetrante. **4.** (abrupt) brusco; rudo.

sharpen [ʃɑːrpən] *v. tr.* afilar.

sharpener ['ʃɑːrpənər] *n.* afilador *m.* ‖ **pencil ~** sacapuntas *m. inv.*

shave [ʃeɪv] *n.* **1.** afeitado *m.* ‖ *v. tr.* **2.** afeitar. **3.** (hair) rapar. **4.** (wood) acepillar. ‖ *v. intr.* **5.** afeitarse.

shaver ['ʃeɪvər] *n.* máquina de afeitar.

shawl [ʃɔ:l] *n.* (garment) chal *m.*; mantón *m.*

she [ʃiː] *pron. pers. nomin.* 3rd. *person f. sing.* ella.

sheath [ʃiːθ] *n.* **1.** (for a sword) vaina *f.;* estuche *m.* **2.** (condom) preservativo *m.;* condón *m.*

sheathe [ʃeð] *v. tr.* (a blade) envainar; enfundar.

shed¹ [ʃed] *n.* cobertizo *m.*

shed² [ʃed] *v. tr.* **1.** (tears, blood) derramar. **2.** (light) emitir.

sheep [ʃiːp] *n. inv., Zool.* oveja *f.*

sheepskin [ˈʃiːpˌskɪn] *n.* (coat) vellón *m.;* zamarro *f.*

sheer¹ [ʃɪr] *adj.* **1.** (pure) puro. **2.** (cliff) escarpado; empinado.

sheer² [ʃɪr] *v. intr., Nav.* (a ship) desviarse; alejarse.

sheet [ʃiːt] *n.* **1.** (of bed) sábana *f.* **2.** (of paper) folio *m.;* hoja *f.* ‖ ~ **of paper** folio *m.;* cuartilla *f.*

shelf [ʃelf] *n.* **1.** (in cupboard, bookcase) estante *m.* **2.** (on wall) balda *f.;* repisa *f.* ‖ **shelves** *n. pl.* **3.** estantería *f. sing.*

shell [ʃel] *n.* **1.** *Zool.* (of turtle) concha *f.;* caparazón *m.* **2.** (of egg) cáscara *f.;* cascarón *m.*

shellfish [ˈʃelˌfɪʃ] *n. inv.* marisco *m.*

shelter [ˈʃeltər] *n.* **1.** (refuge) refugio *m.;* albergue *m.* **2.** (protection) protección *f.;* amparo. ‖ *v. tr.* **3.** refugiar; amparar. **4.** (criminal) encubrir. ‖ *v. intr.* **5.** (take refuge) refugiarse; cobijarse.

shepherd [ˈʃepərd] *n.* (of sheep) pastor *m.*

shift [ʃɪft] *n.* **1.** cambio *m.* **2.** (work period) turno *m.;* tanda *f.* ‖ *v. tr.* **3.** (change) cambiar. ‖ *v. intr.* **4.** (move) mover.

shinbone [ˈʃɪnˌboʊn] *n., Anat.* (tibia) tibia *f.*

shine [ʃaɪn] *n.* **1.** brillo *m.;* lustre *m.* ‖ *v. intr.* **2.** resplandecer; brillar. **3.** (metal) relucir. **4.** lucir.

ship [ʃɪp] *n.* **1.** *Nav.* barco *m.;* navío *m.;* buque *m.* ‖ *v. tr.* **2.** (take on board) embarcar. **3.** (goods) transportar. **4.** (send by ship) enviar.

shipwreck [ˈʃɪpˌrek] *n.* **1.** *Nav.* naufragio *m.* ‖ *v. tr.* **2.** *Nav.* (sink) irse a pique.

shirt [ʃɜːrt] *n.* camisa *f.* ‖ **to lose one's ~** perder hasta la camisa.

shit [ʃɪt] *n.* mierda *f.*

shiver [ˈʃɪvər] *n.* **1.** escalofrío *m.;* repelús *m.* **2.** (caused by fever) tiritona *f.* ‖ *v. intr.* **3.** tiritar. **4.** (with fear) estremecerse.

shock [ʃɒk] *n.* **1.** (jar) choque *m.;* colisión *f.* **2.** (emotional) conmoción *f.;* golpe *m. fig.* **3.** (scare) susto *m.* ‖ *v. tr.* **4.** causar fuerte impresión.

shoe [ʃuː] *n.* **1.** zapato *m.* **2.** (for horse) herradura *f.* **3.** *Mec.* (of brakes) zapata *f.* ‖ *v. tr.* **4.** calzar. **5.** (horses) herrar.

shoeblack [ˈʃuːˌblæk] *n.* limpiabotas *m. y f. inv.*

shoehorn [ˈʃuːˌhɔːrn] *n.* calzador *m.*

shoelace ['ʃuː,leɪs] *n.* cordón *m.*

shoemaker ['ʃuː,meɪkər] *n.* zapatero *m.*

shoot [ʃuːt] *n.* **1.** *Bot.* brote *m.*; vástago *m.* ‖ *v. tr.* **2.** disparar. **3.** (a film) filmar. ‖ *v. intr.* **4** disparar. **5.** *Bot.* (plant) brotar.

shop [ʃɒp] *n. Br. E.* tienda *f.*

shopkeeper ['ʃɒp,kiːpər] *n.*, *Br. E.* tendero *m.*; comerciante *m. y f.*

shore [ʃɔːr] *n.* **1.** orilla *f.* **2.** *Am. E.* (beach) playa *f.* **3.** (coast) costa *f.*

short [ʃɔːt] *adj.* **1.** corto. **2.** (not tall) bajo. **3.** (small) pequeño. **4.** (brief) breve. **5.** (brusque) brusco. ‖ *n.* **6.** *Film* cortometraje *m.*

shortage ['ʃɔːtɪdʒ] *n.* (lack) escasez *f.*; pobreza *f.*; carencia *f.*

shorten ['ʃɔːtən] *v. tr.* **1.** acortar. **2.** *Ling.* (word) abreviar.

shorts ['ʃɔːts] *n. pl.* **1.** *Am. E.* calzoncillos *m. pl.* **2.** *Sports* calzón *m.*

shot [ʃɒt] *n.* **1.** tiro *m.*; disparo *m.* **2.** (drink) trago *m.*

shotgun ['ʃɒtɡʌn] *n.* escopeta *f.*

shoulder ['ʃoʊldər] *n.* **1.** *Anat.* hombro *m.* **2.** (of road) arcén *m.*

shout [ʃaʊt] *n.* **1.** grito *m.*; exclamación *f.* ‖ *v. tr. & intr.* **2.** gritar; vocear.

shove [ʃʌv] *n.* **1.** *fam.* empujón *m.* ‖ *v. tr. & intr.* **2.** empujar.

show [ʃoʊ] *n.* **1.** demostración *f.* **2.** (art) exposición *f.* **3.** (theatre & TV) espectáculo *m.*; show *m.* ‖ *v. tr.* **4.** mostrar; exhibir. **5.** (facts, paintings) mostrar.

shower ['ʃaʊər] *n.* **1.** *Meteor.* chubasco *m.*; chaparrón *m.* **2.** *fig.* (presents) lluvia *f.* **3.** (bath) ducha *f.*; regadera *f.*, *Amér.* ‖ *v. intr.* **4.** ducharse; fastuosa.

showy ['ʃoʊiː] *adj.* **1.** llamativo; vistoso; chillón. **2.** (person) ostentoso.

shred [ʃred] *n.* **1.** triza *f.* **2.** (of fabric) jirón *m.* **3.** (of paper) tira *f.* ‖ *v. tr.* **4.** desmenuzar.

shrew [ʃruː] *n.* **1.** *Zool.* musaraña *f.* **2.** *fig.* (woman) arpía *f.*

shrewd [ʃruːd] *adj.* **1.** sagaz; pillo; astuto. **2.** (perceptive) perspicaz; penetrante.

shrimp [ʃrɪmp] *n., Zool.* (prawn) gamba *f.*; quisquilla *f.*

shrink [ʃrɪŋk] *n.* **1.** encogimiento *m.* ‖ *v. tr.* **2.** (clothes) encoger. ‖ *v. intr.* **3.** (clothes) encogerse; mermar.

shrivel ['ʃrɪvəl] *v. tr.* **1.** encoger. **2.** (skin) arrugar. **3.** (flowers) marchitar. ‖ *v. intr.* **4.** encogerse. **5.** (skin) arrugarse. **6.** (flowers) marchitarse.

shroud [ʃraʊd] *n.* **1.** mortaja *f.*; sudario *m.* ‖ *v. tr.* **2.** amortajar.

shrub [ʃrʌb] *n., Bot.* arbusto *m.*

shrug [ʃrʌɡ] *n.* encogimiento de hombros.

shut [ʃʌt] *adj.* **1.** cerrado. ‖ *v. tr.* **2.** cerrar. ‖ *v. intr.* **3.** cerrarse.

shutdown ['ʃʌt,daʊn] *n.* **1.** cierre *m.* **2.** (of company) paro *m.*

shutter ['ʃʌtər] *n.* (of window) contraventana *f.*; postigo *m.*

shuttle ['ʃʌtəl] *n.* **1.** (space) lanzadera *f.* ‖ *v. tr.* **2.** trasladar; transportar. ‖ **~ service** *Aeron.* puente aéreo.

shy [ʃaɪ] *adj.* tímido; vergonzoso.

shyness ['ʃaɪnɪs] *n.* timidez *f.*

sick [sɪk] *adj.* **1.** enfermo. **2.** (queasy) mareado.

sicken ['sɪkən] *v. tr.* **1.** (disgust) dar asco. **2.** (weary) fastidiar. **3.** *fig.* hartar; cansar.

sickle ['sɪkəl] *n.*, *Agr.* hoz *f.*

sickly ['sɪkli:] *adj.* **1.** enfermizo. **2.** (taste, smell) empalagoso.

sickness ['sɪknɪs] *n.* **1.** *Med.* náusea *f.*; mareo *m.* **2.** *Med.* (illness) enfermedad *f.*

side [saɪd] *n.* **1.** lado *m.* **2.** (of body) costado *m.* **3.** (of road) margen *amb.* **4.** (of a coin) cara *f.* ‖ *v. tr.* **5.** estar al lado de.

sideburn ['saɪdbɜːrn] *n.* patilla *f.*

sidestep ['saɪdstɛp] *v. tr.* (avoid) esquivar; eludir.

sidewalk ['saɪdwɔːk] *n.*, *Am. E.* (pavement) acera *f.*; piso *m.*

siege [siːdʒ] *n.*, *Mil.* sitio *m.*

siesta [si'ɛstə] *n.* siesta *f.*

sigh [saɪ] *n.* **1.** suspiro *m.*; exhalación *f.* ‖ *v. intr.* **2.** suspirar.

sight [saɪt] *n.* **1.** vista *f.* **2.** (vision) visión *f.*; espectáculo *m.* **3.** (on gun) mira *f.* ‖ *v. tr.* **4.** avistar.

sign [saɪn] *n.* **1.** signo *m.* **2.** (gesture) seña *f.* **3.** (signal) señal *f.* **4.** (indication) indicación *f.* ‖ *v. tr.* **5.** firmar; suscribir.

signal ['sɪgnəl] *n.* **1.** señal *f.* ‖ *v. tr.* **2.** (indicate) señalar. **3.** *Am. E.* (gesture) hacer señas.

signature ['sɪgnətʃər] *n.* (signing) firma *f.*

significance [sɪg'nɪfɪkəns] *n.* **1.** significado *m.* **2.** (importance) importancia *f.*

significative [sɪg'nɪfɪkətɪv] *adj.* **1.** simbólico. **2.** (meaningful) significativo.

signify ['sɪgnəfaɪ] *v. tr.* significar.

signing ['saɪnɪŋ] *n.* (act) firma *f.*

signpost ['saɪnpoʊst] *n.* **1.** señal *f.*; poste indicador. ‖ *v. tr.* **2.** (point) señalizar.

silence ['saɪləns] *n.* silencio *m.*

silent ['saɪlənt] *adj.* **1.** (night) silencioso. **2.** (person) callado.

silk [sɪlk] *n.* seda *f.*

silliness ['sɪlɪnɪs] *n.* **1.** estupidez *f.* **2.** (act) tontería *f.*; bobada *f.*

silly ['sɪli:] *adj.* tonto; bobo.

silver ['sɪlvər] *n.* **1.** *Chem.* plata *f.* ‖ *v. tr.* **2.** platear.

similar ['sɪmələr] *adj.* (alike) similar; semejante; parecido.

simple ['sɪmpəl] *adj.* **1.** simple; sencillo; fácil. **2.** (foolish) memo.

simpleness ['sɪmpəlnɪs] *n.* sencillez *f.*; naturalidad *f.*

simplify ['sɪmpləfaɪ] *v. tr.* simplificar; facilitar.

simulate ['sɪmjʊleɪt] v. tr. simular; fingir.

simultaneous [ˌsaɪməl'teɪnjəs] adj. simultáneo.

sin [sɪn] n. **1.** Rel. pecado m.; culpa f. ‖ v. tr. **2.** Rel. (a sin) cometer. ‖ v. intr. **3.** Rel. pecar.

since [sɪns] adv. **1.** desde entonces. ‖ prep. **2.** desde. ‖ conj. **3.** (in time) desde que.

sincere [sɪn'sɪr] adj. sincero.

sincerity [sɪn'serəti:] n. sinceridad f.; franqueza f.

sing ['sɪŋ] v. tr. & intr. cantar.

singe ['sɪndʒə] v. tr. chamuscar.

singer ['sɪŋər] n. cantante m. y f.

singing ['sɪŋɪŋ] n. **1.** (act, art) canto m. **2.** (in ears) zumbido m.

single ['sɪŋɡəl] adj. **1.** solo. **2.** (unmarried) soltero; mozo. **3.** (ticket) sencillo. ‖ ~ **room** habitación individual.

singular ['sɪŋɡjələr] adj. (unusual) curioso; singular.

singularity [ˌsɪŋɡjə'lærəti:] n. (peculiarity) rareza f.

sinister ['sɪnəstər] adj. siniestro.

sink¹ [sɪŋk] n. fregadero m.; pila f.

sink² [sɪŋk] v. tr. **1.** Nav. hundir. **2.** (immerse) sumir. **3.** (excavate) excavar. ‖ v. intr. **4.** hundirse; irse a pique. **5.** Econ. (sun, prices) bajar.

sip ['sɪp] n. **1.** sorbo m.; trago m. ‖ v. tr. **2.** sorber; beber a sorbos.

sir [sɜːr] n. (tittle) señor m.

siren ['saɪərən] n. sirena f.

sirloin ['sɜːrlɔɪn] n., Gastr. solomillo m.

sister ['sɪstər] n. **1.** hermana f. **2.** Rel. sor f.; monja f.

sisterhood ['sɪstərhʊd] n. (association of women) hermandad f.; congregación f.

sister-in-law ['sɪstərˌɪnlɔ:] n. cuñada f.

sit [sɪt] v. tr. **1.** sentar. **2.** Br. E. (exams) presentarse (a un examen). ‖ v. intr. **3.** sentarse.

situate ['sɪtʃʊeɪt] v. tr., frml. (site) situar; ubicar.

situation [ˌsɪtʃu'eɪʃən] n. **1.** (position) situación f.; ubicación f. **2.** (job) posición f.

six [sɪks] col. num. det. (also pron. and n.) **1.** seis. ‖ card. num. adj. **2.** seis; sexto. ‖ ~ **hundred** seiscientos.

sixteen [ˌsɪks'ti:n] col. num. det. (also pron. and n.) **1.** dieciséis. ‖ card. num. adj. **2.** dieciséis.

sixteenth [sɪks'ti:nθ] card. num. adj. (also n.) **1.** dieciséis.

sixth ['sɪksθ] card. num. adj. (also n.) **1.** sexto; seis. ‖ frac. numer. adj. (also adj. and pron.) **2.** sexto.

sixtieth ['sɪkstɪəθ] card. num. adj. (also n.) sesenta.

sixty ['sɪksti:] col. num. det. (also pron. and n.) **1.** sesenta. ‖ card. num. adj. **2.** sesenta.

size [saɪz] n. **1.** medida f.; tamaño m. **2.** (of clothes) talla f.

3. (of shoes, etc.) número m. ‖ v. tr. **4.** (cloth) aprestar.

skate [skeɪt] n. **1.** patín m. ‖ v. intr. **2.** patinar.

skateboard ['skeɪtbɔːrd] n. (without handlebars) monopatín m.

skeleton ['skelətən] n. **1.** Anat. esqueleto m. **2.** Constr. (of building, vehicle) armazón m.

sketch [sketʃ] n. **1.** croquis m. inv. **2.** (brief outline) boceto m.; esbozo m. ‖ v. tr. **3.** (draw) dibujar. **4.** (outline) esbozar.

ski [skiː] n. **1.** Sports esquí m. ‖ v. intr. **2.** Sports esquiar.

skid [skɪd] n. **1.** Car patinazo m. ‖ v. intr. **2.** Car patinar.

skiing ['skiːɪŋ] n., Sports esquí m.

skill [skɪl] n. **1.** habilidad f.; destreza f. **2.** (talent) maestría f. **3.** (technique) arte.

skillful, skilful (Br.E) ['skɪlfəl] adj. hábil; mañoso fam.; diestro.

skim [skɪm] v. tr. (milk) desnatar.

skimmer ['skɪmər] n. (spoon for skimming) espumadera f.

skin [skɪn] n. **1.** Anat. & Zool. piel f. **2.** (of face) cutis m. inv. **3.** (complexion) tez f. **4.** Zool. (of animal) pellejo m. **5.** (hide) cuero m. **6.** Bot. (of fruit) cáscara. **7.** (on boiled milk) nata f.

skinny ['skɪniː] adj. (thin) flaco.

skip [skɪp] n. **1.** salto m.; brinco m. ‖ v. intr. **2.** (jump) saltar; brincar. ‖ v. tr. **3.** (classes) saltarse (clases).

skipping ['skɪpɪŋ] n. comba f.

skirt [skɜːrt] n. **1.** falda f. ‖ v. tr. & intr. **2.** (coast) bordear.

skit [skɪt] n. Lit. sátira f.

skull [skʌl] n., Anat. cráneo m.

sky [skaɪ] (pl.:skies) n. cielo m.

skylark ['skaɪlɑːrk] n., Zool. (bird) alondra f.

skylight ['skaɪlaɪt] n., Archit. tragaluz m.; claraboya f.

skyscraper ['skaɪskreɪpər] n. (building) rascacielos m. inv.

slab [slæb] n. **1.** losa f. **2.** (of chocolate) tableta f. **3.** (of cake) pedazo m.; trozo m.

slacken ['slækən] v. tr. **1.** (rope) aflojar. **2.** (pace) aflojar (el paso). ‖ v. intr. **3.** aflojarse. **4.** Meteor. (storm) amainar.

slam [slæm] n. **1.** portazo m. ‖ v. tr. **2.** (a door) cerrar de golpe.

slander ['slændər] n. **1.** calumnia f.; difamación f. ‖ v. tr. **2.** (defame) calumniar; difamar.

slang [slæŋ] n. **1.** jerga f.; argot m. ‖ v. tr. **2.** insultar.

slap [slæp] n. **1.** fam. (on face) bofetada f.; guantada f.; torta f. **2.** (on back) palmada f.; manotazo m. ‖ v. tr. **3.** abofetear; dar una bofetada.

slash [slæʃ] n. **1.** cuchillada f. ‖ v. tr. **2.** (with a knife) acuchillar.

slate [sleɪt] n., Miner. pizarra f.

slaughter ['slɔːtər] n. **1.** matanza f. ‖ v. tr. **2.** (kill) matar. **3.** (animal) sacrificar.

slaughterhouse ['slɔːtərˌhaʊs] *n.*, *Am. E.* matadero *m.*

slave [sleɪv] *adj.* **1.** esclavo. ‖ *n.* **2.** esclavo *m.*; siervo *m.*

slaver [sleɪvər] *n.* **1.** (saliva) baba *f.* ‖ *v. intr.* **2.** babear.

slavery ['sleɪvəriː] *n.* esclavitud *f.*

sled ['sled] *n.* **1.** *Am. E.* trineo *m.* ‖ *v. intr.* **2.** *Am. E.* (sledge) viajar en trineo.

sleek [sliːk] *adj.* **1.** (hair) liso. ‖ *v. tr.* **2.** alisarse el pelo.

sleep [sliːp] *n.* **1.** sueño *m.* **2.** (in eyes) legaña *f.* ‖ *v. intr.* **3.** dormir; descansar.

sleepiness ['sliːpənɪs] *n.* (drausiness) somnolencia *f.*

sleepwalker ['sliːpˌwɔːkər] *n.* (somnambulist) sonámbulo *m.*

sleepy ['sliːpiː] *adj.* (drowsy) soñoliento.

sleet [sliːt] *n.*, *Meteor.* aguanieve *f.*

sleeve [sliːv] *n.* **1.** (of shirt) manga *f.* **2.** *Tech.* manguito *m.*

slender ['slendər] *adj.* **1.** delgado; esbelto. **2.** (means) escaso.

slice [slaɪs] *n.* **1.** (of bread) rebanada *f.*; tajada *f.* **2.** (of orange, lemon) rodaja *f.* **3.** (of ham, cheese) loncha *f.*; lonja *f.* **4.** (of watermelon) raja *f.* ‖ *v. tr.* **5.** (food) cortar; rajar.

slide [slaɪd] *n.* **1.** deslizamiento *m.* **2.** (slip) resbalón *m.* **3.** (for children) tobogán *m.* ‖ *v. tr.* **4.** deslizar. **5.** (furniture) correr. ‖ *v. intr.* **6.** resbalar; deslizarse.

slight [slaɪt] *adj.* **1.** ligero. **2.** (insignificant) leve. **3.** (person) menudo. ‖ *n.* **4.** (snub) desaire *m.* ‖ *v. tr.* **5.** desairar.

slightest ['slaɪtəst] *adj.* alguno.

slim [slɪm] *adj.* **1.** delgado; esbelto. ‖ *v. tr.* **2.** adelgazar. ‖ *v. intr.* **3.** (diet) hacer régimen.

sling [slɪŋ] *n.* **1.** (weapon) honda *f.* ‖ *v. tr.* **2.** (throw) tirar; lanzar.

slingshot ['slɪŋˌʃɒt] *n.*, *Am. E.* tirachinas *m. inv.*; tirador *m.*

slip [slɪp] *n.* **1.** (slide) resbalón *m.* **2.** (trip) traspié *m.* **3.** (mistake) error *m.*; tropiezo *m.*; desliz *m.* ‖ *v. tr.* **4.** deslizar. ‖ *v. intr.* **5.** (slide) resbalar. **6.** (move quickly) escurrirse; deslizarse. **7.** (hand, foot) irse.

slipper ['slɪpər] *n.* zapatilla *f.*

slippery ['slɪpəriː] *adj.* **1.** (surface) resbaladizo. **2.** (elusive) escurridizo.

slit [slɪt] *n.* **1.** corte *m.* **2.** (in a skirt) abertura *f.* ‖ *v. tr.* **3.** cortar.

slither ['slɪðər] *v. intr.*, *Zool.* (snail, snake) deslizarse; reptar.

slobber ['slɒbər] *v. intr.* babear.

slogan ['sloʊɡən] *n.*, *Polit.* (motto) eslogan *m.*; lema *m.*

slope [sloʊp] *n.* **1.** *Geogr.* cuesta *f.*; pendiente *f.* **2.** (up) subida *f.* **3.** (down) declive *m.* **4.** *Geogr.* (of mountain) falda *f.*; ladera *f.* **5.** (incline) inclinación *f.* ‖ *v. intr.* **6.** inclinarse.

slot [slɒt] *n.* **1.** ranura *f.* **2.** (groove) muesca *f.*

sloth [slouθ] *n.* **1.** *Zool.* perezoso *m.* **2.** *frml.* (laziness) pereza *f.*

slow [slou] *adj.* **1.** lento. **2.** (stupid) retrasado. ‖ *v. tr.* **3.** (pace) aflojar (el paso).

slowly ['slouli] *adv.* despacio.

slowness ['slounɪs] *n.* **1.** lentitud *f.*; pachorra *f.* col. **2.** (stupidity) torpeza *f.*

slug [slʌg] *n.*, *Zool.* babosa *f.*

sluice [slu:s] *n.* **1.** (waterway) canal *m.* **2.** (gate) compuerta *f.* ‖ *v. tr.* **3.** (arenas auríferas) lavar.

slut [slʌt] *n.* *pej.* (woman) perra *f. pey.*; pendón *f.*; ramera *f.*

slyness ['slaɪnɪs] *n.* **1.** (cunning) astucia *f.* **2.** (roguishness) malicia *f.*; picardía *f.*

smack [smæk] *n.* **1.** bofetada *f.*; sopapo *m.* ‖ *v. tr.* **2.** abofetear.

small [smɔ:l] *adj.* **1.** pequeño; chico. **2.** (in height) menudo. **3.** (insignificant) insignificante.

smallpox ['smɔ:l.pɒks] *n.*, *Med.* (illness) viruela *f.*

smart [smɑ:rt] *adj.* **1.** elegante; arreglado. **2.** (clever) listo. **3.** (sharp) hábil.

smartness ['smɑ:rtnɪs] *n.* **1.** elegancia *f.* **2.** (cleverness) inteligencia *f.*; viveza *f.*

smash [smæʃ] *n.* **1.** estrépito *m.* ‖ *v. tr.* **2.** (in pieces) romper; destrozar. **3.** (destroy) destripar. ‖ *v. intr.* **4.** (in pieces) romperse.

smear ['smɪr] *n.* **1.** mancha *f.* **2.** *fig.* calumnia *f.* ‖ *v. tr.* **3.** untar. **4.** (with chocolate, grease) embadurnar.

smell [smel] *n.* **1.** olor *m.* **2.** (sense) olfato *m.* ‖ *v. tr.* **3.** oler; olfatear. ‖ *v. intr.* **4.** oler. **5.** (stink) apestar.

smelt ['smelt] *v. tr.* (ore) fundir.

smelting ['smeltɪŋ] *n.* (works) fundición (de metales) *f.*

smile [smaɪl] *n.* **1.** sonrisa *f.* ‖ *v. intr.* **2.** (person) sonreír.

smiling ['smaɪlɪŋ] *adj.* risueño.

smithereens [smɪðə'ri:nz] *n. pl.* (pieces) añicos *m.*; pedazos *m.*

smock [smɒk] *n.* **1.** blusón *m.* **2.** (overall) bata *f.* ‖ **child's ~** babi *m.*

smoke [smouk] *n.* **1.** humo *m.* ‖ *v. tr.* **2.** (cigarette) fumar. **3.** (fish) ahumar. ‖ *v. intr.* **4.** (chimney, bonfire) humear; echar humo.

smoking ['smoukɪŋ] *adj.* **1.** humeante. ‖ *n.* **2.** fumar *m.* ‖ **"no ~"** prohibido fumar.

smooth [smu:ð] *adj.* **1.** liso. **2.** (skin) suave; terso. **3.** (even) llano. **4.** (sticky) meloso *fig.* **5.** (style) fluido. ‖ *v. tr.* **6.** (down/out) alisar; suavizar.

smoothness ['smu:ðnɪs] *n.* **1.** llanura *f.*; suavidad *f.* **2.** (peacefulness) tranquilidad *f.*

smudge ['smʌdʒ] *n.* **1.** (of ink) borrón *m.* ‖ *v. tr.* **2.** manchar; ensuciar. **3.** (text) emborronar.

smuggling ['smʌɡlɪŋ] *n.* contrabando *m.*

smut [smʌt] *n.* **1.** (dirt) mancha *f.*; suciedad *f.* **2.** (indecency) obscenidad *f.* ‖ *v. tr.* **3.** manchar.

snack [snæk] *n.* piscolabis *m.*; tentempié *m.* ‖ **afternoon ~** merienda *f.*

snail [sneɪl] *n., Zool.* caracol *m.*

snake [sneɪk] *n.* **1.** *Zool.* (big) serpiente *f.* **2.** *Zool.* (small) culebra *f.*

snap [snæp] *n.* **1.** (sound) chasquido *m.* **2.** (on clothes) automático *m.* ‖ *v. tr.* **3.** partir.

snare [sner] *n.* **1.** trampa *f.*; cepo *m.* ‖ *v. tr.* **2.** atrapar; prender.

snatch [snætʃ] *n.* **1.** arrebatamiento *m.* **2.** *fam.* (theft) robo *m.* ‖ *v. tr.* **3.** arrebatar.

sneak [sni:k] *n.* chivato *m.*

sneer [snɪr] *n.* **1.** burla *f.* ‖ *v. intr.* **2.** (mock) decir con burla. ‖ *v. tr.* **3.** expresar con desprecio.

sneeze [sni:z] *n.* **1.** estornudo *m.* ‖ *v. intr.* **2.** estornudar.

sniff [snɪf] *n.* **1.** olor *m.* **2.** (by animal) olfateo *m.* ‖ *v. tr.* **3.** oler. **4.** (with suspicious) olfatear.

snipe [snaɪp] *n.* **1.** *Zool.* (bird) agachadiza *f.* ‖ *v. intr.* **2.** criticar. **3.** (shoot) disparar. ‖ **~ at** tirotear.

snivel ['snɪvəl] *v. intr. Br. E.* (whimper) lloriquear; gimotear.

snooker ['snu:kər] *n.* billar *m.*

snoop ['snu:p] *n.* **1.** fisgón *m.* ‖ *v. intr.* **2.** *fam.* fisgar; hurgar.

snore [snɔ:r] *n.* **1.** (when you sleep) ronquido *m.* ‖ *v. intr.* **2.** roncar.

snort [snɔ:rt] *n.* **1.** bufido *m.*; resoplido *m.* ‖ *v. intr.* **2.** bufar; resoplar.

snout [snaʊt] *n., Zool.* (of animal) hocico *m.*; morro *m.*; jeta *f.*

snow [snoʊ] *n.* **1.** *Meteor.* nieve *f.* ‖ *v. intr.* **2.** *Meteor.* nevar.

snowfall ['snoʊ,fɔ:l] *n., Meteor.* nevada *f.*

snowflake ['snoʊ,fleɪk] *n.* copo de nieve.

snowplow ['snoʊ,plaʊ] *n., Am. E.* quitanieves *m. inv.*

snowstorm ['snoʊ,stɔ:rm] *n., Meteor.* ventisca *f.*

snub [snʌb] *n.* **1.** desaire *m.*; desprecio *m.* ‖ *v. tr.* **2.** desairar.

snuggle ['snʌɡəl] *v. intr.* arrimarse.

so [soʊ] *adv.* **1.** tan; tanto. **2.** (in this way) así; de esta manera. **3.** (too) también. **4.** (intensifier) más. ‖ *conj.* **5.** pues bien. **6.** (result) así que; de modo que. ‖ *interj.* **7.** bueno. ‖ **~ far** hasta aquí.

soak [soʊk] *v. tr.* **1.** empapar; calar. ‖ *v. intr.* **2.** (clothes, foood) estar en remojo.

so-and-so ['soʊænsoʊ] *n., fam.* fulano *m.*; mengano *m.*; zutano *m.*

soap [soʊp] *n.* **1.** jabón *m.* ‖ *v. tr.* **2.** enjabonar; dar jabón.

soar [sɔːr] v. intr. **1.** (birds, planes) remontarse. **2.** (morale, building) elevarse; erguirse.

sob [sɒb] n. **1.** sollozo m. ‖ v. intr. **2.** sollozar. ‖ ~ **story** tragedia f.

sober ['soubər] adj. sobrio.

soccer ['sɒkər] n., Am. E., Sports fútbol m.; balompié m.

social ['souʃəl] adj. **1.** social. ‖ **2.** acto social.

socialize, socialise (Br.E) ['souʃə,laɪz] v. tr. & intr. alternar (con gente).

society [sə'saɪətiː] n. **1.** (association) sociedad f. **2.** (community) comunidad f. **3.** (company) compañía f.

sock[1] [sɒk] n. **1.** calcetín m. **2.** Am. E. (stocking) media f.

sock[2] [sɒk] n. **1.** (blow) puñetazo m. ‖ v. tr. **2.** pegar; golpear.

socket ['sɒkɪt] n. **1.** órbita f.; cuenca f. **2.** (of eye) órbita f.; cuenca f. **2.** Electron. (power point) enchufe m.

soda ['soudə] n., Am. E. (drink) gaseosa f.

sodden ['sɒdən] adj. mojado.

sofa ['soufə] n. sofá m.

soft [sɒft] adj. **1.** blando; mullido. **2.** (flabby) fofo. **3.** (food) tierno. **4.** (skin) suave. **5.** (consonant, person) débil. **6.** (indulgent) blando. **7.** (muscle) flojo.

soften ['sɒftən] v. tr. **1.** ablandar; reblandecer. **2.** (skin) suavizar. **3.** (knock) amortiguar. ‖ v. intr. **4.** ablandarse.

soil [sɔɪl] n. **1.** Agr. tierra f. ‖ v. tr. **2.** ensuciar; manchar. ‖ v. intr. **3.** (clothes) ensuciarse.

solar ['soulər] adj. solar.

solder ['sɒldər] v. tr. soldar; unir.

soldier ['souldʒər] n. **1.** Mil. soldado m. **2.** militar m. y f.

sole[1] [soul] n. **1.** (of foot) planta f. **2.** (of shoe) suela f. ‖ v. tr. **3.** (shoes) poner suelas a.

sole[2] [soul] adj. (only) solo.

sole[3] [soul] n., Zool. (fish) lenguado m.

solemn ['sɒləm] adj. solemne.

solicit [sə'lɪsɪt] v. tr. solicitar.

solid ['sɒlɪd] adj. **1.** sólido; macizo. **2.** (firm) firme. ‖ n. **3.** sólido m.

solidarity [sɒlɪ'dærɪtiː] n. solidaridad f.; apoyo m.

solidify [sə'lɪdɪfaɪ] v. tr. solidificar; cuajar.

solitaire ['sɒlətər] n. solitario m.

solitary ['sɒlətəriː] adj. **1.** (alone) solitario. **2.** (person) retraído.

solitude ['sɒlɪtuːd] n. soledad f.

solution [sə'luːʃən] n. solución f.

solve [sɒlv] v. tr. **1.** (mystery) resolver. **2.** (difficulties) solventar. **3.** (problem) solucionar; aclarar.

some [sʌm] adj. **1.** (with countable nouns) alguno; uno. **2.** (with uncountable nouns) algo de. **3.** (unspecified person or thing) alguno. **4.** algún. ‖ pron. **5.** alguno.

somebody ['sʌmˌbɒdi:] *pron.* alguien.

someday ['sʌmˌdeɪ] *adv.* algún día.

somehow ['sʌmˌhaʊ] *adv.* de algún modo; en cierto modo.

someone ['sʌmˌwʌn] *pron.* alguien.

somersault ['sʌmərˌsɔːlt] *n.* (tumble) voltereta *f.*

something ['sʌmθɪŋ] *pron.* algo.

sometime ['sʌmˌtaɪm] *adv.* en algún momento.

sometimes ['sʌmˌtaɪmz] *adv.* algunas veces; a veces.

somewhat ['sʌmˌwɒt] *adv.* algo.

somewhere ['sʌmˌwer] *adv.* en alguna parte; por ahí.

son [sʌn] *n.* **1.** hijo *m.* ‖ **son-in-law** *n.* **2.** hijo político; yerno *m.*

song [sɒŋ] *n.* **1.** canción *f.* **2.** (of bird) canto *m.* **3.** (popular) copla *f.*; cantar *m.*

songbook ['sɒŋˌbʊk] *n.*, *Mus.* (songs and poetry) cancionero *m.*

sonnet ['sɒnɪt] *n.*, *Lit.* soneto *m.*

soon [suːn] *adv.* pronto. ‖ **sooner** (comp. of "soon") *adv.* antes. ‖ **as ~ as** tan pronto como.

soothe [suːð] *v. tr.* **1.** (pain) aliviar; calmar. **2.** (rage) aplacar.

soprano [səˈprɑːnoʊ] *n.*, *Mus.* soprano *f.*

sorcery ['sɔːsəri:] *n.* (witchcraft) hechicería *f.*; brujería *f.*

sore [sɔːr] *adj.* **1.** dolorido. **2.** (eyes) irritado. ‖ *n.* **3.** llaga *f.* ‖ **cold ~** (on lips) pupa *f.*

sorrow ['sɒroʊ] *n.* **1.** dolor *m.*; pesar *m.*; pena *f.* **2.** *fig.* (grief) luto *m.*

sorry ['sɒri:] *adj.* **1.** (sad) triste. ‖ *interj.* **2.** (apology) ¡perdón!

sort [sɔːrt] *n.* **1.** (kind) género *m.*; especie *f.* ‖ *v. tr.* **2.** (classify) clasificar. **3.** (mend) arreglar.

so-so ['soʊˌsoʊ] *adv. fam.* así así.

soul [soʊl] *n.* **1.** *Rel.* alma. **2.** (spirit) espíritu *m.* **3.** (person) alma *f.*

sound[1] [saʊnd] *n.* **1.** sonido *m.* **2.** (noise) ruido *m.* ‖ *v. tr.* **3.** tocar. **4.** *Med.* auscultar. ‖ *v. intr.* **5.** sonar.

sound[2] [saʊnd] *adj.* **1.** (healthy) sano. **2.** (sleep) profundo.

soundness ['saʊndnɪs] *n.* solidez *f.*

soundtrack ['saʊndˌtræk] *n.*, *Film* banda sonora.

soup [suːp] *n.*, *Gastr.* sopa *f.* ‖ **~ dish** plato llano. **~ spoon** cuchara sopera.

sour ['saʊər] *adj.* **1.** (sharp) ácido; agrio. **2.** *fig.* (character) avinagrado. ‖ *v. tr. & intr.* **3.** (milk) agriar. **4.** *fig.* (a day) amargar.

source [sɔːrs] *n.* **1.** fuente *f.*; principio *m.* **2.** (of infection) foco.

sourness ['saʊrnɪs] *n.* acidez *f.*

souse [saʊs] *n.* **1.** *Gastr.* escabeche *m.* ‖ *v. tr.* **2.** *Gastr.* (tuna) escabechar.

south [saʊθ] n., Geogr. sur m.

souvenir [ˌsuːvəˈnɪr] n. souvenir m.; recuerdo m.

sovereign ['sɒvrɪn 'sɒvərɪn] adj. **1.** soberano. ‖ n. **2.** (king) soberano m.; monarca m.

sovereignty ['sɒvrənti:] n. soberanía f.

sow[1] [soʊ] v. tr. (seeds) sembrar.

sow[2] [soʊ] n., Zool. (female pig) cerda f.

sowing ['soʊɪŋ] n., Agr. siembra f.

soy [sɔɪ] n., Am. E., Bot. soja f.

space [speɪs] n. **1.** espacio m. **2.** (room) sitio. **3.** (gap) claro. **4.** (capacity) cabida f. ‖ v. tr. **5.** espaciar.

spacious ['speɪʃəs] adj. (roomy) espacioso; amplio.

spade [speɪd] n. (for digging) pala f.

spaguetti [spəˈgeti] n. pl., Gastr. (pasta) espaguetis m.

span [spæn] n. **1.** (of hand) palmo m. **2.** (of time) espacio m. **3.** (de puente) ojo m.

Spaniard ['spænɪərd] n. español m.; hispano m.

Spanish ['spænɪʃ] adj. **1.** español. ‖ n. **2.** (language) español m.; castellano m.

spank ['spæŋk] v. tr. (whip) azotar; dar azontes.

spar [spɑːr] v. intr. (argue) reñir.

spare [sper] adj. **1.** (surplus) de más. ‖ v. tr. **2.** prescindir (de). **3.** (save) ahorrar.

sparing ['sperɪŋ] adj. parco.

spark [spɑːrk] n. **1.** chispa f.; centella f. **2.** Electron. chispazo m. **3.** fig. (trace) chispa f. ‖ v. intr. **4.** (fire) chispear.

sparkle ['spɑːrkəl] n. **1.** destello m. ‖ v. intr. **2.** centellear; brillar.

sparkling ['spɑːrklɪŋ] adj. **1.** (jewels) brillante. **2.** (eye) chispeante; centelleante.

sparrow ['spærəʊ] n. Zool. (bird) gorrión m.

sparrowhawk ['spærəʊˌhɔːk] n., Zool. (bird) gavilán m.

spatter ['splætər] v. tr. salpicar.

speak [spiːk] v. intr. **1.** hablar. **2.** (make speech) hablar. ‖ v. tr. **3.** decir. **4.** (language) hablar.

speaking ['spiːkɪŋ] n. **1.** (skill) habla f. ‖ adv. **2.** al hablar.

spear [spɪr] n. **1.** (weapon) lanza f. **2.** (for fishing) arpón m.

special ['speʃəl] adj. **1.** especial; extraordinario. **2.** (specific) particular.

specialist ['speʃəlɪst] adj. **1.** especialista m. ‖ n. **2.** especialista m. y f.

specialize, specialise (Br.E) ['speθɪəˌlaɪz] v. intr. especializarse.

specialty, speciality (Br.E) [ˌspeʃiˈæləti:] n. especialidad f.

species ['spiːʃiːz] n. inv., Biol. especie f.

specify ['speθɪfaɪ] v. tr. especificar; precisar; puntualizar.

specimen ['spesəmin] *n*. ejemplar *m*.; muestra *f*.

speck [spek] *n*. **1.** (mote) mota *f*. **2.** (stain) manchita *f*. || *v. tr.* **3.** manchar.

spectacle ['spektəkəl] *n*. (sight) espectáculo *m*.

spectacles ['spektəkəlz] *n. pl.* lentes *m. y f.*; gafas *f*.

spectator [spek'tertər] *n*. espectador *m*.

speculate ['spekjʊˌleɪt] *v. intr.* especular; conjeturar.

speech [spi:tʃ] *n*. **1.** habla *f*. **2.** (oration) discurso *m*.

speed [spi:d] *n*. **1.** velocidad *f*. **2.** (quickness) rapidez *f*. **3.** (gear) marcha *f*. || *v. tr.* **4.** acelerar. || *v. intr.* **5.** (person) darse prisa.

spell[1] [spel] *v. tr.* deletrear.

spell[2] [spel] *n*. (curse) hechizo *m*.; encanto *m*.; maleficio *m*.

spelling ['spelɪŋ] *n*. **1.** ortografía *f*. **2.** (of a word) grafía *f*.

spend [spend] *v. tr.* **1.** (time, money) gastar. **2.** (time) pasar. **3.** (exhaust) agotar. || *v. intr.* **4.** (money) gastarse.

spendthrift ['spendˌθrɪft] *adj.* **1.** derrochador; manirroto. || *n*. **2.** derrochador *m*.; manirroto *m*.

sperm[1] [spɜ:rm] *n., Biol.* esperma *amb.*; semen *m*.

spermatozoon [ˌspɜ:rmətoʊˈzoʊn] (pl.: spermatozoa) *n., Biol.* espermatozoide *m*.

spew [spju:] *v. tr. & intr.* (lava, flames) arrojar.

sphere [sfɪr] *n*. **1.** esfera *f*. **2.** *fig.* (circle) ámbito *m*.; círculo *m*.

spice [spaɪs] *n*. **1.** *Gastr.* especia *f*. **2.** *fig.* sazón *m*.; salsa *f*. || *v. tr.* **3.** *Gastr.* condimentar; sazonar.

spicy ['spaɪsi:] *adj.* **1.** *Gastr.* (food) picante. **2.** *fig.* (gossip) sabroso; jugoso.

spider ['spaɪdər] *n., Zool.* araña *f*.

spike [spaɪk] *n*. **1.** (prickle) pincho *m*.; púa *f*. || *v. tr.* **2.** (a sharp piece) clavar.

spikenard ['spaɪkˌnɑ:rd] *n., Bot.* (aromatic plant) nardo *m*.

spill [spɪl] *n*. **1.** (of liquid) derrame *m*. **2.** (fall) caída *f*. || *v. tr. & intr.* **3.** (liquid) derramar. **4.** (pour) verter.

spin [spɪn] *v. tr.* **1.** hacer girar. **2.** (cotton) hilar. **3.** (spider) tejer. **4.** (a top) bailar. || *v. intr.* **5.** dar vueltas; girar.

spinach ['spɪnɪdʒ] *n., Bot.* (vegetables) espinaca *f*.

spine [spaɪn] *n*. **1.** *Anat.* espina *f*.; espinazo *m*. **2.** *Zool.* (on hedgehog) púa *f*.

spinster ['spɪnstər] *n*. soltera *f*.

spiny ['spaɪni:] *adj., Bot.* (plant) espinoso; con espinas.

spiral ['spaɪrəl] *adj.* **1.** espiral. || *n*. **2.** espiral *f*.; rosca *f*.

spirit ['spɪrɪt] *n*. **1.** (soul) espíritu *m*. **2.** (mood) humor *m*. **3.** (courage) coraje *m*.

spirits ['spɪrɪts] *n. pl.* licor *m. sing.*

spit [spɪt] *n.* **1.** saliva *f.* ‖ *v. intr.* **2.** escupir. **3.** (rain) chispear.

spite [spaɪt] *n.* despecho *m.*

spittle ['spɪtəl] *n.* baba *f.*; saliva *f.*

splash ['splæʃ] *n.* **1.** (into the water) chapoteo *m.* ‖ *v. tr.* **2.** chapotear. **3.** (with liquid) salpicar; rociar.

spleen [spliːn] *n. Anat.* bazo *m.*

splendor, splendour (Br.E) ['splendər] *n.* esplendor *m.*

splint [splɪnt] *n. Med.* tablilla *f.* ‖ *v. tr.* **2.** *Med.* entablillar.

splinter ['splɪntər] *n.* **1.** (of wood) astilla *f.* ‖ *v. tr.* **2.** (wood) astillar. ‖ *v. intr.* **3.** (wood) astillarse.

split [splɪt] *adj.* **1.** partido; hendido. ‖ *n.* **2.** grieta *f.*; hendedura *f.*; raja *f.* **3.** (division) división *f.*; cisma *f.* ‖ *v. tr.* **4.** (wood) hender. **5.** (cut) partir.

spoil [spɔɪl] *v. tr.* **1.** estropear; chafar; aguar. **2.** (pamper) mimar. ‖ *v. intr.* **3.** (food) estropearse.

spokesman ['spouksmən] *n.* portavoz *m.*; representante *m.*

sponge [spʌndʒ] *n.* **1.** esponja *f.* ‖ *v. tr.* **2.** (scrounge) gorronear.

sponger ['spʌndʒər] *n.* gorrón *m.*

spongy ['spʌndʒiː] *adj., Gastr.* (cake, bread) esponjoso; blando.

sponsor ['spɒnsər] *n.* **1.** patrocinador *m.* **2.** *Rel.* (man) padrino *m.* **3.** *Rel.* (woman) madrina *f.* ‖ *v. tr.* **4.** patrocinar.

spontaneous [spɒn'teɪnjəs] *adj.* espontáneo; involuntario.

spool [spuːl] *n., Phot.* carrete (de fotos) *m.*; bobina *f.*

spoon [spuːn] *n.* cuchara *f.*

sport [spɔːrt] *n.* deporte *m.*

sports [spɔːrts] *adj.* **1.** deportivo. ‖ *n. pl.* **2.** deportes *m.*

sportsman ['spɔːrtsmən] *n.* deportista *m.*; atleta *m.*

spot [spɒt] *n.* **1.** (stain) mancha *f.*; pinta *f.* **2.** (dot) lunar *m.* **3.** (place) sitio *m.*; lugar *m.*; punto *m.* ‖ *v. tr.* **4.** (mistake) descubrir. ‖ *v. intr.* **5.** mancharse.

spotlight ['spɒt͵laɪt] *n.* **1.** *Electron.* (beam) reflector *m.*; foco *m.* **2.** *fig.* centro de atención.

spotter ['spɒtər] *n.* observador *m.*

spouse [spaʊs] *n.* cónyuge *m. y f.*

spout [spaʊt] *n.* **1.** (of jar) pico *m.* **2.** (of kettle) pitorro *m.* **3.** (of fountain) surtidor *m.* **4.** (of water) chorro *m.* ‖ *v. tr.* **5.** (liquid) arrojar. **6.** (verses) declamar.

sprain ['spreɪn] *n.* **1.** *Med.* esguince *m.* ‖ *v. tr.* **2.** *Med.* torcer. ‖ *v. intr.* **3.** *Med.* torcerse.

sprawl ['sprɔːl] *v. intr.* **1.** (lie down) tumbarse; echarse. **2.** (city) extenderse.

spray [spreɪ] *n.* **1.** aerosol *m.*; spray *m.* ‖ *v. tr.* **2.** (with water) rociar; pulverizar.

spread [spred] *n.* **1.** extensión. **2.** (ideas) difusión; diseminación f. **3.** (of disease) propagación f. ‖ v. tr. **4.** desplegar. **5.** (lay out) extender. **6.** (news, ideas) divulgar; difundir.

sprightly ['spraɪtli:] adj. **1.** (agile) ágil. **2.** (lively) vivo.

spring [sprɪŋ] n. (season) primavera f.

spring² [sprɪŋ] n. **1.** (of water) manantial m.; fuente f. **2.** (jump) salto m.; brinco m. ‖ v. intr. **3.** saltar. **4.** (plants) brotar.

springboard ['sprɪŋˌbɔːrd] n. (swimming) trampolín m.

springy ['sprɪŋi:] adj. **1.** (grass, sofa) mullido. **2.** (elastic) elástico.

sprite [spraɪt] n. duende m.

sprout [spraʊt] n. **1.** Bot. retoño m.; brote m. ‖ v. intr. **2.** (seeds) brotar. **3.** (spurt) surgir.

spur [spɜːr] n. **1.** espuela f. **2.** (incentive) aguijón.

spurn [spʌrn] v. tr. (disdain) despreciar; desdeñar.

spurt or spirt [spɜːrt] n. **1.** (stream) chorro m. ‖ v. intr. **2.** salir a chorro.

sputter ['spʌtər] v. intr. chispear; chisporrotear.

spy [spaɪ] n. **1.** espía m. y f. ‖ v. intr. **2.** espiar.

squad [skwɒd] n. **1.** Mil. pelotón m. **2.** (of police) brigada f. **3.** Sports (team) equipo m.

squadron ['skwɒdrən] n. **1.** Mil. escuadrón m. **2.** Aeron. escuadrilla f. **3.** Nav. escuadra f.

squall [skwɔːl] n., Meteor. chubasco m.; chaparrón m.

squander ['skwændər] v. tr. **1.** (money) derrochar; despilfarrar. **2.** (resources, means) malgastar. **3.** (inheritance) dilapidar; gastar.

square [skwer] adj. **1.** cuadrado. ‖ n. **2.** Math. (shape) cuadrado m.; cuadro m. **3.** (on crossword) casilla f. ‖ v. tr. **4.** cuadrar.

squash¹ [skwɒʃ] v. tr. (crush) aplastar. ‖ **orange ~** (drink) zumo de naranja.

squash² [skwɒʃ] n., Sports squash m.

squeak ['skwi:k] n. **1.** chillido m. **2.** (of wheel) chirrido m. ‖ v. intr. **3.** (an animal) chillar.

squeal [skwi:l] n. **1.** chillido m. ‖ v. tr. **2.** chillar.

squeeze [skwi:z] n. **1.** (of hands) apretón m. ‖ v. tr. **2.** apretar. **3.** (orange, lemon) exprimir. **4.** (person) estrujar.

squid [skwɪd] n., Zool. calamar m.

squirrel ['skwərəl] n., Zool. (rodent) ardilla f.

stab [stæb] n. **1.** (with a knife) puñalada f. ‖ v. tr. **2.** apuñalar.

stability [stəˈbɪləti:] n. estabilidad f.

stable ['steɪbəl] n. (for horses) establo m.; cuadra f.; caballeriza f.

stack [stæk] n. **1.** pila f.; montón m. ‖ v. tr. **2.** apilar; amontonar.

stadium ['steɪdɪəm] *n.*, *Sports* estadio *m.*

staff [stæf] *n.* **1.** plantilla *f.*; personal *m.* **2.** (stick) bastón *m.*; palo *m.* **3.** (teachers) claustro *m.* (de profesores). || **editorial** ~ (team) redacción *f.*

stag [stæg] *n.*, *Zool.* ciervo *m.*

stage [steɪdʒ] *n.* **1.** plataforma *f.*; tablado *m.* **2.** *Theat.* escenario *m.* **3.** (profession) teatro *f.*

stagger ['stægər] *v. intr.* **1.** tambalearse. || *v. tr.* **2.** (payments, holidays) escalonar.

stain [steɪn] *n.* **1.** (of dirt) mancha *f.*; lamparón *m.* || *v. tr.* **2.** (mark) manchar. **3.** (dye) teñir. || *v. intr.* **4.** mancharse.

stainless ['steɪnlɪs] *adj.* **1.** inmaculado. **2.** (metal) inoxidable.

stair ['steɪ] *n.* (single step) escalón *m.*; peldaño *m.*

staircase ['steɪkeɪs] *n.* escalera *f.*

stalk [stɔːk] *n.* **1.** *Bot.* (of plants) tallo *m.* **2.** *Bot.* (of fruits) rabo *m.*

stall [stɔːl] *n.* **1.** (in a market) puesto *m.* **2.** *Agr.* establo *m.* **3.** (manger) pesebre *m.*

stamina ['stæmənə] *n.* (strength) fuerza *f.*; aguante *m.*; energía *f.*

stammer ['stæmər] *n.* **1.** (stuttering) tartamudeo *m.* || *v. tr.* **2.** balbucear.

stamp [stæmp] *n.* **1.** sello *m.*; timbre *m.* **2.** (for metals) cuño *m.* **3.** (with foot) pisotón *m.* || *v. tr.* **4.** estampar; imprimir.

5. (passport) sellar. || *v. intr.* **6.** patalear.

stampede [stæm'piːd] *n.* **1.** desbandada *f.*; estampida *f.* || *v. intr.* **2.** salir en estampida.

stanch ['stæntʃ] *v. tr.* (bleeding) estancar; contener.

stand [stænd] *n.* **1.** posición *f.* **2.** (of lamp) pie *m.* **3.** (at a fair) caseta *f.*; puesto *m.* **4.** *Sports* grada *f.*; tribuna *f.* || *v. intr.* **5.** estar (de pie); quedarse. || *v. tr.*

standard ['stændərd] *n.* **1.** nivel *m.* **2.** (norm) norma *f.*; pauta *f.* **3.** (measure) patrón *m.* || *adj.* **4.** normal; estándar.

standardize ['stændərraɪz] *v. tr.* normalizar; estandarizar.

standing ['stændɪŋ] *adj.* **1.** (permanent) permanente; fijo. **2.** (upright) derecho; en pie. || *n.* **3.** (social) posición *f.*

stanza ['stænzə] *n.*, *Lit.* estrofa *f.*

staple ['steɪpəl] *n.* **1.** grapa *f.* || *v. tr.* **2.** (papers) grapar.

stapler ['steɪplər] *n.* grapadora *f.*

star [stɑːr] *n.* **1.** *Astron.* estrella *f.*; astro *m.* **2.** (person) astro *m.*; divo *m.* || *v. tr.* **3.** (to decorate with stars) estrellar. || *v. intr.* **4.** *Film* (movie) protagonizar.

starch [stɑːrtʃ] *n.* **1.** almidón. **2.** (in food) fécula *f.* || *v. tr.* **3.** (laundry) almidonar.

stare [steɪ] *n.* **1.** mirada *f.* (fija). || *v. intr.* **2.** clavar la vista.

start [stɑːrt] *n.* **1.** (beginning) inicio *m.*; principio *m.*; comienzo *m.* ‖ *v. tr.* **2.** empezar. **3.** (set out) emprender. **4.** (a conversation) entablar. ‖ *v. intr.* **5.** comenzar. **6.** (originate) originarse.

startle ['stɑːrtəl] *v. tr.* sobresaltar.

starving ['stɑːrvɪŋ] *adj.* muerto de hambre.

state [steɪt] *adj.* **1.** Polit. estatal. ‖ *n.* **2.** estado *m.* ‖ *v. tr.* **3.** (facts) afirmar; declarar.

statement ['steɪtmənt] *n.* (declaration) declaración *f.*

static ['stætɪk] *adj.* **1.** estático. ‖ **statics** *n. sing.* **2.** estática *f.*

station ['steɪʃən] *n.* **1.** (train, bus) estación *f.* ‖ *v. tr.* **2.** (troops) estacionar; apostar.

stationery ['steɪʃnəri] *n.* (materials) artículos de escritorio. ‖ **~ store** (shop) papelería *f.*

statistics [stə'tɪstɪk] *n. pl.* (science) estadística *f. sing.*

statue ['stætʃuː] *n.* estatua *f.*

stature ['stætʃər] *n.* estatura *f.*

status ['steɪtəs 'stætəs] *n.* estado *m.*; condición *f.*

stay [steɪ] *n.* **1.** estancia *f.*; permanencia *f.* ‖ *v. intr.* **2.** quedarse; permanecer *form.* **3.** (temporarily) hospedarse; alojarse.

steadiness ['stedɪnɪs] *n.* **1.** (perseverance) firmeza *f.* **2.** (stability) estabilidad *f.*

steady ['stedi:] *adj.* **1.** firme; seguro. **2.** (constant) constante.

steak [steɪk] *n.* filete *m.*

steal [stiːl] *v. tr. & intr.* robar.

stealth [stelθ] *n.* sigilo *m.*

steam [stiːm] *n.* **1.** vapor *m.* ‖ *v. intr.* **2.** (soap, coffee, tea) humear.

steel [stiːl] *n.* acero *m.*

steep [stiːp] *adj.* (mountain, slope) escarpado; empinado.

steer [stɪr] *n.*, Zool. (young bull) novillo *m.*; becerro *m.*

stem [stem] *n.* **1.** Bot. (of plant) tallo *m.*; tronco *m.* **2.** Ling. raíz *f.*

stench [stentʃ] *n.* (stink) hedor *m.*

step [step] *n.* **1.** (footstep) paso *m.* **2.** (single step) escalón *m.*; peldaño *m.* **3.** (measure) medida *f.* ‖ *v. intr.* **4.** dar un paso.

stepbrother ['step,brʌðər] *n.* hermanastro *m.*

stepdaughter ['step,dɔːtər] *n.* hijastra *f.*

stepfather ['step,fɑːðər] *n.* padrastro *m.*

stepmother ['step,mʌðər] *n.* madrastra *f.*

steppe [step] *n.*, Geogr. estepa *f.*

stepsister ['step,sɪstər] *n.* hermanastra *f.*; media hermana.

stepson ['stepsʌn] *n.* hijastro *m.*

stern [stɜːrn] *n.*, Nav. popa *f.*

stew [stuː] *n.* **1.** Gastr. guiso *m.*; estofado *m.*; puchero *m.* ‖ *v. tr.* **2.** Gastr. estofar; guisar. ‖ **bean ~** Gastr. fabada *f.*

steward ['stjʊərd] *n.* (on plane) auxiliar de vuelo.

stick [stɪk] *n.* **1.** (of wood) palo *m.*; vara *f.* **2.** (for fire) varilla *f.* **3.** (for walking) bastón *m.* || *v. tr.* **4.** (thrust) clavar. **5.** (glue) pegar; adherir. || *v. intr.* **6.** (adhere) pegarse; adherirse. **7.** (become fixed) atascarse.

sticker [stɪkər] *n.* pegatina *f.*

stiff [stɪf] *adj.* (rigid) rígido; tieso.

stiffen [stɪfən] *v. intr.* **1.** almidonar. **2.** (muscles) agarrotarse.

stifle [staɪfəl] *v. tr.* ahogar.

still[1] [stɪl] *adj.* **1.** (motionless) quieto; inmóvil. **2.** (calm) tranquilo. **3.** (subdued) tenue. || *n.* **4.** *Phot.* fotograma *m.* || *adv.* **5.** aún; todavía. **6.** no obstante.

stillness [stɪlnɪs] *n.* quietud *f.*; sosiego *m.*; tranquilidad *f.*

stilt [stɪlt] *n.* zanco *m.*

stimulate [stɪmjəleɪt] *v. tr.* (encourage) estimular; animar.

sting [stɪŋ] *n.* **1.** *Zool.* aguijón. **2.** (bee) picadura *f.* **3.** (de serpiente) & *Med.* escozor *m.* || *v. tr. & intr.* **5.** (bee) picar. **6.** *Med.* (wound, eyes) escocer.

stingy [stɪndʒi] *adj. coll.* (tighfished) rácano; roñoso; tacaño.

stink [stɪŋk] *n.* **1.** (stench) hedor *m.*; tufo *m.* || *v. intr.* **2.** apestar; oler mal. **3.** *fig.* apestar.

stipulate [stɪpjuleɪt] *v. tr.* (agree) estipular; pactar.

stir [stɜːr] *n.* **1.** (movement) movimiento *m.*; agitación *f.* || *v. tr.* **2.** remover.

stitch [stɪtʃ] *n.* **1.** (in sewing) punto *m.* **2.** *Med.* punzada *f.* || *v. tr.* **3.** *Med.* (sew) coser.

stock [stɒk] *n.* **1.** (supply) provisión *f.* **2.** *Econ.* (goods) existencias *f. pl.* **3.** *Econ.* (share) acción *m.* **4.** (descent) estirpe *f.*; linaje *m.* || *v. tr.* **5.** (provide) abastecer. **6.** (goods) almacenar.

stockade [stɒkeɪd] *n.* (palisade) empalizada *f.*; estacada *f.*

stocking [stɒkɪŋ] *n.* media *f.*

stockyard [stɒkjɑːrd] *n.* corral *m.*

stoke [stoʊk] *v. tr. & intr.* (fire) atizar; avivar (el fuego).

stomach [stʌmək] *n.* **1.** *Anat.* estómago *m.* **2.** (belly) barriga *f.*

stone [stoʊn] *n.* **1.** piedra *f.* **2.** *Br. E.* (of fruit) hueso *m.*; barriga *m.* **3.** *Med.* (in kidney) cálculo *m.* || *v. tr.* **4.** (to death) apedrear.

stool [stuːl] *n.* (bench) taburete *m.*; (belly) banqueta *f.*

stoop [stuːp] *n.* **1.** (of body) inclinación *f.* || *v. intr.* **2.** agacharse.

stop [stɒp] *n.* **1.** paro *m.*; detención *f.* **2.** (halt) alto *m.* **3.** (of bus, subway) parada *f.* || *v. tr.* **4.** detener; parar. **5.** (+ ing) (cease) cesar de (+ inf.). **6.** (finish) cesar *f.* **7.** (traffic) paralizar. || *v. intr.* **8.** pararse; detenerse.

stopper [stɒpər] *n.* tapón *m.*

stopwatch [stɒpwɔːtʃ] *n.*, *Sports* cronómetro *m.*; cronógrafo *m.*

store [stɔːr] n. **1.** (stock) provisión f. **2.** (warehouse) depósito m. **3.** Am. E. (shop) tienda f.; comercio m. ‖ v. tr. **4.** almacenar.

storehouse ['stɔːrhaʊs] n., Am. E. (warehouse) almacén m.

storekeeper ['stɔːrˌkiːpər] n. Am. E. tendero m.

storeroom ['stɔːrˌruːm] n., Nav. despensa f.

stork [stɔːrk] n., Zool. cigüeña f.

storm ['stɔːrm] n. **1.** Meteor. tormenta f. **2.** (at sea) tempestad f.; temporal m. ‖ v. tr. **3.** Mil. (attack) asaltar.

story ['stɔːriː] n. **1.** historia f. **2.** (story) narración f. **3.** (tale) relato m.; cuento m.

stout [staʊt] adj. **1.** robusto; corpulento; grueso. **2.** (strong) fuerte. ‖ n. **3.** (beer) cerveza negra.

stove [stoʊv] n. **1.** (for warmth) estufa f. **2.** (for cooking) cocina f.; fogón m. **3.** (burner) hornillo m.

stowaway ['stoʊəˌweɪ] n., Nav. (en un barco) polizón m.

straight [streɪt] adj. **1.** recto; seguido; derecho. **2.** (hair) liso.

straightforwardness [ˌstreɪtˈfɔːrwərdnɪs] n. llaneza f.; sencillez f.

strain [streɪn] n. **1.** tensión f.; tirantez f. **2.** Med. torcedura f. ‖ v. tr. **3.** extender. **4.** (exert) forzar. **5.** (vegetables) colar. ‖ v. intr. **6.** esforzarse.

strainer ['streɪnər] n. Gastr. (clander) colador m.; pasador m.

strait [streɪt] n., Geogr. estrecho m.

strange ['streɪndʒ] adj. **1.** (unfamiliar) desconocido. **2.** (odd) extraño.

stranger ['streɪndʒər] n. (outsider) extraño m.; forastero m.

strangle ['stræŋgəl] v. tr. **1.** estrangular. ‖ v. intr. **2.** ahogarse.

strap [stræp] n. correa f.; tira f.

stratagem ['strætədʒəm] n. (trick) estratagema f.; artimaña f.

strategy ['strætədʒiː] n. estrategia f.

stratus ['strætəs] n., Meteor. (cloud) estrato m.; nube f.

straw [strɔː] n., Agr. paja f.

strawberry ['strɔːˌberiː] n., Bot. (fruit) fresa f.

stray [streɪ] adj. **1.** descarriado; extraviado. **2.** (dog) callejero.

stream [striːm] n. **1.** (current) corriente f. **2.** Geogr. riachuelo m.; arroyo m. **3.** fig. torrente m.

street [striːt] n. calle f.

streetcar ['striːtˌkɑːr] n., Am. E. (train) tranvía f.

strength [streŋθ] n. **1.** fuerza f. **2.** (health) fortaleza f. **3.** (of emotion, conviction) intensidad f.

strengthen ['streŋðən] v. tr. **1.** reforzar. **2.** (muscles) fortalecer.

stress [stres] n. **1.** Med. estrés m.; tensión f. ‖ v. tr. **2.** recalcar.

stretch [stretʃ] n. **1.** (length) tramo m.; trecho m. ‖ v. tr. **2.** extender; estirar. **3.** (hand) alargar. **4.** (sweater, shoes) ensanchar.

stretcher ['stretʃər] n. (for ill person) camilla f.; bastidor m.

strict [strɪkt] adj. **1.** severo; estricto. **2.** (rigurous) riguroso.

strictness ['strɪknɪs] n. (severity) rigor m.; severidad f.; rigidez f.

strike [straɪk] n. **1.** huelga f. ‖ v. tr. **2.** pegar; golpear. **3.** (coin) acuñar. **4.** (a match) encender. **5.** (obstacle) tropezar con.

string [strɪŋ] n. **1.** cuerda f. **2.** (lace) cordón m.; cinta f. **3.** (of garlic, onion) ristra f.; horca f.

strip^1 [strɪp] n. **1.** tira f. **2.** (of wood) listón m.

strip^2 [strɪp] v. tr. & intr. **1.** desnudar. **2.** (deprive) despojar. **3.** (from bed) quitar (las sábanas).

stripe [straɪp] n. **1.** (colored) raya f.; lista f. **2.** Mil. (on uniform) galón m. ‖ v. tr. **3.** (cloth) rayar.

strive [straɪv] v. intr. esforzarse.

stroke [stroʊk] n. **1.** golpe m. **2.** (of oar) palada f. **3.** (in swimming) brazada f. **4.** (of a bell) campanada f. ‖ v. tr. **5.** (hair, animal) acariciar.

strong [strɒŋ] adj. **1.** fuerte. **2.** (person) robusto; vigoroso.

structure ['strʌktʃər] n. (framework) estructura f.; hechura f.

struggle ['strʌgəl] n. **1.** lucha f. **2.** (fight) combate m.; pelea f. ‖ v. intr. **3.** luchar; combatir.

stub [stʌb] n. **1.** (of cigarette) colilla f. **2.** (of candle) cabo m.

stubbornness ['stʌbərnnɪs] n. terquedad f.; cabezonería f.

stud [stʌd] n. **1.** tachuela f. **2.** (on clothes) tachón m. **3.** (macho man) semental m. ‖ v. tr. **4.** (decorate) tachonar.

student ['stu:dent] n. alumno m.

studio ['stu:dɪoʊ] n. **1.** (of an artist) estudio m. **2.** (apartment) estudio m.

study ['stʌdi] n. **1.** estudio m. **2.** (room) despacho m.; gabinete m. ‖ v. tr. **3.** estudiar; cursar.

stuff [stʌf] n. **1.** (matter) materia f. **2.** (items) cosas f. pl.; bártulos m. pl. col. ‖ v. tr. **3.** (fit) rellenar; embutir. **4.** (a gap) tapar.

stumble ['stʌmbəl] n. **1.** tropezón m.; tropiezo m.; traspié m. ‖ v. intr. **2.** tropezar.

stump [stʌmp] n. **1.** (of cigarette) colilla f. **2.** (of tree) cepa f.

stun [stʌn] v. tr. **1.** (daze) aturdir; atontar. **2.** (unconscious) dejar sin sentido.

stupefy ['stu:pɪfaɪ] v. tr. **1.** (bewilder) atontar; aturdir. **2.** (astonish) dejar estupefacto.

stupid ['stu:pɪd] adj. **1.** (silly) estúpido; bobo; tonto. ‖ n. **2.** estúpido m.; imbécil m.

stupidity [stuːˈpɪdəti] *n.* estupidez *f.*; idiotez *f.*; gansada *f.*

sturdiness [ˈstɜːrdɪnɪs] *n.* (ro-
bustness) robustez *f.*; energía *f.*

stutter [ˈstʌtər] *n.* **1.** tartamudeo
m. ‖ *v. intr.* **2.** tartamudear.

stye [staɪ] *n., Med.* orzuelo *m.*

style [staɪl] *n.* **1.** estilo *m.* **2.**
(elegance) elegancia *f.*

subdue [sʌbˈdjuː] *v. tr.* **1.** someter. **2.** (ire, desire) domeñar. **3.**
(feelings) contener.

subject [ˈsʌbdʒɪkt] *n.* **1.** (citizen)
súbdito *m.*; vasallo *m.* **2.** (topic)
tema *m.*; tópico *m.*; asunto *m.*
3. *Educ.* materia *f.*; asignatura *f.*

subjugate [ˈsʌbdʒəgeɪt] *v. tr.* (subordinate) subyugar; avasallar.

sublime [səˈblaɪm] *adj.* sublime.

submarine [ˈsʌbməriːn] *adj.*
1. *Nav.* (under the sea) submarino. ‖ *n.* **2.** *Nav.* submarino *m.*

submerge [sʌbˈmɜːrdʒ] *v. tr.*
1. (cover) sumergir. ‖ *v. intr.*
2. sumergirse.

submit [sʌbˈmɪt] *v. tr.* **1.** someter.
‖ *v. intr.* **2.** rendirse; someterse.

subordinate [səˈbɔːrdənɪt] *v. tr.*
subordinar.

subscribe [sʌbˈskraɪv] *v. tr.* **1.**
suscribir. ‖ *v. intr.* **2.** abonarse.

subside [ˈsʌbsaɪd] *v. intr.* **1.**
(road, land) hundirse. **2.** (storm,
wind) amainar; calmar; ceder.

subsidize [ˈsʌbsəˌdaɪz] *v. tr.*
(finance) subvencionar; finan-
ciar.

subsistence [səbˈsɪstəns] *n.* sub-
sistencia *f.*; mantenimiento *m.*

subsoil [ˈsʌbsɔɪl] *n., Geogr.* subsuelo *m.*

substance [ˈsʌbstəns] *n.* **1.** sustancia *f.*; substancia *f.* **2.** (essence) esencia.

substantial [səbˈstænʃəl] *adj.*
1. sólido. **2.** (considerable) importante. **3.** (fundamental) sus-
tancial; esencial.

substitute [ˈsʌbstətuːt] *n.* **1.** (person) sustituto *m.*; suplente *m. y
f.* **2.** (thing) sucedáneo *m.* ‖ *v. tr.*
3. sustituir.

subterfuge [ˈsʌbtərˌfjuːdʒ] *n.* **1.**
subterfugio *m.*; evasiva *f.*

subterranean [ˌsʌbtəˈreɪniən]
adj. (underground) subterráneo.

subtitle [ˈsʌbˌtaɪtəl] *n.* **1.** Film
subtítulo *m.* ‖ *v. tr.* **2.** Film (a
movie) subtitular.

subtle [ˈsʌtl] *adj.* **1.** (ingenious)
sutil. **2.** (tactful) delicado.

subtract [sʌbˈstrækt] *v. tr. Math.*
(take away) sustraer; restar.

subtraction [səbˈtrækʃən] *n.,*
Math. resta *f.*

suburb [ˈsʌbɜːrb] *n.* **1.** (of city)
periferia *f.*; suburbio *m.* ‖ **su-
burbs** *n. pl.* **2.** afueras *f.*

subway [ˈsʌbˌweɪ] *n.* **1.** Br. E.
(tunnel) subterráneo *m.* **2.** Am.
E. (transport) metro *m.*

succeed [səkˈsiːd] *v. intr.* **1.** suceder. **2.** (have success) tener
éxito; triunfar.

success [sʌkˈses] n. éxito m.

successive [səkˈsesɪv] adj. seguido; sucesivo; subsiguiente.

succulent [ˈsʌkjələnt] n. (meat, fruit) suculento; exquisito.

such [sʌtʃ] adj. **1.** así; tal. ‖ pron. **2.** tal. ‖ **~ a** (emphasis) tal.

suck [sʌk] n. **1.** chupada f. ‖ v. tr. **2.** aspirar. **3.** (liquid) sorber. ‖ v. intr. **4.** chupar; libar.

sucker [sʌkər] n., Zool. ventosa f.

sucking pig [sʌkɪŋpɪg] sust. phr., Br. E. lechón; cochinillo m.

suckle [sʌkəl] v. tr. **1.** (mother) amamantar. ‖ v. intr. **2.** (child, animal) mamar.

suckling pig [sʌklɪŋ pɪg] sust. phr., Zool. Am. E. lechón m.

sudden [sʌdən] adj. **1.** súbito; repentino. **2.** (unexpected) inesperado. **3.** (abrupt) brusco.

sue [su:] v. intr., Law demandar; poner un pleito; querellarse.

suffer [sʌfər] v. tr. **1.** sufrir. **2.** (an illness) padecer. **3.** (defeat) experimentar. **4.** (tolerate) aguantar; soportar.

suffice [sʌfɪs] v. tr. & intr. bastar; ser bastante; ser suficiente.

sufficient [səˈfɪʃənt] adj. (enough) bastante; suficiente.

suffocate [ˈsʌfəkeɪt] v. tr. **1.** fixiar. ‖ v. intr. **2.** asfixiarse.

suffocation [ˌsʌfəˈkeɪʃən] n. **1.** Med. asfixia. **2.** fig. (discomfort) asfixia f.; inquietud f.

suffrage [ˈsʌfrɪdʒ] n. sufragio m.

sugar [ˈʃʊgər] n. **1.** azúcar m. y f. ‖ v. tr. **2.** azucarar; endulzar.

suggest [səˈdʒest] v. tr. **1.** sugerir; proponer. **2.** (advise) aconsejar.

suicidal [suəˈsaɪdl] adj. suicida.

suicide [ˈsuəsaɪd] n. **1.** (act) suicidio m. **2.** (person) suicida m. y f.

suit [su:t] n. **1.** traje m. (de chaqueta). **2.** Law proceso m. ‖ v. tr. **4.** convenir. **5.** (color, clothes) sentar.

suitable [ˈsu:təbəl] adj. **1.** conveniente. **2.** (appropiate) adecuado; apropiado. **3.** (apt) idóneo.

suitcase [ˈsu:tkeɪs] n. (case) maleta f.; valija f. Amér.

suite [swi:t] n. (hotel) suite f.

sulfur, sulphur (Br.E.) [ˈsʌlfər] n., Chem. azufre m.

sullen [ˈsʌlən] adj. (person, nature) hosco; huraño pey.

sultan [ˈsʌltən] n. sultán m.

sultry [ˈsʌltri:] adj. bochornoso; sofocante. ‖ **~ weather** Meteor. bochorno m.

sum [sʌm] n. **1.** suma f.; total m. **2.** (of money) suma f.

summarize, summarise (Br.E) [ˈsʌməraɪz] v. tr. (sum up) resumir; sintetizar.

summary [ˈsʌməri:] n. (resumé) sumario m.; resumen m.

summer [ˈsʌmər] adj. **1.** estival; veraniego. ‖ n. **2.** verano m.

summit [ˈsʌmɪt] n. **1.** (of a mountain) cúspide; cumbre f. **2.** (of hill) cresta f.

summon ['sʌmən] v. tr. **1.** convocar. **2.** (send for) llamar.

sun [sʌn] n. sol m.

sunburn ['sʌnbɜːrn] n. (sun) quemadura f.

Sunday ['sʌndi] n. domingo m.

sunflower ['sʌnˌflaʊər] n., Bot. (plant) girasol m.

sunglasses ['sʌnˌglæs] n. pl. gafas de sol.

sunrise ['sʌnˌraɪz] n. (dawn) salida del sol.

sunset ['sʌnˌset] n. ocaso m.

sunshade ['sʌnˌʃeɪd] n. **1.** parasol m.; sombrilla f.; quitasol m. **2.** (for beach) toldo m.

sunstroke ['sʌnˌstroʊk] n., Med. insolación f.

suntan ['sʌnˌtæn] n. bronceado m.; moreno m. ‖ **to get a ~** broncearse.

sup [sʌp] v. tr. beber (a sorbos).

super ['suːpər] adj. **1.** óptimo. ‖ n. **2.** (petrol) gasolina super.

superb [suːˈpɜːrb] adj. (splendid) soberbio; magnífico; sublime; espléndido.

superficial [ˌsuːpərˈfɪʃəl] adj. (shallow) superficial; somero.

superfluous [suːˈpərˌfluəs] adj. (unnecessary) superfluo.

superhuman [ˌsuːpərˈhjuːmən] adj. sobrehumano.

superlative [suːˈpərlətɪv] adj. & n. superlativo m.

supermarket ['suːpərˌmɑːrkɪt] n. supermercado m.

supernatural [ˌsuːpərˈnætʃərəl] adj. sobrenatural; prodigioso.

superstition [ˌsuːpərˈstɪʃən] n. superstición f.

supervise ['suːpɜːrˌvaɪz] v. tr. **1.** (watch over) vigilar. **2.** (project) supervisar. **3.** (essay) dirigir.

supper [sʌpər] n. cena f.

supple ['sʌpəl] adj. **1.** (leather) flexible. **2.** (person) elástico.

supplement ['sʌpləmənt] n. **1.** suplemento m. ‖ v. tr. **2.** complementar.

supply [səˈplaɪ] n. **1.** suministro m. **2.** Econ. (provisions) abastecimiento m. ‖ v. tr. **3.** suministrar; abastecer; proveer. **4.** (information) facilitar.

support [səˈpɔːrt] n. **1.** soporte m.; apoyo m. **2.** fig. (moral) respaldo m.; apoyo m. **3.** (sustenance) sostén m. ‖ v. tr. **4.** (hold up) soportar; sostener. **5.** (corroborate) respaldar. **6.** (encourage) apoyar.

suppose [səˈpoʊz] v. tr. (assume) suponer; presumir; presuponer.

suppress [sʌˈpres] v. tr. **1.** suprimir. **2.** (feelings) reprimir.

supremacy [suːˈpreməsiː] n. (dominance) supremacía f.

sure [ʃʊr] adj. **1.** seguro; cierto. ‖ adv. **2.** (certainly) con toda seguridad; ciertamente.

sureness ['ʃʊrnɪs] n. seguridad f.

surety ['ʃʊrəti] n. garantía f.

surf [sɜːrf] v. intr. **1.** Sports hacer surf. **2.** Comp (internet) navegar.

surface ['sɜːrfɪs] n. **1.** superficie f. ‖ v. intr. **2.** aflorar.

surgeon ['sɜːrdʒən] n., Med. cirujano m.

surgery ['sɜːrdʒəri] n. cirugía f.

surly ['sɜːrli] adj. hosco.

surname ['sɜːrˌneɪm] n. apellido m.

surpass [sɜːrˈpæs] v. tr. (better) superar; sobrepasar; exceder.

surprise [sərˈpraɪz] n. **1.** sorpresa f. ‖ v. tr. **2.** sorprender.

surprised [sɜːrˈpraɪzd] adj. sorprendido.

surrender [səˈrendər] v. tr. **1.** Mil. rendir; entregar. ‖ v. intr. **2.** (submit) entregarse; rendirse.

surround [səˈraʊnd] v. tr. (encircle) rodear; cercar.

suspect [səsˈpekt] n. **1.** sospechoso m. ‖ v. tr. **2.** sospechar.

suspend [sʌsˈpend] v. tr. (set aside) suspender.

suspicion [səsˈpɪʃən] n. **1.** sospecha f.; recelo m. **2.** (little bit) pizca f.

suspicious [səˈspɪʃəs] adj. **1.** sospechoso. **2.** (wary) desconfiado; receloso.

sustain [səˈsteɪn] v. tr. **1.** sostener. **2.** (maintain) sustentar.

swallow[1] ['swɒloʊ] n. **1.** (gulp) trago m. ‖ v. tr. **2.** tragar.

swallow[2] ['swɒloʊ] n., Zool. (bird) golondrina f.

swamp ['swɒmp] n. **1.** Geogr. pantano m.; marisma f.; ciénaga f. ‖ v. tr. **2.** inundar; anegar.

swan [swɒn] n., Zool. cisne m.

swap ['swɔːp] n. **1.** intercambio m.; canje m. ‖ v. tr. **2.** canjear.

swarm [swɔːrm] n. **1.** Zool. enjambre m. **2.** fig. (of people) hervidero m.

sway [sweɪ] n. **1.** vaivén m.; balanceo m. ‖ v. intr. **2.** balancearse; mecerse.

swear [swer] v. intr. **1.** jurar. **2.** (curse) decir palabrotas.

swearword ['swerˌwɜːrd] n. palabrota f.; taco m.; juramento f.

sweat [swet] n. **1.** sudor m.; transpiración f. ‖ v. tr. **2.** sudar.

sweater ['swiːtər] n. jersey m.

sweatshirt ['swiːtˌʃɜːrt] n. sudadera f.

sweep [swiːp] n. **1.** barrido m. **2.** (movement) movimiento m. ‖ v. tr. **3.** (floor) barrer; (search) rastrear. **4.** (remove) arrastrar.

sweet [swiːt] adj. **1.** dulce. **2.** (with sugar) azucarado. **3.** (nice) agradable. **4.** (person) meloso. ‖ n. **5.** Br. E. golosina f.; caramelo m. ‖ **sweets** n. pl. **6.** dulces m.

sweeten ['swiːtən] v. tr. **1.** endulzar. **2.** fig. (attitude) ablandar.

sweetener ['swiːtənər] n. edulcorante m.; sacarina f.

swell [swel] n. **1.** oleaje m.; marejada f. **2.** fig. (movement) oleada *f.* ‖ *v. tr.* **3.** hinchar; engrosar. ‖ *v. intr.* **4.** hincharse.

swift [swɪft] *adj.* veloz; rápido.

swim [swɪm] *n.* **1.** baño *m.* ‖ *v. intr.* **2.** *Sports* nadar.

swimmer ['swɪmər] *n.*, *Sports* nadador *m.*

swimming ['swɪmɪŋ] *n.*, *Sports* natación *f.* ‖ ~ **cap** gorro de baño. ‖ ~ **costume** bañador *m.*; ~ **pool** piscina *m.*; alberca *f.* *Amér.*

swimsuit ['swɪmˌsuːt] *n.* bañador *m.*; traje de baño *m.*; maillot *m.*

swindle ['swɪndəl] *n.* **1.** (con) estafa *f.*; timo *m.* ‖ *v. tr.* **2.** estafar; timar.

swine [swaɪn] *n. inv.* **1.** *Zool.* cerdo *m.*; puerco *m.* **2.** *fig.* (person) cabrón *m.*

swing [swɪŋ] *n.* **1.** balanceo *m.*; vaivén *m.* **2.** (to play) columpio *m.* ‖ *v. tr.* **3.** balancear. **4.** (on a swing) columpiar. ‖ *v. intr.* **5.** balancearse; mecerse.

swipe [swaɪp] *n.* **1.** golpe *m.*; zarpazo *m.* ‖ *v. tr.* **2.** (hit) pegar.

swirl [swɜːrl] *n.* **1.** remolino *m.* ‖ *v. intr.* **2.** (dust, papers) arremolinarse. **3.** (people, skirts) girar.

switch [swɪtʃ] *n.* **1.** *Electron.* interruptor *m.* **2.** (change) cambio *m.* ‖ *v. tr.* **3.** cambiar. **4.** (glance, conversation) desviar.

switchboard ['swɪtʃˌbɔːrd] *n.* (in hotels, offices) centralita *f.*

swoon [swuːn] *n.* **1.** desvanecimiento *m.*; desmayo *m.* ‖ *v. intr.* **2.** (faint) desvanecerse.

sword [sɔːrd] *n.* (arma) espada *f.*

swordfish ['sɔːrdˌfɪʃ] *n.*, *Zool.* (fish) pez espada.

swot [swɒt] *v. intr.* (study) empollar; estudiar; chapar.

syllable ['sɪləbəl] *n.*, *Ling.* sílaba *f.*

symbol ['sɪmbəl] *n.* símbolo *m.*

symbolize ['sɪmbəˌlaɪz] *v. tr.* simbolizar; representar.

symptom ['sɪmptəm] *n.*, *Med.* síntoma *m.*; indicio *m.*

synagogue ['sɪnəˌgɒg] *n.*, *Rel.* (Jews Church) sinagoga *f.*

syncope ['sɪnkoʊp] *n.*, *Med.* síncope *m.*; desfallecimiento *m.*

syndicate ['sɪndɪkət] *n.*, *Econ.* sindicato *m.*; corporación *f.*

syndrome ['sɪndroʊm] *n.*, *Med.* síndrome *m.*

synonym ['sɪnənɪm] *n.*, *Ling.* sinónimo *m.*

synthetical [sɪnˈθetɪkəl] *adj.* (artificial) sintético; artificial.

syringe [səˈrɪndθ] *n.* **1.** *Med.* jeringa *f.*; jeringuilla *f.* ‖ *v. tr.* **2.** *Med.* inyectar.

syrup ['sɪrəp] *n.* jarabe *m.*; almíbar *m.* ‖ **cough** ~ *Pharm.* jarabe para la tos.

t [ti:] *n.* (letter) t *f.*

table ['teɪbəl] *n.* **1.** mesa *f.* ‖ *v. tr.* **2.** *Am. E.* posponer.

tablecloth ['teɪbəlklɒθ] *n.* mantel *m.* (para la mesa)

tablet ['tæblɪt] *n.* **1.** *Pharm.* tableta *f.*; gragea *f.*; comprimido *m.* **2.** (commemorative) lápida *f.*; placa *f.* **3.** *Am. E.* (for writing) bloc *m.* (de notas)

taboo [tæ'bu:] *n.* tabú *m.*

tack [tæk] *n.* **1.** tachuela *f.* ‖ *v. tr.* **2.** (sew) hilvanar. ‖ *v. intr.* **3.** *Nav.* virar.

tackle ['tækəl] *n.* **1.** (equipment) equipo *m.* (de deporte). **2.** *Nav.* polea *f.* ‖ *v. tr.* **3.** (problems) abordar.

tact [tækt] *n.* (discretion) tacto *m.*; pulso *m. fig.*; discreción *f.*

tadpole ['tædˌpoul] *n., Zool.* (of frog) renacuajo *m.*

tag [tæg] *n.* **1.** etiqueta *f.* **2.** *Ling.* coletilla *f.*; muletilla *f.* ‖ *v. tr.* **3.** etiquetar.

tail [teɪl] *n.* **1.** cola *f.* **2.** *Zool.* rabo *m.* **3.** (of shirt, coat) faldón *m.*

tailor ['teɪlər] *n.* sastre *m.*

taint [teɪnt] *n.* **1.** (dishonor) mancha *f.* ‖ *v. tr. & intr.* **2.** (honor) manchar; mancillar.

take [teɪk] *n. sing.* **1.** *Film* toma *f.* **2.** (earnings) ingresos *m. pl.* ‖ *v. tr.* **3.** tomar; coger. **4.** (bus, train) coger. **5.** (carry, accompany) llevar. ‖ *v. intr.* **6.** prender. **7.** (accept) tomarse.

take-off ['teɪkɒf] *n., Aeron.* (plane) despegue *m.*

taking ['teɪkɪŋ] *n., Mil.* toma *f.*

talc [tælk] *n., Miner.* talco *m.*

talcum powder ['tælkəmˌpaʊdər] *sust. phr.* polvos de talco.

tale [teɪl] *n.* cuento *m.*; historia *f.*

talent ['tælənt] *n.* (aptitude) talento *m.*; ingenio *m.*; don *m.*

talisman ['tælɪsmən] *n.* talismán *m.*

talk [tɔ:k] *n.* **1.** charla *f.*; conversación *f.* ‖ *v. tr.* **2.** (chat) parlamentar. ‖ *v. intr.* **3.** hablar; decir. **4.** (converse) hablar; conversar; platicar *Amér.*

tall [tɔ:l] *adj.* alto.

tally ['tæli:] *n.* **1.** *Econ.* cuenta *f.* ‖ *v. intr.* **2.** *Econ.* cuadrar.

talon ['tælən] *n., Zool.* garra *f.*

tambourine [ˌtæmbə'ri:n] *n., Mus.* (instrument) pandereta *f.*

tame [teɪm] *adj.* **1.** (animal) manso; dócil. **2.** (tamed) domesticado. ‖ *v. tr.* **3.** (animal) domar; domesticar. **4.** (person) amansar; calmar.

tampon ['tæmpɒn] *n.* tampón *m.* (higiénico)

tan [tæn] *n.* **1.** bronceado *m.* ‖ *v. tr.* **2.** (leather) curtir; adobar. **3.** (skin) broncear. ‖ *v. intr.* **4.** broncearse; tostarse.

tang [tæŋ] *n.* **1.** (taste) sabor fuerte. **2.** (smell) olor penetrante.

tangent ['tændʒənt] *n.* tangente *f.*

tangerine [ˌtændʒəˈriːn] *n. Bot.* (fruit) mandarina *f.*

tangle [ˈtæŋgəl] *n.* **1.** enredo *m.*; embrollo *m.*; maraña *f.* ‖ *v. tr.* **2.** enmarañar; enredar.

tango [ˈtæŋgou] *n., Mus.* (dance) tango *m.*

tank [tæŋk] *n.* **1.** tanque *m.*; depósito *m.*; cisterna *f.* **2.** *Mil.* tanque *m.*; carro de combate.

tanker [ˈtæŋkər] *n., Nav.* (oil) petrolero *m.* barco cisterna.

tanned [ˈtænd] *adj.* **1.** (leather) curtido. **2.** (skin) tostado.

tanning [ˈtæniŋ] *n.* **1.** (leather) curtido *m.* **2.** (of skin) bronceado *m.*; moreno *m.*

tap¹ [tæp] *n.* **1.** golpecito *m.*; palmadita *f.* ‖ *v. intr.* **2.** dar golpecitos.

tap² [tæp] *n., Br. E.* grifo *m.*; llave *f.*

tapa [ˈtæpə] *n., Gastr.* tapa *f.*

tape [teɪd] *n.* cinta *f.*

taper [ˈteɪpər] *n.* **1.** (candle) cirio *m.*; vela *f.* ‖ *v. tr.* **2.** estrechar.

tapestry [ˈtæpəstri:] *n.* tapiz *m.*; tapicería *f.*

tapioca [ˌtəpɪˈokə] *n.* mandioca *f.*

tar [tɑːr] *n.* **1.** alquitrán *m.*; brea *f.*; pez *f.* ‖ *v. tr.* **2.** alquitranar.

tarantula [təˈræntʃələ] *n., Zool.* (tropical spider) tarántula *f.*

target [ˈtɑːrgɪt] *n.* **1.** blanco *m.*; objetivo *m.* **2.** (of criticisms) blanco *m.* **3.** (board) diana *f.*

tariff [ˈtærɪf] *n., Econ.* tarifa *f.*

tarnish [ˈtɑːrnɪʃ] *v. tr.* **1.** empañar. ‖ *v. intr.* **2.** empañarse.

tarpaulin [tɑːrˈpɔlɪn] *n.* lona *f.*

tarry [ˈtæri] *adj.* **1.** alquitranado. ‖ *v. intr.* **2.** (remain) permanecer. **3.** (delay) detenerse.

tart¹ [tɑːrt] *n., Gastr.* tarta *f.*

tart² [tɑːrt] *adj.* agrio.

task [tæsk] *n.* tarea *f.*; faena *f.*

taste [teɪst] *n.* **1.** gusto *m.* **2.** (flavor) sabor *m.* ‖ *v. tr.* **3.** probar.

tasteless [ˈteɪstlɪs] *adj.* **1.** insípido; desabrido. **2.** *Gastr.* soso.

tasty [ˈteɪsti] *adj.* sabroso.

tatters [ˈtætərz] *n. pl.* (rags) andrajos *m. pl.*

tattoo [tæˈtuː] *n.* **1.** (mark) tatuaje *m.* ‖ *v. tr.* **2.** tatuar.

taut [tɔːt] *adj.* tirante; tenso.

tax [tæks] *n.* **1.** *Econ.* contribución *f.*; impuesto *m.* **2.** imposición *m.* ‖ *v. tr.* **3.** gravar. **4.** *Law* (possessions) tasar.

taxation [ˌtækˈseɪʃən] *n.* (taxes) impuestos *m. pl.*; cargas fiscales.

taxi [ˈtæksiː] *n.* taxi *m.*

taximeter [ˈtækzɪˌmiːtər] *n., Br. E., frml.* taxímetro *m.*

tea [tiː] *n.* **1.** té *m.* **2.** (afternoon snack) merienda *f.*

teach [tiːtʃ] *v. tr.* enseñar.

teacher [ˈtiːtʃər] *n.* maestro *m.*; profesor *m.*

team [tiːm] *n.* **1.** *Sports* equipo *m.* **2.** (of animals) yunta *f.*

teapot [ˈtiːpɒt] *n.* tetera *f.*

tear¹ [tər] *n.* lágrima *f.*

tear² [ter] *n.* **1.** rasgón *m.* ‖ *v. tr.* **2.** rasgar. **3.** (paper, cloth) romper. ‖ *v. intr.* **4.** (become torn) rasgarse. **5.** *Med.* (muscle) desgarrarse.

tease [ti:z] *v. tr.* tomar el pelo.

teaspoon ['ti:spu:n] *n.* cucharilla *f.*

teat [ti:t tɪt] *n.* **1.** *Zool.* teta *f.;* tetilla *f.* **2.** (feeding bottle) tetina *f.*

technician [tek'nɪʃən] *n.* técnico *m.*

technics ['teknɪks] *n.* (science) técnica *f.*

technique [tek'ni:k] *n.* (ability) técnica *f.*

technology [tek'nɒlədʒi:] *n.* tecnología *f.*

tedious ['ti:dɪəs] *adj.* tedioso.

teem ['tem] *v. intr., fam.* **1.** rebosar. **2.** *Meteor.* (pour) diluviar.

teenage ['ti:neɪdʒ] *adj.* adolescente.

teenager ['ti:neɪdʒər] *n.* adolescente *m. y f.;* joven *m. y f.*

teeth [ti:θ] *n.* **1.** (of person, animal) dientes *m. pl.* **2.** (collection of tooth) dentadura *f.*

telegram ['telǝɡræm] *n.* telegrama *m.;* cable *m.*

telegraph ['telǝɡræf] *n.* **1.** (method) telégrafo *m.* ‖ *v. tr.* & *intr.* **2.** telegrafiar.

telegraphy [,te'lǝɡræfi:] *n.* telegrafía *f.*

telepathy [tǝ'lǝpæθi:] *n.* telepatía *f.*

telephone ['telǝfoʊn] *n.* **1.** teléfono *m.* ‖ *v. tr.* & *intr.* **2.** telefonear.

teleprinter [,telǝ'prɪntər] *n., Br. E.* teletipo *m.*

telescope ['telǝskoʊp] *n., Astron.* telescopio *m.* ‖ *v. tr.* **2.** resumir.

teletext ['telǝtekst] *n.* teletexto *m.*

teletypewriter [,telǝ'taɪp,raɪtər] *n., Am. E.* teletipo *m.*

televise ['telɪvaɪz] *v. tr.* televisar.

television ['telǝˌvɪʒən] *n.* televisión *f.*

tell ['tel] *v. tr.* **1.** (say) decir. **2.** (relate) contar; narrar.

temper ['tempər] *n.* **1.** humor *m.* **2.** (temperament) temperamento *m.;* genio *m.*

temperament ['tempǝrǝmǝnt] *n.* (character) temperamento *m.*

temperate ['tempǝrɪt] *adj.* **1.** *Meteor.* templado. **2.** (moderate) moderado.

temperature ['tempratʃǝr] *n.* **1.** temperatura *f.* **2.** *Med.* (fever) fiebre *f.*

tempest ['tempɪst] *n.* **1.** tempestad *f.* **2.** *Meteor.* (storm) temporal *m.*

temple ['tempǝl] *n., Anat.* sien *f.*

temporary ['tempǝˌreri:] *adj.* (provisional) temporal.

tempt ['tempt] *v. tr.* tentar.

temptation [,tempˈteɪʃən] *n.* tentación *f.*

ten [ten] *col. num. det.* (also pron. and n.) **1.** diez. ‖ *card. num. adj.* **2.** diez; décimo.

tenacious [tə'neɪʃəs] *adj.* tenaz.

tenacity [tə'næsəti:] *n.* (firmness) tenacidad *f.*; tesón *m.*

tenant ['tenənt] *n.* (lessee) arrendatario *m.*; inquilino *m.*

tend [tend] *v. tr.* **1.** cuidar (de). ‖ *v. intr.* **2.** (be inclined) tender.

tendency ['tendənsi:] *n.* tendencia *f.*; inclinación *f.*; propensión *f.*

tender[1] ['tendər] *adj.* **1.** (sensitive) tierno. **2.** (food) blando.

tender[2] ['tendər] *n.* **1.** *Econ.* oferta *f.* ‖ *v. tr.* **2.** (offer) ofrecer.

tendon ['tendən] *n.*, *Anat.* tendón *m.*; nervio *m.*

tennis ['tenɪs] *n.*, *Sports* tenis *m.*

tenor ['tenər] *n.*, *Mus.* tenor *m.*

tenpin ['ten,pɪn] *n.* **1.** bolo *m.* ‖ **tenpins** *n.* **2.** *Am. E.* bolos *m. pl.*

tense [tens] *adj.* **1.** tenso; tieso. **2.** (situation) tirante.

tenseness ['tensnɪs] *n.* tirantez *f.*

tension ['tenʃən] *n.* tensión *f.*

tent [tent] *n.* tienda de campaña..

tenth [tenθ] *card. num. adj.* (Also n.) **1.** décimo; diez. ‖ *frac. numer. n.* (also adj. and pron.) **2.** *Math.* décimo *m.*

tepid ['tepɪd] *adj.* tibio.

term [tɜːrm] *n.* **1.** término *m.* **2.** (period) plazo *m.* **3.** trimestre *m.*

terminal ['tɜːrmɪnəl] *adj.* **1.** *Med.* terminal. ‖ *n.* **2.** *Comput.* & *Electron.* terminal *m.* **3.** *Aeron.* terminal *f.*

terminate ['tɜːrmənet] *v. tr.* **1.** terminar. ‖ *v. intr.* **2.** terminarse.

terrace ['terəs] *n.* **1.** terraza *f.* ‖ *v. tr.* **2.** (land) escalonar.

terrible ['terəbl] *adj.* (horrific) terrible; horrible; espantoso.

terrific [tə'rɪfɪk] *adj.* estupendo.

terrify ['terəfaɪ] *v. tr.* aterrar.

territory ['terətɔːri:] *n.* territorio *m.*

terror ['terər] *n.* terror *m.*

terrorize ['terəraɪz] *v. tr.* aterrorizar; intimidar.

test [test] *n.* **1.** prueba *f.*; ensayo *m.*; experimento *m.* **2.** (exam) examen *m.*; test *m.* ‖ *v. tr.* **3.** experimentar; probar. **4.** (students) examinar.

testament ['testəmənt] *n.* (will) testamento *m.*

testicle ['testɪkəl] *n.*, *Anat.* testículo *m.*

testify ['testəfaɪ] *v. tr. Law* (declare) declarar; testificar.

testimony ['testəmouni:] *n.* testimonio *m.*

text [tekst] *n.* texto *m.*

textile ['tekstaɪl] *adj.* & *n.* textil *m.*

texture ['tekstʃər] *n.* textura *f.*

than [ðæn] *conj.* que. ‖ **more ~ once** más de una vez.

thank [θæŋk] *v. tr.* agradecer.

thankfulness ['θæŋfəlnɪs] *n.* (gratitude) gratitud *f.*

thanks [θæŋks] *n. pl.* gracias *f.*

that [ðæt] (pl.: those) *adj. dem.*
1. ese. **2.** (to refer to sth more distant) aquel. **|** *det. pron. sing.*
3. ese. **4.** (neuter) eso. **5.** (to refer to sth more distant) aquel.
6. (to refer to sth more distant) (neuter) aquello. **||** *pron. rel.*
7. que; quien (persona). **||** *adv.*
8. tan. **||** *conj. sust.* **9.** que.

thaw [θɔ:] *n., Meteor.* **1.** deshielo *m.* **||** *v. tr.* **2.** derretir; deshacer.

the [ðə, ði:] *art. def.* el *m. sing.*; la *f. sing.*; los *m. pl.*; las *f. pl.*

theater, theatre (Br.E) [θɪətər] *n.* **1.** teatro *m.* **2.** *Med.* quirófano *m.*

theft [θeft] *n.* robo *m.*

their [ðer] *poss. adj. 3rd. person pl.* su; suyo.

theirs [ðerz] *poss. pron. 3rd. person pl.* suyo. **|| of ~** suyo.

them [ðem] *pron. pers. accus. 3rd. person pl.* los; las *f.* **||** *pron. pers. dat.* **2.** les. **||** *pron. pers. prep.* **3.** ellos, -llas.

themselves [ðəmˈselvz] *pron. pers. refl. 3rd. person pl.* **1.** se; sí. **||** *pron. pers. emphat.* **2.** ellos mismos.

then [ðen] *adv.* **1.** entonces; allí. **2.** después; luego. **3.** (besides) además. **4.** también. **5.** pues. **||** *adj.* **6.** (be-fore n) entonces.

theory [θɪəri:] *n.* teoría *f.*

therapy [θerəpi:] *n.* terapia *f.*

there [ðer] *adv. of place* ahí; allí; allá. **|| ~ and then** en el acto.

thereabout or thereabouts [ˈðerəˌbaʊt] *adv.* **1.** (time) alrededor de. **2.** (place) en los alrededores. **•**Usually after "or"

thereafter [ðerˈæftər] *adv., frml.* después de eso.

thereby [ðerˌbaɪ] *adv.* de ese modo.

therefore [ˈðerˌfɔ:r] *adv.* así pues; luego.

thermometer [θərˈmɒmətər] *n.* termómetro *m.*

thermos [θɜ:rˌmɒs] *n.* termo *m.*

these [ði:z] (plural of "this") *det. adj. pl.* **1.** estos. **||** *det. pron. pl.* **2.** estos.

thesis [θi:sɪs] (pl.: ses) *n.* tesis *f.*

they [ðeɪ] *pron. pers. nomin. 3rd. person pl.* ellos, -llas.

thick [θɪk] *adj.* **1.** grueso; gordo. **2.** (liquid) espeso. **3.** (dense) denso.

thicken [θɪkən] *v. tr.* espesar.

thicket [θɪkɪt] *n.* (bushes) espesura *f.*; matorral *m.*; maleza *f.*

thickness [θɪknɪs] *n.* espesor *m.*; grosor *m.*; grueso *m.*

thief [θi:f] *n.* ladrón *m.*

thigh [θaɪ] *n., Anat.* muslo *m.*

thimble [θɪmbəl] *n.* dedal *m.*

thin [θɪn] *adj.* **1.** delgado; fino. **2.** (liquid) claro.

thing [θɪŋ] *n.* **1.** cosa *f.* **2.** *coll.* (children little penis) pilila *f.*

think [θɪŋk] *v. tr.* **1.** pensar. **2.** (believe) creer; estimar. **||** *v. intr.* **3.** pensar; opinar.

thinness ['θɪnnɪs] *n.* (of person) delgadez *f.*; flaqueza *f.*

third [θɜ:rd] *card. num. adj.* (also *n.*) **1.** tercero; tercer (before a masc. *n.*); tres. ‖ *numer. n.* (also *adj.* and *pron.*) **2.** tercio; tercera parte. ‖ *n.* **3.** *Car* tercera *f.*

thirst [θɜ:rst] *n.* sed *f.*

thirsty ['θɜ:rsti:] *adj.* sediento.

thirteen [θɜ:r'ti:n] *col. num. det.* (also *pron.* and *n.*) **1.** trece. ‖ *card. num. adj.* **2.** trece.

thirteenth [θɜ:r'ti:nθ] *card. num. adj.* (also *n.*) trece.

thirtieth ['θɜ:rtiəθ] *card. num. adj.* (also *n.*) treinta.

thirty ['θɜ:rti] *col. num. det.* (also *pron.* and *n.*) **1.** treinta. ‖ *card. num. adj.* **2.** treinta.

this [ðɪs] (pl.: these) *det. adj. sing.* **1.** este, -ta. ‖ *det. pron. sing.* **2.** este. **3.** (neuter) esto.

thistle ['θɪsəl] *n., Bot.* cardo *m.*

thong [θɒŋ] *n., Am. E.* chancla *f.*

thorax ['θɔ:ræks] *n., Anat.* tórax *m.*

thorn [θɔ:rn] *n., Bot.* espina *f.*

those [ðəʊz] (plural of "that") *det. adj. pl.* **1.** esos. **2.** (to refer to sth more distant) aquellos. ‖ *pron. dem. pl.* **3.** esos. **4.** (to refer to sth more distant) aquellos.

though [ðəʊ] *adv.* **1.** sin embargo. ‖ *conj.* **2.** aunque.

thought [θɔ:t] *n.* pensamiento *m.*

thoughtless [θɔ:tlɪs] *adj.* (unthinking) irreflexivo; descuidado.

thoughtlessness [θɔ:tfʌlnəs] *n., fig.* (lack of reflection) inconsciencia *f.*

thousand ['θaʊzənd] *col. num. det. inv.* (also *pron.*) **1.** mil. ‖ *n.* (often *pl.*) **2.** mil *m.*; millar *m.*

thousandth ['θaʊzəndθ] *card. num. adj.* (also *n.*) **1.** milésimo; mil. ‖ *numer. n.* (also *adj.* and *pron.*) **2.** milésimo.

thrash [θræʃ] *v. tr.* zurrar.

thrashing ['θræʃɪŋ] *n., vulg.* (beating, defeat) tunda *f.*; paliza *f.*

thread [θred] *n.* **1.** hilo *m.*; hebra *f.*; filamento *m.* **2.** *fig.* (of argument) hilo *m.* ‖ *v. tr.* **3.** (a needle) enhebrar.

threat [θret] *n.* amenaza *f.*

threaten ['θretən] *v. tr. & intr.* (menace, endanger) amenazar.

three [θri:] *col. num. det.* (also *pron.* and *n.*) **1.** tres. ‖ *card. num. adj.* **2.** tres. ‖ **~ hundred** trescientos.

thresh [θreʃ] *v. tr., Agr.* trillar.

thrift [θrɪft] *n.* economía *f.*

thrifty ['θrɪfti:] *adj.* (economic) económico; ahorrador; frugal.

thrill [θrɪl] *n.* **1.** emoción *f.* **2.** (quiver) estremecimiento *m.* ‖ *v. tr.* **3.** emocionar. ‖ *v. intr.* **4.** estremecerse.

thriller ['θrɪlər] *n.* (novel, movie) de suspense; de misterio.

thrive ['θraɪv] *v. intr.* **1.** *Med.* (person) tener salud. **2.** (plants) medrar; ascender.

throat [θrout] *n.*, *Anat.* garganta *f.*

throb [θrɒb] *n.* **1.** (of heart) latido *m.* **2.** (of wound) palpitación *f.* ‖ *v. intr.* **3.** latir. **4.** (with pain) palpitar.

throe [θrou] *n.* dolor *m.*; agonía *f.*

throne [θroun] *n.* trono *m.*

throng [θrɒŋ] *n.* **1.** gentío *m.* ‖ *v. tr.* **2.** atestar. ‖ *v. intr.* **3.** agolparse; apiñarse.

through [θru:] *adj.* **1.** (train, bus) directo. ‖ *prep.* **2.** por; a través de. **3.** (by) mediante.

throw [θrou] *n.* **1.** tiro *m.* **2.** (games) tirada *f.* ‖ *v. tr.* **3.** arrojar; echar. **4.** (dice) tirar. **5.** (discard) botar *Amér.*; desechar.

thrust [θrʌst] *n.* **1.** (energy) empuje *m.* **2.** (with sword) estocada *f.* **3.** (of bull) cornada *f.* ‖ *v. tr.* **4.** empujar (con fuerza).

thumb [θʌm] *n.* **1.** *Anat.* pulgar *m.* ‖ *v. tr.* **2.** manosear.

thumbtack [θʌm͵tæk] *n.*, *Am. E.* chincheta *f.*; tachuela *f.*

thunder [θʌndər] *n.* **1.** *Meteor.* trueno *m.* **2.** (of applause, etc.) estruendo *m.* ‖ *v. intr.* **3.** *Meteor.* tronar.

Thursday [θ͵rzdi; θ͵rzdeɪ] *n.* (day of week) jueves *m.*

thus [ðʌs] *adv.* así; de este modo.

thwart [θwɔ:rt] *v. tr.* frustrar.

thyme [taɪm] *n.*, *Bot.* tomillo *m.*

ti or te [ti:] *n.*, *Mus.* si *m.*

tiara [tɪ͵ɑ:rə] *n.* **1.** diadema *f.* **2.** *Rel.* (papal crown) tiara *f.*

tibia [tɪbɪə] *n.*, *Anat.* tibia *f.*

tic [tɪk] *n.*, *Med.* tic *m.*

tick¹ [tɪk] *n.* **1.** tictac *m.* **2.** (mark) marca *f.* ‖ *v. tr.* **3.** (an answer) marcar.

tick² [tɪk] *n.*, *Zool.* garrapata *f.*

ticket [tɪkɪt] *n.* **1.** (bus, train) billete *m.* **2.** *Film & Theatr.* localidad *f.*; entrada *f.* **3.** (lottery) cupón *m.*; boleto *m.*, *Amér.*

tickle [tɪkəl] *n. sing.* **1.** cosquillas *f. pl.* ‖ *v. tr.* **2.** hacer cosquillas.

tidbit [tɪdbɪt] *n.*, *Am. E.* golosina *f.*

tide [taɪd] *n.* marea *f.*

tidy [taɪdi:] *adj.* **1.** arreglado; ordenado. **2.** (clean) limpio; pulcro. ‖ *v. tr.* **3.** poner en orden; arreglar.

tie [taɪ] *n.* **1.** lazo *m.* **2.** (hindrance) traba *f.* **3.** (necktie) corbata *f.* **4.** *Am. E.* empate *m.* ‖ *v. tr.* **5.** anudar. **6.** (fasten) atar. ‖ *v. intr.* **7.** anudarse.

tiger [taɪgər] *n.*, *Zool.* tigre *m.*

tight [taɪt] *adj.* **1.** ajustado; apretado. **2.** (clothes) ceñido. **3.** *fam.* (mean) agarrado; tacaño.

tighten [taɪtən] *v. tr.* **1.** apretar; ajustar. **2.** (bonds) estrechar. ‖ *v. intr.* **3.** apretarse. **4.** (muscles) tensarse.

tights [taɪts] *n. pl.* **1.** panty *m.* (also in pl.). **2.** *Br. E.* (thick) leotardo *m.* (also in pl.). **3.** *Br. E.* medias *f.*

tigress [taɪgrəs] *n.*, *Zool.* tigresa *f.*

tile [tail] *n.* **1.** (of roof) teja *f.* **2.** (for floor) baldosa *f.*

till [til] *prep.* **1.** hasta. ‖ *conj.* **2.** hasta que.

tilt [tilt] *n.* **1.** inclinación *f.* ‖ *v. tr.* **2.** (incline) inclinar; ladear.

time [taim] *n.* **1.** tiempo *m.* **2.** (by clock) hora *f.* **3.** (often pl.) (epoch) época *f.* **4.** vez *f.*

timetable ['taim,teibəl] *n., Br. E.* (transport, scholl) horario *m.*

timid ['timid] *adj.* tímido.

tin [tin] *n.* **1.** *Br. E.* lata; bote *m.* **2.** estaño *m.* ‖ *v. tr.* **3.** *Br. E.* (food) enlatar.

tinder ['tindər] *n.* yesca *f.*

tinfoil ['tin,foil] *n.* papel de aluminio.

tingle ['tiŋgəl] *v. intr.* **1.** producir cosquilleo. ‖ *n.* **2.** cosquilleo *m.*

tinker ['tiŋkər] *n.* **1.** (gipsy) gitano *m.* ‖ *v. tr.* **2.** (mend) arreglar.

tinplate ['tin,pleit] *n.* hojalata *f.*

tiny ['taini] *adj.* (minute) diminuto; menudo; mínimo.

tip[1] [tip] *n.* **1.** (dump) basurero *m.*; vertedero *m.* ‖ *v. tr.* **2.** (tilt) inclinar; ladear.

tip[2] [tip] *n.* **1.** (gratuity) propina *f.*; gratificación *f.* **2.** *Sports* pronóstico *m.* ‖ *v. tr.* **3.** dar propina. **4.** *Sports* pronosticar.

tiptoe ['tip,tou] *v. intr.* andar de puntillas.

tire, tyre (Br.E) ['taiər] *v. tr.* **1.** cansar; fatigar. ‖ *v. intr.* **2.** (become weary) cansarse; fatigarse.

tiredness ['taiərdnis] *n.* cansancio *m.*; agotamiento *m.*

tireless ['taiərlis] *adj.* (person) incansable; infatigable.

tiresome ['taiərsəm] *adj.* (bored) aburrido; pesado.

tissue ['tisju:] *n., Anat. & Bot.* **1.** tejido *m.* **2.** (handkerchief) pañuelo de papel.

titbit ['tit,bit] *n., Am. E.* (dainty) golosina *f.*; chuchería *f.*

title ['taitəl] *n.* **1.** título *m.*; rótulo *m.* ‖ *v. tr.* **2.** (book, song) titular.

to [tu:] *adv.* **1.** cerrado. ‖ *prep.* **2.** (marking the indirect object) a. **3.** (destination) a. **4.** (+ infinitive) (purpose) para (+ infinitive). **5.** (indicating purpose after verbs of motion) a. **6.** (proportion) por. **7.** hasta.

toad [toud] *n., Zool.* sapo *m.*

toast[1] [toust] *n.* **1.** tostada *f.* ‖ *v. tr.* **2.** (bread) tostar.

toast[2] [toust] *n.* **1.** (with drinks) brindis *m.* ‖ *v. tr.* **2.** (drink tribute to) brindar.

tobacco [təbækou] *n.* tabaco *m.*

tobacconist's [təbækənists] *n.* (shop) estanco *m.*

today [tədei] *adv.* hoy.

toe [tou] *n., Anat.* (of foot) dedo *m.*

together [təgəðər] *adv.* **1.** junto. **2.** a la vez; al mismo tiempo.

toilet ['toilit] *n.* servicio *m.*; váter *m.* ‖ **~ case** neceser *m.* **~ paper** papel higiénico.

token ['toʊkən] *n.* **1.** señal *f.;* prueba *f.* **2.** (for telephone) ficha *f.*

tolerance ['tɒlərəns] *n.* tolerancia *f.;* respeto *m.*

tolerant ['tɒlərənt] *adj.* (patient) paciente; tolerante; resignado.

tolerate ['tɒləˌreɪt] *v. tr.* tolerar.

toll [toʊl] *n.* **1.** *Car* peaje *f.;* cuota *f.* **2.** (loss) perdidas *f. pl.*

tomato [təˈmeɪtoʊ] *n., Bot.* tomate *m.;* jitomate *m., Amér.*

tomb [tu:m] *n.* tumba *f.;* sepulcro *m.*

tombola ['tɒmbələ] *n., Br. E.* (kind of lottery) tómbola *f.*

tombstone ['tu:mˌstoʊn] *n.* (funeral) lápida *f.;* losa *f* (sepulcral)

tome [toʊm] *n.* tomo *m.*

tomorrow [təˈmɒroʊ] *adv.* **1.** mañana. || *n.* **2.** (no art.) mañana *f.*

ton [tʌn] *n.* tonelada *f.*

tone [toʊn] *n.* **1.** tono *m.* || *v. intr.* **2.** (blend) armonizar. **3.** (colors) entonar.

tongs [tɒŋz] *n. pl.* **1.** tenacillas *f.* **2.** (for chimney) tenaza *f. sing.*

tongue [tʌŋ] *n.* **1.** *Anat.* lengua *f.* **2.** (language) idioma *m.* **3.** (of shoe) lengüeta *f.*

tonic ['tɒnɪk] *adj.* **1.** tónico. || *n.* **2.** *Med.* (restorative) tónico *m.* **3.** (drink) tonica *f.*

tonight [təˈnaɪt] *adv.* esta noche.

tonsil ['tɒnsəl] *n., Anat.* amígdala *f.*

too [tu:] *adv.* **1.** también. **2.** (+ adj.) demasiado.

tool [tu:l] *n.* **1.** (workman's) herramienta *f.;* utensilio *m.* **2.** (instrument) instrumento *m.*

tooth [tu:θ] (pl.: teeth) *n.* **1.** *Anat.* diente *m.* **2.** (of comb) púa *f.*

toothbrush ['tu:θˌbrʌʃ] *n.* cepillo de dientes.

toothpaste ['tu:θˌpeɪst] *n.* pasta dentífrica; dentífrico *m.*

toothpick ['tu:θˌpɪk] *n.* palillo (de dientes) *m.;* mondadientes *m. inv.*

top¹ [tɒp] *n.* **1.** (of a mountain) cima *f.;* pico *m.* **2.** (of a tree) copa *f.* **3.** (of a career) cima *f.* **4.** (of bottle) tapa *f.* **5.** (head) cabeza *f.* || *adj.* **6.** de arriba; último; superior. **7.** (speed, temperature) máximo. || *v. tr.* **8.** encabezar.

top² [tɒp] *n.* peonza *f.;* peón *m.*

topic ['tɒpɪk] *n.* tema *m.;* tópico *m.*

topknot ['tɒpˌnɒt] *n.* (on the head) moño *m.*

torch [tɔːrtʃ] *n.* **1.** (flame) antorcha *m.* **2.** *Br. E.* (on batteries) linterna *f.*

torment ['tɔːrment] *n.* **1.** (ordeal) tormento *m.;* martirio *m.* || *v. tr.* **2.** atormentar; martirizar.

torpedo [ˌtɔːrˈpiːdoʊ] *n.* **1.** *Mil.* torpedo *m.* || *v. tr.* **2.** *Mil.* torpedear; disparar.

torrent ['tɒrənt] *n., Geogr.* torrente *m.;* riada *f.*

torrid ['tɒrɪd] *adj.* tórrido.

tortilla [ˌtɔːrˈtiːlə] *n., Mex.* tortilla *f.*

tortoise [ˈtɔːrtəs] *n. Br. E., Zool.* (turtle) tortuga *f.* ‖ **freshwater ~** *Zool.* galápago *m.*

torture [ˈtɔːrtʃər] *n.* **1.** tortura *f.;* tormento *m.* ‖ *v. tr.* **2.** (torment) atormentar; torturar.

toss [tɒs] *n.* **1.** lanzamiento *m.* ‖ *v. tr.* **2.** arrojar; lanzar. **3.** (shake) zarandear. ‖ *v. intr.* **4.** echar a cara o cruz.

total [ˈtoʊtəl] *adj.* **1.** total; global. ‖ *n.* **2.** total *m.* ‖ *v. tr.* **3.** (amount) ascender.

totter [ˈtɒtər] *v. intr.* tambalearse.

touch [tʌtʃ] *n.* **1.** toque *m.* **2.** (sense) tacto *m.* ‖ *v. tr.* **3.** tocar. **4.** (lightly) rozar.

tough [tʌf] *adj.* **1.** duro; recio. **2.** (strong) resistente. **3.** *fig.* (difficult) escabroso.

toughen [ˈtʌfən] *v. tr.* **1.** endurecer; fortalecer. ‖ *v. intr.* **2.** endurecerse; fortalecerse.

toughness [ˈtʌfnɪs] *n.* (of material) dureza *f.;* rigidez *f.*

tour [tʊr] *n.* **1.** viaje *m.* **2.** (of a town, building) visita *f.* **3.** (musical, of theatrical company) gira *f.*

tourism [ˈtʊrɪzəm] *n.* turismo *m.*

tourist [ˈtʊrɪst] *n.* turista *m. y f.*

toward or towards [təˈwɔːrd] *prep.* **1.** (direction) hacia. **2.** (approximate) hacia. **3.** (contribution) para. **4.** con.

towel [ˈtaʊəl] *n.* toalla *f.*

tower [ˈtaʊər] *n.* torre *f.*

towing [ˈtoʊɪŋ] *n.* remolque *m.*

town [taʊn] *n.* ciudad *f.*

townsman [ˈtaʊnzmən] *n.* (citizen) ciudadano *m.*

toxic [ˈtɒksɪk] *adj., Med.* tóxico *m.*

toxin [ˈtɒksɪn] *n., Med.* tóxico *m.*

toy [tɔɪ] *n.* **1.** juguete *m.* ‖ *v. intr.* **2.** (play) jugar.

trace [treɪs] *n.* **1.** (track) rastro *m.;* pista *f.* **2.** (sign) señal; vestigio *m.* ‖ *v. tr.* **3.** rastrear. **4.** (copy) calcar.

track [træk] *n.* **1.** rastro *m.;* huella *f.* **2.** (path) camino *m.;* senda *f.* **3.** *Sports* pista *f.*

tracksuit [ˈtrækˌsuːt] *n.* chándal *m.*

trade [treɪd] *n.* **1.** comercio *m.* **2.** (of women) trata *f.* **3.** (goods) tráfico *m.* ‖ *v. tr.* **4.** traficar. ‖ *v. intr.* **5.** *Econ.* negociar.

tradition [trəˈdɪʃən] *n.* tradición *f.*

traffic [ˈtræfɪk] *n. Car* tráfico *m.;* circulación *f.*

tragedy [ˈtrædʒədi] *n.* tragedia *f.*

trail [treɪl] *n.* **1.** pista *f.;* huellas *f. pl.* **2.** (of smoke, plane, rocket) estela *f.*

trailer [ˈtreɪlər] *n.* **1.** *Car* remolque *m.* **2.** *Am. E.* (caravan) caravana *f.;* roulotte *f.* **3.** *Film* anuncio de próxima película.

train [treɪn] *n.* **1.** tren *m.* **2.** (of dress) cola *f.* ‖ *v. tr.* **3.** adiestrar; amaestrar. **4.** (teach) educar.

trainer ['treɪnər] *n., Am. E., Sports* entrenador *m.*; míster *m.*

training ['treɪnɪŋ] *n.* **1.** formación *f.*; instrucción *f.*; preparación *f.* **2.** *Sports* entrenamiento *m.*

trait [treɪt] *n.* característica *f.*

tram [træm] *n., Br. E.* tranvía *f.*

tramp [træmp] *n.* **1.** (person) vagabundo *m.* **2.** (walk) caminata *f.*

trample ['træmpəl] *v. tr.* pisotear.

tranquility, tranquillity (Br.E) [,træŋ'kwɪləti:] *n.* tranquilidad *f.*

tranquilize, tranquillise (Br.E) [,træŋ'kwɪlaɪz] *v. tr.* tranquilizar; sosegar.

transcribe [træns'kraɪv] *v. tr.* transcribir; reproducir.

transfer ['trænsfɜ:r] *n.* **1.** (person) traslado *m.* **2.** (of funds) transferencia *f.*

transform [træns'fɔ:rm] *v. tr.* (modify) transformar; modificar.

transfusion [træns'fju:ʒən] *n., Med.* (blood) transfusión *f.*

transgress [træns'gres] *v. tr. Law* (infringe) transgredir *form.*; quebrantar.

transitory ['trænzə,tɔ:ri:] *adj.* transitorio; pasajero.

translate [,træn'sleɪt] *v. tr.* traducir.

translation [,trænz'leɪʃən] *n.* traducción *f.*

translator [,trænz'leɪtər] *n.* traductor *m.*

transmit [træns'mɪt] *v. tr. & intr.* **1.** transmitir; emitir. **2.** *Med.* (a disease) contagiar; pegar.

transparency [,træns'perənsi:] *n.* **1.** transparencia *f.* **2.** *Phot.* diapositiva *f.*

transparent [,træns'perənt] *adj.* (clear) transparente; cristalino.

transpire [træns,paɪər] *v. intr., Bot. & Biol.* transpirar.

transport [træns,pɔ:rt] *n.* **1.** *Br. E.* transporte *m.* **2.** . ‖ *v. tr.* **3.** transportar.

transversal [trænz'vɜ:rsəl] *n., Math.* transversal *f.*

transverse [trænz'vɜ:rs] *adj., frml.* transversal; inclinado.

trap [træp] *n.* **1.** trampa *f.* ‖ *v. tr.* **2.** (catch) atrapar.

trapeze [trə'pi:z] *n.* (show) trapecio *m.* ‖ ~ **artist** trapecista *m. y f.* (en un circo).

trash [træʃ] *n., Am. E.* basura *f.*

travel ['trævəl] *n.* **1.** viaje *m.* ‖ *v. intr.* **2.** viajar. **3.** (go) ir.

traveler, traveller (Br.E) ['trævələr] *n.* viajero *m.*

traverse ['trævɜ:rs] *n.* **1.** travesía *f.* ‖ *v. tr.* **2.** atravesar; recorrer.

tray [treɪ] *n.* bandeja *f.*

treachery ['tretʃəri:] *n.* traición *f.*

tread [tred] *n.* **1.** paso *m.* **2.** (of stairs) peldaño. ‖ *v. tr.* **3.** pisar.

treasure ['trezər] *n.* **1.** tesoro *m.* ‖ *v. tr.* **2.** atesorar.

treasury ['treʒəri:] *n., Am. E.* tesorería *f.*; fisco *m.*

treat [tri:t] *v. tr.* **1.** tratar. **2.** *Med.* (patient, disease) curar; tratar.

treatment ['tri:tmənt] *n.* **1.** trato *m.* **2.** *Med.* medicación *f.*

treaty ['tri:ti:] *n.* tratado *m.*

treble ['trebəl] *adj.* **1.** triple. ‖ *n.* **2.** *Mus.* (singer) tiple *m.*

tree [tri:] *n., Bot.* árbol *m.*

trefoil [ ]trefɔil] *n., Bot.* trébol *m.*

tremble ['trebəl] *v. intr.* (fear) temblar; estremecerse.

tremendous [trə'mendəs] *adj.* (fantastic) tremendo; fenomenal.

tremor ['tremər] *n.* temblor *m.*

trench [trentʃ] *n.* (ditch) foso *m.*

trend [trend] *n.* **1.** (tendency) tendencia *f.*; propensión *f.* **2.** *Geogr.* dirección *f.*

trespasser ['trespæsər 'trespɒsər] *n.* (intruder) intruso *m.*

trestle ['tresəl] *n.* caballete *m.*

trial ['traiəl] *n.* **1.** (test) ensayo *m.* **2.** *Law* juicio *m.*; proceso *m.*

tribe [traib] *n.* tribu *f.*

tribulation [trɪbjəˈleiʃən] *n., lit.* (sorrow) tribulación *f.*; congoja *f.*

tribunal [trai'bju:nəl] *n.* (court) tribunal *m.*; juzgado *m.*

tributary ['trɪbjətəri:] *n., Geogr.* (river) afluente *m.*

trice [trais] *n.* tris *m.*

trick [trɪk] *n.* **1.** ardid *m.*; treta *f.*; estratagema *f.* **2.** (dishonest) estafa *f.*; engaño *m.* **3.** (feat) truco *m.* **4.** (at cards) baza *f.*

tricycle ['traisikəl] *n.* triciclo *m.*

trifle ['traifəl] *n.* **1.** bagatela *f.*; fruslería *f.* **2.** *Br. E., Gastr.* dulce de bizcocho borracho (con bizcocho, jerez, gelatina, frutas.

trillion ['trɪljən] *n. m.* **1.** *Am. E.* billón *m.* **2.** *Br. E.* trillón *f.*

trim [trɪm] *n.* **1.** adorno *m.* ‖ *adj.* **2.** (clean, neat) compuesto. ‖ *v. tr.* **3.** (cut) recortar. **4.** (tree, bush) podar.

trimming ['trɪmɪŋ] *n.* **1.** (cut) recorte *m.* **2.** (of tree, bush) poda *f.*

trinket ['trɪŋkɪt] *n.* baratija *f.*

trio ['trɪou] *n.* trío *m.*

trip [trɪp] *n.* **1.** (journey) viaje *m.* **2.** (excursion) excursión *f.* **3.** (with foot) zancadilla *f.*

triple ['trɪpəl] *n.* **1.** triple *m.* ‖ *v. tr.* **2.** (figures) triplicar.

tripod ['traɪpɒd] *n.* trípode *m.*

triumph ['traɪəmf] *n.* **1.** triunfo *m.* ‖ *v. intr.* **2.** triunfar.

trivial ['trɪviəl] *adj.* trivial; frívolo.

trolley ['trɒli:] *n.* **1.** *Am. E.* tranvía *m.* **2.** *Br. E.* (for shopping) carro *m.*

troop [tru:p] *n.* **1.** tropa *f.* **2.** *Mil.* escuadrón *m.* **3.** (unit) compañía *f.*

trophy ['troufi:] *n.* trofeo *m.*

tropical ['trɒpikəl] *adj., Geogr. & Meteor.* tropical.

trot [trɒt] *n.* **1.** trote *m.* ‖ *v. intr.* **2.** (horses) trotar.

trouble ['trʌbəl] *n.* **1.** problema *m.* **2.** (effort) trabajo *m.*; molestia *f.* ‖ *v. tr.* **3.** (bother) molestar. ‖ *v. intr.* **4.** (bother) molestarse.

troublesome ['trʌblsəm] *adj.* molesto; pesado; incómodo.

trough [trɒf] *n.* **1.** *Geogr.* (on land) depresión *m.*

trousers ['trauzərz] *n. pl.*, *Br. E.* pantalón *m. sing.*

trousseau ['tru:sou] *n.* ajuar *m.*

trout [traut] *n.*, *Zool.* (fish) trucha *f.*

trowel ['trauwel] *n.* (of builder) paleta *f.*

truck [trʌk] *n. Am. E.* camión *m.*

trudge [trʌdʒ] *v. intr.* (walk wearily) caminar con dificultad.

true [tru:] *adj.* cierto; verdadero.

trumpet ['trʌmpɪt] *n.* **1.** *Mus.* trompeta *f.* ǁ *v. intr.* **2.** (elephant) berrear. **3.** *Mus.* tocar la trompeta.

trumpeter ['trʌmpətər] *n. Mil.* trompeta *m. y f.*

trunk [trʌŋk] *n.* **1.** (of person, tree) tronco *m.* **2.** (case) baúl *m.* **3.** *Zool.* (of elephant) trompa *f.*

trust [trʌst] *n.* **1.** confianza *f.* **2.** *Law* (custody) fideicomiso *m.* ǁ *v. tr.* **3.** confiar.

truth [truθ] *n.* verdad *f.*

truthful ['tru:θfəl] *adj.* veraz.

truthfulness ['tru:θfəlnɪs] *n.* (veracity) autenticidad *f.*

try [traɪ] *n.* **1.** intento *m.* ǁ *v. tr.* **2.** intentar. **3.** (test, taste) probar.

T-shirt ['ti:ˌʃɜ:rt] *n.* camiseta *f.*

tuba ['tu:bə] *n.*, *Mus.* tuba *f.*

tube [tu:b] *n.* tubo *m.*; canuto *m.*

tuber ['tu:bər] *n.*, *Bot.* tubérculo *m.*

tubercle [təˈbɜ:rkjəl] *n.*, *Med. & Bot.* tubérculo *m.*

tuberose ['tu:ˌbɜ:rous] *n.*, *Bot.* (plant) nardo *m.*

Tuesday ['tu:zdeɪ 'tu:zdi:] *n.* (day of the week) martes *m. inv.*

tuft [tʌft] *n.* **1.** (of wool, hair) mechón *m.* **2.** (of grass) mata *f.*

tulip ['tju:lɪp] *n.*, *Bot.* tulipán *m.*

tumble ['tʌmbəl] *n.* **1.** caída *f.* **2.** (somersault) voltereta *f.* ǁ *v. intr.* **3.** (person) caerse. **4.** (turn a somersault) voltear.

tumor, tumour (Br.E) ['tju:mər] *n.*, *Med.* tumor *m.*

tumult ['tu:mʌlt] *n.* tumulto *m.*

tumultuous [tu:ˈmʌltjuəs] *adj.* (impassioned) tumultuoso.

tuna [tu:nə] *n.*, *Zool. & Gastr.* (fish) atún *m.*; bonito *m.*

tune [tu:n] *n.* **1.** melodía *f.* ǁ *v. tr.* **2.** afinar; entonar.

tunic ['tu:nɪk] *n.* túnica *f.*

tunnel ['tʌnəl] *n.* túnel *m.*

tunny ['tʌni:] *n.*, *Zool.* (fish) atún *m.*

turban ['tɜ:rbən] *n.* turbante *f.*

turbid ['tɜ:rbɪd] *adj.* turbio.

turkey ['tɜ:rki:] *n.*, *Zool.* pavo *m.*

turn [tɜ:rn] *n.* **1.** vuelta *f.* **2.** (place in chain) turno *m.*; vez *f.* **3.** (of direction) giro *m.* ǁ *v. tr.* **4.** volver. **5.** (transform) convertir. **6.** (change course) doblar. **7.** (corner) torcer. ǁ *v. intr.* **8.** (vehicle) virar. **9.** (rotate) girar.

turnip ['tɜ:rnɪp] *n.*, *Bot.* nabo *m.*

turpentine ['tɜ:rpəntaɪn] *n.* (solvent) aguarrás *m.*

turquoise ['tɜ:rkwɔɪz] *n.*, *Miner.* (color) turquesa *f.*

turtle ['tɜ:rtəl] *n.*, *Am. E.*, *Zool.* (reptile`) tortuga *f.*

turtledove ['tɜ:rtəl͵dʌv] *n.*, *Zool.* (bird) tórtola *f.*

tusk [tʌsk] *n.*, *Zool.* (of elephant) colmillo *m.* (de elefante).

tutelage ['tu:tlɪdʒ] *n.*, *Law*, *frml.* tutela *f.*; custodia *f.*; guarda *f.*

tutor ['tu:tər] *n.* tutor *m.*

TV [ti:'vi:] *abbrev.*, *coll.* tele *f.* ‖ **~ movie** telefilme *m.*

tweet [twi:t] *n.* **1.** pío *m.* ‖ *v. intr.* **2.** (birds) piar.

tweezers ['twi:zɜ:rz] *n.* (for eyebrows) pinzas *f. pl.*

twelfth [twelfθ] *card. num. adj.* (also *n.*) **1.** duodécimo; doce. ‖ *frac. numer. n.* (also adj. and pron.) **2.** duodécimo.

twelve [twelv] *col. num. det.* (also pron. and *n.*) **1.** doce. ‖ *card. num. adj.* **2.** doce; duodécimo.

twentieth ['twentɪəθ] *card. num. adj.* (also *n.*) **1.** vigésimo; veinte.

twenty ['twenti:] *col. num. det.* (also pron. and *n.*) **1.** veinte. ‖ *card. num. adj.* **2.** veinte; vigésimo. ‖ *n.* **3.** veintena *f.*

twenty-eight [͵twentɪ'eɪt] *col. num. det.* veintiocho.

twenty-five [͵twentɪ'faɪv] *col. num. det.* veinticinco.

twenty-four [͵twentɪ'fɔ:r] *col. num. det.* veinticuatro.

twenty-nine [͵twentɪ'naɪn] *col. num. det.* veintinueve.

twenty-one [͵twentɪ'ʊɒn] *col. num. det.* veintiuno; veintiún.

twenty-seven [͵twentɪ'sevən] *col. num. det.* veintisiete.

twenty-six [͵twentɪ'sɪks] *col. num. det.* veintiséis.

twenty-three [͵twentɪ'θri:] *col. num. det.* veintitrés.

twenty-two [͵twentɪ'tʊ] *col. num. det.* veintidós.

twice [twaɪs] *adv.* dos veces.

twin [twɪn] *adj. & n.* gemelo *m.*

twinkle ['twɪnkəl] *v. intr.* centellear; titilar.

twist [twɪst] *n.* **1.** vuelta *f.* **2.** (in road) recodo *m.* **3.** *Med.* torcedura *f.* ‖ *v. tr.* **4.** torcer. **5.** (coil, screw) retorcer.

two [tu:] *col. num. det.* (also pron. and *n.*) **1.** dos. ‖ *card. num. adj.* **2.** dos; segundo.

type [taɪp] *n.* **1.** (sort) tipo *m.* ‖ *v. tr.* **2.** escribir a máquina; teclear.

typical ['tɪpəkəl] *adj.* típico; característico.

tyranny ['tɪrəni:] *n.* tiranía *f.*

tyrant ['taɪərənt] *n.* tirano *m.*

tyro ['taɪoʊ] *n.* novato; principiante.

tzar [zɑ:r] *n.* zar *m.*

u [ju:] *n.* (letter) u *f.*

udder ['ʌdər] *n.,* Zool. (of cow) ubre *f.;* mama *f.*

ugly ['ʌgli] *adj.* (unpleasant appearance) feo.

ulcer ['ʌlsər] *n.* **1.** Med. (outer) llaga *f.* **2.** Med. (inner) úlcera *f.*

ultimate ['ʌltəmɪt] *adj.* **1.** último. **2.** (objective) final. **3.** (basic) esencial; básico.

ultimatum [ʌltə'meɪtəm] *n.* ultimátum *m.*

umbrella [ʌm'brelə] *n.* **1.** (against rain) paraguas *m. inv.* **2.** (against sun) sombrilla *f.*

unable [ʌn'eɪbəl] *adj.* incapaz.

unacceptable [ʌnək'septəbəl] *adj.* (inadmissible) inaceptable.

unalterable [ʌn'ɔ:ltərəbəl] *adj.* inalterable; definitivo.

unanimity [ju:nə'nɪməti:] *n.* (concordance) unanimidad *f.*

unanswerable [ʌn'ɑ:nsərəbəl] *adj.* (irrefutable) incontestable.

unapproachable [ʌnə'prəutʃəbəl] *adj.* inaccesible; inasequible.

unattainable [ʌnə'teɪnəbəl] *adj.* **1.** irrealizable. **2.** (unachievable) inaccesible.

unavoidable [ʌnə'vɔɪdəbəl] *adj.* (inevitable) inevitable; ineludible.

unaware [ʌnə'weər] *adj.* inconsciente.

unbearable [ʌn'berəbəl] *adj.* inaguantable; intolerable.

unbelievable [ʌnbə'li:vəbəl] *adj.* (incredible) increíble.

unbind [ʌn'baɪnd] *v. tr.* desatar.

unblock [ʌn'blɒk] *v. tr.* desatascar; desobstruir; desatrancar.

unbolt [ʌn'bəʊlt] *v. tr.* descerrajar; descorrer el pestillo.

unbroken [ʌn'brəʊkən] *adj.* (intact) intacto; entero.

unburden [ʌn'bɜ:rdən] *v. tr.* **1.** aliviar. **2.** (relieve) descargar.

unbutton [ʌn'bʌtən] *v. tr.* desabotonar; desabrochar.

uncertain [ʌn'sɜ:rtən] *adj.* **1.** inseguro. **2.** (doubtful) incierto.

uncertainty [ʌn'sɜ:rtənti:] *n.* incertidumbre *f.;* inseguridad *f.*

unchain [ʌn'tʃeɪn] *v. tr.* (unshackle) desencadenar; desatar.

uncivil [ʌn'sɪvəl] *adj.* (impolite) descortés; maleducado.

uncivilized, uncivilised (Br.E) [ʌn'sɪvəlaɪzd] *adj.* (tribe) salvaje; incivilizado.

uncle ['ʌŋkəl] *n.* tío *m.*

uncomfortable [ʌn'kʌmfərtəbəl] *adj.* incómodo; molesto.

uncommon [ʌn'kɒmən] *adj.* (rare) poco común; raro.

unconcerned [ʌnkən'sɜ:rnd] *adj.* indiferente; campante.

unconditional [ʌnkɒn'dɪʃənəl] *adj.* (wholehearted) incondicional; leal.

unconscious [ʌn'kɒnʃəs] *adj.* **1.** (unwitting) inconsciente; involuntario. **2.** Med. inconsciente.

unconsciousness [ʌnˈkɒnʃəsnɪs] *n.*, Med. inconsciencia *f.*

uncork [ʌnˈkɔːrk] *v. tr.* descorchar; destaponar.

uncountable [ʌnˈkauntəbəl] *adj.* (countless) incontable.

uncover [ʌnˈkʌvər] *v. tr.* **1.** destapar. **2.** *fig.* (conspiracy) descubrir; mostrar.

uncovered [ʌnˈkʌvərd] *adj.* descubierto; destapado.

undamaged [ʌnˈdæmɪdʒt] *adj.* indemne; sin daños; intacto.

undecided [ˌʌndɪˈsaɪdɪd] *adj.* (not solved) indeciso; irresoluto.

under [ˈʌndər] *prep.* **1.** bajo; debajo de. **2.** (less than) menos de. ‖ *adv.* **3.** debajo; abajo.

underdeveloped [ˌʌndərdɪˈveləpt] *adj.* subdesarrollado.

underestimate [ˌʌndərˈestɪmeɪt] *v. tr.* (underrate) menospreciar.

undergo [ˌʌndərˈgou] *v. tr.* (changes) experimentar; padecer *fig.*

underground [ˈʌndərˌgraund] *adj.* **1.** subterráneo. **2.** *fig.* clandestino. ‖ *adv.* **3.** (under the earth) bajo tierra. ‖ *n.* **4.** Br. E. (transport) metro *m.*

undergrowth [ˈʌndərˌgrouθ] *n.*, Br. E. (underbrush) maleza *f.*

underline [ˈʌndərˌlaɪn] *v. tr.* **1.** subrayar. **2.** (emphasize) remarcar; enfatizar.

undermine [ˈʌndərˌmaɪn] *v. tr.* **1.** (foundations) socavar; minar. **2.** (health) minar.

underneath [ˌʌndərˈniːθ] *prep.* **1.** (under) debajo de; bajo. ‖ *adv.* **2.** debajo. ‖ *n.* **3.** parte inferior.

underpants [ˈʌndərˌpænts] *n. pl.* calzoncillos *m. pl.* (also in sing.).

underpin [ˈʌndərpɪn] *v. tr.* **1.** apuntalar. **2.** (support) sostener; apoyar.

undershirt [ˈʌndərˌʃɜːrt] *n.*, Am. E. camiseta *f.* (interior).

understand [ˈʌndərˈstænd] *v. tr. & intr.* comprender; entender.

understanding [ˈʌndərˈstændɪŋ] *adj.* **1.** comprensivo. ‖ *n.* **2.** entendimiento *m.* **3.** (interpretation) interpretación *f.*

understood [ˌʌndərˈstʊːd] *adj.* entendido.

undertake [ˌʌndərˈteɪk] *v. tr.* **1.** asumir. **2.** (labor) emprender. **3.** (promise) comprometerse.

undertaker [ˈʌndərˌteɪkər] *n.* funerario *m.;* empresario *m.* (de pompas fúnebres). ‖ **undertaker's** *n.* **2.** Br. E. funeraria *f.*

underwear [ˈʌndərˌwer] *n.* ropa interior.

undeserved [ˌʌndəˈzɜːrvd] *adj.* (unmerited) inmerecido; injusto.

undigested [ˌʌndɪˈdʒestɪd] *adj.* (food) indigesto; no digerido.

undo [ʌnˈduː] *v. tr.* **1.** desatar; soltar. **2.** (cancel) anular. **3.** (destroy) deshacer.

undoubted [ʌnˈdautɪd] *adj.* indudable.

undress [ʌn'dres] *v. tr.* **1.** desnudar; desvestir. ‖ *v. intr.* **2.** desnudarse; desvestirse; destaparse.

undulate ['ʌndjəleɪt] *v. intr.* (hair) ondular; ondear.

unearth [ʌn'ɜ:rθ] *v. tr.* desenterrar; exhumar.

uneasiness [ʌn'i:zɪnɪs] *n.* **1.** intranquilidad *f.* **2.** (tension) malestar *m.*

unemployed [ʌnɪm'plɔɪd] *adj.* parado; desocupado.

unemployment [ʌnɪm'plɔɪmənt] *n.* desempleo *m.*; paro *m.*

unequal [ʌn'i:kwəl] *adj.* desigual.

uneven [ʌn'i:vən] *adj.* **1.** desigual; irregular. **2.** escabroso.

unevenness [ʌn'i:vənnɪs] *n.* desnivel *m.*; desigualdad *f.*

unexpected [ʌnɪks'pektɪd] *adj.* **1.** (sudden) inesperado; repentino. **2.** (event) imprevisto.

unfair [ʌn'fer] *adj.* injusto.

unfaithful [ʌn'feɪθfəl] *adj.* **1.** (couple) infiel. **2.** (friend) desleal; traidor.

unfaithfulness [ʌn'feɪθfəlnɪs] *n.* **1.** (in a couple) infidelidad *f.* **2.** (of a friend) deslealtad *f.*

unfasten [ʌn'fæsən] *v. tr.* **1.** (undo) desatar. **2.** (trousers, belt) desabrochar.

unfavorable, unfavourable (Br.E) [ʌn'feɪvərəbəl] *adj.* desfavorable.

unfinished [ʌnˌfɪnɪʃt] *adj.* (incomplete) incompleto.

unfold [ʌn'fəʊld] *v. tr. & intr.* **1.** (wings) desplegar. **2.** (paper) desdoblar.

unforeseen [ʌnfɔ:r'si:ɪŋ] *adj.* (unexpected) imprevisto.

unforgettable [ʌnfɔ:r'getəbəl] *adj.* inolvidable; imborrable.

unfortunate [ʌn'fɔ:rtʃnɪt] *adj.* infeliz; desdichado; desafortunado.

unfriendly [ʌn'frendli] *adj.* (unsociable) antipático; hostil.

ungrateful [ʌn'greɪtfəl] *adj.* **1.** desagradecido; descastado. **2.** (unthankful) ingrato.

unhappiness [ʌn'hæpɪnɪs] *n.* desdicha *f.*; infelicidad *f.*

unhappy [ʌn'hæpi] *adj.* **1.** (sad) infeliz. **2.** (pitiable) desgraciado; desdichado.

unharmed [ʌn'ha:rmd] *adj.* (unhurt) ileso; indemne.

unhurt [ʌn'hɜ:rt] *adj.* (unharmed) ileso; indemne.

unicorn ['ju:nəˌkɔ:rn] *n.*, *Myth.* (white horse with a long horn) unicornio *m.*

uniform ['ju:nəˌfɔ:rm] *adj.* **1.** uniforme; homogéneo. ‖ *n.* **2.** uniforme *m.* ‖ *v. tr.* **3.** (pupils, soldiers) uniformar.

unify ['ju:nəfaɪ] *v. tr.* unificar.

unimpeachable [ʌnɪm'pi:tʃəbəl] *adj.* (impeccable) intachable; impecable; irreprochable.

unimportant [ˌʌnɪm'pɔ:rtənt] *adj.* sin importancia; insignificante; inapreciable.

union ['juːnjən] *n.* **1.** unión *m.* **2.** (trade union) gremio *m.*

unique [juːˈniːk] *adj.* **1.** único. **2.** (exceptional) singular; excepcional.

unisonous 'juːˈnɪsənəz] *adj.* unísono.

unit ['juːnɪt] *n.* **1.** *Econ.* unidad *f.* **2.** (furniture) módulo *m.*

unite [juːˈnaɪt] *v. tr.* **1.** unir. ‖ *v. intr.* **2.** unirse; aliarse.

unity ['juːnəti:] *n.* unidad *f.;* unión *f.*

universal [juːnɪˈvɜːrsəl] *adj.* universal.

universe [juːnɪvɜːrs] *n.* universo *m.*

university [juːnɪˈvɜːrəti:] *n.* universidad *f.* ‖ ~ **graduate** universitario *m.* ~ **student** universitario *m.*

unkind [ʌnˈkaɪnd] *adj.* **1.** (unpleasant) poco amable. **2.** (cruel) cruel.

unknown [ʌnˈnoʊn] *adj.* **1.** desconocido; inédito. ‖ *n.* **2.** desconocido *m.*

unless [ʌnˈles] *conj.* a menos que; a no ser que.

unlike [ʌnˈlaɪk] *adj.* **1.** diferente; distinto. **2.** . ‖ *prep.* **3.** (in contrast to) a diferencia de.

unlikely [ʌnˈlaɪkli:] *adj.* (improbable) improbable; inverosímil.

unlimited [ʌnˈlɪmətɪd] *adj.* ilimitado; indeterminado.

unload [ʌnˈloʊd] *v. tr.* **1.** descargar. **2.** (ship, cargo) desembarcar.

unlock [ʌnˈlɒk] *v. tr.* (door) abrir (con llave).

unlucky [ʌnˈlʌki:] *adj.* **1.** (unfortunate) desafortunado; desgraciado. **2.** (person) con mala suerte.

unmarried [ʌnˈmærɪd] *adj.* (single) soltero.

unmask [ʌnˈmæsk] *v. tr.* desenmascarar.

unnecessary [ʌnˈnesəsəri:] *adj.* innecesario; superfluo.

unoccupied [ˌʌnˈɒkjəpaɪd] *adj.* **1.** (person) desocupado. **2.** (house) deshabitado. **3.** (place) vacante; libre.

unpack [ʌnˈpæk] *v. tr.* desembalar; desempaquetar.

unpleasant [ʌnˈplezənt] *adj.* **1.** desagradable; antipático. **2.** (weather) destemplado. **3.** (situation) feo.

unplug [ʌnˈplʌɡ] *v. tr.* desenchufar; desconectar.

unprepared [ʌnprɪˈperd] *adj.* (not ready) desprevenido.

unproductive [ʌnprəˈdʌktɪv] *adj.* improductivo; infructuoso.

unprofitable [ʌnˈprɒfɪtəbəl] *adj.* (unproductive) improductivo; poco rentable.

unpublished [ʌnˈpʌblɪʃt] *adj.* inédito; original.

unquestionable [ʌnˈkwestʃənəbəl] *adj.* **1.** (incontestable) indiscutible. **2.** (beyond question) indudable.

unreal [ʌn'rɪəl ʌn'rɪl] *adj.* (false) irreal; ilusorio *form.*

unrecognizable [ʌnˌrekəgnaɪzəbəl] *adj.* irreconocible; desconocido.

unripe [ʌn'raɪp] *adj.* (fruit) verde.

unroll [ʌn'roʊl] *v. tr.* **1.** desenrollar. ‖ *v. intr.* **2.** desenrollarse.

unruly [ʌn'ru:li:] *adj.* (naughty) rebelde; revoltoso.

unsafe [ʌn'seɪf] *adj.* (dangerous) inseguro; peligroso.

unscrew [ʌn'skru:] *v. tr.* **1.** desatornillar. **2.** (lid) desenroscar.

unselfish [ʌn'selfɪʃ] *adj.* (person) generoso; desprendido.

unsociable [ʌn'soʊʃəbəl] *adj.* (unfriendly) insociable; arisco.

unstable [ʌn'steɪbəl] *adj.* inestable; inconstante.

unsteady [ʌn'stedi:] *adj.* inestable.

unstick [ʌn'stɪk] *v. tr.* despegar.

unstitch [ʌn'stɪtʃ] *v. tr.* descoser.

unsuccessful [ʌnsək'sesfəl] *adj.* infructuoso; fracasado; fallido.

untamable or untameable [ʌn'teɪməbəl] *adj.* (animal) indomable; fiero.

untamed [ʌn'teɪmd] *adj.* indómito.

untidy [ʌn'taɪdi:] *adj.* **1.** (house) desordenado. **2.** (appearance) desaliñado.

untie [ʌn'taɪ] *v. tr.* **1.** desatar. **2.** (set free) soltar; desligar.

until [ʌn'tɪl] *prep.* **1.** hasta. ‖ *conj.* **2.** hasta que.

untroubled [ʌn'trʌbəld] *adj.* (calm) apacible; tranquilo.

untruth [ʌn'tru:θ] *n., frml.* (falseness) falsedad *f.*

unusual [ʌn'ju:ʒʊəl] *adj.* (exceptional) insólito; excepcional.

unveil [ʌn'veɪl] *v. tr.* **1.** descubrir; desvelar. **2.** *fig.* (secret) revelar.

unwary [ʌn'weri:] *adj.* (unsuspecting) incauto; desprevenido.

unwise [ʌn'waɪz] *adj.* (foolish) desatinado; imprudente.

unworthy [ʌn'wɜ:rði:] *adj.* indigno; impropio.

unwrap [ʌn'wræp] *v. tr.* desenvolver.

up [ʌp] *adv.* **1.** (position) arriba. **2.** (dir-ection) hacia arriba. **3.** acabado. **4.** (awaken) en pie. **5.** (upright position) de pie. **6.** (well informed) al corriente. ‖ *prep.* **7.** (direction) a lo alto de. **8.** (position) en lo alto de.

update [ʌp'deɪt] *v. tr.* (information) actualizar; poner al día.

upkeep ['ʌpki:p] *n.* (maintenance) mantenimiento *m.*; conservación *f.*

upon [ə'pɒn] *prep., frml.* (on) sobre; encima de.

upper ['ʌpər] *adj.* **1.** (numerically) superior. **2.** (in rank) alto.

uppermost ['ʌpərˌmoʊst] *adj.* **1.** más alto. ‖ *adv.* **2.** (above) encima.

upright ['ʌpraɪt] *adj.* **1.** (vertical) vertical. **2.** (posture) derecho. **3.** (honest) honrado; íntegro.

upset [ʌp'set] *n.* **1.** (reversal) contratiempo *m.* **2.** *Med.* trastorno *m.* ‖ *adj.* **3.** indispuesto. **4.** (displeased) enfadado. ‖ *v. tr.* **5.** volcar. **6.** (shock) trastornar.

upstairs [ʌp'sterz] *adv.* **1.** arriba. **2.** (in building) de arriba.

up-to-date [ʌptə'doɪt] *adv.* (current) al día; actualizado.

upward ['ʌp,wərd] *adv.* hacia arriba.

urban ['ɜːrbən] *adj.* urbano.

urbanization [,ɜːrbænə'zeɪʃən] *n.* (process) urbanización *f.*

urge [ɜːrdʒ] *n.* **1.** impulso *m.*; ganas *f. pl.* ‖ *v. tr.* **2.** (exhort) instar; impulsar.

urgency ['ɜːrdʒənsi:] *n.* urgencia *f.*; premura *f.*

urgent ['ɜːrdʒent] *adj.* urgente.

urinate ['jʊrɪneɪt] *v. intr., frml.* orinar; hacer pis.

urine ['jʊərɪn] *n.* orina *f.*

urn [ɜːrn] *n.* urna *f.*

us [ʌs] *pron. pers.* **1.** (object) nos. **2.** (after prep.) nosotros.

usage ['ju:zɪdʒ] *n.* (use) uso *m.*; usanza *f.*

use [ju:z] *v. tr.* **1.** usar; utilizar; emplear. **2.** (consume) gastar. ‖ *n.* **3.** uso *m.*; empleo *m.*

used [ju:zd] *adj.* usado; gastado. ‖ **to be ~ to** estar acostumbrado a. **to get ~ to** acostumbrarse.

useful ['ju:sfəl] *adj.* útil; eficaz. ‖ **to be ~** servir.

useless ['ju:slɪs] *adj.* inútil; inservible; ineficaz.

user ['ju:zər] *n.* usuario *m.*

usher ['ʌʃər] *n.* **1.** *Film & Theatr.* acomodador *m.* **2.** *Br. E., Law* (in courts) ujier *m.*

usherette [,ʌʃə,ret] *n., Br. E., Film & Theatr.* acomodadora.

usual ['ju:ʒʊəl] *adj.* (normal) usual; habitual; común.

usurp [ə'sɜːrp] *v. tr., frml.* usurpar; arrebatar.

utensil [ju:tensəl] *n.* utensilio *m.*

utilization ['jʊtɪləseɪʃən] *n. frml.* (use) utilización *f.*; uso*m.*

utilize, utilise (Br.E) ['jʊtəlaɪz] *v. tr.* (use) utilizar; emplear.

utter[1] ['ʌtər] *v. tr.* **1.** pronunciar; decir. **2.** (cry) proferir.

utter[2] ['ʌtər] *adj.* (absolute) total; completo; absoluto.

uvula ['ju:vjələr](pl.: -las or -lae) *n., Anat.* campanilla *f.*; úvula *f.*

v [vi:] *n.* (letter) v *f.*

vacancy ['veɪkənsi:] *n.* vacante *f.*

vaccinate ['væksəneɪt] *v. tr., Med.* vacunar; inmunizar.

vaccine [væk'si:n] *n., Med.* vacuna *f.*

vacuum ['vækjʊəm] *n.* **1.** vacío *m;* hueco *m.* ‖ *v. tr.* **2.** aspirar. ‖ **~ cleaner** aspirador *m.*

vague [veɪg] *adj.* vago.

vain [veɪn] *adj.* **1.** vanidoso; presumido. **2.** (futile) vano.

valiant ['væljənt] *adj.* valiente; valeroso; intrépido.

valid ['vælɪd] *adj.* válido; valedero.

validity [væ'lɪdɪti:] *n.* validez *f.*

valise [və'li:z] *n., Am. E.* (small case) maleta *f.* (de mano).

valley ['væli:] *n., Geogr.* valle *m.*

valor, valour (Br.E) ['vælər] *n.* valor *m.;* valentía *f.*

value ['vælju:] *n.* **1.** valor *m.* **2.** (price) precio *m.;* importe *m.* **3.** (worth) valía *f.;* mérito *m.* ‖ *v. tr.* **4.** valorar. **5.** (appreciate) apreciar; estimar.

valve [vælv] *n., Tech. & Anat.* válvula *f.*

van [væn] *n.* **1.** *Car* camioneta *f.;* furgoneta *f.* **2.** *Br. E.* (train) furgón *m.*

vanguard ['vænˌgɑːrd] *n.* vanguardia *f.*

vanilla [və'nɪlə] *n.* vainilla *f.*

vanish ['vænɪʃ] *v. intr.* (disappear) desvanecerse; desaparecer.

vanity ['vænəti:] *n.* vanidad *f.*

vantage ['væntɪdʒ] *n.* ventaja *f.*

vapor, vapour (Br.E) ['veɪpər] *n.* **1.** (on glass) vaho *m.* **2.** (steam) vapor *m.*

vaporize ['væpəraɪz] *v. tr.* **1.** vaporizar. ‖ *v. intr.* **2.** (change into vapor) evaporarse; vaporizarse.

variable ['veriəbəl] *adj.* (changeable) variable; cambiante; versátil.

variety [və'raɪəti:] *n.* (diversity) variedad *f.;* diversidad *f.*

various ['veriəs] *adj.* **1.** (motives, ways) vario; varios. **2.** (different) diferente; diversos *pl.*

varnish ['vɑːrnɪʃ] *n.* **1.** barniz *m.* **2.** *Br. E.* (for nails) esmalte *m.* ‖ *v. tr.* **3.** barnizar; lacar.

vary ['væri] *v. tr. & intr.* variar.

vase [veɪz] *n.* florero *m.;* jarrón *m.*

vast [væst] *adj.* **1.** (huge) vasto; extenso; enorme.

VAT [væt] *acron.* (Value-Added Tax) Iva (Impuesto sobre el Valor Añadido).

vault [vɔːlt] *n.* **1.** *Archit.* bóveda *f.* **2.** (cellar) sótano *m.*

vaunt [vɔːnt] *v. tr. & intr.* hacer gala de; hacer alarde de.

veal [vi:l] *n., Gastr.* (meat) carne de ternera; ternera *f.*

vegetable ['vedʒtəbəl] *n.* **1.** vegetal *m.* **2.** (food) verdura *f.,* hortaliza *f.*

vegetarian [ˌvedʒə'teriən] *adj. & n.* vegetariano *m.*

vehemence ['vi:əməns] *n.* (energy) vehemencia *f.*; ímpetu *f.*

vehicle ['vi:kəl] *n.* vehículo *m.*

veil [veɪl] *n.* **1.** velo *m.* || *v. tr.* **2.** velar; taparse (con velo).

vein [veɪn] *n.* **1.** *Anat.* vena *f.* **2.** *Miner.* veta *f.*; filón *m.*

velodrome [,velə'droʊm] *n.,* *Sports* velódromo *m.*

velvet ['velvɪt] *n.* terciopelo *m.*

venerate ['venəreɪt] *v. tr.* venerar.

veneration [,venə,reɪʃən] *n.* veneración *f.*; culto *m;* adoración *f.*

venison [venəzən] *n.,* *Gastr.* (meat) carne de venado.

venom ['venəm] *n.* (malice) veneno *m.*; malicia *f.*

vent [vent] *n.* **1.** orificio *m.* || *v. tr.* **2.** (feelings) desahogar.

ventilate ['ventɪleɪt] *v. tr.* ventilar; airear.

ventilation [ventə'leɪʃən] *n.* ventilación *f.*; aireación *f.*

ventilator [,ventə,leɪtər] *n.* **1.** ventilador *m.* **2.** *Med.* respirador (artificial).

ventricle [,ventrəkəl] *n.,* *Anat.* ventrículo *m.*

venture ['ventʃər] *n.* **1.** aventura *f.*; riesgo *m.* || *v. tr.* **2.** aventurar; arriesgar. || *v. intr.* **3.** aventurarse; atreverse; osar.

veranda or verandah [vər'ændə] *n.* (gallery) galería *f.*; terraza *f.*

verb [vɜːrb] *n.,* *Ling.* verbo *m.*

verbal ['vɜːrbəl] *adj.* verbal.

verbosity [vɜː'rbɒsəti:] *n.* verbosidad *f.*; locuacidad *f.*

verdict ['vɜːrdɪkt] *n.,* *Law* veredicto *m.*; fallo *m.*; setencia *f.*

verge [vɜːrdʒ] *n.* borde *m.*

verification [,verəfə'keɪʃən] *n.* comprobación *f.*; verificación *f.*

verify ['verɪfaɪ] *v. tr.* verificar; comprobar; constatar.

vermilion [vər'mɪljən] *n.* **1.** bermellón *m.* || *adj.* **2.** bermejo.

versatile ['vɜːrsətaɪl] *adj.* (many-sided) versátil; polifacético.

verse [vɜːrs] *n.* **1.** verso *m.* **2.** *Lit.* (stanza) estrofa *f.* **3.** (of song) copla *f.*

versify ['vɜːrsəfaɪ] *v. tr. & intr.,* *Lit.* versificar; rimar.

version ['vɜːrʒən] *n.* versión *f.*

vertebra ['vɜːrtəbrə] *n.,* *Anat.* vértebra *f.*

vertex ['vɜːrteks] (pl.: vertexes or vertices) *n.* **1.** *Math. & Anat.* vértice *m.* **2.** *fig.* (height) cúspide *f.*; ci-ma *f.*

vertical ['vɜːrtɪkəl] *adj.* **1.** vertical. || *n.* **2.** *Math.* vertical *f.*

very ['veri:] *adj.* **1.** (prenominal) mismo. || *adv. quant.* **2.** muy.

vesper ['vespər] *adj.* vespertino.

vessel ['vesəl] *n.* **1.** *frml.* vasija *f.* **2.** *Nav.* (ship) navío *m.*; barco *m.*; buque *m.* **3.** *Anat.* vaso *m.*

vest [vest] *n.* **1.** *Am. E.* chaleco *m.* **2.** *Br. E.* (undergarment) camiseta *f.* (interior).

vet [vet] *n.* veterinario *m.*

veteran ['vetərən] *adj.* & *n.* veterano *m.*

veterinary ['vetərənəri:] *adj.* veterinario *m.* ‖ ~ **science** veterinaria *f.*

veto ['vi:tou] *n.* **1.** veto *m.*; prohibición *f.* ‖ *v. tr.* **2.** vetar. **3.** (forbid) vedar.

via ['vaɪə] *prep.* vía; por.

viable ['vaɪəbəl] *adj.* viable.

viand ['vaɪənd] *n.* **1.** vianda *f.* ‖ **viands** *n. pl.* **2.** viandas *f. pl.*

vibrate ['vaɪbreɪt] *v. intr.* vibrar.

vice [vaɪs] *n.* vicio *m.*

vicinity [və'sɪnəti:] *n.* (neighborhood) vecindad *f.*

vicious ['vɪʃəs] *adj.* cruel.

victim ['vɪktəm] *n.* víctima *f.*

victor ['vɪktər] *n.* (winner) vencedor *m.*; triunfador *m.*

victory ['vɪktəri:] *n.* victoria *f.*; triunfo *m.*

video ['vɪdiou] *n.* **1.** vídeo *m.* **2.** *Mus.* videoclip *m.* ‖ ~ **club** videoclub *m.*

view [vju:] *n.* **1.** vista *f.*; panorama *f.* **2.** (opinion) opinión *f.* ‖ *v. tr.* **3.** (look) ver; mirar. **4.** (look on) contemplar.

viewer ['vju:ər] *n.* (TV) telespectador *m.*

viewpoint ['vju:pɔɪnt] *n.*, *fig.* punto de vista.

vigilance ['vɪdʒələns] *n.* vigilancia *f.*; custodia *f.*

vigor, vigour (Br.E) ['vɪgər] *n.* vigor *m.*; energía *f.*; fuerza *f.*

vile [vaɪl] *adj.* vil; bastardo.

vilify ['vɪləfaɪ] *v. tr.* (reuile) vilipendiar; difamar.

villa ['vɪlə] *n.* villa *f.*

village ['vɪlɪdʒ] *n.* **1.** (small town) poblado. **2.** (larger) pueblo *m.*

villain ['vɪlən] *n.* **1.** malvado *m.*; villano *m.* **2.** *Lit.* píca-ro *m.*

villainy ['vɪləni:] *n.* (despicable act) villanía *f.*; infamia *f.*; vileza *f.*

vinaigrette [vɪnɪgret] *n.*, *Gastr.* (sauce) vinagreta *f.*

vine [vaɪn] *n.* **1.** *Bot.* vid *f.* **2.** (climbing) parra *f.*

vinegar ['vɪnəgər] *n.* vinagre *m.*

vinegary ['vɪnəgəri:] *adj.* (taste) avinagrado; ácido.

vineyard ['vɪnjərd] *n.* viña *f.*

vintage ['vɪntɪdʒ] *adj.* **1.** (wine) añejo. ‖ *n.* **2.** (year) cosecha *f.* **3.** (harvest) vendimia *f.*; recogida *f.*

violate ['vaɪəleɪt] *v. tr.* violar.

violence ['vaɪələns] *n.* violencia *f.*

violent ['vaɪələnt] *adj.* violento.

violet ['vaɪəlɪt] *n.* **1.** *Bot.* (flower) violeta *f.* **2.** (color) violeta *m.*

violin ['vaɪəlɪn] *n.*, *Mus.* violín *m.*

violoncello [vaɪələn'tʃelou] *n.*, *Mus.* (instrument) violonchelo *m.*

viper ['vaɪpər] *n.*, *Zool.* víbora *f.*

virgin ['vɜ:rdʒən] *n.* virgen *m. y f.*

virile ['vɪraɪl] *adj.* viril; varonil.

virtual ['vɜ:rtʃʊəl] *adj.* virtual.

virtue ['vɜ:rtu:] *n.* **1.** virtud *f.* **2.** (advantage) ventaja *f.*

virus ['vaɪrəs] *n.*, *Med.* virus *m.*

visa ['vi:sə] *n.* **1.** visado *m.*; visa *f. Amér.* ‖ *v. tr.* **2.** (passport) visar.

viscous ['vɪskəs] *adj.* viscoso.

viscus ['vɪskəs] (pl.: viscera) *n.*, *Anat.* víscera *f.*; entrañas *f. pl.*

visible ['vɪzəbəl] *adj.* visible.

vision ['vɪʒən] *n.* **1.** (faculty) visión *f.* **2.** (eyesight) vista *f.*

visit ['vɪzɪt] *n.* **1.** visita *f.* ‖ *v. tr.* **2.** visitar.

visitor [vvɪzətər] *n.* visita *f.*

visor ['vaɪzər] *n.* visera *f.*

visual ['vɪʒwəl] *adj.* visual.

vital ['vaɪtəl] *adj.* **1.** (necessary for life) vital. **2.** (essential) esencial.

vitamin ['vaɪtəmɪn] *n.* vitamina *f.*

vivacious [vaɪ'veɪtʃəs] *adj.* (lively) vivaz; vivo; vivaracho.

vivid ['vɪvɪd] *adj.*, *fig.* vivo.

vividness ['vɪvɪdnɪs] *n.* viveza *f.*; intensidad *f.*; vehemencia *f.*

vocabulary [voʊkæbjələri:] *n.* vocabulario *m.*; léxico *m.*

vocal ['voʊkəl] *adj.* vocal.

vocalize, vocalise (Br.E) ['vɒkəlaɪz] *v. tr.* vocalizar.

vogue [voʊg] *n.* boga *f.*; moda *f.* ‖ in ~ en boga; de moda.

voice [vɔɪs] *n.* **1.** voz *f.* ‖ *v. tr.* **2.** (opinion) expresar.

volcano [vɒl'keɪnoʊ] *n.*, *Geol.* volcán *m.*

volleyball ['vɒli,bɔ:l] *n.*, *Sports* balonvolea *m.*; voleibol *m.*

volt [voʊlt] *n.*, *Electron.* voltio *m.*

volume ['vɒlju:m] *n.* **1.** *Math.* volumen *m.* **2.** *Phys.* (sound) volumen *m.* **3.** (tome) volumen *m.*

voluntary ['vɒləntəri:] *adj.* voluntario.

voluptuous [və'lʌptʃʊəs] *adj.* (sensual) voluptuoso; sensual.

voluptuousness [və'lʌptʃʊəsnɪs] *n.* voluptuosidad *f.*

vomit ['vɒmɪt] *n.* **1.** vómito *m.* ‖ *v. intr.* **2.** vomitar.

voracious [və'reɪʃəs] *adj.* voraz.

vote [voʊt] *n.* **1.** voto *m.*; sufragio *m.* ‖ *v. intr.* **2.** votar.

voter ['voʊtər] *n.* votante *m. y f.*

voting ['voʊtɪŋ] *n.* votación *f.*

voucher ['vaʊtʃər] *n.* **1.** *Br. E.* vale *m.*; bono *m.* **2.** (document) resguardo *m.*

vow [vaʊ] *n.* **1.** *Rel.* voto *m.* ‖ *v. intr.* **2.** hacer voto de.

voyage [vɔɪɪdʒ] *n.* viaje.

voyeur [vɔɪər] *n.* mirón *m.* pey.

vulgar ['vʌlgər] *adj.* **1.** vulgar; ordinario; grosero. **2.** (tasteless) de mal gusto.

vulnerable ['vʌlnərəbəl] *adj.* (weak) vulnerable; débil.

vulture ['vʌltʃər] *n.* **1.** *Zool.* buitre *m.* **2.** *fig.* (person) buitre *m.*

vulva ['vʌlvə] *n.*, *Anat.* vulva *f.*

w ['dʌbəlju] *n.* (letter) w *f.*

wad [wɒd] *n.* **1.** (of paper) taco *m.* **2.** (of bills) fajo *m.* ∥ *v. tr.* **3.** (fill) rellenar.

waffle ['wɒfəl] *n., Gastr.* gofre *m.*

wag [wæg] *v. tr.* **1.** (tail) menear; mover. ∥ *v. intr.* **2.** (tail) menearse. ∥ *n.* **3.** (waggle) meneo *m.*

wage [weɪdʒ] *n.* **1.** (rate of pay) sueldo *m.*; salario *m.* ∥ **wages** *n. pl.* **2.** (salary) nómina *f. sing.*

wager ['weɪdʒər] *n.* **1.** apuesta *f.* ∥ *v. tr. & intr.* **2.** *lit.* apostar.

wagon, waggon (Br.E) ['wægən] *n.* **1.** carreta *f.* **2.** (lorry) furgón *m.* **3.** *Br. E.* (for goods) vagón *m.*

waist [weɪst] *n., Anat.* cintura *f.*

waistcoat ['weɪs,kəʊt] *n., Br. E.* (vest) chaleco *m.*

wait [weɪt] *n.* **1.** espera *f.* ∥ *v. intr.* **2.** esperar; aguardar.

waiter ['weɪtər] *n.* (servant) camarero *m.*; mozo *m.*; mesero *m.*, *Amér.*

waiting ['weɪtɪŋ] *n.* espera *f.* ∥ **~ room** sala de espera.

waitress ['weɪtrɪs] *n.* camarera *f.*

wake [weɪk] *v. intr. n.* **1.** despertarse. ∥ **2.** (for a death) velatorio *m.* ∥ **~ up** despertar; despabilarse; espabilar.

walk [wɔːk] *n.* **1.** (short) paseo *m.*; vuelta *f.* **2.** (long) caminata *f.* **3.** (gait) paso *m.* ∥ *v. intr.* **4.** caminar; andar.

walkie-talkie [wɔːkɪˈtɔːkiː] *n.* walkie-talkie *m.*

wall [wɔː] *n.* **1.** muro *m.*; tapia *f.*; muralla *f.* **2.** (in a house) pared *f.* ∥ *v. tr.* **3.** amurallar.

wallet ['wɒlɪt] *n.* (billfold) cartera *f.*; billetero *m.*

wallflower ['wɔːl,flaʊər] *n., Bot.* (plant) alhelí *m.*

walnut ['wɔːlnət 'wɔːlnʌt] *n.* **1.** *Bot.* (nut) nuez *f.* **2.** *Bot.* (wood) nogal *m.*

walrus ['wɒlrəs] *n., Zool.* morsa *f.*

waltz [wɔːls] *n., Mus.* vals *m.*

wander ['wɒndər] *n.* **1.** paseo *m.*; vuelta *f.* ∥ *v. intr.* **2.** pasear.

wane [weɪn] *v. intr.* **1.** amainar; calmar. **2.** (moon) menguar.

want [wɒnt] *n.* **1.** necesidad *f.* **2.** (poverty) pobreza *f.* ∥ *v. tr.* **3.** querer; desear. **4.** (need) necesitar; hacer falta.

war [wɔːr] *n.* guerra *f.*

warble ['wɔːrbəl] *n.* trino *f.*

ward [wɔːrd] *n.* **1.** sala *f.* (de hospital). **2.** (person) pupilo *m.* **3.** (of key) guarda *f.*

warden ['wɔːrdən] *n.* **1.** (guard) guardián *m.* **2.** (of hostel, house) encargado *m.*

wardrobe ['wɔːrdrəʊb] *n.* **1.** armario *m.*; ropero *m.* **2.** (clothes cupboard) guardarropa *m.* **3.** (clothes) vestuario *m.*

warehouse ['wer,haʊs] *n.* **1.** almacén *m.*; depósito *m.* ∥ *v. tr.* **2.** (store) almacenar.

warfare ['wɔːrˌfeɹ] n. guerra f.

warm [wɔːrm] adj. **1.** (hands) caliente. **2.** Meteor. cálido; caluroso. **3.** (welcome) acogedor. ‖ v. tr. **4.** calentar.

warmth [wɔːrmθ] n. calor m.

warn [wɔːrn] v. tr. **1.** avisar; advertir; prevenir. **2.** Sports amonestar; reprender.

warning [wɔːrnɪŋ] n. **1.** (of danger) aviso m.; advertencia f. **2.** (punishment) amonestación f.; reprimenda f.

wart ['wɔːrt] n., Med. verruga f.

wary ['weriː] adj. (cautious) cauteloso; prudente.

wash [wɒʃ] n. **1.** colada f. **2.** (of paint) capa f. **3.** (of water) remolino m. ‖ v. tr. **4.** lavar. **5.** (dishes) fregar.

washbasin ['wɒʃˌbeɪsɪn] n. **1.** Br. E. lavabo m. **2.** Br. E. (bowl) palangana f.

washbowl ['wɒʃˌboʊl] n. **1.** Am. E. lavabo m. **2.** Am. E. (bowl) palancana f.

washroom ['wɒʃ ɪnˌruːm] n., Am. E. lavabo m.; servicio m.

washstand ['wɒʃˌstrænd] n. (furniture) lavabo m.

wasp [wɒsp] n., Zool. avispa f.

waste [weɪst] adj. **1.** desechado. **2.** (land) baldío. ‖ n. **3.** desperdicio m.; desecho m. **4.** (of money) derroche m. **5.** (of effort, time) pérdida f. ‖ v. tr. **6.** desperdiciar. **7.** (money) derrochar;

despilfarrar; malgastar. **8.** (opportunity, space) desaprovechar. **9.** (time) perder.

wastebasket ['weɪstˌbæskɪt] n., Am. E. papelera f.

wastefulness ['weɪstfəlnɪs] n. (waste) despilfarro m.; derroche m.; desperdicio m.

wasteland ['weɪstˌlænd] n., Geogr. (wasteground) yermo m.; baldío m.

watch [wɒtʃ] n. **1.** vigilancia f. **2.** (for wrist) reloj m. ‖ v. tr. **3.** observar; mirar. ‖ v. intr. **4.** (keep an eye on) vigilar.

watchtower ['wɒtʃˌtaʊər] n. (tower) atalaya f.; vigía f.

watchword ['wɒtʃˌwɜːrd] n. (password) contraseña f.; consigna f.

water ['wɔːtər] n. **1.** agua m. ‖ v. tr. **2.** (plant) regar. ‖ v. intr. **3.** (eyes) llorar.

watercress ['wɔːtərˌkres] n., Bot. (vegetable) berro m.

waterfall ['wɔːtərˌfɔːl] n. **1.** Geogr. (cascade) cascada f. **2.** Geogr. (large) catarata f.

watermelon ['wɔːtərˌmelən] n., Bot. (fruit) sandía f.

waterproof ['wɔːtərˌpruːv] adj. **1.** (material) impermeable. ‖ n. **2.** impermeable m. ‖ v. tr. **3.** impermeabilizar.

watersport ['wɔːtərˌspɔːrt] n., Meteor. tromba f.

watt [wɒt] n., Electron. vatio m.

wave [weɪv] *n.* **1.** (sea) ola *f.* **2.** (in hair) onda *f.*; ondulación *f.* **3.** *fig.* (of ire, crime) oleada *f.* ‖ *v. tr.* **4.** (shake) agitar. **5.** (flag, hair) ondular.

wax[1] [wæks] *n.* **1.** cera *f.* **2.** (in ear) cerumen *m.* ‖ *v. tr.* **3.** (polish) encerar.

wax[2] [wæks] *v. intr., Astron.* (moon) crecer.

way [weɪ] *n.* **1.** (route) camino *m.*; ruta *f.* **2.** (means) manera *f.*; forma *f.*; modo *m.* ‖ **by the ~** por cierto; a propósito.

we [wiː] *pron. pers. nomin. 1st. pl* nosotros, -tras.

weak [wiːk] *adj.* **1.** débil; lánguido. **2.** (soft) blando. **3.** (person) endeble; enclenque.

weaken ['wiːkən] *v. tr.* **1.** debilitar. **2.** (person) flojear. ‖ *v. intr.* **3.** (physically) debilitarse; desfallecer.

weakness ['wiːknɪs] *n.* (frailty) debilidad *f.*; flaqueza *f.*

wealth [welθ] *n.* (opulence) riqueza *f.*; opulencia *f.*

wealthy ['welθiː] *adj.* (rich) adinerado; rich.

weapon ['wepən] *n.* arma *f.*

wear [wer] *n.* **1.** uso *m.* **2.** (deterioration) desgaste *m.* ‖ *v. tr.* **3.** llevar puesto; vestir. **4.** (shoes) calzar. ‖ *v. intr.* **5.** (erode) deteriorar; estropear.

weariness ['wɪrinɪs] *n.* cansancio *m.*; hastío *m.*; fatiga *f.*

weary ['wɪriː] *adj.* **1.** aburrido. ‖ *v. tr.* **2.** cansar; aburrir. ‖ *v. intr.* **3.** cansarse; aburrirse.

weather ['weðər] *n. Meteor.* tiempo *m.*

weave [wiːv] *n.* **1.** (of fabric) tejido *m.* ‖ *v. tr.* **2.** tejer. **3.** (intrigues) urdir.

web [web] *n., Comput.* (www) web *f.*

wedding ['wedɪŋ] *n.* boda *f.*; matrimonio *m.* ‖ **golden ~** bodas de oro.

Wednesday ['wenzdiː] *n.* miércoles *m.*

weed [wiːd] *n.* **1.** *Bot.* mala hierba. ‖ *v. tr.* **2.** (garden) escardar; desherbar.

week [wiːk] *n.* semana *f.*

weekend ['wiːkend] *n.* fin de semana; weekend *m. angl.*

weekly ['wiːkliː] (pl. lies) *adj.* **1.** semanal. ‖ *n.* **2.** (publication) semanario *m.*

weenie ['wiːniː] *n., Am. E., coll.* (children little penis) pililla *f. vulg.*; pito *m., vulg.*; pipí, *Amér.*

weep [wiːp] *v. tr.* **1.** (tears) derramar. ‖ *v. intr.* **2.** (cry) llorar.

weeping ['wiːpɪŋ] *adj.* **1.** llorón; lloroso. ‖ *n.* **2.** (cry) lloro *m.*; llanto *m.*

weepy ['wiːpiː] *adj.* (person) lacrimógeno; llorón *m.*

weft [weft] *n.* (woof) trama *f.*

weigh [weɪ] *v. tr. & intr.* **1.** pesar. **2.** *fig.* (ponder) ponderar.

weight ['weɪt] *n.* **1.** peso *m.* **2.** (of scales) pesa *f.*

weird [wɪrd] *adj.* (strange) raro; extraño; anómalo.

welcome ['welkəm] *adj.* **1.** bienvenido. || *n.* **2.** bienvenida *f.;* acogida *f.;* recibimiento *m.* || *v. tr.* **3.** (receive) dar la bienvenida; acoger; recibir.

weld ['weld] *v. tr.* soldar.

welfare ['welˌfer] *n.* bienestar *m.*

well¹ [wel] *adv.* **1.** bien. || *adv.* **2.** (sentence connector) bueno; pues. || **well!** *interj.* **3.** ¡vaya!; ¡anda!

well² [wel] *n.* pozo *m.*

well-built ['welˌbɪlt] *adj.* fornido.

west [west] *n.* **1.** oeste *m.;* occidente *m.* || *adj.* **2.** occidental.

wet [wet] *adj.* **1.** mojado. **2.** (moist) húmedo. **3.** (rainy) lluvioso. || *v. tr.* **4.** mojar; humedecer. || *v. intr.* **5.** mojarse.

whale [weɪl] *n.*, *Zool.* ballena *f.*

wharf [wɔːf] *n.*, *Nav.* (quay) muelle *m.;* embarcadero *m.;* desembarcadero *m.*

what [wɒt] *adj. int.* **1.** qué. || *pron. int.* **2.** qué. || *pron. rel.* **3.** lo que.

whatever [wɒt'evər] *pron.* cuanto.

wheat [wiːt] *n.*, *Bot.* trigo *m.*

wheedle ['wiːðəl] *v. tr.* engatusar.

wheel [wiːl] *n.* rueda *f.*

wheelbarrow ['wiːlˌbærou] *n.* carretilla *f.*

when [wen] *n.* **1.** cuándo *m.* || *pron. rel.* **2.** en que. || *conj.* **3.** cuando. **4.** (although) cuando. || *adv. int.* **5.** cuándo. || *adv. excl.* **6.** cuándo. || **since ~ ?** ¿de cuándo acá?

whence [wens] *adv.*, *lit.* de donde.

whenever [wen'evər] *conj.* **1.** cada vez que; siempre que. **2.** cuando quiera que.

where [wer] *n.* **1.** dónde *m.* || *adv.* **2.** dónde. **3.** (with verbs of movement) adónde. **4.** (as a relative) donde; adonde.

whereabouts ['werəˌbauts] *n.* (place) paradero *m.*

whereas [wer'æz] *conj.* mientras que.

whereupon [ˌwerə'pɒn] *conj.*, *frml.* con lo cual.

wherever [wer'evər] *conj.* dondequiera que.

whet [wet] *v. tr.* **1.** (tool) afilar. **2.** (appetite) estimular.

whether [weðər] *conj.* si.

whey [weɪ] *n.* (of milk) suero *m.* (de la leche).

which [wɪtʃ] *adj. int.* **1.** qué. || *pron. int.* **2.** cuál. || *pron. rel.* **3.** que; el cual.

while [waɪl] *conj.* **1.** mientras. **2.** (whereas) mientras que. **3.** (although) aunque. || *n.* **4.** rato *m.*

whim [wɪm] *n.* (caprice) capricho *m.;* antojo *m.*

whimper ['wɪmpər] n. **1.** gimoteo m. ‖ v. intr. **2.** (whine) gimotear; lloriquear.

whine [waɪn] n. **1.** (of pain) quejido m. **2.** (of animal) gemido m. ‖ v. tr. **3.** decir gimoteando. ‖ v. intr. **4.** (child) gimotear. **5.** (of animal) gemir.

whinny ['wɪni:] v. intr. relinchar.

whip [wɪp] n. **1.** látigo m. **2.** Horse. fusta f. ‖ v. tr. **3.** azotar; fustigar. **4.** Gastr. (egg whites, cream) batir; montar. **5.** Zool. (horses) hostigar.

whirl [wɜːrl] n. **1.** vuelta. **2.** (of dust) remolino m. ‖ v. intr. **3.** dar vueltas.

whirlpool ['wɜːrpuːl] n. (eddy) remolino m.

whirlwind ['wɜːrlˌwɪnd] n. (twister) torbellino m.

whisker ['wɪskər] n. bigote m.

whiskey, whisky (Br.E) ['wɪski:] n. (drink) whisky m.

whisper ['wɪspər] n. **1.** susurro m.; murmullo m. ‖ v. intr. **2.** cuchichear; susurrar; murmurar.

whistle ['wɪsəl] n. **1.** silbato m.; pito m. **2.** (sound) silbido m.; pitido m. ‖ v. intr. **3.** silbar. **4.** (with a device) pitar.

white [waɪt] adj. **1.** (color) blanco. **2.** (skin) pálido. **3.** (hair) canoso. ‖ n. **4.** (color) blanco m. **5.** (of egg) clara f. (de huevo).

whiten ['waɪtən] v. tr. **1.** blanquear. ‖ v. intr. **2.** (face) palidecer.

who [huː] pron. int. **1.** quién. ‖ pron. rel. **2.** que; quien; el cual.

whoever [huːˈevər] pron. quien; quienquiera (+ frase relativa).

whole [hoʊl] adj. **1.** entero; íntegro. ‖ n. **2.** conjunto m.; total m.

whom [huːm] pron. int. **1.** quién (+ prep.). ‖ pron. rel. **2.** quien (+ prep.); el cual.

whore [wɔːr] n. vulg. (tart) prostituta f.; zorra f. pey.

whose [huːz] adj. rel. **1.** cuyo. ‖ pron. rel. **2.** (in questions) de quién.

why [waɪ] adv. **1.** cómo. ‖ conj. **2.** por qué. ‖ n. **3.** porqué m. ‖ that is ~ de ahí que.

wickedness ['wɪkɪdnɪs] n. (evilness) maldad f.; malicia f.; crueldad f.; vileza f.

wicker ['wɪkər] n. mimbre m.

wicket ['wɪkɪt] n. (of door) postigo m.; contraventana f.

wide [waɪd] adj. **1.** ancho. **2.** (know-ledge) extenso. **3.** (area) amplio.

widen ['waɪdən] v. tr. (extend) ensanchar; ampliar.

widow ['wɪdoʊ] n. viuda f.

widower ['wɪdoʊər] n. viudo m.

widowhood ['wɪdoʊˌhʊd] n. (woman's) viudedad f.

width [wɪdθ] n. anchura f.

wield ['wɪəld] v. tr. (weapon) empuñar; esgrimir; blandir.

wife [waɪf] *n.* esposa *f.*; señora *f.*; mujer *f.*

wig [wɪg] *n.* peluca *f.*

wild [waɪld] *adj.* **1.** salvaje. **2.** (garden) silvestre. **3.** (unruly) desenfrenado.

wildcat ['waɪldˌkæt] *n.*, *Zool.* (feline) gato montés.

wildebeest ['wɪldəˌbiːst] *n.*, *Zool.* (antelope) ñu *m.*

wildness ['waɪldnɪs] *n.* **1.** fiereza *f.* **2.** (of behavior) desenfreno *m.*

wiles [waɪlz] *n.* artimañas *f. pl.*

will[1] [wɪl] *n.* **1.** voluntad *f.* **2.** *Law* testamento *m.* ‖ *v. tr.* **3.** (want) querer.

will[2] [wɪl] *v. aux.* **1.** (+ infinitive) futuro [He will come. *Vendrá.*] **2.** ser [It will be right. *Será correcto.*]

willingness ['wɪlɪŋnɪs] *n.* buena voluntad; talante *m.*

willow ['wɪloʊ] *n.* *Bot.* (tree) sauce *m.*; mimbrera *f.*

wilt [wɪlt] *v. tr.* **1.** *Bot.* marchitar. ‖ *v. intr.* **2.** *Bot.* marchitarse.

win [wɪn] *n.* **1.** triunfo *m.*; victoria *f.* ‖ *v. tr.* **2.** ganar; vencer.

wind[1] [wɪnd] *n.* **1.** viento *m.*; aire *m.* **2.** (breath) aliento *m.* **3.** *Med.* flato *m.*

wind[2] [wɪnd] *v. tr.* **1.** arrollar; devanar. **2.** (clock) dar cuerda. ‖ *v. intr.* **3.** (river, path) serpentear; zigzaguear.

windmill ['wɪndˌmɪl] *n.* molino de viento.

window ['wɪndoʊ] *n.* **1.** ventana *f.* **2.** (small) ventanilla *f.*

windscreen ['wɪndskriːn] *n.*, *Br. E.*, *Car* parabrisas *m. inv.*

windshield ['wɪndˌʃiːld] *n.*, *Am. E.*, *Car* parabrisas *m. inv.*

windsurfing ['wɪndˌsɜːrfɪŋ] *n.*, *Sports* windsurf *m.*

wine [waɪn] *n.* vino *m.* ‖ **~ cellar** bodega *f.* **red ~** vino tinto.

wineglass ['waɪnɡlæs] *n.* copa *f.* (de vino).

wing [wɪŋ] *n.* **1.** ala *f.* **2.** (building) ala *f.* **3.** *Sports* (player) extremo *m.*; ala *f.* **4.** *Polit.* ala *f.* **5.** *Br. E.*, *Car* alero *m.*

wingspan ['wɪŋsˌpæn] *n.* (importance) envergadura *f.*

wink [wɪŋk] *n.* **1.** guiño *m.* ‖ *v. tr.* **2.** guiñar. ‖ *v. intr.* **3.** (eyes) guiñar. **4.** (light) parpadear.

winner ['wɪnər] *n.* ganador *m.*; vencedor *m.*; campeón *m.*

winter ['wɪntər] *n.* **1.** invierno *m.* ‖ *v. intr.* **2.** invernar.

wipe [waɪp] *v. tr.* **1.** pasada *f.* ‖ *v. tr.* **2.** (with a cloth) limpiar.

wire ['waɪər] *n.* **1.** alambre *m.* **2.** (telegram) cable *m.* ‖ *v. tr.* **3.** telegrafiar.

wisdom ['wɪzdəm] *n.* (knowledge) sabiduría *f.*; sapiencia *f.*

wise [waɪz] *adj.* sabio.

wish [wɪʃ] *n.* **1.** deseo *m.* ‖ *v. tr.* **2.** desear; querer.

wit [wɪt] *n.* **1.** gracia *f.*; ingenio *m.*; salero *m. fig.* **2.** (humor) chispa *f.*

witch ['wɪtʃ] *n.* (wizard) bruja *f.;* hechicera *f.*

witchcraft ['wɪtʃkræft] *n.* brujería *f.;* hechicería *f.*

with [wɪð] *prep.* **1.** (using) con. **2.** (accompanying) con; junto con; en compañía de.] **3.** (description) con. **4.** (caused by) de.

withdrawal [wɪ'drɔːəl] *n.* retirada *f.*

wither ['wɪðər] *v. intr. Bot.* (flower, plant) marchitarse.

withhold [ˌwɪθ'hould] *v. tr.* **1.** (money) retener. **2.** (truth, information) ocultar. **3.** (deny) negar.

within [wɪ'ðɪn] *adv.* **1.** dentro. ‖ *prep.* **2.** dentro de.

without [wɪ'ðaut] *prep.* sin.

witness ['wɪtnɪs] *n.* **1.** testigo *m. y f.* ‖ *v. tr.* **2.** presenciar; atestiguar; ser testigo de.

witty ['wɪtiː] *adj.* **1.** agudo; ingenioso. **2.** (lively) chispeante.

wizard ['wɪzərd] *n.* (sorcerer) hechicero *m.;* brujo *m.;* mago *m.*

wobble ['wobəl] *n.* **1.** (of furniture) tambaleo *m.* ‖ *v. intr.* **2.** tambalear; cojear (muebles).

woe [wou] *n.* pena *f.;* aflicción *f.*

wolf [wʊlf] *n., Zool.* lobo *m.*

woman ['wʊmən] (pl.: women) *n.* mujer *f.;* hembra *f.*

womb [wuːm] *n., Anat.* (uterus) útero *m.;* matriz *f.;* seno *m.*

women ['wɪmɪn] *woman.

wonder ['wʌndər] *n.* **1.** maravilla *f.;* portento *m.;* prodigio *m.* ‖ *v. intr.* **2.** preguntarse.

wonderful ['wʌndərfəl] *adj.* (marvelous) maravilloso; formidable; extraordinario.

woo [wuː] *v. tr. & intr.* (court) cortejar; galantear.

wood [wud] *n.* **1.** (material) madera *f.* **2.** (for making fire) leña *f.*

woodland ['wudlænd] *n.* (forest) bosque *m.*

woodworm ['wudwɜːrm] *n., Zool.* (termite) carcoma *f.;* termita *f.*

wool [wul] *n.* lana *f.*

word [wɜːrd] *n.* **1.** *Ling.* palabra *f.;* voz *f.;* vocablo *m.* **2.** (password) santo y seña.

work [wɜːrk] *n.* **1.** trabajo *m.;* faena *f.* **2.** (action) obra *f.;* labor *m.* ‖ *v. tr.* **3.** trabajar. ‖ *v. intr.* **4.** trabajar. **5.** (machine) funcionar. **6.** (operate) obrar.

worker ['wɜːrkər] *n.* trabajador *m.;* peón *m.;* obrero *m.*

working ['wɜːrkɪŋ] *adj.* **1.** obrero. **2.** (day) laborable. ‖ *n.* **3.** *Tech.* funcionamiento *m.* **4.** *Miner.* explotación *f.*

workshop ['wɜːrkʃop] *n.* **1.** *Tech.* taller *m.* **2.** *Educ.* (study group) estudio *m.*

world [wɜːrld] *adj.* **1.** mundial. ‖ *n.* **2.** mundo *m.;* orbe *m. form.*

worldwide ['wɜːrldwaid] *adj.* mundial; global; universal.

worm [wɜːrm] n. **1.** Zool. gusano m. **2.** Zool. (earth) lombriz f.

worried ['wʌrɪd] adj. (anxious) preocupado; inquieto.

worry ['wʌri:] n. **1.** inquietud f.; preocupación f. ‖ v. tr. **2.** inquietar; preocupar. ‖ v. intr. **3.** inquietarse; preocuparse.

worse [wɜːrs] adj. compar. **1.** peor. ‖ adv. compar. **2.** peor.

worsen ['wɜːrsən] v. tr. & intr. (get worse) empeorar; agravar.

worship ['wɜːrʃɪp] n. **1.** Rel. adoración f.; culto m.; veneración f. ‖ v. tr. **2.** Rel. adorar.

worst [wɜːrst] adj. sup. **1.** peor. **2.** ínfimo form. ‖ adv. sup. **3.** peor.

worth [wɜːrθ] n. **1.** valor m.; valía f. ‖ adj. **2.** digno de. ‖ **to be ~** valer. merecer.

wound ['waʊnd] n. **1.** herida f. ‖ v. tr. **2.** herir.

wow [woʊ] n. **1.** éxito m. (sensacional). ‖ wow! interj. **2.** ¡atiza!; ¡zambomba!

wrap [ræp] n. **1.** (shawl) chal m. ‖ v. tr. **2.** (a present) envolver.

wrapper ['ræpər] n. (of food) envoltorio m.; envoltura f.

wrapping ['ræpɪŋ] n. envoltorio m.; envoltura f.

wrath [ræθ] n., lit. ira f.; cólera f.

wreath [riːθ] n. (of flowers and leaves) corona f.

wreck [rek] n. **1.** Nav. naufragio m. ‖ v. tr. **2.** Nav. zozobrar. **3.** fig. (life, career) arruinar.

wrest ['wrest] v. tr. arrebatar.

wrestle ['resəl] v. intr., Sports (fight) luchar; combatir.

wrestling ['reslɪŋ] n., Sports lucha f.; lucha libre.

wring ['wrɪŋ] v. tr. **1.** (clothes) escurrir; exprimir. **2.** (hands) retorcer.

wrinkle ['rɪŋkəl] n. **1.** arruga f. **2.** Am. E. (paper, cloth) arruga f. ‖ v. tr. **3.** (skin) arrugar. **4.** Am. E. (paper, cloth) arrugar.

wrist [rɪst] n., Anat. muñeca f.

write ['raɪt] v. tr. **1.** escribir. **2.** (essay) redactar.

writer ['raɪtər] n. (autor) escritor m.; literato m.; autor m.

wrong [rɒŋ] adj. **1.** erróneo; falso. **2.** (incorrect) mal; incorrecto. ‖ adv. **3.** mal. ‖ n. **4.** (injustice) injusticia f. **5.** (offence) agravio m.

x ['eks] *n.* (letter) x *f.*

x-chromosome [num.] *n., Biol.* cromosoma x. [X-chromosome exists in pairs in female cells. *El cromosoma x aparece en parejas en las células femeninas.*]

xenofobe ['zenəˌfoub] *n.* xenófobo *m.*

xenophobia [ˌzenəˈfoubɪə] *n.* xenofobia *f.*

xenophobic [ˌzenəˈfoubɪk] *adj.* xenófobo.

xerox [zɪraːks] *v. tr.* fotocopiar; xerografiar.

xilography [zaɪˈlɒgrəfiː] *n.* (art) xilografía *f.*

XL [eksˈel] *abbrev., coll.* (talla) grande.

Xmas ['ekrsməs] *abbrev., coll.* (Christmas) Navidad *f.*

X-ray ['eksˌreɪ] *n.* **1.** radiografía *f.* ‖ *v. tr.* **2.** *Med.* radiografiar. ‖ **X-rays** *n. pl.* **3.** rayos X.

xylograph ['zaɪləˌgræf] *n., Print.* xilografía *f.*

xylography ['zaɪləˌgrəfi] *n.* xilografía *f.*

xylophone ['zaɪləˌfoun] *n., Mus.* (instrument) xilófono *m.*

y

y ['waɪ] *n.* (letter) y *f.*

yacht [jɒt] *n.* **1.** *Nav.* yate *m.* ‖ *v. intr.* **2.** *Nav.* ir en yate. ‖ **~ club** club náutico.

yam [jæm] *n.* **1.** *Bot.* ñame *m.* **2.** *Bot.*, *Am. E.* (sweet potato) boniato *m.*

yard¹ [jɑːrd] *n.* **1.** (measure) yarda *f.* (0,914 m metros) **2.** *Nav.* verga *f.*

yard² [jɑːrd] *n.* **1.** patio *m.* **2.** (stockyard) corral *m.*

yawn [jɔːn] *n.* **1.** bostezo *m.* ‖ *v. intr.* **2.** bostezar.

year [jɪr] *n.* **1.** año *m.* **2.** (academic) promoción *f.* (académica). ‖ **years** *n.* **3.** *fig.* abriles *m.* años *m.* ‖ **current ~** año en curso.

yearbook ['jɪrˌbʊk] *n.* anuario *m.*

yearly ['jɪrli] *adv.* **1.** anualmente; cada año. ‖ *adj.* **2.** anual.

yearn [jɜːrn] *v. intr.* (for sth) (long for) ansiar; anhelar; añorar.

yearning ['jɜːrnɪŋ] *n.* (desire) anhelo *m.*; ansia *f.*

yeast [jiːst] *n.*, *Gastr.* levadura *f.*

yell [jel] *n.* **1.** grito *m.*; alarido *m.* ‖ *v. intr.* **2.** gritar; vociferar.

yes [jes] *adv.* **1.** (affirmation) sí. ‖ *n.* **2.** (affirmation) sí *m.*

yesterday ['jestərdeɪ] *adv.* **1.** ayer. ‖ *n.* **2.** ayer *m.*

yet [jet] *adv.* **1.** todavía; aún. **2.** pero. ‖ **not ~** aún no.

yield [jiːld] *n.* **1.** *Econ.* rendimiento *m.*; producción *f.* ‖ *v. tr.* **2.** (results) producir. **3.** (surrender) rendir. **4.** (money) rentar. ‖ *v. intr.* **5.** rendirse; claudicar. **6.** (give way) ceder.

yoga ['jouɡə] *n.* yoga *m.*

yoghurt or yoghourt or yogurt ['jouɡərt] *n.* yogur *m.*

yoke [jouk] *n.* **1.** yugo *m.* **2.** (of animals) yunta *f.* **3.** (of shirt, dress) canesú *m.*

yokel ['joukəl] *n. Br. E.* (bumpkin) cateto; paleto *m.*

yolk [jouk] *n.* (of egg) yema *f.*

you [juː] *pron. pers. nomin. 2nd. person* **1.** (familiar, singular) tú; vos *Amér.* **2.** (familiar, plural) vosotros, -tras. **3.** (polite) usted. ‖ *pron. pers.* (objective) **4.** (familiar, singular) te. **5.** (familiar, singular, + prep.) ti. **6.** (familiar, plural) os. **7.** (familiar, plural, + prep.) vosotros, -tras. **8.** (polite) le *m.*; les *m. pl.*; la *f.*; las *f. pl.* **9.** (polite, + prep) usted. ‖ *pron. indef.* **10.** (impersonal) uno; se. ‖ **with ~** (familiar, singular) contigo. (polite) consigo.

young [jʌŋ] *adj.* **1.** joven. **2.** (vegetables) tierno. ‖ **~ people** juventud *f.*

your [jɔːr] *poss. adj. 2nd. person* **1.** (familiar, singular) tu; tuyo. **2.** (familiar, plural) vuestro. **3.** (formal) su; suyo (detrás del s.)

yours [jɔːrz] *poss. pron. 2nd. person* **1.** (familiar, singular) tuyo.

2. (familiar, plural) vuestro. **3.** (formal) suyo. ‖ **of ~** tuyo (detrás del s.). (familiar, plural) vuestro. (formal) suyo (detrás del s.).

yourself [jɔ:r'self] *pron. pers. refl. 2nd. sing.* **1.** (familiar) te; ti (detrás de prep.). **2.** (formal) se; sí (detrás de prep.). ‖ *pron. pers. emphat. 2nd. sing.* **3.** (familiar) tú mismo. **4.** (formal) usted mismo (form.).

yourselves [jɔ:r'selvz] *pron. pers. refl. 2nd pl.* **1.** (familiar) os. **2.** (formal) se; sí (detrás de prep.). ‖ *pron. pers. emphat.* **3.** (familiar) vosotros mismos. **4.** (formal) ustedes mismos.

youth [ju:θ] *n.* **1.** juventud *f.* **2.** (man) joven *m.* ‖ **~ hostel** albergue juvenil.

youthful [ju:θfəl] *adj.* juvenil.

youthfulness [ju:θfəlnis] *n.* juventud *f.*

yowl [joʊl] *n.* (howl) aullido *m.;* alarido *m.*

yo-yo [joʊjoʊ] *n.* yoyó *m.*

yuppie or yuppy [ˈjʌpi:] *n.* yuppie *m. y f.*

z ['zed] *n.* (letter) z *f.*

zapping ['zæpɪŋ] *n.* (TV) zapping *m.*

zarzuela [zɑːrˈsʊelə] *n.*, *Mus.* zarzuela *f.*

zeal [ziːl] *n.* celo *m.*; afán *m.*

zealot ['zelət] *n.* fanatic.

zebra ['ziːbrə] *n.*, *Zool.* cebra *f.* ‖ **~ crossing** *Br. E.*, *Car* paso de cebra.

zenith ['ziːnɪθ] *n.* **1.** *Astron.* cenit *m.*; mediodía *f.* **2.** *fig.* apogeo *m.*

zero ['zɪroʊ] *n.* **1.** cero *m.* **2.** (at school) rosco *m.* col.

zigzag ['zɪɡˌzæɡ] *n.* zigzag *m.*

zinc [zɪŋk] *n.*, *Chem.* cinc *m.*; zinc *m.*

zip-fastener [ˌzɪpˈfɑːsnər] *n.*, *Br. E.* cremallera *f.*

zipper ['zɪpər] *n.*, *Am. E.* cremallera *f.*

zodiac ['zoʊdɪæk] *p. n.*, *Astrol.* Zodiaco.

zombie or zombi ['zɒmbiː] *n.* **1.** zombi *m.* **2.** *fig.* (apathetic person) zombi *m. y f.*

zone [zoʊn] *n.* zona *f.*

zoo [zuː] *n.* zoo *m.*; zoológico *m.*

zoological [ˌzoʊəˈlɒdʒəkəl] *adj.* zoológico.

zoology [ˌzoʊˈɒlədʒiː] *n.* zoología *f.*

zoom [zuːm] *n.* zoom *m.*